D1718079

KIELER GEOGRAPHISCHE SCHRIFTEN

Begründet von Oskar Schmieder

Herausgegeben vom Geographischen Institut der Universität Kiel durch J. Bähr, H. Klug und R. Stewig

Schriftleitung: S. Busch

Band 98

ULRICH JÜRGENS

Einzelhandel in den Neuen Bundesländern - die Konkurrenzsituation zwischen Innenstadt und "Grüner Wiese"

dargestellt anhand der Entwicklungen in Leipzig, Rostock und Cottbus

KIEL 1998

IM SELBSTVERLAG DES GEOGRAPHISCHEN INSTITUTS DER UNIVERSITÄT KIEL

ISSN 0723 - 9874

ISBN 3-923887-40-X

Die Deutsche Bibliothek – CIP - Einheitsaufnahme

Jürgens, Ulrich:
Einzelhandel in den Neuen Bundesländern : die Konkurrenzsituation zwischen Innenstadt und "Grüner Wiese", dargestellt anhand der Entwicklungen in Leipzig, Rostock und Cottbus / Ulrich Jürgens. Geographisches Institut der Universität Kiel. - Kiel :Geographisches Inst., 1998
(Kieler geographische Schriften ; Bd. 98)
Zugl.: Kiel, Univ., Habil.-Schr., 1998
ISBN 3-923887-40-X

Als Habilitationsschrift auf Empfehlung der
Mathematisch-Naturwissenschaftlichen Fakultät der Universität Kiel
gedruckt mit Unterstützung der Deutschen Forschungsgemeinschaft

Vorwort

Das Thema Einzelhandel hat in der deutschsprachigen Geographie in den letzten Jahren zunehmend an Bedeutung gewonnen. Erst in diesem Jahr hat sich ein Arbeitskreis "Geographie und Einzelhandel" konstituiert. Jahrzehntelang wurde dieses Thema nur unter dem Aspekt "Zentralität" bearbeitet. Die wissenschaftliche Diskussion hierüber stößt auch deshalb auf Probleme, weil nicht weniger als alle Menschen irgendwann als Kunden für einzelne Güter auftreten und mit der Thematik vertraut zu sein glauben. Die große Interdisziplinarität gerade in diesem Forschungsbereich (u.a. Wirtschaftswissenschaften; Planung; Soziologie; Recht; Architektur) läßt danach fragen, was die Geographie fachspezifisch bei der Analyse von Einzelhandelsproblemen einbringen kann. Obwohl bereits die Frage gestellt wird, ob es eine "Geographie ohne Raum" gibt (z. B. beim electronic shopping), orientiert sich der klassische Laden-Einzelhandel immer noch an verortbaren, sich jedoch wandelnden Umfeld- und Umweltbedingungen, deren Analyse von traditionell raumbezogenen "geographischen Sichtweisen" dominiert wird.

Die deutsche Wiedervereinigung im Jahre 1990 hat der Geographie vielfältige neue Arbeitsfelder eröffnet, die mit der historisch nicht absehbaren gesellschaftlichen Transformation der DDR entstanden sind. Hierunter fällt auch der private Versorgungssektor, der in seiner Unvollkommenheit zur DDR-Zeit in entscheidendem Maße zu politischer Unzufriedenheit gegenüber dem "System" beigetragen hatte. Von allen Seiten (Politiker, Bürger, Wirtschaft) wurden deshalb massive und kurzfristige Verbesserungen verlangt. Eigene Verwandtschaft in Halle/Saale, verschiedene Besuche in den 60er bis 80er Jahren sowie erstmals nach Öffnung der Mauer im März 1990 machten dem Autor deutlich, daß es sich für die Betroffenen bei dem Thema Versorgung um ein hochemotionales und im zeitlichen Ablauf seiner Veränderungen "revolutionäres" handelte. Und dennoch war es 1990 nicht absehbar, daß sich die baulich kompakten "sozialistischen" Städte der DDR in einer Ironie der Geschichte gerade ihrer Antithese, dem amerikanischen "Städtebrei" (urban sprawl), annähern sollten. Obwohl die sich hieraus ergebende Diskussion um den räumlichen (Zentralitäts-) Gegensatz von City und Peripherie in Deutschland jahrzehntealt ist, ergeben die unheilvolle Kombination aus "bürgerlichem" städtischen Erbe von vor 1945 und sozialistischer Überformung bis 1990 besondere Raumprobleme in den Neuen Bundesländern, die in Westdeutschland unbekannt sind.

Ziel der vorliegenden Arbeit ist es gewesen, die Einflußfaktoren auf den ostdeutschen Einzelhandel zu strukturieren und ihre Auswirkungen für verschiedene Raumbezüge zu analysieren. Systematisierend werden "die" Stadt als historisch gewachsenes Versorgungszentrum (These) und "das" Einkaufszentrum als künstlich gewachsenes Versorgungszentrum (Antithese) in ihrer Struktur- und Funktionsweise gegenübergestellt, um danach zu fragen, inwieweit, warum und mit welchen Konsequenzen sich beide "Organismen" einander angleichen.

Die über mehrere Jahre durchgeführten empirischen Untersuchungen konnten dank der Unterstützung von Herrn Prof. Dr. J. Bähr mit Hilfe von Studenten des Geographischen Instituts der Universität Kiel in Form von Exkursionen und Übungen erfolgen. Darüber hinaus sei den Centermanagern und -verwaltungen gedankt, ohne deren Erlaubnis Kundenbefragungen oder Verkehrszählungen in den Einkaufszentren nicht hätten realisiert werden können. Eine vollständige Konzentration auf das Arbeitsthema in den letzten zwei Jahren war nicht zuletzt durch ein Habilitandenstipendium und eine Sachbeihilfe von seiten der Deutschen Forschungsgemeinschaft gewährleistet. Erwähnung finden sollen ebenso die vielen Gesprächspartner vor Ort (insbesondere im Stadtplanungsamt und im Regierungspräsidium Leipzig), die Kartographieabteilung im Geographischen Institut der Universität Kiel (Frau P. Sinuraya) sowie Herr Martin Gnad, die bei der Anfertigung der Abbildungen hilfreich zur Seite standen. Besonderer Dank geht dabei an Herrn Prof. Dr. J. Bähr, der die personellen und technischen Ressourcen für die kartographische Ausstattung der Arbeit zur Verfügung gestellt hat.

Kiel, im Oktober 1997 Ulrich Jürgens

Inhaltsverzeichnis

Verzeichnis der Tabellen

Verzeichnis der Abbildungen

Großflächige Einzelhandelsbetriebe in den Neuen Bundesländern - die Konkurrenzsituation zwischen Innenstadt und "Grüner Wiese"

A. Theoretische Einführung

1. Einführung in die Themenstellung

Ausgangspunkt der Thematik und ihrer weitreichenden Konsequenzen ist der Zerfall der sozialistischen Gesellschaftssysteme in Europa Ende der 80er Jahre. Die Öffnung der Berliner Mauer am 9.11.1989 war hierbei das entscheidende äußere Ereignis, den irreversiblen Prozeß der Selbstauflösung der DDR über die kommenden Monate bis zur deutschen Wiedervereinigung am 3.10.1990 einzuleiten. Kein Lebensbereich hat sich seitdem diesem Systembruch und der nachfolgenden Transformation von einer sozialistischen Kommandowirtschaft hin zu einer pluralistischen Demokratie und sozialen Marktwirtschaft entziehen können. Binnen weniger Monate brach die staatliche Autorität der DDR ebenso auseinander wie mit ihr die sozialistische Planwirtschaft, die in ihrer Produktion gekennzeichnet war von Ressourcenverschwendung, ökologischem Raubbau und "Tonnenideologie". Die sich daraus ergebenden hohen Umweltbelastungen, der bauliche Verfall der ostdeutschen Städte sowie eine mangel- oder lückenhafte Warenversorgung waren nur einige der sichtbaren Probleme, die zu einer wachsenden Unzufriedenheit der DDR-Bevölkerung mit ihrer Lebenssituation geführt hatten.

Fortzugswellen in die westlichen Bundesländer, ein Einkaufstourismus gewaltigen Ausmaßes gen Westen, die völlige Ablehnung der bisher gekauften DDR-Waren und der Einzug eines Manchester-Liberalismus in Form westdeutscher Verkaufs-LKW und Containergeschäfte boten sich nach der Grenzöffnung für die DDR-Bevölkerung als Ventile an, die neu gewonnene politische Freiheit in Form einer bis dahin unbekannten räumlichen Mobilität und Konsumlust zu erleben. Symbol hierfür wurde insbesondere der - gegenüber jahrelangen Wartens in der DDR - spontane Kauf eines privaten PKW, der zu einer explosionsartigen Zunahme des Verkehrs in Ostdeutschland geführt hat. Eine der wichtigsten und spürbarsten Konsequenzen all dieser Entwicklungen war aber der kurzfristige Zusammenbruch des traditionellen und infrastrukturell überalterten Einzelhandelsnetzes der Konsum- und der staatlichen HO-Geschäftskette. Sofern nicht seit Anfang 1990 Joint-Ventures mit westdeutschen Filialisten eingegangen wurden, kam es vielfach zu Ladenschließungen, wobei diese Geschäfte vom westdeutschen Standard her häufig nur Kioskgröße besaßen. Nachfolgend waren es insbesondere die zunehmende Privatinitiative und die Entstehung eines ostdeutschen Mittelstandes (u. a. gefördert durch die sog. Kleine Privatisierung der Treuhandanstalt), die das Versorgungsnetz in den ostdeutschen Städten grundlegend veränderten. Aber auch das vielfältige Bild mobiler und informeller Einzelhandelsangebote auf den Straßen und nicht zuletzt die "Invasion" westdeutschen Handelskapitals förderten die Transformation des Einzelhandels und seiner Warenangebote.

In nur sechs Jahren nach der Grenzöffnung durchlief der ostdeutsche Einzelhandel, der 1989 dem westdeutschen Standard der 50er Jahre glich, die Einführung all jener neuen großflächigen und auf Selbstbedienung ausgerichteten Betriebstypen, für die der Westen mehrere Jahrzehnte zur Etablierung gebraucht hat. Unter den westdeutschen Anbietern setzte ein Wettlauf ein, so schnell und umfangreich wie möglich Supermärkte, Fach- und Einkaufszentren in den Neuen Bundesländern zu eröffnen. Behindert vom infrastrukturellen Verfall der Innenstädte und von ungeklärten Eigentumsverhältnissen sowie ermutigt von einem unzureichenden Planungsrecht, um hieraus kurzfristig finanziellen Gewinn aus westdeutschen Investitionen (Schaffung von Arbeitsplätzen, Gewerbesteuereinnahmen) zu erzielen, konzentrierte sich dieser Aufbruch eher an den Stadträndern oder "auf der grünen Wiese" als in den Stadtzentren. Der Verkaufserfolg war garantiert durch den erhöhten PKW-Motorisierungsgrad und die Präsentation einer von der Bevölkerung zunächst kritiklos angenommenen "westlichen Warenwelt" im sub- und exurbanen Bereich ostdeutscher Städte. Obwohl sich die Versorgungssituation auch in den Citys infolge von Modernisierungen und Neueröffnungen wandelte, ist hier jedoch ein Einkauf per PKW aufgrund fehlender Parkplätze bis heute sehr eingeschränkt. Ebenso ist der Anreiz, die Innenstädte in ihrem "Baustellencharakter" zu besuchen, noch gering. Aufgrund der Dezentralisierung des sozialistischen Handelsnetzes - "Versorgung der kurzen Wege", sofern Waren angeboten werden konnten -, hatten die Innenstädte der DDR aber auch nie eine vergleichbare Ausstrahlung oder konzentrierten ein ähnliches Warenangebot auf sich wie die westdeutschen Citys. So konkurriert der innerstädtische Handel ohne Tradition bereits in seiner Entstehungsphase mit "Einkaufsstädten" auf der grünen Wiese. Weil diese nicht frühzeitig genug von der Landes- und Regionalplanung verhindert worden sind, wird deshalb von politischer Seite eine "Re"-Vitalisierung der ostdeutschen (Innen-)Städte angestrebt, um deren Urbanität über ihre Leitfunktion "Handel und Versorgung" zu gewährleisten oder trotz der Einkaufszentren wiederherzustellen.

Die Arbeitsteilung zwischen West- und Ostdeutschland war dabei von Beginn an deutlich festgelegt: Westdeutschland fungierte in seiner bestehenden politischen, sozialen und wirtschaftlichen Ordnung als "Vorbild" und Transferleistender von Know How, Finanzen und Personen, um den Aufbau der Neuen Bundesländer aktiv zu steuern und eine "nachholende Modernisierung" zu ermöglichen; ostdeutsche Akteure wurden hingegen zunächst eher in passive Modernisiererrollen gedrängt, weil sie aufgrund (mutmaßlich) geringer Sachkompetenz Tempo und Umfang der Transformation hätten behindern können. Dieser Wandlungsprozeß ist bisher weder abgeschlossen, noch ist das Endergebnis absehbar. Doch erkennt man sieben Jahre nach der deutschen Wiedervereinigung die zeitliche und räumliche Dynamik dieser Entwicklung, in der nicht nur Strukturen und Einrichtungen "aufgeholt", sondern im Vergleich zu westdeutschen Dimensionen "überholt" wurden. Der Wirtschaftswissenschaftler Veblen spricht (in diesem speziellen Fall wohl eher) vom (zweifelhaften) "Vorteil der Rückständigkeit" (zitiert bei ZAPF 1992: 12), der es Investoren in den Neuen Bundesländern erlaubt hat, auf den Trümmern eines alten Systems bauliche, technologische und soziale Veränderungen zu bewirken, für die in Westdeutschland der schiere Raum oder die soziale Akzeptanz gefehlt hätten. Die ursprüngliche Zufriedenheit über die Realisierbarkeit individueller Lebensziele und Konsumformen, wie es in der DDR nicht möglich war, ist bereits einer weitgehenden Ernüchterung gewichen. Dem "Zu Groß" und "Zu Viel" baulicher Veränderungen und verschiedenster Angebote, die nach dem Zusammenbruch der DDR eine neue Form von Tonnenideologie als Sinnbild des "wirtschaftlichen Aufschwungs" widerspiegeln, stehen Rekordarbeitslosenzahlen, stagnierende Kaufkraft und neue Armut gegenüber. Die unausgewogene Verteilung, was die Gewinner und die Verlierer der gesellschaftlichen Veränderung nach 1990 anbelangt, drückt sich im Begriff der "Ein-Drittel" analog zur These der westdeutschen Zwei-Drittel-Gesellschaft aus (SCHOLZ 1993: 5). Die "sozialistische Stadt", in der die patriarchalische Fürsorgefunktion des Staates dominierte, ist der "kapitalistisch-postfordistischen Stadt" und ihren Partikularinteressen gewichen.

2. Die Ausgangssituation: sozialistische versus kapitalistische Stadt

2.1 Stadtstruktur in der DDR

Wie war die "sozialistische" Stadt beschaffen, um hieran die Veränderungen und Konsequenzen insbesondere für die Versorgungsfunktion nach 1990 zu messen? Treffender schränkt HÄUßERMANN (1996: 5) diese Charakterisierung auf den Begriff "Stadt im Sozialismus" ein, weil die 40-jährige Tradition der DDR in den meisten Fällen nicht ausgereicht hat, die zuvor noch in "kapitalistischer" Zeit angelegten Strukturen (im Straßengrundriß und Häuseraufriß) und räumlichen Funktionszuweisungen zu beseitigen. Doch haben diese infolge sozialistischer Stadtplanung zumindest an Bedeutung verloren, sind baulich überprägt oder umgestaltet und häufig auf den (damaligen) Erhaltungszustand der 40er Jahre "eingefroren" worden.

a) Funktion Wohnen:
Ende der 80er Jahre waren die ostdeutschen Städte in ihrer Bausubstanz von einer mehrfachen dualistischen Struktur geprägt.

Erstens: Auf der einen Seite handelte es sich in der Innenstadt und im wilhelminischen Ring um Altbausubstanz in teilweise desolatem Zustand. 65% der 1989 verfügbaren Wohnungen waren vor 1945 errichtet worden (LÜHRS 1991: 20; im Vergleich westdeutsche Bundesländer: 30%). Auf der anderen Seite wurde seit den 60er Jahren, insbesondere aber mit dem Wohnungsbauprogramm von 1971, infolge eines industriellen Wohnungsbaus und mit Hilfe vorfabrizierter Plattenbauelemente zügig Wohnraum neu zur Verfügung gestellt. Hierbei nahm man keine Rücksicht auf bauhistorische

Überlegungen. Neben Plattenbau-Großsiedlungen am Stadtrand wurden Wohnquader auch mitten in der Innenstadt errichtet, wo sie marode Altbauten ersetzten, den Gesamtwohnungsbestand somit kaum erhöhten. Eine Suburbanisierung in konventionellem Sinne über den Bau von Einfamilienhäusern existierte nicht (SCHOLZ 1986: 280; ZIMMERMANN 1990: 11f.).

Zweitens: Trotz sozialistischer Umgestaltung verblieben Altbauten (vornehmlich in der Innenstadt) häufig in privater Hand, wie SEGER und WASTL-WALTER (1991: 573f.) am Beispiel von Halle/Saale herausstellen. Weil die Mieten auf dem Stand von 1944 eingefroren waren - Lührs verweist im Falle Brandenburgs auf einen Stand von 1936 (LÜHRS 1991: 16f.) - war eine Erhaltung der Gebäude nicht möglich. Neubauten waren hingegen fast ausschließlich Eigentum des Staates, der Gemeinden sowie der Genossenschaften (HÄUßERMANN 1996: 32), und sie waren von ihrer Ausstattung her sehr begehrt (Fernwärme, Mehrraumwohnung, Innentoilette).

Drittens: Von der zentral gesteuerten Zuweisung neuer Wohnungen profitierten junge Familien (soziales Kriterium), verdiente Parteigenossen (gesellschaftspolitisches Kriterium) und Werktätige (volkswirtschaftliches Kriterium) (nach HÄUßERMANN 1996: 18). In den innerstädtischen Altbaubereichen blieben hingegen vor allem ältere (und) "unproduktive" Menschen zurück. Obwohl nach ideologischen Vorgaben nicht vorstellbar, existierten somit Formen sozialräumlicher Segregation.

b) Funktion Verkehr
Ostdeutsche Städte waren Orte der kurzen Wege, weil sich die Städte baulich kaum ausdehnen konnten und sie durch eine kleinräumige funktionale Mischung von Wohn- und Arbeitsbereichen charakterisiert waren. Leistungsfähige Massenverkehrsmittel wie Straßenbahn, S-Bahn und Busse verbanden in rationeller Form die Verkehrsquell- und -zielgebiete und transportierten und kanalisierten Arbeitskräfte und Kundenströme zu niedrigen Tarifen und in hoher Intervalldichte der Fahrzeuge (LENSSEN 1996: 190f.). Nicht zuletzt aus Gründen volkswirtschaftlichen Mangels und einer eher auf Mobilitätskontrolle zielenden Gesellschaft war die individuelle Motorisierung nicht das Hauptanliegen des Staates. So sollten auch die breiten Magistralen der Innenstädte weniger die zukünftigen PKW aufnehmen, als zum Schauplatz politischer Massendemonstrationen werden (HATZFELD 1994: 188; LENSSEN 1996: 190). Im Falle Leipzig wohnten ca. 90% aller Einwohner in einem 500-Meter Einzugsbereich der Haltestellen (JOHNE u.a. 1994: 75). 1972 betrug der *modal split* für alle Wege und Fahrtzwecke in Leipzig 85,9 (Straßenbahn/Bus, Eisenbahn, Rad, Fußweg) zu 14,1 (PKW, PKW-Mitfahrer, Krad, Moped) zugunsten des öffentlichen Personenverkehrs und veränderte sich seitdem nur langsam, aber stetig, zugunsten des MIV (Stadt Leipzig 1992b: 163; im Vergleich Berlin 1993: *modal split* von 40 (MIV) zu 60 (ÖPNV, Rad, Fußweg), in ELLINGHAUS und STEINBRECHER 1995: 129). Gesellschaftspolitische push-Faktoren wie Wartezeiten von bis zu 15 Jahren, um einen PKW zu erwerben, und exorbitante

Benzinpreise konnten nicht den Wunsch unterdrücken, die individuelle Mobilität zu steigern. Kamen im Großraum Leipzig 1975 noch 9,4 Personen auf einen PKW, waren es kurz vor der Wende 4,3 Personen (im Vergleich Westdeutschland 1990: ca. 2,0) (Rat der Stadt Leipzig 1992b: 164; Harenberg 1992: 54).

c) Funktion Arbeiten

Bis zur politischen Wende fand die Bevölkerung ihre Arbeit vielfach in den vom Wohnort fußläufig oder durch den ÖPNV erreichbaren (Hinterhof-) Industriebetrieben, die teilweise noch der Physiognomie des Frühkapitalismus glichen und durch hohe Schadstoffemissionen gekennzeichnet waren. Ausnahme von dieser Regel waren große Industriekomplexe, die zumeist mit "neuen" Städten entstanden. Arbeitsplätze des tertiären Verwaltungssektors konzentrierten sich traditionell auf den innerstädtischen Bereich, wohingegen Einrichtungen der sozialen Infrastruktur, der Freizeit und des Konsums dezentral über die Stadt verteilt waren und teilweise in den Industriebetrieben selbst angesiedelt oder diesen zumindest funktional zugeordnet waren (vgl. HATZFELD 1994: 188). Weil das Recht auf Arbeit planwirtschaftlich garantiert wurde und die Einkommen niedrig waren, ergaben sich hohe Beschäftigungsquoten beiderlei Geschlechts. Freizeit (bei langen Arbeitszeiten), und sofern nicht bereits von politischen Massenbewegungen verplant, wurde zum Rückzug ins Private genutzt.

d) Funktion Versorgung

Einerseits fungierte der Betrieb als "zentraler Ort der Lebensorganisation und der Daseinsvorsorge" (HÄUßERMANN 1996: 9), was die Bereitstellung sozialer Dienstleistungen anbelangte (z. B. Sporteinrichtungen, Kindergartenplätze, Urlaubsplätze). Andererseits existierte ein kleinräumig gestricktes Netz staatlicher und privater Versorgungseinrichtungen periodischen und aperiodischen Bedarfs an Lebensmitteln und Industriegütern. Hierbei sollte die Kapitalismus-typische Konzentration von Handel und Dienstleistungen in den Innenstädten abgeschwächt werden. Die Siedlungen der DDR wurden zu Orten der engen Vermischung von Wohnen, Arbeiten und Versorgen. Ein mehrstufiges in Versorgungsbereiche, Versorgungsteilgebiete und Versorgungsgebiete untergliedertes Organisationssystem bemaß die zumutbaren Kundenentfernungen für Waren des täglichen Bedarfs auf 8 bis 15 Minuten Fußweg in Städten und bis zu 45 bis 60 Minuten Aufwand mit öffentlichen Verkehrsmitteln im ländlichen Raum (ILLGEN 1990: 35). In diese Planung wurden alle Eigentumsformen - somit auch die zur DDR-Zeit bestehenden privaten - eingebunden. Individuelle Standortentscheidungen existierten deshalb nicht. Im Gegensatz zur westdeutschen Situation erlaubte es die jährlich durchgeführte Handelsnetzberichterstattung, die im Zentralen Informations- und Auskunftssystem (ZIAS) des Ministeriums für Handel und Versorgung gespeichert wurde und alle Verkaufseinheiten erfaßte, die theoretischen Vorgaben der Handelsnetzforschung immer wieder mit der Praxis abzugleichen und diese zu korrigieren.

e) Elemente der Stadtentwicklung und -gestaltung in der DDR

FLIERL (1991) stellt zusammenfassend drei dominante Prinzipien heraus, die die Städte in der DDR von der kapitalistischen Stadt unterscheiden sollten. Eine ideologisch gesteuerte zentralistische Planung und die Unterdrückung privaten Konkurrenzstrebens waren hierfür Grundvoraussetzung.

Erstens: "Ganzheitlichkeit" betonte den Bau von Städten in Ensembles, die nicht eine funktionale Trennung, sondern kleinräumige Funktionsmischung beinhalteten.

Zweitens: "Zentralität" der Stadt spiegelte sich in der City nicht vornehmlich in Form kommerzieller Zentralität wider, sondern war vor allem Ort kommunikativer Zentralität (u. a. belegt durch den hohen Anteil an Wohnbevölkerung, Kultur- und Bildungseinrichtungen). Der Innenstadt wurde eine politisch-ideologische Bedeutung zugemessen, die mit der traditionellen kapitalistischen "Krämerfunktion" nicht in Übereinstimmung zu bringen war (HATZFELD 1994: 188; HÄUBERMANN 1995: B12 und 1996: 11). Geplant war die Innenstadt somit als sozialistische "Stadtkrone".

Drittens: Die sozialistische Umgestaltung der Gesellschaft sollte auch durch eine "sozialistische" Bauweise spektakulär zum Ausdruck kommen. Die "Dominanz" von höheren, größeren und funktionaleren Türmen und Gebäuden gegenüber dem architektonischen Erbe der "bürgerlichen" Zeit hatte diese Aufgabe zu erfüllen. Letztlich sind sie jedoch Fremdkörper, nicht selten nach Sprengung und Abriß alter Bausubstanz, in historisch gewachsenen Städten geblieben.

2.2 Elemente der kapitalistischen Stadt

Ursprünglich war die kapitalistische Stadt in der DDR das ideologisch bekämpfte Gegenmodell zur sozialistischen Stadt. Mit Einführung der sozialen Marktwirtschaft und der allgemeinen gesellschaftlichen Liberalisierung wurden die strukturellen Voraussetzungen dafür gelegt, daß sich die Elemente der kapitalistischen Stadt auch in Ostdeutschland durchsetzen konnten. Die Erfahrungen aus Westdeutschland definierten für Politiker, Planer und Bevölkerung den Nachholbedarf ihrer "eigenen" Städte. Folgende konstitutive Elemente der westlichen Stadt lassen sich herausstellen, die letztlich nicht nur wirtschaftlichen Aufschwung und eine Verbesserung des Lebensumfeldes, sondern auch zerstörerische Elemente in die sozialistische Stadt hineingetragen haben:

Erstens: Die funktionale Inwertsetzung der Stadt wird über private Kapitalinteressen gelenkt. Die Konkurrenz privaten Eigentums um Grund und Boden erklärt kurzzeitig schwankende Immobilien- und Mietpreise. Unter diesen Bedingungen ist die öffentliche Planung in der Regel nur Regulator einer allgemeinen Stadtentwicklung. Planungsmacht durch exekutive Gewalt liegt nicht vor. Planungsabstimmung erfolgt unter Einbeziehung vielfältiger Interessengruppen in Form von Diskussion und Moderation. Entsprechend langwierig kann die Umsetzung von Planungszielen sein.

Zweitens: Die Stadt wird charakterisiert von weitgehender funktionaler Entmischung. Die Innenstädte haben ihre Wohnfunktion fast gänzlich verloren. Eine flächenextensive Suburbanisierung an den Stadträndern ist fast überall zu beobachten (vgl. BÄHR u.a. 1992). In wirtschaftlicher Hinsicht dominieren Deindustrialisierung und eine noch wachsende Tertiärisierung der Gesellschaft. Insbesondere die Innenstadt zeichnet sich durch ihre Konzentration von Warenangeboten und Dienstleistungen aus und ist über den Einzelhandel Imageträger und Schaufenster der gesamten Stadt.

Drittens: Die kapitalistische Stadt ist nicht mehr der Ort kurzer Wege. Neben der räumlichen Ausdehnung der Stadt und ihrer funktionalen Segregation sind es ein hohes Einkommensniveau und Konsumbedürfnisse, die die Entwicklung zur individuellen Massenmotorisierung ermöglicht haben, um lange Wege zu überwinden (LENSSEN 1996).

Viertens: Neben ihrer funktionalen Ausdifferenzierung zeichnet sich die Stadt durch weitgehende sozialräumliche Segregation aus. Dieser Prozeß spiegelt die Gewinner- und Verliererseite der Marktwirtschaft auf verschiedenen Immobilien- und Mietermärkten wider. Die Stadt ist in ihren Teilräumen heterogen und vom Verhalten ihrer Akteure her sozial polarisiert (DANGSCHAT 1996).

Fünftens: Die Stadt ist Ort von Tradition und hoher Identifikation, von Freiheit und Toleranz in ihrer Vielfältigkeit an Lebensstilen, von Anonymität und Unkontrollierbarkeit aller Straßen und Gebäude. Zugleich ist sie Zentrum des Konsums und der Verschwendung. Mit Hilfe ihrer Bildungs- und Arbeitsangebote eröffnet die Stadt zudem alle Formen des sozialen Aufstiegs oder Niedergangs. Die Vielfalt und Widersprüchlichkeit dieser räumlichen und sozialen Aspekte faßt die Stadtsoziologie im Begriff "Urbanität" zusammen (HÄUßERMANN 1994).

2.3 Elemente der postfordistischen Stadt

Mündet die sozialistische Stadt tatsächlich in die kapitalistische oder gleich in deren Spätform, in die postfordistische Ausprägung? Welche Fortentwicklungen ergeben sich hierin gegenüber der "nur"-kapitalistischen Stadt? Und welchen "Nachholschock" muß das auf die Transformation der sozialistischen Stadt haben? Postfordismus beschreibt ein Produktions- und Verwertungsregime, das sich seit Mitte der 70er/Anfang der 80er Jahre weltweit durchgesetzt hat und die Antwort war auf eine vorangehende Periode wirtschaftlicher Rezession, des Niedergangs altindustrieller Standorte und des Verfalls und der Verarmung von Städten und Regionen. Das ursprünglich fordistische Modell standardisierter Massenproduktion und -konsumtion war an die Grenzen seines Wachstums und seiner Akzeptanz angelangt. Politiker, Unternehmer und Gewerkschaften haben seitdem nach Regulationsweisen gesucht, um den wirtschaftlichen Erfolg und sozialen Frieden neu zu stabilisieren. Folgende Voraussetzungen wurden hierfür geschaffen:

Erstens: Der neoliberale und finanzschwache Staat verdrängt den umverteilenden, paternalistischen und keynesianistischen Wohlfahrtsstaat (MAYER 1996: 23). Konsequenz: Die Entpolitisierung und Entstaatlichung des öffentlichen Lebens gehen einher mit der wachsenden Bedeutung des Privaten. Die Deregulierung und Flexibilisierung (d.h. Entbürokratisierung) des wirtschaftlichen Lebens führt zu einem Rückzug von Staat und Kommunen aus traditionellen (funktionalen und räumlichen) Verantwortlichkeiten der öffentlichen Hand. Städtische - ursprünglich öffentliche - Räume unterliegen immer häufiger dem (privaten) Hausrecht, das spezielle Kontrollen und Verhaltensregeln seiner Besucher vorschreiben kann (zur umfangreichen Diskussion des öffentlichen Raumes in der Stadt siehe MITCHELL 1995).

Zweitens: Um wirtschaftlichen und sozialen Erfolg zu gewährleisten, wandeln sich die Städte von der "nur-gemanagten" zur "unternehmerischen" Stadt. Weil die finanziellen Ressourcen zum Erfolg nicht nur auf lokaler, sondern auch auf nationaler und internationaler Ebene knapp sind, müssen sich die Städte einem inter-urbanen Wettbewerb öffnen. Die Spannbreite der Konkurrenz um Verwaltungs-, Arbeits- und Versorgungszentralität sowie finanzielle Zuweisungen reicht von der lokalen Stadt-Umland-Ebene bis hin zur globalen Ebene international bedeutsamer Metropolen (vgl. HARVEY 1987: 262). Sogenannte weiche Standortfaktoren wie (Ausstattungs-)Attraktivität, Image und Lebensqualität werden für kommunale Ansiedlungserfolge immer wichtiger. Konsequenz: Die Konkurrenz von Peripherie und traditionellem Zentrum um Wohnbevölkerung, um wirtschaftliche Bedeutung und um finanziellen Gewinn führt zur "schleichenden Aufweichung der Zentrenhierarchie" (SCHUBERT 1989: 15).

Drittens: Aufgrund der wachsenden Flexibilisierung von Arbeitsräumen und -zeiten haben sich einerseits die Anforderungen, andererseits aber auch die Bedürfnisse der Bevölkerung nach räumlicher und sozialer Mobilität gewandelt. Mit zu dieser Entwicklung beigetragen hat die permanente Steigerung der PKW-Motorisierung, der Freizeit und der Haushaltseinkommen über die letzten zwei Jahrzehnte. Konsequenz: Die Stadt "entstädtert" (HALL 1990: 17). Es existieren zeitliche wie finanzielle Ressourcen, insbesondere aber gewachsene Lebensansprüche, um den neuen Wohnmittelpunkt aus der Stadt in den suburbanen randstädtischen oder gar in den "extra-urbanen" Bereich (*edge city*-Konzept nach GARREAU 1992) zu verlegen, d. h. dort, wo "zwischen den Städten neue Zentren gleichsam aus dem Nichts" entstehen (HÄUßERMANN 1996: 26).

Viertens: Die Individualisierung der Gesellschaft spiegelt sich in einer Vielzahl von Lebensstilen und Konsumwünschen wider. Lebensstile werden von MÜLLER (1994: 37) als "raum-zeitlich strukturierte Muster der Lebensführung" definiert, die sowohl von materiell-kulturellen Ressourcen (u. a. soziale Herkunft, Einkommen, Beruf) als auch ideellen Werten (Bedürfnisse, Mentalitäten) abhängen und sich auch in einer wachsenden Kommerzialisierung des städtischen Raumes und seiner Architektur als Artefakte dieser Entwicklung ausdrücken (vgl. HARVEY 1987: 262). Die "unternehmerische" Stadt paßt sich dieser Entwicklung an, indem es mit Hilfe einer "Festivalisierung" der Stadtpolitik kurzfristige Großveranstaltungen zur nationalen oder internationalen Vermarktung der Kommune einsetzt (HÄUßERMANN & SIEBEL 1995). Dabei entsteht gleichsam das Paradoxon, daß die sich auf der Suche nach dem Besonderen befindlichen Städte in ihren Bemühungen und ihrer Ausstattung immer homogener und austauschbarer werden.

Fünftens: Die "Flexibilisierung" und Entsolidarisierung gesellschaftlicher Abläufe führen zu wachsender sozialer Polarisation und räumlicher Segregation zwischen den Gewinnern und Verlierern dieser Entwicklung.

2.4 Das Leitbild der "neuen" Stadt

Erst das Paradigma der "umweltgerechten und zukunftsorientierten Stadtentwicklung" im Zeitalter globaler Umweltprobleme und Ressourcenknappheit zeigt die Fehlentwicklungen der postfordistischen "postmodernen" Prozesse auf. In der Diskussion zur sog. nachhaltigen, auf Freiwilligkeit und Einsicht der Akteure zielenden Stadtentwicklung werden bewahrenswerte Raum- und soziale Elemente herausgestellt, die Analogien in der ehemals sozialistischen und dirigistischen Stadt finden:

1. Unter dem Leitbild der "Stadt der kurzen Wege" soll der motorisierte Individualverkehr als Energieverbraucher und Erzeuger von Emissionen in seiner Bedeutung reduziert werden. Die drei räumlichen Ordnungsprinzipien Dichte, Mischung (von Funktionen) und Polyzentralität zielen auf die Begrenzung der Expansion von Siedlungsflächen, auf Verkehrsvermeidung und auf die effektivere Nutzung bestehender infrastruktureller Einrichtungen (Bundesregierung 1996: 4; SPD-NRW 1996: 1). Die Attraktivität der "kompakten Stadt" ist zudem mit ihrer "ökologischen Aufwertung" (Wohnumfeldverbesserung; Verkehrsberuhigung; Begrünung; JESSEN 1996: 2) sicherzustellen, um Prozesse wie Sub- oder Exurbanisierung zu verhindern.

2. Im Zentrum städtebaulicher Entwicklungen steht das Leitbild von "Innenentwicklung und Nachnutzung von Brachen" und hat Vorrang vor der Außenentwicklung der Städte (Bundesregierung 1996: 4; RAUEN 1996: 20). Nutzungsmischung soll innerhalb der Stadt erfolgen. Sog. Grüne-Wiese-Standorte sind umwelt- und stadtverträglich zu steu-

ern (Bundesregierung 1996: 10; SPD-NRW 1996: 3) bzw. ganz zu vermeiden. Neubau soll auf der Grundlage flächensparenden Bauens erfolgen.

3. Die Durchsetzbarkeit der "kompakten Stadt" ist abzuwägen mit ihren sozio-ökonomischen Konsequenzen. Ziel bleibt es, bestehende sozialräumliche Unterschiede auszugleichen und nicht zu vertiefen bzw. eine Ausgrenzung sozialer Gruppen und "Verslumung" von Stadtteilen infolge funktionaler Selektionsprozesse zu verhindern (SPD-NRW 1996: 2).

3. Aufgabenstellung

Zwei unterschiedliche gesellschaftliche Systeme haben sich in verschiedenartigen räumlichen Stadtstrukturen niedergeschlagen. Deutlich wird der Veränderungsdruck, der sich aus dem Übergang von der paternalistisch-anweisenden und sozialen Struktur der "sozialistischen" Stadt hin zu den individualistischen und konsumtiven Prozessen der "kapitalistisch-postfordistischen" Stadt ergibt. In dieses Wechselbad tauchte die Bevölkerung der DDR ein, der 1989 die vollständigste und kürzeste Systemtransformation aller Zeiten bevorstand.

3.1 Warum "Einzelhandel und Stadt"?

Die eigene Arbeit versucht, am Beispiel des Einzelhandels diese Transformation vom Sozialismus zum Postfordismus zu analysieren und auch danach zu fragen, wie Leitbilder der "neuen" Stadt umgesetzt werden, um neuerliche Fehlentwicklungen einzudämmen.

Dabei steht "Einzelhandel" geradezu als Metapher für wirtschaftlichen und sozialen Erfolg oder Mißerfolg einer Stadt. Historisch stellt Handel gar eines der wesentlichsten Elemente für die Entwicklung des Städtewesens überhaupt in Form von Märkten und Messen dar. Der lokale Einzelhandel spiegelt die Konsumfähigkeit seiner Bewohner und den Status seiner Versorgungszentralität in der regionalen bis hin zur internationalen Zentrenhierarchie wider. Über die steuerlichen Abgaben, die der Kommune auch aus dem Einzelhandel zufließen, werden in einem sozial verpflichtenden Gesellschaftssystem zudem Leistungen wie Bildungs- und Kulturangebote mitfinanziert, die ansonsten keine privaten Anbieter finden würden. Einzelhandel wird in seiner Vielfalt an Warenangeboten und Betriebstypen, als Stätte des Schauens ("people-watching"), des Ausprobierens und des Konsumierens zum "Schaufenster der Stadt". Räumliche Entwicklungen der letzten Jahrzehnte v. a. in den USA sowie der unaufhaltsame Betriebstypenwandel im Einzelhandel entwerfen jedoch folgendes Szenario: Der Einzelhandel kann ohne "die" Stadt überleben - kann aber "die" Stadt ohne Einzelhandel leben?

3.2 Stand der Forschung

Die "Verödung" städtischen Einzelhandels (d. h. Umsatzrückgang; Rückgang bzw. Verdrängung mittelständischen lokal verwurzelten Einzelhandels zugunsten national und international agierender Filialsysteme) wird insbesondere auf ein international auftretendes und in den Erfahrungen des amerikanischen *urban sprawl* begründetes Phänomen, die Entstehung von *shopping centers*, zurückgeführt (GILLETTE 1985). Diese breiteten sich in den USA seit den 50er Jahren landesweit aus, das erste deutsche Shopping Center "auf der grünen Wiese" außerhalb der Stadtgrenzen entstand im Jahre 1964 mit dem Main-Taunus-Zentrum bei Sulzbach. Weil der Begriff "Shopping Center" oder "Einkaufszentrum" in der Handelspraxis nicht eindeutig definiert ist, wird nachfolgend immer auf die begriffliche Abgrenzung im Sinne des Deutschen Handelsinstituts Köln (DHI 1991) Bezug genommen. Demnach umfaßt ein Einkaufszentrum eine Mindestverkaufsfläche von 10.000 qm oder eine Mindestgeschäftsfläche von 15.000 qm und wird als räumliche Einheit von einem zentralen Management verwaltet, das die autonomen Handlungsspielräume eines jeden Mieters im Gesamtinteresse des Einkaufszentrums beschneiden kann. Empirische Untersuchungen haben belegt, daß insbesondere sog. nicht-integrierte Standorte außerhalb der Städte den Citys vielfältige Nachteile in Form von Umsatzeinbußen, Steuerverlusten, verkehrlichen und ökologischen Problemen beschert haben (ROSENKRANZ 1991). In der Regel beschäftigen sich diese Analysen - teilweise systematisierend - mit der westdeutschen (HEINEBERG 1980; POPP 1984; HEINEBERG & MAYR 1986; HATZFELD 1988; KULKE 1993a) und bisher nur vereinzelt und punktuell mit der ostdeutschen Situation (HEINEBERG bereits 1977; SCHÖLLER 1987; SEDLACEK 1991; MEYER 1992; BUCHHOFER & LEYKAUF 1993; Urbanicom 1993; DEN HARTOG-NIEMANN & BOESLER 1994; JÜRGENS 1994a und 1994b; MEYER & PÜTZ 1997). Negative Effekte auf Ziele der Raumordnung oder die städtebauliche Entwicklung werden dabei nicht nur Einkaufszentren, sondern auch sonstigen großflächigen Einzelhandelsbetrieben im Sinne der (deutschen) Baunutzungsverordnung zugeschrieben (vgl. WEILER 1991). Planungsbehörden versuchen deshalb zumindest im Grundsatz, entsprechende Betriebe (ab 700 qm Verkaufsfläche) so restriktiv wie möglich zu genehmigen (Strukturwandel... 1988), können doch schon die kleineren großflächigen Einzelhandelsbetriebe unterhalb der Ebene von Einkaufszentren städtische Zentralität empfindlich stören.

Die auffälligsten und in ihren Konsequenzen auf die städtische Entwicklung "gefährlichsten" Handelsagglomerationen bleiben jedoch die Shopping Center am Stadtrand, die als "künstliche" Zentren im historisch gewachsenen Städtesystem entstanden sind. Seit den 60er Jahren hat dieser Betriebstyp in einer immer stärker diversifizierten Funktionalität verschiedene Generationen durchlaufen und ist längst nicht mehr nur ein Ort zum Einkaufen (GOSS 1993). Vielmehr hat sich das Shopping Center zu einer Freizeiteinrichtung gewandelt und lädt neben dem Einkaufsbesuch zu weiteren Aktivitäten ein (*one-stop-shopping*; *multi-purpose-shopping*; HEINRITZ & SITTENAUER 1992).

Architektonisch wird darüber hinaus versucht, in der Anordnung von Ladengeschäften in Form von Ladenzeilen, Passagen oder Galerien, in der Begrünung und Möblierung dieser Einrichtungen ein urbanes Ambiente "auf der grünen Wiese" nachzustellen, ohne daß die Kunden von Parkplatzproblemen oder innerstädtischer Kriminalität (oder vom schlechten Wetter, sofern das Einkaufszentrum überdacht ist) geplagt wären. Hat sich der westdeutsche Einzelhandel zumindest einige Jahrzehnte auf diese Herausforderung einstellen können, waren die ostdeutschen Städte mit einer maroden Bausubstanz, dem kleinflächigen Ladenbesatz und einer komplizierten Rechtssituation (Restitutionsansprüche) konfrontiert und befanden sich selbst noch im marktwirtschaftlichen Umbruch, als sie mit den Einkaufszentren der ersten Stunde nach der Wiedervereinigung schon im Wettbewerb standen. Erschwerend kommt hinzu, daß nicht nur sehr viele, sondern nach westdeutschem Standard auch flächenmäßig überdimensionierte Einkaufszentren entstanden bzw. noch in Planung sind. Die zeitlich verzögerte Implementierung westdeutschen Baurechts nach der Wiedervereinigung erlaubte diese irreparable Entwicklung. Die Frage ist, inwieweit die Städte auf diese Herausforderung reagieren und möglicherweise auch attraktive Elemente des Betriebstypus "Shopping Center" in den Innenstädten übernehmen können. So interpretiert BROWN (1987b: 192) den Ausgang dieses Szenarios in dialektischer Hinsicht. Demnach ist das traditionelle Stadtzentrum die These, die Modernität des Shopping Centers die Antithese und die notwendige Antwort der Stadt hierauf die Synthese in Form ihrer Revitalisierung.

Bereits Mitte der 50er Jahre, kurze Zeit nach der räumlichen Ausbreitung von randstädtischen Shopping Centern in den USA, betonte Victor Gruen, Pionier in der Entwicklung von Einkaufszentren, die innovativen Impulse, die von diesem Betriebstyp für einen Aufschwung der in ihrer wirtschaftlichen Bedeutung stagnierenden oder schrumpfenden Innenstädte ausgehen. "Now that large regional shopping centers have been planned, constructed, and successfully operated, they are ready to pay back part of the debt owed to the old downtown district by serving as testing and proving grounds of ideas and for the renewal of our city cores" (zitiert nach GILLETTE 1985: 454). So fanden bisher folgende Entwicklungen in den Innenstädten ihren Ursprung oder Anstoß in der Struktur suburbaner Shopping Center:

- eine großzügig ausgebaute Infrastruktur für den fließenden und ruhenden Verkehr, um Kunden in die Innenstadt zu führen,

- die Trennung von Fußgänger- und Autoverkehr in Form innerstädtischer Fußgängerzonen, um ein angenehmes Einkaufen zu gewährleisten (MONHEIM 1980; HAJDU 1988),

- ein City-Management, um die Annehmlichkeiten des Kunden durch vereinheitlichte Ladenöffnungszeiten, gemeinsame Veranstaltungen der Geschäfte und abgesprochene Sicherheitsvorkehrungen zu erhöhen.

Darüber hinaus wird sog. Stadtmarketing immer wichtiger, das als Instrument der Koordinierung die unterschiedlichsten "Betroffenen" (Kommune, Handel, Bewohner, Verbände, Wissenschaft) innerstädtischer Probleme zusammenführen will, um gemeinsam Konzepte zur Steigerung der Attraktivität von Städten mittels Betonung "weicher Standortfaktoren" zu erstellen (SCHALLER 1993; ALBESHAUSEN 1994). Handelt es sich hierbei um eine (gesamtstädtische und vielfach recht theoretische) Makroebene des Erfahrungsaustausches, lassen sich auf der Mikroebene die ganz persönlichen Probleme betroffener Einzelhändler durch Gruppendiskussionen und Händlerstammtische sehr viel eher ansprechen und vor Ort Lösungsstrategien aufzeigen. Das Zentrum für Arbeits- und Organisationsforschung e. V. (ZAROF) beschreitet diesen Weg in Leipzig, um kleine regional konzentrierte Einzelhändler mit ähnlichen Marktproblemen branchenübergreifend in kommunale Netzwerke einzubinden (ZAROF 1995). Der Vermarktung einer ganzen Stadt wird hier das Marketing eines Stadtteilzentrums oder auch nur einer Einkaufsstraße gegenübergestellt. Dieser langwierigen Revitalisierungs-Strategie der internen Diversifizierung, die auf Selbsthilfe und die Suche nach Marktnischen setzt, stellt FRIEDRICHS (1994) die kurzfristigen Erfolg versprechende sog. Zugpferd-Strategie (z. B. Sonderveranstaltungen in einer Einkaufsstraße) und die Strategie der externen Diversifizierung (neuer Discounter erhöht zum erwarteten Vorteil aller Geschäfte die Kundenfrequenz) gegenüber. Welche Strategie letztlich verfolgt wird, sollte jedoch nicht nur von "korporativen Akteuren" (FRIEDRICHS 1994), sondern auch von der Bevölkerung, die einen stadt- und sozialverträglichen Handel erwartet (HATZFELD 1991), beeinflußt werden.

3.3 Ziele und Untersuchungsmethoden

Im Mittelpunkt auch der nachfolgenden Diskussion steht der Dualismus "Einkaufszentren-Innenstadt" (ausgeklammert bleiben die Konsequenzen im ländlichen Raum) unter den besonderen städtebaulichen Gegebenheiten Ostdeutschlands über die ersten sieben Jahre nach der Wiedervereinigung. Erklärt werden sollen die räumliche Transformation der Strukturen im Einzelhandel anhand der internen (betriebswirtschaftlichen), vor allem anhand der externen (demographischen, sozialen und institutionellen) Faktoren. Die Aktualität räumlicher und gesellschaftlicher Veränderungen hat noch keine längerfristige Analyse des Spannungsbereiches "Innenstadt - Grüne Wiese" erlaubt. Vorliegende Arbeiten zur Versorgungssituation - für die Zufriedenheit der Bevölkerung eine maßgebliche Größe mit weitreichenden politischen Konsequenzen - konnten bisher nur kurzfristige Momentaufnahmen und Trends vermitteln, die häufig keine empirische Grundlage hatten, um über Mutmaßungen westdeutscher (qualitativer) Erfahrungen hinaus auch quantitative Aussagen zu Kundenstrukturen in ostdeutschen Innenstädten und an Peripheriestandorten zu treffen. Der eigene Beitrag versucht, den Systemwandel über einen längeren Zeitraum mittels mehrfach durchgeführter Bestandsaufnahmen und Befragungen zu verfolgen. Die Analyse basiert

- auf der Makroebene der Neuen Bundesländer, um allgemeingültige Aussagen zu den Erfahrungen der Versorgungstransformation machen zu können,
- auf der Mikroebene ausgewählter Städte, um kleinräumig auftretende Versorgungsprobleme und Revitalisierungsbemühungen aufzuzeichnen,
- in einer Synthese beider Ebenen, um spezifische Revitalisierungsvarianten in ihrer Bedeutung zu verallgemeinern.

Folgende Fragen stehen im Mittelpunkt der Untersuchung:
1. Welche Konsequenzen ergeben sich aus der Veränderung des Versorgungsnetzes für die Bevölkerung? Welche Bevölkerungsgruppen profitieren, welche sind "Verlierer" dieser Entwicklung?
2. Mit welchen Problemen werden Kunden in der Stadt konfrontiert, so daß sie auf die Peripherie ausweichen?
3. Verändern sich die Kundenstruktur und -einzugsgebiete von Stadt und Einkaufszentren über die Zeit und warum?
4. Inwieweit schaffen sich die Standorte an der Peripherie im Rahmen der beginnenden Suburbanisierung ihre "eigenen Städte"?
5. Welche Maßnahmen sind vorstellbar, die Attraktivität und Leistung des städtischen Einzelhandels gegenüber der Peripherie zu stärken?
6. Was ist nach sieben Jahren Wiedervereinigung eigentlich noch das "Besondere" an der ostdeutschen Einzelhandelssituation?

Die Fragen zielen darauf,
-das Ausmaß quantitativer und qualitativer Veränderungen im Einzelhandel (Verkaufsflächen, -typen; Warenangebote; Beschäftigtenanzahl; räumliche Verbreitung; Umsatzzahlen; Wettbewerb) nach 1990 deutlich zu machen. In einer **genetischen und dynamischen Sichtweise** sollen die Dimensionen der Transformation analysiert werden.

-den **funktionalen Bedeutungswandel** des Einzelhandels für die ostdeutschen Städte herauszustellen. Dieser Komplex zielt einerseits auf den Gegensatz "räumliche Expansion contra Rückzug des Einzelhandels aus der Fläche". Wie vermischen oder entmischen sich Daseinsfunktionen in der postsozialistischen Stadt ("Versorgungsfunktion im Raum")? Andererseits soll charakterisiert werden, wie sich der Stellenwert der Versorgungsfunktion ("als Raum") in der Gesellschaft verändert hat.

-die **strukturellen Veränderungen** im Einzelhandel aufzuzeigen. Das betrifft aus Sicht der Einzelhändler insbesondere die Einführung neuer Betriebstypen und Angebotsformen, aus Sicht der Kunden insbesondere die Einführung neuer und individualisierter Konsumwünsche.

-nicht nur die internen Akteure (Einzelhändler-Kunden) zu berücksichtigen, sondern auch **externe Akteure**, die Einzelhandel institutionell **gestalten können**. Letztere haben die politische Macht inne, um die sozialen und wirtschaftlichen Spielregeln festzulegen, die die unterschiedlich weiten (d. h. liberal oder restriktiv gehandhabten) Entwicklungskorridore für die Entfaltungsmöglichkeiten des Einzelhandels definieren.

-in einer **prognostischen und synthetischen Sichtweise** aller internen und externen Akteure des Einzelhandelsgeschehens zukünftige Entwicklungen, Probleme und Lösungsmöglichkeiten aufzuzeigen.

Hierzu tragen
a) Archivarbeiten und sonstige Quellenstudien (u. a. im Bundesarchiv Potsdam/Hoppegarten, im Sächsischen Staatsarchiv Leipzig, im Bundesamt für Statistik Berlin; Zeitungsarchive; Internet Online-Archive) und
b) eigene empirische Untersuchungen bei. Letztere umfassen Kunden- und Einzelhändlerbefragungen, Expertengespräche und zeitlich vergleichende Nutzungskartierungen in ausgewählten Städten (siehe Kap. 9.1).

3.4 Datenlage

Aufgrund der Aktualität ist die Datenlage zum Thema Stadt und Einzelhandel in den Neuen Bundesländern bisher eher begrenzt. Sind die Erfahrungen in Westdeutschland mit großflächigen Einzelhandelsbetrieben wissenschaftlich breit und langfristig dokumentiert, liegen bisher nur wenige empirisch untermauerte Ergebnisse für Ostdeutschland vor (z. B. GRONER & ZÖLLER 1993; DEN HARTOG-NIEMANN & BOESLER 1994; MEYER 1992 u. 1995). Verschiedene Projekte am Umweltforschungszentrum Leipzig, Zentrum für Arbeits- und Organisationsforschung (ZAROF) Leipzig oder am Institut für Ökologische Raumentwicklung (IÖR) Dresden beschäftigen sich mit dem Wandel im Einzelhandel aus räumlicher, aber auch aus soziologischer Sicht. Einzelne Veröffentlichungen liegen zu dieser Thematik vor (z. B. KALUZA u.a. 1994). Mehrere Diplom- und Doktorarbeiten (der Geographie, aber vor allem der Betriebswirtschaft) haben sich darüber hinaus zwischenzeitlich dieses Problems angenommen (z. B. MARKOWSKI 1991; HERGERT 1991; HÄCKEL 1992; PÜTZ 1993; KRAUT 1996; PROKSCH 1997). Im Rahmen einer generelleren Diskussion zur Stadttransformation haben zudem Stadtsoziologen, Architekturkritiker und Stadtplaner die Entwicklungen im Einzelhandel für ihre Analysen aufgegriffen (z. B. SCHABERT 1990; KRÄTKE 1991; SCHÄFERS & WEWER 1996; KOOLHAAS 1996).

Wichtige Gesprächspartner, die Daten narrativ vermitteln, sind häufig ehemalige Mitarbeiter der Abteilungen "Handel und Versorgung" der Städte, die nach dem Umbruch Unterlagen zu Hause gelagert und noch zur Endphase der DDR Bestandsaufnahmen des Einzelhandelsnetzes durchgeführt haben. Hierdurch können die Situation von vor 1990 rekonstruiert und die aktuellen Veränderungen sowie die "Ausdünnung" der Nachbarschaftsversorgung beurteilt werden. Ein sehr frühes Interesse am Zustand und an der Ausbreitung des DDR-Einzelhandelsnetzes zeigten auch Unternehmensberatungsgesellschaften und Agenturen des Immobilien- und Maklerwesens, die in Form von Gutachten Ansiedlungsbegehren westdeutscher Einzelhandelsfilialisten bearbeiteten. Doch beschränkt sich ihr Interesse auf die Inventarisierung des Einzelhandels und die Berechnung betriebswirtschaftlicher Kennzahlen. In der Regel sind diese Unterlagen unveröffentlicht bzw. Auftragsarbeiten für ein einzelnes Unternehmen oder Kommunen gewesen. Kontakte zu Stadtplanungsämtern und Industrie- und Handelskammern haben es zumindest in Einzelfällen ermöglicht, diese Papiere einzusehen.

Der Aufbau eines Systems statistischer Ämter, die sich im Gegensatz zur DDR-Tradition auch der Öffentlichkeitsarbeit verpflichtet sehen, ermöglicht darüber hinaus, auch kleinräumige Daten zur Stadtentwicklung und zur Bevölkerungsstruktur (potentielle Kunden) abzufragen. Im Gegensatz zur offiziellen Einzelhandelsnetzberichterstattung der DDR mit detaillierten Angaben über Verkaufsraumfläche in qm und Bauzustandsstufe hat sich die Situation in der Datenvollständigkeit von Einzelhandelsbetrieben (im Überschneidungsbereich der Zuständigkeit von IHKs und Handwerkskammern) eher verschlechtert. Es gibt keinen wirklich gesicherten Überblick darüber, wieviele Einzelhandelsbetriebe in einer Stadt oder auf einer kleineren räumlichen Einheit existieren, weil z. B. die Anzahl von Filialbetrieben oder mobilen Verkaufseinrichtungen nicht aus der Mitgliedschaft der IHK oder aus der Handwerkerrolle zu entnehmen sind. Kartierungen und Befragungen sind notwendig, um hier ein vollständiges Bild zu erlangen. Ähnliche räumliche Zuordnungsprobleme ergeben sich bei der Handels- und Gaststättenzählung, in der die Ergebnisse der Zählung nach Arbeitsstätten sog. Mehrländerunternehmen in einem Länderaustausch regionalisiert werden, die lokale Eindeutigkeit der Ausweisung von Daten jedoch nicht zu gewährleisten ist (vgl. Land Brandenburg 1995: 6). 1993 ist diese Erhebung (Umsatzzahlen, Arbeitsstätten) erstmals für Gesamtdeutschland durchgeführt worden. Verschiedene lobbyistische Vereinigungen wie z. B. der Hauptverband des Deutschen Einzelhandels (HDE) oder die Bundesarbeitsgemeinschaft der Mittel- und Großbetriebe des Einzelhandels (BAG) stellen ebenfalls detailliertes (im seltensten Fall jedoch regional oder gar lokal aufgeschlüsseltes) Zahlenmaterial zur Verfügung.

3.5 Aufbau der Arbeit

Die Dynamik im ostdeutschen Einzelhandel, die sich vor allem als Stadt-Umland-Problematik charakterisieren läßt, wird im nachfolgenden auf verschiedenen Ebenen diskutiert.

1. Die **theoretische normative Ebene** greift zunächst den Begriff der Transformation in ihrer historischen Einmaligkeit, im Ablauf, in ihren Inhalten und Restriktionen auf. Zugleich ist klarzustellen, daß zeitlich parallel stattfindende Prozesse zur Transforma-

tion in Form globalen Wandels und lokaler Transition existieren (Abb. 1; Abb. 2). Drei verschiedene, jedoch interdependente Entwicklungsstränge bestimmen deshalb den ostdeutschen Einzelhandel und die Stadtentwicklung. Diskutiert werden diese Stränge auf der großräumigen planerischen Ebene der zentralen Orte, auf der Mikroebene der Betriebstypen im Einzelhandel und auf der räumlich vermittelnden Ebene des Kundenverhaltens.

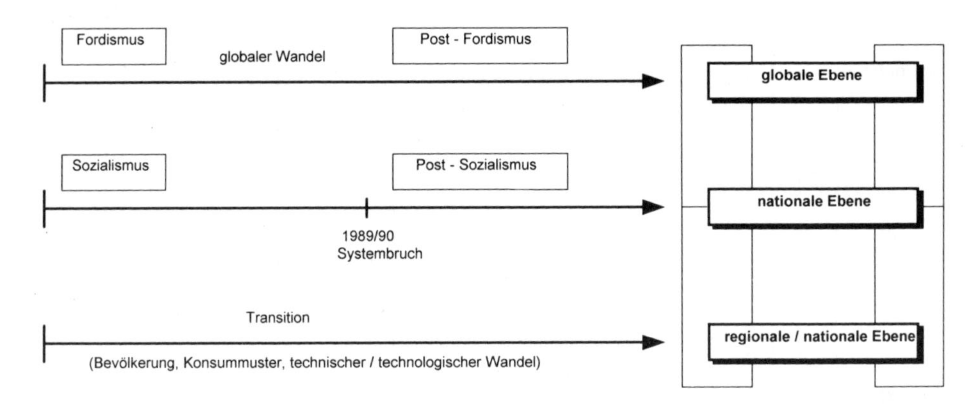

Abb. 1 : Einordnung der Transformation in die Transition und den globalen Wandel
Quelle: eigener Entwurf

2. Die **historische Ebene** untersucht die divergenten Entwicklungen zwischen west- und ostdeutschem Einzelhandel während der DDR-Zeit, verweist aber auch auf das ursprünglich gemeinsame Erbe beider "Stadttypen", das noch aus der "bürgerlichen Zeit" stammt. Inwieweit haben sich die Verkaufskulturen zur DDR-Zeit jedoch auseinanderentwickelt? Welcher "Nachholbedarf" wird im Sinne der Modernisierungstheorie von den gesellschaftlichen Akteuren für die Neuen Bundesländer hieraus geltend gemacht?

3. Die **empirisch-analytische Ebene** diskutiert anhand kleinräumiger Fallbeispiele "Einzelhandelstransformation vor Ort". Vielfältige Akteursgruppen haben unterschiedliche Handlungsstrategien entwickelt, sich diesen Veränderungen anzupassen. Konfrontiert werden sie jedoch in unterschiedlicher Weise mit Handlungsrestriktionen, weshalb die Transformation "Gewinner" und "Verlierer" kennt. Aufgezeigt wird, welche Spielräume die "Verlierer" selbst haben (interne Möglichkeiten) bzw. welche Erwartungen sie von externer Seite haben, ihre Handlungsposition zu verbessern.

4. Die **generalisierende synthetische Ebene** stellt insbesondere die wirtschaftlichen, sozialen, städtebaulichen und planerischen Konsequenzen aus der Transformation in den Vordergrund. Welche Angebots- und Konsumstrukturen zeichnen sich über die Grenzen einzelner Fallbeispiele hinweg ab? Welche Lösungsvorschläge sind vorstellbar und vor allem umsetzbar, um ostdeutsche Städte gegenüber ihrem Umland zu vitalisieren? Darf

sich aber auch die Zentrenhierarchie mutationsähnlich schnell ändern?

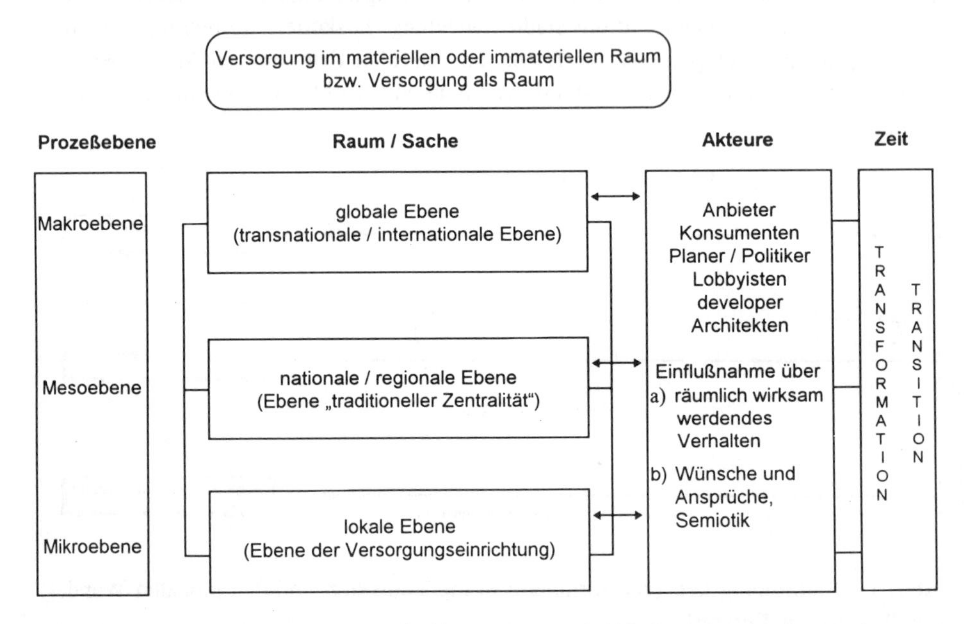

Abb. 2: Die Funktion Versorgung in ihrer Akteursvielfalt im Raum-Zeit-Kontinuum
Quelle: eigener Entwurf

4. Transformation der Versorgung versus "Handel im stetigen Wandel": Zur Dynamik von Einzelhandelsstandorten

4.1 Transformation

4.1.1 Was ist Transformation?

Das einzigartige räumliche und zeitliche "setting" der gesellschaftlichen Veränderungen in Osteuropa und damit auch in der DDR wird mit dem Begriff der postsozialistischen Transformation oder der sog. Wende belegt. KOLLMORGEN (1994: 383) definiert Transformationsprozesse als "längerfristige, komplexe, sukzessive Wandlungsprozesse von definierbaren Gesellschaften bzw. Teilbereichen oder Systemen von einem Ausgangszustand in einen angebbaren ... Folgezustand unter bestimmten Übergangserscheinungen", wobei GROS & STEINHERR (1995: 235ff.) den grundlegenden Bruch dieses Prozesses mit der Vergangenheit herausstellen. Obwohl Transformationsprozesse historisch nicht neu sind (z. B. Deutschland und Japan nach 1945; Obristenherrschaften in Südeuropa in den 70er Jahren) (REIßIG 1993: 6), zeichnen sich der Systembruch und der darauffolgende Wandel in Osteuropa gegenüber ihren Vorgängern durch eine

Besonderheit aus. In Form einer "doppelten Transformation" erfolgte nicht nur der Umbau auf politisch-institutioneller Ebene von einem autoritären oder totalitären hin zu einem demokratisch-pluralistischen Rechtssystem, sondern auch auf sozioökonomischer Ebene. Der Übergang von der Kommando- zur (sozialen) Marktwirtschaft beinhaltete hier vor allem die Übernahme der privaten Eigentumsordnung, die Beendigung staatlicher Abschottungspolitik gegenüber dem nicht-sozialistischen Ausland und die Liberalisierung und Ausdifferenzierung sozialer und wirtschaftlicher Verhaltensweisen eines jeden einzelnen. Insgesamt handelt es sich also um eine umfassende Systemtransformation, die als "revolutionärer Prozeß" (MANN 1991: 73) alle in einem interdependenten Zusammenhang miteinander verbundenen Teilordnungen erfaßt und verändert. Kein Lebensbereich bleibt ausgeklammert, obwohl der Wandlungsprozeß einzelne Sektoren schneller erfaßt als andere. Transformation erfolgt somit nicht monolithisch und zeitlich linear, sondern raumzeitlich selektiv und sprunghaft, wodurch diesem Prozeß von betroffenen Akteuren "Chaos und Orientierungslosigkeit" (MANN 1991: 73) unterstellt werden kann. Ist der "Umbau von Institutionen" als gesellschaftlicher Überbau der Transformation in einer Form "schöpferischer Zerstörung" relativ kurzfristig zu bewerkstelligen, beinhalten die "soziokulturellen Rahmenbedingungen" (SUNDHAUSSEN 1995: 78) ein mehr oder weniger hohes Trägheitsmoment. Sie umfassen Werte und Normen, Mentalitäten, Traditionen und Praktiken (MANN 1991: 72) der Gesellschaft, die sich anhand bisheriger historischer Erfahrungen nur über lange Zeiträume, jedoch zumindest nicht zeitlich parallel zum institutionellen Wandel, anpassen (SUNDHAUSSEN 1995: 79). KLOTEN (1991: 21) unterscheidet deshalb auch "transitorische Stadien" innerhalb eines Transformationsprozesses, die für einzelne zeitliche Phasen phänotypisch abgrenzbare Ergebnisschübe widerspiegeln. Letztere reproduzieren dabei die Handlungsfähigkeit der "neuen" Institutionen, aber auch das Widerstandspotential des sozialen Umfeldes gegenüber den Veränderungen.

4.1.2 Worauf zielt Transformation? - Leitbilder und Strategien

Der in einem instabil gewordenen System ablaufende Transformationsprozeß muß seinen Start- und Zielpunkt kennen, um erfolgreich abzuschließen. Die Transformationsziele können sowohl von normativ gesetzten Leitbildern als auch von vielfältigen Forderungen und Erwartungen politischer und wirtschaftlicher Akteure bestimmt sein (SUNDHAUSSEN 1995: 77). Aufgrund von Interessendivergenzen, Interessenverlagerungen über die Zeit und Kompromißlösungen zwischen den einzelnen Akteursgruppen bleibt der zeitliche Rahmen für die Umsetzung der Transformationsziele unvorhersehbar. Eine "Verwässerung" der ursprünglich erstrebten Ziele ist wahrscheinlich.

Woher stammen die Zielvorgaben? Im Fall der postsozialistischen Transformation orientieren sie sich an dem im Systemvergleich im Kapitalismus "funktionierenden" Institutionen, die Wohlstand und Glück "produzieren" und dies über einen langen empirischen Zeitraum hinweg garantiert haben (REIßIG 1993: 9). Im Grundsatz soll die Gesellschaft im Umbruch erneuert, d. h. modernisiert werden, wobei MÜLLER (1995: 44) aufzeigt, daß der heutige Begriff von "Modernisierung" dem "Primat der Ökonomie" unterworfen ist und Inhalte wie "soziale Gerechtigkeit" seit den 80er Jahren stark an Bedeutung verloren haben. Reform oder Transformation legitimieren sich vor allem über ökonomische Erfolge, wenn möglich über privaten Konsum. Die staatlichen Institutionen sichern nur den rechtlichen Rahmen, in dem die Privatpersonen diesem Konsum und individueller Nutzenmaximierung nachgehen wollen. Die Entwicklung in Osteuropa zielte deshalb auf eine "nachholende" oder imitierende Modernisierung, um einen vergleichbaren Entwicklungsstand wie die "westliche" Vorbildgesellschaft zu erreichen bzw. in eine vergleichbare Entwicklungsdynamik einzumünden. Letztere ist sowohl für die selbst unter permanentem Modernisierungsdruck stehende Vorbildgesellschaft als auch für die Transformationsgesellschaft, die sich hieran gekoppelt hat, unbekannt. Nach ZAPF stellt "Transformation also eine Teilmenge ´nachholender Modernisierungsprozesse‘ innerhalb der Gesamtheit der prinzipiell offenen ´weitergehenden Modernisierung‘" dar (ZAPF 1996: 67). Zwei Gefahren verbinden sich mit einer "unkritischen Modernisierung": Erstens, die eher kurzfristige Sichtweise auf die Realisierung der Transformationsziele versperrt die Sicht auf Entwicklung und Modernisierung nach der Transformation; zweitens, die Koppelung an die Modernisierungsprozesse in der Vorbildgesellschaft führt dazu, daß "bereits selbst korrekturbedürftige Strukturen der Vorbilder kopiert werden" (KLEIN 1994: 41). Vielfach wird "vergessen", daß sich das Vorbild zeitgleich zur Transformation und in Wechselwirkung fortentwickelt und verändert und wünschenswerte Transformationsziele zwischenzeitlich selbst entwertet, weil es auf externe nicht steuerbare Entwicklungen zu reagieren hat. Um so gefährlicher ist es für die Transformationsgesellschaft, nur auf "nachholende" ("Aufholjagd" nach BIEDENKOPF 1994: 62) und nicht auf eine "flexible" Modernisierung zu zielen, die den Wandel an den spezifischen historischen Voraussetzungen und gesellschaftlichen Verhältnissen vor Ort ausrichten kann (vgl. REIßIG 1994: 20). KLEIN (1994: 41) spricht von "doppelter Modernisierung", die nachholende sowie spezifische Bedingungen beinhaltet. Doch ist dieser Ansatz davon abhängig, wie autonom und kenntnisreich die Transformation/Modernisierung von Akteuren vor Ort umgesetzt werden kann, ob also die Transformation "von innen" (aus der Transformationsgesellschaft selbst) heraus oder "von außen" gesteuert wird.

4.1.3 Wer sind die Akteure der Transformation?

Die Einmaligkeit der Entwicklungen in den Neuen Bundesländern gegenüber der Transformation in Osteuropa zeichnet sich nicht nur durch einen Institutionentransfer, sondern auch durch massive finanzielle Zuweisungen und Personentransfers aus dem Westen aus. Die Inkorporation Ostdeutschlands in die Bundesrepublik Deutschland, und hiermit war die Arbeitsfähigkeit neuer Rechts- und politischer Entscheidungsträger gemeint, mußte zunächst mit Hilfe westdeutscher Eliten gesichert, der Systembruch infolge schockartig durchgeführter Reformen irreversibel gemacht werden (VON BEYME 1996: 306). Die ideologisch geprägten ostdeutschen Eliten fielen zunächst in ein "systemisches Loch" (KOLLMORGEN 1994: 391). Westdeutsche Leihbeamte, Kapitalinteressen und gesellschaftliche Leitbilder traten als "Lenker" und aktiv Formende in den Neuen Bundesländern an bzw. gaben die Zielkorridore vor, um die soziale Integration der Neuen Bundesländer (NBL) in kürzester Zeit auf das Niveau der alten Bundesrepublik zu bringen. Die ostdeutsche Bevölkerung selbst übernahm eher den passiven Part bei der politischen Neugestaltung der NBL. Entpolitisierung, der Rückzug ins Private und die Flucht in einen bisher unbekannten Konsum lösten die von sozialer Egalität und politischer Autorität bestimmte alte Lebensweise kurzfristig ab. Im Sinne Schumpeters lassen sich dabei zwei Akteursgruppen in ihrer Reaktion auf den Systembruch unterscheiden: Auf der einen Seite sind es die sog. Wirte, die verharren und abwarten oder der Veränderung ablehnend gegenüberstehen; auf der anderen Seite sind es die "dynamischen Unternehmer", die die Veränderung als persönliche Chance zur Ressourcenmobilisierung und Kreativität (vgl. KOLLMORGEN 1994: 391) nutzen. Die Explosion der Anzahl "neuer Selbständiger" 1990/91 war Ausdruck dafür, mit den Chancen der Marktwirtschaft erstmalig selbst zu "experimentieren" (KOCH u.a. 1993: 277).

Die Antwort der Transformation auf die weitestgehende soziale Egalität der DDR war soziale Ausdifferenzierung auf der Suche nach individueller Verwirklichung. Tiefgreifende sozioökonomische Verwerfungen, die den Anpassungsprozeß von der Kommando- zur Marktwirtschaft als einen Prozeß der Entindustrialisierung und Entbürokratisierung Ostdeutschlands widerspiegeln, drängten viele Erwerbstätige geradezu in die Selbständigkeit, um einer bis dato unbekannten Arbeitslosigkeit zu entgehen, andere zur Abwanderung in die "Ausweichwirtschaft" (d.h. Westdeutschland) (KLOTEN 1991: 10). Die Gesellschaft differenzierte sich aus in Gewinner und Verlierer des Transformationsgeschehens, wobei letztere nicht nur an objektiven "Modernisierungsblockaden" (z. B. Rechtsunsicherheit, fehlende Arbeitsplätze, Kapitalmangel), sondern auch an subjektiven, d.h. an einer Modernisierung hinderlichen Mentalität und Verhaltensmustern, zunächst gescheitert sind (REIßIG 1994: 18; HRADIL 1996b).

Der in der Bevölkerung verankerte Bonus des Transformationsbeginns in Form "großzügiger, aber einmaliger und unwiederholbarer Gratifikationen" (Währungsreform) (WIESENTHAL 1995: 139) ist aufgebraucht. Nicht nur Vertreter der ehemaligen Nomenklatura, sondern auch jene, die den Systemwandel ursprünglich wollten, nutzen nunmehr die nach dem kommunistischen Machtmonopol entstandene "Machtinflation" (MÜLLER 1995: 41), um ihre vielfältigen Interessen über Parteien, Interessenverbände oder Bürgerinitiativen in den öffentlichen politischen Diskurs einzubringen. Hierdurch werden sowohl zukünftige Transformationsziele in Frage gestellt als auch diejenigen, die bereits verwirklicht schienen, weil sie in einer Nachfolge- bzw. Schadensbegrenzungsdiskussion neu aufgegriffen werden. In Anknüpfung an die "guten Seiten" des vorherigen paternalistisch-sozialen Systems werden alte Werte und Normen, Symbole und (regionale) Partikularinteressen als Schutzmechanismus vor einer "so nicht" gewollten Transformation wiederbelebt.

4.1.4 Wie kontrollierbar ist Transformation? Wechselwirkung zwischen nationalem und globalen Wandel

KOLLMORGEN (1994: 387) unterscheidet zwischen "internen" Transformationsdimensionen und exogenen, d. h. dem Handlungsspielraum der eigentlichen Transformationsgesellschaft weitestgehend entzogenen Einflußfaktoren. Nicht nur setzte 1990 der Transformationsprozeß im Sinne eines "Mit-sich-selbst-Beschäftigtseins" spontan ein, sondern man öffnete sich auch allen gesellschaftlichen Einflüssen der "äußeren" westlichen Welt, vor der sich die sozialistischen Regierungen mehr als 40 Jahre abgeschirmt hatten. Kurzfristig kreuzten sich die Ziele der vorbildgebenden und der auf nachholende Modernisierung zielenden Gesellschaften. Beide glaubten, daß "westliche Erfahrungen uneingeschränkt auf östliche Sachverhalte zu übertragen" seien (BIEDENKOPF 1994: 67). Im Extremfall sollten östliche Reformen durch minutiösen Nachbau oder Nacheifern "westlicher" Regularien gesichert werden (vgl. OFFE 1994: 71). Doch spiegelten diese nur den Entwicklungsstand der Vorbildgesellschaften und nicht den Innovationsdruck, dem sie selbst unterworfen waren, wider (BIEDENKOPF 1994: 67). Unter dieser Vorgabe scheinen "die dem Osten gegenüber gepriesenen Basisinstitutionen selbst etwas ´schimmelig'" (KOLLMORGEN 1994: 395). Der Ost-West-Konflikt (auf globaler Ebene), Kurzzeitlösungen der betroffenen Industrieländer und die (auf nationaler Ebene) für Westdeutschland einbrechende Wiedervereinigungs-Hausse verdeckten, daß neben der Transformationskrise im Osten eine zeitlich bereits länger andauernde und letztlich zeitgleich verlaufende Umbruchs- und Regulationskrise im Westen vorlag (KLEIN 1995 u. 1996).

Im Zentrum dieser Diskussion steht der tiefgreifende Wandel gesellschaftlicher Prozeßabläufe seit den 70er Jahren als Voraussetzung bzw. als Ergebnis einer umfassenden funktionalen und strukturellen Globalisierung. Hierunter wird die "Entstehung eines weltweiten Netzes von gesellschaftlichen Interaktionsformen" verstanden, die unter dem Primat der Ökonomie die Bereiche Produktion und Konsumtion zu einer "Markt-Welt" zusammenführen (NOLLER, PRIGGE & RONNEBERGER 1994b: 14). Folgende gesellschaftliche Bedingungen und Konsequenzen ergeben sich hieraus, die vor allem in der sozialwissenschaftlichen Literatur unter dem Gegensatzpaar Fordismus/Post-Fordismus sowie Moderne/Post-Moderne als Ausdruck der "Vorher-Nachher"-Dynamik thematisiert worden sind (DUNFORD 1990; TICKELL & PECK 1992; HARVEY 1992; LAGOPOULOS 1993; DANGSCHAT 1996):

a). Nach TICKELL & PECK (1992: 190) ist **Fordismus** ein industrielles System, im Sinne von HÄUßERMANN (1988: 78) jener "Typ der kapitalistischen Gesellschaftsformation", der gekennzeichnet ist von der Massenproduktion standardisierter Konsumgüter für einen ständig wachsenden Abnehmermarkt und seine politische und soziale Akzeptanz unter allen gesellschaftlichen Akteuren durch ein keynesianisches, wohlfahrtsstaatlich organisiertes Regelwerk fand (vgl. DUNFORD 1990; MAYER 1996: 20). KNAPP definiert dieses Regelwerk oder die sog. Regulationsweise als "Gesamtheit der institutionellen und immateriellen Spielregeln, die als kulturelle Praktiken, soziale Rollenmuster und Formen der politischen Intervention sich komplementär auf das Akkumulationsregime beziehen und dieses sozialkulturell und politisch-administrativ absichern" (1995: 296). Permanente Steigerung der Arbeitsproduktion, die stärker auf quantitative als auf qualitative Wachstumsziele setzte, versprach hierbei zunehmenden Reichtum für alle (vgl. HÄUßERMANN 1988: 78), um gesellschaftliche Widersprüche zwischen Kapital und Arbeit zu glätten. Es ist insbesondere die Rigidität (TICKELL & PECK 1992: 196), die die Entwicklungsdynamik des Fordismus, z.B. in Form einer strikten und unkritisch umgesetzten Industrialisierung, ausgezeichnet hat, um die für den Bestand dieses Systems notwendigen Wachstumsziele und Verteilungsansprüche zu garantieren. Die Internationalisierung der Wirtschaftsbeziehungen war noch nicht so weit fortgeschritten, um autonome auf nationalstaatlicher Basis verfolgte Regulationsformen in ihrem Erfolg in Frage zu stellen.

b). Technologischer Wandel und seine Konsequenzen (Dislozierung der Produktionsstandorte; Miniaturisierung und Computerisierung der Produktion; Entstofflichung der Produktion) und der veränderte Bewußtseinsumgang mit dem, was "Wachstum" und "Entwicklung" bedeuten ("Das Ende des Wachstums"; Rohstoffknappheit; Preisexplosion), ließen ein "blindes" Wachstum in den westlichen Industrieländern auf weitestgehend gesättigten Massenkonsummärkten nicht mehr länger zu. Sozial-, Wirtschafts- und Raumwissenschaftler identifizieren deshalb seit Mitte der 70er Jahre einen neuen flexibleren Typ von Kapitalakkumulation und begleitender Regulation, wodurch gesellschaftliches Wachstum und Wohlstand auf einer qualitativ höheren Basis als im Fordismus garantiert oder nach krisenhafter Entwicklung wiederhergestellt werden sollen. Diese teilweise als evolutionäre Fortentwicklung oder als revolutionärer Bruch zum Fordismus gedeutete Gesellschaftsformation ist in der Literatur als **Post-Fordismus** bezeichnet worden. Folgende grundsätzliche Kriterien unterscheiden diese Phase vom Fordismus:

1. SOROS (1997: 25) erkennt im jetzigen Akkumulations-Regulationssystem eine Rückkehr zum Laissez-faire-Kapitalismus, der gekennzeichnet ist von "übertriebenem Individualismus, zuviel Konkurrenz und zuwenig Kooperation". Diese Entwicklung wird von politischer Seite mit ihrem jeweils spezifischen Instrumentarium auf nationalstaatlicher, regionaler oder kommunaler Ebene im Sinne einer "Entterritorialisierung staatlicher Macht" (NOLLER u.a. 1994b: 18) billigend in Kauf genommen, um sich der

"globalen Konkurrenz" zu öffnen. Der über Jahrzehnte ausgehandelte und in der Gesellschaft verankerte nationale Rechts- und Sozialschutz orientiert sich nunmehr "flexibel" an den niedrigeren normativen Vorgaben anderer "global players", um wirtschaftliche Standortvorteile zurückzugewinnen. Unabsichtlicher Verlierer ist die "offene Gesellschaft" im Sinne Poppers (nach SOROS 1997: 25), in der soziale Solidarität und Verwirklichung im Sinne der Freiheit der Wahl und der Rede ursprünglich institutionell geschützt sind.

2. Ergebnis dieses Prozesses ist die dramatische, vor allem kurzzeitige Veränderung der Gesellschaft. DANGSCHAT (1996: 47-50) unterscheidet zwischen der sozio-ökonomischen Polarisierung (Armutsdiskussion), der sozio-demographischen Entdifferenzierung (neue familiale Strukturen) und der sozio-kulturellen Heterogenisierung (Lebensstildiskussion), die sich insbesondere in den Städten - den Knotenpunkten politischer, wirtschaftlicher und sozialer Macht - räumlich prägend niederschlagen. In Abhängigkeit von der Einkommenssituation und der räumlichen Mobilität spiegeln die gesellschaftlichen Veränderungen Zwangsanpassungen auf seiten der "global losers" und verbesserte Wahlmöglichkeiten auf seiten der "global winners" wider (vgl. HARVEY 1987: 270f.).

3. Globalisierung marginalisiert die Gesellschaft, und zugleich homogenisiert es die räumliche Ausstattung und die Wünsche der Gesellschaft. RITZER (1995) faßt diese Entwicklung unter dem Begriff der "McDonaldisierung der Gesellschaft" zusammen, die den Widerspruch standardisierter wirtschaftlicher Prozeßabläufe für immer spezifischer werdende Kundenwünsche beinhaltet (vgl. auch KORFF 1991: 357). Dieser sozialen Sektorierung der Gesellschaft stellt HARVEY aber auch die Chance räumlicher Egalisierung gegenüber und verweist dabei auf Marx, der schon von der "Urbanisierung des ländlichen Raumes" spricht (HARVEY 1987: 264): "Flexible accumulation also opens up new paths of social change. Spatial dispersal means much greater geographical equality of opportunity to lure in new activities to even the smallest towns in the remotest region. Position within the urban hierarchy becomes less significant and large cities have lost their inherent political-economic power to dominate" (HARVEY 1987: 280). Ohne daß horizontal-räumliche und vertikal-gesellschaftliche Segregation deshalb eingeebnet oder neu wären, ergeben sich in der global vernetzten Welt im Vergleich zum Fordismus andere bisher unbekannte Kombinationsmöglichkeiten räumlicher und sozialer Abhängigkeit.

c). Politisch-soziale Machtverhältnisse in einem Gesellschaftssystem spiegeln sich in kulturellen und räumlich prägenden Ausdrucksformen wider. Massenwohnungsbau und Versorgungseinrichtungen im Kastenbaustil prägten beispielsweise das Lebensmodell der fordistischen in bezug auf Produktion und Konsumtion standardisierten Gesellschaft. **"Modern"** sein war vor allem architektonisch der "Rationalität, Funktionalität und Effizienz" verpflichtet (HARVEY 1987: 261; HÄUßERMANN 1988: 78f.) und repräsentierte in seiner Monumentalität die Verbindung von "permanence, authority, and power of the established capitalist order" (HARVEY 1987: 275). **Postmodernismus** hingegen als "cultural clothing" bzw. "kulturelle Logik" des Postfordismus (vgl. JEZIERSKI 1991: 183; LAGOPOULOS 1993: 263) versucht, die Fragmentierung und Pluralisierung der Gesellschaft durch entsprechend vielschichtiges architektonisches Design als "privileged aestethic language" (DEAR 1986: 374) zum Ausdruck zu bringen. Dem modernistischen monoton wirkenden Primat der Funktion wird ein postmodernistisches Primat der Form gegenübergestellt, um die Stadt symbolisch reich, bunt und lebhaft zu gestalten (vgl. LAGOPOULOS 1993: 260). "Verpackungsarchitektur" wird zur Ausdrucksform für Festival und Spektakel und wird als "weicher Standortfaktor im internationalen Konkurrenzkampf der Städte um die Ansiedlung von Wachstumsbranchen eingesetzt" (NOLLER 1994: 199 u. 201). Fragmentierte Kunst-, Kultur und Konsumansprüche in der Gesellschaft sowie veränderte Zeitbudgets, die Freizeit und Rekreationszeit gegenüber der Arbeitszeit immer mehr in den Vordergrund geschoben haben, führen zu einer unlösbaren sozialräumlichen Verschränkung von Kommerz, Kultur und Ästhetik. Weil ursprünglich öffentliche Güter (Kultur, Bildung) in der privatisierten postfordistischen Stadt nur noch eine Teilmenge allgemeinen Kommerzes sind, werden einzelne Bevölkerungsgruppen über ihre Kaufkraft oder ihr Erscheinungsbild sozial stigmatisiert oder gänzlich ausgeschlossen. CHRISTOPHERSON (1995: 420f.) listet in ihrem Konzept der "fortress city" symbolische und bauliche Elemente auf, die den personellen Zugang zu städtischen Verkaufs- und Vergnügungsformen selektiv regeln können und postmodernistische Planung als "design of avoidance" einer zahlungsfähigen Klientel (vor Unsicherheit; Ekel; Streß) erkennen lassen.

Wohin führt das "Nachholen" im Transformationsprozeß? Die Transformation der postsozialistischen Gesellschaft in den Neuen Bundesländern (NBL) wird in ihrem "nur-nachholenden" und global vernetzten Charakter mit postfordistischen Entwicklungen konfrontiert, die, legt man ausschließlich normative Kriterien wie "soziale Gerechtigkeit" und "individuelle Entfaltungschancen" an, stark umstritten sind (z. B. HARVEY 1973; AMIN 1995; SCHÄFERS & WEWER 1996). Transformation verändert nicht nur zum "Erwünschten", "these changes have meanings that pose more immediate problems" (JEZIERSKI 1991: 178). Letztere spiegeln sich nicht nur in Form sozialer Umbrüche und veränderter Ansprüche, sondern auch im räumlichen Maßstab wider. Räume werden mit neuen Aufgaben und neuer Symbolkraft belegt, wie sie vor der Transformation nicht existierten.

4.2 Transformation und Raumstrukturen

4.2.1 Leitbild der Zentralität

Das Konzept der Zentralität ist das klassische räumliche Planungsinstrument, das vor allem auf die theoretischen Überlegungen von CHRISTALLER (1933) und LÖSCH (1940) zurückzuführen ist, ohne daß es deshalb historisch-empirisch "neu" wäre (MITTERAUER 1971). Es versucht die räumliche Verteilung von Einzelhandelsbetrieben zu erklären, nach denen sich an einzelnen Knoten innerhalb eines raumumspannenden Netzes Versorgungsleistungen konzentrieren, die sowohl für Anbieter als auch Nachfrager (im Sinne ihrer Gewinn- und Nutzenpräferenzen) räumlich und ausstattungsmäßig optimal sind. Die Landesplanung mit ihrem System von Ober-, Mittel- und Unterzentren und die Stadtplanung mit ihrer intrastädtischen Zentrale-Orte-Hierarchie (City, Nebencity, Stadtteilzentrum, lokales Versorgungszentrum) greifen auf dieses Konzept zurück, um sozialstaatlichen Erfordernissen nach Gleichwertigkeit der Lebensbedingungen und der Verbesserung der Daseinsvorsorge in allen Teilräumen des Landes oder einer Stadt Geltung zu verschaffen. Es kam sowohl in Westdeutschland als auch in Ostdeutschland vor 1990 zur Anwendung. Dabei soll es nicht nur gegenwärtige Siedlungsstrukturen erklären, sondern aktuell und zukünftig erwünschte Strukturen regulieren helfen (vgl. hingegen DIETRICHS 1966: 267). Zentralität definiert den relativen Bedeutungsüberschuß bei CHRISTALLER, den ein Ort (und seine Einrichtungen) über die Eigenbedeutung hinaus in sein Umland "abstrahlt". Die Abgrenzung des sog. Umlandes bestimmt das Ausmaß von "Zentralität" (HEINRITZ 1979a: 15). Letztere ist nicht zwangsläufig eine lineare Funktion der Einwohnerzahl des betreffenden Ortes (CHRISTALLER 1933: 26), sondern vermag über die Persistenz ererbter (historischer) Formen eine Region über lange Zeiträume zu prägen (NEEF 1972). Zentralität ist sowohl eine objektiv meßbare als auch eine subjektive von emotionalen Bindungen erfüllte Größe (BOBEK 1972: 202). So sind zentrale Einrichtungen teil-/zeitweise mit hoher Symbolkraft belegt, die soziale Interaktion und Zusammengehörigkeit sozialer Gruppen fördern können (MITTERAUER 1971: 446f.).

Orte unterschiedlichen Bedeutungsüberschusses formieren sich so zu einem hierarchischen und traditionell gewachsenen System sog. Zentraler Orte. In der Regel repräsentiert dieses System "Marktnetze für öffentlich und privatwirtschaftlich erstellte Güter und Dienste des Dienstleistungsbereichs" (DIETRICHS 1966: 260). Zentralität ist, wie es CHRISTALLER ursprünglich empirisch erfaßt hat, vor allem Versorgungszentralität (und nicht Arbeits-oder Verkehrszentralität) und wird von planerischer Seite zum "Postulieren optimaler Strukturen" genutzt (DIETRICHS 1966: 260). Letztere orientieren sich an sozialstaatlichen und hierdurch national/regional verpflichteten Leitbildern, um gleichwertige Versorgungsmöglichkeiten und Lebensbedingungen flächendeckend zu fördern bzw. zu garantieren (z. B. grundgesetzlich fixierte Pflicht der Bundespost, Briefe bundesweit und flächendeckend zuzustellen). Die leitbildorientierte Versorgungsfunktionalität des Einzelhandels drückt sich hiernach in einem bedarfsgerechten, verbrauchernahen und in zumutbarer Entfernung (vom Wohnort) liegenden Handelsnetz aus (GEßNER 1988: 7). Daß dieser Anspruch der Realität häufig widerspricht, ergibt sich aus Veränderungen im gesellschaftlichen Gefüge, die Planungsbehörden nicht kontrollieren können. Bedingt durch Migration (Suburbanisierung), erhöhten Motorisierungsgrad oder steigende Freizeit wandelt sich der Raum in seiner Nutzung oder auch nur Perzeption und zeigt sich als dynamische Größe, der die Möglichkeit "zentrenspezifischer Standortumwertungen" (GEßNER 1988: 9) offen läßt. Doch auch die von CHRISTALLER nicht vorhersehbare Revolution im Einzelhandel, die immer neue (i. d. R. großflächige) - unter Zurückdrängung "unmodern" gewordener - Betriebstypen hervorgebracht hat, führt bis heute dazu, historisch gewachsene Zentrengefüge in Frage zu stellen (vgl. BEREKOVEN 1986). Im Extremfall ist diese Zentralität (territoriale Verkaufsstellennetzplanung der DDR) bis zum letzten Ladengeschäft "von oben gesetzt" und kann in ihrer Erhaltungswürdigkeit (vornehmlich für die Konsumenten, die sich an dieses System gewöhnt haben) nur bedingt mit den Erfahrungen marktwirtschaftlicher Systeme verglichen werden.

Als planerische Zielgröße reguliert "Zentralität" solche Raumentscheidungen, die nur auf marktwirtschaftliche Gewinne zielen würden und "unterversorgte" und nichtversorgte Bereiche entstehen lassen. Um der "passiven Sanierung" (und Bevölkerungsentleerung) ganzer Regionen zu begegnen, können anhand politischer Entscheidungen "gesetzte (öffentliche) Dienste oder Einrichtungen" (wie Post, Polizei, Schulen, Verwaltungen) Kristallisationspunkte dafür sein, daß sich "spontan angereicherte (privatwirtschaftliche) Dienste und Einrichtungen" (BOBEK 1966) im Umfeld neu ansiedeln oder aber verbleiben. In wechselseitiger Wirkung zueinander sollen funktionale und strukturelle Mindestausstattung und Mindestkonsumentenzahl (KRONER 1972: 458), um auch eine rentable Mindestnutzung zu garantieren, in einzelnen Regionen raumplanerisch beobachtet und durch finanzielle Anreize oder Restriktionen des Staates so "gesteuert" werden, damit sozial unerwünschte Bevölkerungsfort- und -zuwanderungen verhindert werden.

4.2.2 Postfordistische "Entwertung" der Zentralität

Die räumliche "Entwertung" eines zu einem bestimmten Zeitpunkt fixierten und leitbildgerechten Zentrale-Orte-Netzes erfaßt DIETRICHS (1966: 259) mit folgender Aussage: "Anders als im naturwissenschaftlichen Bereich sind gesicherte theoretische Erkenntnisse im sozialökonomischen Bereich, wie z.B. für die räumliche Siedlungsstruktur, nicht als zeitlos gültige Gesetzmäßigkeiten zu verstehen. Schon in der Entstehung einer Theorie, mag sie auch abstrakt und zeitlos erscheinen, lassen sich deutlich zeitbezogene Normen und Probleme als eigentlicher Entstehungsgrund aufdecken. Deshalb bestehen zwischen Aussagewert und Anwendungsmöglichkeiten einer Theorie der zentralen Orte enge innere Zusammenhänge im Sinne einer historischen Begrenzung." Ähnlich wie MITTERAUER (1971), der den historischen Aufstieg und Fall zentraler Orte beleuchtet, zielt DIETRICHS Aussage darauf, daß zentrale Orte einer zeitlichen Dynamik unterliegen, die den relativen Bedeutungsverlust einer Siedlung gegenüber anderen nach- oder überholenden Orten beinhaltet. Das heißt, mit der Veränderung von Beschäftigungs- (Arbeitsmarkt) und Bevölkerungsmustern (Wanderungsverhalten) auf nationaler und internationaler Ebene (vgl. MARETZKE 1995), mit der Veränderung rechtlicher Rahmenbedingungen und mit den Entwicklungen im Bereich der Technik (time-space compression; zitiert nach KNAPP 1995: 297) existieren die Möglichkeiten, Zentralität räumlich neu zu verteilen (HARVEY 1987).

Die Persistenz bestehender zentraler Strukturen bremst zwar den Verfall historisch erworbener Zentralität, verhindert aber nicht die Bedeutungsneuverteilung im interurbanen Wettbewerb der postfordistischen Städte. Ursächlich zielt dieser Wettbewerb vor allem auf die Sicherung oder Einwerbung von Arbeitsplätzen, um hierdurch kommunale Steuereinnahmen und kommunale Dienstleistungsangebote zu sichern. Doch werden diese Ansiedlungserfolge immer stärker von weichen Standortfaktoren wie Versorgung/Einzelhandel, Freizeit/Sport, Kultur/Kunst und Wohnungsangeboten bestimmt. Die Stadt zielt deshalb auf die Verbesserung der Lebensqualität, auf ein "urbanes Leben unter Kuppeln" (FALK 1993) und sucht nach permanenter Attraktivitätssteigerung und Wettbewerbsvorteilen (ADRIAN 1994). Im Zentrum dieser Bemühungen steht das städtische Werben um den Einzelhandel in seiner Vermischung von "Shopping, Entertainment und Eatertainment". Räumliche Entwicklungen auf verschiedenen Ebenen fordern jedoch die traditionelle Zentralität und ihre Revitalisierungsstrategie heraus:

1. auf der lokalen/regionalen Ebene

a). Entwicklungen im suburbanen Raum: Die städtische Peripherie und das städtische funktionale Umland werden immer stärker geprägt von Wohn-, Gewerbe- und Einzelhandelssuburbanisierung.

b). Entwicklungen im exurbanen Raum: Die Bevölkerung dekonzentriert sich und ihre Raumansprüche im ländlichen Raum, der bereits außerhalb des funktionalen Einzugsbereiches einer Stadt liegt.

c). Entwicklung von *edge cities*: Wohn-, Gewerbe- und Einzelhandelssuburbanisierung entfalten aufgrund ihrer parallelen Entstehung, ihrer Größe und Dichte von Bewohnern, Arbeitsplätzen und Einrichtungen eine Zentralität, die die Bedeutung der eigentlichen Kernstadt beschneidet oder gar ersetzt (BEAUREGARD 1995).

2. auf der nationalen/globalen Ebene

Lokal und regional definierte Zentralität wird immer stärker von transnational agierenden Investorengruppen und globalen Entscheidungsträgern mitbestimmt (vgl. KRÄTKE 1990). Endogene (lokale) Autonomie darüber, was Zentralität ausmacht, wird von exogener (globaler) Dominanz abgelöst. Die "Universalisierung sozialer Standards" (vgl. WIESENTHAL 1996: 39) beinhaltet dabei die Gefahr, daß sich die sozialen Ansprüche an Zentralität auf dem niedrigsten noch akzeptablen Niveau einpendeln.

3. auf der enträumlichten Ebene

Der sprunghafte technologische Fortschritt im Bereich der Telekommunikation, der

Computertechnik und der Servicekultur verändert die Notwendigkeiten, Raum zu überwinden und verortete Zentralität nachzufragen. Cyberspace und die "virtuelle Stadt" entorten Zentralität, weil Dienstleistungen (Informationen) überallhin übertragbar und abrufbar sind.

Zwei grundsätzliche Tendenzen greifen demnach das Leitbild von Zentralität an: 1. Entleerung der Fläche und Verlust zentraler Einrichtungen - und hiermit auch Stätten des Einzelhandels - in Räumen, wo "es sich finanziell nicht mehr lohnt"; 2. Fragmentierung und Duplizierung zentraler Einrichtungen dort, "wo es nach Marktgesetzen geeignet erscheint".

4.2.3 Instrumente zur Sicherung der Zentralität in Deutschland

Es sind insbesondere die gesetzlichen Grundlagen der Raumordnung und die Instrumente der Landes-, Regional- und Stadtplanung, die die Zentralitätsstruktur in Deutschland auf räumlich sehr unterschiedlich konkreten Ebenen über lange Zeiträume bewahrt haben. Die "gesetzten Dienste" im Sinne BOBEKs sind vielfach hoheitliche Dienste und somit in ihrer Verteilung selbst Instrumente, Zentralität zu schützen oder neu zu verteilen. Das vergleichsweise starre Netz zentraler Orte konkurriert eher mit den "spontan angereicherten Diensten" eines privat organisierten Einzelhandels, der betriebstypisch hochflexibel reagiert und sich in seinem Wandel an veränderte Marktbedingungen permanent anpaßt, um wettbewerbsfähig zu bleiben. Weil die Gesetzgebung die Dynamik im Einzelhandel samt ihrer räumlichen Konsequenzen zumeist nicht antizipieren kann, versuchen Gesetze und Verordnungen, schädliche Einflüsse auf das Zentrale-Orte-System nachholend zu regulieren. Auf der Grundlage eines demokratisch-marktwirtschaftlichen Systems darf die planerische Macht aber nicht so weit gehen, ganze Angebotsformen und innovative Betriebstypen per se zu verbieten ("Wettbewerbsneutralität"). Die Regulierungsmöglichkeiten konzentrieren sich deshalb auf die räumliche Lage, auf die Größe und die Nutzung bzw. Sortimentierung von Einzelhandelsflächen, wenn von planerischer Seite unterstellt werden kann, daß der Neubau oder die Umgestaltung eines Betriebes nachteilige Konsequenzen auf das "eingespielte" Zentralitätsgefüge hat.

Hauptinstrumente, "die Sicherstellung der Versorgung als öffentliche Aufgabe" (HATZFELD 1996: 19) zu gewährleisten, sind die im Baugesetzbuch und in der Baunutzungsverordnung getroffenen Definitionen und Handlungsanweisungen, die sich den raumordnerischen und landesplanerischen Leitbildern und somit der Einhaltung der Zentrenhierarchie unterzuordnen haben (VOß 1994: 112). Die insbesondere von wirtschaftlichen Interessengruppen als restriktiv und wettbewerbsverzerrend kritisierten Verordnungen wollen per definitionem die räumlichen Konsequenzen sog. großflächigen Einzelhandels abwägen. Dessen eigener auf immer größere Betriebe und spezifischere Angebotsformen zielende Entwicklungszyklus spiegelt sich in der unterschiedlichen rechtlichen Handhabung des Begriffes "Großflächigkeit" wider, der in den Fassungen der Baunutzungsverordnung (BauNVO) von 1962 und 1968 noch keine "Vermutungsgrenze" beinhaltete. Deren Überschreitung - ausgedrückt in der Verkaufs- oder Geschoßfläche - läßt rechtlicherseits annehmen, daß nicht nur unwesentliche Auswirkungen auf die Ziele der Raumordnung und Landesplanung bzw. auf die städtebauliche Entwicklung und Ordnung zu erwarten sind. In der Novellierung der BauNVO von 1977 wurde diese Regelgröße bei einer Geschoßfläche von mehr als 1500 qm angenommen. 1986 wurde dieser Wert auf 1200 qm gesenkt, was wiederum einer Verkaufsfläche von ca. 800 qm entspricht (BAG 1995b: 145f.).

Die rechtliche Lage wird verkompliziert, weil die Vermutungsgrenze nicht mit der Großflächigkeitsgrenze zusammenfällt. Letztere wird nach einem Urteil des Bundesverwaltungsgerichtes bei 700 qm Verkaufsfläche angenommen. Unter dieser Größe ist nicht von einem "großflächigen Einzelhandelsbetrieb" auszugehen (SCHENKE 1988: 31f.), weshalb die Raumordnung hier keine Einwirkungsmöglichkeit hat. Über diesem Schwellenwert liegende Einzelhandelsbetriebe können nicht ohne weiteres angesiedelt werden. Außer in Kerngebieten sind sie nur in für sie festgesetzten Sondergebieten (gemäß Paragraph 11 Abs.3 BauNVO) zulässig, wobei die Vermutungsgrenze von 1200 qm (sog. widerlegliche Vermutung) nach Berücksichtigung der "Gliederung und Größe der Gemeinde und ihrer Ortsteile, der Sicherung der verbrauchernahen Versorgung der Bevölkerung und des Warenangebotes des Betriebes" (EPPLE & HATZFELD 1988: 187) flexibel zu handhaben ist. Um die 700 qm-Grenze aber zu unterlaufen und dennoch von Synergieeffekten anderer Anbieter zu profitieren, kommt es immer häufiger zur Agglomeration mehrerer (kleinflächiger) Einzelhandelsbetriebe. Sofern sie sich funktional ergänzen, können sie gemäß BauNVO wie ein einheitlicher großflächiger Einzelhandelsbetrieb behandelt werden (BUSACKER 1995: 71f.).

Übersteigt das Vorhaben eine Verkaufsfläche von 5000 qm, ist ein Raumordnungsverfahren notwendig, um die Vereinbarkeit des Vorhabens mit den Erfordernissen der Raumordnung und Landesplanung zu prüfen (WAHL 1988: 55f.), um hierin (gemäß Landesentwicklungsprogramm von Baden-Württemberg von 1983) einerseits zu fragen, wie sich das Vorhaben in das existente zentralörtliche System einfügt und wie es andererseits dieses Netz beeinträchtigt. WAHL (1988: 56) faßt diesen Plansatz als das Wechselspiel eines positiven Einfügungsgebotes gegenüber einem negativen Beeinträchtigungsverbot zusammen.

Neben "Standort" und "Größe" von Einzelhandelsplanungen ist es aber auch die "Art der Nutzung" eines großflächigen Betriebes, die unerwünschte zentralörtliche Konsequenzen zur Folge haben kann. Wenn Bebauungspläne unter Geltung der BauNVO zustande gekommen sind, können Branchenbeschränkungen festgesetzt werden, um eine den Zielen der Raumordnung und Landesplanung widersprechende zukünftige Ausdehnung von Warenangeboten zu verhindern. Letztere dürfen nicht als "Mittel zur Regulierung des Wettbewerbes", sondern nur zur "Ordnung der städtebaulichen Entwicklung" eingesetzt werden (MÜLLER 1995: 159). Die "Art der Nutzung" muß in der planerischen Festsetzung zudem in einem Maße generalisiert sein, daß hierdurch keine konkrete individuelle Nutzung festgelegt wird. Die aktuelle rechtliche Diskussion um die Zulässigkeit und vor allem die inhaltliche Definition sog. Kern- und Randsortimente, sog. innenstadt- und nicht-innenstadtrelevanter Sortimente oder - anders ausgedrückt - von "Sortimenten mit Zentrenrelevanz und Sortimenten mit ledig geringer zentrenbildender Relevanz" (MÜLLER 1995: 160) läßt aber keine pauschalen Antworten zu. Den größten Konsens gibt es noch darüber, Möbel, Bau-, Garten- und Heimwerkerangebote als typische nicht-innenstadtrelevante Branchen anzuerkennen. Doch lassen sich negative oder positive Auswirkungen von Warenangeboten nur an den Anforderungen des konkreten Standortes erkennen (MÜLLER 1995: 160).

Ein verwandtes Problem zur Nutzungsart ist die Nutzungs- oder Sortimentsänderung eines bereits laufenden Betriebes. Um den Branchenmix auf einer fixen Geschäftsfläche zu erweitern, werden beispielsweise Sortimente neu aufgenommen und andere hierfür beschränkt oder ganz aus dem Angebot gezogen, und zwar möglicherweise entgegen ursprünglicher bauplanungs- und bauordnungsrechtlicher Vorschriften, nach denen der Betrieb genehmigt worden war. Wenn infolge der Sortimentsveränderung eine Vergrößerung des Einzugsbereiches über die Gemeindegrenze hinaus mit negativen Folgewirkungen auf bestehende zentrale Bereiche zu erwarten ist, wird diese Veränderung rechtlicherseits als genehmigungspflichtig bewertet (MÜLLER 1995: 163). Größtes Problem in der Realität bleibt jedoch, daß die rechtlichen Möglichkeiten nicht immer genutzt und ihre Vorgaben von den Bauordnungsbehörden aus "sozialen" Gründen (Arbeitsplätze; objektive und von der Öffentlichkeit begrüßte Angebotserweiterung) nur mangelhaft kontrolliert werden. "Kann"-Bestimmungen und am einzelnen Objekt orientierte Auslegungen begrenzen die "Macht", von Rechts wegen Zentralität zu "steuern".

4.2.4 Übergangsregelungen in den Neuen Bundesländern

Weil im Falle der Neuen Bundesländer die Generalplanung (im Sinne von Landesentwicklungs- und Flächennutzungsplänen) hinter der untergeordneten Detailplanung (im Sinne von Bebauungsplänen) hinterherhinkt, erlauben vereinfachte Planverfahren, Investitionen in den Bereichen Wohnen, Arbeiten und Infrastruktur zu beschleunigen. Das erfolgt insbesondere mit Hilfe des Paragraphen 246a des BauGB, der bis zum 31.12.1997 Anwendung findet (MÜLLER 1991). Einerseits können Teilflächennutzungspläne für sachliche und räumliche Teile des Gemeindegebietes aufgestellt werden. Andererseits wurde das Instrument des sog. Vorhaben- und Erschließungsplans als Übergangsbestimmung für die Neuen Bundesländer in das Baugesetzbuch aufgenommen. Es handelt sich hier um einen öffentlich-rechtlichen Vertrag zwischen der Gemeinde und dem Träger des Vorhabens (Investor) über ein Gebiet, für das noch kein Bebauungsplan existiert. Die Beteiligung von Bürgern und Trägern öffentlicher Belange kann in Abweichung von der Aufstellung eines Bebauungsplanes verkürzt durchgeführt werden (THIES 1992: 82-84).

Die faktische Umsetzung verlief vielfach als ad-hoc-Maßnahme von Klein- und Kleinstgemeinden, die ihre in der DDR unbekannte kommunale Planungshoheit zur Verbesserung der lokalen Lebenssituation einsetzten. Egoistische Planungen rangierten vor interkommunaler Abstimmung und Unterordnung, ohne daß zu jener Zeit übergeordnete Verwaltungsbehörden hierüber Kontrolle hätten ausüben können. Es ergab sich nämlich die einmalige historische Konstellation, daß der westdeutsche Institutionen- und Rechtstransfer schneller verlief als die Implementierungsfähigkeit dieses Rechts über Verordnungen und Richtlinien, so daß sich kurzfristig ein "rechtsarmer" Raum auftat, in dem sich großflächiger Einzelhandel unbürokratisch entwickeln konnte. Die Peripherien um alle großen ostdeutschen Städte nutzten diese Gunst der Geschichte, um das "starre System des hierarchischen Aufbaus" in seiner "ursprünglichen Identität von Raum und Funktion" aufzusprengen. Zentralität gruppiert sich räumlich um und verteilt sich in der Fläche neu (FISCHER 1988: 168).

4.2.5 Neue Flexibilität von Zentralität?

Der Bedeutungsverlust traditioneller zentraler Orte resultiert vor allem aus zwei Gründen: a) es entscheiden "Akteure vor Ort" (Kommunen, Investoren, Konsumenten), die nur den kleinräumigen Erfolg (Steuereinnahmen, Verkaufsgewinne, Verbesserung der Versorgung) ihres Ansiedlungsbegehrens sehen wollen (vgl. ROß 1991; MENGER 1996; IRMEN & BLACH 1994: 445); b) rechtliche Begrenzungen reagieren hierauf, wobei sie selbst aber immer wieder einen kleinen Kompromiß zur Veränderung beinhalten und hierin neue gesellschaftliche Wünsche und Herausforderungen widerspiegeln. Zentralität wird deshalb als Wechselspiel zwischen faktischer Rechtsauslegung und ihrer -umgehung über lange Zeiträume "aufgeweicht" bzw. gewandelt.

Damit unzureichende interkommunale Abstimmung nicht zu einer Vervielfachung von Angeboten und letztlich Ressourcenverschwendung führt, diskutiert man in der Raumordnungspolitik darüber, zentrale Orte unterschiedlichen Ranges in Netzwerken zu verflechten, um in Form ihrer räumlichen und funktionalen Arbeitsteilung Zentralität nicht mehr nur in einem Ort, sondern in einer Region anzubieten. "Das Ausstattungsoptimum ergibt sich nicht allein aus Richtwerten, sondern auch aus logistischen Überlegungen" (FISCHER 1988: 169). Das heißt nichts anderes, als daß auf der Grundlage leerer öffentlicher Kassen das der sozialen Gerechtigkeit verpflichtete althergebrachte Zentrale-Orte-System nicht länger finanzierbar ist. Es kann aber immerhin dort zusammengelegt werden, wo es sich zeitlich und räumlich anbietet. Vom Instrument der Zentralen Orte wird deshalb in der raumordnungspolitischen Diskussion nicht Abstand genommen. Städtenetze ergänzen oder überlagern jedoch das hierarchische Netz zentraler Orte in Form freiwillig-kooperativer und komplementärer Partnerschaft oder in Form normativer von Planungsbehörden definierter Städtenetze (PRIEBS 1996: 42f.). In "interessengeleiteten Allianzen" agieren Städte und Gemeinden gemeinsam als lokale "Wohlfahrtsmaximierer" ihrer Einwohner (ARING 1996: 216). Im Sinne der eingangs analysierten postfordistischen Entwicklung zielt diese Deregulierung auf bzw. hat zur Folge:

a) die Suche nach lokalen Selbstheilungskräften (Stadt als Unternehmer). Zentralisierte anweisende Planung wird ersetzt bzw. ergänzt von Kooperationsformen, die auch außerkommunale Akteure/Spezialisten in Entscheidungszirkel einbinden (vgl. WECK 1996). Folge dieser informellen "flexiblen" Kommunikationsnetzwerke ist jedoch keine Demokratisierung von Entscheidungsprozessen, sondern fehlende Legitimität und Transparenz für die Öffentlichkeit (SPANGENBERGER 1996: 314f.).

b) Profilsuche und Wettbewerb. Die "Positionierung gegenüber anderen Städten und Regionen" (PRIEBS 1996: 42f.) um potentielle Investoren, Bevölkerung oder Besucher soll dadurch verbessert werden, daß "Probleme" effizient und unbürokratisch gelöst werden ("schlanker Staat").

c) sozialräumliche Polarisierung. Verdichtete und traditionelle Wachstumsregionen werden in ihrem Wettbewerb untereinander peripheren Räumen kaum Möglichkeit geben, selbst an Profil zu gewinnen. Weil letztere aufgrund ihrer räumlichen Lage nicht in interurbanen oder interregionalen Kooperationen eingebunden sind, können sie hieraus keine positiven Synergieeffekte für die lokale Situation herleiten.

d) Privatisierung. Weil beispielsweise öffentliche und meritorische Güter nicht länger gesetzlich verpflichtend von öffentlicher Seite bereitgehalten werden müssen, werden gesetzte Dienste unter dem Dilemma leerer Staatskassen von privaten Anbietern zu marktwirtschaftlichen Preisen übernommen (RICHTER 1996: 20ff.). Das Leitbild einer zumindest in Teilen staatlich subventionierten Zentralität paßt sich immer mehr flexibleren Erfordernissen des Marktes an.

4.3 Wandel auf der Anbieterseite

In Kapitel 4.2 ist deutlich geworden, daß funktionale und normativ-gesetzte Zentralität raumzeitlichen Veränderungen unterworfen ist. Ist der "Bedeutungsüberschuß" eines Ortes für sein Umland im Rahmen einer Kommandowirtschaft kontrollierbar, sind diese Möglichkeiten in einer Gesellschaft, die individuelle Selbstverwirklichung garantiert, nicht gegeben. Vielfältige Formen sozialer und räumlicher Mobilität und das Streben nach Nutzen- und Gewinnoptimierung führen zu einer Ausdifferenzierung bis hin zur Atomisierung räumlicher Ansprüche in der Gesellschaft. Die Leitbilder der Planung fungieren in diesem System als sozialpolitisch taugliche und für einen bestimmten zeitlichen Rahmen optimale Kompromisse. Die Erfahrungen zeigen, daß die Persistenz dieser Leitbilder größer ist als die Wandlungsdynamik ihrer Akteure. Dieser Veränderungsdruck kann, je länger und je schneller dieser abläuft, die Leitbilder aber entwerten, weil die rechtlichen Rahmenbedingungen zu deren Schutz nicht mehr ausreichen, ohne Elemente der Kommandowirtschaft einführen zu wollen. Nachfolgend wird die Akteursgruppe der Anbieter, im Kapitel 4.4 die der Nachfrager in bezug auf ihren permanenten einander bedingenden Wandel diskutiert.

4.3.1 Dynamik von Einzelhandelsformen

Die Frage, warum Anbieter in welcher Betriebsform an einem bestimmten Standort ein Geschäft eröffnen und weshalb Betriebsformen im Einzelhandel immer wieder von neuen abgelöst werden, hat eine umfangreiche Literatur hervorgebracht. Hierbei stehen sich globale und partiale, dynamische und statische, mathematisch-formalistische und behaviouristische Erklärungsansätze gegenüber. Die Unterscheidung hiernach erfolgt nach Art, Umfang und Gewichtung standortprägender Faktoren und Akteursgruppen in den jeweiligen Analysen. Insbesondere sind es folgende bis in die 1930er Jahre zurückgehende Theorien, die die Ursachen des Erfolgs neuer Betriebstypen im Einzelhandel diskutieren (DAWSON 1980; BROWN 1987a, 1987b, 1992; PARKER 1990/91; BROMLEY & THOMAS 1993):

a) Die Umfeldtheorie (Environmental Theory) betont, daß Einzelhandelsstrukturen sich funktional abhängig von Veränderungen im sozioökonomischen und -demographischen Bereich entwickeln. Der Einzelhandel paßt sich an neue wirtschaftliche, demographische, soziale, technologische und auch rechtliche Bedingungen an ("externe Wettbewerbsfaktoren") (PARKER 1990/91), woraus sich immer wieder Entwicklungsschübe für die Entstehung neuer Betriebstypen ergeben. So förderten beispielsweise die Ausbreitung des PKW und des Kühlschranks sowie die industriell-standardisierte Produktion von Lebensmitteln in den USA der 30er Jahre die räumliche Diffusion von Supermärkten, die zu einer Dezentralisierung von Einzelhandelsstandorten außerhalb der Innenstadt führten und zum Masseneinkauf von langfristig haltbaren Waren einluden (BROWN 1987b: 183). Ein anderes Beispiel, wo die Umgehung rechtlicher Begrenzungen der BauNVO (700 qm-Grenze an Verkaufsfläche; Kap. 4.2.3) die Ausbreitung eines "neuen" Betriebstyps gefördert hat, ist die Diffusion sog. 699 qm-Fachmärkte in Deutschland.

Die Dynamik der räumlichen Ausbreitung (Invasion-Sukzession) oder des Rückzuges von Warenangeboten und Betriebstypen (*commercial blight*) versucht der sozialökologische Ansatz zu erfassen (Anpassungtheorie nach GIST 1968). Demnach "überleben" die bestangepaßten Einzelhandelsformen im Rahmen einer marktbedingten natürlichen Selektion. Hierauf stellen sich Betriebstypen oder Geschäfte, die um denselben Pool an Kaufkraft werben (PARKER 1968), in dreierlei Form ein: a) Wettbewerb zielt auf Vermeidung, Rivalität und Verdrängung zwischen Anbietern gleichen Typs. b) Wettbewerb wird von kleineren Anbietern ausdrücklich gesucht (*suscipient stores*), um als Satelliten vom Kaufumfeld eines Kundenfrequenzbringers (*generative stores*; Magnetgeschäft) zu profitieren (JONES & SIMMONS 1990: 84). PARKER bezeichnet diese Wettbewerbsform als parasitär. c) Wettbewerb wirkt komplementär, wenn Anbieter derselben oder verwandter Branchen ein breites nach Preisen und Qualität differenziertes Sortiment anbieten, um hieraus Synergieeffekte für die gesamte Gemeinschaft zu erzielen (BROWN 1992: 215). Inwieweit positive oder negative Rückkoppelungen für einen Anbieter aus dem geschäftlichen Umfeld entstehen und ob das Verhältnis dieser Läden parasitär oder symbiotisch ist, hängt von der Zusammensetzung des gesamten lokalen Branchenmixes und der personalen Struktur ab. Konvergenz- oder Assimilationsstrategien sind im zeitlichen Verlauf nicht ausgeschlossen, wenn sich ein Anbieter am Erfolg anderer Wettbewerber orientiert und diese nachzuahmen versucht.

Die geplante Optimierung des Branchenmixes ist in der Entwicklung zentral gemanagter Einkaufszentren zu erkennen, die ausschließlich positive Rückkoppelungen für ihren Mieterbesatz vorsehen (JONES & SIMMONS 1990: 84). Läden treten hier in ihrem Überlebenskampf nicht mehr als einzelne Zellen, sondern als geplanter Organismus auf. Wettbewerb erfolgt nicht mehr (nur) zwischen einzelnen Anbietern, sondern vor allem zwischen dem Organismus "Einkaufszentrum" und dem unorganisierten Einzelhandel "draußen" (von letzterem als "unfairer" Wettbewerb wahrgenommen).

b) Die Zyklustheorie erklärt den Betriebstypenwandel im Einzelhandel als einen Rhythmus sich wiederholender, jedoch zeitlich angepaßter Verkaufstrends. Im Gegensatz zu den "externen Faktoren" der Umfeldtheorie konzentriert sich die Zyklustheorie in ihrem Erklärungsgehalt auf die "internen" betriebswirtschaftlichen Wettbewerbsfaktoren wie Preise und Kosten, Warenqualität, Ladenausstattung, Serviceangebot und Managementfähigkeiten des Gewerbetreibenden. Dessen ursprünglicher wirtschaftlicher Erfolg wird im zeitlichen Ablauf durch wachsende Konkurrenz ("overstoring"; KULKE 1992a: 30) geschmälert. In Form von *trading up* (Aufwertung/Qualitätssteigerung) oder *trading down* (Abwertung/Qualitätsminderung; urspr. nicht Bestandteil des "wheel of retailing" nach MCNAIR 1958) versucht der Unternehmer, was seine Ladenausstattung oder Geschäftslage (Mietsituation) innerhalb der Stadt anbelangt, sich aus der Masse der Mitkonkurrenten abzuheben. Er bringt eine neue Ausstattungs-, Service-, Qualitäts- oder Preisaggressivität in das Wettbewerbsgeschehen ein. Zwar scheiden hierdurch einzelne weniger erfolgreiche Betriebstypen aus dem Markt aus (z. B. Tante-Emma-Laden). Der Trend zum ungebremsten Wachstum von Verkaufsflächen, zur Qualitäts-

(Preis)-steigerung bzw. Discountierung von Waren sowie zur Dezentralisierung des Versorgungsnetzes in Form großflächigen Einzelhandels eröffnet jedoch wieder neue Marktnischen für Kleinläden und Spezialgeschäfte. Auf die maximale Diversifizierung von Einkaufszentren (*one-stop-shopping*) oder Warenhäusern reagieren sie mit einer neuen Spezialisierung an Angeboten und Raumansprüchen. Das breiträumige Netz von Großanbietern füllen sie mit Nachbarschaftsläden aus (BROWN 1987a: 9,14). "The wheel of retailing" läßt deshalb immer wieder Innovatoren im Einzelhandel entstehen, wo "Schwächen" bestehender Anbieter erkannt werden, ohne daß es sich wirklich in jedem Fall um neue Angebotsformen handelt. Im Schumpeterschen Sinne verdrängen dynamische Unternehmer konservative, immobile Wirte aus dem Markt (vgl. KULKE 1992a: 30). Weil die Innovation aber im zeitlichen Verlauf durch Imitation, aufgrund sich wandelnder Ansprüche der Nachfrager und eines sich verändernden Standortumfeldes selbst wieder veraltet und einen Lebenszyklus (birth, growth, maturity, decline) durchläuft (BROWN 1992: 215), ist ein stetiger Wandel im Handel garantiert. Verortet man diese Zyklen, kann dieselbe Angebotsform (z. B. Kaufhaus im Niedergang in der Innenstadt; Kaufhaus als Magnet im Einkaufszentrum auf der grünen Wiese) in Abhängigkeit vom geschäftlichen Umfeld sehr unterschiedlich weit entwickelt sein und die Gefahr ihrer Selektion aus dem Marktgeschehen räumlich differieren.

c) Die Konflikttheorie basiert darauf, die Reaktion, d.h. den Wandel bestehender Betriebstypen auf neue innovative Formen zu analysieren. Ist diese Reaktion in der Regel zuerst von Ablehnung geleitet (Furcht vor "ruinösem Wettbewerb"; Forderung nach Rechtsschutz von seiten des Staates), werden später die erfolgreichsten Elemente des neuen Betriebstyps imitiert und assimiliert. DAWSON (1979) beschreibt die Suche nach einer passenden Antwort in einem vierphasigen Modell: Schock, Verteidigung und Forderung nach Schutzmaßnahmen, positive Gegenmaßnahmen, Akzeptanz eines temporären Machtgleichgewichtes. Diesem Nachholprozeß begegnet der ursprüngliche "Angreifer" durch eigene Nachbesserungen, um seinen Marktvorsprung zu verteidigen, wodurch er eine neue Phase des Konfliktes eröffnet. In Anwendung des Konzeptes der "counterveiling power" nach Galbraith fordern Einkaufszentren auf der grünen Wiese die historisch-dominante und monopolistische Position der Städte heraus und fördern somit den Einzelhandelswettbewerb (BROWN 1987a). Letzterer wandelt sich von einer Konkurrenzsituation zwischen Einzelanbietern hin zu einem Wettbewerb zwischen Standortgemeinschaften. Um sich an die neue Wettbewerbssituation anzupassen, übernehmen z. B. Innenstädte architektonische Vorbilder und Vermarktungsstrategien aus den Einkaufszentren der "grünen Wiese".

Eine der wenigen Theorien, die die drei Denkschulen - die zyklische Bewegung, die internen und externen Faktoren - miteinander verbindet, ist die raumbezogene sog. Spiraltheorie von AGERGARD, OLSEN und ALLPASS (1970). Diese Überlegung besagt, daß die Entstehung qualitativ verbesserter und größerer Betriebstypen mit einem ebenso vergrößerten Einzugsgebiet ein Vakuum aufgrund der Verdrängung älterer

Verkaufsformen erzeugt. Letztere sind zumeist kleiner und eher auf lokale Kundschaft ausgerichtet gewesen, können sich aber gegenüber der neuen Konkurrenz nicht profilieren. Ihre Verdrängung vom Markt macht deutlich, daß kurzfristig auftretende Bedürfnisse, Ergänzungssortimente und Bequemlichkeit nicht mehr von lokalen Anbietern abgedeckt werden. Um dieses Marktpotential dennoch abzuschöpfen, entsteht eine neue Generation von "Nachbarschaftsläden", die sich qualitativ auf einem höheren Niveau als ihre Vorgänger befinden und ganz gezielt Marktnischen besetzen. Mit den ursprünglichen und verdrängten Geschäften sind sie, obwohl sie ähnliche Funktionen - erfüllen, nicht mehr zu vergleichen. Die Entwicklung der Betriebstypen ist deshalb nach AGERGARD, OLSEN und ALLPASS (1970) nicht zyklisch und wiederkehrend, sondern spiralförmig und nicht umkehrbar (KULKE 1992a). Grundlegende Annahme für dieses Muster ist jedoch ein "kontinuierliches Wachstum des Lebensstandards" (AGERGARD u.a. 1985: 66).

4.3.2 Phänotypische Merkmale der Einzelhandelsdynamik

Der "Wandel im Handel" findet seinen Niederschlag in folgenden phänotypischen Merkmalen, die jedes für sich eine polarisierende Struktur aufzeigt (COHEN & LEWIS 1967; BROWN 1987a u. 1987b):

1. Größe (Flächendynamik): Der Einzelhandel zeichnet sich langfristig durch einen Trend zu immer größeren, in ihrer Anzahl jedoch abnehmenden Verkaufseinheiten aus. Doch führen die Bequemlichkeit oder die Immobilität des Kunden sowie rechtliche Beschränkungen, um großflächige Verkaufseinrichtungen besser zu kontrollieren, zu einer Renaissance kleiner Nachbarschaftsläden.

2. Gestalt/Ausgestaltung: Die Verkaufskultur ist polarisiert zwischen Ästhetisierung und Profanisierung. Diese spiegeln sich von außen in einer postmodernen "Schlüssel-" oder alltäglichen "Gebrauchs"-architektur sowie von innen anhand ihrer individualisierten oder standardisierten Ladengestaltung (Verkaufsmodule) und Handlungsabläufe (Verkaufsform, Service- versus Preisorientierung) wider.

3. Standort: Die Standortdynamik ist gekennzeichnet vom Wettbewerb der Betriebsformen in "integrierten" und "nicht-integrierten" Lagen. Der Standort ist dann integriert, sofern er in einem "'optimalen' Verhältnis zu den Wohn- und Arbeitsorten der zu versorgenden Bevölkerung liegt" bzw. diesen Orten planerisch "sinnvoll zugeordnet" ist (zitiert nach BÜHLER 1990: 29). Günstige Bodenpreise, flächenextensives Bauen und die optimale verkehrliche Anbindung an Autoschnellstraßen sind nur einige Gründe, die die Ansiedlung von Einzelhandel auf der grünen Wiese gegenüber der Innenstadt begründen.

4. Funktion/Angebotsform: Der Trend zur Diversifizierung, d. h. die Vergrößerung und "Abrundung" des Sortimentes in die Breite, verläuft parallel zur wachsenden Spezialisierung in die Tiefe von seiten kleinflächiger Anbieter. Ihre Serviceorientierung konkurriert mit der Preisorientierung großflächiger Anbieter.

5. interne Organisation: Im Überlebenskampf des Wettbewerbs konzentrieren sich die Akteure zu immer größeren Einkaufs-, Werbe- und Vermarktungseinheiten. Sie geben individuelle Entscheidungsspielräume auf, um das wettbewerbliche Umfeld zentralistisch so zu planen, daß alle Teilnehmer hieraus Erfolg ziehen. Als Gegenseite steht ihnen eine von atomistischen Interessen beherrschte Einzelhändlerschaft gegenüber.

4.4 Wandel auf der Kundenseite

Die Veränderungen im Einzelhandel reflektieren den zeitlichen Wandel gesellschaftlicher Bedürfnisse. Entweder werden diese von Unternehmerseite als neue Trends selbst kreiert, oder der Einzelhandel reagiert "nachholend" auf die veränderten Marktansprüche seiner Konsumenten. Charakterisiert anhand ihrer Struktur und ihres Verhaltens, zeichnen sich die potentiellen Kunden, d.h. letztlich die gesamte Bevölkerung, im raumzeitlichen Vergleich und über ihre Lebensspanne durch eine große Vielfalt von Bedürfnissen, Nutzenerwartungen und Bedarfsformen aus. Deren Dynamik und Realisierung werden definiert über den Freiheitsgrad, den das gesellschaftliche System als das Ausmaß individueller Selbstbestimmung und Selbstverwirklichung im Marktgeschehen vorgibt. Nachfolgend werden drei "Umgebungen" im Sinne PARKERS (1990/91) diskutiert, die die Entwicklung des Einzelhandels von der Kundenseite her beleuchten.

4.4.1 Demographie

Die Bevölkerungsdynamik umfaßt sowohl sozioökonomische als auch soziodemographische Faktoren. Beide Seiten beeinflussen sich dabei weniger gegenseitig, als daß die wirtschaftliche Seite mit ihren Arbeitszeitrhythmen und der Wohlstandsmehrung die Prämissen für die soziodemographische Entwicklung vorgibt (Anpassungsthese; vgl. hierzu MEYER 1993: 35). Konsequenz hieraus ist, daß eine beschleunigte ökonomische Dynamik bisher unbekannte Möglichkeiten von bzw. Forderungen nach sozio-demographischer Entdifferenzierung eröffnet.

a) sozioökonomische Seite:
Die postfordistische Umstrukturierung der Wirtschaft ("Globalisierung") verändert die traditionelle Vollzeit-Arbeitswelt, in der der Mann als "Ernährer" für eine Familie auftritt. Arbeitszeiten werden infolge der Technologisierung der Arbeitswelt flexibler

und/oder kürzer. Das gleiche trifft zu für die Arbeitswoche und für das gesamte Arbeitsleben (Frühpensionierung). Immer weniger Beschäftigte garantieren einen weiterhin steigenden Output an produzierten Gütern. Der Arbeitsmarkt spaltet sich zwischen Vollzeit-Beschäftigten, geringfügig Beschäftigten und Arbeitslosen (DANGSCHAT 1996: 47). Letztere sind vielfach "freigesetzt" worden, weil sich die Arbeitsproduktion "entstofflicht" hat, wodurch Qualifikationsprofile des produzierenden Sektors immer weniger nachgefragt werden. Wachsende Bedeutung haben hingegen der quartäre und quintäre Sektor, die einerseits Know How-Dienstleistungen, andererseits Hausarbeit, Schattenwirtschaft und Hobbyökonomie umfassen (PRIGGE 1994: 67). Beide Sektoren spiegeln die veränderten Anforderungsprofile an die formelle Arbeitswelt bzw. neue Anpassungsstrategien an den informellen Arbeitsmarkt wider. Traditionelle Frauen- oder Männermärkte existieren hierunter immer weniger. Sowohl der Wille nach Selbständigkeit und Selbstverwirklichung (Emanzipation) als auch der Zwang zum Zuverdienen als "Ersatz" für den arbeitslosen Mann haben die Frauenerwerbsquote über die letzten Jahrzehnte erhöht.

b) soziodemographische Seite

Die Konsequenzen aus den veränderten Ansprüchen der Arbeitswelt und der Entstehung einer Lebensphilosophie, die nach Individualität, Selbstverwirklichung, Unabhängigkeit und Spontanität strebt und Arbeit nicht mehr als Mittelpunkt des Lebens sieht (SCHMITZ 1994: 164), sind der "Monopolverlust der Familie" (MEYER 1993) und ihre Neustrukturierung als "postmodernes Familienleben" (SHORTER 1989). Einige Indikatoren hierfür sind die Abnahme der Geburtenhäufigkeit, steigendes Heiratsalter, die Verkürzung der Ehedauer, wachsende Scheidungsraten und der Anstieg nichtehelicher Lebensgemeinschaften (LESTHAEGHE 1992: 313; BRETZ & NIEMEYER 1992: 80). Zudem nimmt die Anzahl von Haushalten als sozioökonomische Einheit aller zusammenwohnenden und gemeinsam wirtschaftenden Personen zu, obwohl die Bevölkerungszahlen stagnieren (BRETZ & NIEMEYER 1992). Hierunter sind es vor allem Einpersonenhaushalte, die als "betriebswirtschaftliche Optimierung" des sozialen Umfeldes (DANGSCHAT 1996: 48) bzw. als "neues Kompatibilitätsmuster zwischen Privatheit und gesellschaftlicher Umwelt" (MEYER 1993: 36) gedeutet werden. Als Ersatz für formalisierte Familienbande dienen ihnen informelle soziale Kontakte. Wo der Wunsch nach Kindern als störend empfunden wird, kann die eigene Erwachsenen-Adoleszenz verlängert werden. BLY spricht von der "kindlichen Gesellschaft", die "jeden Aufschub von Glücksmomenten als persönliche Kränkung" auffaßt (zitiert nach Der Spiegel 24.2.1997: 223). Nach BURKART (1992: 358) bleibt es zumindest ungeklärt, ob Singles freiwillig allein leben wollen oder strukturell hierzu gezwungen sind (hohe Arbeitsmobilität; flexible und für das Privatleben nachteilige Arbeitszeit; Einkommensfrage). Eindeutigere Antworten für ein Zwangs-Alleinsein ergeben sich zumindest bei der alten Bevölkerung, deren Anteil an der Gesamtbevölkerung über die letzten Jahrzehnte kontinuierlich gestiegen ist (JÜRGENS 1993).

4.4.2 Der Konsument

Der sozioökonomische und -demographische Wandel hat auch Konsequenzen auf die wachsende Ausdifferenzierung der Bevölkerung als Konsumenten gehabt. Als Spiegelbild einer räumlich und zeitlich immer flexibler reagierenden und unübersichtlichen Arbeitsgesellschaft (vgl. GEBHARD 1996: 5) entwickeln und verändern sich die Verhaltensweisen der Kunden sprunghaft, widersprüchlich und heterogen. Karriere im Beruf korreliert mit Effizienz und Erfolg in Konsum und Freizeit. Die räumlich wirksam werdende Umsetzung von Grunddaseinsfunktionen tritt dabei immer weniger als haushalts- und sozialschichtenspezifisches Phänomen in Erscheinung, sondern in Form sog. Lebensstile. Soziale Ungleichheit orientiert sich nicht mehr nur an Einkommensfragen, sondern auch an Alter, Geschlecht oder Hautfarbe. "Soziale Ungleichheit wird zu einem komplizierten Mehrebenensystem" (HELBRECHT & POHL 1995: 229), in dem neben Einkommen und Beruf "kulturelle, ästhetische, symbolische und regionale Aspekte" (HELBRECHT & POHL 1995: 226) an Bedeutung gewinnen, die die Pluralisierung sozialer Lebensformen bewirken. Hiervon ausgegrenzt werden zwangsläufig die "Verlierer" der neuen flexiblen Arbeitsordnung wie räumlich und sozial Immobile, (mglw. hochqualifizierte) Arbeitslose und andere sozial stigmatisierte Gruppen, die sich Lebensstilkonzepte nicht "leisten" können. DANGSCHAT (1996: 47) spricht von einer sozio-ökonomischen Polarisierung, SCHMITZ (1994) von der Entwicklung zur Zwei-Klassen-Gesellschaft, PARKER (1990/91: 64) vom Gegensatz der "Habenden" und der "Habenichtse".

Der allgemeine Wertewandel verdrängt außenorientierte zugunsten innenorientierter Lebensauffassungen. Familie bzw. ihre Surrogate (Kap. 4.4.1) und Freizeit ersetzen die Arbeit als Lebensinhalt. "Typisch für Menschen unserer Kultur ist das Projekt des schönen Lebens" (SCHULZE 1995: 35). Äußere Umstände werden für das Innenleben als Erlebnisse auf der Suche nach persönlichem Glück funktionalisiert (SCHULZE 1995: 35). Konsum und Freizeit verschmelzen unlösbar in den *mental maps* der Konsumenten, die Ästhetik, Attraktivität und Multifunktionalität lebensstilspezifisch definieren. Einkaufszentren und Innenstädte antworten hierauf in einem hohen Tempo baulicher Umgestaltung und funktionaler Balance, um ihre Erlebnisqualität im Kundenwettbewerb zu verbessern (WEISKE & HOFFMANN 1996) (vgl. Kap. 2.3). Über ihre Angebote setzen die Unternehmer neben den Kundenwünschen somit auch selbst Maßstäbe, was Konsumenten in Zukunft für ästhetisch und schön halten.

Ob die Individuen letztlich als Käufer oder Besucher auftreten, hängt aber nicht nur von Wertungen und Informationen, sondern natürlich auch vom objektiven Handlungsspielraum - definiert über persönlich verfügbare Mittel wie Geld, Zeit, PKW, Bildung sowie externe Begrenzungen der Umwelt - dieser Person ab (BÄHR, JENTSCH & KULS 1992: 823f.). Im Interesse der Erlebnisrationalität wollen Einkaufsstätten die entsprechenden *constraints* für ihre Kunden möglichst gering halten. Es handelt sich hierbei vor allem um zeitliche und distanzielle Begrenzungen wie z. B. Ladenöffnungszeiten oder die verkehrstechnische Anbindung eines Raumes (Autobahn oder Landstraße). Um die Versorgung mit Waren und immateriellen Gütern des Freizeitbereichs trotz der *constraints* zeitlich zu optimieren, versucht der Kunde, geplante und zum Zeitpunkt des Ausganges noch gar nicht beabsichtigte (spontane) Aktivitäten an möglichst wenigen Orten zu koppeln. Begriffe wie "multipurpose trips" und "one-stop-shopping" fassen diese Entwicklung und die Attraktivität großer gegenüber kleinen Einkaufsstätten zusammen. Sowohl die Fülle der tatsächlich nachgefragten Leistungen als auch nur die latente Kenntnis, weitere Angebote am selben Ort nachfragen zu *können*, bestimmen die Attraktivität des großen Zentrums (KLINGBEIL 1978; HEINRITZ 1979a). Eine Vielfalt an Angeboten kann den Kunden zudem unbewußt zur Aktivitätskoppelung verführen.

4.4.3 Technologischer Wandel und veränderte Ansprüche an Raum und Zeit

Insbesondere sind es technologische Veränderungen, die dem Menschen helfen, seine Zeit immer besser zu organisieren und an ungeliebten Aktivitäten einzusparen. "Der Zeitmaximierer wird zum sozial geachteten, dominanten, gesellschaftlichen Typus", der "immer mehr Aktivitäten in immer kürzere Zeiteinheiten" preßt (LEITSCHUH-FECHT 1995: 28). Vor allem die Entwicklungen in der Telekommunikation haben eine Rund-um-die-Uhr-Gesellschaft ermöglicht, die über weltweite Computernetze und Telefondienste Informationen abfragen und Serviceleistungen nach Hause bestellen kann. Durch (quasi) fehlenden Zeitaufwand der Distanzüberbrückung wird der reichweitenbezogene terrestrische Raum zu einem Punkt komprimiert (GRÄF 1995: 15). Online-Unternehmer präsentieren z. B. virtuelle Kaufhäuser, die ihre Waren ohne Laden und Lager anbieten (ENGELS 1994: 98ff.). Homebanking und digitales Fernsehen sind andere Varianten derselben just-in-time-Konsumwelt (vgl. KAUFFMAN, ROBINSON & ROSENTHAL 1991: 53). Diejenigen aber, die weder das Geld noch die Kenntnis haben, einen Computer zu betätigen, müssen ihre Einkäufe noch in Echtzeit durchführen und werden zum "Opfer" ihrer "digitalen Obdachlosigkeit" (BANIK-SCHWEITZER & KOHOUTEK 1996: 6).

Doch die neuen Technologien ersetzen noch nicht soziale Kontakte, wie sie von älteren Menschen und "digital Obdachlosen" im Rahmen ihrer Einkäufe gesucht werden. "Zwangsaktivitäten" wie das Versorgen werden zeitlich eher gestreckt, um die Möglichkeiten sozialer Kommunikation im realen Raum zu verbessern. Die anderen hingegen verwenden ihre eingesparte Zeit, um sie "für subjektiv schöne Dinge zu verwenden" (SCHMITZ 1994: 76). Das betrifft vor allem die Ausgestaltung ihrer Freizeit, deren kommerzielle Angebote wie Kino, Gastronomie und Fitneßeinrichtungen mit dem Bereich "Einkaufen" von Unternehmerseite bewußt verwoben werden. Geplante oder spontane Aktivitätskoppelungen sollen hierdurch erleichtert werden. Zuallererst treffen die Menschen in diesem Ambiente Gleichgesinnte, Impulskäufe sind nicht ausgeschlossen (SCHMITZ 1994: 76). Doch zeigt bereits KOWINSKI (1985), daß gerade das *people-watching* als "weicher Standortfaktor" eine Einkaufsstätte vor allem für jüngere Personen attraktiv machen kann und zu neuerlichen Besuchen einlädt.

5. Arbeitshypothesen

Aus dem bisherigen Stand der Forschung werden folgende Arbeitshypothesen hergeleitet:

1. **Die Kundenseite**: Verlierer des Umstrukturierungsprozesses im Handelsbereich sind all diejenigen einkommensschwachen und räumlich immobilen Bevölkerungsgruppen, die sich in den innerstädtischen Bereichen konzentrieren und sich nicht am Suburbanisierungstrend der ostdeutschen Städte beteiligen können. Diesen Kunden stehen in ihrer Nachbarschaft - und mit dem ÖPNV erreichbar - immer weniger und von der Warenqualität und -quantität immer schlechtere Läden zu oftmals ungünstigen Öffnungszeiten zur Verfügung. Die Einzelhandelsangebote passen sich einer veränderten Sozialökologie in den ostdeutschen Innenstädten an. Diese Entwicklung ist gekennzeichnet von wachsender sozialer Segregation der Bevölkerung.

2. **Die Anbieterseite**: Im Gegensatz zur Nachbarschaftsversorgung in Stadtteilen und entlang von Magistralen hat der Citykern in der Auseinandersetzung mit den Einkaufszentren an der Peripherie die geringsten Probleme, eine eigene unverwechselbare Ausstrahlung zu finden und von Maßnahmen des Stadtmarketing zu profitieren. Vielfältige Erfahrungen aus Westeuropa belegen den Trend, daß nur Pole (City - Shopping Center) vergleichbarer Größe, Ausstrahlung, Bekanntheit und Warenvielfalt miteinander um kaufkraftstarke Kundensegmente konkurrieren können. Aufgrund der hohen Filialisierung der Innenstädte ist auch die Finanzkraft des City-Einzelhandels (im Gegensatz zum eher mittelständischen Einzelhandel in den Stadtteilen) groß genug, erfolgreiches Stadtmarketing betreiben zu können.

3. Ähnlich wie sich die unterschiedlichen Einzelhandelsbetriebstypen sehr schnell ausgebreitet haben, durchlaufen auch die Shopping Center Ostdeutschlands kurzfristig verschiedene Generationen, um in Form von *trading up* und einer immer breiteren Palette von Multifunktionalität den aufholenden Innenstädten (Assimilationsthese) als Einkaufs- oder Flanierzone weiterhin voraus zu sein (vgl. DHI 1991). Weil die Grundbedürfnisse in der ostdeutschen Einzelhandelslandschaft abgedeckt sind, konzentrieren sich (i. d. R.) westdeutsche Einkaufszentrenplaner nunmehr auf die Konzipierung von "Erlebniswelten".

4. Weil viele ostdeutsche Städte in den letzten Jahren ringartig von großflächigen Einzelhandelsbetrieben umgeben worden sind, dezimieren die "Großen" im Nullsummenspiel um Kaufkraftanteile nicht nur den Mittelstand, sondern nehmen sich auch immer stärker die Kunden gegenseitig fort.

5. Die nachteilige Ausdünnung der Nachbarschaftsversorgung betrifft insbesondere den Lebensmitteleinzelhandel. In der Versorgung mit Waren des täglichen Bedarfs (WtB) verliert der Faktor *accessibility* (räumliche Nähe; zentrale Lage) gegenüber *travel costs* für die Kunden relativ an Bedeutung. Masseneinkäufe, Billigpreisangebote und Parkplatzflächen ziehen die Konsumenten fort in Richtung dezentral gelegener Verbrauchermärkte und Einkaufszentren. Weil die Umsatzzahlen jedoch hoch sein müssen und die Gewinnmarge im Lebensmitteleinzelhandel gering ist, fungieren letztlich die Geschäftsmieten als Selektionsmechanismus unter den Anbietern zugunsten gewinnträchtigerer Nutzungen im Einzelhandel oder sonstiger Dienstleistungen (vgl. ALONSO 1964).

6. **Die Planer und Entwickler**: Die Kommunen zielen in Zusammenarbeit mit Entwicklungsgesellschaften und Einzelhändlern darauf, die Erfolgsrezepte von Einkaufszentren auf der grünen Wiese baulich und organisatorisch in den Städten nachzuahmen. In Anlehnung an KOWINSKI (1985) zeichnet sich der unaufhaltsame Trend des "Malling" ab, d.h. der Ausbreitung nicht nur rand-, sondern auch innerstädtischer Einkaufszentren. Resultat dieses interurban durchgeführten Wettbewerbs ist die wachsende physiognomische Austauschbarkeit nicht nur der ostdeutschen Städte untereinander, sondern auch die Angleichung an ihre westdeutschen Vorbilder. Diesem Trend zur Homogenisierung der Verkaufskultur (Assimilierungs- oder Homogenisierungsthese) stehen teilweise nur noch im infinitesimal kleinen Bereich wirkende Bestrebungen gegenüber, einmalige und unverwechselbare Kundenattraktivität zu erzeugen (Fraktionierungs- oder Dissimilierungsthese).

B. Historische Entwicklungen

6. Entwicklung des Einzelhandels in Ost- und Westdeutschland

Die Untersuchung des Einzelhandels in seinem historischen Verlauf soll die Frage klären, unter welchen gesellschaftlichen Voraussetzungen immer wieder neue Betriebsformen und Geschäftsstandorte entstehen konnten bzw. im Marktgeschehen nicht überlebensfähig waren. Die sich gegenseitig bedingenden Akteursgruppen in diesem System sind die Anbieter (Unternehmer), die Nachfrager (Kunden), der Staat (definiert das Wirtschafts- und Rechtssystem, in denen die Gruppen agieren) und die Lobbyisten. Letztere vertreten Verbandsinteressen, die keinen unmittelbaren Bezug zum Einzelhandel haben müssen, diesen jedoch in seiner Entwicklung beeinflussen können. Im nachfolgenden Abschnitt wird vor allem aufgezeigt, wie sich der historische Gegensatz "alter" und kleiner Anbieter auf der einen Seite sowie "neuer" und großer Betriebsformen auf der anderen Seite immer wieder in Protesten des "angestammten" Einzelhandels und dem Ruf nach staatlichen Regularien niedergeschlagen hat. Aus dieser historischen Kenntnis heraus relativiert sich die aktuelle Konkurrenzsituation zwischen innerstädtischem Einzelhandel und Einkaufszentren auf der grünen Wiese zu einem altbekannten Muster. Neu (bzw. anders) sind nur die Antwortmöglichkeiten, auf Wettbewerber zu reagieren, weil sie sich aus zeitspezifischen gesellschaftlichen Bedingungen herleiten.

6.1 Prämissen für die Entwicklung des Einzelhandels

6.1.1 Bevölkerung

Die Bevölkerungsexplosion im 19.Jh. hat eine große Anzahl neuer (potentieller) Kunden hervorgebracht und den Einzelhandel aus dem bis dato traditionellen Markt- und Budenwesen herausgeführt. Verdreifachte sich die Bevölkerung Europas bis 1800 n.Chr. in 1200 Jahren von 60 auf 180 Mio. Menschen, verdreifachte sie sich wiederum bis 1950 in einem Achtel der vorherigen Zeit auf 540 Mio. (GARTMAYR 1964: 79). Bezogen auf das Gebiet des Deutschen Reiches, wuchs die Bevölkerung von 1830 bis 1913 von 28,5 auf 67 Mio. Personen (BEUYS 1980: 372). Die Vermehrung der Bevölkerung war weniger das Ergebnis gestiegener Geburten- als fallender Sterberaten. Die Menschen wurden somit auch als Konsumenten durchschnittlich immer älter und äußerten altersspezifische Bedürfnisse, wie sie zuvor nicht existiert hatten. Betrug die Lebenserwartung bei der Geburt 1871/80 im Deutschen Reich nur 37 Jahre, stieg sie in der Periode 1910/11 auf 49,1 Jahre, bis 1932/34 bereits auf 61,3 Jahre an (MARSCHALCK 1984: 164). 1990 lag sie in der früheren Bundesrepublik für Männer bei 72,5, für Frauen bei 79,0 Jahren (BRAMEIER 1994: 42), in der DDR bei 70,0 bzw. 76,2 Jahren. Die durchschnittlich längere Lebensdauer war vor allem das Ergebnis technischen Fortschritts im Bereich der öffentlichen Hygiene. Diese mußte in ihrer Entwicklung vor allem Schritt halten mit der wachsenden räumlichen Konzentration der Bevölkerung auf nur wenige Städte. 1870 lebten und arbeiteten ca. zwei Drittel aller Deutschen im ländlichen Raum, d.h. in Gemeinden von unter 2.000 Einwohnern, und nur 5% in der Großstadt mit mehr als 100.000 Einwohnern (GARTMAYR 1964: 81; BEUYS 1980: 372). 1910 lebten bereits 21% der Bevölkerung in Großstädten, die trotz ihrer geringen räumlichen Ausdehnung infolge von Mietskasernenbau und hohen Behausungsziffern, d.h. der Anzahl Bewohner je Wohngebäude, große Bevölkerungszahlen und -dichten aufnahmen bzw. zur Folge hatten (GRANSCHE & ROTHENBACHER 1988). Im Vergleich der Jahre 1850 zu 1958 verachtfachte sich die Bevölkerung von Hamburg, verneunfachte sich für Leipzig und war für Düsseldorf sogar siebzehnmal größer (GARTMAYR 1964: 82; Stadt Leipzig 1991). Die industriellen Umwälzungen als maßgeblicher Auslöser für die Verstädterung lösten die Menschen aus ihrer traditionellen ländlichen Arbeitsweise und vielfach autarken Hauswirtschaft heraus. Ländliche Großfamilien zerfielen unter den Zwängen industrieller Arbeitsteilung, Lohnarbeit und Arbeitsschichten in kleinere nunmehr städtisch lebende (Familien-) Haushalte. Der hohe Anteil von Wohnungen, die in den 80er Jahren des 19.Jhs. aus nur einem Zimmer bestanden - in Frankfurt am Main waren es 23%, in Chemnitz sogar 70% aller Wohnungen (BEUYS 1980: 375) -, förderten die Abnahme der durchschnittlichen Haushaltsgröße. Seit 1871 fiel sie von 4,64 Personen auf 3,27 Personen im Jahre 1939 (bezogen auf Deutsches Reich) und 2,35 Personen im Jahre 1987 (bezogen auf die alte Bundesrepublik) (MARSCHALCK 1984: 175; KULS 1993: 82). Das ist vor allem auf die starke Zunahme von Einpersonenhaushalten zurückzuführen. Waren es 1871 nur 6,2%, nahm diese Zahl bis 1939 eher geringfügig auf 9,8% zu, explodierte bis in die 80er Jahre aber auf einen Anteil von mehr als 30% (Stand DDR 1981: 26,1%) (KULS 1993: 82). Alle diese Personen und Haushalte entwickelten Versorgungsbedürfnisse, die in ihrer räumlich geballten Form nicht mehr von dem mittelalterlich geprägten Krämerwesen befriedigt werden konnten. Gewaltige Mengen an Waren mußten einerseits produziert und transportabel sein, andererseits von bisher unbekannten Formen des Einzelhandels gewinnbringend verkauft werden.

6.1.2 Kaufkraft

Erst die Kaufkraft läßt die Bedürfnisse zu einem marktwirksamen Bedarf werden. Vor allem die Untersuchungen von HOFFMANN & MÜLLER (1959) zur Entwicklung des deutschen Volkseinkommens zeigen, wie sich gesellschaftliche Armut zu breitem Wohlstand entwickelt hat, der ausschlaggebend gewesen ist für eine wachsende Ausdifferenzierung von Bedürfnissen. So stieg das Nominaleinkommen pro Kopf in RM/DM binnen hundert Jahren zwischen 1851/55 und 1955/57 um das 11fache, das Realeinkommen nach Berücksichtigung der jeweils geschätzten oder bekannten Preisindizes um das 4,5fache. Noch wichtiger war, daß die Kaufkraft - in Form von privatem Geld-

und nicht Naturalbesitz - nicht mehr nur in Händen weniger lag, sondern ein Massenphänomen wurde. Breite Bevölkerungskreise konnten an der wachsenden Arbeitsproduktivität und dem zunehmenden Volkseinkommen über ihre Kaufkraft partizipieren. Doch SOMBART (1903) stellte auch fest, daß die Einkommensverteilung von Beginn des 19.Jhs. bis zum Beginn des 20.Jhs. differenzierter geworden ist. Die mittleren Einkommensschichten haben prozentual zugenommen. Der Einkommensunterschied zwischen den Ärmsten und den Reichsten ist hingegen größer geworden, "nicht etwa weil die Ärmsten ärmer geworden wären, sondern weil die Reichsten um so viel rascher an Reichtum gewachsen sind" (SOMBART 1903: 503). Ein quantitativer Sprung der (monatlichen Haushaltsnetto-) Einkommen ist dann vor allem nach dem Zweiten Weltkrieg festzustellen. Betrug das Nettoeinkommen im Jahre 1953 423,-DM (GARTMAYR 1964: 86), waren es 1994 (incl. Transferleistungen) für eine Familie mit zwei Kindern ca. 4.000,-DM (Die Zeit Nr.13/1996: Wirtschaftsgraphik Arbeitskosten und Verdienste). Auch in der DDR verdreifachte sich das monatliche Haushaltsnettoeinkommen beinahe von 758,-DM im Jahre 1960 auf 1.946,-DM im Jahre 1988 (Statistisches Amt der DDR 1990: 317). Zumindest nominal wäre es damit 1960 höher gewesen als in Westdeutschland (1962: 718,-DM nach GARTMAYR 1964: 86). Die Kosten einzelner Güter gemessen in Arbeitszeit belegen jedoch, daß die Kaufkraft in beiden deutschen Staaten sehr unterschiedlich groß und nicht am Einkommen allein zu messen war (Tab. 1). Geht man von einem "DDR-Warenkorb" aus, betrug die Kaufkraft der Mark der DDR Mitte 1960 77%, Mitte 1969 89% und Anfang 1977 103% der Kaufkraft der DM, für einen "Bundesrepublik-Warenkorb" 75, 83 und 90% der Kaufkraft der DM für dieselben Jahre. In beiden Fällen war also die Kaufkraft der DDR-Mark (Ausnahme 1977 für DDR-Warenkorb) niedriger als die der DM.

Tab. 1: Zum Kauf von Gütern erforderliche Arbeitszeit (in Std.:Min.) 1977

	BR Deutschland	DDR
Herrenoberhemd, Kunstfaser	1:59	10:04
Kühlschrank	33:38	301:05
Waschautomat	49:33	311:50
Fernsehgerät	52:44	440:52
PKW	852:44	5.053:46
Roggenmischbrot 1 kg	0:13	0:07
Zucker 1 kg	0:10	0:21
Eier Stück	0:02	0:04
Kartoffeln 5 kg	0:20	0:11
Zitronen 1 kg	0:14	1:05
Bohnenkaffee 1 kg	2:21	15:03
Tageszeitung, monatl. Abo	1:10	0:45
Busfahrkarte eine Fahrt	0:07	0:03

Quelle: Bundesministerium für innerdeutsche Beziehungen (1978: 57)

6.1.3 Arbeitsproduktivität und technischer Fortschritt

Grundstock für den wachsenden gesellschaftlichen Wohlstand ist die Zunahme der realen Wirtschaftsleistung gewesen. Betrug sie 1960 1.000 Mrd. DM (zu Preisen von 1991), stieg sie bis 1995 (nur Westdeutschland) auf 2.748 Mrd. DM an (Die Zeit Nr. 16/1996 CD-ROM). Dieser Anstieg erfolgte trotz sinkenden Arbeitsvolumens. 41,8 Mrd. Arbeitsstunden im Jahre 1960 standen 1995 nur noch 38,1 Mrd. Stunden gegenüber. "Rekreations-" und private sowie vermarktete Freizeit nahmen auf Kosten der Arbeitszeit zu. Obwohl die Bevölkerung Westdeutschlands zwischen 1960 und 1995 um beinahe 11 Mio. Menschen und 4 Mio. Erwerbspersonen angewachsen ist, stieg die Anzahl der Erwerbstätigen im selben Zeitraum nicht einmal um zwei Millionen (Statist. Bundesamt 1996: 17). Zwischen 1991 und 1996 nahm die Anzahl der Erwerbstätigen für Gesamtdeutschland schließlich um 5,5% ab (Wilhelmshavener Zeitung 4.3.1997). Drastische Wohlstandsverluste für die steigende Anzahl Arbeitsloser oder Frühpensionierter konnten aber mit Hilfe sozialer/staatlicher Transferleistungen verhindert werden. Gründe für diesen Arbeitsmarktwandel sind in den Entwicklungsschüben des technischen Fortschritts seit Mitte des 19.Jhs. zu suchen, die sich in den Begriffen Mechanisierung, Technologisierung und Computerisierung widerspiegeln. DICKEN & LLOYD (1984: 58) unterscheiden hierzu drei grundsätzliche Trends der Innovationen:

1) "Entwicklungen, die sich auf die Prozesse und Methoden der Industrieproduktion beziehen, insbesondere solche, die Ablauf und Kontrolle beeinflussen";

2) Einsatz veränderter Grundmaterialien oder neuer künstlicher Ersatzstoffe im Produktionsablauf;

3) Ausbreitung von Verkehrs- und Kommunikationstechnologien, die den Transport von Menschen, Rohstoffen, verarbeiteten Gütern und Informationen schneller und billiger machen.

Die wachsende Effizienz von Maschinenleistungen führte zu einer Rationalisierung menschlicher Arbeitskraft, die einerseits abnehmende Personenzahlen, andererseits einen effektiveren organisatorischen Arbeitseinsatz im Produktionsgeschehen beinhaltete (Taylorismus/Fordismus; Toyotismus). Symbol dieser Entwicklung wurde das Fließband, das auf Arbeitsteilung und -spezialisierung ausgerichtet war, um dem Markt billige und standardisierte Massenware zu Verfügung zu stellen. Massennachfrage breiter Bevölkerungsschichten stieß hier auf ein preisgünstiges Massenangebot, wodurch Wohlstand und Wohlstandssteigerung alltäglich wurden.

Verkehrliches Symbol der Industrialisierung wurde die Eisenbahn, die die Transporttarife dramatisch fallen ließ, Transportzeiten verkürzte und bewegte Gütermengen und Personen nach Ende des Postkutschenzeitalters explodieren ließ. Betrug das Eisenbahnnetz im Deutschen Reich 1870 18.000km, waren es 1910 ca. 60.000km (WAGNER 1981: 150). Ein internationaler Austausch von Gütern, die für breite Bevölkerungskreise bezahlbar blieben, wurde hierdurch ermöglicht, und bisher unbekannte Ansprüche und Nachfragemuster entstanden. Die Verbreitung weiterer Verkehrstechniken wie elektrische Straßenbahn und Personenkraftwagen förderten zudem die räumliche und in wachsendem Maße individualisierte Mobilität, die nicht von den Angeboten des Eisenbahnnetzes bedient werden konnten. Die Bedeutung des privaten PKW in (West-) Deutschland als Massenverkehrsmittel erreichte jedoch erst 1960 den Stand der USA von 1920 (BÄHR, JENTSCH & KULS 1992: 858). Der Kraftwagen-Anteil je 1.000 Einwohner hinkte in der DDR gegenüber der alten Bundesrepublik nochmals um mehr als ein Jahrzehnt hinterher (KEHRER 1996: 82). Sehr viel länger als in den USA waren die deutschen Städte deshalb baulich und in ihren Funktionen kompakte Städte, bevor sie von Suburbanisierungsprozessen - d.h. der räumlichen Ausdehnung sowie der Bevölkerungs- und Funktionsverlagerung an die Stadtränder - betroffen wurden.

Das Versorgungsverhalten wurde insbesondere durch folgende technische Entwicklungen grundsätzlich verändert:

1. Die Entwicklung von Werkzeugmaschinen aus Eisen und Stahl erhöhte die Präzision und die Standardisierung der Werkzeuge und hiermit hergestellter Güter.

2. Der Erfolg innovativer Produktionstechniken basierte auf der Nutzung neuer Energiequellen in ausreichender Menge und geeigneter Form. Die Einführung von Elektro- und Verbrennungsmotoren löste die Dampfmaschine ab. Die Dezentralisierung der Antriebsenergie durch Elektromotoren verbesserte die Anpassung von Maschinen an die gestellten Arbeitsaufgaben. Die Verbrennungskraftmaschine forcierte die Motorisierung des Verkehrswesens (SPECHT 1988: 3) und revolutionierte die Agrartechnik.

3. Im Bereich der Lebensmitteltechnik waren es sowohl die Entwicklungen in der Chemie und Physik als auch des Maschinenbaus, die zu bisher unbekannten oder verfeinerten Formen der Lebensmittelkonservierung beitrugen, wodurch die geographische Lage und jahreszeitliche Gegebenheiten für die Verfügbarkeit von Nahrungsmitteln an Bedeutung verloren (Marshall Cavendish 1984: 869ff.). Zu unterscheiden sind die Konservierung durch Kältebehandlung (Kühlen, Gefrieren), durch Wärmebehandlung (Pasteurisieren, Sterilisieren, Uperisieren), durch Trocknungsverfahren und durch Einlegen, Pökeln und Räuchern. Der Aufstieg der Konservenindustrie wurde z. B. seit Anfang der 1870er Jahre durch die Einführung des sog. Autoklav, eines Hochdruckkessels, zum Zwecke der Sterilisation enorm erleichtert. Dosenverschließmaschinen seit 1890 machten die Konserve letztendlich zum Massenprodukt für langfristig haltbare Lebensmittel (CAMERER 1992: 132). Ähnlich bedeutsam ist die Entwicklung der Kältetechnik gewesen, die in den 1870er Jahren erstmalig in Form mechanisch arbeitender Kühlanlagen auf Schiffen eingesetzt wurde, um Fleisch von Argentinien nach Frankreich zu transportieren. Mit der Entwicklung handlicher Elektromotoren und des Ausbaus des öffentlichen Stromnetzes breiteten sich Kühlschränke nach dem Ersten Weltkrieg und Tiefkühltruhen seit Mitte der 30er Jahre in den Haushalten aus (Marshall Cavendish 1984: 712).

4. Weitere Einrichtungen, die die Verarbeitung und Abfüllung von Lebensmitteln durch Automatisierung präzisiert, beschleunigt und vereinheitlicht haben, sind sog. Verpackungsmaschinen. Sie transportieren, dosieren, füllen ab, wiegen und etikettieren Waren in Flaschen, Kartons oder Beutel, ohne daß Menschen in diesen Prozeß eingreifen müßten. Vor allem die Entwicklung von Kunststoffen in großem Umfang seit den 30er Jahren hat zu einer Vielzahl neuer Produkte, aber auch zu neuen Formen der Verpackungstechnik beigetragen.

5. Auch die "Verwaltung" von Produktion und Absatz wurde revolutioniert durch die Erfindung des Telefons (1876), der Schreibmaschine (1873) und der Registrierkasse

(1879). Sie förderten kurzfristige Absprachen zwischen Anbietern und Nachfragern über große Distanzen, beschleunigten die Schreibvorgänge in Büros und sicherten bzw. kontrollierten Geldeinnahmen vor einer immer größer werdenden und anonymen Kundschaft.

6. Weil nicht mehr "im Auftrag" eines persönlich bekannten Kunden, sondern für einen "anonymen" Markt produziert wurde, um den sich auch die Konkurrenz bemühte, war der Absatz nicht mehr zwangsläufig gesichert. Das Publikum wurde durch das Aufkommen innovativer Formen des Einzelhandels - seien es Kaufhäuser oder Versandhandel - "von ihren Lokalgeschäften emanzipiert" (WERNICKE 1897: 724). Verkaufsmethoden mußten deshalb mit Hilfe von Reklame aggressiver werden (BEREKOVEN 1986: 29), um die Existenz des jeweiligen Geschäftes weiterhin unter Beweis zu stellen. Vor allem die Ausbreitung elektronischer Massenmedien wie Radio in den 30er und Fernsehen in den 60er Jahren haben zu einer flächen- und zeitlich deckenden Werbeerreichbarkeit des Kunden geführt.

6.1.4 Ausstattungsgrad der Haushalte

Die Standardisierung der Produktion konnte nur Erfolg haben, wenn sich die Haushalte als potentielle Nachfrager dieser Waren in der Ausstattung ihrer Wohnungen anglichen,

- um Güter ohne größeren körperlichen Aufwand zu transportieren,
- um Güter auch zu Hause längerfristig zu lagern,
- um Güter selbst in der gewünschten Form aufzubereiten, zu verändern oder wiederherzustellen,
- um sich über neue Güter zu informieren.

West- und ostdeutsche Ausstattungsgrade in den Haushalten zeigen (Tab. 2), wie unterschiedlich die Konsummöglichkeiten in beiden Teilen Deutschlands in den 50er und 60er Jahren waren. Mit Ausnahme der PKW-Ausstattung holten die Haushalte der DDR das quantitative Niveau Westdeutschlands in den 70er und 80er Jahren schnell ein. Weil die Diskussion um Ausstattungsgrade aber auf die Lebenszufriedenheit der Bevölkerung und die Leistungsfähigkeit der unterschiedlichen Wirtschaftssysteme in West und Ost zielte und somit stark propagandistisch gefärbt war, ist die Datenlage im Detail eher verworren. Ost- und westdeutsche Quellen weisen teilweise erhebliche Unterschiede auf, weil sie nicht immer deutlich machen, ob die Daten Ausstattungsgrade (d.h. Anzahl der Haushalte, in denen entsprechende Konsumgüter vorhanden sind, bezogen auf 100 Haushalte) oder den Ausstattungsbestand je 100 Haushalte (d.h. Anzahl der in den Haushalten vorhandenen Konsumgüter, einschließlich der Mehrfachausstattung) wiedergeben.

Tab. 2: Ausstattungsgrad der Haushalte mit langlebigen technischen Konsumgütern (je 100 Haushalte) in der DDR

	1955	1960	1965	1970	1975	1975[1]	1980	1980[1]	1982/83[1]	1985	1989	1995	
PKW	0,2	3,2	8,2	15,6	26,2	15	36,8	26	42	45,8	54,3		
Kühlschrank	0,4	6,1	25,9	56,4	84,7	56	99	86	119	99	99		
Waschmaschine	0,5	6,2	27,7	53,6	73,0	53	80,4	73	91	91,8	99		
Radio	77,1	89,9	86,5	91,9	96,3	-	99	-	-	99	99		
Fernseher	1,2	16,7	48,5	69,1	81,6	69	88,1	82	111	93,4	96,2		
Ausstattungsgrad für westdeutsche Haushalte													
		1962			1973				1983			1995 West	Ost
PKW		27			55				65				
Kühlschrank		52			93				96				
Waschmaschine		34			75				83			98	93
Radio		-			99				96				
TV		36			89				94			96	99

Quelle für Situation in der DDR: Statistisches Amt der DDR (1990: 325)

[1] Ausstattungsbestand nach gesamtdeutscher Quelle (RICHTER 1991: 21) für die DDR

Quelle für Situation in Westdeutschland: MEYN (1985: 3); KISTLER (1984: 21)

1983: angemeldete Radios

6.1.5 Verwaltung

Die gesellschaftlichen Umbrüche im 19.Jh. haben auch der öffentlichen Verwaltung neue Funktionen zugewiesen. Zu Beginn des Wirtschaftsliberalismus war man davon überzeugt, daß allein die Selbststeuerungskräfte des Marktes ausreichen würden, um eine "Harmonie" zwischen Einzel- und Gesamtinteressen in der Gesellschaft zu gewährleisten. Der Staat wollte nur eine Wächterfunktion wahrnehmen, um mit Hilfe weniger "Spielregeln" das Marktgeschehen zu sichern (DÖRGE 1977: 6). Wachsende soziale Ungleichheit im "Manchester-Liberalismus" führte jedoch zu der Forderung, der Staat solle "aktiv in die gesellschaftlichen Verhältnisse eingreifen mit dem Ziel, über eine größere soziale Gleichheit mehr soziale Gerechtigkeit zu verwirklichen" (ALBECK 1987: 6), um dadurch von der Idee des "Nachtwächterstaates" abzurücken. Insbesondere das Wachstum der Städte und die Konzentration von Menschen auf engstem Raum führten zu unbekannten sozialen Aufgaben, Baumaßnahmen und Planungsnotwendigkeiten, die von einer öffentlichen Verwaltung geregelt werden mußten. Existentiell notwendige Dienstleistungen waren von den Stadtverwaltungen anzubieten, "die der Einzelne nicht mehr selbst - wie etwa in der traditionellen ländlichen Gesellschaft - erbringen konnte", sei es die Versorgung mit Wasser und Energie, die Entsorgung von Abfällen jeglicher Art oder das Angebot öffentlicher Verkehrsmittel (KRABBE 1983: 374). Zudem sollten detaillierte Bauordnungsvorschriften dazu dienen, den Städtebau nicht mehr nur als technische und ästhetische Größe zu erfassen, sondern die Stadtentwicklung unter hygienischen, wohnungs- und sozialpolitischen Aspekten zu ordnen und zu gestalten (BÖHM 1983: 218f.).

1991 waren 6,8 Mio. Personen im öffentlichen Sektor in Gesamtdeutschland beschäftigt (Statistisches Bundesamt 1992: 259). Vergleicht man hierzu die Zahlen für Großbritannien von 1978, die ca. 7,4 Mio. Personen im öffentlichen Bereich auswiesen, entsprach das im Vergleich zum Jahr 1851 einer Verdreißigfachung der Mitarbeiterzahl (DICKEN & LLOYD 1984: 102). Ein gleichermaßen hoher Anstieg ist auch für Deutschland anzunehmen. Die Bürokratisierung und Professionalisierung des kommunalen Verwaltungsapparates in einem umfassenden Sozial- und Wohlfahrtsstaat war die Folge (KRABBE 1983: 390). Dieses Netz sozialer Sicherheit und staatlicher Verantwortung war aber nur durch umfangreiche finanzielle Einnahmen des Staates in Form von Steuern möglich. 1891 wurde durch das Einkommenssteuergesetz die allgemeine Steuererklärungspflicht eingeführt, 1918 mit der Umsatzsteuer die wichtigste Reichssteuer geschaffen (VELTE 1993: 7). In den folgenden Jahrzehnten war die Steuerdiskussion davon geprägt, wie einzelne Steuern unter den drei Gebietskörperschaften (Bund, Länder, Gemeinden) aufzuteilen seien, um die Aufgaben der jeweiligen Leistungsverwaltungen aufrechtzuerhalten. Im Rahmen eines kommunalen Finanzausgleichs haben die Gemeinden seit der Änderung des Grundgesetzes von 1956 Rechtsanspruch darauf, daß sie von den Ländern einen Teil des Gemeinschaftssteueranteils von Bund und Ländern zugewiesen bekommen. Das betrifft insbesondere zentrale Orte, die Leistungen auch für das Umland zur Verfügung stellen, ohne daß sich deren Bürger an der Finanzierung dieser Infrastruktur beteiligen (WEHLING 1994: 14).

6.2 Entwicklung bis 1945

Bekanntermaßen definierte HÄUßERMANN (1996: 5) die Stadt der DDR nicht als "sozialistische Stadt", sondern als "Stadt im Sozialismus", die ihr "bürgerliches Erbe" nicht leugnen konnte. Deren gesamtdeutsche Anlage als "kapitalistische Stadt" ergibt sich somit noch aus der Vorkriegszeit. Immobilienbesitz und -eigentum, Straßenführungen und Parzelleneinteilungen dieser Phase prägen als überaus persistente Strukturen auch nach der Transformation das Entwicklungsgeschehen in den Städten der Neuen Bundesländer. Um so wichtiger ist es, die Einzelhandelssituation von vor 1945 zu skizzieren, so daß der ursprünglich gemeinsame Entwicklungspfad von Ost und West verstanden wird.

6.2.1 Die Anbieter

Bis in die Mitte des 19.Jhs. war der sog. Detail- oder Einzelhandel "handwerksmäßig organisierte Krämerei" (SOMBART 1903: 260). In Gemischtwarenhandlungen wurden die unterschiedlichsten Güter parallel angeboten, ohne daß man den Absatz als "Kunst oder gar Wissenschaft" (GARTMAYR 1964: 91) hätte organisieren müssen. "Der Absatz war ein Gegebenes" (GARTMAYR 1964: 91). Die Kundschaft war lokal bestimmt und über lange Zeiträume unveränderlich. Seit Generationen wurde das Detailgeschäft innerhalb der Familie übertragen. Handelsgehilfen hatten sich in einem patriarchalischen Verhältnis dem Arbeitgeber unterzuordnen. Ähnlich wie im Handwerk oder in der Landwirtschaft ("Ackernahrung") sollte der Kram "seinen Mann ernähren" (SOMBART 1903: 261), ohne daß der Händler auf Gewinn und Expansion des Geschäfts gezielt hätte. Die Veränderungen in der Produktions- und Verkehrstechnik sowie die räumliche Umverteilung der Bevölkerung erschwerten in zunehmendem Maße diese traditionell gepflegten Absatz-"techniken". Eine explodierende Warenvielfalt und selbst die bei gleichen Gütern sich immer wieder verändernde Beschaffenheit und Preisgestaltung vergrößerten die Sortimentsbreiten und - aufgrund veränderter Gewohnheiten und wachsender Konsumansprüche - Sortimentstiefen, die in einem sog. Kramladen keinen Platz mehr fanden. Zudem veränderten Pferde- und Straßenbahnen die räumliche Mobilität der Kunden, deren Einkaufsbereitschaft nicht mehr nur lokal bezogen war. "Der Kunde, den man früher wohlgemut erwartet hatte, und der auch sicher gekommen war, da sich für ihn keinerlei wesensverschiedene Kaufgelegenheit anderswo bot, der Kunde mußte jetzt gesucht, angegriffen, herbeigeschleppt werden" (SOMBART 1903: 262). Der Wettbewerb im Einzelhandel nahm deutlich zu und zielte darauf, sich durch Lage, Größe sowie innere und äußere Gestaltung des Ladens von Mitkonkurrenten abzuheben. Nicht mehr nur das Streben nach "Nahrung", sondern nach Gewinn wurde zum dominanten Geschäftsprinzip, um finanzielle Rücklagen für eine stetige Marktanpassung zur Verfügung zu haben. Vier einander bedingende Entwicklungen im Einzelhandel waren zu unterscheiden (vgl. SOMBART 1903; LAMPERT 1956; GARTMAYR 1964):

1. Anzahl der Geschäfte: Trotz zunehmenden Wettbewerbs verdoppelte sich die Anzahl der (Klein- und Groß-) Handelsbetriebe im Deutschen Reich zwischen 1875 und 1925 auf ca. 937.000. Die Zahl der im Handel Beschäftigten vervierfachte sich sogar. Den Anteil des Einzelhandels hieran konnte erstmals die Betriebsstättenzählung von 1925 nachweisen, die zwischen Einzel- und Großhandel unterschied. Demnach entfielen 83% aller Handelsbetriebe und 69% aller Beschäftigten auf den Einzelhandel. Bis 1933 stieg die Anzahl der Einzelhandelsbetriebe nochmals um ca. 8% auf 845.000 (LAMPERT 1956: 6f.), nahm jedoch im Vergleich zwischen 1925 und 1939 um 12% ab. Viele Einzelhändler betrieben ihre Geschäfte nämlich nur als "kleine, proletarische Existenzen" (SOMBART 1903: 255), um in wirtschaftlichen Krisenzeiten, v.a. zu Beginn der 30er Jahre, der Arbeitslosigkeit zu entgehen, waren deshalb kapitalarm und besaßen nur geringe Gewerbekenntnisse. So inflationierten sie kurzfristig die Angebote im Einzelhandel, insbesondere durch die Eröffnung von Lebensmittelgeschäften, die wenig Gründungskapital benötigten, um hierdurch eine Einkommensnische zu finden, ohne damit wettbewerbsfähig zu sein.

2. Differenzierung: Die Geschäftswelt differenzierte sich aus in Qualitätswarengeschäfte und Schund- oder Massenartikelgeschäfte (SOMBART 1903: 269). In ihrer Existenz spiegelten sie neue gesellschaftliche und räumliche Ungleichheiten in der Stadt wider, wie sie sich einerseits in der unterschiedlichen Kaufkraft, der Lokalitätsbezogenheit und den Bedürfnissen von Kundengruppen, andererseits in den Mietpreisen für Gewerberaum niederschlugen. Mit der Ausdehnung der Städte nahm nämlich die Bedeutung von Boden- und Immobilienmärkten sprunghaft zu (vgl. BÖHM 1983), auf denen hohe Grundrenten für zentrale knappe Standorte bzw. niedrige für die Vielfalt an Vorstadtläden erlöst werden konnten. In den "bestgelegenen Straßen" (SOMBART 1903: 269) konzentrierten sich deshalb solche Läden, die auf kleinen, knappen und teuren Flächen Waren ausstellten, die hohe Renditen versprachen.

3. Spezialisierung: Waren die Einzelhandelsgeschäfte bis zu Beginn des 19.Jhs. in zwei große Gruppen zu unterscheiden, in denen Waren entweder "gewogen" (Lebensmittel) oder "geschnitten" (Stoffe) wurden, entstanden erst später Läden, in denen nach Stückzahl verkauft wurde (GARTMAYR 1964: 114). Moderne Produktions- und Verpakkungstechniken, Erfordernisse des Transportwesens, aber auch staatliche Hygienebestimmungen veränderten überkommene Verkaufsprinzipien. Die Vielfalt an Waren, Verpackungen bzw. Packungsgrößen sowie Preisen machten es für die meisten Händler unmöglich, die gesamte Sortimentsbreite, wie sie noch aus einem Gemischtwarenladen

bekannt war, auf kleinen Verkaufsflächen anzubieten. Zudem verlor der Kaufmann die "Warenkenntnis" - traditionelle Stärke des mit dem Handel konkurrierenden Handwerks - über die inflationär auf den Markt drängenden neuen Güter. Der Einzelhändler suchte deshalb seine Marktnische in Fach- oder Spezialgeschäften, indem er ein möglichst vollständiges Sortiment einer Warengruppe oder nur einen einzigen Spezialartikel im Angebot hatte, um sich hierfür als Fachmann zu präsentieren (GARTMAYR 1964: 116). Die Spezialisierung konnte nach sehr unterschiedlichen Kriterien wie regionale Herkunft der Waren, Material, Art der Nutzung im Haushalt, Qualität und Herstellungstechnik erfolgen. Voraussetzung für den Verkaufserfolg war eine Intensität der Kundennachfrage, "damit überhaupt eine gehörige Anzahl Verkaufsakte dieser bestimmten Art an einem Ort" (SOMBART 1903: 270) zustande kam. Weil die Nutzungs- und Lebensdauer von Gebrauchsgegenständen jedoch infolge von Modeerscheinungen abnahm und "jedermann und namentlich jede Frau etwas Originelles und Apartes haben will; was die Menge besitzt, wird trivial und entwertet", etablierten sich die Fachgeschäfte im Einzelhandel (Die Notlage des Detailgeschäfts... 1904: 6).

4. Kombination: Als Gegentrend zu dieser Spezialisierung nach Branchen entstanden sog. Bedarfsartikelgeschäfte, die verschiedene Warengruppen miteinander kombinierten und somit wieder zu einer gewissen Verallgemeinerung der Sortimentsbreite beitrugen. Der Verkauf war darauf angelegt, einander ergänzende Bedarfe (z.B. Haushaltsgeräte; Feinkostläden) zu bündeln und "Mitnahmeeffekte" beim Kunden auszulösen. Die Verbindung von Friseurdienstleistungen mit dem Verkauf von Theaterbillets oder das Angebot von Reiseliteratur in der Fahrradhandlung (SOMBART 1903: 271) wiesen bereits Ende des 19.Jhs. darauf hin, wie der (handwerkliche) Einzelhandel dem Kunden bis dato unbekannte Koppelungspotentiale eröffnete. Einerseits wurden Waren unterschiedlicher Herkunft oder Materialbeschaffenheit kombiniert, andererseits aber auch Waren/Dienstleistungen mit Dienstleistungen, die auf eine funktionale Koppelung von Versorgen mit den Bereichen Freizeit und Bildung zielten. So zitiert BEREKOVEN (1986: 32) Stresemann, der das Warenhaus Wertheim in Berlin folgendermaßen charakterisierte: "Wenn man sagt, heute geht man zu Wertheim, so heißt das nicht in erster Linie, wir brauchen etwas besonders notwendig, sondern man spricht von einem Ausflug, den man etwa nach irgendeinem schönen Ort der Umgebung macht." Auf weitere soziale Funktionen von Warenhäusern verwies eine andere Aussage: "Mit seiner sinnlich überhitzten Atmosphäre, seiner blendenden Umgebung, den zahlreichen Schlupfwinkeln und der ständigen Ausstellung hübscher Frauen und Mädchen, ist es der erste und wichtigste Liebesmarkt der Großstadt geworden" (zitiert nach BEREKOVEN 1986: 37).

5. Verkaufskultur: Die Logik des modernen Einzelhandels basierte fortan auf dem Prinzip "Großer Umsatz, kleiner Nutzen". Massenhaft und aufgrund verbesserter Techniken immer günstiger produzierte und standardisierte Waren wurden in die Geschäfte geliefert und waren von hohen Umsatzgeschwindigkeiten abhängig. Die

Händler mußten dem Druck der nachdrängenden Ware genügen und den Verkauf durch Preis-, Sortiments- und Dienstleistungsparameter (vgl. AGERGARD, OLSEN & ALPASS 1970) forcieren. Ihren Handlungsspielraum fanden sie zwischen den Kostenvorgaben der Großhändler und Produzenten, der Marktmacht ihrer Mitkonkurrenten und der Akzeptanz ihrer Kunden gegenüber Innovationen im Einzelhandel. Revolutionär waren deshalb die ersten großflächigen Einzelhandelsbetriebe in Form von Waren- und Kaufhäusern, die basar- und marktähnliche Vielfalt in sich vereinigten und die seit Mitte des 19.Jhs. die traditionelle Verkaufskultur vollständig ablösten. Eingeführt wurden feste (und vielfach niedrige) Preise, die dem ursprünglichen "Kaufmannsgeist" zuwiderliefen, jedoch die Verkaufstransaktion durch den Fortfall des Feilschens verkürzten. Das "Fixpreissystem" brachte Käufer und Verkäufer sozial nicht mehr einander näher, sondern "erhob die Passivität zur Norm" (CRAWFORD 1995: 44). Das Prinzip der Barzahlung schloß an Ort und Stelle den Verkaufsvorgang ab, wodurch das Kreditrisiko für den Kaufmann entfiel und dessen Liquidität gegenüber seinen Lieferanten erhöht wurde (GARTMAYR 1964: 120ff.). Die Waren lagen offen aus, so daß sie vom Kunden hinsichtlich ihrer Güte angefaßt oder näher betrachtet werden konnten. Und doch waren die Kunden keinem Kaufzwang unterworfen. Im aggressiven Wettbewerb um Käufer wurde zudem die Werbung immer wichtiger, die in Extremfällen als Bierabende, Volkskonzerte und wissenschaftliche Vorträge konzipiert war, um den Kundenkreis zu vergrößern (BOHNER ca.1958: 284).

6. Konzentration und Vergrößerung der Betriebe: Es entstanden neue Betriebsformen, die großer Verkaufsflächen bedurften. Als "Einkaufstempel" konzipiert, breiteten sie sich in Deutschland seit 1880 über mehrere Etagen - und nicht ebenerdig - in innerstädtischen Lagen in Form von Kauf- und Warenhäusern aus. Neben dem horizontalen Ausbau der Firmen durch Filialbildung entwickelten sie sich - wie im Falle von Karstadt - auch vertikal durch die Übernahme von Herstellerbetrieben (BOHNER ca.1958: 287), um finanzielle Verluste aus dem Zwischenhandel zu verringern. Existierten im Jahre 1925 755 Waren- und Kaufhäuser, waren es 1933 bereis 1.414 (BEREKOVEN 1986: 62). Massenfilialunternehmen wie Kaisers-Kaffee-Geschäft GmbH, die 1913 1.370 Filialen betrieb (DORNER & HELDT 1979: 32), profitierten von standardisierten Werbelogos und definierten Qualitätsstandards ihrer Markenartikel, die für die Kunden landesweit einen hohen Wiedererkennungswert hatten. Vielfach waren die Markenartikel Eigenmarken, die in selbst gegründeten oder gekauften Industriebetrieben produziert wurden. Einerseits umging man hiermit den "Handel der zweiten und dritten Hand", andererseits nahm aber auch die Markenartikel-Industrie Rücksicht auf ihre Kunden aus dem mittelständischen Einzelhandel, indem sie sich weigerte, die Filialisten zu beliefern (BEREKOVEN 1986: 46). Die Bedeutung der Filialbetriebe wird anhand von Schätzungen aus dem Jahre 1937 deutlich, als 8% des gesamten Absatzes im Einzelhandel auf diese Organisationsform entfielen, die jedoch nur 0,2% aller Betriebe ausmachten (nach GARTMAYR 1964: 137). Sowohl Filialisten und die Warenhausbetreiber als auch sog. Einheits- und (seit 1933) Kleinpreisketten wurden zum

Sinnbild "monopolkapitalistischer" Entwicklungen im Handel, die infolge ihrer aggressiven Verkaufsmethoden den mittelständischen durch Kleineigentum charakterisierten Einzelhandel in Gefahr brachten (DORNER & HELDT 1979: 32, 35). In Reaktion hierauf schlossen sich Einzelhändler zu Konsumgenossenschaften und Wareneinkaufsvereinen zusammen, um ein "Defensiv-Konzept" gegenüber ihrer eigenen Schwäche als Mittelständler und gegenüber den neuen Großbetrieben zu entwickeln (BEREKOVEN 1986: 52). Ziel war es, selbst Einkaufsmacht auf den Großhandel zu gewinnen und diese Position in Form preiswerter Sortimente an die Kunden weiterzugeben. Bis zu Beginn der 30er Jahre waren noch über 98% aller Einzelhandelsbetriebe sog. Mittelständler, auf die jedoch nur noch 66% des Einzelhandelsumsatzes bei abnehmender Tendenz entfiel (DORNER & HELDT 1979: 35).

6.2.2 Vorbilder im Ausland

War die Ausbreitung von Großkapital in Deutschland noch bis in die zweite Hälfte des 19.Jhs. von Kleinstaaterei behindert, hatte sich der Kapitalismus der freien Konkurrenz in den USA, England und Frankreich bereits entfaltet, die eine Schrittmacherfunktion in der Einführung neuer Betriebsformen im Einzelhandel übernahmen. 1852 wurde das erste Warenhaus in Paris eröffnet. Die bekanntesten Pendants wie Harrods in England und Macy in den USA zogen im folgenden Jahrzehnt nach. Filial- und Versandhandelsunternehmen entstanden etwa zur selben Zeit und hatten damit einen Vorsprung von etwa 10 bis 20 Jahren auf die deutsche Entwicklung (DORNER & HELDT 1979: 31). Die Idee sog. Einheitspreisgeschäfte entstand 1880 in den USA, die sich in ihrer Sortimentierung und Warenpräsentation als Frühform heutiger Discounter darstellten. Die Produkte waren offen ausgelegt. Es handelte sich um gängige und schnelldrehende Artikel zu festgesetzten Billigpreisen. Teilselbstbedienung durch den Kunden, die Einsparung von Personal und der vereinfachte Abrechungs- und Bezahlungsvorgang, weil es nur wenige (im Extremfall zwei unterschiedliche) Preise für alle Artikel gab, führten zu einer neuen auf Tiefpreispolitik zielenden Wettbewerbsform (BEREKOVEN 1986: 59ff.). Erst die bevorstehende Expansion der Woolworth-Kette in Deutschland führte ab 1925 zur Entstehung eigener Einheitspreisläden. HIRSCH (1926) stellte in seinem Vergleich deutscher und amerikanischer Wirtschaftsmethoden im Einzelhandel folgende innovative Aspekte der US-Situation heraus, die jedoch auf einer zweieinhalb mal so hohen Kaufkraft wie in Deutschland und einer bereits hohen Kraftwagendichte beruhten. Kamen 1929 auf 1.000 Einwohner in den USA 201 Kraftwagen, waren es in Deutschland nur neun (KEHRER 1996: 82).

1. Selbstbedienung: "Bei Lebensmitteln liegt die Ware abgepackt da, der Kunde geht durch ein Drehkreuz, erhält einen Korb, in den er das Gewünschte legt, und beim Herausgehen wird nachgezählt und gezahlt. Sogar Herren- und neuerdings Damenkonfektion werden auf diese Weise vertrieben" (1926: 83). Nicht nur das Verkaufsprinzip

war also ein neues, sondern es änderten sich auch die Vorgaben für die Produzenten, Waren nunmehr SB-gerecht zu portionieren und abzupacken. Vorläufer des Supermarktes entstanden (GOLDMAN 1975/76). Die Ausbreitung des Prinzips "Massenverkauf durch Niedrigpreise" wurde durch die wirtschaftliche Depression in den 30er Jahren und die Ausbreitung des Selbstbedienungsprinzips durch den Arbeitskräftemangel während des Zweiten Weltkrieges gefördert (APPEL 1972: 43, 48).

2. "Idee des Service": Weitverbreitet war das Entgegenkommen der Geschäfte, Kunden den Kauf auf Kredit zu ermöglichen, wenn diese ein nicht überzogenes Bankkonto nachweisen konnten. Eine andere Serviceidee war die Einführung von Teilzahlungssystemen, deren Risiko durch ein öffentliches Auskunftswesen minimiert wurde (HIRSCH 1926: 83f.).

3. neue Betriebsgrundsätze: Warenlager sollten klein gehalten werden, um sich vor Geschmacks- und Modeänderungen der Kunden sowie vor Diebstahl zu schützen. Die Standardisierung der Ware erleichterte dieses System. Zudem wurde auf konsequente Rationalisierung der Betriebsabläufe gezielt: "Was die Maschine wirtschaftlich bei gleichen oder weniger Kosten schaffen kann, das soll der Mensch nicht tun" (HIRSCH 1926: 86).

4. neuer Raumbezug: Billigläden (insbesondere in Zeiten wirtschaftlicher Depression in den 20er und 30er Jahren) konnten aufgrund massiver Werbung und günstiger Preise Kunden aus einem mehr als 10 Meilen großen Radius anziehen. Niedrige Mieten in städtisch peripher gelegenen Bereichen und der großflächige Verkauf aus aufgegebenen Fabriken und Lagerhäusern heraus waren für den Erfolg dieses Geschäftssystems notwendig (GOLDMAN 1975/76: 59). Eine ähnliche Loslösung von innerstädtischen Lagen und der Nähe zu Wohngebieten zeigten die "Ford Stores", die sog. *convenience goods* (v.a. Lebensmittel, Drogeriebedarf) nur palettenweise verkauften und Service sowie Werbung auf ein Minimum beschränkten. Ford Stores "work on the principle of drawing the buyers to the stores. This has enabled them to be located on sites much less valuable than is usual for such stores" (SHAFER 1927/28: 315). Zudem breiteten sich Großmärkte in den USA aus. APPEL (1972: 42) beschreibt den Crystal Palace Market in San Francisco, der zu Beginn der 20er Jahre 68.000 square feet umfaßte, 110 individuelle Mieter aufnahm und Parkplätze für über 4.000 PKW in innerstädtischer Lage zur Verfügung stellte. Obwohl dieser Markt noch keine Selbstbedienung kannte, sind in der hohen räumlichen Konzentration von Geschäften und im PKW-Kundeneinkauf Anfänge zur Entwicklung von Einkaufszentren zu erkennen.

6.2.3 Konkurrenz zwischen "Kleinen" und "Großen"

Die Veränderungen im Einzelhandel, die auf eine Polarisierung zwischen "großen" kapitalkräftigen und "kleinen" Anbietern hinausliefen und die Verdrängung mittelständischer Kaufleute aus dem Marktgeschehen heraufbeschworen, blieben zumindest in Deutschland in der öffentlichen Diskussion nicht unherausgefordert. Dieser Gegensatz dokumentiert den jahrzehntelangen Lobbyismus der "Alteingesessenen" gegenüber innovativen Großformen im Einzelhandel. Im Mittelpunkt der Anfeindungen standen die Warenhäuser, die Konsumvereine, die Filialbetriebe und Einheitspreisgeschäfte, die im Dritten Reich schließlich von politischer Seite zur "unerwünschten Betriebsform" erklärt bzw. im Falle der Verbrauchergenossenschaften rechtlich aufgelöst worden waren, um den gewerblichen Mittelstand vor "unfairen Handelspraktiken" zu schützen (RUBENS 1929; GARTMAYR 1964: 137; BEREKOVEN 1986: 74). Doch schon WERNICKE (1897) und ein Bericht an die Gewerbekommission (Die Notlage des Detailgeschäfts ... 1904) haben gezeigt, daß nicht nur neue Betriebsformen, sondern auch die "Überfüllung" des Detailhandels selbst zu einer erheblichen Konkurrenzverschärfung beitrugen. Dennoch setzte eine lebhafte Agitation der Handelskammern und Interessenverbände ein (z. B. Zentralverband deutscher Kaufleute; Verein gegen Unwesen im Handel und Gewerbe; Kampfverband des gewerblichen Mittelstandes in den 1930er Jahren), die mit Eingaben an Politiker Schutzmaßnahmen für den Mittelstand in Form von Wettbewerbsbeschränkungen, -kontrollen und Verboten forderten. Das Reichsgesetz über den unlauteren Wettbewerb von 1896 enthielt Bestimmungen über Sonderveranstaltungen (Ausverkäufe). Warenhäuser wurden seit 1899 in Bayern und 1900 in Preußen und Sachsen in Warenhaussteuergesetzen gesondert belastet. Definiert waren sie in der preußischen Verordnung als offene Verkaufsstellen mit mehr als 400.000 RM Umsatz pro Jahr und dem Angebot von mehr als einer von vier genannten Warengruppen (Textil; Hausrat; Galanterie/Lederwaren; Lebensmittel). Um diese Belastungen zu umgehen, wurden jedoch einerseits mehr Kaufhäuser gegründet, andererseits mit Hilfe der Namensgebung des Betriebes der Warenhauscharakter verschleiert (z.B. KaDeWe in Berlin) (BEREKOVEN 1986: 39). Zudem wurden die neuen Steuerbelastungen an die wirtschaftlich unterlegenen Lieferanten weitergegeben oder durch Umsatzvergrößerung mittels geschäftlicher Expansion und Konzentration aufgefangen. Die Ergebnisse liefen den gesetzgeberischen Zielsetzungen somit vollständig zuwider (RUBENS 1929: 35; GARTMAYR 1964: 128).

Neue Forderungen des Mittelstandes nach einer Inseraten- und Plakatsteuer, nach dem Verbot von Warenverkaufs-Automaten und Aktiengesellschaften zum Zwecke des Warenverkaufs im Kleinhandel wurden nachgeschoben, um als Mittelständler "das Kapital zu bekämpfen". "Das ist der Sozialismus im konservativen Sinn" (Die Notlage des Detailgeschäfts ... 1904: 26f. u. 29). Die Gewerbekammer Zittau charakterisierte die großkapitalistischen Wirtschaftsformen in einem Bericht an das Wirtschaftsministerium im März 1933 als Gefahr, "weil sie, eingestellt auf Massensuggestion und Massenabsatz, die Tendenz individueller Kundenbehandlung, die die Stärke des Kleinhandels ausmacht, ablehnen, die Qualität der Waren herabdrücken und den Verbrauch von entbehrlichen Waren fördern" (Staatsarchiv Leipzig - Gewerbekammer Leipzig Aktenz. 2516: Bekämpfung der Warenhäuser 1933: 3). Sowohl wirtschafts- als auch rassenideologische Gründe - der Handel war überdurchschnittlich von jüdischem Eigentum geprägt - führten zu einem Expansionsstopp der im Nationalsozialismus unerwünschten Betriebsformen. Das Rabattgesetz von 1933, das die Einkaufskonditionen vor allem zuungunsten der Waren- und Kaufhäuser reglementierte und Vorteile von Großeinkäufen schmälerte, sowie das Verbot von Dienstleistungsabteilungen und Erfrischungsräumen waren zudem Instrumente, die Attraktivität dieser Betriebsformen zu beschneiden (BEREKOVEN 1986: 64f.). Die nachfolgende "Arisierung" des Handels, d.h. die Enteignung jüdischen Besitzes, wirkt in den Neuen Bundesländern bis heute in Form von Restitutionsansprüchen seitens der rechtmäßigen Erben (v.a. in Leipzig) nach. Resultat der vor 1933 propagierten "Großbetriebsfeindlichkeit" war jedoch gerade nicht der Zuwachs von Kleineigentümern im Einzelhandel. Zwangswirtschaftliche Eingriffe in den Handel, die die Gewerbefreiheit einschränkten, förderten letztlich noch die nunmehr "arisierte" Konzentration und Zentralisation von Kapital und Umsatz im Einzelhandel (DORNER & HELDT 1979: 36). So nahm die Anzahl der Betriebe zwischen 1933 und 1939 (bezogen auf den gleichen Gebietsstand des Deutschen Reiches) um 18,4% ab, obwohl die Anzahl der Beschäftigten mit 0,7% sogar leicht anstieg (LAMPERT 1956: 8). Im Jahre 1943 wurden Einzelhandelsbetriebe in Kriegsbetriebs- oder Ladengemeinschaften organisiert oder unterlagen der Zwangsschließung. Zusammen mit den Zerstörungen im Krieg existierten 1945 nur noch ca. 60% der vor dem Krieg im Konsumgüterhandel vorhandenen Betriebe (DORNER & HELDT 1979: 37).

6.3 Die westdeutsche Situation 1945 bis Anfang der 90er Jahre

Politischer Pluralismus, Rechtsstaatlichkeit und soziale Marktwirtschaft sind nach dem Zweiten Weltkrieg die entscheidenden Normen bzw. Ordnungskriterien geworden, die die bundesrepublikanische Wirklichkeit bis heute prägen. Die DDR nahm hingegen den Weg zu einer sozialistischen Planwirtschaft, in der individuelle Selbstverwirklichung und privates Gewinnstreben nicht ausgeschlossen, jedoch nur nischenartig geduldet wurden.

6.3.1 Anbieterseite

6.3.1.1 Strukturwandel

Nach Abschaffung der Zwangswirtschaft und der Währungsreform im Jahre 1948 spiegelte sich das westdeutsche Wirtschaftswunder in der Ausbreitung des Massenkonsums wider. Vor allem waren es die Warenhäuser und Filialbetriebe, die vom Wohlstandsgewinn profitierten und an ihre Verkaufserfolge zu Beginn der 30er Jahre anknüpften. Der Umsatzanteil der vier Warenhauskonzerne Karstadt, Kaufhof, Hertie und Horten bzw. ihrer Vorläufer (DORNER & HELDT 1979: 35) am gesamten Einzelhandelsumsatz stieg von 4% um 1933 auf ca. 7% im Jahre 1956 (BEREKOVEN 1986: 85). Der Marktanteil der Filialisten konnte sich zwischen 1950 und 1960 auf schließlich 12% mehr als verdoppeln (BEREKOVEN 1986: 87). Trotz dieser Umsatzkonzentration nahm die Anzahl der Einzelhandelsgeschäfte in den 50er Jahren zunächst noch zu, die als "Eintagsfliegen" im Einzelhandel "vom Honig des Wirtschaftswunders naschen" wollten (MÜLLER 1961: 19). Für zahlreiche Personen, "die daran verzweifeln, auf anderem Wege ihr Auskommen zu finden", war der kleine Handel das große Sammelbecken geworden (August Bebel zitiert nach MÜLLER 1961: 19).

Der Bedeutungswandel einzelner Betriebsformen, die durch Branche, Sortiment, Preisniveau, Bedienungsform, Fläche, Standort und Filialisierung definiert werden (IfH 1995: 41), war jedoch erst der Anfang eines tiefgreifenden Strukturwandels der Institutionen im Einzelhandel. Folgende Entwicklungen sind zu unterscheiden:

1. Größe: Die Verkaufseinheiten haben sich in bezug auf ihre Verkaufsfläche deutlich verändert. Betrug die durchschnittliche Größe eines Lebensmittelgeschäftes im Jahre 1961 33 qm, waren es 1990 283 qm (EHI 1995b: 57,59). Im selben Zeitraum verachtfachte sich der Gesamteinzelhandelsumsatz, blieb jedoch mit seinem Anteil von ca. 29% am BSP über 30 Jahre quasi unverändert (EHI 1995b: 51). Obwohl sich die Verkaufsfläche des Einzelhandels in Westdeutschland verdreifacht hat (HGZ 1968 im Vergleich zu 1993; BAG 1996: 46), nahm die Anzahl der Erwerbstätigen nur um 43,6% zu (Vergleich 1970 zu 1993; BAG 1993: 9 u. 1996: 10). Hierunter stieg in den letzten zehn Jahren (1985-1995) vor allem der Anteil Teilzeitbeschäftigter überproportional um ca. 43% gegenüber 1% Vollbeschäftigter (BAG 1996: 61). Im Vergleich zu 1960 wuchs der Anteil Teilbeschäftigter im Einzelhandel bis zum Jahre 1990 von 9,4 auf 33,7% (CLAAßEN 1996: 39).

2. "Ladensterben": Die Anzahl der Geschäfte nahm seit den 50er Jahren rapide ab (Tab. 3). Betroffen waren vor allem die Läden "um die Ecke". In einer Untersuchung der IHK für München und Oberbayern Ende der 70er Jahre gaben 40% der befragten Betriebe an, Jahresumsätze von unter 150.000 DM zu erzielen, was einem Gewinn von weniger als 10.000,-DM entspräche (in: Baumeister 77 (10), 1980: 973). Argumentierte MÜLLER (1961: 19) noch mit einem Jahresumsatz von 100.000,-DM, um einen Kleinbetrieb zu charakterisieren, waren es - unter Berücksichtigung der fortschreitenden Geldentwertung und zunehmender Konkurrenz - Mitte der 80er Jahre bereits 500.000,-DM (KULKE 1992b: 970). Seit Mitte der 70er Jahre war sogar wieder ein leichter Anstieg des Gesamtbestandes zu erkennen und wurde als Gründungswelle kleiner Spezialgeschäfte und Nebenerwerbsbetriebe interpretiert (HATZFELD 1988: 5), die

i.d.R. aber der non-food-Branche zuzuordnen waren. Der Lebensmitteleinzelhandel hingegen ist zwischen 1962 und 1990 auf ein Drittel seiner Ausgangsbasis zusammengeschmolzen. Waren es 1962 ca. 190.000 Unternehmen, bestanden nach Angaben der FfH Berlin im Jahre 1990 noch 73.000 (SPANNAGEL 1994: 1), nach Angaben des EHI (1995b: 56f.) sogar nur ca. 60.400 Unternehmen bzw. Geschäfte. Auch die Anzahl von Bäckern und Fleischern, die umfangreiche Zusatzsortimente an Lebensmitteln führen, halbierte sich im selben Zeitraum (SPANNAGEL 1994: 1) auf 22.000 Bäckereien und 20.000 Fleischereien.

Tab. 3: Quantitative Entwicklung des westdeutschen Einzelhandels

	Anzahl westdeutscher Einzelhändler insges.	Anteil Händler (1) mit Umsatz bis 100.000 DM pro Jahr	Anteil (1) am gesamten Einzelhändler-Umsatz/a (in %)
1950	489.000	425.000	37,9
1955	506.000	400.000	24,7
1959	440.000	300.000	18,3
1962	450.000[1]	-	-
1967	402.900[2]	-	-
1978	346.000[2]	-	-
1984	339.300[2]	-	-
1986	(bezogen auf mind. 500.000,- DM Umsatz/a)		13,2[4]
1993	334.800[3]	-	-

Quelle: MÜLLER (1961: 19); [1]HATZFELD 1988: 5 (1984: ca. 375.000); [2]BATZER u.a. (1991: 395); [3]BAG (1996: 52): Zahl für Westdeutschland; [4]KULKE 1992b: 970; beträchtlich abweichende Zahlen für 1950 (403.798) und 1960 (481.612) bei SCHEYBANI 1996: 61, weil die verschiedenen Quellen nicht deutlich zwischen Unternehmern, Arbeitsstätten und Verkaufsstellen unterscheiden

3. Selbstbedienung und Sortimentssteigerung: Seit Ende der 50er Jahre breiteten sich das Selbstauswahl- und Selbstbedienungsprinzip insbesondere im Lebensmitteleinzelhandel sprunghaft aus. Waren 1961 noch 86% aller Lebensmittelgeschäfte Bedienungsläden, sank diese Zahl auf nur noch 32,5% im Jahre 1970 und 11,4% im Jahre 1990 (EHI 1995b: 57). Ihr Anteil an der gesamten Lebensmittelverkaufsfläche fiel von 69,8 auf nur noch 1,5% und ihr Umsatzanteil auf 1,3% (EHI 1995b: 59, 61). Selbstbedie-

nung war sowohl Voraussetzung als auch das Ergebnis einer zunehmenden Warenfülle, die allein über das Bedienungsprinzip ihre Käufer nicht mehr gefunden hätte. Die Entwicklung der durchschnittlichen Artikelzahl für verschiedene Betriebsformen belegt Tab. 4.

Tab. 4: Entwicklung der durchschnittlichen Artikelzahl für verschiedene Betriebsformen

	1979	1991	1994
Discountmärkte	1.780	1.822	2.561
Supermärkte	3.997	6.621	7.336
Verbrauchermärkte	10.696	13.684	17.364
SB-Warenhäuser	19.207	25.182	28.290

Quelle: EHI 1996b: 226ff.

4. Neue Betriebsformen: Neue Betriebsformen wurden in den Markt eingeführt, die auf Großflächigkeit, Selbstbedienung und SB-gerechten Ladenbau bzw. SB-Verpackungen sowie auf Rationalisierung von Ausstattung, Personal/Service und Distribution zielten. Ihnen zugute kam ein sich abzeichnendes höheres Preisbewußtsein der Kunden (BEREKOVEN 1986: 93). Neben den Supermärkten (mind. 400 qm Verkaufsfläche) breiteten sich seit Anfang der 60er Jahre sog. Discounter (1962 erster Aldiladen nach Discountprinzip) aus, deren Angebote sich auf umschlagstarke Niedrigpreisartikel konzentrieren. 1963 öffnete der erste Verbrauchermarkt (mind. 1.500 qm Verkaufsfläche), in dem der Nichtlebensmittelverkauf definitorisch im Vordergrund steht. Die größeren Varianten des Verbrauchermarktes entwickelten sich zu SB-Warenhäusern weiter, die mind. 5.000 qm Verkaufsfläche umfassen (EHI 1996b). Abb. 3 illustriert sog. Lebenszyklen von Betriebsformen des Einzelhandels für die vergangenen 150 Jahre. Die zeitliche Phase von der Markteinführung über den Reifeprozeß zur Stagnation wird zusammen mit den Produktionszyklen im Handel immer kürzer (HATZFELD 1995: 63), weil ungeahnte Formen der Warenspezialisierung und -diversifizierung sowie der Produktion auch eine immer wieder veränderte Warenpräsentation und Rationalisierung im Handel erforderlich machen.

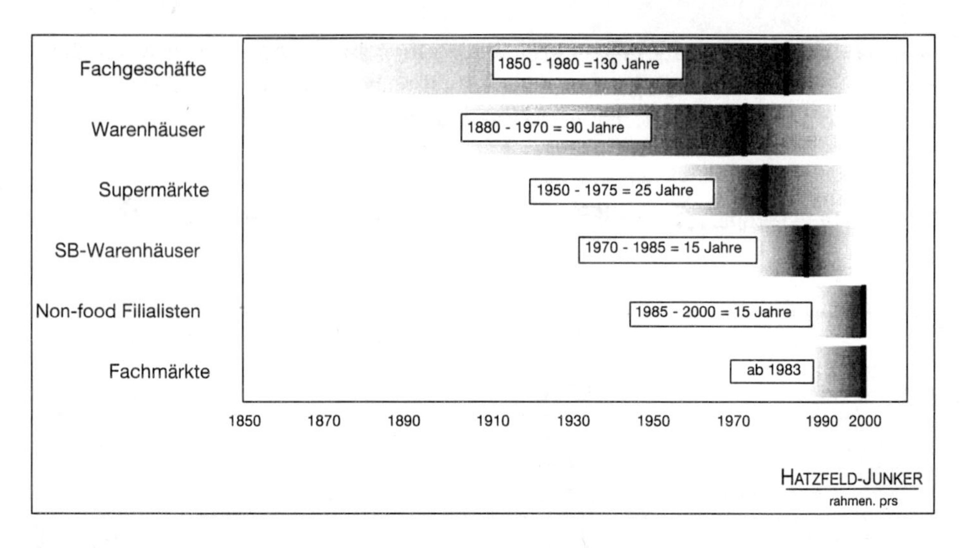

Abb. 3: Lebenszyklen von Betriebsformen des Einzelhandels
Quelle: Hatzfeld (1995: 63)

5. Konzentration von Umsatz und Eigentum: Bedingt durch Fusionen, Firmenaufkäufe und -übernahmen, die zu Mischkonzernen führten, aus denen heraus nicht nur verkauft, sondern zugleich Waren produziert und vertrieben werden, konzentrieren sich seit den 70er Jahren immer höhere Umsatzanteile auf eine kleine Anzahl von Unternehmen (KULKE u.a. 1990: 17). So entfielen 1996 auf die zehn größten Unternehmen im Lebensmittelbereich 81% Marktanteile (1993: 74%), im Möbelbereich 36%, in der Textilbranche 39% und in der DIY (Do-it-yourself)-Branche 36% (BBE Data Kompakt v. 20.2.1997). Die "Konzentration und der Maßstabssprung" im Handel (HATZFELD 1995: 62) resultierten in vielfältigen, finanzstarken und überregional agierenden Kooperationsformen des Einzelhandels, sei es in Form von Filialketten oder Franchise-Systemen, die zu einer bundesweiten Angleichung von Warenangeboten und der inneren und äußeren Ladengestaltung geführt haben. Langfristiges Ergebnis ist die Austauschbarkeit von Einzelhandelsstandorten, die jegliche Individualität verloren haben (KULKE u.a. 1990: 17).

6. "Branchenverwilderung": Die Gestaltung der Sortimente ist vom Branchenprinzip zur Bedarfsorientierung übergegangen. Weniger entscheidend ist die stoffliche Beschaffenheit von Waren geworden als der Zusammenhang einzelner Sortimente vom Standpunkt des Verbraucherbedarfs (NIESCHLAG 1962: 515). Um als Kunde "alles unter einem Dach" oder zumindest unter so wenig Dächern wie möglich zu finden, bietet der Einzelhandel neben "gängigen" Waren auch immer häufiger Saisonartikel, Schnäppchenware und Ergänzungsbedarf, die die Grenzen zwischen den einzelnen traditionellen Handelszweigen verwischen, "die früher sorgsam voneinander geschieden waren ... Auch Handwerk und Handel verbinden und durchdringen sich noch mehr als bisher"

(NIESCHLAG 1962: 516). Sog. Branchenverwilderung setzte jedoch erst in den 80er Jahren ein, als zunächst Kaffeeläden, später auch Lebensmitteldiscounter und Tankstellen, Gebrauchs- und Geschenkartikel in ihr Angebot aufnahmen und unter Verzicht auf den Zwischenhandel und in limitierter Menge zu Billigpreisen verkauften. Wechselnde Angebote lassen sie neben ihrer eigentlichen Warenkompetenz zu "Fachgeschäften auf Zeit" werden (Frankfurter Rundschau 20.11.1996).

7. Steigerung der Produktivität des Raumes: Um die Wirtschaftlichkeit eines Ladens zu steigern, ist eine Verwissenschaftlichung zur "besseren" Nutzung der Geschäftsräume erfolgt. "Der Verkaufsraum tritt an die Stelle der Verkaufskraft" (NIESCHLAG 1962: 514). Der Verkaufsraum selbst wird in seiner Gestaltung, in seiner Optimierung von Warenauslage- und Kundenflächen, um eine für das Verkaufsgeschehen bestmögliche "Kontaktstrecke" zwischen Kunden und Waren zu erzeugen, zum Wirtschaftsfaktor. Nicht nur die Rationalität des Einkaufens, sondern auch die Ästhetisierung der inneren und äußeren Ladengestaltung bestimmt zudem immer mehr den Verkaufserfolg eines Geschäftes.

8. Neue Standorte: Mit der baulichen Ausdehnung der Städte, der zunehmenden PKW-Mobilität der Kunden (1949: 352.000 PKW; 1957: 2,6 Mio. PKW; 1981: 23,2 Mio. PKW in Westdeutschland; HENKSMEIER 1988: 16, 30) und den wachsenden Flächenansprüchen im Einzelhandel veränderte sich das traditionelle auf die Innenstadt oder auf fußläufige Entfernung bezogene Versorgungsnetz. Einfache Architektur, niedrige Bauinvestitionen und Raumkosten (HENKSMEIER 1988: 30) waren für SB-Warenhäuser und Verbrauchermärkte in zentralen Wohnlagen nicht zu verwirklichen. In unbebauten Streulagen im Stadtgebiet oder aber an der Stadtperipherie bauten sie ihre Verkaufseinrichtungen und zogen somit die Kunden für den "problemlosen" servicelosen Masseneinkauf aus den Innenstädten und Wohngebieten heraus. Zurück blieb eine eher hochpreisige und in wachsendem Maße spezialisierte und dienstleistungsorientierte Einzelhandelslandschaft, die historisches Bauambiente, jedoch dem PKW-Kunden traditionell zuwenig Parkplätze anbieten kann.

6.3.1.2 Einkaufszentren als Agglomeration verschiedener Betriebsformen

Definition: Als eine Agglomeration und Standortgemeinschaft verschiedener Betriebsformen und als eine Konzentration von Einzelhandels- und Dienstleistungsunternehmen zur Optimierung des gemeinschaftlichen Verkaufserfolges präsentieren sich sog. Einkaufszentren. Nach der Definition des Europäischen Handelsinstituts umfaßt ein Einkaufszentrum mind. 10.000 qm Verkaufs- oder 15.000 qm Geschäftsfläche. MAYR (1980: 15) verweist jedoch auf verschiedene andere Größendefinitionen im deutschen Kontext. Errichtet von einem privaten Bauherrn und gemanagt von einer zentralen Verwaltung (BEHRENS 1965: 137), bündeln diese Zentren die innovativsten Strukturelemente des Einzelhandels. Individuelle und dem Verkaufserfolg des Ganzen widersprechende Entscheidungsfindungen sind ausgeschlossen, weil die Unternehmer ihre Autonomie im Hinblick auf Werbe- und Ladengestaltung, Sortimentierung und Öffnungszeiten vertragsrechtlich (zumindest in Teilen) an den Eigentümer oder die Verwaltungsgesellschaft des Zentrums abgetreten haben. Im nachfolgenden Gebrauch des Begriffes "Einkaufszentrum" handelt es sich deshalb um standörtlich, baulich-architektonisch und in bezug auf innerbetriebliche Abläufe geplante Einrichtungen, die von historisch gewachsenen Geschäftszentren zu unterscheiden sind. Einzige Analogie ergibt sich aus der kleinräumigen Vielfalt unterschiedlicher Branchen, Betriebsgrößen, Betriebs- und Bedienungsformen. Zudem sind nicht alle großflächigen Einzelhandelsbetriebe auch Einkaufszentren, wozu sie in der öffentlichen Diskussion vielfach verallgemeinert werden (MAYR 1980: 16). Andere Einkaufszentren verbergen sich in ihrer Eigendarstellung hinter Begriffen wie Passagen oder Galerien.

Entwicklung: Ähnlich wie die Entwicklung neuer Betriebsformen im Einzelhandel war auch deren planmäßige Vergesellschaftung eine Innovation aus den USA, die bis in das späte 19.Jh. zurückreicht (DAWSON 1983: 4). Erst in den 1920er und 30er Jahren breiteten sich Einkaufszentren (synonym hierfür wird der Begriff "Shopping Center" verwendet) dann landesweit aus und wurden zu Symbolen einer neuen randstädtischen Konsumwelt. Wohnsuburbanisierung und die Ausbreitung des motorisierten Fahrzeugverkehrs dezentralisierten das ursprünglich auf die Innenstädte bezogene Versorgungssystem "into free-standing shops at key intersections in the expanding suburban transport network" (DAWSON 1983: 4), aus denen heraus sich sog. Streifencenter, d.h. eine Aneinanderreihung von Läden entlang einer Straße, entwickelten. Hieraus bildeten sich neue Typen von Einkaufszentren, die zu einer größeren baulichen Konzentrierung der Läden um eine Straße (Mall) oder einen Platz übergingen und die Fußgängerdistanz von den ubiquitären PKW-Parkplätzen minimierten. Revolutionärer Einschnitt in der Entwicklung der Shopping Center war aber vor allem die Eröffnung des ersten von Witterungseinflüssen "abgeschlossenen" Einkaufszentrums im Jahre 1956. "Das geschlossene Zentrum verdichtete und intensivierte den Raum", indem es mit architektonischen Finessen Raum und Licht, Dichte und Hektik der Außenwelt simulieren und gleichzeitig die negativen Aspekte der Stadt ausblenden wollte (CRAWFORD 1995: 45). Öffentliches Leben spiegelt sich seitdem "unter den Kuppeln der Freude" wider (CRAWFORD 1995: 44) und charakterisiert damit den Versuch von Einkaufszentren, "Urbanität" als soziale, wirtschaftliche, kulturelle und politische in historischem Maßstab gewachsene Vielfalt und Vielschichtigkeit nachzuahmen. 1992 existierten ca. 38.000 Shopping Center in den USA, deren Prototyp vom Urban Land Institute folgendermaßen definiert wurde: "the site all in one piece, not bisected by public streets, with individual stores built and managed as an unit with an unified image, under single ownership control and with the amount of on-site parking determined by parking demand" (zitiert nach DAWSON 1983: 6).

Obwohl bereits 1928 das erste integrierte (d.h. innerörtlich, in bestehende Siedlungen eingebettete; MAYR 1980: 15) Einkaufszentrum in Deutschland im U-Bahnhof "Onkel Toms Hütte" in Berlin entstanden war, dauerte es bis zu Beginn der 60er Jahre, ehe Shopping Center amerikanischer Dimension (vgl. THOMAS u.a. 1964) und in nicht-integrierter Lage (d. h. ohne enge Verbindung zu Siedlungseinheiten, jedoch mit günstiger PKW-Verkehrsanbindung; vgl. MAYR 1980: 15) in der Bundesrepublik gebaut wurden. "Die geistige Abschnürung vom Ausland, die dem Handel lange Zeit die Kenntnis neuer Gestaltungen in anderen Ländern vorenthielt" (NIESCHLAG 1954: 5), und die verzögerte Wohlstandsentwicklung infolge des Zweiten Weltkrieges erklärten daher nicht nur die nachholende Entwicklung gegenüber den USA, sondern auch gegenüber europäischen Ländern wie Großbritannien oder Schweden (JAECK 1979). Seitdem hat die strukturelle und funktionale Entwicklung sowie die räumliche Diffusion von Einkaufszentren verschiedene Phasen durchlaufen (Tab. 5) (MAYR 1980; DHI 1991). Diese charakterisieren a) gestiegene Anspruchsniveaus der Kunden, b) das "gesetzmäßige" *trading up* der Handelsformen (*wheel of retailing*), um dem "Käufer immer weiter entgegenzukommen", was die Auswahl der Angebote, die Ausstattung der Geschäftsräume und den Kundenservice anbelangt (NIESCHLAG 1954: 9), c) zunehmende rechtliche Restriktionen, die die Standortwahl, Größe und Sortimentierung von Einkaufszentren steuern.

Tab. 5: Westdeutsche Shopping Center 1964-1996 (nach Abgrenzung des EHI)

	Gesamt-zahl	Innenstadt	Stadtteil	Grüne Wiese	Durchschn. qm Mietfläche
Phase 1 (1964-1971)	22	6	13	3	32.611
Phase 2 (1972-1974)	26	13	11	2	24.835
Phase 3 (1975-1985)	30	19	9	2	22.765
Phase 4 (1986-1990)	15	9	5	1	18.665
Phase 5 (1991-7/1996)	38	15	16	7	23.886

Quelle: EHI 1995a und 1996a; Stand der Mietflächen Sept. 1995 bzw. für Nachträge Juli 1996

Phase 1 von 1964 bis Anfang der 70er Jahre:
Zu den Shopping Centern der ersten Jahre zählten sog. Regionalzentren auf der "grünen Wiese" (d.h. unbebaute und für den Dienstleistungsbereich ursprünglich "funktionslose" Flächen) oder an der Stadtperipherie, bei denen es sich um besonders große Objekte mit einem weiten Kundeneinzugsbereich handelte. Das DHI (1991: 22) charakterisierte sie in ihrer funktionalen Nüchternheit bzw. architektonischen Einfachheit als "außerstädtische Verkaufsmaschinen". Es dominierte der Trend zur offenen eingeschossigen Bauweise. Kauf- und Warenhäuser dienten als Magnetbetriebe. Die PKW-Erreichbarkeit sollte durch einen Autobahnanschluß und große, ebenerdige Parkflächen erleichtert werden. Verschiedene Prototypen innerstädtischer, mehrgeschossiger und "geschlossener" vollklimatisierter Einkaufszentren zeigten jedoch noch Ende der 60er Jahre neue Möglichkeiten der Shopping Center-Entwicklung auf. Räumlich konzentrierten sich die Einkaufszentren vornehmlich in den großen Ballungsgebieten Rhein-Ruhr, Rhein-Main, Stuttgart, Nürnberg, Hamburg und West-Berlin.

Phase 2 bis Mitte der 70er Jahre:
Es entstanden in sehr viel kürzerer Zeit mehr Einkaufszentren als in den gesamten 60er Jahren zusammen. Neben einer weiteren Verdichtung von Shopping Center-Standorten im Ruhrgebiet und Neckarbereich (Nachbarschaftseffekt) breiteten sie sich nunmehr auch außerhalb großer Verdichtungsräume aus (Hierarchieeffekt; Kaskadeneffekt). Es erfolgte eine zunächst noch breitmaschige Diffusion von Einkaufszentren über das gesamte Bundesgebiet. Innerstädtische und somit "integrierte" Standorte, die vor allem als Sanierungsmaßnahme für die City forciert wurden, überflügelten die randstädtischen um ein Mehrfaches (Shopping Center zieht es in die City 1974: 10). Stadtteilzentren wurden in den ersten beiden Phasen häufig parallel zu neuen Satellitenstädten errichtet und dienten als Einkaufsstandort und "soziale Mitte". Baulich dominierte nicht mehr die offene, sondern die geschlossene und flächensparende Bauweise mit teilweise mehrgeschossigen Ladenstraßen und Parkhäusern. Bauliche Zentrierung und Verdichtung sowie Multifunktionalität zeichneten diese neue Generation von Einkaufszentren aus. Neben den Verkaufseinrichtungen integrierten sie auch Büros, Hotels, Wohnungen, öffentliche Einrichtungen und erste Freizeitanlagen (DHI 1991: 22). Der Trend zu sog. Verbundeinkäufen, d.h. "alles unter einem Dach", und das Schaffen von Einkaufs-"erlebnissen" wurde hiermit geebnet (Shopping Center - die Marktplätze von morgen? 1973: 10). Seitdem sich SB-Warenhäuser Anfang der 70er Jahre als neue Betriebsform etabliert hatten, traten auch sie in den Shopping Centern neben den herkömmlichen Kauf- und Warenhäusern als Magnetbetriebe auf.

Phase 3 bis Mitte der 80er Jahre
Seit Mitte der 70er Jahre flachte die Entwicklungskurve von Einkaufszentren rapide ab. Anfang der 80er Jahre kam die Expansion kurzzeitig sogar zum Stillstand. Ein schwaches Verkaufswachstum im Einzelhandel und restriktivere Vorgaben der Baunutzungsverordnung ab Ende der 70er Jahre, die die Planung großflächiger Einzelhandels-

betriebe erschwerten, erklärten das abnehmende Investitionsinteresse in Einkaufszentren. Sofern neue Objekte entstanden, waren sie eher kleine Einheiten und fast ausschließlich innerstädtisch gelegen. Die ursprünglich auf funktionale Einfachheit zielende Verkaufsarchitektur wurde abgelöst von "anspruchsvolleren" Baustilen und Baumaterialien. In Form traditionsreicher Passagen präsentierten sich innerstädtische Einkaufszentren als "Erlebnisräume", als "Einkaufsspaß unter Glas" (SCHWEDE 1994: 34). Die räumliche Diffusion von Fachmärkten als neue großflächige Betriebsform der 80er Jahre, die sich durch ein branchenbestimmtes breites und tiefes Angebot auszeichnet, führte auch zu neuen Formen von Magnetbetrieben in Shopping Centern.

Phase 4 bis 1990

Sowohl Neueröffnungen als auch ältere Einkaufszentren der ersten und zweiten Generation, die "revitalisiert" wurden, zielten in ihrer Innen- und Außenarchitektur auf postmodernen Zeitgeist. Einkaufszentren sollten in ihrer Ausstattung Einmaligkeit ausstrahlen, im optimalen Fall ein schlüsselarchitektonisches Ereignis darstellen (Beispiel Zeilgalerie in Frankfurt). Das Einkaufszentrum wurde schlechthin zum "Konsumtempel", in dem neben dem rationalen Einkauf das Promenieren und "Bummeln" an Bedeutung gewannen. Food-courts und "animativ gestaltete Markthallen, Frischecentren und Gourmetmärkte" (DHI 1991: 22) spiegelten das Werben des Einzelhandels um den "Genußkonsumenten" wider. Weil alle großen Ballungszentren längst ihre Einkaufszentren besaßen, breiteten sich die Shopping Center nunmehr auch in Mittelstädten aus.

Phase 5 seit Anfang der 90er Jahre

Innerstädtische und stadtteilbezogene Einkaufszentren haben zahlenmäßig stark zugenommen und werden von den Kommunen planerisch favorisiert, um die eigene Zentralörtlichkeit gegenüber Standorten auf der "grünen Wiese" zu stärken. Das betrifft sowohl Neueröffnungen als auch Umbau- und Vergrößerungsmaßnahmen bereits bestehender Zentren. Aufgrund leerer öffentlicher Kassen arbeiten die Kommunen immer häufiger mit privaten Investoren zusammen und versuchen, über die privatwirtschaftlichen Ziele der Betreiber hinaus "auch" öffentliche Anliegen zu verwirklichen. Alle Shopping Center-Standorte zielen darauf, neben Verkaufseinrichtungen großflächige Freizeitanlagen wie Multiplexkinos, Badeanlagen und Diskotheken zu integrieren. Mit dem CentrO Oberhausen ist zudem erstmalig ein Megazentrum in Deutschland entstanden, das einer Stadt die fehlende - nunmehr vollständig geplante - "Innenstadt" zurückgibt (DRESCHER 1995; VAN DER VELDE & VAN DE WIEL 1996). Themenbezogene Gastronomie ("eatertainment") im CentrO zeigt den Trend auf, Angebote in ihrer Präsentation unter ein spezifisches Motto zu stellen. Im Gegensatz zu den USA oder Südostasien existieren jedoch noch keine Einkaufszentren, die nur einem Thema - als mediterrane Landschaft, Fischerdorf oder Future World - untergeordnet sind. Auch der Bau sog. Factory Outlet Malls, d.h. die räumliche Konzentrierung mittel- bis großflächiger Einzelhandelsbetriebe, über die die Hersteller im Direktvertrieb Waren verkaufen, steht im Gegensatz zu den USA und Großbritannien erst am Anfang, wird jedoch 1997 oder 1998 zum Markteintritt eines neuen Shopping Center-Typs führen (JONES 1995; BBE Data Kompakt 27.12.1996).

Verkaufskonzept

Der Erfolg des Einkaufszentrums basiert darauf, daß es einem zentralen Management obliegt, einen für die Gesamtheit der Läden und für den Eigentümer des Shopping Centers optimalen Branchenmix zu entwickeln. Läden können zudem räumlich so plaziert werden, daß sie einerseits vom eigenen Kundenstrom profitieren, andererseits aber auch Nachbargeschäfte hieraus Vorteile ziehen (*positive externalities*). Die typische Struktur der Zentren wird deshalb von mindestens zwei Magnetbetrieben bestimmt, die im besten Fall an den entgegengesetzten Enden eines Zentrums liegen, um dazwischen Käuferströme für andere Läden zu induzieren. In den Branchenmix werden sowohl heterogene als auch homogene Einzelhandelsangebote eingebunden, die sowohl die Möglichkeiten des Vielzweckeinkaufes (*multi-purpose-shopping*) als auch des vergleichenden Einkaufens (*comparison shopping*) eröffnen und somit die Attraktivität des Zentrums für den Kunden erhöhen (HEINRITZ & SITTENAUER 1992; EPPLI & BENJAMIN 1994: 12f.). Um die Funktionalität der Shopping Center als "Nur-Einkaufsstätte" zum multifunktionalen und zentralen Ort zu steigern, wurden bereits in eines der ersten deutschen Einkaufszentren "out in the open" Post-, Bank- und Ärzteeinrichtungen integriert. Kleinkinder konnten während des Einkaufsbummels der Erwachsenen in einem Kindergarten abgegeben werden, "in exchange for a numbered tag, and reclaimed in due course ... like suitcases from the left-luggage office" (The Economist 2.4.1966, S. 34). Schwanneke beschrieb 1970, wie zudem Behördeneinrichtungen in einem Hamburger Einkaufszentrum als Kundenfrequenzbringer für die Ladengeschäfte wirkten ("Zur Behörde mit der Einkaufstasche": SCHWANNEKE 1970: 18).

Typisierung

Eine Typologie der Einkaufszentren macht deutlich, daß Shopping Center als "Standortgemeinschaften" (HEINEBERG & MAYR 1988: 28) unterschiedlicher Betriebstypen und Angebotsformen keine homogene Erscheinung und räumliche Wirkung zeigen:

1. Größe und Einzugsgebiet: Obwohl Einkaufszentren per se dem großflächigen Einzelhandel zugerechnet werden, variieren sie in ihrer Verkaufsfläche und in ihrem Einzugsbereich erheblich. Mega-Einkaufszentren von bis zu 100.000 qm Verkaufsfläche und überregionaler oder gar internationaler Bedeutung (CentrO Oberhausen) stehen Zentren regionalen oder nur lokalen Interesses gegenüber, die in der Regel um ein Mehrfaches kleiner sind.

2. Wohnräumliche Integration: Wie Tab. 5 zeigt, haben sich Einkaufszentren nicht nur auf der grünen Wiese als zwischengemeindliche oder stadtperiphere Shopping Center entwickelt, sondern auch in wohnsiedlungsintegrierten Lagen in der City, der Vorstadt und den Wohnvierteln (ROTHHAAR 1974: 522). Im Wettbewerb einer Stadt mit den Stadtrandgemeinden um ein Einkaufszentrum ist hiermit der öffentliche Eindruck entstanden, daß Zentren in integrierter, d. h. wohnortnaher Lage, die "guten" und "erwünschten", in nicht-integrierter Lage jedoch ausschließlich planerisch "schädliche" Entwicklungen abgelaufen seien. Das entspricht der Aussage MAYRS (1980: 31), wenn er auf Einkaufszentren verweist, die in die Gesamtentwicklung einer Stadt oder eines Stadtteils eingebunden sind und durch die Ergänzung mit öffentlichen Einrichtungen höchste planerische Legitimierung, gar eine definierte hierarchisch-funktionale Stellung im intraurbanen System der zentralen Orte erfahren haben.

3. Bauliche Gestalt: Wie die Ausführungen zu Modernismus und Post-Modernismus gezeigt haben (Kap. 4.1.4), ist die architektonische Ausgestaltung von Einkaufszentren in Form ein- oder mehrgeschossiger, (auf die Dachkonstruktion bezogen) geschlossener oder offener sowie im Grundriß langgestreckter oder zentrierter Bauweise für die Kundenattraktivität von entscheidender Bedeutung (MAYR 1980: 26). Darüber hinaus vermag die sog. Möblierung in Form von Springbrunnen und Kaskaden, Balkonen und Emporen sowie Bepflanzung und Bestuhlung die unterschiedliche Größe eines Einzugsbereiches begründen. "In the same way that exterior landscaping is used to say "Come" to the passerby, the interior landscaping is designed to say "Stay". Interior plantscapes and seating areas can add comfort and color to centers, creating an atmosphere in which customers want to linger" (RICHARDS 1997: 1). Vielfach sind Einkaufszentren, z.B. in der Einführung der elektrischen Rolltreppe, damit Wegbereiter für ähnliche Entwicklungen außerhalb der Shopping Center in innerstädtischen Fußgängerzonen sowie Kauf- und Warenhäusern geworden. In der Regel öffnet sich das Einkaufszentrum mit seinen Schaufenstern auch nicht zur öffentlichen Straßenseite ("enclosed"; KOWINSKI 1985), sondern präsentiert sich mit seinen Angeboten als inselartig abgeschlossene Oase zum Kern des Centers. In integrierten Lagen ergibt sich deshalb der Trend, daß im Vergleich zu den umgebenden Streulagen des Einzelhandels Einkaufszentren "eine kleine Stadt in der Stadt" darstellen (Glaswelt 1985: 112).

4. Betriebstypen und Grad der Spezialisierung: Die Fragen, ob und wieviele Leitbetriebe als Kaufmagneten in einem Einkaufszentrum vorhanden sind und inwieweit sich das Center als Ein- oder Mehrbranchenagglomeration profiliert (ROTHHAAR 1974: 522), führen zu einer weiteren Möglichkeit, Zentren unterschiedlicher Koppelungspotentiale und Multifunktionalität zu klassifizieren. Nicht nur ist die Groß- oder Kleinflächigkeit der Ladenflächen, sondern das Ausmaß der Warenspezialisierung, das vor allem vom Leitbetrieb bestimmte Preisniveau für das gesamte Zentrum ("Killer-Mall" als Discount-Einkaufszentrum nach JONES & SIMMONS 1990) und die Servicekultur (eher gering bei sog. problemlosen Waren wie Lebensmitteln) in das Kalkül einzubeziehen.

6.3.1.3 Konkurrenz zwischen Standorten und zwischen Betriebsformen

Obwohl der historische Rückblick auf die Einzelhandelsentwicklung gezeigt hat, daß der Wettbewerb zwischen "neuen" und in der Regel großen sowie "alten" und eher kleinen Betriebsformen eine jahrzehntelange Tradition hat, war diese Konkurrenzsituation vor der Ausbreitung des privaten PKW in den 60er Jahren jedoch keine standörtliche. Erst die Expansion der Städte in die Fläche führte zu einer weitverbreiteten Standort-Betriebsform-Dichotomie, die den Gegensatz zwischen Stadtperipherie und "grüner Wiese" mit ihren durchgehend großflächigen Einzelhandelsangeboten auf der einen Seite und der eigentlichen "Stadt" (zusammengesetzt aus Innenstadt und Stadtteilzentren als Träger zentralörtlicher Funktionen) auf der anderen Seite heraufbeschworen hat. Die Konsequenzen für die Stadt als politisches Gemeinwesen lassen sich folgendermaßen zusammenfassen:

1. Stadt als zentraler Ort und ihre soziale Verantwortung: Obwohl der Einzelhandel zum "Schaufenster der Stadt" avanciert, umfaßt das Konzept der Zentralität mehr als nur die Abdeckung der sog. Versorgungsfunktion. Vielfältige soziale Leistungen und die Bereitstellung öffentlicher und meritorischer (d.h. wünschenswerter, jedoch nicht "marktfähiger") Güter sind aus den städtischen Etats für die Bevölkerung zu erbringen. In der Regel werden die Kosten dieser Güter nicht durch Gebühreneinnahmen gedeckt und sind somit in hohem Maße subventioniert. Tab. 6 zeigt das Ausmaß gemeindlicher Zuzahlungen, über die vor allem kulturelle Lebensqualität in sozialer Verantwortung gewährleistet wird.

Tab. 6: Nicht durch Gebühreneinnahmen gedeckte und von den Gemeinden zu finanzierende Kosten (Stand 1992) (in %)

Büchereien	98	Musikschulen	71
Museen	92	Friedhöfe	37
Kindergärten	90	Schlachthöfe	34
Theater	89	Straßenreinigung	29
Bäder	77	Abwasser	12
Volkshochschulen	75	Abfallbeseitigung	10

Quelle: Deutscher Städtetag (nach Kieler Nachrichten 19.1.1995: 25)

Wichtige kommunale Steuereinnahmen hierfür sind die Gewerbe- und die Umsatzsteuer, die in erheblichem Maße vom lokalen Einzelhandel erbracht werden, sowie der Gemeindeanteil an der Einkommenssteuer. Aufgrund von Betriebsneuansiedlungen in städtischen Randgemeinden sind jedoch einerseits Umsatzrückgänge in der Stadt, andererseits gar vollständige Schließungen von Geschäften zu beklagen, die entsprechende Steuerausfälle (natürlich nicht nur aus der negativen Entwicklung im Einzelhandel, sondern auch in anderen Wirtschaftsbereichen) verursachen. Um die Einnahmesituation der Rathäuser dennoch zu stabilisieren, sind die kommunalen Gebühren in den letzten Jahren überdurchschnittlich angestiegen, oder öffentliche Einrichtungen sind vollständig geschlossen worden, um die weiter gestiegene Ausgabenseite zu finanzieren (v.a. für gemeindlich zu erbringende Sozialhilfeleistungen). Deutlich wird, daß die Stadt in einem Geflecht gesetzlich verankerter oder freiwillig übernommener finanzieller Verantwortungen verstrickt ist, wie sie in der betriebswirtschaftlichen Maxime des großflächigen Einzelhandels nicht existieren. In ihrem Streben nach dem "optimalen" Branchenmix als Warendistributeur und Anbieter von Dienstleistungen konzentrieren sich letztere auf wirtschaftliche Güter und auf meritorische Güter nur dann, wenn hieraus positive, d.h. umsatzträchtige "shopping linkages" (BROMLEY & THOMAS 1989) resultieren.

2. "verarmte" Zentralität und Spirale des Verfalls: Aus der finanziellen Verarmung der Städte resultierte weniger häufig der Verlust zentraler Einrichtungen als die Verteuerung und abnehmende Attraktivität dieser Angebote. Obwohl der Anteil des großflächigen Einzelhandels an dieser Entwicklung zahlenmäßig nicht abschätzbar ist, nahm die Koppelungsattraktivität zwischen den standörtlich eher weit gestreuten Versorgungs- und Freizeit-/Kultureinrichtungen in der Stadt tendenziell ab und wurde nunmehr in denjenigen Zentren gesucht, die "alles unter einem Dach" anbieten konnten. Ergebnis war, daß gewinnträchtige öffentliche "Events" (Ausstellungen, Musikveranstaltungen, öffentlicher Markt, Schauvorführungen) ebenfalls an der Stadtperipherie zu finden waren und diejenigen der Stadt in einer Spirale des Verfalls (d.h. des Preisanstieges) schädigten. In der bisherigen Diskussion bleibt es weiterhin unklar, ob beispielsweise Einkaufszentren damit zu zentralen Orten geworden sind. MAYR bestreitet dies vehement (1980: 30), greift jedoch in einem Vortrag (1997) dieselbe Frage wieder auf ("Einkaufszentren als Zentrale Orte?"). Das Ausmaß von Serviceeinrichtungen in SB-Centern und SB-Warenhäusern zeigte jedoch bereits im Jahre 1974, daß diese Einrichtungen nicht nur als "primitive" Verkaufsstellen fungieren wollten (Tab. 7).

3. neue finanzielle und soziale Belastungen: Nicht weniger entscheidend als die finanziellen Ausfälle sind neue Kostenbelastungen, die den Städten aufgrund der baulichen und wirtschaftlichen Entwicklungen in ihrem Umland entstanden sind. Einerseits handelt es sich um monetäre (materielle) Kosten, die die Städte für die Instandsetzung und den Ausbau verkehrlich überbelasteter Infrastruktur (Straßen, Brücken, Verlängerung des ÖPNV-Netzes) an ihren Stadträndern aufbringen mußten. Andererseits sind es immaterielle Kosten, die den Imageverlust der Stadt als angestammtes Geschäftszentrum beinhalten. Als Konsequenz nahm die Investitionsneigung in den Innenstadtbereichen ab. Im Vergleich zu 140.000 neugeschaffenen Arbeitsplätzen in SB-Warenhäusern

und Verbrauchermärkten verlor der Einzelhandel im Zeitraum 1973 bis 1984 zwischen 350.000 und 400.000 Arbeitsplätze (ROSENKRANZ 1991: 34). Der anhaltende Rückgang kleiner Lebensmittelgeschäfte ("Tante-Emma-Läden") und Supermärkte hat zudem die sozialen Kosten für immobile Bevölkerungsgruppen nach dem Wegfall sog. Nachbarschaftsläden erhöht: " 'Ich habe extra einen Stuhl im Laden, damit sie sich ausruhen können.' Und das Schnacken ist natürlich wichtig: 'Viele der Alten sind ja ganz allein.' Auch bei coop ... begrüßen die Verkäuferinnen ihre Kunden mit Namen - auch hier sind es zur Hälfte alte Menschen, die sich mit dem Notwendigsten versorgen. 'Für die Studenten sind wir nur der Notnagel ... Aber die Alten, die brauchen uns'" (Kieler Nachrichten v. 26.11.1992: Wo sollen alte Menschen nun einkaufen?)

Tab. 7: Serviceeinrichtungen in SB-Centern und SB-Warenhäusern am 1.3.1974

	% der Betriebe mit			
	3.001-5.000 qm	5.001-7.000 qm	7.001-10.000 qm	10.001+ qm
Imbiß	52,8	37,5	50,0	50,0
Restaurant	31,9	50,0	53,8	57,1
Tankstelle mit Wagenwaschanlage	20,8	37,5	61,5	71,4
Tankstelle ohne Wagenwaschanlage	37,5	22,5	6,9	21,4
Friseur	4,2	35,0	42,3	28,6
Bestellabteilung	4,2	5,0	19,2	7,1
Reinigung	19,4	35,0	57,7	57,1
Schuhbar	9,7	20,0	38,5	42,9
Schlüsseldienst	5,6	10,0	26,9	35,7
Kindergarten	6,9	7,5	19,2	35,7
Bank/Post	11,1	15,0	26,9	64,3
Zustelldienst	13,9	15,0	15,4	35,7
Reisebüro	5,6	10,0	7,7	7,1

Quelle: Institut für Selbstbedienung (1975: 41)

4. Gegenstrategien: Verschiedene Strategien haben deshalb seit Ende der 60er/Anfang der 70er Jahre darauf gezielt, die zentralen Geschäftskerne städtebaulich und funktional gegenüber der Stadtperipherie wiederaufzuwerten (HEINEBERG & MAYR 1988: 33; FRIEDRICHS 1994), um die "auf die grüne Wiese" umgelenkten Kundenströme zurückzugewinnen. In einem mehrere Jahrzehnte andauernden Prozeß ist der Versuch der Städte zu erkennen, die sich betriebswirtschaftlich als vorteilhaft erwiesenen baulichen, ästhetischen und organisatorischen Elemente von Einkaufszentren nachzuahmen:

a) Fußgängerzonen: Wird die Stadtstraße auch als "Kommunikationsfeld", als sozialer, öffentlicher und lebendiger Raum gefeiert (BAHRDT 1989), ist sie in der Realität "sozialer Erosion" ausgesetzt (BAHRDT 1989: 203), wo PKW, Fahrräder und Fußgänger miteinander konkurrieren und sich gegenseitig gefährden. In den Malls der Einkaufszentren hingegen ist - außer den Fußgängern - jegliche andere Verkehrsform ausgeschlossen, die das Flanieren von Kunden in der Shoppingzone behindern könnte. Als Analogie zur Mall breiteten sich deshalb seit Mitte der 60er Jahre sog. Fußgängerzonen in den Innenstädten schnell aus, in denen der motorisierte Verkehr (mit Ausnahme gewerblicher Zulieferer) verboten war. Obwohl bereits 1960 - und somit vor den ersten Erfahrungen mit großflächigem Einzelhandel am Stadtrand - 35 westdeutsche Städte entsprechende Zonen besaßen, wuchs deren Anzahl bis 1966 auf 63, 1973 auf 214, 1977 auf 370 und bis Mitte der 80er Jahre auf ca. 800 (HAJDU 1988: 325). Vielfach entwickelten sie sich jedoch als sog. Kaufhaus-Rennbahnen zu monofunktionalen "retail strips" (HAJDU 1988: 330), die nur eine oder zwei langgestreckte Straßen umfaßten, auf denen sich die Verkaufsumsätze zuungunsten der restlichen Innenstadt konzentrierten. Ergebnis hieraus waren a) steigende Ladenmieten, die mittelständische Einzelhändler verdrängten, b) eine Selektion derjenigen Branchen, die höchste Umsätze erzielen konnten, und c) die Filialisierung und Kaufhausentwicklung sowie die physiognomische Austauschbarkeit westdeutscher Innenstädte. Obwohl später angelegte Fußgängerzonen eher Straßennetzen glichen (sofern es der Stadtgrundriß zuläßt) und die Flanierattraktivität erhöhten, haben sie als singuläres Element städtischer Revitalisierung langfristig eher zur Verödung der Innenstädte beigetragen.

b) Bau städtischer Einkaufszentren: HEINEBERG & MAYR (1988: 33) unterscheiden drei Standorttypen für den Bau innerstädtischer und stadtteilbezogener Einkaufszentren im Ruhrgebiet. Entweder handelt es sich um umgewidmete ehemalige Bergbaubetriebsflächen, um Sanierungs- oder Erweiterungsflächen im Citybereich (in neuester Zeit Zentren in Bahnhöfen) oder aber um Versorgungsmittelpunkte neuer Stadtteile, die sich vor allem zu Beginn der 70er Jahre stark ausgebreitet haben. Als bauliche Insellösungen konzipiert, wurden sie (am Beispiel Kiel) vom alteingesessenen Einzelhandel ursprünglich ebenso abgelehnt wie Einkaufs- oder SB-Zentren "auf der grünen Wiese". Die sehr positive Charakterisierung der im November 1980 eröffneten Hanseviertel-Passage in Hamburg duch ILLIES (1994: 20) stützt die Kritik des städtischen Einzelhandels gegenüber "eigenen" Einkaufszentren eher ungewollt: "Diese von Anfang an erfolgreiche Shoppingmeile hatte Prinzipien der peripheren Einkaufszentren übernommen. Zur komplexen Mischung und straffen Organisation kam hier noch die Gunst der zentralen Lage. Der 'Erlebniseinkauf' war geboren: Sauber, sicher und wettergeschützt genießt der Flaneur Luxus, Branchenmix und Edelimbiß. An dieses Flair der City-West-Passagen wird heute zuerst gedacht, wenn von der Attraktivität der Hansestadt die Rede ist." Die Shopping Center konnten sich häufig zu Einkaufsmagneten entwickeln, die positive Umsatzeffekte auf den benachbarten Einzelhandel ausstrahlten, letzteren jedoch in seiner Bedeutung marginalisierten und vom Verkaufs(miß-)erfolg des Einkaufszentrums abhängig machte. So griff der Verfall des ehemaligen "City Centers" in Mülheim auch auf die benachbarte Fußgängerzone über (ZORN 1995: 42). Kunden wichen vor sozialen Randgruppen und der Perzeption einer unsicheren City aus auf Nachbarstädte und Einkaufszentren an den Stadträndern.

c) Organisation: Waren Fußgängerzonen und städtische Einkaufszentren zuallererst das Ergebnis öffentlicher Planung und nicht der eigentlich betroffenen Einzelhändler, um die Innenstädte somit "auf dem Reißbrett" neu zu vitalisieren, breiteten sich im Verlauf der 80er Jahre freiwillige Werbegemeinschaften von Kaufleuten und Marketingaktivitäten aus. Mit dem Wandel des Einkaufens vom "run-shopping" zum "fun-shopping" und dem Bedeutungszuwachs von Lebensqualität in der post-industriellen Gesellschaft in Form von Kultur-, Freizeit- und Erlebniswerten (Institut für Kommunikationsgeschichte ... 1995: 41) mußten die institutionell nicht-organisierten Kaufleute ein Tabu im Einzelhandel brechen: Als Wettbewerber waren sie nunmehr auch gemeinschaftlichem Handeln verpflichtet, um komplexere und kostenintensivere Werbemaßnahmen zum Vorteil aller Beteiligten zu realisieren. Absprachen zu Ladenöffnungszeiten, Schaufenstergestaltung und Großveranstaltungen bleiben jedoch bis heute - unter Berücksichtigung kartellrechtlicher Abspracheverbote - und im Gegensatz zur "straffen Organisation" (ILLIES 1994: 20) in Einkaufszentren freiwillig und deshalb unkontrollierbar.

Die Diskussion, a) in Hamburg ursprünglich öffentliche Straßen im Interesse der Kaufmannschaft zu privatisieren, um kundenschädliche Einflüsse per Hausrecht zu verbieten, b) ganze Einkaufsstraßen zu überdachen, um unkontrollierbare Witterungseinflüsse auszuschließen oder c) die Vermietungspolitik der atomisierten Interessen der Hauseigentümer zu beeinflussen, die über ihr Mietpreisgefüge weiterhin unkoordiniert den Branchenmix bestimmen (ZORN 1995: 43), zeigt, daß die Angleichung der Innenstädte an die Strukturen der Einkaufszentren bzw. Passagen und Stadtgalerien fortdauert.

f) Gegen-Gegenstrategien der Peripherie

Die Vitalisierung der Städte ist jedoch kein linearer Aufholprozeß gewesen, der sich an einem fixen Ausstattungs- und Attraktivitätsgrad eines Einkaufszentrums hätte orientieren können. Tatsächlich entwickelten sich die Shopping Center parallel zu den Innenstädten ebenfalls weiter, um ihre Kundenbedeutung zu bewahren oder gar auszuweiten.

Die Einkaufszentren als Immobilie in privater Hand und zentraler Führung veränderten ihren Branchenmix, um längerfristig bessere Erträge erwirtschaften zu können. Fachmärkte wurden als neue Betriebsform der 80er Jahre in die Einkaufszentren integriert. Freizeit- und Gastronomieeinrichtungen haben das Einkaufszentrum zum Erlebnispark aufgewertet.

6.3.1.4 Sonderfall Westdeutschland? - Erfahrungen im Ausland

Die vielfältige Literatur zum Thema "randstädtische Entwicklung großflächigen Einzelhandels" belegt, daß sich deutsche Shopping Center-Entwickler und Ladenbauer häufig am "Trendsetter USA" (EHI 1994) und an britischen Beispielen orientiert haben. Letztere haben amerikanische Einzelhandelsinnovationen zuweilen erstmalig in Westeuropa eingeführt. Obwohl die räumlichen, gesellschaftlichen und rechtlichen Rahmenbedingungen, in denen sich großflächiger Einzelhandel ausbreiten konnte, nicht ohne weiteres mit der deutschen Situation zu vergleichen sind, ergeben sich folgende

a) **analoge Konsequenzen**
für die Bedeutung der Städte und für nachbarschaftliche Versorgungsnetze. Den zentralen standörtlichen Gegensatz charakterisierte JONASSEN für die USA bereits 1953 als "Downtown versus suburban shopping". 1961 diskutierte JACOBS in ihrem Buch "The death and life of great American cities" die von Suburbanisierungsprozessen begleitete soziale Erosion der Innenstädte, aber auch die Möglichkeiten, Städte in ihrem Wettkampf um wirtschaftliche und soziale Anerkennung gegenüber der Peripherie zu revitalisieren. Hiermit war das Ziel verbunden, einen historisch möglicherweise romantisierten Ausgangszustand der Stadt wiederherzustellen, noch bevor Westeuropa die ersten Erfahrungen mit Einkaufszentren machen konnte. Erst seit Anfang der 60er Jahre breiteten sich Shopping Center in Großbritannien, Deutschland, Frankreich und Schweden aus. Trotz der negativen Erfahrungen aus den USA waren diese in ihrer Verkaufsflächengröße und Zwischenstadtlage entlang von Schnellstraßen amerikanischen Vorbildern verpflichtet. Das erste deutsche Einkaufszentrum wurde vom Economist (2.4.1966) als "American-style shopping project" beschrieben. Eine scheinbar unkontrollierte Ausbreitung dieser Zentren in Großbritannien und Frankreich in den 70er und 80er Jahren - die Anzahl französischer Einkaufszentren (von mehr als 3.000 qm Geschäftsfläche) verzehnfachte sich zwischen 1969 und 1979 (DAWSON 1981); in Großbritannien wuchs deren Anzahl von ca. 400 im Jahre 1980 auf 748 (mit mehr als 5.000 qm Geschäftsfläche) im Jahre 1993 (MAY 1996) - versuchte man ähnlich wie in Deutschland durch raumordnungspolitische Leitlinien zu steuern. Doch insbesondere im Thatcherismus Großbritanniens wurde "detailed planning control as an impediment to economic growth" gesehen, und "with the issuing of guidance to local authorities encouraging competition between retailers and between ´methods of retailing'" förderte die staatliche Seite noch den Bau von Einkaufszentren (GUY 1994: 300). Zwischen

1983 und 1994 nahm vor allem der Anteil von Einkaufszentren "auf der grünen Wiese" rapide zu. Unter Ausklammerung des Lebensmittelbereiches wuchs deren Verkaufsfläche von 5,1 auf 18% der Gesamtverkaufsfläche in Großbritannien. Auf den Lebensmitteleinzelhandel entfielen im Jahre 1994 61% der Gesamtverkaufsmenge, was einer Verdreifachung gegenüber 1983 entspricht (MAY 1996: 67). Vor allem die Einführung von "super-regional centres" (GUY 1994: 304ff.), die mehr als 100.000 qm Verkaufsfläche aufweisen, und von Factory Outlet-Zentren haben Impulse für die Entwicklung neuer Shopping Center in Deutschland, z.B. im Bau des CentrO Oberhausen gegeben.

Zumindest in Westeuropa ist die Sensibilisierung der öffentlichen Seite in den 80er und 90er Jahren so weit fortgeschritten, daß sie mit Hilfe von Verkaufsflächen-Prüfgrößen die räumlichen Konsequenzen großflächigen Einzelhandels abschätzen und zu verhindern trachtet (DESMET-CARLIER 1996 für Belgien; STEINMANN 1996 für Österreich; zu den österreichischen Erfahrungen mit großflächigem Einzelhandel siehe BORSDORF 1997). Im Falle der britischen "Planning Policy Guidance 6" von 1995 müssen Antragsteller zunächst "mögliche Lagen im Stadtzentrum und dann am Rande der Stadt prüfen", ehe sie die "Grüne Wiese" in Betracht ziehen dürfen (MAY 1996: 68). Doch May gibt auch zu bedenken, daß ca. 400 weitere großflächige Einzelhandelsprojekte schon genehmigt sind, bevor die neue Richtlinie erstmals wirksam werden kann. Revitalisierung der Innenstädte einerseits und der Versuch, kleinflächige Versorgungsstrukturen im ländlichen Raum zu unterstützen ("Retail Initiative for Village Shops"; BAIN 1994: 16), sind Zielsetzungen, die die jahrzehntelange Entwicklung von Einkaufszentren korrigieren sollen.

Sehr viel später, und zwar seit Mitte der 80er Jahre, sind die südeuropäischen Länder von der Entwicklung sog. Megastores und Einkaufszentren betroffen gewesen (EHI 1995a). Für Spanien begann dieser Prozeß erst 1986 mit seinem Eintritt in die Europäische Union und der einhergehenden Liberalisierung von Handelsgesetzen, die kleine Fachgeschäfte vor großflächigem Einzelhandel geschützt hatten. Die Verdreifachung der Anzahl von Einkaufszentren in nur zehn Jahren auf 286 im Jahre 1994 führte zu einem umfassenden "Ladensterben". Ein neues Handelsgesetz von 1995 beschränkt weiterhin die Ladenöffnungszeiten der großen Märkte an Sonn- und Feiertagen zugunsten der kleinen Geschäfte bis zum Jahre 2001. Der Erfolg der unpersönlichen Hypermarkets liegt aber auch darin begründet, "that there are still some Spanish shopkeepers who scowl at clients for touching the merchandise or verbally abuse browsers who try to leave the store without buying something ... But now the philosophy is ´the customer is king‘." (International Herald Tribune v. 9.1.1996).

Mitte der 90er Jahre dominierten Großbritannien, Schweden und Frankreich in bezug auf Shopping Center-Flächen je 1.000 Einwohner mit 268, 246 und 227 qm. Unter 16 westeuropäischen Ländern nahm Deutschland mit 66 qm nur den 12. Rang ein (Retail News Letter zitiert nach BBE Data Kompakt v. 9.1.1997: 7), worin die sehr viel stärker kontrollierte Ausweitung von Einkaufszentren über die BauNVO dokumentiert wird.

b) weitergehende Bau- und Verkaufskonzepte

Die Vielfalt baulicher Ausprägungen und Nutzungsstrukturen von Einkaufszentren im Ausland belegen, daß großflächiger Einzelhandel in den USA, in Südamerika und in Südostasien stadtähnliche Gebilde sowohl an den Stadträndern als auch in den Innenstädten in Form von "City-in-der-City-Komplexen" hervorgebracht hat. Bereits 1963 beschreibt GREBE den "Helicoide", Einkaufszentrum für Autofahrer in Venezuelas Hauptstadt, als "idealen Raum für Ausstellungen und Kongresse" und ausgestattet mit einem "Multicinema", Kindergarten und "Keglerparadies" (S. 34). Wo der Baugrund knapp und unbezahlbar wird, "expandiert das Zentrum nicht mehr nach außen oder gen Himmel, sondern nach innen, dem Erdmittelpunkt entgegen" (KOOLHAAS 1996: 18). BROOK & COLLINS (1990: 8) verweisen auf das Beispiel Tokio, wo über 95% der Kosten, ein Gebäude zu errichten, auf den Baugrund entfallen. HOPKINS (1994) beschreibt die "underground city" von Toronto, die mehr als zehn Kilometer "indoor streets" umfaßt (vgl. auch HAHN 1992). Städte wie Singapur oder Kuala Lumpur haben ihre Innenstädte (oder werden sie planen) zu einem Netzwerk über die U-Bahntunnel miteinander verbundener Einkaufszentren umgeformt. In den Hauptstraßen existiert somit kein "unorganisierter" Detailhandel mehr. Ein Pendant zu den unterirdischen Verbindungen sind die vor allem aus Nordamerika bekannten "Skyways", die Hochhäuser und Einkaufszentren über das öffentliche Straßensystem hinweg miteinander verbinden, Wege abkürzen und den von der "Außenwelt" abgeschotteten Charakter dieser Bauweise unterstreichen. LORCH & SMITH (1993) fassen diese Gefahr als "fortress effect" und "distance decay effect" zusammen, die dazu führen können, daß "a downtown mall becoming an island of activity segregated from the rest of the central shopping area. This island serves a select group of consumers whose downtown shopping needs can be fulfilled entirely by stores and businesses operating inside the mall" (LORCH & SMITH 1993: 75). Große Aufenthaltsflächen im Form von Plazas, "courts" und parkähnlicher Elemente mit Springbrunnen, Wasserfällen und überdachten Grünanlagen stellen einen in die Einkaufszentren integrierten Ersatz für weitläufige öffentliche (und als "unsicher" perzipierte) Anlagen dar. Große Filmleinwände (Bsp. Singapur) unterhalten die Passanten zudem ununterbrochen mit Videoclips.

Die Angebotsstrukturen zielen nicht mehr in allen Zentren auf den in Deutschland noch vieldiskutierten "ausgewogenen Branchenmix", sondern nach den "Regeln der mittelalterlichen Zünfte" auf Konkurrenz "gleicher Branchen auf gleicher Etage" (GREBE 1963: 34), so im Bereich Schmuck, Photo- und Computerbedarf. Nischenartig besetzen Einkaufszentren mit hochspezialisierten Waren- und Serviceangeboten eine Marktsparte, um überregionale, gar internationale/interkontinentale Kundeneinzugsgebiete zu erzeugen. Die Thematisierung von Einkaufszentren zu *leisure shopping centres*, d.h. die Unterordnung der Angebote, der Ladengestaltung und der architektonischen Form unter ein bestimmtes Motto, betont äußerlich "estethics" gegenüber "efficiency". Vielfach sind diese Ideen Themenparks wie Disney World entnommen. Als "destination entertainment centers" geplant, sind die Besuchermagneten hier nicht mehr Waren- und Kaufhäuser, sondern "giant-screen movies" und "rock-and-roll-restaurants" (KAUFMAN 1995: 47). CRAWFORD (1992) faßt diese Entwicklung in zwei Phrasen zusammen:

a) "the world in a shopping mall": Shopping Center fungieren nicht nur als Versorgungsstätte, sondern im *urban sprawl* suburbaner Retortenstädte (nordamerikanischer Metropolen) auch als soziales Forum. Sowohl öffentliche Einrichtungen wie Bibliotheken, Museen und kirchliche Institutionen als auch sog. Freiflächen wie Plätze und künstliche Straßen innerhalb des Zentrums haben dazu geführt, daß die Malls für jegliche Aktivität außerhalb der Wohnung und der Arbeitswelt zum Lebensmittelpunkt geworden sind. Einkaufszentren erziehen zu neuen Formen allgemein akzeptierter Ästhetik und prägen ganze Lebensbiographien von der Wiege bis zur Bahre (KOWINSKI 1985).

b) "the world as a shopping mall": Die wirtschaftlich erfolgreichen Elemente der Mall werden zur Popularisierung anderer Lebensfunktionen und Dienstleistungsangebote in Hotels, Bürogebäuden, Kulturzentren und Museen übernommen. "A walk through the new additions to the Metropolitan Museum in New York with their enormous internal spaces, scenographic presentation of art objects, and frequent opportunities for purchasing other objects connected to them, produces an experience very similar to that of strolling through a shopping mall" (CRAWFORD 1992: 29). Ähnliches trifft auf große Hotels zu, denen in der Regel eine Shopping-Meile angeschlossen ist.

Als Fazit läßt sich schließen, daß bauliche und funktionale Entwicklungen westdeutscher Einkaufszentren im internationalen Vergleich bisher eher hintan stehen. Die potentiellen Gefahren für das eingespielte Zentralitätsgefüge und die Innenstädte sind noch gar nicht abschätzbar, wenn die Modeerscheinungen aus Nordamerika und Südostasien von westdeutschen Großinvestoren umgesetzt werden.

6.3.2 Nachfragerseite

Bekanntermaßen ist der Erfolg einer Betriebsform nicht nur von der Anbieterseite, sondern ebenso von der Nachfragerseite bestimmt. In der Literatur werden verschiedene Erklärungsmodelle für die Einkaufsstättenwahl beschrieben (Handelshochschule Leipzig 1997: 4f.), die weitestgehend drei Modelltypen zugeordnet werden können:

a) Black-Box-Modelle, die sich ausschließlich auf beobachtbare Sachverhalte beziehen: Hierzu gehören Transportkostenminimierungsmodelle, in denen die Konsumentenentscheidung von der relevanten Wegstrecke zur Einkaufsstätte abhängig ist. Nutzenmaximierungsmodelle versuchen, die optimale Sortimentsgestaltung zu bestimmen, woraus der Kunde seinen Besuchsanreiz ableitet. Lerntheoretische Ansätze gehen davon aus, daß je häufiger der Laden bereits besucht wurde, desto größer die Wahrscheinlichkeit für Wiederholungsbesuche ist.

b) Verhaltensmodelle, die auch nicht beobachtbare, psychische Determinanten in ihrer Konsequenz auf die Einkaufsstättenwahl berücksichtigen: Das Anreiz-Beitrags-Modell versucht, aus dem Verhältnis zwischen "Anreizen" wie Service, Werbung, Ambiente und Produktqualität und "Beiträgen" wie Preis und Transportkosten die Wahl eines Geschäftes zu erklären. Das Adoptionsmodell der Einkaufsstättenwahl fragt nach den Bedingungen, die erfüllt sein müssen, damit es zur Wahl eines neuen Geschäftes durch den Konsumenten kommt.

c) Zyklus- und Phasenkonzepte: Im Mittelpunkt steht hier das Familienlebenszykluskonzept, das der Frage nachgeht, warum Verbraucher in unterschiedlichen Lebensphasen verschiedene Betriebstypen bevorzugen. Als ein Phasenkonzept führen WEYMANN & SACKMANN (1996) (zitiert nach BBE Data Kompakt Nr. 89 v. 12.12.1996: 4) den Begriff der "Technikgenerationen" - d. h. technikskeptische oder -freundliche Einstellungen - ein, um nicht nur auf das biologische, sondern auf das "soziale" Alter in seiner Bedeutung für eine generationsorientierte Verbraucherforschung zu verweisen:

"1. Frühtechnische Generation: meist vor 1939 geboren; aufgewachsen in weitgehend technikfreien Privaträumen; technikskeptische Einstellung
2. Generation der Haushaltsrevolution: geboren zwischen 1940 und 1948; geprägt durch Technisierung der Haushalte und Motorisierung der Gesellschaft; Technikbewertung nach Arbeitserleichterung und Primärnutzen
3. Generation der zunehmenden Haushaltstechnisierung; geboren zwischen 1949 und 1964; technikfreundlich; Gesichtspunkt der Bequemlichkeit und des Primärnutzens
4. Computergeneration: geboren nach 1965; aufgewachsen mit Computern und digitalen Geräten; "plug and play" als Grundprinzip im Technikumgang; hohes Involvement" (zitiert nach BBE Data Kompakt Nr. 89 v. 12.12.1996: 4)

Als Einflußfaktoren auf das Verbraucherverhalten lassen sich nach SCHMITZ & KÖLZER (1996) und SACKMANN & WEGMANN (1996) somit voneinander unterscheiden:
a) objektive und beobachtbare Größen wie Alter, Geschlecht, Einkommen, Beruf, Bildung, Familienstand, Haushaltsgröße, Ausstattungsgrad des Haushalts sowie körperliche Mobilität
b) subjektive Gründe wie Bedürfnisse, Werte, Einstellungen sowie Images als "komplexe Gesamtheit aller Vorstellungen, Eindrücke und Gefühle, die ein Konsument mit einem Handelsunternehmen bzw. einer Einkaufsstätte verbindet" (Handelshochschule Leipzig 1997: 6).

In ihren Untersuchungen zu Kundeneinzugsgebieten, zum Koppelungsverhalten und zur Kundenzufriedenheit mit Einkaufsstätten bzw. zu Standortimages haben sich Einzelhandelsgeographen der Thematik "Einkaufsstättenwahl von Verbrauchern" angenommen. Empirische Befunde hieraus sowie lange statistische Reihen dokumentieren nachfolgend die sich verändernden Kundenstrukturen und -wünsche in Westdeutschland in ihrer kleinräumigen Konsequenz.

6.3.2.1 Entwicklung des Verbrauchs

Obwohl das verfügbare Einkommen der Haushalte über die letzten Jahrzehnte um ein Mehrfaches gewachsen ist, fiel der Anteil des Einzelhandels am Zuwachs des privaten Verbrauchs in Westdeutschland von 50% im Jahre 1960 auf ca. 5% im Jahre 1995 (AUER 1997: 3). Vor allem Nahrungs- und Genußmittel, Textilien, Bekleidung, Lederwaren und Schuhe haben in der Ausgabenstruktur der Haushalte an Bedeutung verloren, obwohl erhebliche Unterschiede zu erkennen sind, wenn man nach der sozialen Stellung der Haushalte differenziert:

Die Abnahme des Einzelhandelsanteils am privaten Verbrauch, wovon einzelne Branchen besonders betroffen sind, ging einher mit zunehmenden Ausgabenanteilen im Bereich Wohnen, Freizeit, räumliche Mobilität und Telekommunikation (Tab. 8). Gründe hierfür sind einerseits der geringere Anstieg der Einzelhandelspreise gegenüber den allgemeinen Lebenshaltungskosten, andererseits qualitative und quantitative Veränderungen im Warenkorb, in denen z. B. im Bereich der Nahrungs- und Genußmittel Convenience-Produkte, Tiefkühlkost und Fast-Food aufgrund des Trends zu Einzelhaushalten und Kleinfamilien an Bedeutung gewonnen haben (AUER 1997: 7). Zudem weichen die Kunden beim Einkauf vor "teuren" traditionellen Fachgeschäften auf preisaggressive Anbieter aus, wodurch sie "zeitlos" gleichgroße Warenkörbe füllen können. Discountierende Anbieter in Form "echter" Discounter, von Fachmärkten und anderen großflächigen Verkaufsformen haben von dieser Entwicklung profitiert, weil hier die Kosten für die Grundversorgung raumzeitlich optimiert werden können (kostenlose Parkplätze; Koppelung des Einkaufs niedrigpreisiger Güter). Ohne hierzu einen Widerspruch zu eröffnen, investiert der Verbraucher die eingesparte Zeit und das Geld aber auch immer häufiger in Statussymbole, "individualisierte Leistungspakete" (HAUSRUKKINGER & WUNDERLICH 1997: 34) und fungiert als "multioptionaler" (PETERSEN 1993: 13), unberechenbarer bzw. hybrider Kunde. OPASCHOWSKI (1993, 1994) diskutiert in seinen Untersuchungen, wie sich die Konsumeinstellungen unter den Vorgaben steigenden Wohlstands, zunehmender Freizeit und Freizeitbedürfnisse über die letzten Jahrzehnte verändert haben. Das Freizeitbudget, d.h. "alle Produkte und Dienstleistungen ... , die sich nach Meinung ihrer Käufer und Verwender nutzenstiftend zum Ge- oder Verbrauch in ihrer Freizeit eignen bzw. eignen können", hat sich für Haushalte mit mittlerem Einkommen zwischen 1970 und 1990 in etwa verfünffacht (OPASCHOWSKI

1993: 35). 1993 entfielen somit 23% des gesamten privaten Verbrauchs in Deutschland auf Freizeitbedarf. Gedeckt wurde dieser zu über 56% im Einzelhandel (GOEBEL 1994: 22f.), was knapp 40% des gesamten Einzelhandelsumsatzes entsprach. Doch ist die "Freizeit" nicht nur in Form gekaufter Waren und Dienstleistungen von wachsender Bedeutung geworden, sondern auch als treibende Kraft für den Vorgang des Einkaufens selbst. Die Versorgungsfunktion orientiert sich an "Erlebniswelten", "Erlebnisbühnen" und "Multi-Konzepten kombinierter Einkaufs-, Erlebnis- und Freizeitparks" (GOEBEL 1994; OPASCHOWSKI 1994). KRÜGER (1994: 27f.) unterscheidet drei unterschiedliche Ebenen individuell wahrgenommener Erlebniswelten, wobei zu ergänzen sei, daß vergleichende Erfahrungen mit anderen Räumen vorliegen müssen, um das Erlebnis als Erlebnis beurteilen zu können:

a) das Raum-Erlebnis, das auf Größe, Struktur, Nutzungsdichte, architektonische Form, Grund- und Aufriß zielt;

b) das Persönlichkeits-Erlebnis, das auf der "optisch-akustischen Ansprache der Sinne", auf menschlicher Vielfalt und "positiv empfundenem Ambiente" beruht;

c) das Nutzen-Erlebnis, das von der Angebotsvielfalt, von Serviceleistungen und Kosten-Nutzen-Überlegungen bestimmt wird.

Life-Style-Typologien versuchen, Anhaltspunkte für das Verhalten und die Ansprüche einzelner in sich homogener Konsumentengruppen herauszuarbeiten (HIEBER 1989; SCHMITZ & KÖLZER 1996), um mit einem hierauf angepaßten Verkaufsmarketing zu reagieren.

Tab. 8: Monatliche Ausgaben privater Haushalte in Westdeutschland in % der ausgabefähigen Einkommen bzw. Einnahmen

a) 2-Personen-Haushalte von Rentnern und Sozialhilfeempfängern mit geringem Einkommen				
	1960	1970	1980	1990
Nahrungsmittel/Getränke, Tabakwaren	49,3	39,5	29,1	22,5
Bekleidung, Schuhe	7,0	6,7	5,9	4,7
Wohnungsmieten	13,3	18,8	19,4	22,1
Verkehr/Nachrichtenübermittlung	2,4	3,5	6,2	9,6
Bildung/Unterhaltung/Freizeit	3,1	4,1	4,0	5,5
b) 4-Personen-Arbeitnehmer-Haushalte mit mittlerem Einkommen				
	1960	1970	1980	1990
Nahrungsmittel/Getränke, Tabakwaren	41,6	30,7	22,9	18,1
Bekleidung, Schuhe	12,5	9,3	7,6	6,1
Wohnungsmieten	9,6	13,4	13,4	16,2
Verkehr/Nachrichtenübermittlung	4,5	9,4	11,4	12,0
Bildung/Unterhaltung/Freizeit	8,1	6,3	7,0	8,0
c) 4-Personen-Haushalte von Beamten und Angestellten mit höherem Einkommen				
	1965	1970	1980	1990
Nahrungsmittel/Getränke, Tabakwaren	22,8	20,5	16,7	13,6
Bekleidung, Schuhe	8,9	8,4	7,1	5,8
Wohnungsmieten	9,7	11,0	11,8	13,3
Verkehr/Nachrichtenübermittlung	13,0	11,9	11,6	10,7
Bildung/Unterhaltung/Freizeit	6,4	6,6	7,5	8,0

Quelle: EHI (1996b: 33-35)

6.3.2.2 Der veränderte Kunde

Erklärungen für die Fragmentierung und Neuorientierung von Kundenwünschen, wie sie seit den 70er Jahren zu beobachten sind, ergeben sich auf drei Ebenen (GOEBEL 1994) (siehe auch Kap. 4.4):

1. Soziodemographische Veränderungen haben zu veränderten Haushaltsgrößen, "Veralterung" der Bevölkerung und zu einem neuen gesellschaftlichen und familiären Rollenverständnis von Mann und Frau geführt. Gründe hierfür sind gewachsene finanzielle Spielräume, die "Demokratisierung des Wohlstandes" (SZALLIES 1990: 51) über breite Bevölkerungsgruppen und ein zunehmendes Bildungsniveau (kritischer, mündiger, informierter Kunde).

2. Ökonomische und technische Entwicklungen haben zu veränderten Zeitbudgets, zu mehr Freizeit und flexiblen Arbeitszeiten beigetragen. Vielfältige Formen der Telekommunikation und Computertechnologie verändern die Notwendigkeiten räumlicher Mobilität.

3. Psychographische Veränderungen konzentrieren sich auf die Tendenz zunehmender Individualität, auf die "Flucht aus dem Alltag" zugunsten von "Freizeit- und Erlebnisorientierung" (SCHMITZ 1994: 163), "auf der Sucht nach dem ultimativen Erlebnis" (GOEBEL 1994: 24). In diesem Zusammenhang wird vom sog. Wertewandel gesprochen, der die Veränderung subjektiver Wertorientierungen und Einstellungen erfaßt und fester Bestandteil des soziologischen Diskurses geworden ist. Als ein Konzept, das mit Hilfe von *items* und *statements* im Rahmen von Befragungen nur schwierig zu operationalisieren ist, fragt sich insbesondere die Marketingforschung, welche Konsequenzen der sog. Wertewandel auf das Käuferverhalten hat.

Was sind Werte? Werte werden einerseits als "Leitbilder des Lebens", d.h. als "wünschenswerte Zustände", oder als ein "System von Einstellungen mit normativer Verbindlichkeit" definiert (nach SCHMITZ & KÖLZER 1996: 79f.). Es handelt sich im letzteren Fall um generelle Überzeugungen zu Fragen der Familie, Arbeit oder Freizeit, die Konsequenzen für das Konsumverhalten haben können. Einstellungen sind hingegen "erlernte Bereitschaften ..., in einer bestimmten Weise auf ein (konkretes) Einstellungsobjekt zu reagieren und damit das Verhalten zu steuern" (nach SCHMITZ & KÖLZER 1996: 91). Werte tragen deshalb einen sehr viel allgemeineren und gesellschaftlichen Charakter als die eher individuellen Spielarten von Einstellungen. Beide Größen unterscheiden sich hierdurch und bedingen sich doch einander. Ihre Veränderung erfolgt
a) einerseits im längerfristigen zeitlichen Ablauf, der "den Stellenwert bestimmter Werte" (als aggregierte Größe gleicher oder ähnlicher individueller Einstellungen) in der Bevölkerung wandelt (interpersonale Ebene),

b) andererseits im Verlauf des eigenen Lebenszyklus (intrapersonale Ebene), wodurch Einstellungen in verschiedenen Lebensaltern unterschiedlich flexibel sind, d.h. sich mit zunehmendem Lebensalter eher verfestigen (Aging-Stability-These).

Wertewandel ist somit ein sowohl lebenszyklischer als auch gesellschaftlicher Veränderungsprozeß, wobei der erstere in allgemeine Wertewandlungen "gewissermaßen eingelagert" ist (WISWEDE 1990: 18). Wertewandel ist somit nicht mit kurzfristigen Modeschwankungen zu verwechseln. Ob dieser Wandel jedoch die Ursache dafür ist, daß nach INGLEHART (1989) materialistische Wertevorstellungen (Einkommen und Besitz) postmaterialistischen (Achtung/Prestige und Selbstverwirklichung) Platz gemacht haben, oder aber eher die Folge materieller Sättigung und des "Sich-Zuwendens" nach anderen lebenssinnstiftenden Werten ist, bleibt in der Forschung umstritten (WISWEDE 1990: 17). Die Theorie des *agenda setting* geht sogar so weit, daß Meinungs- und Wertewandel vor allem über Massenmedien und Personen, "die die Themenauswahl der öffentlichen Diskussion bestimmen", angestoßen werden (TROMMSDORFF 1986: 15).

Obwohl verschiedene unter Wertewandel subsumierte Aspekte nicht immer zweifelsfrei als erklärende oder erklärte Variable darzustellen sind, gibt es doch zumindest einige Ergebnisse, die in zahlreichen Studien übereinstimmen und eine empirische Basis haben:

1. "Arbeit" verliert gegenüber dem Lebensbereich "Freizeit" und dem "privaten" Leben zunehmend an Bedeutung.

2. Verhaltensmuster differenzieren und segmentieren sich zusehends aus und werden, um sie für die Handelsforschung durch die Identifizierung hinreichend großer Verbrauchergruppen nutzbar zu machen, als Lebensstile zusammengefaßt. Massenfreizeit und Massenwohlstand kontrastieren mit dem Trend zur Individualisierung von Verbrauchsmustern, die bereichs- und situationsspezifisch ambivalent sein können und im Begriff des "gespaltenen" Konsumenten zum Ausdruck kommen (WISWEDE 1990: 36f.).

3. Konsum orientiert sich nicht mehr nur an "Sättigungsvorstellungen", sondern am "Prinzip der Erregung" ("thrilling"; OPASCHOWSKI 1994: 44). Immaterielle ästhetische Werte nehmen gegenüber materiellen Werten an Bedeutung zu. "Reizorientierte Erlebniseinkäufe" werden nicht mehr nur vom eigentlichen Warenangebot, sondern von der Architektur, der Atmosphäre und Aktionen ("das Drumherum") bestimmt (FREHN 1996: 320). Das heißt nicht, daß Geld- oder Besitzorientierung deshalb keine Bedeutung mehr haben: denn "Mehr Freizeit ist ohne (mehr) Geld immer weniger Wert" (OPASCHOWSKI 1994: 14).

6.3.2.3 Wahl der Einkaufsstätte

Angebot und Nachfrage befinden sich "in einer Art Erlebnisspirale" (GOEBEL 1994: 24), bedingen sich einander und beeinflussen die Einkaufsstättenwahl der Verbraucher. Erklärt MÜLLER-HAGEDORN (1984) das Käuferverhalten mit Hilfe des Lebenszykluskonzeptes, in dem über die verschiedenen Lebensphasen - definiert durch spezifische finanzielle Spielräume, Lebensumstände und Bedürfnisse - unterschiedliche Einzelhandelsbetriebsformen bevorzugt aufgesucht werden, konzentrieren sich BÖCKER & BRINK (1987) auf die wechselseitige Bedeutung von Images und Präferenzen für einzelne Standorte. Images oder Perzeptionen sind "learned and stable mental conceptions that summarize an individual´s environmental knowledge, evaluations, and preferences" und können als "partial, simplified, idiosyncratic and distorted representation that is not necessarily isomorphic to the objective environment" gedeutet werden (WALMSLEY & LEWIS 1985: 64). Sind Images mehrdimensionale komplexe Größen, die anhand relevanter Merkmale des Meinungsgegenstandes operationalisiert werden können, handelt es sich bei Präferenzen um einen eindimensionalen Indikator, der nach dem Grad der Zuneigung für ein Beurteilungsobjekt fragt (BÖCKER & BRINK 1987: 165f.).

Insbesondere für die Beurteilung ganzer Standortgemeinschaften, und zwar in Form von Gegensatzpaaren "Innenstadt" - Einkaufszentrum", sind sog. Polaritäts- oder Imageprofile entwickelt worden, die verschiedene Beurteilungsmerkmale auflisten, nach denen Imagestärken und -schwächen zu erkennen sind. Eher traditionelle Beurteilungseigenschaften für Handelsbetriebe bzw. ihr geschäftliches Umfeld (im folgenden wird nur die positive Seite aufgeführt) fassen BÖCKER & BRINK (1987) aus Arbeiten der 70er und Anfang der 80er Jahre zusammen:

freundlich	angenehme Atmosphäre
modern	große Auswahl
persönliche Bedienung	geräumig
hell	geschultes Personal
schnelle Bedienung	gut erreichbar
preisgünstig	gute Qualität
sympathisch	gute Parkmöglichkeit
übersichtlich	alles zu erhalten

Bis Anfang der 90er Jahre sind "neue" für den Kunden relevante Aspekte hinzugekommen, die das Image der "negativen Stadt" und den Verkaufserfolg großflächiger Anbieter am Stadtrand begründen.

kostenlose Parkplätze	Veranstaltungen
schnell erreichbar	Service wie Kinderstube
sicher (im öffentlichen Raum)	Ruheecke

Die negative Seite der von Stadtsoziologen ursprünglich als stadttypisch (urban) und einmalig (im positiven Sinne) betonten Vielfalt und "Quirligkeit" faßt Abb.4 zusammen. Drei Erfahrungsebenen, die der Sinne, der Psyche und der Physis, sind zu unterscheiden, die "störende" Eigenschaften städtischen Lebens aufnehmen. Die spezifischen Ausprägungen operationalisieren diese Eigenschaften und machen diese somit meßbar und nachvollziehbar.

Ebene	**Eigenschaft**	**Spezifische Ausprägung**
	– Intoleranz	– Verhalten soziale Gegensätze
Sinne	– Unsicherheit / Ungewißheit	– Gegensatz Arm / Reich Kriminalität Verkehr
	– Streß / Beengtheit	– Verkehr
Physis	– Lärm / Abgase (störende visuelle Reize)	– Verkehr
Psyche	– baulicher Verfall (urban blight / decay)	– Fassadengestaltung, -zustand Art / Ausmaß der Nutzung
	– Kosten (zeitliche, soziale, monetäre)	– Erreichbarkeit, Zufriedenheit mit sozialem Umfeld, Parkplatzgebühren

Abb. 4: Kriterien der "negativen" Stadt
Quelle: eigener Entwurf

PANGELS (1997a) faßt diese Probleme (Sicherheit, Sauberkeit, Ordnung) als "Unwirtlichkeit" der Städte zusammen. MAIER (1996) betont die zunehmende Bedeutung des "Standortfaktors Sicherheit" in den Innenstädten, womit "aggressive Bettelei, Behinderung und Belästigung von Passanten, Verunreinigungen von Straßen und Plätzen sowie das Auftreten gewaltbereiter Gruppen" (MAIER 1996: 3) im öffentlichen Raum der Citys gemeint sind. KRAMER & MISCHAU (1994a und 1994b) untersuchen das Sicherheitsempfinden und die Charakteristika von "Angst-Räumen" von Frauen und führen auf der Grundlage empirischer Untersuchungen Verbesserungsvorschläge Betroffener auf (mehr Beleuchtung, mehr Kontrolle/Überwachung), die bereits implizit im Konzept eines Einkaufszentrums aufgegriffen werden. Aufgrund der Imageausstrahlung (BÖCKER & BRINK 1987: 167) einzelner Standorte bzw. "Tat"-Orte auf ihr weiteres Umfeld werden deshalb ganze Standortgemeinschaften wie City oder Einkaufszentrum "auf der grünen Wiese" geschädigt oder aber von Kunden präferiert.

6.4 Die ostdeutsche Situation 1945-1989

Die Erfahrungswelt des westdeutschen Einzelhandels, die nach der Wiedervereinigung beispielgebend auch für Ostdeutschland werden sollte, differierte in erheblichem Maße von den Entwicklungen in der DDR. Um das Ausmaß des "Rückstandes" und die Dynamik des Nachholprozesses in den Neuen Bundesländern zu erkennen, wird deren Ausgangssituation charakterisiert.

6.4.1 Zentrale Planung

a) Die Organisation

Im Gegensatz zu den marktwirtschaftlichen Regularien in Westdeutschland entwickelte sich das Verkaufsstellennetz in der DDR "auf der Grundlage zentraler Planvorgaben, allgemeinverbindlicher Normative, Orientierungskennziffern und Prinzipien" (WAKKERNAGEL 1991: 60). Grundsätze zum Verkaufsstellennetz und seiner Gestaltung wurden auf den Parteitagen der Staatspartei definiert. Fünfjahrpläne, Volkswirtschaftspläne sowie Vorgaben des Ministeriums für Handel und Versorgung präzisierten und limitierten die jeweils auf Bezirksebene zu erarbeitenden Grundlinien der Entwicklung und Gestaltung des Verkaufsstellennetzes. Diese Grundlinie wurde für jeweils zehn Jahre erstellt und nach Bestätigung des jeweiligen Fünfjahrplanes alle fünf Jahre überarbeitet. Sie war Basis für die von den Räten der Kreise aufgestellten Einzelhandelsnetzkonzeptionen, die die "Bedeutung" bzw. Versorgungszentralität von Städten und Gemeinden ermittelten, Kapazitätsbedarfe anhand der Kennziffer Umsatz pro qm VRF bestimmten, Kapazitätsbilanzen aufführten und alle Vorhaben und Maßnahmen der Planperiode in einer Rangliste beschrieben (WACKERNAGEL 1991: 61). Die Dezentralisierung und Übertragung der Verantwortung für die Versorgung der Bevölkerung mit Konsumgütern und die Entwicklung und Gestaltung des Verkaufsstellennetzes durch ein Gesetz aus dem Jahre 1985 auf die örtlichen Volksvertretungen änderte nichts am grundsätzlichen Problem einer Mangelwirtschaft: Man konnte nicht am tatsächlichen Bedarf planen, sondern sich nur an den "limitierenden Vorgaben des zentralen Volkswirtschaftsplanes" orientieren (WACKERNAGEL 1991: 61).

b) Die Prinzipien

Der konkreten Gestaltung des Einzelhandelsnetzes, in dem alle Eigentums- und Betriebsformen - somit auch die zur DDR-Zeit bestehenden privaten - eingebunden waren und deshalb keine individuellen Standortentscheidungen oder -profilierungen existieren konnten, lagen drei Prinzipien zugrunde:

1. Prinzip der komplex-regionalen Versorgung: Dieser Grundsatz sollte eine "allseitige und dem Bedarf der Bevölkerung angepaßte Versorgung" (MÜLLER 1986: 7) sichern. Alle existenten Versorgungseinrichtungen hatten diesem Ziel arbeitsteilig zu dienen. Ein mehrstufiges, in Versorgungsgebiete (d.h. dem Kreisterritorium als größte versorgungsräumliche Einheit), Versorgungsteilgebiete und Versorgungsbereiche untergliedertes Organisationssystem legte die zumutbaren Kundenentfernungen nach Waren des täglichen Bedarfs auf 8 bis 15 Minuten Fußweg in Städten und bis zu 45 bis 60 Minuten Aufwand mit öffentlichen Verkehrsmitteln im ländlichen Raum fest (ILLGEN 1990: 35).

2. Prinzip des dreistufig konzentrischen Aufbaus: Waren und Dienstleistungen differieren in ihrer Nachfragehäufigkeit in Form ständiger (täglicher), häufiger (periodischer) und seltener (aperiodischer) Nachfrage, wobei die Grenzen dieser Unterscheidung fließend sind. Ziel ist es, ständig nachgefragte Güter dezentral und wohnort- bzw. konsumentennah bereitzustellen. Je seltener die Nachfrage ist, um so eher kann/muß das Angebot aus Rationalisierungsgründen (objektmäßig) konzentriert und (räumlich) zentralisiert werden. Weil die niedere Versorgungsstufe immer in die höhere Stufe integriert ist, ergibt sich für den Konsumenten eine "stufenweise wachsende Angebotskomplexität und Koppelungseffektivität" (ILLGEN 1990: 36).

3. Prinzip der Spezialisierung, Kombination und Konzentration: "Arbeitsteilig spezialisierte Sortiments- und Leistungsprofile, Typenlösungen, standörtliche Konzentrationen, Kombination mit Wohngebäuden" (MÜLLER 1986: 9) sollten in ihrer kleinräumigen Verflechtung Koppelungseffekte beim Verbraucher auslösen und mit der Angebotsvielfalt die Attraktivität der Verkaufsstandorte fördern.

Diese eher technokratische Ebene wurde von ideologischen Vorgaben in Form "ökonomischer Gesetze des Sozialismus" flankiert, die die drei beschriebenen Prinzipien nicht nur einer statischen Realisierung, sondern auch einer dynamischen Anpassung aussetzten (nach MÜLLER 1986: 10ff.):

1. Ökonomisches Grundgesetz des Sozialismus: Die räumlichen Organisationsformen des Einzelhandels müssen "auf die immer vollständigere Befriedigung der wachsenden materiellen und kulturellen Bedürfnisse der Menschen gerichtet und ökonomisch effektiv gestaltet sein. Das Verhältnis von Leistung und Aufwand ist Maßstab aller Aktivitäten..." (MÜLLER 1986: 10).

2. Gesetz der planmäßig proportionalen Entwicklung der Volkswirtschaft: Die räumliche Verbreitung von Ladengeschäften sowie ihre betriebliche Ausstattung orientieren sich an der Größe, der verkehrlichen Erreichbarkeit und dem Funktionsspektrum der Siedlung. Dabei sind "ungerechtfertigte" Niveauunterschiede in der Versorgung zwischen einzelnen Räumen zu überwinden.

3. Gesetz der Ökonomie der Zeit: Sowohl für Einzelstandorte als auch Standortsysteme gilt, daß Weg-Zeit-Verhältnisse für den Handel und die Kundschaft zumutbar klein gehalten werden sollen. Weil die Mobilität der Bevölkerung jedoch steigt, "wird die Bereitschaft der Kunden stimuliert, größere Distanzen zu akzeptieren" (MÜLLER 1986: 11).

4. Gesetz vom Anwachsen der Bedürfnisse: Es wird ideologisch akzeptiert, daß aufgrund steigender Nettoeinkommen und zunehmender Freizeit eine größere Nachfrage nach Konsumgütern erfolgt. Diese sind immer häufiger "hochwertig". Zudem wächst die Bereitschaft, "die Bedürfnisbefriedigung weit außerhalb des Wohnortes zu erfahren" (MÜLLER 1986: 11).

c) Normative der Netzplanung

WACKERNAGEL (1991: 66f.) erfaßt drei verschiedene Normative bzw. Richtwerte, nach denen die Verkaufsstellennetzplanung "operationalisiert" wurde: Einerseits handelte es sich um Richtwerte zum "Warenumsatz pro qm VRF", die nach Verkaufsstellenart und Branche unterschiedlich groß waren und die Anteile ständiger, häufiger oder seltener Nachfrage (sog. Konzentrationsstufen) am Gesamtumsatz prozentual bzw. in Spannbreiten festlegten. Die "Verkaufsraumfläche in qm pro 1.000 Einwohner" war ein anderer Orientierungswert, der für das Jahr 1990 300 qm VRF betragen sollte, was zu jenem Zeitpunkt einem Drittel der westdeutschen Ausstattung entsprach. Andererseits wurde versucht, die Ausstattung mit VRF nach Siedlungsgruppen zu typisieren, und zwar anhand ihrer Einwohnerzahl, ihrer Einzelhandelszentralität (erfaßt in Pro-Kopf-Umsatz) sowie politisch-administrativen und wirtschaftlichen Funktionen. Bis ins kleinste Detail waren alle Verkaufsstellen "geplante" Einrichtungen. Die jährlich durchgeführte Handelsnetzberichterstattung sollte die theoretischen Vorgaben der Handelsnetzforschung mit der Praxis abgleichen und diese zu korrigieren helfen.

d) Gegensatz von Theorie und Praxis

Den theoretischen Vorgaben des auf Kreisebene ausgearbeiteten Einzelhandelsnetzes standen in der Praxis folgende Probleme gegenüber:
1. Administrative Versorgungsgebiete decken sich nur teilweise mit den "aktionsräumlichen Verhaltensweisen der Bevölkerung" (ILLGEN 1990: 36), die von den städtischen Zentren aufgrund guter verkehrlicher Anbindung angezogen wird. Hierdurch kommt es zu Konsumentenabwanderungen und Verschiebung von Nachfragebedarfen über die Kreisgrenzen hinweg. Die "relativ autarke Planung innerhalb jedes Kreises" hat "kreisübergreifende Systemlösungen", was "gemeinsame" Kapazitäten im Einzelhandel und vertragliche Absprachen zwischen Einzel- und Großhandel anbetraf, behindert (ILLGEN 1990: 36).

2. "Subjektive Verhaltensweisen" (ILLGEN 1990: 37) in der Verwaltung oder in den Betrieben konterkarieren die Vorgaben der Planung. PAEPER (1962) faßt diese "fal-

schen Tendenzen" folgendermaßen zusammen, wonach es an "Sorgfalt und Gründlichkeit" mangelt, zur Mißachtung terminlicher Vorgaben des Ministeriums für Handel und Versorgung kommt und im allgemeinen "eine Unterschätzung und Mißachtung des demokratischen Sozialismus als wichtigstem sozialistischen Leitungsprinzip" vorliegen (PAEPER 1962: 35). Hieraus resultieren u.a. "Sortimentsdoppelungen" nahe beianderliegender Geschäfte unterschiedlicher Eigentumsformen sowie die fehlende Koordinierung und Synchronität von Öffnungs- und Urlaubszeiten von Verkaufs- mit anderen Infrastruktureinrichtungen (ILLGEN 1990: 38).

6.4.2 Die Anbieter

Zeitlich parallel existierten bis zur Auflösung der DDR verschiedene Eigentums- und Betriebsformen.

1. Staatliche versus Private: Anhand ideologischer Vorgaben war es das vornehmliche Ziel der Regierung, die Bedeutung des privaten Sektors zugunsten des "sozialistischen" und staatlich kontrollierten Einzelhandels zurückzudrängen. Zum Zeitpunkt der Gründung der DDR im Jahre 1949 entfielen noch mehr als 93% der Verkaufsobjekte und 61,5% der Umsätze auf den privaten Bereich, auf die im Jahre 1945 wiedergegründeten Konsumgenossenschaften Anteile von mehr als 6% bzw. 15,5% und auf die im November 1948 gegründete staatliche Handelsorganisation (HO) ca. ein Prozent der Objekte, jedoch bereits etwa 19% des Einzelhandelsumsatzes. Letzterer resultierte daraus, daß die Läden der HO monopolistisch den nichtrationierten Warenverkauf (zu überdurchschnittlich hohen Preisen) organisierten (DORNER 1991: 44f.). In verschiedenen politisch gesteuerten Kampagnen nahm die gesamtwirtschaftliche Bedeutung des Privathandels seitdem dramatisch ab, so daß die Anzahl von Verkaufsobjekten allein zwischen 1950 und 1964 von 90,4 auf 50,6% zurückging, die Umsätze von 52,8 auf 22,4% sich mehr als halbierten (DORNER 1991: 46). Obwohl auch immer wieder eine liberalere Handhabung gegenüber dem privaten Sektor (z. B. nach dem 17.Juni 1953; Polit- und Ministerratsbeschluß vom Februar 1976) zu erkennen war, führte erst ein Ministerratsbeschluß vom 24.3.1988 über "Maßnahmen zur weiteren Steigerung des Leistungsvermögens privater Einzelhändler und zur Erhöhung ihrer Versorgungsleistungen für die Bevölkerung" zur bewußten Umkehr der offiziellen Benachteiligung dieser Eigentumsform, womit man umfangreiche Versorgungsmängel und fehlende Flexibilität staatlicher Verkaufsstellen gegenüber Kundenwünschen eingestehen mußte. Die bis dahin angewandten Formen der Diskriminierung reichten von den Schwierigkeiten, eine Gewerbegenehmigung zu erhalten, von Problemen des Wareneinkaufs und seiner Finanzierung, von ungünstigen Steuerregelungen bis hin zu Einschränkungen, über mithelfende Familienangehörige hinaus fremde Arbeitskräfte einzustellen (DORNER 1991: 44ff.). Ab 1956 wurde noch ein weiterer Weg begangen, private Einzelhändler in die staatliche Wirtschaftslenkung, und zwar mit Hilfe von Kommissionshandelsver-

trägen einzubinden. Letztere wurden mit staatlichen oder genossenschaftlichen Handelsbetrieben abgeschlossen, die dem Einzelhändler die Warenbelieferung garantieren sollten, ihm jedoch auf der anderen Seite eigene Entscheidungsspielräume für Beschaffung und Selbstproduktion nahmen. 1988 ergab sich folgendes Bild zur Struktur des Einzelhandels (Tab. 9):

Tab. 9: Struktur des Einzelhandels in der DDR, 1988 (in %)

	HO	Konsum	sonst. sozialistischer Einzelhandel	Private
Umsatz	38,8	31,3	18,5	11,4
Läden	29,0	39,9	1,4	29,7
Verkaufsfläche	38,3	42,1	6,1	13,5

Quelle: KULKE (1997: 50)

2. Große versus Kleine: In Anknüpfung an "kapitalistische" Erfahrungen - in der Einführung der Selbstbedienung, des großflächigen Einzelhandels und der "Filialbetriebe" - sind seit Anfang der 60er Jahre in dem auf "Rationalisierung" zielenden "wissenschaftlich-technischen Fortschritt" Verkaufsobjekte im Einzelhandel entstanden, die am ehesten mit der westdeutschen Verkaufskultur zu vergleichen waren. Ziel dieser Entwicklung war es, die viel zu große Anzahl kleiner Verkaufsstellen (teilweise nur als Verkaufs- bzw. Getränkestützpunkte ohne Verkaufsfläche definiert), die sich in einer geringen Auslastung der Verkaufsfläche und niedriger Arbeitsproduktivität niederschlugen, durch "Rekonstruktion von Altsubstanz" zu größeren Einheiten zusammenzufassen bzw. ihnen durch Neubauten größere Verkaufseinheiten gegenüberzustellen (PAEPER 1962: 36). Ergebnis war die Halbierung der Anzahl von Verkaufsstellen zwischen 1950 und 1988 von 149.000 auf 74.000 (McKinsey u.a. 1990: 59), wobei die gesamte Verkaufsfläche nur unwesentlich um 5% zunahm (Tab. 10).

Tab. 10: Entwicklung der Anzahl von Verkaufsstellen mit und ohne Verkaufsraumfläche im Verkaufsstellennetz der DDR, 1950-1988

	Anzahl	qm
1950	149.296	4,762.542
1955	142.734	4,767.316
1960	125.203	4,813.044
1965	115.879	4,901.682
1970	103.214	5,004.592
1988	73.412	5,005.000[1]

[1] KULKE (1997: 49)
Quelle: KARSTEN & JANKE (1974: 31)

Anhand des Leninschen Grundsatzes "Das Beste aus dem Ausland mit beiden Händen schöpfen" (MÜLLER 1961: 30f.) war es kein Widerspruch, die handelsbetrieblichen Merkmale des westlichen "Supermarktes" zu studieren und im sozialistischen System in Form der sog. Kaufhalle zu imitieren. Zwischen 1961 und 1965 stieg die Anzahl der HO-Kaufhallen von 7 auf 139 an (KUNISCH, MADRY & ELGER 1966: 57), die der Konsum-Kaufhallen bis 1969 auf 90 (RÖNNEBECK 1994: 33). Definitionsgemäß (Stand 1975) umfaßten Kaufhallen mindestens 400 qm Verkaufsraumfläche, obwohl 86% aller als Kaufhallen bezeichneten Objekte 1970 kleiner waren (KARSTEN & PETERS 1973: 17). Auch andere Großobjekte des Handels wie die Warenhäuser (mind. 2.500 qm VRF), Kaufhäuser (mind. 1.000 qm VRF) und ländlichen Einkaufszentren (mind. 250 qm VRF) wurden seit Mitte der 60er Jahre besonders gefördert, um über "eine weitere Spezialisierung und Konzentration des Warenfonds" die Anzahl der Verkaufsstellen zu reduzieren und ihre Durchschnittsfläche zu vergrößern (RÖNNEBECK 1994: 31) (zur wirtschaftlichen Bedeutung Tab. 11). Ähnlich wie in Westdeutschland sollten Kundenmagnete in Geschäftsstraßen (KAUFFMANN 1986: 14ff.) positioniert werden, um *spill-over*-Effekte für das geschäftliche Umfeld zu erzeugen. Vor allem in neuen Wohngebieten an den Stadträndern entstanden zudem als Gebäude- und Nutzungsensembles geplante am ehesten mit westdeutschen Einkaufszentren zu vergleichende Einrichtungen. In einem kleinräumigen Mix von Verkaufseinrichtungen und Dienstleistungen existierten fußläufig zu erreichende in das Wohngebiet integrierte Versorgungszentren, die aber i.d.R. nur lokale Bedeutung besaßen.

Tab. 11: Großobjekte des DDR-Einzelhandels 1987 (in %)

	Anteil an allen Verkaufsstellen	Anteil an der Gesamt-VRF	Umsatzanteil (1988)
Kaufhallen	1,8	12,7	16,5
Warenhäuser	0,04	3,5	4,8
Kaufhäuser	0,15	2,8	3,1
Ländliches Einkaufszentrum	0,3	1,2	0,9

Quellen: BROSZ (1989: 62, 68); DHI (1990: 306)

Die Verkaufsfläche je Laden betrug 1988 für HO-Geschäfte 90 qm, für den Konsum 72 qm und für den Privatsektor 30,9 qm (DORNER 1991: 47). 31% aller Geschäfte waren aber auch Ende der 80er Jahre immer noch kleiner als 25 qm (WACKERNAGEL 1991: 64). Die Größe der Läden für Waren des täglichen Bedarfs lag mit 57 qm noch deutlich unter den 86 qm für sog. Industriewaren-Verkaufsstellen, die ausschließlich non-food-Artikel im Sortiment hatten (DHI 1990: 38f.).

3. Exklusivität versus Profanität - Branchen und Sortimente: Die qualitative Differenzierung von Warenangeboten erfolgte neben den gängigen Fachgeschäften in sog. Delikat- und Exquisitläden sowie Intershops. Seit 1962 wurden Exquisitläden eingerichtet, die auf den Verkauf hochwertiger Mode-, Leder- und Pelzartikel vor allem aus westlicher Produktion spezialisiert waren. Sie waren somit Fachverkaufsstellen für den gehobenen Bedarf im *non-food*-Bereich. Individuelle Bedienung sowie umfangreiche Serviceleistungen, individueller Ladenbau, großzügige Verkaufsraumgestaltung und moderne Kassentechnik (WITTIG 1990: 4) sollten eine unverwechselbare Einkaufsatmosphäre schaffen und hohe Preise rechtfertigen. Ende 1989 existierten 533 Exquisit-Verkaufsstellen, die im Durchschnitt 141 qm VRF umfaßten.

Tab. 12: Umsatz von Angebotsformen der DDR pro qm in Tausend Mark der DDR

	Umsatz pro qm in Tausend Mark
Food	19,1
Non-food	27,0
Exquisit	36,7
Delikat	58,2 (nur Verkaufsstellen ab 100 qm)
Intershop[1]	134,0 (nach Umrechnung in Mark der DDR; 7-faches Niveau)

Quelle: McKinsey u.a. (1990: 129ff.); [1]Bundesarchiv Außenstelle Hoppegarten DL1-26336

Für den Bereich der Nahrungs- und Genußmittel entstanden ab 1976 Delikatläden. In beiden Geschäftstypen (Exquisit und Delikat) konnten westliche Produkte zu überhöhten Preisen von denjenigen Personen gegen Ostgeld gekauft werden, die keine frei konvertierbare Währung zur Bezahlung in sog. Intershops zur Verfügung hatten. Einerseits dienten diese Verkaufsformen als Versorgungsventil, um aus der alltäglichen Angebotstristesse der sozialistischen Mangelwirtschaft auszubrechen, andererseits um "überflüssige" Kaufkraft zu kanalisieren und "finanzielle Mittel bei der Bevölkerung abzuschöpfen" (Tab. 12) (Brief an den Minister für Handel und Versorgung v. 29.10.1989; Bundesarchiv Außenstelle Hoppegarten DL1-26336). Einige Umsatzzahlen aus Leipzig aus dem Jahre 1989 mögen diesen Tatbestand dokumentieren: 1.093 Verkaufsobjekte für Waren des täglichen Bedarfs tätigten einen Jahresumsatz von 1,049 Mrd. Mark. Ein einzelner Delikatladen konnte davon allein 4 % auf sich vereinigen (Verkaufsstellennetz 1989: Stadtarchiv Leipzig ZR 10739 Bd. 4).

Im Verantwortungsbereich von HO und Interhotel existierten zum 30.6.1989 260 Intershop-Verkaufsstellen mit einer Verkaufsraumfläche von 28.200 qm und einem Warenumsatz von 540 Mio. Valuta-Mark im Jahre 1989 (entspricht für ein Paar Jeans etwa ein Drittel bis ein Viertel, für Unterhaltungselektronik ein Siebtel bis ein Achtel des Preisniveaus im DDR-Einzelhandel). Das staatliche Ziel, das Sortimentsangebot gegen Einnahme westlicher Währung zu erhöhen und das öffentliche Handelsnetz der DDR zu entlasten, wurde aber auch mit der Verärgerung vieler Menschen erkauft, die "verlangen, daß das Warenangebot im Handelsnetz der DDR ... grundlegend verbessert wird" (Brief des Stellvertreters des Ministers für Handel und Versorgung M. Merkel v. 12.10.1989; Bundesarchiv DL1 26291 A.2). In einer Versorgungsinformation des Rates des Stadtbezirks Südost der Stadt Leipzig vom Oktober 1989 heißt es trefflich: "Nach wie vor mißt die Mehrzahl der Bevölkerung die Wirksamkeit unserer Politik zuerst an dem, was in den Geschäften zu haben ist" (Stadtarchiv Leipzig ZR 6349 Bd. 2).

4. Räumlich Bevorzugte versus Benachteiligte: Im Interesse einer kundenfreundlichen, d.h. wohn- und arbeitsortnahen Grundversorgung, waren die ostdeutschen Städte von einem engen Netz an Verkaufsstellen überzogen. Die Versorgungsdichte war insbesondere im Bereich der "Waren des täglichen Bedarfs" im westeuropäischen Vergleich sehr hoch und nahm unter elf Ländern hinter Italien und Spanien den dritten Rang ein. Eine Angleichung an westdeutsche Verhältnisse hätte einen Rückgang von 15.000 bis 20.000 Verkaufsstellen bedeutet. Im Gegensatz dazu war das Verkaufsstellennetz für sog. Industriewaren sehr breitmaschig, so daß die DDR im selben Ländervergleich hier den letzten Platz einnahm. Eine entsprechende Orientierung an der westdeutschen Situation hätte im Jahre 1990 einen Nachholbedarf von mind. 40.000 Geschäften ausgelöst (McKinsey u.a. 1990: 7f.) (Tab. 13).

Tab. 13: Versorgungsdichte mit Geschäften in West- und Ostdeutschland 1988

Verkaufsstellen Nahrung und Genuß pro Tsd. Einwohner 1988 für DDR:	2,8
für BR Deutschland:	1,2
Verkaufsstellen Nahrung und Genuß pro Tsd. qkm Gebietsfläche 1988 für DDR:	428
für BR Deutschland	295
Verkaufsstellen non-food (Industriewaren) pro Tsd. Einwohner 1988 für DDR:	1,6
für BR Deutschland:	3,9
Verkaufsstellen non-food pro Tsd. qkm Gebietsfläche 1988 für DDR:	253
für BR Deutschland:	951

Quelle: McKinsey u.a. (1990)

Gemäß den Vorgaben zum konzentrischen Aufbau der Versorgung waren spezialisierte Einrichtungen überwiegend in den Innenstädten, entlang von Hauptgeschäftsstraßen und in Stadtteilzentren zu finden. Doch auch hier war die Ausstattung im bezirklichen Vergleich nicht einheitlich, sondern es oblag politischen Vorgaben, einzelne Regionen - und damit vor allem ausgewählte Städte - als internationale "Aushängeschilder" besser zu versorgen als andere. So wurde der Bezirk Leipzig von Ausfuhrverpflichtungen gegenüber anderen Bezirken während der Messe entbunden, bzw. diese hatten "abrufbereite Reservebestände" für Leipzig zur Verfügung zu stellen (Information zur Sicherung der Versorgungsaufgaben für die Bevölkerung, Aussteller und Gäste während der Leipziger Herbstmesse 1989; DL 26289; Bundesarchiv Außenstelle Hoppegarten). Die "Vorrangigkeit Berlins beim Wareneinkauf" wurde erst mit der Ausarbeitung des Planes 1990 eingestellt und sollte wie alle Bezirke "entsprechend dem Bevölkerungsanteil" mit Waren beliefert werden (Antwortschreiben Dr. Puschendorf, Ministerium für Handel und Versorgung auf eine Eingabe v. 21.12.1989; DL1-26336; Bundesarchiv Außenstelle Hoppegarten). In der "Hauptstadt der DDR" konzentrierten sich vor allem großflächige Betriebsformen wie Kaufhallen und Warenhäuser sowie Exquisit- und Delikat-Geschäfte, die in bezug auf ihre Verkaufsfläche um das Zwei- bis Dreifache über dem Durchschnitt aller DDR-Bezirke lagen.

5. Alte versus Neue und der alltägliche Verfall: Das gesamte Handelsnetz war durch eine starke bauliche Überalterung und mangelhafte infrastrukturelle Ausstattung (Wasser, WC, Heizungssystem, Elektrizität, Telefonanschluß) gekennzeichnet (Tab. 14).

Tab. 14: Baujahrsgruppen von Verkaufsstellengebäuden in der DDR (in %)

	Cottbus	Rostock	Leipzig
bis 1900	22,5	26,1	21,0
1901 bis 1930	26,1	20,9	37,2
1931 bis 1945	8,1	10,9	22,1
1946 bis 1960	7,0	16,6	5,8
1961 bis 1975	7,2	8,6	6,7
1976 bis 1985	29,2	17,0	7,1

Quelle: Auskünfte Statist. Bundesamt - Außenstelle Berlin; Stadtarchiv Leipzig ZR 10739 Bd. 4

Noch 1987 beklagte W. Jarowinsky, Mitglied des Politbüros, bei einem Rundgang durch die Leipziger Innenstadt, daß es "sicher nicht machbar (sei), daß wir 1990 an einigen Stellen noch das Niveau von 1945 haben" (Staatsarchiv Leipzig BT/RdB 38293 v. 8.9.1987). Um Verkaufsraumfläche in Geschäften zu gewinnen, die vielfach als sog. Funktionsunterlagerungen in Wohngebäuden integriert waren, wurden "zu Lasten der Arbeits- und Lebensbedingungen des Verkaufspersonals" "funktionsbedingte Nebenräume" auf ein Minimum reduziert (Autorenkollektiv 1972: 14). Neuere "Zweckbauten" konzentrierten sich eher an den Stadträndern der seit den 60er Jahren gebauten Plattenbausiedlungen. Um so wichtiger waren neben den Verkaufsflächen die Lagerbereiche: Regionale Warenstreuung und unbestimmte oder lange sowie kurzfristige Lieferzyklen ("Diskontinuität") nicht kalkulierbarer Mengen führten dazu, daß die Lagerflächen teilweis ein Mehrfaches der Geschäftsflächen ausmachten (Tab. 15).

Tab. 15: Verkaufsobjekte mit größeren Lager- (LFL) als Verkaufsflächen (VRF) in der DDR, 1989 (in % aller Objekte)

	Cottbus (N=387)	Rostock (N=724)	Leipzig (N=2.126)
LFL größer VRF	25,8	21,5	34,0
LFL größer 100 bis 150 % VRF	12,9	12,4	16,9
LFL größer 150 bis 200 % VRF	6,2	5,4	7,8
LFL größer 200 % VRF	6,7	3,7	9,3

Quelle: Statist. Bundesamt - Außenstelle Berlin; Stadtarchiv Leipzig ZR 10739 Bd. 4

In einer Versorgungsinformation des Stadtbezirks Südost Leipzig vom 22.9.1989 heißt es beispielsweise: "Allgemein wird durch die Verkaufskräfte darüber geklagt, daß die Verteilerpolitik der Sortimente Obst und Gemüse vorwiegend durch die Fahrverkäufer gemacht wird. Konkret will sich zu diesem Problem niemand äußern, weil dann befürchtet wird, daß die entsprechende Einrichtung noch weiter benachteiligt wird" (Stadtarchiv Leipzig ZR 6349 Bd.2, S. 37). Eine Information der SED-Bezirksleitung Leipzig vom 19.10.1984 führte weiter aus, daß Waren minderer Qualität, wie sie vom Großhandel bereitgestellt wurden, "nachgearbeitet werden, um sie überhaupt verkaufen zu können". Größenabpackungen waren teilweise so voluminös, "daß kleinere Verkaufsstellen nicht in der Lage sind, diese Ware anzunehmen" (Staatsarchiv Leipzig BT/RdB 34798).

6.4.3 Nachfragerseite

a) Kundenforschung in der DDR

Auch in der DDR wurde Kundenforschung betrieben, um einerseits Kaufgewohnheiten und Einzugsbereiche, andererseits Käuferwünsche zu ermitteln, um hieraus Bedarfe für lokal unterschiedlich strukturierte Verkaufsnetze abzuleiten (FABIUNKE 1973; KLOTH & ROGOZINSKI 1974; ILLGEN 1990). Analog zur westdeutschen Situation wurden Einflußfaktoren wie Demographie (Altersstruktur, Haushaltsgrößen, Bevölkerungsdichte), Erwerbsquote, Ausstattung der Haushalte mit langlebigen Konsumgütern, Haushaltseinkommen und Ausgabenstruktur analysiert, um hieraus Plannotwendigkeiten abzuleiten.

In seiner "theory of coercion" stellt KLEER (1994) jedoch auch heraus, daß politische über wirtschaftliche Entscheidungen dominierten, Unternehmungen staatlichen Vorgaben unterworfen waren und in diesem System Haushalte keine Wahlfreiheiten wie in Westdeutschland (im Sinne freier Arbeits-, Wohnungs- und "Einkommens"-Wahl) besaßen. Die Konsequenzen einer staatlicherseits organisierten Kundenforschung und der von Sicherheitsorganen des Staates wöchentlich zusammengetragenen "Stimmungen zur Versorgungslage" waren deshalb auch kaum mit entsprechenden Erhebungen in Westdeutschland zu vergleichen. Diese Analysen zielten eher darauf, Mangelerfahrungen räumlich zu streuen oder punktuell und zeitlich aus propagandistischen Gründen zu beheben.

b) Kaufgewohnheiten

Die Ausgabenstrukturen unterschieden sich zwischen Haushalten der DDR und der Bundesrepublik in beträchtlichem Maße. So lagen die Ausgaben für Nahrungs- und Genußmittel in der DDR 1988 doppelt so hoch (bei 31%) und für Textilien und Bekleidung um 80% höher (bei 9,9%) als in Westdeutschland. Hingegen betrugen die Mietkosten nur ein Zehntel (2,4%) der westdeutschen Anteile (McKinsey u.a. 1990: 37). Aufgrund fehlender Ausgabenalternativen oder jahrelanger Wartezeiten konzentrierten sich die Kunden - neben der quantitativen Bedürfnisbefriedigung, die ihnen die Grundsortimenter anboten - auf Exquisit- und Delikatgeschäfte, die von staatlicher Seite zur "Abschöpfung" überflüssiger Kaufkraft eingerichtet worden waren. Die relativen Preise (in Prozent des durchschnittlichen Einkommens) für viele nicht subventionierte Güter lagen in der DDR deutlich höher als in der Bundesrepublik (z. B. Waschmaschine 520% gegenüber der westdeutschen Situation; Kühlschrank 560%; Bohnenkaffee 860%; Eier 400%; McKinsey u.a. 1990: 41f.).

Nähere Angaben zum Einkaufsverhalten, die sich jedoch nur auf den Lebensmitteleinkauf beziehen, sind zwei empirischen Studien aus den 70er Jahren zu entnehmen, die vom Institut für Marktforschung Leipzig in Leipzig bzw. in Halle-Neustadt durchgeführt wurden (ZAPPE 1973; ULRICH & SCHILLING 1978):

1. Bevorzugte Einkaufsstätten lagen bei der Befragung in Halle-Neustadt fast ausschließlich in den Kaufhallen im Wohngebiet. Sog. Betriebsverkaufsstellen, die Erzeugnisse für den Verbrauch in Haushalten "über einen Bestelldienst" anboten, wurden in nur sehr geringem Maße und eher als "Pausenversorgung" auf der Arbeitsstelle genutzt (ULRICH & SCHILLING 1978: 14).

2. Eine durchschnittliche einfache Wegezeit von unter 10 Minuten, um die wichtigsten Lebensmittelsortimente (Ausnahme Fleisch) zu erwerben (ZAPPE 1973: 477), war Beleg für klein- und kleinsträumige Einzugsgebiete in einem engmaschigen Versorgungsnetz.

3. Im Mittelpunkt dieser Einkäufe stand nicht der sog. Großeinkauf. Obwohl ZAPPE (1973) in seinen vergleichenden Befragungen aus den Jahren 1967 und 1972 einen Beleg für größere Einkäufe sah, weil die durchschnittliche Anzahl der wöchentlichen Lebensmitteleinkäufe von 5,1 auf 4,2 aufgrund rationellerer Warenangebote und Verhaltensweisen zurückging, berechneten ULRICH & SCHILLING (1978: 15) fünf Jahre später für einen Halle-Neustädter Haushalt sieben bis acht Einkäufe pro Woche. Das würde bedeuten, daß einige Haushalte die Kaufhallen bzw. Läden sogar mehrfach am selben Tag aufsuchten, um - wie zu mutmaßen ist - von zeitlicher und örtlicher "Warenstreuung" zu profitieren.

4. Interpretiert man auch die "Einkaufshäufigkeit bei Lebensmitteln innerhalb einer Woche" (ULRICH & SCHILLING 1978: 14) (Tab. 16), waren Koppelungskäufen aufgrund "klarer Einkaufsvorstellungen der Kunden" einerseits und der "nicht immer vorhandenen Stabilität im Angebot" andererseits klare Schranken gesetzt. Etwa 70% der verausgabten Zeit für Einkäufe entfielen nur auf den Kauf von Lebensmitteln (ULRICH & SCHILLING 1978: 13). ZAPPE verwies noch 1973 (S. 475) auf einen deutlichen Rückgang der Zeitaufwendungen (von 1967 zu 1972) für Lebensmitteleinkäufe um 15% oder auf 57% des "Zeitfonds für alle Wareneinkäufe", so daß sich auch aus wissenschaftlichen Untersuchungen der DDR eher eine Verschlechterung der Versorgungssituation in den 70er Jahren widerspiegelte.

Tab. 16: Einkaufshäufigkeit bei Lebensmitteln innerhalb einer Woche in der DDR (in %)

	täglich	mehrmals die Woche	einmal
Milch	61,8	31,8	4,9
Obst und Gemüse (frisch)	54,5	40,6	4,3
Brötchen	45,1	40,9	3,6
Bier und alkoholfreie Getränke	28,7	50,3	19,8
Fleisch und Wurst	7,7	69,0	22,0

Quelle: ULRICH & SCHILLING (1978: 14)

c) Der Alltag

Die Probleme des Konsumenten beim Einkaufen sind nur bedingt quantifizierbar. Vor allem GRÜNING (1996) charakterisiert sehr deutlich "das Leben in der Warteschlange": "Die meistbegehrten Güter waren nicht zum offiziellen Preis und oft überhaupt nicht mit Geld zu erwerben ... Einige hochwertige Güter wurden nach Wartelisten in Ämtern, Versorgungseinrichtungen oder Verkaufsstellen verteilt, andere waren nur durch Beziehungen, Gegengaben oder Überzahlungen erhältlich ... Alles wurde zur Tauschware ... Sprichwörtlich war der Verkauf unterm Ladentisch ('Bückware') ... Ob Betrieb oder Privatmann: jeder unterhielt eine ineffektive, zuweilen sogar unsinnige Vorratswirtschaft. Da keiner damit rechnen konnte, etwas dann zu bekommen, wenn er es brauchte, kaufte er auf Verdacht" (GRÜNING 1996: 67f.).

In einer Information der SED-Bezirksleitung Leipzig "über die Stimmung der Bevölkerung zur Versorgungslage" vom 19.10.1984 (Staatsarchiv Leipzig BT/RdB 34798) werden die folgenden kritischen Meinungen von Kunden geäußert, die einen Querschnitt typischer Probleme vermitteln:

- Verschlechterung der Verkaufskultur (vor allem fehlende freundliche Kundenbedienung);
- stundenweise Schließungen von Geschäften wegen Warenannahme und Inventur;
- Wartezeiten in den Verkaufsstellen sind generell zu lang;
- arbeiterunfreundliche Öffnungszeiten der Läden;
- Frischegrad und Qualität von Warenangeboten sind unzureichend; teilweise kommen Waren zur Auslieferung, deren Verfallsdatum bereits abgelaufen ist (S. 5);
- unzureichende Bestellgrößen von Artikeln, so daß an manchen Tagen diese Artikel gar nicht im Angebot sind;
- Angebot verfügbarer Fonds (von Obst und Gemüse) vorwiegend in den Vormittagsstunden, so daß "nach Arbeitsschluß kaum noch etwas im Angebot ist";
- "man muß immer Geld eingesteckt haben und kaufen, wenn es gerade etwas gibt" (S. 3);
- "viele Pfennigartikel für Reparaturen sind aus dem Angebot verschwunden, man muß ganze Ausrüstungen kaufen, um kleine Schäden beheben zu können" (S. 3);
- "Alles geht nach Leipzig - zwischen der Versorgung gegenüber den Kreisen ist ein Unterschied wie Tag und Nacht" (S. 2);
- "Die staatliche Stützung für Grundnahrungsmittel müssen wir durch die erhöhten Preise bei Delikatartikeln, Bekleidung und technischen Konsumgütern wieder draufzahlen" (S. 4).

Für langlebige Konsumgüter gab es teilweise jahrelange Wartezeiten, die insbesondere beim PKW-Kauf legendär waren und sich in einzelnen Bezirken der DDR zwischen 1975 und 1984 für ausgewählte PKW-Typen sogar noch verdoppelt hatten. Eine gewisse Bevorzugung der Hauptstadt und der sog. Arbeiterversorgung sind aus Tab. 17 deutlich zu erkennen, wobei letztere jedoch nur einen quantitativ geringen Anteil an allen PKW-Bestellungen ausmachte.

Tab. 17: Ausgeliefertes Bestelldatum von PKW-Typen per 31.12.1984 nach ausgewählten Bezirken der DDR

Bezirk	Trabant Limousine	Wartburg Tourist	Skoda 105 S	Lada 2105
Berlin	8/75	1/72	5/74	9/72
Cottbus	8/73	2/71	8/71	1/70
Halle	1/74	6/72	9/72	7/71
Leipzig	10/73	2/72	4/72	12/70
Rostock	2 /73	5/71	1/72	7/71
Arbeiterversorgung Wismut	12/76	4/75	9/75	4/75

Quelle: Bundesarchiv Außenstelle Hoppegarten DL1 - 26570 Bd. 36

6.4.4 Sonderstellung in der "sozialistischen Welt"?

Vergleicht man die Situation des Einzelhandels in der DDR mit derjenigen in anderen Ländern Osteuropas, sind zumindestens große Ähnlichkeiten im "Entwicklungsrückstand" zum westdeutschen bzw. westeuropäischen Standard zu erkennen (Tab. 18). Einige wenige Indikatoren machen deutlich, daß der Ausgangspunkt für die ostdeutsche Transformation des Einzelhandelsnetzes im Jahre 1989 keine Sonderstellung beinhaltete:

Tab. 18: Vergleich des Einzelhandels osteuropäischer Länder

	DDR	ČSSR[1]	SU	BR Dtschl.
VRF je 1.000 Einw. (qm)	302	332	197	961
Anteil des Handels an Gesamtbeschäftigten (%)	10,3	n. v.	7,2	EU: 15,4 USA: 21,1
qm VRF je Verkaufsstelle	68	85	100	194

Quelle: [1]KROČ (1985: 23); KAMP (1990: 10)

Auffallend war vor allem der unterentwickelte Beschäftigtenanteil im Handel, der "nichts anderes als Ausdruck einer niedrigen Produktivität in Industrie und Landwirtschaft und ungenügender Freisetzung von Arbeitskräften für den Dienstleistungsbereich" war (KAMP 1990: 10). Eine geringe Ausstattung mit Verkaufsraumfläche pro 1.000 Einwohner und durchschnittlich sehr viel kleinere Verkaufsobjekte als in Westdeutschland prägten das Gesamtbild Osteuropas. Großflächige, selbstbedienungsorientierte und auf Arbeitsrationalisierung zielende Verkaufstypen gab es nur wenige. Gemessen an der Anzahl aller Lebensmittelverkaufsstellen betrug die Anzahl von Supermärkten in der SU im Jahre 1988 nur 0,9%, der Anteil von "Warenhäusern" an allen Industriewarenläden 2,6% (KAMP 1990: 14). Hierunter befanden sich aber auch einige "Riesenkaufhallen" oder "Handelszentren", die bis zu 10.000 qm VRF umfaßten und Anfang der 60er Jahre mit US-amerikanischen Shopping Centern verglichen wurden (Shopping Centers in Moskau 1961: 21).

Mitte der 90er Jahre besaß Polen nach Portugal und ähnlich wie Spanien mit 100 Läden auf 10.000 Einwohner noch immer eines der dichtesten Einzelhandelsnetze Europas (Frankfurter Allgemeine Zeitung 10.3.1997: 14). Auch hier handelte es sich traditionell um Klein- und Kleinstverkaufsstellen, in denen die Polen ihre täglichen Einkäufe durchzuführen pflegten. Zudem gab es die Möglichkeit, in den Kantinen von Fabriken und Büros zu staatlich subventionierten Prcisen Waren des täglichen Bedarfs einzukaufen. Geprägt war dieses Versorgungsdenken vom ideologischen Anspruch, daß "consumerism with capitalism" gleichzusetzen sei und daß "consumerism" irrelevant sein müsse "in a society in which universal employment, health care, education, housing and recreation were provided by the state". Entsprechend vernachlässigt wurde staatlicherseits die Ausgestaltung des Einzelhandelsnetzes. Eine "Einkaufskultur" ("display was not an issue that exercised the minds of managers") existierte deshalb nicht (RILEY 1997: 27f.).

Eine Besonderheit der DDR gegenüber Osteuropa blieb bis Ende der 80er Jahre die Bedeutung privater Eigentumsformen im Einzelhandel (Tab. 19). Sank der Umsatzanteil der Privaten in der Tschechoslowakei, in Polen und Ungarn bis 1960 auf null bis 1,3% (DORNER 1994: 238), lag der Vergleichswert für die DDR noch immer bei 22,8% und 1988 bei ca. 11,5%. Insbesondere im Bereich des sog. privaten Handwerks mit Einzelhandel (v.a. Bäcker, Schlachter) bewahrten private Gewerbetreibende während der gesamten DDR-Zeit ihren Anteil an den Gesamtumsatzzahlen. Obwohl "so integrated into central state control and ... so dependent on it, that there was only a limited possibility to lift itself from the state distribution system" (DORNER 1994: 237), existierte somit über die DDR-Zeit hinweg eine Keimzelle privaten heimischen Einzelhandels, die den Übergang in die soziale Marktwirtschaft aus eigenen Mitteln heraus versuchen wollte. Zudem war die Bedeutung informeller Versorgungskanäle oder von Bauernmärkten, um Mangelgüter zu erwerben, nicht zu unterschätzen.

Tab. 19: Umsatzanteile des privaten Einzelhandels in sozialistischen Ländern

	1948	1949	1950	1953	1957	1960	1988
DDR	84,0	61,5	52,7	31,0	30,2	22,8	11,5
ČSSR	68,1	20,1	8,3	0,5	0,2	-,-	-
Polen	61,0	47,0	17,9	3,9	4,7	1,3	-
Ungarn	85,0	65,0	36,8	2,0	1,4	1,2	-

Quelle: DORNER (1994: 238)

7. Das Interregnum der späten DDR und die Wiedervereinigung

Die Öffnung der Grenzen der DDR im Oktober 1989 für den freien Personen-, Waren- und Gedankenaustausch führte zu einer schlagartigen Entwertung traditioneller Arbeits-, Mobilitäts- und Versorgungsstrukturen sowie -ansprüche seitens der Bevölkerung. Unkritisch wurde die Lebenssituation in der Bundesrepublik Deutschland als erstrebenswert empfunden und das Käuferverhalten hierauf ausgerichtet.

7.1. Bevölkerungsverluste durch Flucht und Abwanderung

Als Konsequenz aus der Unzufriedenheit mit den Lebensverhältnissen nahm die Bevölkerung der DDR aufgrund von Ausreisen oder Flucht allein im Jahre 1989 um ca. 300.000 Personen ab. Weitere 0,5 Mio. Bürger wurden als "potentielle Ausreisekandidaten" eingestuft. Im Vergleich waren es zwischen 1962 und 1985 im Jahresdurchschnitt nur 24.000 Personen gewesen, die das Land verlassen hatten. Auf der 1.Demographischen Konferenz der DDR Ende November 1989 wurden die 1989 ausgereisten Bürger folgendermaßen nach Altersgruppen und Bezirken differenziert (Tab. 20):

Tab. 20: 1989 aus der DDR ausgereiste Personen nach Altersgruppen

Altersgruppe	Anteil an den Ausreisenden	Anteil an der Wohnbevölkerung
bis unter 18	25	26
18 bis unter 25	15	10
25 bis unter 40	37	23
40 bis unter 50	13	12
50 bis unter 60	4	12
60 und älter	5	16

Quelle: Bundesarchiv Außenstelle Hoppegarten DL1-26595 A.2 (Notizen zur 1.Demographischen Konferenz der DDR vom 28.11. bis 1.12.1989 in Berlin)

Vornehmlich waren es jüngere im Familiengründungs- und -wachstumsprozeß stehende Personen, die sich in Westdeutschland eine neue Existenz aufbauen wollten. Aus Tab. 21 ist deutlich zu erkennen, daß die Ausreisenden vor allem aus den industriell und baulich verdichteten südlichen Bezirken der DDR stammten, in denen der Verfall der Städte und der politische Protest besonders weit fortgeschritten waren (vgl. Initiativgruppe 1. Leipziger Volksbaukonferenz 1990). Auch die Differenzierung der Ausreisenden nach Berufsgruppen bestätigt dieses Bild: Arbeitskräfte des Gesundheitswesens, des Bauwesens und der Industrie waren überdurchschnittlich, LPG-Bauern nahezu gar nicht vertreten (Bundesarchiv Außenstelle Hoppegarten DL1-26595 A.2).

Von Oktober 1989 bis zur Aufhebung des Notaufnahmeverfahrens im Juli 1990 kamen weitere etwa 460.000 Übersiedler - nunmehr legal - aus der DDR nach Westdeutschland und bis März 1991 weitere 111.000 (Harenberg 1991: 295). Von Oktober 1989 bis Ende 1993 wanderten somit fast 9% der Bevölkerung mit ihrer Kaufkraft, die für die Entwicklung des lokalen Einzelhandels zur Verfügung gestanden hätte, in den Westen ab (RIEDEL 1995).

Tab. 21: 1989 aus der DDR ausgereiste Personen nach Bezirken (in %)

Bezirk der DDR	Anteil an den Ausreisenden	Anteil an der Wohnbevölkerung
Dresden	17,3	10,5
Karl-Marx-Stadt	15,8	11,2
Berlin	14,2	10,7
Leipzig	12,4	8,2
Halle	10,2	10,7
Gera	10,2	4,5
Erfurt	6,3	7,4
Potsdam	4,8	6,7
Cottbus	2,9	5,3
Frankfurt/Oder	2,8	4,3
Magdeburg	2,8	7,5
Rostock	2,6	5,5
Schwerin	1,5	3,6
Suhl	1,1	3,3
Neubrandenburg	1,0	3,7

Quelle: Bundesarchiv Außenstelle Hoppegarten DL1-26595 A.2 (Notizen zur 1.Demographischen Konferenz der DDR vom 28.11. bis 1.12.1989 in Berlin)

7.2 Neue Konsumgruppen und -möglichkeiten (Oktober 1989-Juni 1990)

Trotz nennenswerter Bevölkerungsabnahme in einem kurzen Zeitraum besserte sich die Versorgungssituation, wie sie aus den wöchentlichen Versorgungsberichten im Oktober und November 1989 zu entnehmen war, in keiner Weise. Einerseits fehlten durch die Abwanderung auch Produktivkräfte und Verkaufspersonal, um Warenherstellung, -transport und -verkauf in gleichbleibendem Umfang zu gewährleisten, andererseits nahmen die Abkäufe im Einzelhandel durch die wachsende Anzahl der Einreisen ausländischer Touristen im liberalisierten Einreiseverkehr der DDR (v.a. gegenüber polnischen, später auch westdeutschen Besuchern) dramatisch zu. In der CENTRUM-

Kaufhalle am Alexanderplatz in Ostberlin standen am 13.10.1989 beispielsweise 12.000 ausländische Bürger 8.000 DDR-Bürgern als Käufer gegenüber (DL1-26291 A.6: Minister Handel und Versorgung - Analyse und Maßnahmen des Handels zum Abkauf von Waren durch ausländische Touristen). Bei einigen Sortimenten wie Unterwäsche und Haushaltswaren berechnete das Institut für Marktforschung ausländische Umsatzanteile von über 10%. Mit dem "Beschluß des Ministerrates zur Einschränkung von Einkaufsmöglichkeiten ausländischer Staatsbürger" zum 24.11.1989 sollten diese "Abkauftendenzen" gestoppt werden. Aufgrund des vorgesehenen Wegfalls staatlicher Subventionen bei Lebensmitteln setzten aber im Februar 1990 "Hamsterkäufe" der DDR-Bevölkerung ein (Stadtarchiv Lpz. ZR 6349 Bd. 5 Blatt 5: Versorgungsbericht vom 20.2.1990). Um eine kurzfristig spürbare Verbesserung des Angebotes zu bewirken, wurden auf Beschluß des Ministerrates der DDR vom 19.2.1990 "Grundsätze zum Verkauf von Waren und Dienstleistungen in der DDR gegen Mark der DDR und D-Mark von Firmen der BRD, Berlin-West und anderen Ländern" erlassen, die folgende Regelungen enthielten:

a) "In Handelseinrichtungen der DDR aller Eigentumsformen können Waren aus Lieferungen von Firmen der BRD, Berlin-West und anderen Ländern gegen Mark der DDR an die Bevölkerung verkauft werden."

b) "Der Verkauf von Waren gegen D-Mark erfolgt in Verantwortung der forum-HGmbH im Intershopeinzelhandel. In den Intershopeinzelhandel können über das bestehende Netz hinaus weitere Verkaufseinrichtungen aller Eigentumsformen einbezogen werden."

c) "Der Großhandel ist berechtigt, Verträge mit ausländischen Firmen für Warenlieferungen ausländischer Firmen gegen den Verkauf von Dienstleistungen des Großhandels der DDR ... zu schließen."

d) Die durch ausländische Vertragspartner erzielten Markeinnahmen dürfen nicht ausgeführt werden." (DL1-26291 A.6)

Als ein Beispiel west-östlicher "Kooperation" belieferte die Firma Reichelt aus West-Berlin ab dem 14.2.1990 vier Kaufhallen in Ost-Berlin mit Frischobst und Frischgemüse zum jeweiligen Tagespreis im Kurs 1:3. Am 19.2.1990 ergaben sich z.B. folgende Tagespreise: Gurke Stück 8,70 M; Kiwi Stück 1,90 M; Weintrauben kg 25,20 M; Bananen kg 8,40 M. In der Woche vom 14. zum 17.2.1990 belief sich hieraus ein Umsatz von 1,054 Mio. Mark der DDR. Trotz dieser hohen Preise mußten "die Kaufhallen (am 1.Verkaufstag) ihre Ladenöffnungszeiten um eine Stunde verlängern" (DL1-26291 A.6).

Der Markt mit einheimischen Produkten brach kurzfristig völlig zusammen, weil

Ostwaren nicht mehr verkauft werden konnten und sich die Nachfrage im Sinne eines Einkaufstourismus auf die grenznahen Standorte der Bundesrepublik verlagerte (KATHER 1990: 7; RITTER 1990: 11).

7.3 Der endgültige Systembruch und Konsequenzen auf das Kaufverhalten

Mit der Währungs-, Wirtschafts- und Sozialunion zwischen der DDR und der Bundesrepublik Deutschland vom 1.7.1990 wurde die "vollständige realökonomische und monetäre Integration in die Bundesrepublik beschlossen und eine Rechtsanpassung der DDR an die staatliche Ordnung bis zur Vereinigung insgesamt eingefordert" (HANSEL 1993: 69). Die Verabschiedung des sog. Staatsvertrages durch die beiden Parlamente beendete die sozialistische Gesellschafts- und Wirtschaftsordnung, indem die Eigentumsverfassung umgestellt und die Deutsche Mark als Währung eingeführt wurde. ZIMMERMANN (1990: 3) beschreibt das "Ost-Berlin in der Stunde Null" nach der Währungsumstellung: "Plötzlich gibt es bunte und einladende Geschäfte um den Alexanderplatz". Doch die gewaltige "kauffähige Nachfrage" wurde gleichermaßen unterschätzt, wie die Leistungen westlicher Lieferanten und der heimischen Transport- und Lagerlogistik überschätzt wurden, so daß in den folgenden Wochen immer größere Versorgungslücken entstanden (WINKLER 1993: 356). Die Monopolstellung von HO- und Konsumbetrieben bewirkte vielfach überhöhte Preise (nunmehr) westlicher Waren gegenüber westdeutschen oder Westberliner Läden. Auch unverändert gebliebene DDR-Produkte waren nach der Währungsunion nur zu höheren Preisen zu erwerben. Resultat dieser Entwicklung war, daß - nach einer Befragung von 2.247 Personen im September 1990 (RITTER 1990: 10f.) - nur noch etwa 61% der Probanden ihre Lebensmittel in den östlichen Landesteilen kauften und 27% sog. Industriewaren. Letztere wurden von den Kunden besonders kritisch beurteilt. Nur 26% nannten Industriewaren, die sie bevorzugt aus dem östlichen Territorium kaufen wollten. Zwei Drittel lehnten gewisse ostdeutsche Produkte wie Unterhaltungselektronik und Bekleidung zu jenem Zeitpunkt gänzlich ab (RITTER 1990: 11). Sporadischer Einkaufstourismus wurde abgelöst von einem "Pendlerritual" gen Westen, weshalb zwingend Maßnahmen des Staates notwendig waren, den volkseigenen Handel, der keine Kunden mehr hatte, in die Marktwirtschaft "überzuleiten". Das Entflechtungsgesetz vom 6.7.1990 sah vor, die regionalen Marktanteile von HO und Konsum auf je 25% zu beschneiden und - sofern HO und Konsum nicht bereits selbst unrentable Geschäfte geschlossen hatten - die anderen Läden durch öffentliche Ausschreibung in Privathand zu übergeben. Jegliche bisher unterdrückte Privatinitiative sog. Einheimischer - häufig auch nur Notventil, um der "neuen" Arbeitslosigkeit in der DDR zu entfliehen - war in der neuen Marktwirtschaft erwünscht und wurde durch die vom Staat verfolgte Entmonopolisierung von HO und Konsum gestützt (BAADER 1991: 20). Aus Kapitalmangel waren es vor allem die nur bis zu 100 qm großen Objekte, die von Einheimischen übernommen werden konnten. Größere Geschäfte gingen in der Regel in die Hand westdeutscher Handelsunternehmen und Filialisten, wodurch "neue Monopole in den neuen Bundesländern" (BIENERT 1991) entstanden. Die Ergebnisse dieser Privatisierung seitens der DDR-Behörden und später der Treuhandanstalt sind Tab. 22 zu entnehmen. Die Kaufbedingung, das vorhandene Personal verpflichtend zu übernehmen, und das Problem, mit dem Erwerb des Geschäftes nicht gleichzeitig die Immobilie kaufen zu können (Restitutionsansprüche), beeinträchtigten die Überlebensfähigkeit insbesondere der von Einheimischen betriebenen Läden von Anfang an (HOMANN 1991: 1278).

Tab. 22: Umfang der von der Treuhandanstalt durchgeführten sog. Kleinen Privatisierung

	Anzahl 15.10.90	privatisierte Objekte zum 30.06.91	geschlossene Objekte durch GPH zum 30.06.91
Ladengeschäfte	16.230	10.740	1.030
Gaststätten/kleine Hotels	4.260	2.300	450
(privatisiert durch Treuhandanstalt bzw. durch die Gesellschaft zur Privatisierung des Handels (GPH))			
Apotheken	1.853	1.417	29
Buchhandlungen	546	475	57
Kinos	533	318	178
(nicht durch die GPH privatisiert)			

Quelle: HOMANN (1991: 1278)

Vor der Einheit im Oktober 1990 durchlief der Handelssektor eine Phase, die als "Goldgräberstimmung" zu charakterisieren war und insbesondere den ambulanten westdeutschen Handel und das Versandgeschäft als Gewinner sah (Süddeutsche Zeitung 4.4.1990: "Otto versendet jetzt auch in der DDR"). So ließ der Politiker Graf Lambsdorff beispielsweise verkünden: "Westdeutsche Handelsunternehmen, verkauft auf Straßen und Plätzen vom LKW an die Bevölkerung!" (BAADER 1991: 20). Großprovisorien wie Zelte, Fabrikhallen oder Gewächshäuser, die von westdeutschen Handelskonzernen in wenigen Wochen aufgebaut bzw. umgerüstet wurden (Bsp. Gosen: Bau eines 7.000 qm großen Provisoriums binnen drei Wochen; KELSCH 1990: 23), weil großflächige Räumlichkeiten außerhalb der wenigen DDR-Kaufhallen nicht zur Verfügung standen und man sich schnell am Markt profilieren wollte, brachten erstmalig den Geschäftstyp eines Verbrauchermarktes in die DDR. Von seiner randstädtischen Anlage her zielte diese Verkaufsform ausdrücklich auf den in der DDR unbekannten (Massen-) Kauf per Auto. War das DDR-Handelsnetz eine nüchterne "materielle Hülle für den Vollzug des Warenverkaufs an den Kunden" (WACKERNAGEL 1991: 67), und zwar unter vollständiger Vernachlässigung dessen, was man als Erlebniseinkauf, Ambiente und Shopping-Atmosphäre bezeichnet, beabsichtigten westdeutsche Investoren, auch diese Lücken mit Einkaufszentren, Fach- und Großhandelsmärkten zu füllen. Begünstigt durch ein unzureichendes ostdeutsches Baurecht bzw. gesetzliche Übergangsbestimmungen in den Neuen Bundesländern, konnten sie in Verkaufsdimensionen planen, die in Westdeutschland aus planerischen, ökologischen oder handelspolitischen Überlegungen nicht durchsetzbar gewesen wären. Aufgrund unklarer Eigentumsverhältnisse, maroder Bausubstanz und fehlender Planvorgaben seitens der Städte wichen die Investoren mit ihren Bauten auf den periurbanen Raum - die "grüne Wiese" aus. Der Aufbau einer städtischen Handels-Infrastruktur vollzieht sich deshalb im Gegensatz zu den Erfahrungen im Westen bis heute "von außen nach innen" (Frankfurter Allgemeine 18.10.1991). So unterliegen die Innenstädte noch immer notwendigen Restaurierungen, wodurch ganze Straßenzeilen und -blöcke leer stehen und Baustelle sind, ohne in den Wettbewerb mit der "grünen Wiese" eingreifen zu können.

7.4 Inventur des ostdeutschen Einzelhandels zu Beginn der 90er Jahre und neue Antworten

7.4.1 Die Händler und Investoren

a) Traditionelle Standorte und ihre Hemmnisse

Schlüsselt man die Investitionshemmnisse für den Einzelhandel in traditionellen, d.h. bebauten Lagen zu Beginn der 90er Jahre auf, so sind folgende Aspekte zu unterscheiden:

1. objektbezogene Hemmnisse

Wie bereits in Kap. 6.4.2 thematisiert, waren es vor allem das durchschnittlich hohe Alter und die infrastrukturellen Mängel bzw. deren Verfall aufgrund jahrzehntelanger unterlassener Bauinstandsetzung, die die Gebäudeimmobilien vor allem für Investoren aus Westdeutschland ungeeignet erscheinen ließen. Alte Gebäude unterlagen darüber hinaus nicht selten kommunalen Denkmalschutzauflagen, die mit zusätzlichen finanziellen Belastungen und bürokratischen Kontrollen einhergingen. Mit wenigen Ausnahmen waren die Ladengeschäfte kleinflächig und als sog. Funktionsunterlagerung vielfach in Wohngebäude integriert, so daß bauliche Veränderungen auch nicht ohne weiteres hätten durchgeführt werden können.

Diese unterlagen zudem Beschränkungen nach dem Gesetz zur Regelung offener Vermögensfragen (Vermögensgesetz), weil - staatsvertraglich gesichert - die in den Jahren 1933 bis 1945 und 1949 bis 1989 durch "Arisierung" bzw. Verstaatlichung entzogenen Vermögenswerte Restitutionsansprüchen von Alteigentümern ausgesetzt waren. In der ersten Fassung dieses Gesetzes waren Rechtsgeschäfte und längerfristige Vermietungen und Verpachtungen nicht möglich, "wenn zum Zeitpunkt der Verfügung eine ´Anmeldung vermögensrechtlicher Ansprüche‘ vorlag, Damit wurden neue Verwendungen und Nutzungen von Gebäuden und Grundstücken effektiv blockiert und Investitionen behindert" (HANSEL 1993: 70f.). Mit dem im März 1991 verabschiedeten Enthemmungsgesetz und den darin enthaltenen Veränderungen zum Vermögensgesetz sollte der Zielkonflikt zwischen Rückgabeanspruch und schnellen Investitionen jedoch entschärft werden. Alteigentümer waren nunmehr dazu gezwungen, mindestens genausoviel zu investieren wie ein interessierter Dritter, um den eigenen Restitutionsanspruch durchzusetzen (HANSEL 1993: 73). Das Investitionsvorranggesetz vom Juli 1992 ging noch weiter, um die sog. Vorfahrtregelung für Investitionen zu vereinfachen. Bis Mitte 1992 lagen den Vermögensämtern in Ostdeutschland 2,5 Mio. Anträge auf Rückgabe von Eigentum vor, von denen bis zu jenem Zeitpunkt nur 4,4% geprüft werden konnten. Bis Mitte 1995 (Anstieg der Ansprüche bis 1995 auf ca. 2,7 Mio.) konnte nach Auskunft des Bundesamtes zur Regelung offener Vermögensfragen zumindestens schon über die Hälfte der Anträge entschieden werden (Harenberg 1992: 129; Harenberg 1996: 116). Aufgrund der Manipulation von Grundbüchern in der DDR (TATZKOW & HENICKE 1992) und Mehrfachenteignungen zur NS- und zur DDR-Zeit war es jedoch manchmal nicht möglich, ohne langwierige Recherchen überhaupt einen konkreten Alteigentümer zu identifizieren, mit dem die Kommune oder ein Investor hätten verhandeln können. GORMSEN (1994: 7) schildert die Situation in der Innenstadt von Leipzig, wo bis zu 19 Ansprüche auf das gleiche Grundstück gestellt wurden.

Letztlich bildete sich mit der Umstellung der Eigentumsverfassung ein Grundstücksmarkt aus, der sowohl Boden- als auch Mietpreise entstehen ließ, die aus Spekulationsgründen und aufgrund der Knappheit geeigneter Immobilien zunächst höher lagen als in vergleichbaren westdeutschen Städten.

2. Hemmnisse aus dem Standortumfeld

Die Explosion der Anzahl von PKW auf ostdeutschen Straßen hielt nicht Schritt mit dem Aufbau der entsprechenden verkehrlichen Infrastruktur, was den Zustand der Straßen, die Anzahl von Parkplätzen und die "Entmischung" verschiedener Verkehrsformen (MIV, ÖPNV, Fahrradfahrer) in eigene Fahrbahnsysteme betraf. Baustellen über Jahre haben insbesondere die innerstädtischen Lagen vom motorisierten Individualverkehr weitestgehend abgeschnürt (AUGSBURG & WEIS 1995: 13: "Stadt im Stau"). Doch gerade der PKW wurde nach der Wende zum Sinnbild einer jahrelang nicht auslebbaren individuellen Mobilität, weshalb die ostdeutsche Bevölkerung diese Möglichkeit nutzen wollte und sich westdeutsche Investoren im Einzelhandel hieran orientieren konnten.

Hemmnisse ergaben sich vielfach auch aus subjektiven Gründen, die JACOBI (1994) als "mentale Unterschiede" zwischen Ost- und Westdeutschen, SPANNAGEL (1993a:9) als "Verlust unternehmerischer Tradition und unternehmerischen Bewußtseins" nach Jahrzehnten der Zwangswirtschaft beschrieb. Ergebnis war, daß viele Mittelständler, die im Sinne Bebels in der Eröffnung eines kleinen Geschäftes ihren "existentiellen Notnagel" sahen (Neuunternehmer) oder ihren bereits zur DDR-Zeit betriebenen Laden fortführten (als ehemals Private, Kommissionäre oder HO-Geschäftsführer), nicht mit einer gänzlich unbekannten und aggressiven Form von "Wettbewerb" zurechtkamen. SPANNAGEL (1993a: 9) führt Unternehmer auf, die sich noch an dem Glauben orientierten, ähnlich wie in der staatlichen Handelsnetzplanung automatisch zugewiesene Kundeneinzugsbereiche zu besitzen, ohne daß Wettbewerber auftreten könnten. Sei es bedingt durch Finanzierungsprobleme (keine Kreditgewährung aufgrund von Restitutionsansprüchen) oder überkommene Geschäftspraktiken: vielfach wurde selbst das "Outfit" der Läden nicht geändert, so daß mögliche neue Investoren in Abschätzung des geschäftlichen Umfeldes eher abgeschreckt als angezogen wurden.

Als zusätzliches und in den Jahren 1990/91 noch nicht erkennbares Phänomen, das die traditionellen Einzelhandelslagen entwerten könnte, ist die sog. Entwohnung. Einerseits erfaßt sie den vollständigen Verlust der Wohnfunktion durch Tertiärisierung, andererseits die veränderte Sozialstruktur der Wohnbevölkerung nach vollzogener Flächensanierung durch *gentrification*. Sowohl quantitativ als auch qualitativ hat sich die Bevölkerung in den Innenstädten und ihren Randlagen bereits erheblich verändert, wodurch lokale Lauflagen, wie sie noch der DDR-Einzelhandel in den Citys kannte, an Bedeutung verloren und sich lebensfähige Betriebsformen hierauf einzustellen haben.

3. Recht und Verwaltung

Die Umstellung bzw. Übernahme von Rechtsvorschriften, Verwaltungsstrukturen und Beamten (seien es "Leihbeamte" oder in die Neuen Bundesländer gewechselte "Westbeamte") aus Westdeutschland bzw. die Einarbeitung ostdeutscher Fachkräfte in neue Sachverhalte konnte nur mit Verzögerung gegenüber dem Zeitpunkt der Deutschen Einheit erfolgen. Obwohl teilweise bereits zum 1.7.1990, vornehmlich aber zum 3.10.1990 Bundesgesetze auch zum Rechtsgut in den Neuen Bundesländern wurden, war deren Implementierung durch fehlende Verwaltungsvorschriften und Richtlinien der Länder (sofern Bundesgesetze in die Länderkompetenz fielen) nicht gewährleistet. Darüber hinaus sperrten sich Entscheidungsträger "innerlich gegen die Anwendung entsprechender Gesetze und Verordnungen", in denen sie neue Formen staatlicher Interventionen zu erkennen glaubten (IHK Leipzig zitiert nach DEN HARTOG-NIEMANN & BOESLER 1994: 299).

Für die großen Städte lagen jahrelang keine Flächennutzungspläne vor, die Rechtssicherheit für potentielle Investoren und Abstimmung mit Nachbarnutzungen hätten schaffen können. Zumindest in den großen Kommunen war dieser "rechtsschwache" Raum der sog. Wendezeit kein Vorteil für Investoren, weil Interessen- und Prioritätendivergenz der verschiedensten städtischen Akteure (Planer, Politiker, Lobbyisten) eine schnelle Umsetzung planerischer Ziele verhinderte. Leitbilder wie die "autoarme Innenstadt" (hierzu sowohl Stellplatzbeschränkungssatzungen der Städte als auch Stellplatzablösezahlungen) (KULLING 1996) oder die "ökologische Stadt" (hierzu Einführung kommunaler Verpackungssteuern) haben darüber hinaus seit Mitte der 90er Jahre dazu beigetragen, die finanziellen Belastungen des Einzelhandels in den Städten gegenüber anderen Lagen einseitig zu erhöhen.

b) Neue Standorte und ihre Vorteile

1. objektbezogene Vorteile

Großinvestoren aus Westdeutschland erkannten den Konsumnachholbedarf der ostdeutschen Bevölkerung und suchten nach Flächen für ihre Einzelhandelsprojekte, die aus den genannten Gründen nur schwierig in ostdeutschen Städten zu finden waren. An den Peripherien der Städte verwirklichten sie Neubauten, die in ihrer nüchternen, in der Regel nur das Erdgeschoß aufweisenden Kastenbauweise binnen weniger Monate errichtet werden konnten. Hierfür wurden ehemalige LPG-Anteile der Gemeinden an Grund und Boden zu Billigstpreisen aufgekauft. Quadratmeterpreise von 2,50 DM in Günthersdorf zwischen Halle und Leipzig im Jahre 1990 hätten im Juni 1992 zwischen 500 und 1.500,- DM gekostet (KÖNAU 1992). Restitutionsansprüche von Alteigentümern existierten nicht.

2. Vorteile aus dem Standortumfeld

Die Standorte liegen verkehrsgünstig an Bundesstraßen bzw. an Autobahnanschlußstellen, bieten Tausende von kostenlosen Parkplätzen und haben somit gleich zu Beginn von der Mobilitätsexplosion der ostdeutschen Bevölkerung profitiert. Die Eigengröße von Einkaufszentren oder Fachmarktagglomerationen ist so dimensioniert worden, daß die internen Kunden-*linkages* (zumindest theoretisch) für ausreichende Renditen unter allen Geschäftsinhabern sorgen. Kleinräumig (außerhalb der Zentren) existieren in der Regel keine weiteren Anbieter, so daß das Umfeld ein ausschließlich geplantes oder (wie bei Fachmarktagglomerationen) ein sich ergänzendes ist.

3. Recht und Verwaltung

Die Ansiedlungsvorhaben sind vielfach "im Wettlauf mit den Westgesetzen" (Linie 11 Werbe- & Promotion-Service Schkeuditz 1991) beantragt worden, d.h. bevor es eine gesetzliche Regelung landesplanerischer Ziele gab. Um die Versorgungslage der Bevölkerung kurzfristig zu verbessern, wurden diese Pläne von der lokalen Verwaltung unbürokratisch gebilligt. Klein- und Kleinstgemeinden, die mit der Einführung der kommunalen Selbstverwaltung nach 40 Jahren zentraler Herrschaft ihre eigenen Entwicklungsimpulse setzen wollten (ARING & HEISING 1992: 18) und denen aufgrund des kurzfristigen Zerfalls der ostdeutschen Landwirtschaft ihre ursprüngliche Funktion verlorengegangen war, formten mit privaten Bauträgern "growth coalitions", die gleichgerichtete Wachstumsinteressen verfolgten (SCHNEIDER & UNGER 1996: 5). Zeitweise konnten die Gemeinden Vorteile daraus ziehen, daß eine übergeordnete und regulierende Planung und Aufsicht erst im Aufbau begriffen war, so daß die vorgeschriebene gemeindenachbarliche Abstimmungspflicht gemäß Baugesetzbuch vernachlässigt wurde (MÜLLER 1991: 14).

Zur Beschleunigung von Investitionen, um Arbeitsplätze zu sichern oder zu schaffen bzw. die Versorgung der Bevölkerung zu verbessern, war es aber auch der Staat selbst, der mit Hilfe gesetzlicher Sonderregelungen für Ostdeutschland und mit Hilfe steuerlicher Erleichterungen die Entwicklungen auf der "grünen Wiese" gefördert hat. Einerseits handelt es sich um Sonderregelungen gemäß § 246a im Baugesetzbuch, die Überleitungsvorschriften für die Neuen Bundesländer (bis zum 31.12.1997) beinhalten und das Planungsverfahren über Satzungsbeschlüsse der Gemeinden verkürzt haben (MÜLLER 1991). Andererseits wird die sog. Sonderabsetzung für Abnutzung (Sonder-AfA) als Hauptursache für die Größe dieser Immobilien genannt, die von 1991 bis 1996 durchweg westdeutschen Bauherren und Käufern ostdeutscher Immobilien ein Steuersparmodell eröffnete. 50% der Bau- bzw. Erwerbskosten konnten vom zu versteuernden Einkommen sofort abgezogen werden (JENSEN 1996: 59).

7.4.2 Die Kunden

Nicht nur die Anbieterseite, sondern auch die Kundenstrukturen und das Kundenverhalten haben sich "im Zeitraffertempo" seit der deutschen Wiedervereinigung geändert (GEIßLER 1991: 193). Diese Entwicklung erfolgte auf der Grundlage einer sozialen Transformation, deren Ausgangsbasis - bezieht man sich auf den Faktor "Erwerbstätige nach Wirtschaftssektoren" - mit der Situation der Bundesrepublik aus dem Jahre 1965 zu vergleichen war (GEIßLER 1991: 183). Einer "Tertiärisierungslücke" standen primäre und sekundäre Sektoren gegenüber, die aufgrund ihrer geringen Produktivität viele Arbeitskräfte banden und beim Übergang zur Marktwirtschaft nicht mehr rentabel arbeiten konnten.

Arbeitsplatzabbau
Ergebnis war ein rapider Arbeitsplatzabbau. Die Zahl der Erwerbstätigen nahm in den Neuen Bundesländern zwischen 1991 und 1996 um 14,1%, in den alten Bundesländern nur um 3,3% ab (Wilhelmhavener Zeitung v. 4.3.1997). Die Arbeitslosenquote stieg von 4,9% im 2.Halbjahr 1990 auf 10,3% im Jahresdurchschnitt 1991, auf 15,8% 1993 und betrug 1996 16,7% (Statist. Bundesamt 1997b: 90f.). In diesen Zahlen waren noch gar nicht diejenigen Personen berücksichtigt, die als Arbeitslose in staatlichen Maßnah-

men für Arbeitsbeschaffung (ABM) tätig waren. Anfang 1996 waren 166.530 Arbeitnehmer in ABM-Maßnahmen beschäftigt (Harenberg 1996: 29). Bis Ende 1991 gingen zudem 329.000 Personen in den sog. Vorruhestand, um vor dem 60.Lebensjahr freiwillig aus dem Arbeitsleben auszuscheiden und vielfach der Arbeitslosigkeit zu entgehen. Trotz dieser personellen "Verschlankung" erreichte die ostdeutsche Wirtschaft 1996 nur knapp 57% des Produktivitätsniveaus im Westen, die Lohnkostenbelastungen liegen immer noch um fast 30% höher (Lauenburgische Landeszeitung v. 23.5.1997).

Höherer Lebensstandard und wachsende Kaufkraft

Als Paradoxon erscheint es, daß sich der durchschnittliche Lebensstandard seit 1989 dennoch - aufgrund umfangreicher sozialstaatlicher Sicherungssysteme - rapide erhöht hat. Als staatliche Anschubfinanzierung des Bundes und der westlichen Bundesländer flossen in den ersten fünf Jahren der Wiedervereinigung ca. 840 Mrd. DM in die ehemalige DDR (HOFFMANN 1995: 84), um zu einer Angleichung der Lebensverhältnisse zwischen Ost und West beizutragen. Das läßt sich mit Hilfe der Berechnung sog. Netto-Äquivalenzeinkommen aufzeigen. Diese machen die Einkommenssituation von Haushalten unterschiedlicher Größe und Zusammensetzung vergleichbar, indem Erwachsene und Kinder je nach Lebensalter nach den Regelsatzproportionen des Bundessozialhilfegesetzes "bedarfsgewichtet" werden. Unter der Annahme, daß alle Personen im Haushalt gleichermaßen am Haushaltseinkommen teilhaben, bezieht sich das Äquivalenzeinkommen auf jeweils eine Person (Tab. 23) (Statist. Bundesamt 1997b: 505). Weil viele Güter in Ostdeutschland immer noch preisgünstiger sind als in Westdeutschland, betrug nach einer Kaufkraftbereinigung der tatsächliche Einkommensabstand 1995 nur noch 12%. Weil jedoch auch die Ungleichheit der Einkommensverteilung seit 1990 größer geworden ist, ist die auf das Durchschnittseinkommen in Ostdeutschland (berechnet auf die 50%-Schwelle) bezogene Armut von 3,5 auf 7,9% gestiegen, womit die Zahlen aber immer noch deutlich unter der westdeutschen Situation liegen (Statist. Bundesamt 1997b: 518). Gemessen am westdeutschen Lebensstandard unter Berücksichtigung von Kaufkraftparitäten nahm die ostdeutsche Armut von 26,7 (1990) auf 11,5% (1995) ab und spiegelt einerseits das ostdeutsche "Aufholen", andererseits die westdeutsche "Verarmung" wider (Statist. Bundesamt 1997b: 519). Real wuchsen die Einkommen in Ostdeutschland zwischen 1990 und 1994 somit um 46%, in Westdeutschland blieben sie mehr oder weniger unverändert (ZAPF & HABICH 1995: 143).

Tab. 23: Äquivalenzeinkommen in DM pro Monat in West- und Ostdeutschland 1990-1995

	(1) Westdeutschland	(2) Ostdeutschland	(3) Ostdeutschland kaufkraftbereinigt	(4) Relation (3) zu (1) (in %)
1990	1.580	727	1.042	65,9
1991	1.632	872	1.121	68,7
1992	1.715	1.066	1.256	73,2
1993	1.805	1.250	1.409	78,1
1994	1.840	1.376	1.547	84,1
1995	1.870	1.458	1.646	88,0

Quelle: SOEP 1990-1995 (zitiert nach Statist. Bundesamt 1997b: 517)

Anhand kleinräumiger Kaufkraftkennziffern der GfK Nürnberg, die auf der Lohn- und Einkommenssteuerstatistik basieren, wird die Konsumfähigkeit der ortsansässigen Bevölkerung auf Städtebasis wiedergegeben (Tab. 24). So wiesen ostdeutsche Städte 1995 eine um bis zu 25% niedrigere Kaufkraftkennziffer als der gesamtdeutsche Durchschnitt auf. Gegenüber 1993 konnte der Index in allen Städten gesteigert werden. Zudem ist eine Angleichung der ostdeutschen Metropolen zu erkennen. Doch der eher langsame Zuwachs von 1993 auf 1995 zeigt die Schwierigkeiten für den Einzelhandel in Ostdeutschland auf, auch über die nächsten Jahre mit einer geringeren Kaufkraft als in Westdeutschland auszukommen ("West-Ost-Gefälle"; FRIEDRICHS 1993).

Tab. 24: Kaufkraftkennziffer je Einwohner für ostdeutsche Städte 1993 und 1995

	1993	1995
Chemnitz	68,8	77,6
Cottbus	n. v.	76,8
Dresden	74,5	80,7
Erfurt	72,1	78,3
Halle	68,3	78,9
Leipzig	82,1	83,3
Rostock	65,8	77,4

Quelle: Kemper´s Frequenzanalyse (1993 und 1995); Veränderung der Basis der Durchschnittsbildung zwischen 1993 und 1995 ist zu berücksichtigen

Demographischer Wandel

Fast zeitgleich zu den Veränderungen auf dem Arbeitsmarkt gab es dramatische Einbrüche in der demographischen Entwicklung, die zu einem Rückgang von Eheschließungen, Geburten und Scheidungen geführt haben, deren Tiefpunkt in den Jahren 1991 und 1992 zu beobachten war. Im Vergleich zu 1989 fiel die Anzahl der Lebendgeborenen 1994 um 60% geringer aus (Statist. Bundesamt 1997b: 30). Eheschließungen gingen von 1990 zu 1991 um 50% zurück. ZAPF und HABICH (1995: 140) führen drei Gründe an, die diesen "Individualisierungsschub" erklären: a) als Reaktion auf eine unsichere Zukunft in Zeiten des Systemumbruchs; b) als "Ausbruch aus dem festgelegten und prämierten DDR-System der frühen Ehen und der frühen Geburten"; c) als Selbstverwirklichung, um sowohl Reisen und Konsum als auch alternativen (familialen) Lebensformen nachzugehen. Inwieweit die leichte Zunahme von Einpersonenhaushalten zwischen 1990 und 1994 hieraus bereits abzuleiten ist, bleibt ungewiß (BERGER & SCHULTZ 1996: 231). Doch die neuen Möglichkeiten individueller Lebensplanung und -führung, in denen Bildungs- und Berufsverläufe nicht mehr staatlicherseits gelenkt werden und in denen eine Pluralisierung von Lebensformen zumindest denkbar geworden ist, werden zur Angleichung von Haushalts- und Erwerbskonstellationen in Ost und West führen (SCHULZE BUSCHOFF 1996: 202).

Lebensstile und neue Kaufgewohnheiten in Ostdeutschland

Ähnlich wie für Westdeutschland sind auch in den Neuen Bundesländern von soziologischer Seite und von Marketingexperten sog. Lebensstile identifiziert worden, die die objektive soziale Lage und subjektive Lebensäußerungen miteinander verknüpfen (SPEL-

LERBERG 1996: 205) und als gruppenspezifisch unterscheidbares Lebensplanungskonzept in der Freizeit, im Konsum, im Kleidungs- und Einrichtungsstil (SPELLERBERG 1996: 206) zu erkennen sind. Insbesondere im Bereich des Konsums sind die Verbraucher dabei "ostdeutscher geblieben als erwartet" (BÖHMER & WENDT 1993: 72). Die Wiederentdeckung regionalen Bewußtseins, die Verklärung der DDR-Vergangenheit und Unverständnis gegenüber "westlicher" Verkaufspraxis (von seiten sog. Nutzwertfetischisten; nach BÖHMER & WENDT 1993) haben zu einer Renaissance sog. Ostprodukte geführt, die 1990/91 von den Kunden noch weitestgehend boykottiert worden waren. So stieg der Marktanteil ostdeutscher Produkte am Lebensmittelumsatz in Ostdeutschland nach Schätzungen des Bundesernährungsministeriums von 10% 1990/91 auf 30% 1992 und auf ca. 50% im Jahre 1994 an (Süddeutsche Zeitung 20.1.1995). Bezogen auf alle Waren, belief sich 1996 der Anteil ostdeutscher Waren in den neuen Ländern auf ca. 25%, in westdeutschen Läden hingegen auf nur ein bis zwei Prozent (Süddeutsche Zeitung 28.1.1997 und 10.5.1997). Daß Verkaufsparolen wie "Kaufe ostdeutsch" von seiten der Konsumgenossenschaft Leipzig oder "Kaufe einheimisch" wie bei einem Geschäft in Cottbus dabei nur symbolischen Wert haben, ergibt sich aus der Tatsache, daß viele ostdeutsche Produzenten in das Eigentum westdeutscher oder multinationaler Konzerne übergegangen sind (Süddeutsche Zeitung 10.5.1997). Im ostdeutschen Einzelhandel ist es aber von Wichtigkeit geworden, das von den Kunden erwartete Image, "einer von uns" zu sein, aufzugreifen. So warben die Konsumläden in Leipzig beispielsweise (Leipziger Volkszeitung v. 11.3.1993): "Schön, daß nicht alles den Westdeutschen gehört. Mein KONSUM ist von HIER. Da kauf ich."

C. Empirische Untersuchungen

8. Großflächiger Einzelhandel "auf der grünen Wiese" versus Einzelhandel in den Innenstädten

Die Veränderungen im ostdeutschen Einzelhandelsgefüge ähneln einerseits den Langzeitprozessen in Westdeutschland, andererseits haben sich aus der spezifischen Ausgangssituation der "Städte im Sozialismus" gesellschaftliche Probleme ergeben, die im gesamtdeutschen Kontext einmalig sind. Anhand umfangreicher eigener empirischer Arbeiten wird der räumliche Wandel von Versorgungszentralität analysiert und die Konsequenzen hieraus diskutiert.

8.1 Definition

Im nachfolgenden wird **Einzelhandel im institutionellen Sinne** verstanden und sowohl als Einzelhandelsunternehmung, Einzelhandelsbetrieb oder synonym als Geschäft, Laden oder Verkaufsstelle bezeichnet, "deren wirtschaftliche Tätigkeit ausschließlich oder überwiegend dem **Einzelhandel im funktionellen Sinne** zuzurechnen ist" (IfH 1995: 41). Dieser liegt dann vor, "wenn Marktteilnehmer (materielle oder immaterielle) Güter, die sie in der Regel nicht selbst be- oder verarbeiten, von anderen Marktteilnehmern beschaffen und an private Haushalte absetzen" (IfH 1995: 41). Hiervon zu unterscheiden ist der sog. Handwerkshandel, der Einzelhandelstätigkeiten im funktionellen Sinne ausübt. Als besonders relevant tritt dabei für die Nahversorgungsfunktion das Lebensmittelhandwerk in Form von Bäckern und Schlachtern in Erscheinung. Selbsterstellte Güter stehen im Mittelpunkt der Handelstätigkeit, doch es werden "auch fremdbezogene Güter zur Ergänzung von Produktion und Dienstleistung abgesetzt" (IfH 1995: 42). Obwohl die Unterscheidung zwischen Einzelhandel und Handwerkshandel zumindest rechtlich (Eintrag in die Handwerkerrolle; Mitgliedschaft in der Industrie- und Handelskammer) oder nach der Umsatzstatistik durchführbar ist, führen Prozesse wie "Sortimentsvermanschung" (MÜLLER 1961: 401) (z.B. Fahrradverkauf im Bäckerladen) und Funktionenmix zwischen Handwerk, Handel und Gastronomie ("Heiße Theke") dazu, daß institutioneller und funktioneller Einzelhandel, Dienstleistung und Gastronomie für den Kunden kleinräumig nicht mehr voneinander zu trennen sind. Der Einzelhandel zielt bewußt auf dieses Konglomerat verschiedenster Angebote und verändert sein eigenes Selbstverständnis und die Erwartungshaltung der Verbraucher gegenüber der traditionellen "Verkaufsagentur".

Sowohl in der theoretischen Einführung als auch im historischen Part wurde deutlich, daß die Betriebsformen des Einzelhandels in ihrer räumlichen Verteilung einer ständigen Dynamik unterliegen. Insbesondere der Gegensatz von "kleinen" gegenüber "großen" Betriebsformen ist seit jeher von mittelstandspolitischer und sozialer Relevanz gewesen. Seit dem Bau von Einkaufszentren und anderen Formen großflächigen Einzelhandels an den Stadträndern wird die Diskussion jedoch nicht mehr nur vom gegenseitigen Wettbewerb der Betriebsformen, sondern ganzer Einzelhandelsagglomerationen geprägt, die im Sinne CHRISTALLERs intraurban unterschiedliche Zentralitätsstufen repräsentieren bzw. einander herausfordern. Im Mittelpunkt dieser Konkurrenzsituation steht einerseits die "grüne Wiese" und andererseits die Innenstadt:

a) **Was ist die "grüne Wiese"?**
Im engeren Sinne umfaßt die "grüne Wiese" als umgangssprachlicher (und sprichwörtlicher) Begriff Standorte "auf der Wiese oder auf dem Feld außerhalb des verbauten Gebietes" (STEINMANN 1996: 72). In sog. nicht-integrierter Lage befindet es sich abseits von verdichteten Siedlungsflächen und ausreichender Bevölkerung ("Wohnbevölkerungsmantel" nach GREIPL (1972: 22)), die ein Nachfragepotential für die neue Betriebsform darstellen könnten. In der Regel werden deshalb mit "grüner Wiese" pejorativ Standorte an der Stadtperipherie oder im zwischenstädtischen Bereich beschrieben, die das traditionelle Zentralitätsgefüge von Stadt- und Landesplanung zerstören können, weil sie ohne "Kannibalisierung" (KNEIST 1996) an gewachsenen Einzelhandelsagglomerationen nicht lebensfähig sind. STEINMANN (1996: 72f.) erweitert diese Definition, indem er nicht die Lage auf der "Wiese", sondern die "grünen" Standorte im Sinne von "jungen oder neuen, vom Einzelhandel früher nicht bewirtschafteten" Lagen betont. Obwohl letztere nach planerischen Gesichtspunkten baulich und verkehrlich integriert sein können, liegen auch sie "abseits gewachsener Einzelhandelsagglomerationen", aus denen die Kundschaft fortgelenkt werden soll. "Gewachsene" Versorgungszentren werden damit sowohl von den "Wiesen"- als auch von den "grünen" Standorten im Wettbewerb um Konsumenten herausgefordert.

b) Die Innenstadt
Im Mittelpunkt des politischen Interesses steht fälschlicherweise nur die Innenstadt oder City als ältestes historisch gewachsenes Versorgungszentrum, das die höchste intraurbane Zentralitätsstufe einnimmt und die überregionale Bedeutung und das Image einer Stadt begründet. Aufgrund hoher funktionaler Vermischung und baulicher Verdichtung spiegelt die Innenstadt im besonderen das Lebensgefühl wider, das als "Urbanität" beschrieben werden kann. Entsprechend groß sind die politischen und wirtschaftlichen Bestrebungen, die Innenstädte zu "revitalisieren", was die Existenz eines erstrebenswerten historischen Zustandes impliziert, oder nur zu "vitalisieren". Auch dem letzteren Fall muß ein Leitbild zugrundegelegt werden, das sich an den Erfahrungen westdeutscher Städte nach der "belebten" und "bunten" Stadt orientiert (FRANZ u.a. 1996: 35ff.). Im Pendant von Innenstadt und "grüner Wiese" werden jedoch andere Standortlagen innerhalb der Stadt, die als lokale und vielfach fußläufig zu erreichende Stadtteilzentren zu charakterisieren wären, weitestgehend vernachlässigt. Im ganzheitlichen System der (stationären) Versorgung sind sie bei der Diskussion um den wettbewerblichen Gegensatz zwischen Innenstadt und "grüner Wiese" jedoch nicht auszu-

blenden.

c) Schließlich ist der Begriff "**Großflächigkeit**" für den weiteren Zusammenhang zu klären. Gemäß den Vorgaben der BauNVO wird zwischen Einkaufszentren, großflächigen Einzelhandelsbetrieben und sonstigen großflächigen Handelsbetrieben unterschieden. Aufgrund der Verbindung mehrerer Einzelhandelsbetriebe mit verschiedenartigen Dienstleistungsbetrieben und Verkaufsstellen des Handwerks wird für Einkaufszentren "eine beachtliche Größe" (BAG 1995b: 219) unterstellt, die keinesfalls geringer ausfallen kann, als sie für großflächige Handelsbetriebe im engeren Sinne rechtlich definiert ist. Letztere sind "Betriebe, die ausschließlich oder überwiegend an letzte Verbraucher, d.h. an private Endabnehmer verkaufen und deren Betriebsgröße die Größe von Einzelhandelsbetrieben, die der wohnungsnahen Versorgung dienen ..., überschreitet" (BAG 1995b: 202f.). Großflächige Einzelhandelsbetriebe weisen in der Regel mehr als ca. 700 qm Nettoverkaufsfläche oder ca. 1.200 qm Geschoßfläche auf. Sonstige großflächige Handelsbetriebe sind hingegen "Handelsmischbetriebe, die Einzelhandelsbetrieben vergleichbar sind, weil sie in nicht unerheblichem Umfang (mehr als 10% vom Gesamtumsatz) auch an letzte Verbraucher verkaufen und deshalb die gleichen Auswirkungen wie großflächige Einzelhandelsbetriebe haben können" (BAG 1995b: 203). Betriebe mit reiner Großhandelsfunktion fallen deshalb nicht unter diese Definition. Örtliche und regionale Besonderheiten wie die Größe der Gemeinde spielen bei der Beurteilung der Frage, ob Großflächigkeit des geplanten Betriebes vorliegt, keine Rolle, sind jedoch gemäß BauNVO bei der Bewertung der Auswirkungen des Vorhabens erheblich (BAG 1995b: 204). Im Sinne der - widerleglichen - Vermutungsregelung gehen dabei von großflächigen Einzelhandelsbetrieben mit mehr als 1.200 qm Geschoßfläche nachteilige Auswirkungen auf die Ziele der Raumordnung und Landesplanung sowie der städtebaulichen Entwicklung und Ordnung aus (BAG 1995b: 223), die im Einzelfall zu prüfen sind. In Relation zur jeweiligen Größe der Gemeinde können aber zweifellos auch kleinere und nicht von der BauNVO erfaßte "Großanbieter" wie Discounter nachteilige Konsequenzen auf das bestehende Einzelhandelsgefüge haben, insbesondere wenn sie eine räumliche Agglomeration mit anderen Einzelhandelsbetrieben eingehen und mit diesen eine geplante oder ungeplante "funktionelle Einheit" bilden (BAG 1995b: 237f.).

Diese ergibt sich nicht nur aus der räumlichen Zusammenfassung unterschiedlicher oder gleicher Betriebsgrößen oder -formen, sondern auch aus einer sich ergänzenden Sortimentsstruktur. In Anlehnung an das sog. "Freiburger Märktekonzept" wird zwischen **innenstadt-(zentrums-)relevanten** und **nicht zentrenrelevanten Sortimenten** unterschieden, wobei das Bundesbauministerium (BAG 1995b: 111ff.) vier wesentliche Standort-Sortimentskombinationen charakterisiert:

a) **Innenbereichstypen**, die "innerhalb der im Zusammenhang bebauten Ortsteile" liegen und differenziert werden in

-großflächige Einzelhandelseinrichtungen mit förderungswürdigen innenstadtrelevanten Sortimenten
-großflächige Einzelhandelseinrichtungen, die vor allem außenbereichsrelevante Sortimente anbieten und von ihrer Flächenausdehnung her an den Stadtrand verlagert werden sollten

b) **Außenbereichstypen** an den Stadträndern bzw. außerhalb der Städte in Umlandgemeinden:
- großflächige Einzelhandelseinrichtungen mit überwiegend innenstadtrelevanten Sortimenten, die im Interesse der Raumordnung, der Landes- und Regionalplanung beschränkt bzw. nicht befürwortet werden dürfen
-großflächige Einzelhandelseinrichtungen, die sowohl innen- als auch außenbereichsrelevante Sortimente (wie z.B. in Einkaufszentren) anbieten und die - soweit möglich - städtebaulich integriert werden sollten.

Ergebnis ist, daß großflächiger Einzelhandel kein typisches und grundsätzlich planerisch schädliches Phänomen am Stadtrand ist, wie dies umgekehrt auch für den "Innenstadtbereich" zutrifft. Tietz (1989) spricht von der sinnvollen und notwendigen "Arbeitsteilung" zwischen Betriebsformen und Sortimentsangeboten zwischen Innenstadt und "grüner Wiese".

Tab. 25: Diskutierte Definitionskriterien

Einzelhandel	institutioneller/funktioneller Einzelhandel
Großflächigkeit	rechtliche Definitionen, Sortimente
Sortimente	innenstadtrelevant nicht-innenstadtrelevant
"Grüne Wiese"	Peripherie/Stadtrandlage/ integriert - nicht-integriert unbebaut, ungenutzt
Innenstädte	gewachsenes Zentrum höchster intraurbaner Zentralitätsstufe

8.2 Stand der Forschung

In der Oktoberausgabe 1990 der BAG-Nachrichten (KLÄSENER 1990b: 5) wird der damalige Bundeswirtschaftsminister Haussmann mit Blick auf die zu erwartenden Einzelhandelsentwicklungen in der Noch-DDR folgendermaßen zitiert: "Der Handel in der Innenstadtlage hat eine ganz wichtige Rolle in der Sanierung der Innenstädte ... d.h., wir müssen die Innenstadt ermöglichen, begünstigen, weil sonst natürlich der ´run' auf die Grüne Wiese stattfindet, weil dort häufig natürlich sich nicht so komplizierte Mietrechtsfragen, Entschädigungsfragen, Eigentumsfragen stellen." Trotz der frühen Erkenntnis, daß negative westdeutsche Erfahrungen nach Ostdeutschland übergreifen könnten, haben sich dieselben Probleme in kurzer Zeit auch in den Neuen Bundesländern ausgebreitet.

Infolge der Systemtransformation änderten sich nicht nur die sozialen und wirtschaftlichen Gegebenheiten, sondern auch die wissenschaftlichen Spielräume, historische und gegenwärtige Prozeßabläufe zu verstehen. Die neue wissenschaftliche Freiheit nach dem Zusammenbruch der DDR hat zu einer sprunghaften Zunahme von Untersuchungen und Analysen geführt, die einerseits die noch unbekannten (geheimen, zensierten) "Altlasten" der DDR, andererseits die gesellschaftlichen "Neulasten" nach der Wiedervereinigung im Blickfeld hatte. Im Gegensatz zu jahrzehntelangen Entwicklungen in Westdeutschland konnte man in den Neuen Bundesländern Geschichte im "Zeitraffertempo" und (vom marktwirtschaftlichen Gesichtspunkt) vom Nullpunkt her reifen sehen. Entsprechend hoch war das Interesse der Forschung, diese einmalige Situation zu nutzen und eine "Gesellschaft im Entstehen" wissenschaftlich zu begleiten und zu "korrigieren".

Die ursprünglich (Mitte 1990) von politischen und emotionalen Gesichtspunkten geleitete Diskussion, das Einzelhandelsangebot in der DDR schnell zu verbessern, wich im nachhinein der Fragestellung, welche Betriebsformen (bzw. welcher Betriebsformenmix), welche räumliche Verteilung und welche sozialen Konsequenzen hierfür am verträglichsten oder aber zu erwarten seien. "Verträglichkeit" orientierte sich einerseits an den positiven Erfahrungen "der Stadt der kurzen Wege" und der "sozialen Wärme" in der DDR, andererseits an einer vorstellbaren "Arbeitsteilung" zwischen Innenstadt und Grüner Wiese (KLÄSENER 1990b: 5). Ein nachfolgender thematischer und regionaler Überblick zeigt, welche Fragestellungen bisher aufgegriffen wurden und inwieweit der Bereich "Versorgung in den Neuen Bundesländern" interdisziplinäres Interesse hervorgerufen hat. Hierunter befinden sich Arbeiten aus den Fachgebieten Architektur, (Stadt)-Soziologie, Marketing-Betriebswirtschaftslehre, Geographie, Städtebau und Stadtplanung, Verkehrsplanung, Rechtswissenschaft und Bevölkerungswissenschaften.

1. Frühe Arbeiten nehmen eine Inventarisierung des Einzelhandels der DDR vor, um insbesondere der investitionsbereiten (westdeutschen) Wirtschaft einen Überblick über vorhandene Objekte und Konsumentenmuster zu vermitteln (McKinsey u.a. 1990; DHI 1990). Ähnlich verhält es sich mit regionalen Beispielen, in denen in beschreibender Weise für den deutsch-, vor allem für den englischsprachigen Raum, Sozial- und Wirtschaftsstrukturen aus veröffentlichten und unveröffentlichten Quellen der DDR (erstmalig für eine breitere Öffentlichkeit nutzbar) dargestellt werden (HENCKEL u.a.

1993 für Berlin, Leipzig, Magdeburg, Dresden, Erfurt und Rostock; BOCHMANN u.a. 1995 für Chemnitz; GRIMM 1995 und JÜRGENS 1996 für Leipzig; DANNHAEUSER 1996 für Hildburghausen). Neuere Überblicke zum kleinräumigen Einzelhandelsbesatz und zum großflächigen Einzelhandel in Ostdeutschland sind den Veröffentlichungen des Europäischen Handelsinstituts (EHI 1993, 1995a, 1997), des PKV-Instituts, dem sog. Dienstleistungsatlas der BBE-Unternehmensberatung (1994) sowie Kemper´s Frequenzanalysen (1995) zu entnehmen.

2. Analysiert werden der soziale und demographische Wandel in den neuen Ländern auf nationaler und kleinräumiger Ebene. Als wichtigste Instrumente der Sozialberichterstattung in Deutschland sind der Wohlfahrtssurvey (befragt werden objekte Lebensbedingungen und darauf bezogene subjektive Bewertungen der Bevölkerung) und das Sozio-Oekonomische Panel (SOEP) als Wiederholungsbefragung von Privathaushalten ab 1990 auch in Ostdeutschland durchgeführt worden, um die Wohlfahrtsentwicklung und die soziale Lage der Bevölkerung über lange Zeiträume zu beobachten (ZAPF & HABICH 1996). Ein ähnliches Anliegen hatte die Kommission für die Erforschung des sozialen und politischen Wandels in den Neuen Bundesländern (KSPW), die in einem vielbändigen Abschlußbericht den gesellschaftlichen Wandel und die räumlichen Folgen der Transformation untersuchte (BERTRAM 1996 und BERTRAM u.a. 1996). In diesen Arbeiten werden vor allem die sozioökonomischen und -demographischen Rahmenbedingungen für den Transformationsprozeß im Einzelhandel diskutiert.

3. Im Mittelpunkt geographischer und regionalwissenschaftlicher Arbeiten stehen die Veränderung von Kundeneinzugsgebieten und ihre Auswirkungen auf die städtische Zentralität. Die Autoren fragen nach den Ursachen der "Umlenkung" von Kunden auf die grüne Wiese (was macht die Wiese attraktiv?) und suchen nach Antworten, wie die Städte auf diese Herausforderung reagieren können. Untersuchungen der Bundesforschungsanstalt für Landeskunde und Raumordnung (1995), verschiedene Studientagungen der Internationalen Vereinigung Urbanicom (1993, 1995) sowie des Deutschen Seminars für Städtebau und Wirtschaft (DSSW) (1996) sind zu dieser Thematik durchgeführt worden. Sie belegen, daß die wissenschaftliche Begleitung des Problems "Innenstadt-Grüne Wiese" höchste politische Priorität genießt. In einer Langzeitstudie seit 1990 untersucht MEYER den Strukturwandel in Jena (1992, 1995, 1997). Arbeiten von PÜTZ über Dresden (1994), AHRENS über Schwerin (1996), NEIBERGER (1993), DEN HARTOG-NIEMANN & BÖSLER (1994) sowie JÜRGENS (1994a und 1994b) über Leipzig, HUBAL (1993) und THIEL (1994) über Erfurt und der FfH (1992), HEINEBERG & TAPPE (1995) sowie KULKE (1995) zu (Ost)-Berlin belegen, daß alle größeren ostdeutschen Metropolen in ihrer Wandlung von der Planwirtschaft zum marktwirtschaftlichen Konkurrenzsystem - auf sehr unterschiedlicher empirischer Basis - analysiert worden sind. Im Gegensatz zum ländlichen Raum, der ähnlich wie die großen Städte sehr früh breites wissenschaftliches Interesse fand und in dessen Mittelpunkt die Bevölkerungsentleerung und die lückenhafte Versorgung mit Geschäften standen, sind

die kleineren und mittleren Städte weitestgehend unbeachtet geblieben (Ausnahmen BUCHHOFER 1993; BUCHHOFER & LEYKAUF 1993 über Ilmenau; SEDLACEK (1991) über Roßlau; SPRÖSSEL (1996) über Tangermünde und Osterburg; ELI (1996) über Radebeul). Räumliche Modelle der post-sozialistischen Stadt in den neuen Ländern haben MEYER & PÜTZ (1997) (am Beispiel von Dresden), GANS & OTT (1996) sowie OTT (1997) (am Beispiel von Erfurt) vorgelegt.

4. Aus wirtschaftswissenschaftlicher Perspektive untersuchten das ifo Institut für Wirtschaftsforschung München und die Forschungsstelle für den Handel (FfH) Berlin im Auftrag des Bundesministeriums für Wirtschaft von 1991 bis zum Frijahr 1997 die Entwicklung des Handels in den Neuen Bundesländern. Die Ergebnisse, die in zehn Zwischenberichten vorgelegt wurden (ifo Institut & FfH Berlin 1993, 1994, 1995, 1996), basierten im wesentlichen auf Erhebungen und Expertengesprächen bei ostdeutschen Handelsunternehmen, die die wirtschaftliche Situation zu beurteilen hatten. Der Einzelhandel war neben dem Großhandel und der Handelsvermittlung jedoch nur ein Untersuchungsbereich, um die Veränderungen im gesamten (Binnen-) Handelssystem zu beleuchten. Vor allem die FfH ging der Frage nach, inwieweit kleine Einzelhandelsunternehmen in den Neuen Bundesländern überlebensfähig sind, welche Standorttendenzen sich abzeichnen und inwieweit Innenstädte "revitalisiert" werden können (SPANNAGEL 1993b, 1994b, 1996). Eine ähnliche ausschließlich auf die Analyse der Anbieterseite zielende Expertise wurde vom HWWA-Institut für Wirtschaftsforschung Hamburg und dem Institut für Wirtschaftsforschung Halle zum Thema "Gesamtwirtschaftliche Aspekte und mittelstandspolitische Zielsetzungen der Funktionsteilung von Dienstleistungsunternehmen in Innenstadtbereichen und Stadtrandlagen" durchgeführt (FRANZ u.a. 1996). Anhand von vier räumlichen Beispielen (Leipzig, Halle, Erfurt, Rostock) (ähnlich HEINZ & SCHOLZ 1996 vom Deutschen Institut für Urbanistik für Jena, Leipzig, Rostock, Schwerin) versuchte man, sich aus einer insularen Betrachtungsweise von Stadt-Umland-Problemen zu lösen und "zukünftige Entwicklungspfade der Stadtregionen und Maßnahmen zur Steigerung innerstädtischer Standortattraktivität" (FRANZ u.a. 1996: 9) zu verallgemeinern.

5. Im wettbewerblichen Gegensatz von Innenstadt und Grüner Wiese sind die "durchdachte" (SEITZ 1995: 24) Verkaufs- und Organisationsform des Einkaufszentrums von seiten städtischer Kommunen und Investoren als "wirksames Instrument zur Strukturverbesserung von Innenstädten und Stadtteilzentren" identifiziert worden (GEBAUER 1996; BRUNE 1996). Das betrifft sowohl die Nachahmung von Bauelementen als auch die Übernahme der Managerstruktur randstädtischer Einkaufszentren in Form eines City-Managers. Demgegenüber stehen wachsende Bedenken von Stadtsoziologen und Architekturkritikern, die in der Privatisierung von Stadträumen in Form von Passagen, Galerien und Malls eine Verarmung an "Urbanität" und erzwungene Kundensegregation durch Hausrechtzwang und private Sicherheitsdienste befürchten (REISCH 1988; SACK 1990; CRAWFORD 1995). In dieser Diskussion stehen Einkaufszentren sowohl am

Stadtrand als auch in der City als Sinnbild einer postmodernen Erlebniswelt, die somit unabhängig von ihrem Standort in wirtschaftlicher Hinsicht den mittelständischen Einzelhandel und in gesellschaftspolitischer Hinsicht die "städtische Vielfalt" bedrohen.

6. Einen Überblick über alle Länderrichtlinien bzw. -erlasse zur Behandlung großflächiger Einzelhandelsbetriebe im Planungsrecht gibt eine Veröffentlichung der BAG (1995b). Neuere Artikel fordern zunehmend die "Bevorzugung der Innenstadtentwicklung aus landesplanerischer Sicht" (HAJNY 1995) oder erwarten von politischer Seite einen "Nachteilsausgleich" zugunsten der Innenstädte (BAG Handelsmagazin (1), 1997: 60).

7. Auf der Suche nach Lösungen, die Attraktivität von Innenstädten gegenüber der Grünen Wiese zu erhöhen, steht das holistische - nicht nur auf den Einzelhandel zielende - Prinzip im Vordergrund, die Innenstädte in all ihren sich gegenseitig bedingenden Funktionen mit Hilfe eines sog. Stadtmarketings zu fördern. Obwohl der Einzelhandel hierunter als "Schaufenster" der Innenstadt wirkt, ist die Innenstadt "mehr als (nur zum) Einkaufen" (vgl. Ministerium für Bau, Landesentwicklung und Umwelt Mecklenburg-Vorpommern 1995a). Anhand von Modellprojekten in mehreren Städten der Neuen Bundesländer liegen von seiten des DSSW erste Erfahrungen hierzu vor (DSSW 1994).

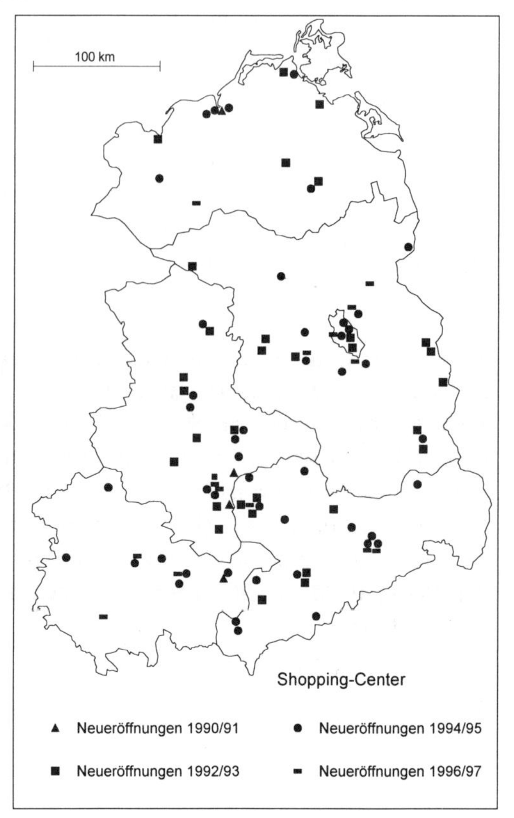

Abb. 5: Ausbreitung von Einkaufszentren in den Neuen Bundesländern
Quelle: EHI (1995a, 1996a, 1997b)

Aufgrund von Übergangsbestimmungen im Baugesetzbuch (§ 246a), die bis 1997 befristet sind, wurden Städte und Gemeinden der neuen Länder auch nach dem 3.10.1990 in die Lage versetzt, abweichend von der westdeutschen Rechtslage planerisch vereinfachende Maßnahmen zu ergreifen (Zulässigkeit von Vorhaben mittels Satzungsbeschluß), um "notwendige und umfangreiche städtebauliche Aufgaben zügig und erfolgreich zu bewältigen" (MÜLLER 1991: 15; vgl. auch BATTIS, KRAUTZBERGER u. LÖHR 1991: 1669ff.). Um sich für das eigene Gemeindegebiet Investitionszusagen und Arbeitsplätze zu sichern und die Versorgung der Bevölkerung zu verbessern, konzentrierten sich auch Kleinstkommunen ohne jegliche Zentralitätsfunktion darauf, sich mit ihrem "eigenen" Einkaufszentrum zu profilieren. Unzureichende Abstimmungen mit Nachbargemeinden oder fehlende Einschaltung von Trägern öffentlicher Belange für die Folgenabschätzung solch großflächiger Einzelhandelsstrukturen führten landesweit zu vielfältigen Rechtsstreitigkeiten, in denen in der Regel Städte in Sorge um ihren Einzelhandel als Kläger gegen randstädtische Gemeinden auftraten. Erst die Erarbeitung von Landesentwicklungsprogrammen und die restriktivere Genehmigungspraxis großflächigen Einzelhandels durch die zuständige Verwaltung haben seit Mitte der 90er Jahre zu einer Verflachung des Wachstums entsprechender Objekte geführt.

a) Einkaufszentren

Die Abbildungen 5 und 6 zeigen die räumliche Verteilung von Einrichtungen mit über 10.000 qm Mietfläche für die Neuen Bundesländer (gegenüber der VRF umfaßt die Mietfläche auch die Sozialräume des Personals und die Lagerfläche der Geschäfte). Fast alle größeren Städte der Neuen Bundesländer zeichnen sich heute durch ihr eigenes Einkaufszentrum aus. Abgesehen von der Konzentration in und um Berlin ist die Häufung entsprechender Verkaufsformen mit besonders großen Märkten im Raum Leipzig-Halle auffällig. Betrachtet man den langfristigen Zuwachs von Shopping Centern in Gesamtdeutschland, bedeutete die Wiedervereinigung eine Renaissance der Einkaufszentrenentwicklung. Sprunghaft nahmen die Zentren in den Jahren 1993 bis 1995 in Ostdeutschland, seit 1995 auch wieder in Westdeutschland zu (Tab. 26). Die Anzahl jährlich eröffneter Shopping Center ist Abb. 7 zu entnehmen. Differenziert man diese Zahlen nach Standorttypen (Stadtteil, Innenstadt, Grüne Wiese), zeigt sich, daß ostdeutsche Zentren in den ersten drei Jahren fast ausschließlich auf der grünen Wiese lagen und sich somit Wettbewerbsvorteile gegenüber den Städten erarbeiten konnten. Erst seit 1995 ist - unter Berücksichtigung der bekannten Planungen bis in das Jahr 1998 - (EHI 1996a) ein deutliches "Nachholen" der Innenstädte in Kooperation mit westdeutschen Investorengruppen auszumachen, um eigene Einkaufszentren zu bauen.

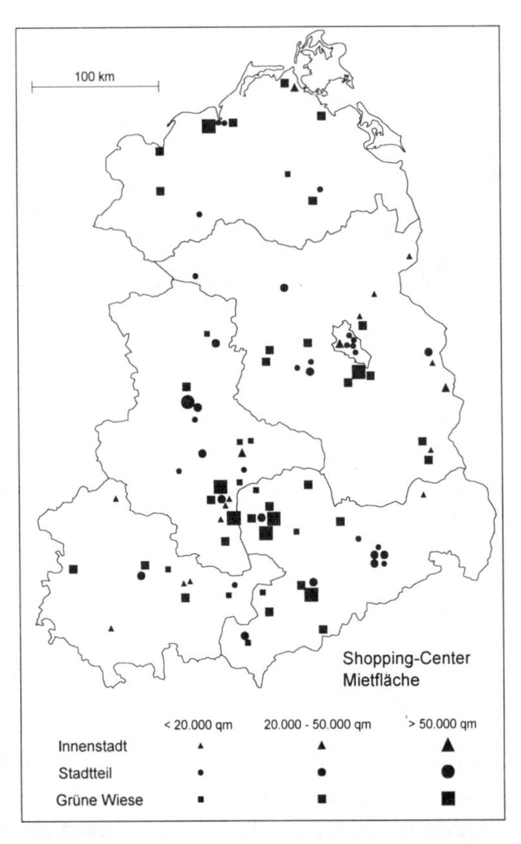

Abb. 6: Einkaufszentren nach Standorttyp und Größe (nach Mietfläche in qm) in den Neuen Bundesländern
Quelle: EHI (1995a, 1996a, 1997b)

Tab. 26: Zuwächse neueröffneter und geplanter Einkaufszentren in Ost- und Westdeutschland, 1990-1998

	Westdeutschland	Ostdeutschland (incl. Ost-Berlin)
1990	6	1
1991	7	3
1992	5	5
1993	2	26
1994	3	25
1995	14	21
1996	6	9
1997	10	5
1998	3	6

Quelle: EHI 1995a, 1996a

Bis zum Jahr 2000 (Planungsstand Juli 1996) würden 148 Zentren in den alten Bundesländern 103 (oder 41%) in den Neuen Bundesländern gegenüberstehen. 11,7% aller Objekte in Westdeutschland entfallen dann auf "Grüne-Wiese"-Standorte im Gegensatz zu 41,7% in Ostdeutschland. GEBAUER (1995: 86) zitiert noch ältere Zahlen mit Stand von 1994, als noch 72% der ostdeutschen Einkaufszentren "außerhalb der integrierten Lagen" existierten, deren Bedeutung durch den Bau von Zentren in Stadtteilen und Innenstädten jedoch zunehmend relativiert wird. Die unterschiedliche Struktur der ostdeutschen Einkaufszentren nach Lagetyp ergibt sich aus Tab. 27.

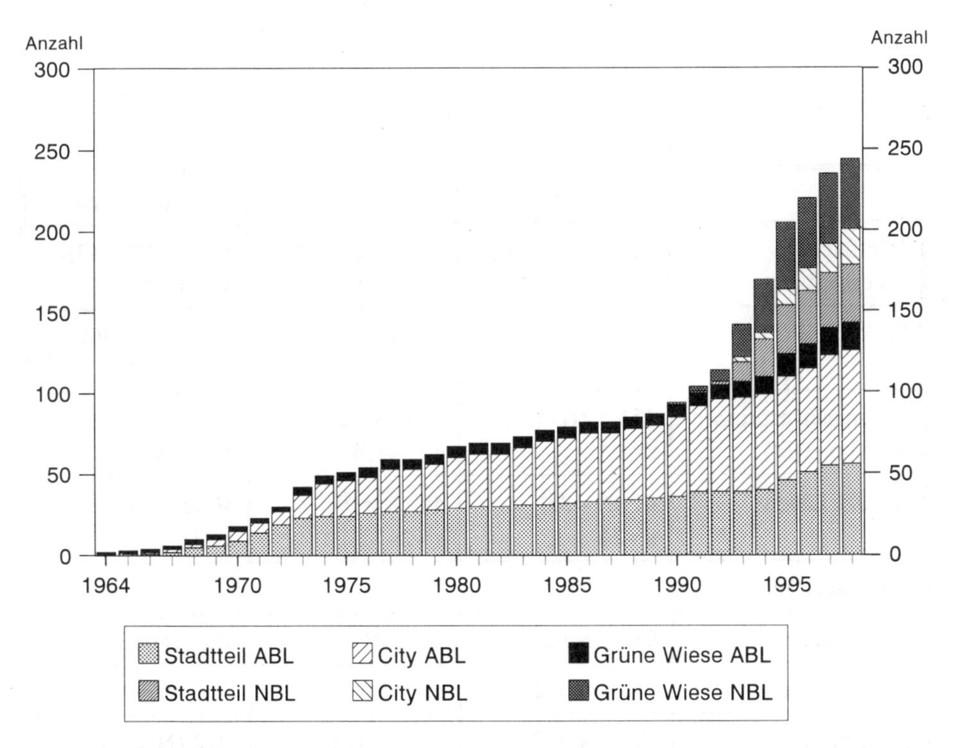

Abb. 7: Entwicklung der Anzahl von Einkaufszentren in Deutschland (mindestens 10.000 qm VRF) (Stand 31.12.)
Quelle: EHI (1995a und 1996a)

Aus Tab. 27 ist zu erkennen, daß nicht nur sehr viele, sondern auch besonders große Einrichtungen auf der grünen Wiese denjenigen in den Städten gegenüberstehen. Ein deutlich größeres Parkplatzangebot erklärt zudem die hohe Attraktivität der peripheren Standorte für Einkäufe per PKW. Eine vergleichsweise geringe Anzahl von Läden verweist auf die Konzentration von Warenhäusern und Fachmärkten innerhalb dieser Betriebstypenagglomerationen. Der relativ schnelle Markteintritt ergibt sich auch aus der kostensparenden Kastenbauweise, der die Anfangsinvestitionen gegenüber den anderen Lagetypen niedrig gehalten hat.

Vergleicht man die Struktur west- und ostdeutscher Einkaufszenten anhand der Mittelwerte der Variablen EH (Einzelhandelsbesatz), GASTRO (Gastronomiebesatz), DINSTL (Dienstleistungsbesatz), MIETFL (Mietfläche), PARKPL (Parkplätze), ANZGE (Anzahl der Geschäfte) und WERBE (Existenz einer Werbegemeinschaft) für die beiden Gruppen sowie für alle einbezogenen Fälle, für die vollständige Informationen vorlagen, ergeben sich teilweise deutliche Differenzierungen. Inwieweit diese Unterschiede der Gruppenmittelwerte zufällig oder signifikant (unterschiedlich) sind, ist den hohen F-Werten, die relativ geringen Werten von Wilks´ Lambda entsprechen (einer weiteren Prüfgröße auf Signifikanz), zu entnehmen (Tab. 28):

Tab. 27: Struktur ostdeutscher Einkaufszentren nach Lagetyp

	Stadtteil	City	Grüne Wiese
Mietfläche (in qm)	25.833 (N=36) s=14.446	21.266 (N=24) s=9.618	35.622 (N=43) s=21.147
Parkplätze	1.070 (N=24) s=788	925 (N=8) s=265	2.155 (N=36) s=1.769
Anfangsinvestitionen (in Mio. DM)	131,5 (N=22) s=94	246 (N=21) s=245,3	130,8 (N=26) s=90,8
Anzahl Läden	41 (N=33) s=21	48 (N=19) s=24	40 (N=41) s=18
Mietfläche in %			
Einzelhandel	93,4 (N=22)	90,2 (N=6)	96,2 (N=37)
Gastronomie	3,6 (N=22)	5,6 (N=6)	2,6 (N=37)
Dienstleistung	3,0 (N=22)	4,2 (N=6)	1,2 (N=37)

s = Standardabweichung

Quelle: EHI 1995a, 1996a

1. Der sog. Mietermix ist signifikant unterschiedlich zwischen den alten und Neuen Bundesländern. Die Einkaufszentren in Ostdeutschland sind sehr viel eher als "Verkaufsmaschinen" zu charakterisieren als in Westdeutschland. Dieser Einschätzung entspricht auch die durchschnittlich geringe Anzahl (jedoch) großflächiger Läden.

2. Größe der Zentren und die Ausstattung mit Parkplätzen lassen bei einer Irrtumswahrscheinlichkeit von 6,78 oder 9,4% keinen wahscheinlichkeitstheoretisch gesicherten Unterschied mehr erkennen. In bezug auf die interne Organisationsbereitschaft von Einkaufszentren, ihre Mieter in Werbegemeinschaften einzubinden, ist ein Unterschied zwischen Ost und West nahezu ausgeschlossen.

Tab. 28: Unterschiede west- und ostdeutscher Einkaufszentren

	EH (Besatz[1] Einzelhandel in %)	GASTRO[1] (Besatz Gastronomie in %)	DINSTL[1] (Besatz Dienstleistung in %)	MIETFL (Mietfläche in qm)
ABL	89,74	5,79	4,46	25.143,09
NBL	94,63	3,26	2,10	30.030,41
Total	91,55	4,85	3,59	26.951,11
	PARKPL (Anzahl Parkplätze)	ANZGE (Anzahl Geschäfte)	WERBE (Werbegemeinschaft: 1 ja 2 nein)	
ABL	1.351,44	62,23	1,12	
NBL	1.687,50	38,94	1,14	
Total	1.475,77	53,62	1,13	
Variable	Wilks-Lambda	F	Signifikanz	
EH	.85992	27.85	.0000	
GASTRO	.92592	13.68	.0003	
DINSTL	.91041	16.83	.0001	
MIETFL	.98063	3.378	.0678	
PARKPL	.98369	2.836	.0940	
ANZGE	.85309	29.45	.0000	
WERBE	.99970	.5135E-01	.8210	

N für Alte Bundesländer (ABL) = 109
N für Neue Bundesländer (NBL) = 64
Wilks' Lambda (U-statistic) and univariate F-ratio with 1 and 171 degrees of freedom
[1] Besatz nach Mietfläche
Quelle: EHI 1995a, 1996a

b) Verbrauchermärkte und SB-Warenhäuser

Eine ähnliche Bedeutung wie für die Betreiber von Einkaufszentren hatte die Wiedervereinigung für die Expansion von Verbrauchermärkten und SB-Warenhäusern (Abb. 8). Deren Objekt- und Flächenzuwächse entfielen bis Mitte der 90er Jahre fast ausschließlich auf die Neuen Bundesländer (Tab. 29). Viele sind hiervon in Einkaufszentren integriert.

Tab. 29: Objektzuwächse von Verbrauchermärkten und SB-Warenhäusern in Ostdeutschland (Stand 1.1.)

	West	Ost
1991	1	58
1992	20	119
1993	30	89
1994	13	37
1995	-50[1]	65
1996	26	33
1997	34	50

[1] "Verlust" ergibt sich aus veränderter statistischer Einordnung von Minimal-Märkten der Rewe & Co (KOLBERG 1995: 4)

Quelle: KOLBERG 1997; EHI 1997a

Andere haben die Rolle der früheren DDR-Kaufhallen als großflächige, teilweise fußläufig erreichbare SB-Verkaufsstellen übernommen. Nach Ablösung von HO und Konsum sind von westdeutschen Konzernen neue monopolartige Anbieterstrukturen begründet worden. Nach Angaben des EHI (1997a) lassen sich 31 hauptsächliche Betreiber von Verbrauchermärkten, SB-Warenhäusern sowie großflächigen Lebensmittelbetrieben (mit Supermarktcharakter) in Ostdeutschland (einschl. Ost-Berlin) unterscheiden, von denen die größten zehn 77,1% (d.h. 554 Einheiten) aller entsprechenden Verkaufsobjekte mit einer durchschnittlichen Verkaufsfläche von 3.111 qm betreiben.

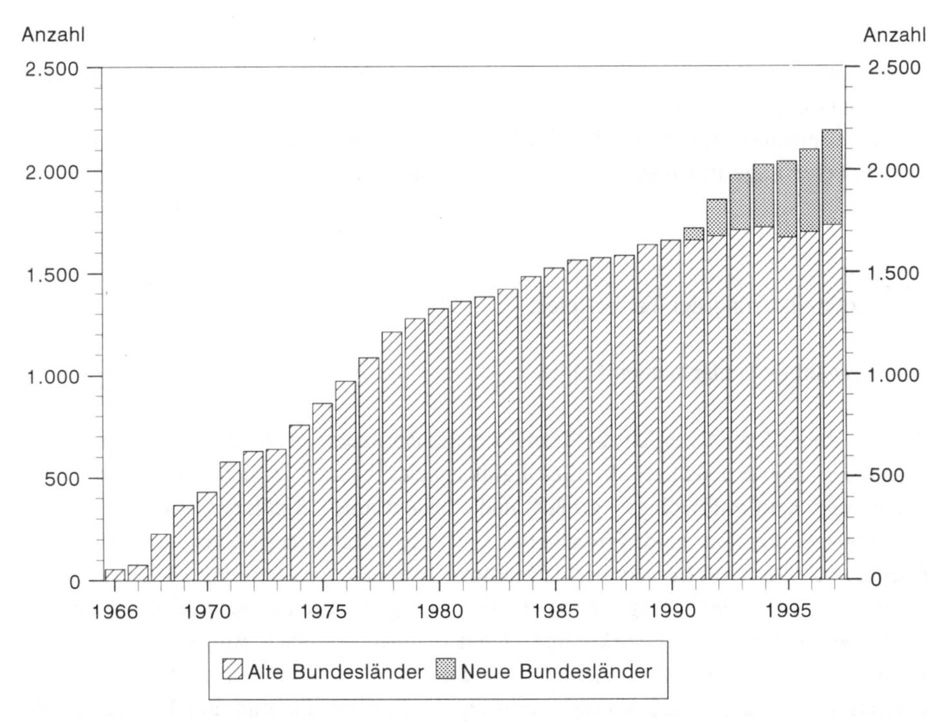

Abb. 8: Entwicklung der Anzahl von Verbrauchermärkten und SB-Warenhäusern in Deutschland (Stand 1.1.)
Quelle: EHI (1997a)

c) Baumärkte, Möbelmärkte

Allein im Jahre 1990 eröffneten 110 Baumärkte in den Neuen Bundesländern. Bis zum 1.1.1996 existierten 516 Einrichtungen (excl. Ost-Berlin), die im Durchschnitt 4.243 qm Verkaufsfläche umfaßten (EHI 1996b: 103). In der Regel handelt es sich um Abholermärkte, die in flächenextensiver Flachbauweise den PKW-Kunden ansprechen und Standorte an der städtischen Peripherie bevorzugen (vgl. SCHÖFFEL 1992; SCHÖFFEL 1994). Ähnlich verhält es sich bei der Entwicklung von Möbelmärkten, die vielfach auf der grünen Wiese liegen und in den Einkaufszentren als Kundenmagneten ausgelegt sind. Insbesondere ihr Angebot sog. innenstadtrelevanter Sortimente in Verbindung mit Restaurationsbetrieben -von den Möbelmärkten selbst nur als Randsortiment bezeichnet - hat dazu geführt, daß die Städte die Bau- und Möbelmärkte nicht mehr als arbeitsteilige Konkurrenten, sondern wie andere großflächige Anbieter auf der grünen Wiese als Bedrohung ihrer angestammten Versorgungszentralität erfassen.

d) Warenhäuser

Im Gegensatz zum Stadtrand nahm die Bedeutung großflächiger Anbieter in den Innenstädten in Form von Warenhäusern ab. Obwohl mit der Übernahme von Centrum-

und Konsument-Warenhäusern sowie kleinerer Verkaufsstätten westdeutsche Warenhausbetreiber zunächst 36 Filialen in ostdeutschen Städten betrieben, wurden aufgrund der wachsenden Konkurrenz durch Verbrauchermärkte und SB-Warenhäuser a) Neubaupläne revidiert, b) bis zum 31.12.1995 sieben Filialen geschlossen, c) neue Filialen in peripherer Lage in Einkaufszentren eröffnet (HUPPERT 1996: 17f.).

9. Charakterisierung der Fallbeispiele

9.1 Auswahl der untersuchten Städte

Anhand dreier Städte werden die Transformationsprozesse im Einzelhandel auf mikroräumlicher Ebene diskutiert. In allen Fallbeispielen handelt es sich um bevölkerungsmäßig und kaufkraftbedingt "große" und "bedeutsame" Siedlungszentren. Leipzig, Rostock und Cottbus sind Wirtschafts- und Verwaltungsmetropolen auf regionaler Ebene, und zumindest Leipzig besitzt hierunter nationale Ausstrahlung. Alle drei Städte schöpfen in ihrer Bedeutung aus einer historisch gewachsenen Zentralität, die in der DDR die Funktion von Bezirkshauptstädten beinhaltete. Nach Auflösung der DDR-Bezirke und der Länderneugründung im Jahre 1990 haben Leipzig, Rostock und Cottbus ihre "Hauptstadtfunktion" verloren. Zudem ist die traditionelle industrielle Basis (Maschinenbau; Braunkohlenindustrie; Werftenindustrie) zusammengebrochen. Der Dienstleistungssektor und hierunter der Einzelhandel wurden zu wirtschaftlichen und sozialen Hoffnungsträgern für die Regionen, Arbeitsplätze zu schaffen und die Versorgungssituation in der Post-DDR abrupt zu verbessern. Um kurzfristig massive Verkaufserfolge zu erzielen, konzentrierten sich westdeutsche Investoren mit ihren Ansiedlungsbegehren für großflächigen Einzelhandel zunächst auf die Metropolen. Ihr Streben nach privatwirtschaftlichem Gewinn und die soziale Achtung seitens der Bevölkerung und der lokalen Verwaltungen führten dazu, daß die großen Städte sowohl die längsten Erfahrungen mit Einkaufszentren als auch die ersten Erkenntnisse zur Gegenwehr ihrer Innenstädte gegenüber der Peripherie sammeln konnten. So stehen Leipzig, Rostock und Cottbus exemplarisch für einen besonders ausgeprägten Gegensatz inner- und randstädischer Entwicklungen.

Die Beispiele zeigen, daß der Gegensatz "Innerstädtischer Einzelhandel - Einkaufszentren auf der grünen Wiese"
- ein landesweit auftretendes Problem darstellt und nicht auf gewisse Regionen oder Städte konzentriert ist,
- nicht nur metropolitane Regionen (Leipzig/Halle), sondern auch mittlere und kleinere (Groß-)Städte betrifft,
- (möglicherweise) unterschiedliche Antworten seitens der Städte, Einzelhandelsverbände und Konsumenten hervorruft, um die Stadt in ihrer Attraktivität gegenüber

Umlandgemeinden zu stärken.

Unter den Beispielstädten zeichnet sich die Region Leipzig mit einer besonders hohen Konzentration großflächiger Einzelhandelsbetriebe aus. In diesem Raum sind die flächenmäßig größten und "ältesten" Einkaufszentren entstanden, so daß die Konsequenzen für die Innenstädte massiv und die Bestrebungen einer Revitalisierung der City besonders ausgeprägt sein müßten. Weil das Gebiet um Leipzig und Halle Wirtschaftsmotor für Ostdeutschland ist, können hier angestellte Überlegungen und Lösungen als Vorbild für andere ostdeutsche Gemeinwesen dienen.

Um zu erkennen, welche Konsequenzen sich aus der räumlichen Diffusion großflächiger und preisaggressiver Betriebstypen auf der Mikroebene des Einzelhandelsnetzes ergeben, werden neben dem eigentlichen innerstädtischen Kern weitere Untersuchungseinheiten einer zur DDR-Zeit auf Nachbarschaftsversorgung zielenden Zentralität analysiert. Im Sinne einer Dezentralisierung des Einzelhandelsnetzes über die gesamte Stadt entstanden einerseits bandartige Versorgungsstrukturen entlang von Magistralen, andererseits Ladenkonzentrationen in Form von Stadtteilzentren. Alle Einrichtungen waren in der Regel fußläufig und über ein dichtes ÖPNV-Netz (ohne Notwendigkeit eines PKW-Einkaufs) erreichbar. Inwieweit sich hier Veränderungen ergeben haben und wo die Ursachen liegen, wurden über den Gegensatz "City-Grüne Wiese" hinaus für den Typus "Magistrale" und "Stadtteilzentrum" in allen drei Städten Fallbeispiele bestimmt.

9.2 Leipzig

Nach Berlin ist Leipzig in bezug auf seine Wirtschaftskraft und Einwohnerzahl (1996: 481.235) (Stadt Leipzig 1997) zweitwichtigste Metropole Ostdeutschlands und bildet zusammen mit dem Gebiet um Halle und Dessau eine der traditionell wichtigsten Handels-, Industrie- und Dienstleistungsschwerpunkte Gesamtdeutschlands. Internationale Bekanntheit resultiert auch aus dem kulturellen Erbe der Stadt. Hiermit verbunden sind eine der ältesten deutschen Universitäten (Gründung im Jahre 1409) sowie weltberühmte Institutionen klassischer Musik (Oper, Gewandhaus, Bachfestspiele, Thomanerchor). Dabei war Leipzig niemals Residenzstadt, so daß seine gesellschaftliche Entfaltung vornehmlich dem Aufstieg bürgerlicher Handelshäuser zuzuschreiben war, die den Glanz ihres Erfolges in die architektonische Ausgestaltung und das Kulturleben der Stadt investierten. Als sächsische Territorialstadt stand Leipzig immer in Konkurrenz zur politischen Machtzentrale und zum "Elbflorenz" Dresden, das sich als Sitz des Fürstenhofes präsentierte und heutige Hauptstadt des Landes Sachsen ist. Leipzig konnte somit nicht von herrschaftlich "gesetzter Zentralität" profitieren und mußte seinen Aufstieg selbst erarbeiten, "gewann" aber damit auch den klischeehaften Makel - noch verstärkt durch die Phase der Industrialisierung und der sozialistischen Stadtplanung -, eine triste und graue Metropole der Arbeit zu sein.

9.2.1 Tradition in Handel und Handwerk

Gründung und Ausdehnung der Stadt seit dem 12. Jh. stehen ursprünglich im Zusammenhang mit der Etablierung Leipzigs als Standort großer Jahrmärkte und als Handelsdrehscheibe zwischen Ost- und Westeuropa. An der Kreuzung großer europäischer Heer- und Handelsstraßen gelegen, entwickelte sich Leipzig vom Burg- und Rastplatz zum Zentrum eines bedeutenden Warenumschlages. Ausgezeichnet mit landesherrlichen und kaiserlichen Privilegien zum Stadt- und Marktrecht, konnte Leipzig seine Position gegenüber Städten wie Halle, Merseburg oder Magdeburg langfristig ausbauen (FREYBERG 1941; Leipziger Messeamt 1958). Wie die gesamte Region profitierte Leipzig vom Reichtum, der aus dem sächsischen Erz- und Silberbergbau dem mitteldeutschen Gebiet zufloß, vermochte sich aber gegenüber den anderen Städten eine Monopolstellung im Handel mit Eisen und anderen Metallen aufzubauen und nahm neben Frankfurt/Main eine herausragende Bedeutung im Buchdruckergewerbe ein. Sternförmig liefen im 17. Jh. 12 Haupt- und Poststraßen in Leipzig zusammen. Die Jahrmärkte der Stadt etablierten sich als die größte (Waren-) Reichsmesse, auf der vielfach nicht mehr nur Rohmaterialien, sondern veredelte Güter aus lokalen Handwerksbetrieben umgeschlagen wurden (RINK & GRAHL 1993). Leipzig entwickelte sich zu einer Stadt des Handels und Handwerks, wovon die bauliche Physiognomie der Innenstadt bis heute geprägt wird. Für die Warenmesse entstanden auf engstem Raum mehrgeschossige Häuser mit Gewerbehöfen, Hofdurchgängen und Verkaufsgewölben. Unter Beibehaltung der Leipziger Durchhoftradition kamen im Übergang von der Waren- zur Mustermesse zu Beginn des 20. Jhs. neue Messehäuser hinzu, die teilweise mit umfangreichen Passagensystemen "untertunnelt" wurden (HOCQUÉL 1990a). Bis heute verleiht dieses bauliche Erbe - in der Regel ausgefüllt mit klein- und kleinsträumigen Verkaufsstellen - der Geschäftskultur der Innenstadt einen ganz besonderen Charakter, obwohl die Läden - gemessen an den Erfordernissen des heutigen Einzelhandels - häufig zu klein und in ihrem Grundriß ungünstig geschnitten sind.

9.2.2 Entwicklung der Stadt von der Industrialisierung bis 1945

Eine explosionsartige Vergrößerung der Leipziger Bevölkerung setzte seit Mitte des 19.Jhs. ein und drängte den jahrhundertelangen Charakter Leipzigs als Handels- und Messestandort in den Hintergrund. In nur 70 Jahren (1825 - 1895) verzehnfachte sich die Anzahl Leipziger Bürger, ohne daß sich die Stadtfläche in gleichem Maße nach der Niederlegung der Stadtmauern und Verfüllung der Gräben und infolge von Eingemeindungen erweitert hätte (HOCQUÉL 1990b: 30). Fand die Bevölkerung ihre Arbeit zunehmend in den vom Wohnort fußläufig erreichbaren neuartigen Manufakturen und

(Hinterhof-) Industriebetrieben des Frühkapitalismus, lebten die Menschen immer häufiger in baulich hochverdichteten Mietskasernen, die im innerstädtischen Randbereich entstanden. Zusätzlich wurden neue Stadtteile ausgelegt, oder Dörfer außerhalb der Stadtgrenzen wuchsen in das Stadtgefüge hinein. Leipzig entwickelte sich zu einem Zentrum des Maschinenbaus und war hierin auf ein Produktionsprofil zugeschnitten, das die für die Stadt messetypischen Rohstoffe und Halbfabrikate wie Textilien, Metallwaren und Druckerzeugnisse verarbeiten konnte (SCHMIDT 1981: 4). Bis 1914 expandierte Leipzig zur viertgrößten deutschen Stadt und zu einer industriellen Kernzone des Deutschen Reiches. Einher ging diese Entwicklung mit der Übernahme nationaler zentraler Funktionen (Reichsgericht, größter Kopfbahnhof Europas, Sitz des Mitteldeutschen Rundfunks, Bankenzentrum) und der Aufwertung Leipzigs zu einer europäischen Metropole (Börsenstandort, Sitz ausländischer Konsulate). 1933 wohnten mehr als 713.000 Menschen in der Stadt. Die Zerstörung des Stadtkerns und der inneren Vorstädte während des Zweiten Weltkrieges zu 60% lassen dabei heute nur noch erahnen, wie das alte Leipziger Zentrum ausgesehen hat (LISTEWNIK & SPARSCHUH 1992: 40; BREUSTE 1994: 513).

9.2.3 Phase des Sozialismus bis 1989

Kriegsbedingte Verluste, Fluchtwellen Richtung Westen und ein hoher Sterbefallüberschuß führten binnen 40 Jahren zu einer Abnahme der Bevölkerung um ca. 200.000 Einwohner. Leipzig verlor im geteilten Deutschland auch seine Funktionen als Gerichtsstandort, Bankenplatz und Verlagszentrum. Die Wiederbelebung als international bedeutsamer Messeplatz und Sprungbrett für den Handel mit Osteuropa, als Sitz von 14 zentralgeleiteten DDR-Kombinaten und als Bezirkshauptstadt seit 1952 bewirkte jedoch, daß Leipzig zumindest in der DDR zweitwichtigste Metropole nach Ost-Berlin blieb (HENCKEL u.a. 1993). Die Konzentration von überregional bedeutsamen Bildungs- und Forschungseinrichtungen (u. a. Karl-Marx-Universität; Deutsche Hochschule für Körperkultur und Sport) sowie Kulturstätten (Gewandhaus, Oper) bewahrten zudem den hohen internationalen Bekanntheitsgrad der Stadt. Weil Leipzig die Weltoffenheit der DDR gegenüber Westbesuchern zu repräsentieren hatte, wurde es in vielfacher Hinsicht bevorzugt, wenn Güterzuteilungen aus der DDR-Mangelwirtschaft über die verschiedenen Territorien des Landes erfolgten. Das betraf sowohl das alltägliche Warenangebot in den Schaufenstern der staatlich dirigierten HO- und Konsumläden als auch die Bereitstellung von Baukapazitäten, um den Verfall an Gebäuden im Stadtbild mit Hilfe oberflächlicher Fassadenrenovierung zu übertünchen. Wo die Restaurierung politisch nicht erwünscht war, wurde durch Totalabriß Platz geschaffen für Denkmale sozialistischer Bauarchitektur (z. B. Hochhaus der Universität als heutiges Wahrzeichen der Stadt). Die seit den 60er Jahren verfolgte Leitlinie des industriellen Wohnungsbaus, mit Hilfe vorfabrizierter Plattenbauelemente zügig Wohnraum zur Verfügung zu stellen, nahm zudem keine Rücksicht mehr auf bauhistorische Überlegungen. Neben den Plattenbau-Großsiedlungen am Stadtrand wurden Wohnquader auch mitten in der Innenstadt errichtet (Initiativgruppe der 1.Leipziger Volksbaukonferenz 1990). Zusammen mit dem Raum Halle stand Leipzig auch als Synonym für extreme Umweltbelastung in der DDR. In der Stadt arbeiteten ca. 90.000 Industriebeschäftigte in ca. 790 Betrieben, die nicht selten innenstadtnah lagen und das äußere Erscheinungsbild einer frühindustriellen Landschaft mit hohen Emissionsausstößen vermittelten (SCHMIDT 1981: 10). Die wachsende Unzufriedenheit der Bürger über die unzumutbar gewordenen Wohnverhältnisse führte zum "stürmischen Herbst 1989", der in Form friedlicher Demonstrationen Ausgangspunkt für den Zusammenbruch des DDR-Systems wurde (SOHL 1990).

9.2.4 Bauliche Entwicklung nach der deutschen Wiedervereinigung

Die West-Öffnung der DDR-Grenze im November 1989 sowie die Wiedervereinigung Deutschlands zum 3.10.1990 haben nachfolgend zu einer vollständigen Umstrukturierung der gesellschaftlichen Situation beigetragen. Noch in der Endzeit der DDR konnte erstmalig eine ehrliche Bestandsaufnahme zum baulichen Verfall der Stadt geleistet werden. So sind von den über 1.000 km öffentlicher Wasserleitungen 41% älter als 70 Jahre, und 330 km weisen schwere Schäden auf, wobei die jährliche Reparaturrate zur DDR-Zeit bei nur 0,3% lag. Außerdem bedürfen ca. 1.000 von 1.400 km der Gasrohrleitungen einer notwendigen Auswechslung (Initiativgruppe der 1. Leipziger Volksbaukonferenz 1990: 143). Viele Gebäude mußten in den letzten vier Jahren "entwohnt" werden, weil akute Einsturzgefahr bestand. Die jahrzehntelange Vernachlässigung der Gebäudeunterhaltung sowie das zu geringe Neubauvolumen resultierten letztlich in einer Zahl von 48.000 registrierten Wohnungssuchenden in Leipzig (Initiativgruppe der 1. Leipziger Volksbaukonferenz 1990: 13).

Zügig wurden seit 1990 neue Wohn- und Gewerbeeinrichtungen, und zwar in der Regel von westdeutschen Investoren, gebaut, um den Nachholbedarf der Bevölkerung nach ansprechendem Wohnraum und Versorgungseinrichtungen zu decken. Weil jedoch die Abstimmung mit benachbarten Kommunen im Wettbewerb um Investoren, Arbeitsplätze und Gewerbesteuereinnahmen nicht funktionierte und das nun auch in Ostdeutschland gültige westdeutsche Planungsrecht zunächst nicht griff (fehlende Durchführungsbestimmungen und Landesplanungsgesetze), stellte sich nach dem "Zuwenig" binnen weniger Jahre ein planerisches "Zuviel" der verschiedensten Einrichtungen ein. Zu konstatieren ist ein absehbarer Überbesatz der Region Leipzig mit Einkaufszentren, Tankstellen, Hotels und Gewerbeparks. Zusätzlich sind viele Wohngebiete an der Leipziger Peripherie und im Umland entstanden, die einen bisher gänzlich unbekannten suburbanen Gürtel um die Stadt gelegt haben.

Weil Leipzig wieder - ähnlich wie vor dem Zweiten Weltkrieg - zur wirtschaftlichen

Drehscheibe in Richtung Ostmitteleuropa geworden ist bzw. sich mit dem Bau eines neuen Messegeländes entsprechend profilieren soll, konzentrieren sich hier nun wieder Geschäftsbanken (anzahlmäßig zweitwichtigster Bankenplatz in Deutschland) und Konsulate, die auf prestigeträchtige Immobilien - zuweilen auf Stammhäuser von vor 1945 - zurückgreifen.

9.2.5 Wirtschaftliche Umstrukturierung

Mit dem Zusammenbruch der sozialistischen Planwirtschaft mußten die sich von Mengen- und Preiskontingentierungen geleiteten Produktions- und Dienstleistungsbetriebe kurzfristig der marktwirtschaftlichen Konkurrenz stellen. Ein umfangreicher Einkaufstourismus gen Westen oder der Verkauf von Waren aus ambulanten Ständen und Verkaufsprovisorien heraus (Container, ehem. Gewächshäuser, Zeltstädte) führten deshalb binnen weniger Monate landesweit zur Auflösung des alten Einzel- und Großhandelsnetzes (KATHER 1990; BAADER 1991).

Ähnlich einschneidende Veränderungen erfuhr die Stadt in ihrem Stellenwert als Zentrum des sekundären Sektors. Die von der Treuhandanstalt vorgenommene Privatisierung von Produktionsbetrieben, sofern diese Interessenten fanden, war unter arbeitsmarktpolitischen Gesichtspunkten gesehen ein Fiasko. Anfang 1994 verblieben von ursprünglich 90.000 nur noch 19.000 Arbeitsstellen im verarbeitenden Sektor, und zwar insbesondere im Werkzeugmaschinen- und Anlagenbau sowie in der Elektroindustrie (Aengevelt-Research 1994). Bedenklich ist insbesondere der Rückgang der F&E-Kapazitäten im industriellen Sektor auf nur noch 20% des Standes von 1989 und die hiermit geschrumpfte Innovationsfähigkeit der heimischen Industrie (SCHMIDT 1994: 502), sich internationaler Konkurrenz zu stellen. Das freigesetzte Arbeitspersonal kann dabei aufgrund völlig andersgearteter Qualifikationsprofile nur selten vom parallel stattfindenden Boom im tertiären Sektor profitieren, der eine Expansion im Angebot von Büroflächen zur Folge gehabt hat.

9.2.6 Soziale Umschichtung der Bevölkerung

Auch die neuesten Zahlen von 1996 zur Bevölkerungsentwicklung zeigen, daß Leipzig weiter schrumpft. Nur aufgrund einer Eingemeindung im selben Jahr ist die Bevölkerung scheinbar gestiegen (Stadt Leipzig 1996b, 1997). Das mag weiterhin an dem Image liegen, daß Leipzig als ökologisch stark belastete Region eingeschätzt wird, an dem völlig veränderten Arbeitsmarkt der Stadt, der vielen Alteingesessenen keine Perspektiven mehr gibt, und an den gegenüber den westlichen Bundesländern immer noch geringeren Lohnzahlungen ("Osttarife"). Letztere fallen für eine Fortzugsentscheidung besonders ins Gewicht, weil die im Bundesdurchschnitt nur 80% betragende Leipziger

Kaufkraft nicht Schritt hält mit den schon eher einem westlichen Standard entsprechenden Lebenshaltungskosten (IHK Leipzig 1994: 58). Eine wachsende Zahl von Sozialhilfeempfängern und eine (im ostdeutschen Vergleich allerdings noch relativ niedrige) Arbeitslosenquote von 13,3% im Jahre 1995 spiegeln die wachsende Verarmung der Bevölkerung wider. Vielfältige Formen ambulanten Handels wie Imbißbuden, Obst- und Gemüsestände sowie Zeitungsverkäufer kennzeichnen das Straßenbild. Soziale Unzufriedenheit äußert sich in Hausbesetzungen und explodierender Kriminalität, die Leipzig zur deutschen Hochburg des Autodiebstahls (häufig von sog. *crash kids*) gemacht hat. Darüber hinaus ist mit der Entstehung einer Obdachlosen- und Prostituiertenszene eine Subkultur entstanden (JAHNKE 1991). Die bis zur deutschen Einheit eher unbekannte soziale Ausdifferenzierung von Wohngebieten schreitet zügig fort und hat bereits zur Verdrängung von Altmietern und traditionellen Ladengeschäften geführt (HELLER 1993). Doch haben die hierbei in den ersten Jahren noch bestimmenden Bodenspekulanten auf die Entwicklung hoher Büro-, Laden- und Wohnmieten - bekanntestes Beispiel war die Jürgen Schneider Immobilien-Gruppe - an Bedeutung verloren (Financial Times 15.4.1994).

9.2.7 Renaissance Leipzigs als Schrittmacher ostdeutscher Entwicklung?

Leipzig ist nach der Öffnung des "Eisernen Vorhangs" wieder in den Mittelpunkt Europas gerückt. Damit die Region ihre traditionelle Bedeutung als West-Ost-Verkehrsdrehscheibe zurückgewinnt, werden umfangreiche Investitionen in der Verkehrsinfrastruktur vorgenommen, die vor allem das Autobahnsystem vervollständigen und das bestehende Eisenbahnnetz von Grund auf modernisieren sollen. Auf gute Erreichbarkeit zielt insbesondere die Neue Leipziger Messe, die Anfang 1996 ihre ersten Gäste empfangen hat, auf Fachmessen für innovative Produkte setzt und bei der es sich um das modernste Ausstellungs- und Kongreßzentrum Europas handelt (LVZ 26.-/27.11.1994). Auch ansonsten zieht die Stadt viele Investoren an, die Leipzig zur "Hauptstadt der Kräne" gemacht hat. Vielfach wurden die Investoren dabei mit Hilfe sog. Investvorrangbescheide gegenüber Restitutionsansprüchen von Altbesitzern bevorzugt, sofern letztere nicht vergleichbar investieren konnten (LVZ 28.10.1994). Doch Schattenseite dieser Entwicklung ist, daß Leipzig immer stärker der Uniformität westdeutscher Städte entgegenstrebt, was vornehmlich das Straßenbild und die Angebotspalette des Einzelhandels in den Innenstädten anbelangt (Filialisierung und Textilisierung).

Neben der Profilierung als Banken-, Versicherungs- und Gerichtszentrum (Sächsisches Verfassungsgericht, Bundesverwaltungsgericht), als Standort des europäischen Versandhauses Quelle sowie als europäische Kulturmetropole versucht die Stadt, an ihre Traditionen der Buchdruckerei und des Verlagswesens mit einem Konzept zur sog. Medienstadt Leipzig anzuknüpfen. Hierin soll die Stadt gleichermaßen ein Zentrum alter und neuer Kommunikationstechnologien werden. Forschungs- und Entwicklungskapazitäten hierzu liegen jedoch immer seltener in der Region, so daß sich die Befürchtung hält, daß das Gebiet im so sehr geschrumpften sekundären Sektor zu einer "verlängerten Werkbank für einfache Massenerzeugnisse" wird (FAZ 14.12.1993). Damit mag Leipzig sein Image des "grauen Molochs" abschütteln, doch zu dem Preis hoher sozialer Polarisierung zwischen "Gewinnern" und "Verlierern" der deutschen Einheit (DM (11), 1993: 86-95).

9.3 Rostock

Als größte Stadt des Bundeslandes Mecklenburg-Vorpommern beging die Hansestadt Rostock 1995 das 777-jährige Jubiläum ihrer Stadtgründung, deren weiterer Entwicklungsgang geprägt war von der Seefahrt und dem Handel im Ostseeraum. Ursprünglich in drei Stadtkerne untergliedert, wuchsen diese territorial, juristisch und institutionell im Jahre 1265 zusammen und wurden ab 1300 von einem Mauergürtel umgeben. Wirtschaftlicher und politischer Aufstieg im Mittelalter erfolgten im Kaufmanns- und Städtebund der Hanse. Im 14. und 15.Jh. zählte Rostock mit 11.000 Einwohnern zu den bevölkerungsreichsten Städten Europas (HEINZ & SCHOLZ 1996: 109). Reichtum und Ansehen der Stadt wurden durch die Gründung einer Universität im Jahre 1419 unterstrichen. Doch führten der Zerfall des Städtebundes Mitte des 17. Jahrhunderts, kriegerische Verwicklungen und die Konkurrenz der Städte Hamburg, Lübeck und Stettin "zu langanhaltenden Stagnationsphasen" (ALBRECHT & WEBER 1991: 107). Bis zur Entfestigung im 19.Jh. verharrte Rostock "in seiner mittelalterlichen Begrenzung" (FELLNER 1993: 16) in dem insbesondere vom Dreißigjährigen Krieg verwüsteten und "zum Symbol der Rückständigkeit in Deutschland" gewordenen Land Mecklenburg (zitiert nach HEINZ & SCHOLZ 1996: 110).

9.3.1 Industrie und Monostrukturen

Obwohl der Rostocker Handel und die Seeschiffahrt von steigenden Agrarexporten vor allem nach England seit Ende des 18.Jhs. profitieren konnten, war die Bevölkerung bis zum Jahre 1800 nur auf ca. 12.750 Personen angewachsen und damit nicht wesentlich größer als im Mittelalter (ALBRECHT & WEBER 1991: 115). Der von Junkern geprägte landwirtschaftliche Raum und ihr teilweise erfolgreicher Versuch, infrastrukturelle Veränderungen wie den Bau von Alleen und die Anbindung an die Eisenbahn zu behindern, haben die inselartige Abschottung von Ostseestädten gegenüber ihrem Umland verlängert und eine monostrukturelle auf Hafen, Schiffahrt und Schiffbau orientierte Wirtschaftsentwicklung zugelassen. Ähnlich wie in Leipzig nahm die Bevölkerung bis 1933 im Vergleich zum Jahre 1800 um das Siebenfache zu und blieb dennoch eine eher kleine Stadt mit weniger als 100.000 Einwohnern. 1850 wurde die Neptunwerft gegründet, die lange Zeit der einzige industrielle Großbetrieb der Stadt war. Mit Beginn der Wehrhoheit im Jahre 1935 entstanden zudem Tausende neuer Arbeitsplätze im Flugzeugbau und in anderen Zweigen der Rüstungsindustrie. Binnen sechs Jahren nahm die Bevölkerung um mehr als 30.000 Menschen zu, für die ganz neue Wohnviertel angelegt wurden. Aufgrund der Rüstungsanlagen und ihrer innerstädtischen "überaus brandanfälligen" Baualtersstruktur ("alte Häuser mit Pappdächern, enge Gassen, Arbeiterwohnviertel, wenig Flakschutz"; SCHRÖDER 1995: 7) war Rostock damit auch bevorzugtes strategisches Bomberziel der Alliierten im Zweiten Weltkrieg. Profan- und Backsteinbauten wurden weitestgehend zerstört. Noch bis in die spätere DDR-Zeit war die Rostocker City von Bombenlücken und "einer immer mehr verfallenden Altstadt" geprägt (SCHRÖDER 1995: 7).

9.3.2 Phase des Sozialismus

Eine neue Phase der Entwicklung setzte mit Gründung der DDR ein, in deren Verlauf die Stadtfunktionen von Rostock über seine traditionelle wirtschaftliche Bedeutung hinaus erweitert wurden. Seit 1952 war Rostock Bezirksstadt für 14 Kreise entlang der Ostseeküste. Es übernahm die Rolle als Kultur-, Bildungs- und Sportzentrum im Norden der DDR (OBENAUS & ZUBER-SEIFERT 1996b: 501). Zudem avancierte der Überseehafen von Rostock sowohl für das eigene Hinterland als auch in seiner Übernahme von Transitaufgaben u.a. für die ČSSR, Ungarn und Österreich zum "Tor zur Welt", um im wirtschaftlichen Autarkiestreben der DDR "keine Valuta zur Benutzung fremder Häfen" aufwenden zu müssen (FELLNER 1993: 23). Als Standort zweier Großwerften, einer Fischereiflotte, der Admiralität der DDR-Volksmarine und einer Hochschule für Seefahrt wurde jedoch die traditionell monostrukturierte Ausrichtung der Rostocker Wirtschaft nicht überwunden, sondern noch weiter gefördert (HEINZ & SCHOLZ 1996: 111). Bis 1988 wuchs die Bevölkerung in der "Boomtown" Rostock aufgrund andauernder Wanderungsgewinne auf 254.000 Personen (OBENAUS & ZUBER-SEIFERT 1996b: 501). Hierfür entstanden seit Anfang der 50er Jahre neue Wohngebiete, von denen sich die meisten durch industriellen Massenwohnungsbau auszeichnen (Rat des Bezirkes Rostock 1982). Anfang der 90er Jahre wohnten 50% der Bewohner in Neubaugebieten mit mehr als 2.500 Wohneinheiten, was dem sieben- bis achtfachen Anteil der Situation in den Altbundesländern entspricht (HOHN & HOHN 1993: 147). Eine völlig unzureichende Versorgungsausstattung dieser Räume, die allein im Nordwesten der Stadt 150.000 Menschen aufnehmen, zeigte aber, daß das Wohnungsbauprogramm der DDR allein auf die Befriedigung des Grundbedürfnisses "Wohnen" ausgerichtet war. Hieraus ergaben sich zwei wichtige Konsequenzen für die innerstädtische Entwicklung: Einerseits wurde die hier noch vorhandene Altbau-Substanz mit Ausnahme derjenigen an sog. Protokollstrecken vernachlässigt und flächensaniert, um finanzaufwendige Restaurationsarbeiten zu vermeiden (FELLNER 1993: 36). Wo Neubauten entstanden, waren auch sie industriell gefertigt, versuchten aber zumindest in ihrer Fassadengestaltung an alte Bautraditionen anzuknüpfen und keine ahistorische Bauweise wie in der City von Leipzig zuzulassen. Andererseits existierten intensive Verflechtungen zwischen der Innenstadt, der städtischen Peripherie und erst recht dem ländlichen Umland in den Bereichen Einkaufen, Kultur, Sport, Gesundheitswesen und Verwaltung, die in zentripetaler Form auf die City der Stadt orientiert waren (vgl. OBENAUS & ZUBER-SEIFERT 1996b: 501) und die Unterausstattung der Peripherie mit zentralen Einrichtungen widerspiegelten. Mit Ausnahme der Kaufhallen, von denen einige in "Einkaufszentren" integriert waren, die als kleinräumige Einzelhandelsagglomerationen in Form einer Fußgängerpassage zu charakterisieren sind, konzentrierten sich die wenigen Kauf- und Warenhäuser sowie speziellen Angebote in der Innenstadt. Letztere zeichnete sich dadurch aus, daß sie mit der Sanierung der Kröpeliner Straße im Jahre 1961 die erste Fußgängerzone der DDR erhielt (FELLNER 1993: 36).

9.3.3 Wirtschaftlicher Zusammenbruch und Neubeginn

Die einseitige industrielle Ausrichtung der Stadt führte nach der Wiedervereinigung zu einer tiefgreifenden Strukturkrise. Bereits im Dezember 1990 waren 17.000 Menschen arbeitslos, weitere 45.000 waren Kurzarbeiter (KOPP 1994: 45). Die Anzahl der in der Hochseefischerei tätigen Personen sank von ca. 8.000 auf etwa 250 Personen und auf der Warnow- und Neptunwerft von 12.670 auf ca. 3.200 Beschäftigte, die der Deutschen Seereederei von ehemals 13.200 auf 2.300 bis Ende 1995 (OBENAUS & ZUBER-SEIFERT 1996b: 503f.). Über 80% der Industriebeschäftigten arbeiteten 1989 noch in Betrieben mit mehr als 1.000 Beschäftigten. Einen ähnlich dramatischen Rückgang erfuhr die Anzahl der Berufstätigen in der Landwirtschaft des Rostocker Umlandes. Allein bis zum Februar 1992 verloren 19.500 Personen ihre Arbeit, bzw. nur noch 17% der ehemals Berufstätigen in der Landwirtschaft waren noch in dieser Branche tätig (BANDELIN u.a. 1994: 104). Anfang 1996 waren etwa 20% der Bevölkerung im Großraum Rostock arbeitslos (Ostsee-Zeitung 9.2.1996).

Seitdem hat sich der Schwerpunkt der Wirtschaftsstruktur von industriellen Großbetrieben auf klein- und mittelständische Betriebe verlagert. Diese haben jedoch nicht die Entindustrialisierung der Stadt verhindern können. Der Gründerboom konzentrierte sich vor allem auf den Handel und die Dienstleistungen. Die erste Branche nahm in ihrem Gewerbebestand zwischen 1990 und 1994 von 1.713 auf 5.219 zu, die Dienstleistungen (freie Berufe und Unternehmen) von 1.598 auf 5.199 Einheiten (Demokratische Gemeinde 1995: 37), von denen viele jedoch nur Einpersonenbetriebe sind. Sie konnten nicht verhindern, daß auch der Bereich Handel und Verkehr zwischen 1991 und 1993 12.800 Arbeitsplätze verlor. Zeitgleich entstanden im Umland aber 500 neue Plätze (FRANZ u.a. 1996: 89 u. 91).

9.3.4 Sozialer Wandel

Die Wiedervereinigung hat auch soziale Konsequenzen gehabt. Allein von 1990 zu 1991 hatte die Stadt Rostock einen negativen Wanderungssaldo von ca. 10.000 Personen (OBENAUS & ZUBER-SEIFERT 1996a: 28). Seitdem ist die Bevölkerung kontinuierlich insbesondere auf Kosten des Umlandes zurückgegangen. Gründe sind einerseits die gestiegene PKW-Mobilität, andererseits ein erheblicher Nachholbedarf bei der Wohnraumversorgung. Anfang der 90er Jahre betrug die zur Verfügung stehende Wohnfläche pro Person 23,5 qm, in von der Größe her vergleichbaren westdeutschen Städten ca. 38 qm (FELLNER 1993: 56). Hierdurch sind Prozesse sozialräumlicher Segregation initiiert worden, die in der DDR eher unbedeutend, aber auch nicht unbekannt waren. Leidtragende sind diejenigen, die relativ arm sind und in einem veränderten Wohnumfeld "statt Butter und Brot Blumenladen und Billard-Café" vorfinden (Ostsee-Zeitung 28.5.1991). Im August 1996 legte die Stadt als erste ostdeutsche Kommune eine Armuts-Studie vor. Demnach waren im Juni 1996 fast 10.000 Personen Sozialhilfeempfänger. Von Januar 1994 bis Mitte 1996 nahm die Anzahl der gemeldeten Obdachlosen um das Siebenfache zu (Norddeutsche Neueste Nachrichten 14.8.1996: "Armut in Rostock zwingt zu schnellem Handeln"). Die in der angloamerikanischen Geographie als "urban pathologies" diskutierten Phänomene wie Kriminalität, Rotlichtszene und Gewalt unter Jugendlichen und gegenüber Ausländern haben sich darüber hinaus in einer Form entwickelt, daß sie im Falle der Krawalle in Lichtenhagen zu Beginn der 90er Jahre für die Stadt imageprägend wurden (vgl. MÜLLER 1994; Norddeutsche Neueste Nachrichten 21.9.1996: 13).

9.3.5 Baulicher Aufschwung?

Im Wettkampf um neue Funktionen, damit die mit der Wende verlorengegangenen ersetzt werden können, konkurriert Rostock ähnlich wie Leipzig mit seinen Nachbargemeinden um großflächige Einrichtungen des Handels und der Dienstleistungen. Die bauliche Inwertsetzung der Innenstadt und der Stadtteile mit Hilfe von Einkaufszentren soll versuchen, einer "Stadt der kurzen Wege" zu entsprechen, das "Schlafstadt-Image" der Plattenbauten abzulegen (Norddeutsche Neueste Nachrichten 20.6.1996) und die Attraktivität des Umlandes zu beschneiden. Inwieweit dieser Versuch mit dem Bau der Ostseeautobahn zu realisieren ist, der das Einzugsgebiet der Peripherie überregional vergrößern würde, ist in Frage zu stellen. Als Ausrichter von Großseglerveranstaltungen und der Internationalen Gartenbauausstellung (IGA) 2003 will die Stadt Rostock jedoch mit Hilfe von *events* die Lebensqualität ihrer Bewohner und den touristischen Zuspruch aus Gesamt-Deutschland und Skandinavien vergrößern, um hiermit auch einer weiteren Entvölkerung der Stadt entgegenzuwirken. So entfielen allein auf den angrenzenden Kreis Bad Doberan im Jahr 1995 16,7% aller Wohnungsbaugenehmigungen im Land Mecklenburg-Vorpommern (Warnow-Kurier 14.2.1996: 1). Um letztlich

Kaufkraft vor Ort zu "produzieren", sollen die Werften als "industrieller Kern" und der Hafen als "zentrales Markenzeichen" der Stadt in einer künftigen Euro-Region Ostsee als Wirtschaftsdrehscheibe zwischen Baltikum, Osteuropa und Europäischer Union fortentwickelt werden (HEINZ & SCHOLZ 1996: 123).

9.4 Cottbus

Ähnlich wie für Leipzig geht die erste urkundliche Erwähnung von Cottbus auf die Mitte des 12. Jhs. zurück. Im 13. Jh. erfolgte die planmäßige Anlage des Ortes, deren wesentliche Elemente als Stadtgrundriß erhalten geblieben sind, zur Sicherung eines Spreeübergangs für die Fernhandelsstraße, die aus dem Saaleraum über Cottbus weiter nach Osten führte (GEYER 1982: 2). Gleich mehrfach brannte die gesamte Stadt im Mittelalter ab und wurde im Dreißigjährigen Krieg durch Kriegseinwirkung und Pestepidemien vollkommen verwüstet. Die Bevölkerung verringerte sich um etwa zwei Drittel. Wurden 1599 490 Bürger innerhalb der Stadtmauern gezählt (h.h. nur diejenigen, die das Bürgerrecht hatten, und nicht die Familienangehörigen), sank die Zahl in den 30er Jahren des 17. Jhs. auf 150 Bürger (ETRO-Verlag ca. 1995: 26, 28). Insbesondere die Zuwanderung hugenottischer Glaubensflüchtlinge belebte seit Beginn des 18. Jhs. das Cottbuser Handwerk und den Handel im Bereich der Tuchmacherei, der Gerberei und Tabakverarbeitung. Die vom preußischen König eingeräumten Privilegien wie freie Wohnung, Steuerfreiheit und Reisegeld zogen fremde Wollspinner nach Cottbus, was einen Boom der Tuchverarbeitung auslöste und eine Tradition in der Textilverarbeitung begründete (KÜCHNER 1995: 11). Dennoch blieb Cottbus eine eher kleine Stadt mit regionaler Bedeutung, die 1850 ca. 8.000 Einwohner hatte.

9.4.1 Ausdehnung bis 1945

Im Verlauf der industriellen Entwicklung wandelten sich die Manufakturen und Handwerksbetriebe der Tuchmacher zu Textilfabriken, deren Maschinen über Dampfkraft angetrieben wurde. Die Energie hierfür konnte kostengünstig von der aufstrebenden Braunkohlenindustrie aus dem näheren Umfeld von Cottbus bezogen werden. 1870 verbrauchten die Tuchfabriken etwa 50% der geförderten Braunkohle (ACOL ca. 1995: 12). Zudem entwickelte sich Cottbus im vereinigten Deutschen Reich zum Knotenpunkt der preußischen Staatsbahn. Bis 1913 versechsfachte sich die Bevölkerung (auch durch Eingemeindungen) gegenüber dem Stand von 1850 (GEYER 1982: 8) auf ca. 50.000 Personen. Im selben Jahr arbeiteten allein in den 110 Cottbuser Tuch-, Teppich- und Hutfabriken 7.887 Beschäftigte (ACOL ca. 1995: 61). Letztere sollten auch von der Umstellung auf Kriegsproduktion sowohl im Ersten als auch im Zweiten Weltkrieg kurzzeitig profitieren. Mitte 1945 waren ca. 60% der Wohnungen und Betriebe zerstört oder beschädigt, und die Einwohnerzahl betrug nur noch ca. 6.000 Bewohner (KÜCH-

NER 1995: 12).

9.4.2 Phase der DDR

Cottbus konnte aus der sozialistischen Zentralisierung, die die alten Länder abschaffte und neue Bezirke einrichtete, regionale und nationale Bedeutung hinzugewinnen. 1952 wurde es Bezirkshauptstadt, im nachfolgenden Sitz eines Rundfunksenders und Ende der 60er Jahre einer Ingenieurhochschule. Als Zentrum der Kohle- und Energiewirtschaft der DDR sowie als Sitz des Textilkombinats Cottbus nahm die Stadt auch entsprechende Verwaltungseinrichtungen auf. Im Vergleich zum Vorkriegsstand verdoppelte sich die Einwohnerzahl bis in die 80er Jahre auf den Höchststand von 128.943 Personen im Jahre 1989 (Stadt Cottbus 1996a: 29). Der Zuwachs von ca. 30.000 Personen in den 70er Jahren war dabei nur zu 23% aus der natürlichen Bevölkerungsentwicklung, jedoch zu 77% aus dem Binnenwanderungsgewinn zu erklären (GEYER 1982: 13). Deshalb ist Cottbus mit einem Durchschnittsalter seiner Bevölkerung von 36 Jahren (Stand 1996) eine relativ junge Stadt (Stadt Cottbus 1996c: 23). Um die Zuwanderer unterbringen zu können, entstanden in den 60er und 70er Jahren die Stadtteile Sandow (20.000 Einwohner) und Sachsendorf/Madlow (40.000 Einwohner) sowie in den 80er Jahren Neu-Schmellwitz (geplant für 20.000 Einwohner) in Form von Plattenbausiedlungen als "Folge und Bedingung der Industrie-Entwicklung" (KÜCHNER 1995: 12). Ab 1965 wurde der Bebauungsplan für ein neues Stadtzentrum umgesetzt, das außerhalb des alten Kerns (Spremberger Straße und Altmarkt) als "Ausdruck des sozialistischen Zeitgeistes" entstehen und die Innenstadt insgesamt vergrößern sollte. Hierfür wurde historische Altbausubstanz weggerissen. Als erstes Gebäude des neuen Zentrums wurde das Konsument-Warenhaus fertiggestellt. Zusammen mit mehreren größeren Wohngebäuden repräsentierten kleinere gastronomische Einrichtungen ein architektonisches Ensemble, das in der Nach-Wende-Zeit unter Denkmalschutz gestellt wurde. Im Verlauf dieser Planungen wandelte sich die Spremberger Straße als die Hauptgeschäftsstraße von Cottbus 1974 zur Fußgängerzone (ETRO-Verlag ca. 1995: 81). Aufwendige Restaurierungen um den Altmarkt konkurrierten dabei mit einer abrupt anschließenden Plattenbauweise im nördlichen Bereich der "Altstadt".

9.4.3 Die Nachwendezeit

Dieses Erbe einer räumlich zerrissenen Innenstadt mit teilweise ahistorischem funktionalen Baustil stellt sich als entscheidendes Hindernis für die "Vitalisierung" der Innenstadt nach der Wende heraus. An der städtischen Peripherie sind Einkaufszentren gebaut worden, ein weiteres ist 1993 innenstadtnah infolge Konversion des zwischenzeitlich liquidierten Textilkombinats entstanden. Die Beschäftigtenzahl ging hier von 5.255 (1988) auf 33 im Juli 1994, die der LAUBAG (Lausitzer Braunkohle AG) von ca. 68.000 auf 25.296 Ende 1993 und 11.000 Anfang 1996 zurück (BAYERL 1995: 19; IHK Cottbus 1996b: 39). Ähnlich wie Rostock hat Cottbus unter seiner industriellen Monostruktur zu leiden, wie es sich auch in der hohen Erwerbslosenquote von 17,2% (1994) niederschlägt. Seit 1989 verliert Cottbus zudem stetig an Wohnbevölkerung. Trotz der Eingliederung von sieben Gemeinden im Dezember 1993 konnte die Stadt damit nicht den Bevölkerungsstand von 1989 wiederherstellen. Das Durchschnittsalter steigt seitdem jährlich um circa ein Jahr (Stadt Cottbus 1996c: 23). Als Ausrichter der ersten Bundesgartenschau in den neuen Ländern im Sommer 1995 hat es Cottbus aber geschafft, das Image einer tristen Kohlestadt zu verdrängen und sich zu einem Besucherzentrum - vielfach in Verbindung mit Spreewaldbesuchen -zu entwickeln (KLEINSCHMIDT 1996). Durch die Vermittlung von positiven "weichen" Standortfaktoren in der Öffentlichkeit zielt Cottbus darauf, sich als Messe- und Kongreßstadt zu profilieren. Als Modellstadt im Städtebauförderungsprogramm der Bundesrepublik Deutschland hat es im Gegensatz zu vielen anderen ostdeutschen Städten bereits eine weitreichende bauliche Sanierung der Innenstadt erfahren (Stadt Cottbus 1995). In Verbindung mit der Technischen Universität soll das in der Region verfügbare Know How zur Energieproduktion und zum Braunkohlenabbau in der Umwelt- und Recyclingtechnik, z.B. in Form von Renaturierungsmaßnahmen, Altlastenerkundung und -sanierung, eingebracht werden. Großprojekte wie der Lausitz-Ring als Autorenn- und Teststrecke in einem ehemaligen Tagebau sowie die Konzeption des Fürst-Pückler-Parks als Freizeitlandschaft südlich von Cottbus lassen aber nicht darüber hinwegtäuschen, daß die Stadt nach dem Zusammenbruch ihrer wirtschaftlichen Strukturen Nachfolgefunktionen sucht, um die Bevölkerungsentleerung zu stoppen.

10. Untersuchungsmethoden

Wie groß ist die Attraktivität unterschiedlicher Einzelhandelsstandorte für verschiedene soziale Gruppen, wobei letztere ähnlich neu sind ("soziale Transformation") wie die Umgestaltung des Handelsnetzes? Welche Formen sozialer Kundensegregation sind erkennbar? Welche Konsequenzen gesellschaftlicher Zufriedenheit muß das haben? Inwieweit paßt sich der Standort an die veränderten Kundenströme an bzw. kann diese wieder umlenken? Ist der Wettbewerb zwischen Einkaufszentren bereits entscheidender als der Gegensatz Innenstadt-Einkaufszentren? Umfangreiche und zeitlich vergleichende empirische Untersuchungen auf der Mikroebene in Leipzig, Rostock und Cottbus sollen hierzu Aussagen machen. Befragt wurden Kunden in Einkaufszentren und Innenstädten im Juli 1993 und August/September 1995 (Nachfragerseite), Einzelhändler (Anbieterseite) sowie Planer und Institutionen (z. B. Industrie- und Handelskammern). Die Auswahl der Untersuchungsmethoden orientiert sich daran, Antworten auf die in Kapitel 5 formulierten Hypothesen zu finden. Letztere postulieren entscheidende Entwicklungstrends für alle Akteursgruppen im Einzelhandel, wie sie aus westdeutschen und internationalen Erfahrungen hergeleitet wurden. Weil die Interessen und Handlungsspielräume der einzelnen Akteure sich in einem komplexen System gegenseitig bedingen, ist eine Verifizierung oder Ablehnung der "erwarteten" Einzelhandelsdynamik erst am Schluß der Arbeit vorzunehmen. Eine Übersicht der Methoden und ihres zeitlichen und räumlichen Einsatzes vermittelt Abb. 9.

	Kundenbefragung (1993/95)	Haushaltsbefragung (1996)	Einzelhändlerbefragung	Verkehrszählung (1993/95)
Leipzig	a) City (1993/95) ↔	Karl-Liebknecht-Str. (Cityrand) ↔	City + Karl-Liebknecht-Str.	
	b) Saalepark (1993/95) ↔	Günthersdorf		Saalepark (1993/95)
	c) Sachsenpark (1993/95)			Sachsenpark (1993/95)
	d) Paunsdorf Center (1995)			
Cottbus	a) City (1995) ↔	westl. /südwestl. Cityrand ↔	City	
	b) Cottbus Center (1995) ↔	Neu-Schmellwitz ↔	Zuschka (Neu-Schmellwitz)	Cottbus Center (1995)
Rostock	a) City (1995) ↔	südl. Cityrand ↔	City	
	b) Ostseepark (1995) ↔	Sievershagen ↔	Ostseepark	Ostseepark (1995)
			Warnow Park	
			Südstadt Center	
	Expertengespräche	Kartierung	Archivarbeit	

Abb. 9: Übersichtsplan der empirischen Arbeiten und Standorte 1993 bis 1996

10.1 Auswahl der Probanden und Durchführung der Befragung

10.1.1 Kundenbefragungen

Eigene im Juli 1993 durchgeführte Kundenbefragungen in den Einkaufszentren Saalepark und Sachsenpark (ca. 8 km nördlich der City) (Abb. 10) sowie in der Innenstadt Leipzig gingen der Frage nach, wie die Standorte von den Besuchern beurteilt, aber auch wo bestimmte Güter hauptsächlich oder letztmalig eingekauft wurden. Die Interviews erfolgten mittels eines standardisierten Fragebogens ab 9 Uhr morgens bis zum Ladenschluß des jeweiligen Tages ("langer Donnerstag", Freitag, "kurzer Samstag", Montag, Dienstag). Die Dauer der Befragungen betrug ca. fünf Minuten. Ausführende waren in allen Fällen Studierende des Geographischen Instituts der Universität Kiel. An denselben Standorten wurde Anfang September 1995 erneut eine Befragung an gleichen oder vergleichbaren Wochentagen durchgeführt, um mögliche Veränderungen von Kundeneinzugsgebieten, Kundenstrukturen und -beurteilungen vor dem Hintergrund einer veränderten Wettbewerbssituation im Einzelhandel zu konstatieren. Denn zwischen 1993 und 1995 hatten weitere Einkaufszentren im Großraum Leipzig eröffnet. Eines davon, das Paunsdorf Center am östlichen Stadtrand von Leipzig gelegen, konnte zumindest an einem Tag in die Befragungen einbezogen werden. Um zudem Aussagen über eine spezifische Region hinaus zu treffen, wurden im August 1995 analog zur Vorgehensweise in Leipzig Kundeninterviews unter Verwendung desselben Fragebogens an Standorten auf der grünen Wiese und in der Innenstadt von Rostock und Cottbus durchgeführt. Neben den drei Innenstädten konnten somit in Rostock zwei (Ostseepark und Portcenter), in Cottbus ein (Cottbus Center) und in Leipzig drei Einkaufszentren (Saalepark, Sachsenpark und Paunsdorf-Center) mit Zustimmung der Centerverwaltungen für die Analyse ausgewählt werden. Alle Shopping Center zeichnen sich durch ihre Größe (Tab. 30), ihren Standort und von ihrem Alter her (Einkaufszentren der "ersten Stunde") als regional bekannte und exponierte Wettbewerber gegenüber den Innenstädten aus.

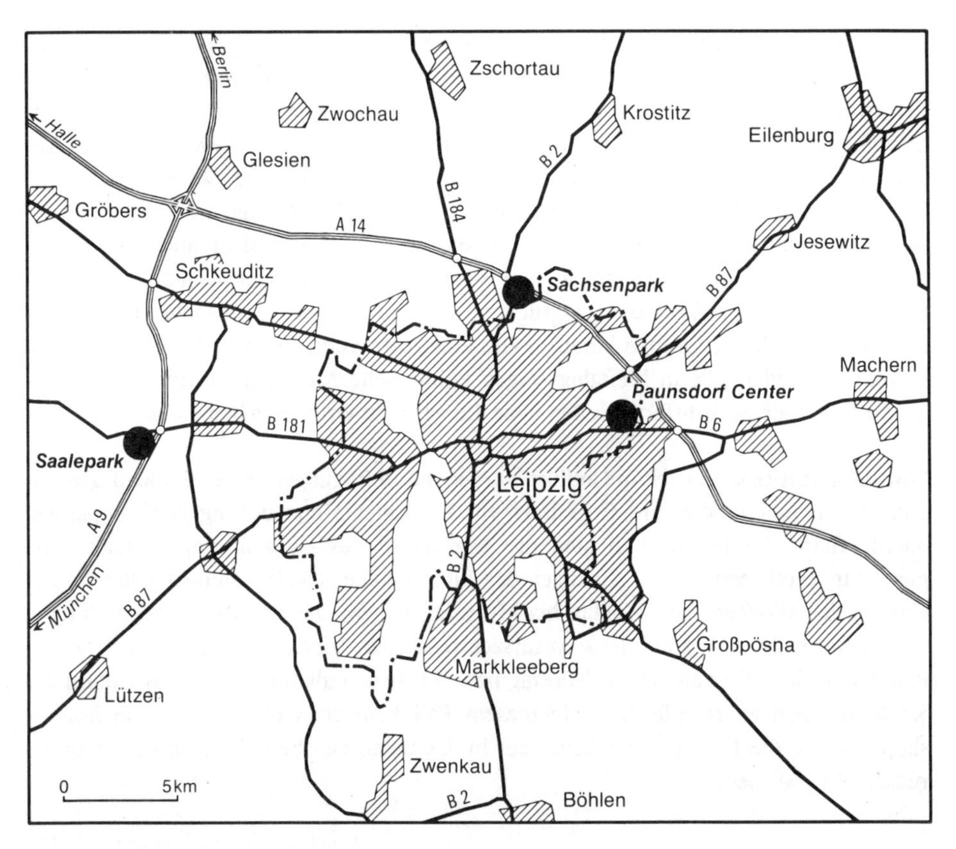

Abb. 10: Übersichtskarte der Region Leipzig
Quelle: JÜRGENS (1996: 336)

In den Einkaufszentren deckten die an den Befragungstagen zeitlich ununterbrochen besetzten Interviewerstandorte alle Kundenausgänge ab. Diejenigen, die sich durch ein größeres Kundenaufkommen auszeichneten, wurden mit einer doppelten oder dreifachen Anzahl von Interviewern ausgestattet. Ähnlich verfahren werden konnte an den Ein-

/Ausgängen zum innerstädtischen Ring von Leipzig (Abb. 11). Aufgrund des langgestreckten Grundrisses von Rostock (Abb. 12) bzw. der fehlenden räumlichen Kompaktheit der City von Cottbus (Abb. 13) wurden hier nur die wichtigsten Cityausgänge einbezogen. Konnten in den Einkaufszentren mit dieser Vorgehensweise alle Kunden theoretisch in das Sample einbezogen werden, war dieser Tatbestand in den Innenstädten nur teilweise erfüllbar. Die Wohnfunktion in den Citys erlaubte es, daß Kunden in den Innenstädten einkaufen, ohne diese über die Interviewerstandorte "verlassen" zu müssen. Weil die Innenstädte nicht mit Hilfe von "Interviewercordons" abzuriegeln waren, repräsentieren die Befragungsstandorte in den Innenstädten ausschließlich die "Brennpunkte" des Kundenverkehrs.

Die Auswahl der Probanden erfolgte in Form einer systematischen Zufallsauswahl. Beginnend mit der fünften vorbeilaufenden Person wurde nach Abschluß eines Interviews der jeweils dritte Passant angesprochen, der den Einkaufsstandort verließ und hier eine bewußte oder unbewußte Aktivität verrichtet hatte (vgl. BÜHLER 1990: 121). Bei Ablehnung wurde der jeweils nächste Passant angesprochen. Die Verweigerungsrate betrug über alle Standorte 62% (siehe auch Tab. 31). Die Befragten sollten zumindestens jugendlichen Alters sein. Weil die Passanten vielfach nicht allein unterwegs waren, kam es neben der Ansprache von Einzelpersonen auch zum Kontakt mit kleineren zusammengehörigen Passantengruppen, seien es hierbei Familienangehörige oder Freunde. Aus dieser Gruppe heraus sollte eine interessierte Person für ein Interview gewonnen werden, die in Meinungsfragen individuelle Ansichten vertreten, in Tatsachenfragen aber auch Informationen über die gesamte Gruppe geben sollte.

Sowohl in Rostock als auch in Cottbus wurden die Befragungen in den Einkaufszentren und in den Innenstädten im Gegensatz zur Leipziger Untersuchung zeitlich parallel durchgeführt. Im letzten Fall sind die Ergebnisse deshalb nur eingeschränkt vergleichbar. Weil jedoch nach Aussagen der Einzelhändler die Haupteinkaufstage in der City an den Wochentagen Montag bis Mittwoch liegen, ehe sich das Kundeninteresse am Wochenende stärker auf die Einkaufszentren konzentriert, ist die Kundenbefragung in der Leipziger City an einem Dienstag bzw. Mittwoch als repräsentatives Abbild der Käufersituation zu rechtfertigen. In diesem Fall konnten auch das sog. lunch-hour-shopping und die Feierabendeinkäufe der in der Innenstadt beschäftigten Personen berücksichtigt werden.

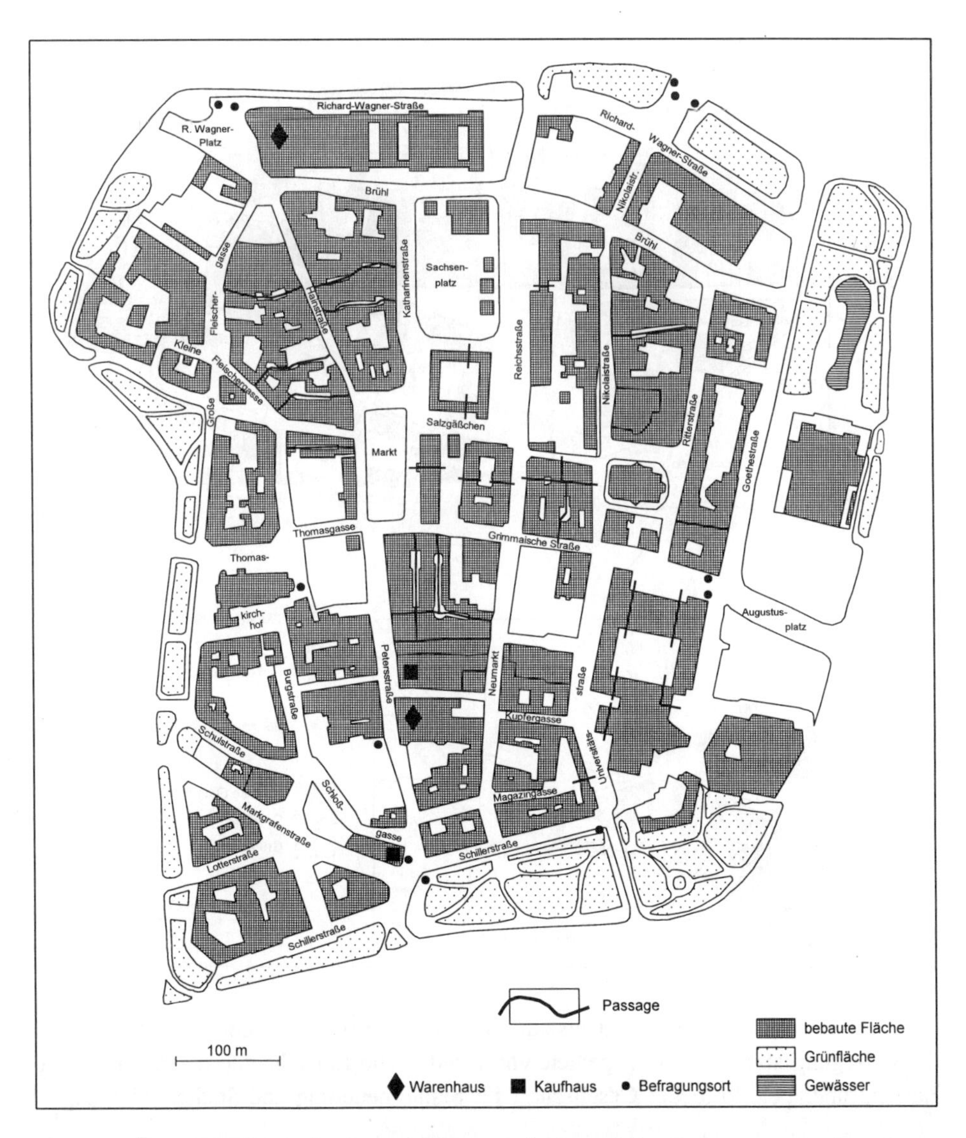

Abb. 11: Übersichtskarte der Innenstadt von Leipzig und der Befragungsstandorte bzw. -gebiete von Kunden und Einzelhändlern 1993, 1995 und 1996
Kartengrundlage: Vermessungsamt Stadt Leipzig

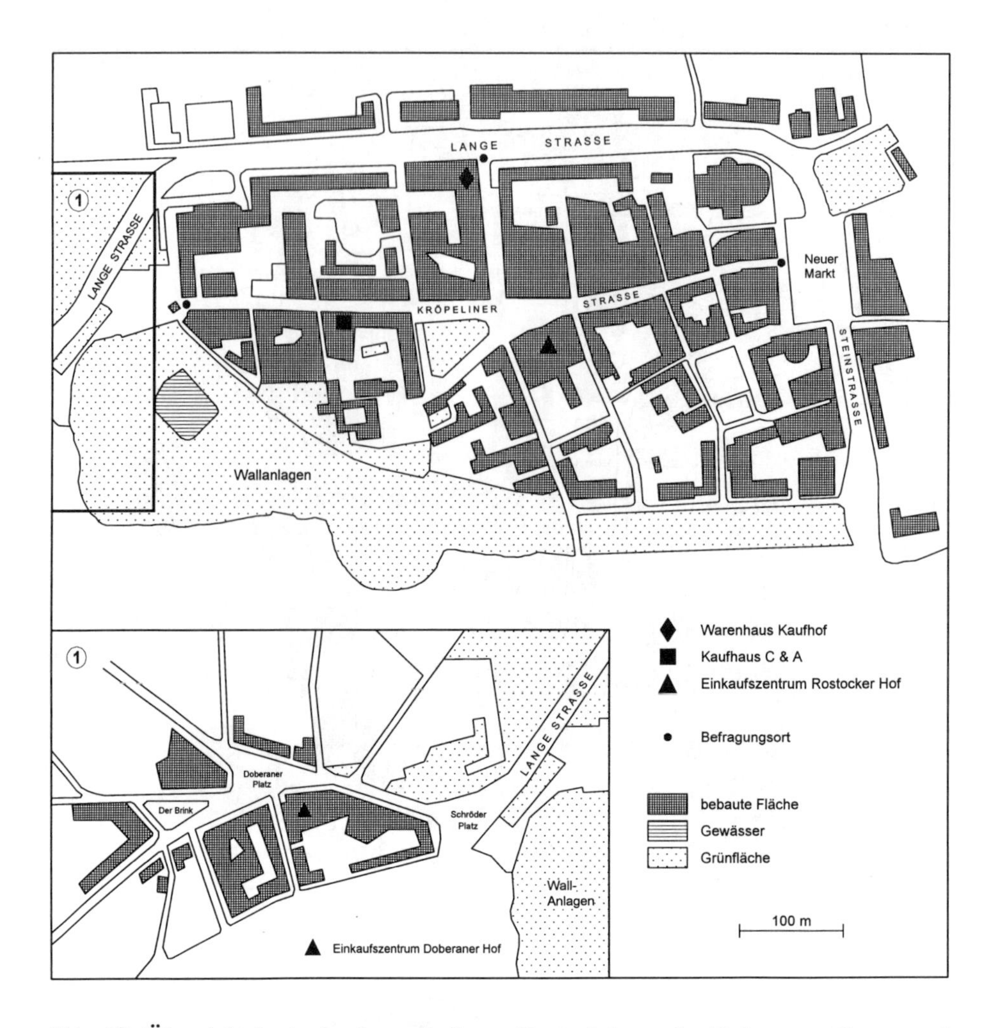

Abb. 12: Übersichtskarte der Innenstadt von Rostock bzw. des Doberaner Platzes und der Befragungsstandorte bzw. -gebiete von Kunden und Einzelhändlern 1995 und 1996 Kartengrundlage: Rostocker Gesellschaft für Stadterneuerung und Stadtentwicklung

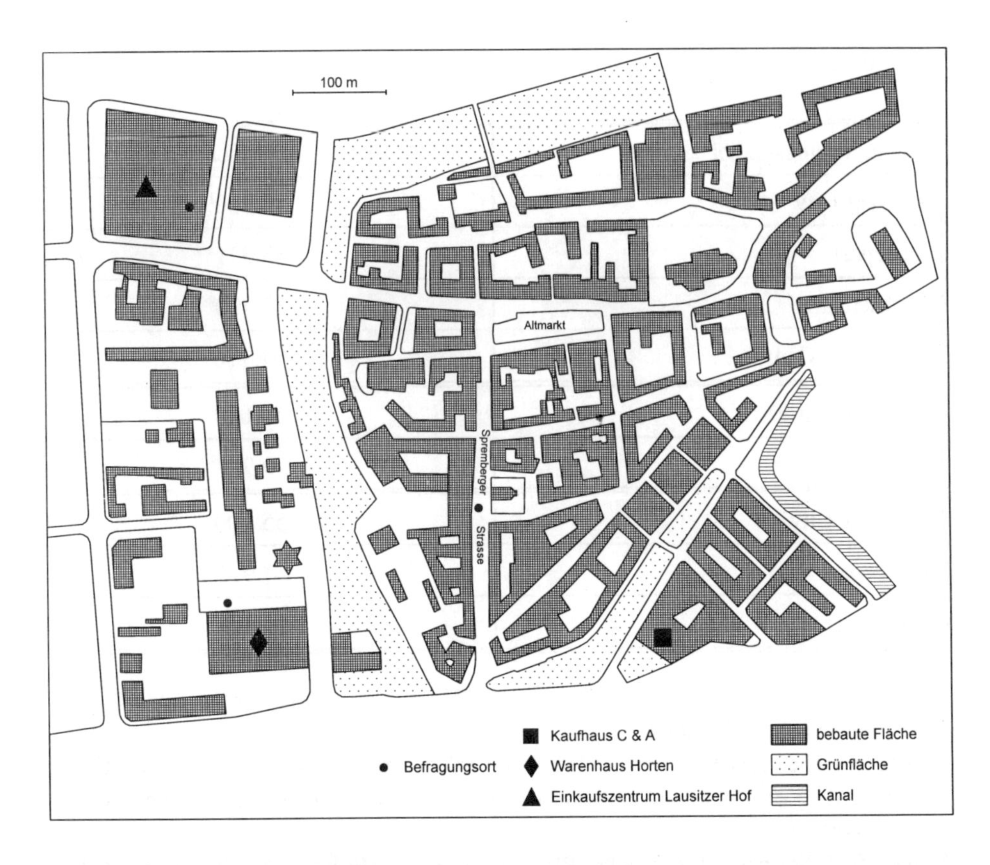

Abb. 13: Übersichtskarte der Innenstadt von Cottbus und der Befragungsstandorte bzw. -gebiete von Kunden und Einzelhändlern 1995 und 1996
Kartengrundlage: Stadt Cottbus (1995: 26f.)

Tab. 30: Größe der untersuchten Einkaufsstandorte nach Verkaufs- bzw. Mietfläche

Untersuchungsgebiet	Verkaufs-/Mietfläche in qm
Leipzig City	54.100[1]
Saalepark	83.371[2]
Sachsenpark	30.400[2]
Paunsdorf Center	104.176[2]
Cottbus Mitte	ca. 50.000[3]
Cottbus Center	20.927[2]
Rostock City	ca. 55.000[4]
Ostseepark	50.913[2]
Portcenter	11.479[2]

[1]Verkaufsfläche nach MÜLLER & FREUDE (1995) mit Stand Juni 1994, S. 90-95
[2]Mietfläche nach EHI (1995a)
[3]Verkaufsfläche nach FfH Berlin (1995) mit Stand April 1994 unter Berücksichtigung der Mitte 1995 eröffneten innerstädtischen Einkaufszentren Lausitzer Hof und Schloßkirchpassage
[4]Verkaufsfläche nach Regionaler Planungsverband Mittleres Mecklenburg/Rostock (1995) (Stand März 1995) unter Berücksichtigung der Ende 1995 eröffneten innerstädtischen Einkaufszentren Rostocker Hof und Hopfenmarkt

Exkurs: Entwicklung und Charakterisierung der untersuchten Einkaufszentren

Die untersuchten Einkaufszentren gehen in ihren Planungen in der Regel noch auf die Vorwendezeit zurück. Bereits im Juli 1990 lagen konkrete Konzepte für das **Cottbus Center** vor (Abb. 14 und 15). Bis Oktober nahm die Anzahl entsprechender Voranfragen für den Bau großflächiger Einzelhandelsbetriebe bei den zuständigen Verwaltungsstellen auf neun zu, die Cottbus ringartig umgeben sollten. Kritische Stimmen aus der Bevölkerung zum Großprojekt Cottbus Center verwiesen schon sehr früh auf mögliche Umweltbelastungen (angrenzende Kleingärten; benachbartes Wasserwerk) und auf die Gefahr einer Verödung der Innenstadt (Lausitzer Rundschau 20.7.1990 und 5.3.1991: 11). Anliegen der Stadt Cottbus war es jedoch, durch eine unbürokratische Unterstützung dieses Projektes dem Bau des sog. Sielow-Centers in direkter Nachbarschaft auf dem Gebiet der Gemeinde Sielow (1993 nach Cottbus eingemeindet) zuvorzukommen (Lausitzer Rundschau 16.11.1990: 9).

Tab. 31: Sample der Kundenbefragungen in ostdeutschen Einkaufszentren und Innenstädten

	Datum der Befragung	Wochentag	Uhrzeit	n	Verweigerung	[1]n/N	[2]e
Saalepark	15.-19.07.93	Do, Fr, Sa, Mo	ges. Öff.	1.145	1.748	39,6	2,9
Sachsenpark	15.-19.07.93	Fr, Sa, Mo	ges. Öff.	502	571	46,8	4,4
City Leipzig	20.07.93	Di	09-18.00	430	1.423	23,2	4,7
Saalepark	07.-09.09.95	Do, Fr, Sa	ges. Öff.	707	1.172	37,6	3,7
Sachsenpark	08.-09.09.95	Fr, Sa	ges. Öff.	195	253	43,5	7,0
Paunsdorf Center	07.09.95	Do	14-18.30	226	534	29,7	6,5
City Leipzig	06.09.95	Mi	13-18.00	315	871	26,6	5,5
Cottbus Center	01.-02.09.95	Fr, Sa	Fr: 11-18.30 Sa: 09-14.00	gesamt 492	536	47,9	4,4
City Cottbus	01.-02.09.95	Fr, Sa	Fr: 11-18.30 Sa: 09-14.00	gesamt 289	399	42,0	5,8
Ostseepark	28.-29.08.95	Mo, Di	Mo:14-18.30 Di: 09-18.30	gesamt 373	535	41,1	5,1
Portcenter	28.-29.08.95	Mo, Di	Mo:14-18.30 Di: 09-18.30	gesamt 114	176	39,3	9,2
City Rostock	28.-29.08.95	Mo, Di	Mo:14-18.30 Di: 09-18.30	gesamt 327	512	39,0	5,4
Gesamtes Sample 1993				2.077	3.742	35,7	2,2
Gesamtes Sample 1995				3.038	4.988	37,9	1,8

ges. Öff.: gesamte Öffnungszeit

[1] N = n + Verweigerung

[2] e: maximaler absoluter Stichprobenfehler unter Voraussetzung einer Zufallsauswahl und normierter Normalverteilung (siehe Kap. 10.4)

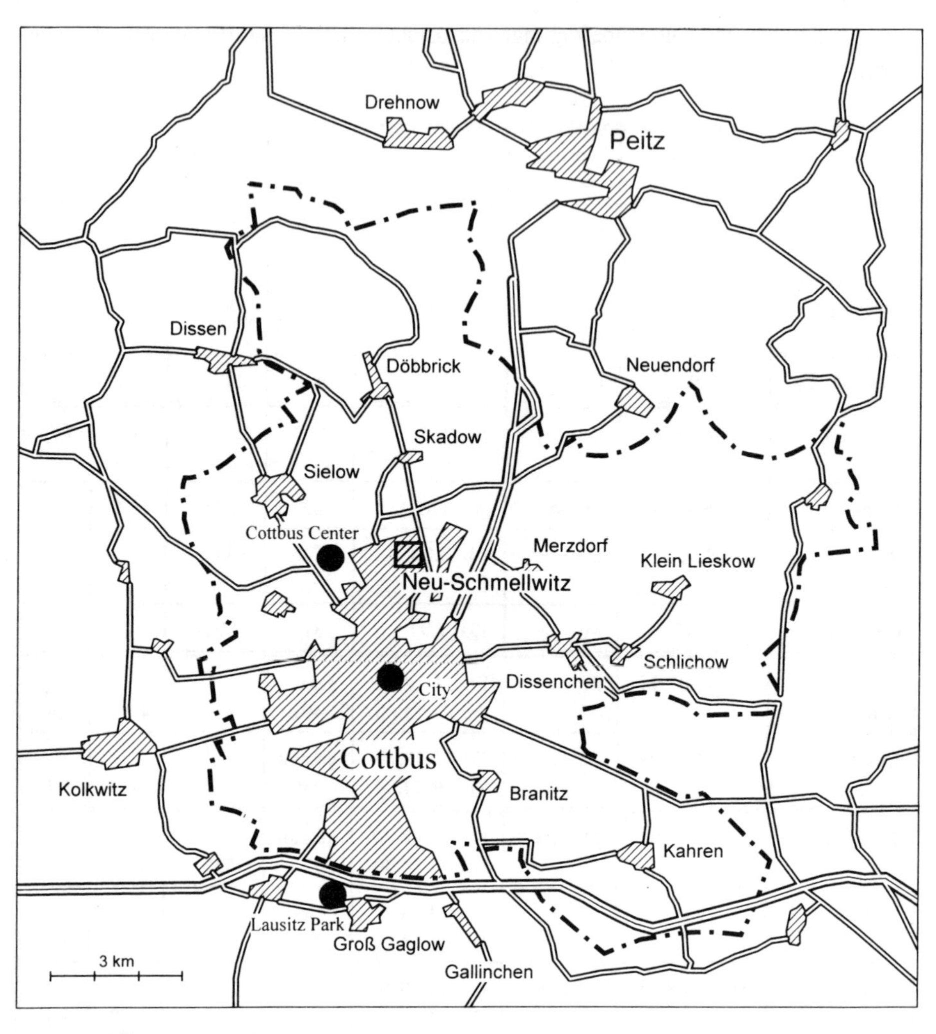

Abb. 14: Übersichtskarte der Region Cottbus
Kartengrundlage: Falk-Verlag (1994) - Cottbus mit Umgebungskarte. Hamburg & Berlin.

Im Wettlauf um Investoren, die fast immer aus Westdeutschland kamen, drehte sich im Falle des **Ostseeparks** (Abb. 16) diese Ausgangssituation um. Die Randgemeinde Lambrechtshagen bei Rostock bekam von den Investoren den Zuschlag (zur Lage siehe Abb. 17). Als Ergebnis einer Stadt-Umland-Beratung im Juni 1991 zwischen der Hansestadt, der Kreisverwaltung und dem Wirtschaftsministerium stimmte auch Rostock der Ansiedlung dieses Einkaufszentrums mit 33.000 qm VRF zu, womit es der Nachbargemeinde "unweigerlich auch oberzentrale Versorgungsaufgaben" übertrug (Brief Dr. Heinrich Wirtschaftsministerium M-V A.7, Ref. 730 vom 9.6.1993). Noch im September 1990 bestanden in Rostock eigene Überlegungen, ein großes Einkaufszentrum an der Stadtperipherie, aber innerhalb des Rostocker Stadtgebietes an der damaligen F 105 (heute B 105) zu errichten (Ostsee-Zeitung 29.9.1990), wozu es jedoch nicht gekommen ist. Als bahnbrechendes Konzept entstand mit dem **Portcenter** in Citynähe das erste Center überhaupt in den Neuen Bundesländern auf einem umgebauten und ständig verankerten Schiff mit 11.000 qm handelsrelevanter Fläche. Im August 1990 wurde das Vorhaben von einem westdeutschen Geschäftsmann in Angriff genommen. Bereits im Dezember 1990 konnte die erste Baustufe betrieben werden. Als schwimmendes Büro- und Kaufhaus entwickelte es sich zu einer Stadtattraktion (Touristenbusse aus Dänemark auf Einkaufstour) und gab dem brachliegenden Stadthafen eine neue Funktion (*waterfront revitalization*). Der Anfangserfolg ist um so eher zu verstehen, weil die Innenstädte Ende 1990/Anfang 1991 fast vollständig im Umbau begriffen waren. Im Frühjahr 1991 waren allein in der Kröpeliner Straße im Zentrum von Rostock 18 Neueröffnungen geplant (Ostsee-Zeitung 16.3.1991: 9).

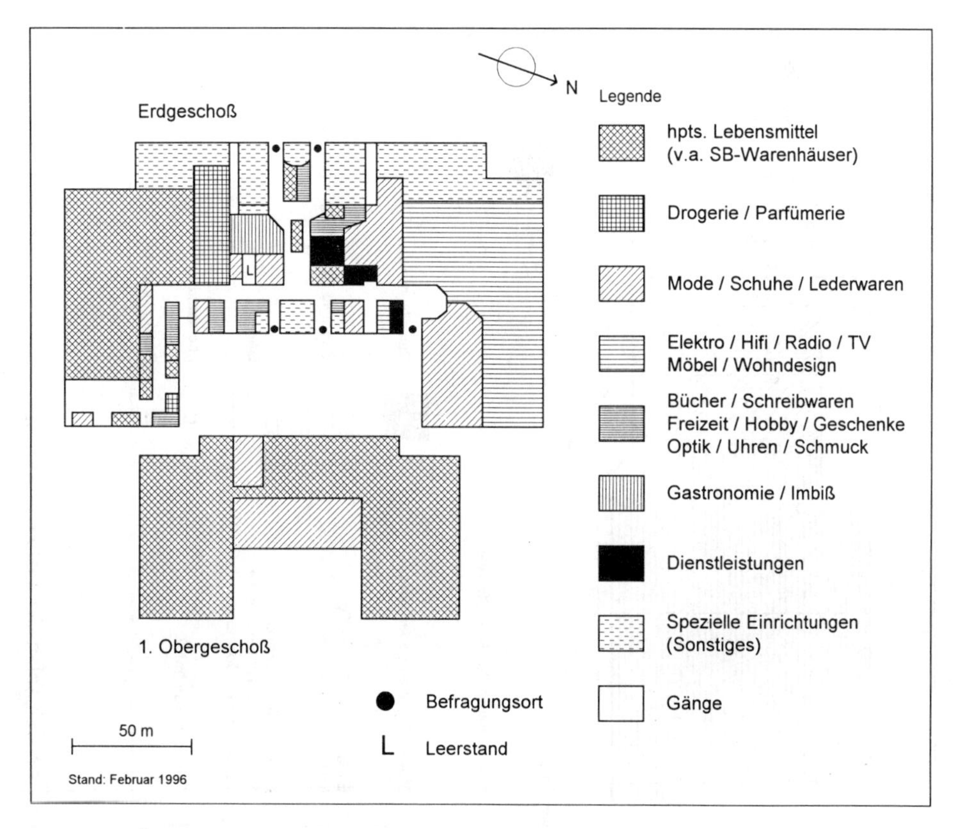

Abb. 15: Übersichtsplan des Cottbus Centers, Cottbus
Kartengrundlage: Werbeinformation des Cottbus Centers

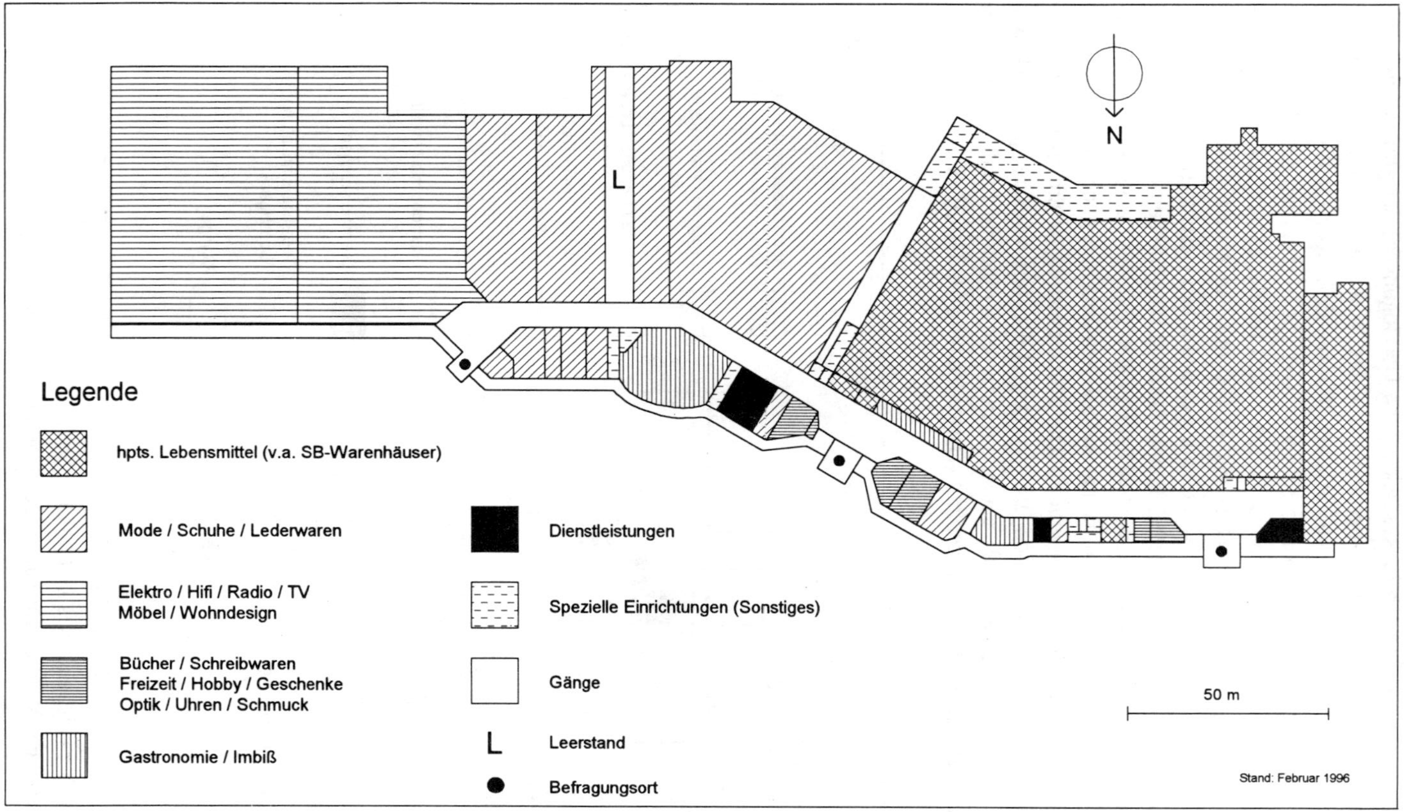

Abb. 16: Übersichtsplan des Ostseeparks, Sievershagen bei Rostock; Kartengrundlage: Unterlage des Ostseepark-Managements

Tab. 32: Indikatoren zur Charakterisierung der untersuchten Einkaufszentren

	Eröffnungsdatum	Anzahl Geschäfte	Anzahl Gastronomiebetriebe	Anzahl Dienstleister	Anzahl Parkplätze	Sitz des Eigentümers	Bauform
Saalepark[1]	08/91	43	3	4	7.500	Frankfurt/ Main	Strip
Sachsenpark	03/92	16	1	5	1.500	Mörfelden-Walldorf	Dreieck
PC[2]	10/94	67	8	3	7.300	Köln	U-Form
Cottbus Center	03/93	26	1	6	1.325	Leonberg	3 Ebenen
Ostseepark	05/94	27	3	5	2.000	Saarbrücken	Strip
Portcenter[3]	12/90	23	6	4	700	Rostock	Schiff

[1] darüber hinaus Standort eines Kinos
[2] Paunsdorf Center darüber hinaus Sitz von zwei Bürodiensten
[3] darüber hinaus Sitz von fünf Versicherungen, eines Medizinischen Dienstes und einer Finanzierungsgesellschaft

Quelle: EHI (1995a)

Auch im Falle des **Saale-** und **Sachsenparks** (Abb. 18 u. 19) gingen die ersten Genehmigungen bereits auf den Frühsommer 1990 zurück, so daß Anfang 1991 die ersten Baumaßnahmen einsetzten und im Sommer 1991 bzw. Frühjahr 1992 die ersten Bauabschnitte für das Publikum eröffnet werden konnten. Mehrere Einsprüche der Stadt Leipzig gegenüber dem zuständigen Regierungspräsidium hatten die Projekte nicht stoppen können, weil beanstandete Bebauungspläne von Rechtsseite entweder für nichtig erklärt wurden oder Bestandsschutz laut Einigungsvertrag vorlag. Weil als sog. Vorhaben- und Erschließungsplan ohne vorheriges Standortgutachten verabschiedet, konnte auch das **Paunsdorf Center** ohne vorherige Anhörung von Trägern öffentlicher Belange wie z.B. der IHK Leipzig im Eilverfahren realisiert werden (SPARSCHUH 1995) (Abb. 10 u. 20). Ähnlich wie der Saalepark im Westen hat das Paunsdorf Center am östlichen Stadtrand von Leipzig seine Bedeutung als überregionales Einkaufszentrum eingenommen. In seiner Ausstattung ist es das "kompletteste" Einkaufszentrum der Region (Tab. 32).

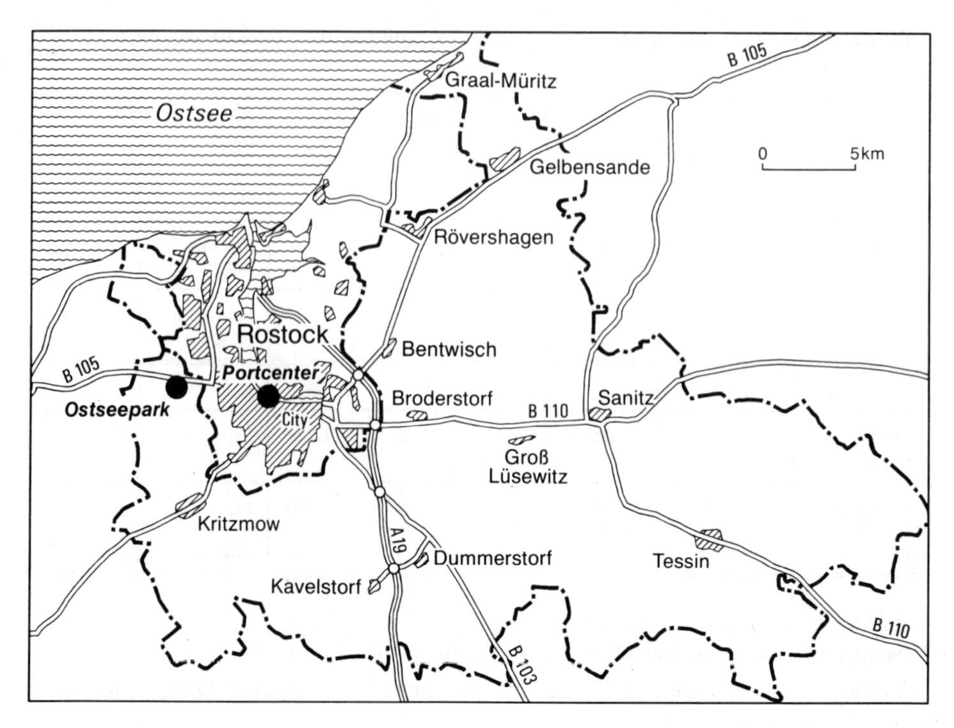

Abb. 17: Übersichtskarte der Region Rostock
Quelle: JÜRGENS (1996: 341)

10.1.2 Haushaltsbefragungen

In Ergänzung zu den Kundeninterviews in den Jahren 1993 und 1995 wurden auf der Nachfragerseite im August und September 1996 Haushalte untersucht, um auch diejenigen Personen in ihrem Einkaufsverhalten zu berücksichtigen, die in den Innenstädten oder Einkaufszentren nicht (zwangsläufig) als Kunden auftreten. Mit Hilfe standardisierter Interviews (Länge 15 bis 20 Minuten) sollte analysiert werden, wo Haushalte ihre Einkäufe tätigen bzw. zentrale Dienste aufsuchen. Dabei ging es insbesondere um die Frage, inwieweit es Shopping Center verstanden haben, über ihre Versorgungszentralität hinaus als multifunktionaler Dienstleister zu wirken, um den Innenstädten auch ihre monopolistische Bedeutung als Kultur-, Freizeit- und Verwaltungszentrum zu nehmen. Die Befragungsgebiete knüpften an die untersuchten Einzelhändlerbereiche und Kundenstandorte an. Die Untersuchungsgebiete waren folgendermaßen definiert:

1. Leipzig: zwei statistische Bezirke entlang der Karl-Liebknecht-Straße (Typ Cityrandbereich); Günthersdorf als Standort des Saalepark-Einkaufszentrums (Typ Ländlicher Raum)

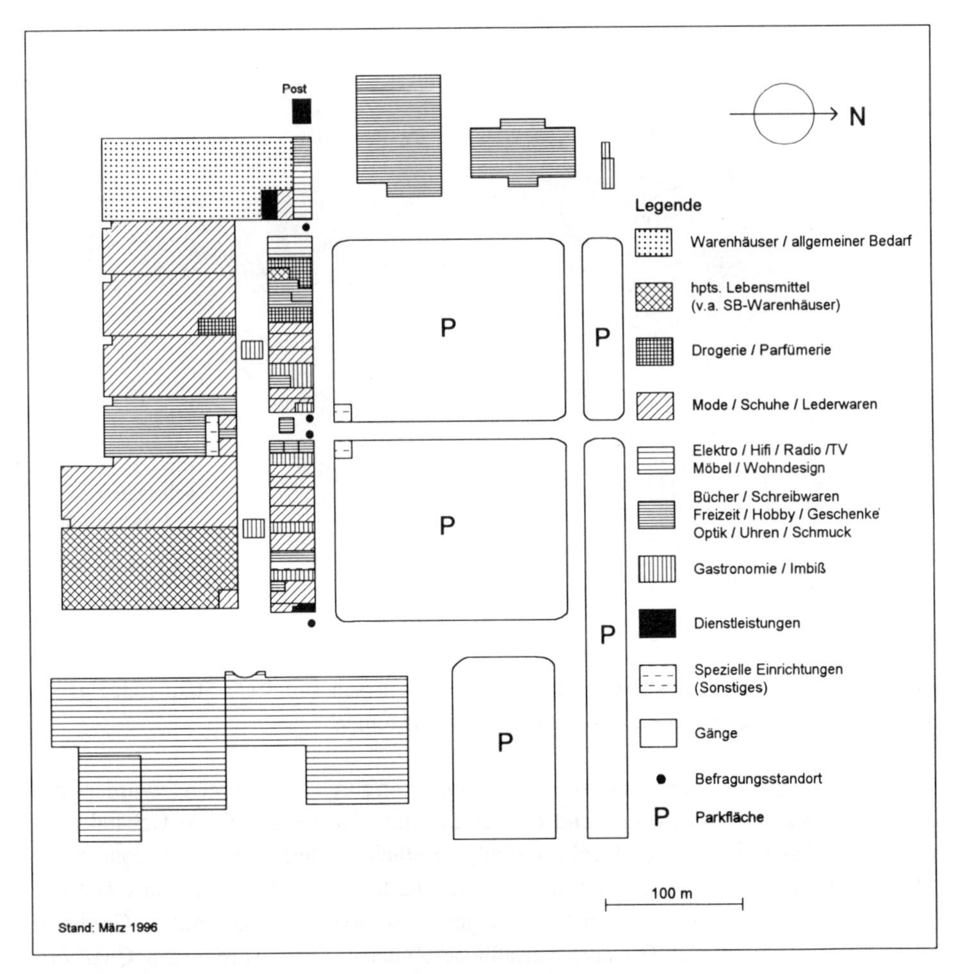

Abb. 18: Übersichtsplan des Saaleparks, Günthersdorf
Kartengrundlage: Unterlage des Saalepark-Managements

2. Cottbus: zwei statistische Bezirke am westlichen Cityrand (Typ Cityrandbereich); Neu-Schmellwitz westlicher Teil (Neubaugebiet; räumliche Nähe zum Einkaufszentrum Cottbus Center)

3. Rostock: ein statistischer Bezirk am südlichen Cityrand (Typ Cityrandbereich); Sievershagen als Standort des Einkaufszentrums Ostseepark (Typ Ländlicher Raum/-Stadtrand)

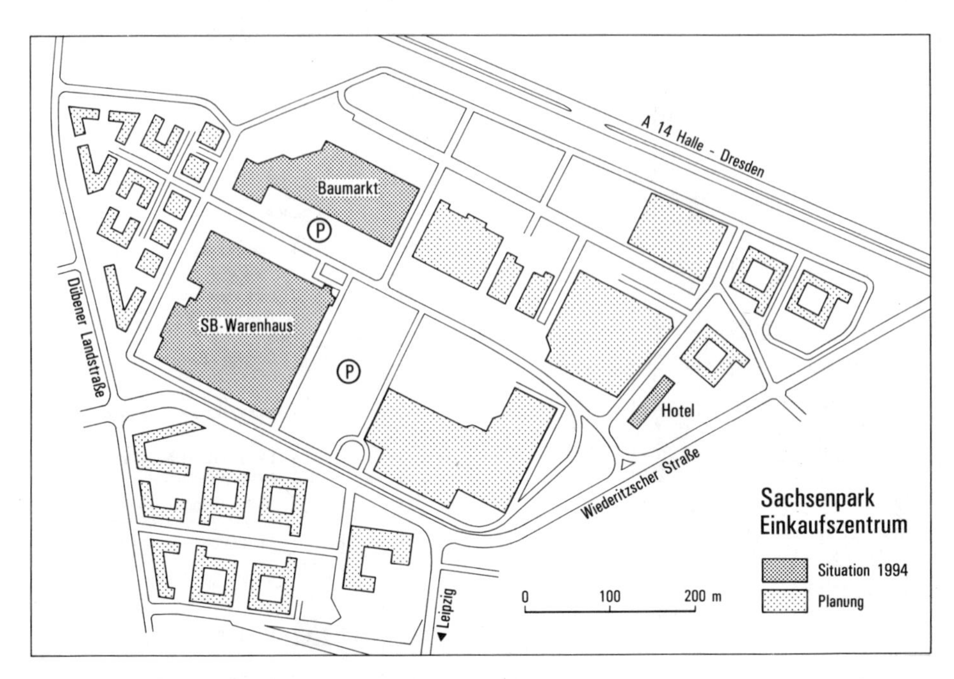

Abb. 19: Grundrißplan des Sachsenparks, Seehausen (seit Juli 1997 Stadt Leipzig)
Kartengrundlage: Unterlage des Sachsenpark-Managements

Um die Stichprobe nach dem *random-sample*-Verfahren festzulegen, wurden die Gebiete vollständig abgegangen und die Anzahl der Haushalte für alle Gebäude bestimmt und kartiert, um die aktuelle Grundgesamtheit zu definieren. Insbesondere in Altbaubereichen, in denen zur Zeit umfangreiche Renovierungen durchgeführt werden, handelt es sich vereinzelt nur um Schätzungen, weil weder Klingelbretter, Gardinen oder Blumentöpfe in den Fenstern verläßliche Zeichen dafür waren, daß Quartiere bewohnt sind. Aus der Grundgesamtheit wurden mit Hilfe einer Zufallszahlentabelle die zu untersuchenden Wohngebäude gewählt, in denen eine definierte Anzahl von Haushalten zu befragen war. Nicht mit letzter Gewißheit handelt es sich dabei immer um Haushalte im statistischen Sinne, weil keine Kartierung separat geführter Haushalte in derselben Wohneinheit vorgenommen werden konnte (z. B. Wohngemeinschaften mit getrennter Haushaltsführung). Ausgangspunkt des weiteren vereinfachten Vorgehens war somit die Überlegung, daß "bewohnte" Wohneinheiten mit jeweils einem Haushalt belegt waren.

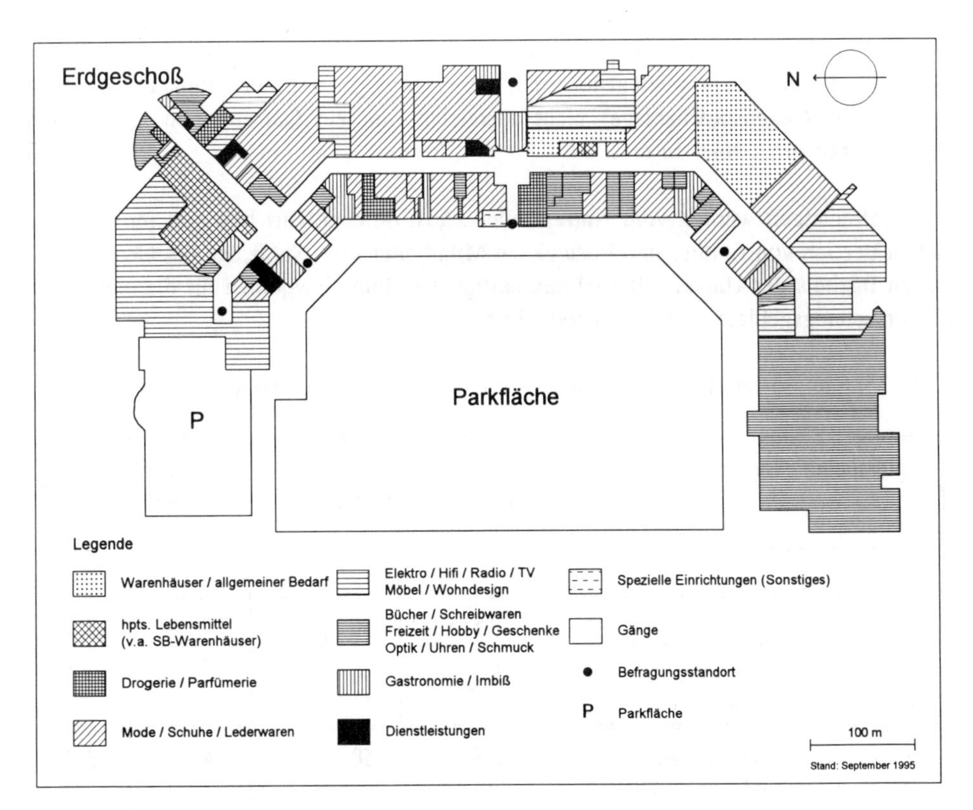

Abb. 20: Übersichtsplan des Paunsdorf Centers, Leipzig
Kartengrundlage: Werbeinformation des Paunsdorf Centers

In den Häusern wurden die jeweiligen Geschosse in wechselnder Folge von unten nach oben bzw. umgekehrt befragt. Um eine möglichst hohe Anzahl von Probanden unterschiedlichen Alters und Familienstandes sowie verschiedener Haushaltsgröße und Erwerbstätigkeit zu Hause anzutreffen, wurden die Interviews i.d.R. zwischen 15 und 19 Uhr an Wochentagen durchgeführt. Der zeitliche Rahmen für die Untersuchungen betrug für jedes der sechs Befragungsgebiete zwischen fünf und zehn Tagen.

Aus der zeitlichen Restriktion der Untersuchung ergeben sich folgende Konsequenzen, was die Aussagekraft der Haushaltsbefragungen anbelangt:
1. Haushalte, die nicht angetroffen werden konnten oder zum Zeitpunkt der Befragung beschäftigt waren, jedoch Interesse an einem Interview bekundet hatten, wurden noch einmal wiederholend aufgesucht.
2. Aufgrund umfangreicher Neubauten und Renovierungen sind viele Gebäude infolge von Türschließanlagen nicht frei zugänglich. Probanden wurden daraufhin vor dem Gebäude angesprochen, sofern sie das Haus verließen oder betraten. Der Versuch, Interviews über Gegensprechanlagen zu führen, scheiterte in 19 von 20 Fällen.

3. In Einzelfällen mußten Ersatzhäuser bestimmt werden, weil das ursprüngliche Sample aufgrund von (explizit geäußerten) Verweigerungen und Verschluß der Gebäude (auch ohne Gegensprechanlage) nicht ausreichte, um ein Quorum von jeweils 50 Befragungen pro Gebiet zu erfüllen.

Die Befragungen wurden vom Antragsteller selbst durchgeführt bzw. im innerstädtischen Bereich von Cottbus und Rostock ein Mitarbeiter bzw. Studenten des Geographischen Instituts der Universität Kiel beschäftigt. Die Interviewquoten für die einzelnen Untersuchungsgebiete sind der Tabelle 33 zu entnehmen.

Tab. 33: Sample der Haushaltsbefragungen in den ostdeutschen Untersuchungsgebieten

Untersuchungsgebiet	Gesamtheit der Haushalte	befragtes Sample		Verweigerung in %	e
		n	%		
Günthersdorf	515	50	9,7	41,9	13,2
Karl-Liebknecht-Straße (statist. Bezirk 034,402)	1.652	50	3,0	35,1	13,6
Zuschka (Neu-Schmellwitz) (statist. Bezirk 413 westlicher Bereich)	1.875	50	2,7	43,8	13,7
City Cottbus (statist. Bezirk 0016,0017)	900	50	5,6	41,9	13,5
Sievershagen	522	50	9,6	16,7	13,2
City Rostock (statist. Bezirk 084)	1.919	50	2,6	55,0	14,0

Quelle: Erhebungen JÜRGENS 1996

Exkurs: Charakterisierung der Untersuchungsgebiete

In ihrer historisch und baulich-funktionalen Charakterisierung unterscheiden sich die untersuchten Bereiche beträchtlich:

a) ländliche Siedlungen

Auf der "Gewinnerseite" der wirtschaftlichen Entwicklungen an der Peripherie stehen das zwischen Halle und Leipzig direkt an der Grenze zum Land Sachsen gelegene sachsen-anhaltinische **Günthersdorf** (als Standort des Saalepark-Einkaufszentrums) und das am Stadtrand von Rostock gelegene **Lambrechtshagen**, die bis 1990 zwei unbedeutende Kleingemeinden gewesen sind (Abb. 17 u. 21). Die Bevölkerungsentwicklung stagnierte über Jahrzehnte bzw. war teilweise sogar rückläufig. Beschäftigt waren die Menschen vor allem in den Einrichtungen der LPG Lambrechtshagen/Sievershagen bzw. im Kombinat Landtechnische Instandsetzung und im Falle von Günthersdorf in der Landwirtschaft, der chemischen Industrie und Braunkohlenförderung der Region (Gemeinde Günthersdorf 1996). Zur Grundausstattung beider Gemeinden zählten der Konsumladen und eine Poststelle. Für Günthersdorf ist bekannt, daß sich zudem ein Fleischer, Bäcker und Friseur am Ort befanden (Auskünfte Herr Kerntke, Ortschronist Günthersdorf). Die erste urkundliche Nennung von Einwohnern im Bereich Günthersdorf geht auf das Jahr 1815 zurück, als hier 27 Wohnhäuser und 188 Einwohner gezählt wurden. Es dauerte weitere 150 Jahre, ehe sich die Zahl der Einwohner verdoppelt hatte und auf diesem Niveau bis 1989 stagnierte.

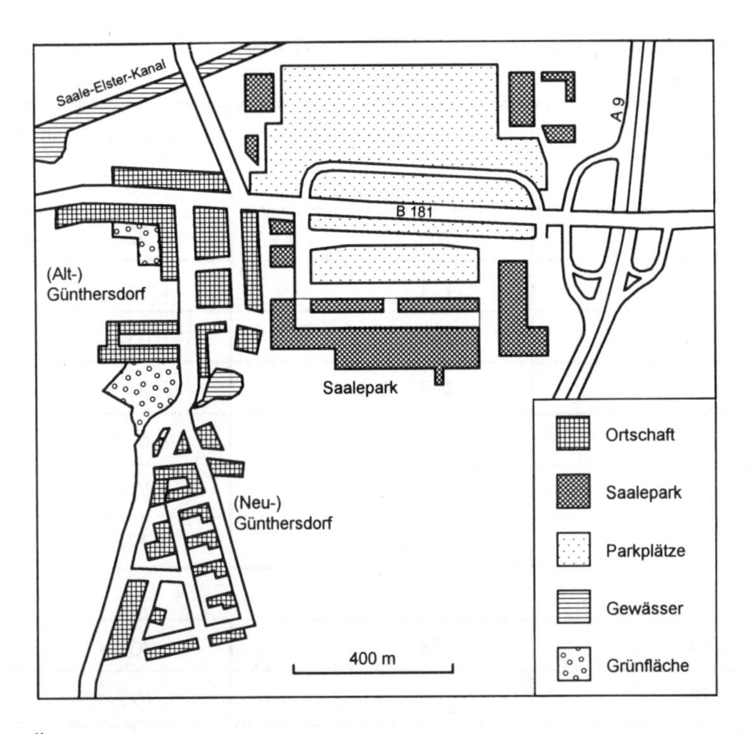

Abb. 21: Übersichtskarte zu Günthersdorf und zum Saalepark - ein Größenvergleich
Kartengrundlage: Hansa-Luftbild GmbH Münster, Streifen 15, Bild-Nr. 112 (1994) mit frdl. Genehmigung des Umweltforschungszentrums Leipzig

Lambrechtshagen, von dem Sievershagen ein Ortsteil ist, ist hingegen sehr viel älter. Als langgestrecktes Hagenhufendorf geht es in seiner Anlage bis in das 13.Jh. zurück. Aus dieser Zeit stammen die ältesten Teile der Dorfkirche (Institut für Denkmalpflege

1990: 309). 1964 umfaßte die Gemeinde Lambrechtshagen mit ihren insgesamt fünf Ortsteilen 1.069 Einwohner. Davon entfielen 407 auf Sievershagen. Nach der Gebäude- und Wohnungszählung zum 31.12.1970 umfaßte die gesamte Gemeinde 173 Gebäude mit 304 Wohnungen (Archiv der Kreisverwaltung Bad Doberan 1/6174). Für 1992 wurden 389 Wohneinheiten ausgewiesen, die jedoch zum Stand August 1994 um 89,9% erweitert werden sollten (Information Amt für Raumordnung und Landesplanung Rostock v. 15.9.1994). Tabelle 34 ist zu entnehmen, daß sich die Bevölkerung nach der Wende mehr als verdoppelt hat. Seitdem existieren in den Gemeinden die Alt- und Neudörfler weitestgehend räumlich separiert voneinander. Irgendeine sichtbare landwirtschaftliche Nutzung liegt in beiden Dörfern (Sievershagen, Günthersdorf) nicht mehr vor. Die Bausubstanz sowohl in den alten als auch in den neuen Dorfbereichen ist ein Mix von Einfamilienhäusern und Etagenbauten, wobei letztere in den alten Dorfbereichen in grauer Einheitsbauweise für ehemalige Mitarbeiter der LPG, in den neuen Kernen hingegen als suburbane Eigentumswohnungen konzipiert sind.

Tab. 34: Bevölkerungsentwicklung in Günthersdorf und Lambrechtshagen

Jahr	Günthersdorf	Lambrechtshagen
1964	399	1.069
1981	368	1.024
1989	424	1.048
1991	496	1.054
1992	497	1.087
1993	500	1.433
1994	744	1.796
1995	1.178 (30.06.)	2.106 (31.12.)
Index		
(1989=100)	278[1]	201[1]
(1964=100)	295	197

Quellen: Gemeinde Günthersdorf (1996); Archiv der Kreisverwaltung Bad Doberan Aktenz. 1/6174, 1/6176

[1] Index 1989/1995

b) Nachbarschaftszentren

Gegenüber der traditionellen Unterversorgung in Gebieten wie Günthersdorf und

Sievershagen repräsentieren die Untersuchungsgebiete entlang der **Karl-Liebknecht-Straße** von Leipzig (Abb. 22) und in **Neu-Schmellwitz**, Cottbus (Abb. 14 u. 23), "Arbeiterwohnzentren" im Alt- und Plattenbaubestand, die als "Stadtbezirksmagistrale" bzw. als Stadtteilzentrum eine zur DDR-Zeit starke Konzentration von Einzelhandelsobjekten aufwiesen (Rat des Stadtbezirks Süd der Stadt Leipzig 1975) bzw. im Falle Neu-Schmellwitz aufnehmen sollten.

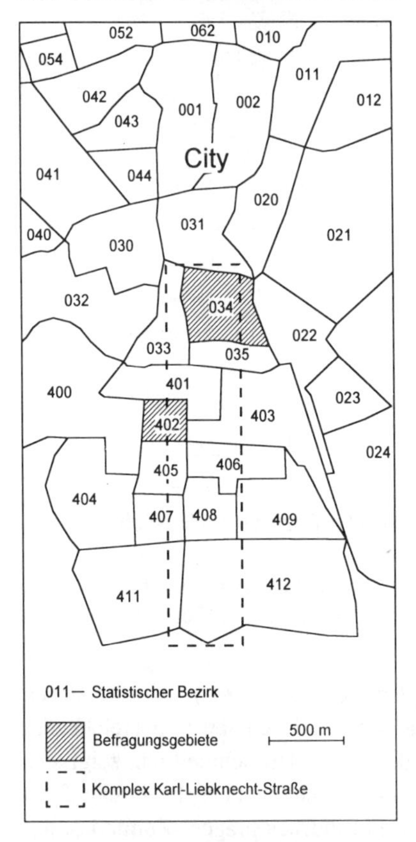

Abb. 22: Statistische Bezirke im Untersuchungsgebiet Karl-Liebknecht-Straße, Leipzig
Kartengrundlage: Amt für Statistik und Wahlen Stadt Leipzig

Als "Innerer Süden" bezeichnet, ist die Karl-Liebknecht-Straße eine der Hauptausfallstraßen von Leipzig. Die Straße beginnt zusammen mit dem Peterssteinweg am südlichen Rand der eigentlichen City. Die frühere Süd- und heutige Karl-Liebknecht-Straße entstand in den 70er Jahren des 19.Jhs. (fertiggestellt 1877), als sich Leipzig während der Industrialisierungsphase schnell vergrößerte und auf die zu jenem Zeitpunkt noch randstädtische und selbst expandierende Gemeinde Connewitz (1891 nach Leipzig eingemeindet) zuwuchs (HAIKAL 1996: 20). Die Gebäude in diesem Bereich entstanden weitestgehend zwischen 1880 und 1930, von denen viele aus der Gründerzeit stammen, vom Jugendstil oder dem Funktionalismus der späten 20er Jahre geprägt sind (FRANK u.a. 1990: 226). Die schachbrettartige Ausrichtung der Straßen und deren Blockbebauung mit vier- bis fünfgeschossigen Gebäuden sowie die Aussparung einzelner Rechteckareale für Grünflächen oder öffentliche Gebäude ging auf einen städtischen Bebauungsplan von 1866 zurück, der von der Leipziger Immobiliengesellschaft (seit 1872 Eigentümer großer Flächen in diesem Gebiet) umgesetzt wurde (Stadt Leipzig 1994b: 5). Trotz Kriegszerstörungen, deren Lücken mit Block- und Plattenbauweise gefüllt wurden, wird das Gebiet weiterhin von gründerzeitlicher Altbausubstanz geprägt. Etwa 600 Gebäude, d.h. 57% aller Bauten, im Sanierungsgebiet "Innerer Süden" sind auf der Denkmalliste der Stadt aufgeführt (Stadt Leipzig 1994b: 6). 67,4% aller Gebäude wurden in ihrem Bauzustand als bedenklich (59%), schlecht (0,9%) oder unbewohnbar (7,5%) eingestuft (Stadt Leipzig 1994b: 15). Im März 1993 waren deshalb von etwa 7.000 Wohnungen 877 unbewohnt (Stadt Leipzig 1994b: 18). Die Gewerbestruktur zeichnete sich traditionell durch eine starke

Mischung von Wohnen und Gewerbe aus, worunter nicht nur kleinteiliger Einzelhandel, sondern auch produzierendes Gewerbe in Hinterhöfen und randstädtische Fabriken fielen.

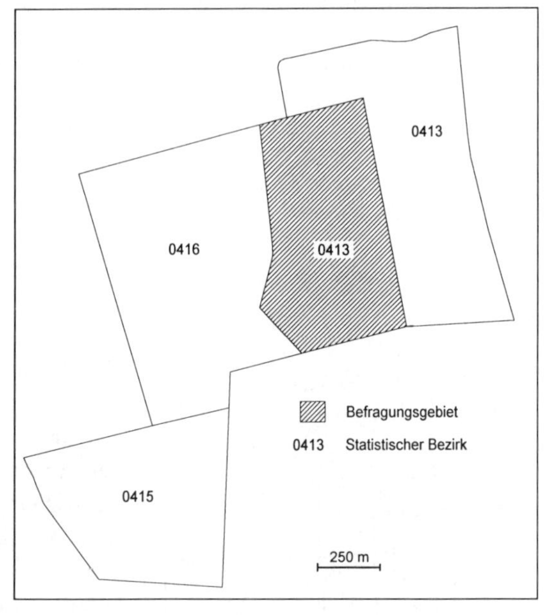

Abb. 23: Statistische Bezirke in Neu-Schmellwitz, Cottbus
Kartengrundlage: Stadtkartenwerk Cottbus 1:5000, Vermessungs- und Katasteramt Cottbus

Als eine weitere Facette des Wohnungsbaus in der DDR entstand Neu-Schmellwitz auf einer ursprünglich landwirtschaftlich genutzten Feldmark seit 1984 als nördliche Stadterweiterung von Cottbus. Weil es im südlichen Bereich der Stadt keine Ausdehnungsmöglichkeit mehr gab (in Sachsendorf/Madlow), konzentrierte sich die Planung darauf, für die Arbeitskräfte des Textilkombinats, im Braunkohlentagebau sowie der Großbaustelle des Kraftwerks Jänschwalde im Nordosten der Stadt Wohnraum zur Verfügung zu stellen. Neu-Schmellwitz wird geprägt von vier- bis fünfgeschossiger Plattenbauweise unterschiedlichen Baustils. Die Wohnbevölkerung war zum 30.6.1993 extrem jung mit einem Anteil von 28% unter 15-jährigen (Stadt Cottbus 1994b: 4f.). Hierfür stehen soziale Dienstleistungen wie Kindergärten, Kinderhorte und Schulen in ausreichender Anzahl zur Verfügung. Der eher unfertige Charakter von Neu-Schmellwitz zeigt sich aber daran, daß ursprüngliche Bauplanungen nach der Wende nicht mehr durchgeführt wurden, so daß vereinzelt Brachflächen den baulichen Eindruck prägen. Zumindest das eigentliche Stadtteilzentrum "Zuschka" wurde noch zu Beginn der 90er Jahre fertiggestellt und sollte ursprünglich den Grundbedarf von etwa 14.000 Menschen decken.

c) Cityrandbereiche

Sowohl in Cottbus als auch in Rostock sind die auf der Grundlage statistischer Bezirke gewählten Cityrandbereiche (Abb. 24 u. 25) in ihrer baulichen Struktur sehr inhomogen. Im Falle von Cottbus schließen sich an ein Gebiet mit gründerzeitlicher Blockrasterung aufgegebene und aktive Gewerbestandorte sowie Plattenbauten an, die "beziehungslos nebeneinander stehen" (Stadt Cottbus 1993: 26). Einen ganz ähnlichen Eindruck vermittelt auch das Untersuchungsgebiet in Rostock, wo gründerzeitliche

Villen im Bahnhofsumfeld eine "Gentrification" und Tertiärisierung erfahren, benachbarte Gebiete jedoch durch ein Gemisch von Arbeiter-/Miets- und Kleinbürgerhäusern charakterisiert werden, die teilweise einer Flächensanierung unterliegen (Rostocker Gesellschaft für Stadterneuerung und Stadtentwicklung 1993: 8). Verschiedene Plattenbauten unterbrechen aber auch hier immer wieder das harmonische Stadtbild. So existiert in einem Fall ein Wohngebäude, das allein 168 Wohneinheiten umfaßt. In beiden Städten sind die Gebiete mit Nachbarschaftsläden (bzw. in neuerer Zeit mit Discountern) in Streulage ausgestattet. Das Nachbarschaftszentrum Karl-Liebknecht-Straße von Leipzig am südlichen Cityrand nimmt nach der hier vorgenommenen Definition der Untersuchungsgebiete eine Mittlerstellung zwischen Typ b) und c) ein.

Abb. 24: Statistische Bezirke in der City von Cottbus und Befragungsgebiete für Haushaltsinterviews, 1996
Kartengrundlage: Stadtkartenwerk Cottbus 1:5000 des Vermessungs- und Katasteramtes Cottbus

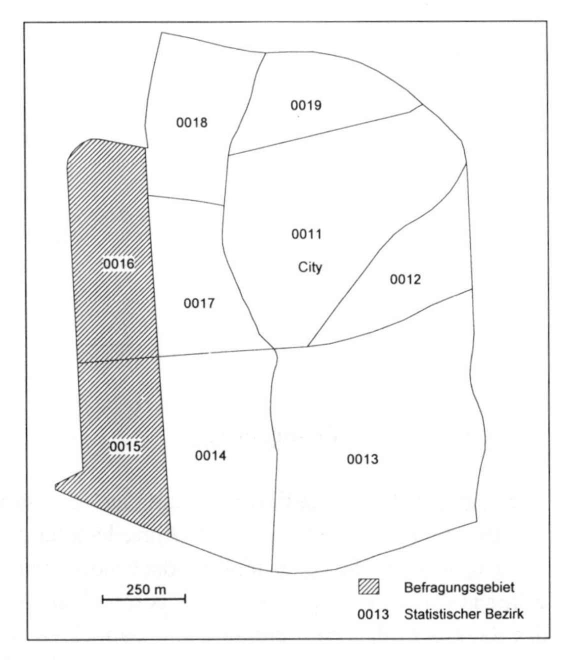

Abb. 25: Statistische Bezirke in der City von Rostock und Befragungsgebiet für Haushaltsinterviews, 1996
Kartengrundlage: Amt für Statistik und Wahlen der Stadt Rostock

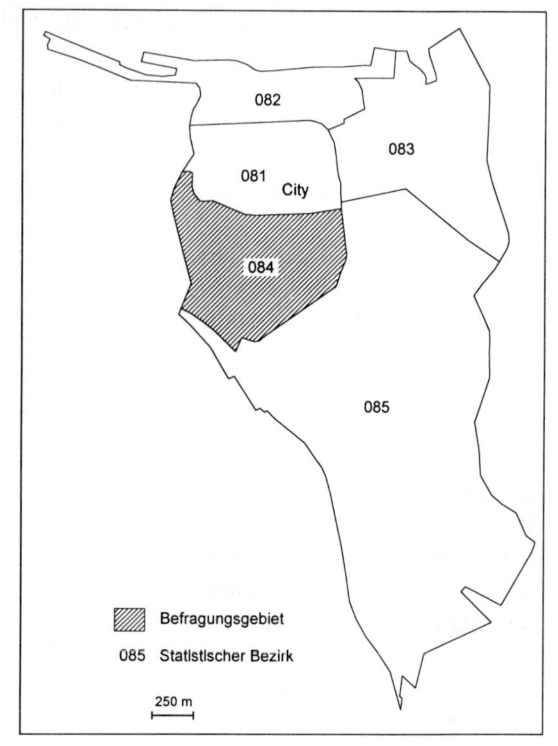

10.1.3 Einzelhändlerbefragungen

Auf der gleichen räumlichen Ebene, auf der die Haushaltsbefragungen erfolgten, wurden im Februar und März 1996 Einzelhändler mit Hilfe standardisierter Fragebögen an ausgewählten Mikrostandorten flächendeckend und persönlich in den Geschäften während der Ladenöffnungszeiten angesprochen. Die Grundgesamtheit - und somit auch das Sample (Tab. 35) - umfaßte alle stationären Verkaufsgeschäfte als "Schaufenster der Stadt" (HDE 1995), um den Erfolg oder Mißerfolg des sog. Branchenmixes, d. h. die Vielfalt der Warenangebote und Betriebstypen, aus Sicht der Einzelhändler zu analysieren. In der Befragung unberücksichtigt blieben die ergänzenden Dienstleister wie Banken und Versicherungen sowie öffentliche und gastronomische Einrichtungen. Als zentraler Bestandteil der multifunktionalen Stadt wurden letztere jedoch kartiert und ihre Attraktivität über Kunden- und Einzelhändlerbefragungen beurteilt. Die Akzeptanz der Probanden sollte mit Hilfe von Begleitschreiben der Industrie- und Handelskammern, der jeweiligen Städte und Citywerbegemeinschaften erhöht werden. Ziel war es, Betriebskennzahlen zu Größe und Leistung sowie Einschätzungen zum standörtlichen Umfeld zu erfragen, um die Zufriedenheit und die Erwartungen der Unternehmer an die Mikrostandorte zu diskutieren. Mit wenigen Ausnahmen waren die Befragten

Eigentümer, Besitzer oder Geschäftsführer der untersuchten Läden, wodurch eine hohe Antwortkompetenz unterstellt werden kann. Vielfach mußten die Probanden mehrfach (in einem Fall bis zu fünfmal) aufgesucht werden, weil sie aufgrund geschäftlicher Aktivitäten unabkömmlich waren. Die Beteiligung an der Befragung war unter mittelständischen Unternehmern erwartungsgemäß höher als unter bundesweit agierenden Filialisten. Im letzteren Fall gab es entweder gar keinen (kompetenten oder interessierten) Ansprechpartner, oder man verwies auf die in Westdeutschland liegenden Zentralen, die über Leistungskennziffern hinaus i.d.R. nicht über kleinräumige Kenntnisse vor Ort verfügen.

Die Untersuchungsräume wurden nach verschiedenen Kriterien bestimmt. Analog zu Kundenbefragungen 1993 und 1995 sowie jährlichen Nutzungskartierungen seit 1993/94 in Leipzig, Cottbus und Rostock wurden dieselben kleinräumigen Bereiche für die Einzelhändlerinterviews ausgewählt. Die Gebiete repräsentieren unterschiedliche Typen, was ihre Versorgungszentralität und ihre "Verwundbarkeit" in der Konkurrenz zwischen Einkaufszentren auf der grünen Wiese und Innenstädten anbelangt. Es sind insbesondere von mittelständischen Unternehmern dominierte Nahversorgungszentren, die der Gefahr unterliegen, in dieser Auseinandersetzung "zerrieben" zu werden. Die Untersuchungsbereiche wurden deshalb folgendermaßen ausgewählt:

1. Leipzig: a) Innenstadt Ringbereich (Typ City); b) Karl-Liebknecht-Straße (Typ Nahversorgungszentrum; Gründerzeit; Cityrandbereich); c) Stuttgarter Allee in Grünau (Typ Nahversorgungszentrum; Plattenbau; Stadtteilzentrum)

2. Cottbus: a) Innenstadt (Typ City); b) Zuschka in Neu-Schmellwitz (Typ Nahversorgungszentrum; Plattenbau; Stadtteilzentrum); c) Cottbus Center (Typ Einkaufszentrum am Stadtrand)

3. Rostock: a) Innenstadt (Typ City); b) Ostseepark (Typ Einkaufszentrum am Stadtrand); c) Warnowpark und Südstadtcenter (Typ Einkaufszentrum als Stadtteilzentrum; Plattenbau)

Die Typisierung der Untersuchungsgebiete erlaubt es, über die stadtspezifische Situation hinaus allgemeingültigere Aussagen zur Anbieterseite in ostdeutschen Städten zu treffen. Die Größe der Grundgesamtheiten bzw. des Samples sind der Tabelle 35 zu entnehmen. In Cottbus und Leipzig wurden alle Befragungen vom Autor selbst durchgeführt. In Rostock war die Arbeit auf den Autor und einen Diplomanden des Geographischen Instituts der Universität Kiel (PROKSCH 1997) verteilt.

Tab. 35: Grundgesamtheit bzw. Sample der Einzelhändlerbefragungen in den ostdeutschen Untersuchungsgebieten

Untersuchungsgebiet	Gesamtheit	befragtes Sample	
	N	n	in %
Leipzig City[1]	297	52	17,5
Karl-Liebknecht-Straße	164	92	56,1
Leipzig Grünau[2]	29	13	44,8
Cottbus City	132	105	79,5
Zuschka[3]	32	21	65,6
Cottbus Center (EKZ)	31	29	93,5
Lausitzer Hof (EKZ City)	24	18	75,0
Rostock City	134	97	72,4
Südstadtcenter (EKZ)[4]	17	7	41,1
Warnowpark (EKZ)[5]	34	19	55,9
Ostseepark (EKZ)	31	20	64,5
Doberaner Platz	30	21	70,0
Hopfenmarkt (EKZ City)	14	10	71,4
Rostocker Hof (EKZ City)	35	25	71,4
Gesamt	1.004	529	52,7

[1] Die Befragung wurde nur im nördlichen Teil der City (nördlich der Grimmaischen Straße) durchgeführt. 17,5% Samplegröße bezieht sich jedoch auf alle Verkaufseinrichtungen im Ringgebiet (N=297).
[2] westlicher Stadtrand von Leipzig
[3] Neu-Schmellwitz
[4] südlich der City von Rostock
[5] nordwestlicher Bereich von Rostock

Quelle: Befragungen JÜRGENS 1996

10.1.4 Verkehrszählungen und das Problem von Kundenzählungen

Während der Kundenbefragungen in den Innenstädten und Einkaufszentren wurden keine Passantenzählungen durchgeführt. Letztere unterliegen vor allem dem Problem, daß Personen mehrfach gezählt werden, wenn sie sich beispielsweise stundenlang in einem Einkaufszentrum und benachbarten Einrichtungen aufhalten und aus verschiedenen Gründen das Center wiederholt verlassen und betreten. Um jedoch eine Aussage zur Grundgesamtheit von Besuchern an den Befragungstagen zumindest für die Einkaufszentren zu machen, um hieran die Größe des eigenen Samples zu messen, wurden zeitlich parallel zur Befragung alle einfahrenden Kraftfahrzeuge (unterschieden nach PKW/Motorrädern, Lastkraftwagen, Bussen) gezählt. Erfaßt und unterschieden wurden sie in Intervallen von 15 Minuten anhand ihrer Fahrzeugplaketten. Die Zählung erfolgte jeweils in Zweiergruppen, um den Zählvorgang und die schriftliche Erfassung voneinander zu trennen. Entscheidende Kriterien einer ordnungsgemäßen Erfassung der Kraftfahrzeuge waren einerseits die korrekte Einhaltung des 15 Minutenintervalls, andererseits die Beachtung "zählfreundlicher" Definitionen: LKW waren per definitionem größer als ein VW-Kastenwagen; Busse waren Linien- und Reisebusse. Weil Fußgänger und Fahrradfahrer im Besucheraufkommen peripherer Standorte eine verschwindend geringe Bedeutung haben (siehe Kap. 11.1.3), vermögen die Anzahl von PKW und Bussen Schätzungen darüber abzugeben, wie hoch das (potentielle) Kundenaufkommen im Einkaufszentrum ist. Einschränkend sei bemerkt, daß im Zählverfahren Kunden nicht von Einzelhandelsangestellten und sonstigen Geschäftsbesuchern zu trennen sind. Zudem wird nicht die Anzahl von Personen in Kraftfahrzeugen erfaßt, sondern ist nur über Kundenbefragungen hochzurechnen. Eine ähnliche Prozedur konnte für die Innenstädte nicht umgesetzt werden, weil aus dem Besuch der City per Kraftfahrzeug kein unmittelbarer räumlicher oder Kundenbezug herleitbar ist. Um jedoch gewisse Hinweise auf das Passantenaufkommen auch in den Innenstädten zu bekommen, wurden entsprechende Daten Kemper´s Frequenzanalyse (1995) bzw. einer Veröffentlichung des EHI (1995a) entnommen.

10.1.5 Kartierungen

Parallel zu den Einzelhändlerbefragungen wurden im Februar und März 1996 alle Versorgungsfunktionen in Anknüpfung an die Kartierungen der Jahre 1993 bis 1995 dokumentiert. Die Kartiergebiete umfaßten die Innenstädte von Leipzig, Cottbus und Rostock, die Nahversorgungszentren Karl-Liebknecht-Straße, Eisenbahnstraße und Stuttgarter Allee in Leipzig, die Zuschka in Cottbus sowie die Stadtteilzentren Klenow Tor in Lichtenhagen und Warnowpark in Lütten Klein/Rostock. Um die Weiterentwicklung des Branchenmixes in Einkaufszentren zu untersuchen, wurde der Mieterbesatz für den Saalepark, den Sachsenpark, das Paunsdorf Center (alle im Großraum Leipzig), Portcenter und Ostseepark (Rostock) und im Cottbus Center und Lausitz Park (Cottbus) aufgenommen. Zudem wurden 1995 die Ladenöffnungszeiten für alle Einrichtungen erfaßt, um exemplarisch einen entscheidenden Wettbewerbsnachteil von Innenstädten und Stadtteilzentren gegenüber Einkaufszentren aufzuzeigen, nämlich fehlende Absprache unter den Einzelhändlern bzw. fehlendes zentrales Management, um einheitliche Vorgaben durchzusetzen.

10.1.6 Archive, Statistische Ämter und Bibliotheken

Verglichen werden die Kartierergebnisse mit der Situation von 1989, wodurch die Dynamik der Transformation im Einzelhandel erst deutlich wird. Die Daten von 1989 basieren auf der jährlich durchgeführten Handelsnetzberichterstattung der DDR, die im Zentralen Informations- und Auskunftssystem (ZIAS) des Ministeriums für Handel und Versorgung gespeichert wurde und alle Verkaufseinheiten kleinräumig unterteilt erfaßte. Die entsprechenden Datensätze für Cottbus und Rostock konnten über die Außenstelle des Statistischen Bundesamtes in Berlin beschafft werden. Die vollständigen Unterlagen für Leipzig sind im Stadtarchiv Leipzig eingelagert (ZR 10739 Bd. 4: Verkaufsstellennetz Leipzig 1989).

Weitere Recherchen wurden u. a. im Sächsischen Staatsarchiv zu Leipzig, in den Stadtarchiven von Rostock und Cottbus sowie im Bundesarchiv Potsdam (Nutzung der Außenstelle Hoppegarten im Juni 1996) vorgenommen. Die Arbeiten bezogen sich auf folgende Fragestellungen bzw. Materialien:
a) Dokumentation der Entwicklung von Betriebstypen des Einzelhandels in der DDR
b) Sichtung von Stimmungsberichten zur Versorgungslage der Bevölkerung
c) Interner Briefverkehr von Partei und Regierung zur Versorgungssituation der DDR bzw. der untersuchten Städte
d) Auswertung von Presseberichten aufgrund der systematischen Durchsicht der Lausitzer Rundschau (Cottbus), der Norddeutschen Neuesten Nachrichten und der Ostsee-Zeitung (Rostock) sowie der Leipziger Volkszeitung
e) Auswertung von Online-Diensten der Lausitzer Rundschau, der Norddeutschen Neuesten Nachrichten, der Bundesarbeitsgemeinschaft der Mittel- und Großbetriebe des Einzelhandels e.V. (BAG) und des Hauptverbandes des Deutschen Einzelhandels (HDE) im Internet

Gespräche in den statistischen Ämtern der Städte konzentrierten sich auf die Beschaffung kleinräumiger Bevölkerungszahlen für die Citys über die letzten drei bis vier Jahre (in Halbjahresschritten). Anhand dieser Daten (fortgeschrieben für die Kriterien Alter, Geschlecht, Familienstand, Nationalität, Religion) wird der These der Entleerung bzw. "Entwohnung" der Innenstädte nachgegangen und gefragt, welche Konsequenzen diese Entwicklung für den Einzelhandel haben muß.

Die Literatursuche bezog sich insbesondere auf die Sichtung sog. grauer Literatur, wobei es sich vielfach um Projektarbeiten universitärer und außeruniversitärer Institute handelt (z. B. Institut für Marketing sowie Institut für Verkehrslogistik der Universität Rostock mit Arbeiten zu Einkaufszentren bzw. zur Suburbanisierung im Rostocker Raum; Umweltforschungszentrum Leipzig). Neue Literatureinsichten eröffneten sich auch durch die Sichtung einer umfangreichen Sammlung von Architekturzeitschriften an der TU Cottbus, in denen die Konsequenzen von Einkaufszentren für den Erfolg der Innenstädte diskutiert werden. Arbeiten in der Deutschen Bücherei Leipzig sowie im Institut für Länderkunde (Leipzig) komplettieren die durchgeführten Literaturarbeiten.

10.1.7 Expertengespräche

Neben der Suche nach schriftlichen Quellen wurden sog. Expertengespräche in verschiedenen Ämtern und Instituten - teilweise zum wiederholten Male mit denselben Personen - geführt. Diese werden nachfolgend typisiert und in ihrer Aussagekraft für die eigene Arbeit charakterisiert:

1. Personen aus den Bereichen Stadt- und Regionalplanung: Diskutiert wurde mit relevanten Personen der Stadtplanungsämter bzw. der speziell für die Befragungsgebiete zuständigen Mitarbeiter. Gespräche im Regierungspräsidium Leipzig bzw. in den Ämtern für Raumordnung in Cottbus und Rostock beleuchten die Thematik "Großflächiger Einzelhandel" und "Suburbanisierung" aus regionalplanerischer Sicht.

2. Wirtschaftsverbände: Industrie- und Handelskammern sowie Einzelhandelsverbände versuchen als Lobby der städtischen Einzelhändler, Stadt- und Verkehrsplanung zu beeinflussen. Die hierzu geführten Gespräche konzentrierten sich auf die relevanten Geschäftsbereiche (Einzelhandel, Dienstleistungen/Gastronomie) der IHKs von Leipzig und Cottbus sowie auf den Sächsischen und Brandenburgischen Einzelhandelsverband.

3. Interessenverbände von Einzelhändlern: In Anlehnung an (Pflicht-) Werbegemeinschaften in Einkaufszentren, die einem zentralen Management unterliegen, haben sich Einzelhändler in den Innenstädten freiwillig zusammengeschlossen, um ihre individuell verfolgten Geschäftsinteressen zum Vorteil aller stärker zu koordinieren. Entsprechende Vereinigungen haben sich in den Innenstädten und Stadtteilzentren von Leipzig, Rostock und Cottbus gebildet. Mit den Leitungsgremien dieser Gemeinschaften wurden Gespräche über die Gründungsmotivation und den bisherigen Erfolg von Koordinationsmaßnahmen geführt. Unterstützungsschreiben der Werbegemeinschaften förderten die Akzeptanz der Einzelhändlerbefragung. Analog wurden in den Einkaufszentren die Centermanager besucht, die über neuere Planungen in ihren Shopping Centern berichteten.

4. Statistische Ämter: Anfragen in den städtischen Ämtern für Statistik und Wahlen haben zur Bereitstellung aktueller kleinräumiger Bevölkerungszahlen geführt. Weil viele Mitarbeiter auch zur DDR-Zeit im Bereich Statistik gearbeitet haben, konnten sie einerseits unbekanntes und vielfach privat aufgehobenes Datenmaterial zur Verfügung stellen, andererseits Informationen zur Art und Weise der Datenerhebung von vor 1989 weitergeben.

5. Universitäre und außeruniversitäre Einrichtungen: Neben den Kontakten zu anderen Geographen, die in verwandten Bereichen forschen (Universitäten Leipzig und Halle; Institut für Länderkunde Leipzig; Umweltforschungszentrum Leipzig), wurden Gespräche mit Wissenschaftlern aus Nachbarfächern geführt (Soziologie, Marketing). Bei der Untersuchung von "Transformation" können sie andere und für die Geographie ergänzende Akzente setzen.

6. Polizei: Die Frage, warum Innenstädte ihre Versorgungszentralität an Einkaufszentren auf der grünen Wiese verlieren, konzentriert sich auch auf das veränderte öffentliche Sicherheitsempfinden der Bevölkerung nach der Wende. Gespräche mit den Pressesprechern der Polizei in Leipzig und Rostock sollten dieses Problem beleuchten und anhand von Statistiken dokumentieren.

10.2 Form und Aussagekraft der Fragebögen - Operationalisierung und Ausprägungen der analysierten Variablen

Alle Befragungen erfolgten in direkter Ansprache der Probanden mit Hilfe standardisierter Fragebögen (siehe Anhang). Die Form der Interviews zielte auf folgende Überlegungen:

a) **Länge/Dauer:** Insbesondere Passantenbefragungen und die Gespräche mit Einzelhändlern in ihren Geschäften müssen als kurze und prägnante Interviews organisiert werden. Kurzfristig lenkt das Interview sie von ihrer ursprünglich geplanten (Einkaufs- oder Verkaufs-) Aktivität ab. In der Regel gibt es für die Probanden keine Rückzugsmöglichkeit aus dem öffentlichen Umfeld, um sich mit den gestellten Fragen längere Zeit auseinanderzusetzen. Das heißt, daß es sowohl in Ladengeschäften als auch auf der Straße Zuhörer geben kann, die eher hemmend auf die Beantwortung von Fragen wirken. Zudem existiert bei Kundenbefragungen das Problem, daß die Konsumenten nicht nur als Einzelpersonen, sondern in Kleingruppen (Familie, Bekannte, Freunde) unterwegs sind, so daß sich der Befragte sowohl fremden Zwängen als auch dem Drang seiner eigenen Familie bzw. eigenen Bezugspersonen zu einem kurzen Interview ausgesetzt sieht. Statistische oder Tatsachenfragen dominieren deshalb vor Meinungsfragen.

b) **Form:** Mit wenigen Ausnahmen wurden geschlossene Fragen gestellt, um dem Anspruch kurzer Interviews Rechnung zu tragen. Zudem erleichtern geschlossene im Vergleich zu offenen Fragen die Vergleichbarkeit von Antworten, weil die entsprechenden Antwortmöglichkeiten vorgegeben sind. Problem ist jedoch der Ausschluß ungeplanter Informationen.

c) **Ausführung:** Die Interviews wurden als persönliche und mündliche Befragung durchgeführt. Verfälschungen oder unsinnige Antworten seitens der Befragten können damit stärker vermieden werden als bei unpersönlichen schriftlichen Fragebogenaktionen. Das Ausfüllen der Fragebögen erfolgte durch den Interviewer. Alle Befrager konnten sich ausweisen, bzw. es lagen Empfehlungsschreiben der jeweiligen Städte, Industrie- und Handelskammern oder City-Werbegemeinschaften vor. Im Falle der Befragungen in Einkaufszentren waren unter Berücksichtigung des Hausrechts der Eigentümer zuvor Genehmigungen eingeholt worden.

d) **Inhalt:**
Die Fragen zielten darauf, zeitlich (nur für Leipzig) und räumlich (intra- und interstädtisch) vergleichende Aussagen über den Erfolg unterschiedlicher Standortlagen von Einzelhandelsagglomerationen zu treffen. Aspekte des Erfolges betrafen folgende Ebenen:
a) wirtschaftlicher Erfolg: Dieser ist einerseits auf individueller Ebene für den Einzelhändler, andererseits auf allgemeiner Ebene für das gesamte geschäftliche Umfeld (Geschäftslage) zu definieren.
b) sozialer Erfolg: Diese Ebene berührt vornehmlich die Kundenseite und mißt die "Erreichbarkeit", die "Zufriedenheit" und die "soziale Ausgewogenheit" (Kundensegregation) von Angebotsformen.
c) planerischer Erfolg: Die Verwirklichung von Leitbildern der Stadtplanung oder Landesplanung zur intraurbanen oder interkommunalen Zentrenbildung ist aus den Befragungen zu Kundeneinzugsgebieten und Einkaufsverhalten indirekt herleitbar.

Tab. 36 gibt einen Überblick, welche Variablen wie operationalisiert wurden, um eine "Erfolgsmessung" zu gewährleisten.

10.3 Kontrolle

10.3.1 Reliabilität

Zweifellos eines der entscheidendsten Probleme ist die Kontrollc der Güte der Befragung, die auf seiten der Befragten (Problem der Verweigerung) und auf seiten der Befrager anzusetzen hat. Insbesondere bei letzteren setzt das Gütekriterium der Reliabilität oder Verläßlichkeit an, die die formale Genauigkeit der Merkmalserfassung bestimmt. "Sie bezieht sich auf die Stabilität und Genauigkeit der Messungen und die Konstanz der Meßbedingungen. Ein Meßvorgang und das ihm zugrundeliegende Meßinstrument sind reliabel, wenn sich bei wiederholten Messungen stets das gleiche Ergebnis ergibt, d.h. der Zufallsfehler gering ist" und systematische Fehler verhindert werden (HENZE 1994: 351). Hieraus verbindet sich die Forderung nach intersubjektiver Überprüfbarkeit aller Forschungsergebnisse (WETTSCHURECK 1974b: 42).

Weil Kunden- und Händlerbefragungen in der Regel nur nach längeren Zeiträumen wiederholbar sind und faktisch nur eine Stichprobe je Untersuchungsgruppe und Raum zur Verfügung steht, ist eine Test-Retest-Kontrolle zur Prüfung der Verläßlichkeit im vorliegenden Fall faktisch nicht möglich gewesen. Ein anderes Prinzip, das sog. Äquivalenz-Verfahren (BEREKOVEN u.a. 1977: 29), in dem mehrere verschiedene Instrumente beim selben Probandenkreis gleichzeitig eingesetzt werden, um die Reliabilität zu messen, ist in den Einkaufszentren als Befragung und als parallel verlaufende Verkehrszählung erfolgt. Im Gegensatz zur Befragung, in der viele und miteinander verknüpfbare Einzelmerkmale erhoben werden, erlaubte die Verkehrszählung jedoch nur die Erhebung eines einzigen Indikators, den des Kundeneinzugsbereiches, um ihn mit den Ergebnissen der Befragung zu vergleichen.

Weil die Möglichkeiten der Reliabilitätsprüfung somit begrenzt waren, wurde die Kontrolle des "Störfaktors" "Befrager" bei den Kundeninterviews um so bedeutsamer: Unterstellt wurde ein intersubjektiv nicht vergleichbarer Umgang mit dem Fragebogen, eine unterschiedliche Form der Kundenansprache und eine unterschiedliche Motivation der Befrager. Abb. 26 ist ein umfassendes zeitliches und räumliches Rotations- und Aussetzsystem der Befrager zu entnehmen, wie es bei den Kundenbefragungen zur Anwendung kam. Ziel war es, mögliche systematische Fehler einzelner Befragergruppen, die grundsätzlich aus zwei Personen bestanden und bei den Befragungen wiederum wechselseitig aussetzten, abzumildern.

Tab. 36: Kriterien für den Erfolg von Standortgemeinschaften (Grüne Wiese, Innenstadt, Stadtteil) im Einzelhandel

a) auf der individuellen Ebene (einzelner Anbieter): Befragung von Einzelhändlern		
	Variable	**Messung**
Erfolgsdeterminanten	Betriebstyp	Fachgeschäft u. a.
	Betriebsart	Einbetriebsunternehmen (EBU), Filiale u. a.
	Betriebsgröße	qm Verkaufsfläche
	Eigentumsverhältnisse	selbst, andere geklärt/ungeklärt
	Miethöhe	monatl. Belastung in DM
	Branche	Hauptsortiment
Erfolgsindikatoren	Mitarbeiter	Anzahl
	beurteilte wirtschl. Situation	Noten 1-5
	Umsatz	Jahresumsatz klassiert
	Öffnung zum langen Donnerstag	Ladenschluß
	Mitglied Werbegemeinschaft	ja/nein

b) auf der Ebene von Standortgemeinschaften (vieler Anbieter): Befragung von Kunden, Haushalten und Einzelhändlern		
	Variable	**Messung**
Erfolgsdeterminanten	demograph. Struktur der Kunden	Alter, Geschlecht, Haushalt
	soziale Struktur der Kunden	Erwerbstätigkeit, Einkommen
	Wohnstandort der Kunden	Postleitzahl
	Verkehrsmittelwahl	PKW, Bus, zu Fuß u. a.
Erfolgsindikatoren	Kundeneinzugsgebiet	PLZ-Wohnorte der Kunden
	Besuchshäufigkeit	Besuchsintervalle
	Aufenthaltsdauer Kunden	Minuten
	Bewertung durch Einzelhandel	Noten 1-5
	Bewertung durch Kunden	Noten 1-5
	Kundenkaufkraft	Haushaltsnettoeinkommen
	ausgegebene Summe	Angabe in DM
	Koppelung von Aktivitäten	Anzahl/Art aufgesuchter Einrichtungen

Quelle: in Anlehnung an FRETER, BARZEN & WAHLE (1989: 193)

10.3.2 Validität

Gegenüber der formalen Genauigkeit der Reliabilität, die sich nur auf das Meßinstrument (Fragen, Fragebogen, Befrager) bezieht, drückt die sog. Gültigkeit oder Validität die materielle Genauigkeit einer Messung aus, wofür zunächst die Reliabilität als Voraussetzung anzusehen ist. Die Gültigkeit kennzeichnet "den Grad der Übereinstimmung zwischen der operationalen Definition und der Definition (von Begriffen) im theoretischen Zusammenhang" (WETTSCHURECK 1974b: 41). Sie fragt danach, "ob tatsächlich das, was erhoben bzw. gemessen werden soll, auch ermittelt wird" (HENZE 1994: 351). Problem ist, diese Gültigkeit nicht nur wissenschaftstheoretisch zu erkennen, sondern zu prüfen. BEREKOVEN u.a. (1977: 29) unterscheiden drei Möglichkeiten

a) *face validity* oder *content validity*, die eine einfache (logische) Plausibilitätskontrolle darstellt;
b) *expert validity*, die eine Plausibilitätskontrolle durch Experten beinhaltet;
c) Vergleich mit parallelen, gleichartigen Untersuchungen bekannter Probanden, an denen die (eigenen) zu untersuchenden Merkmalswerte auf Signifikanz geprüft werden können (*concurrent validity*). Problem ist, daß "die als Gültigkeitsmaßstab herangezogene operationale Definition ihrerseits wieder einem Validitätstest unterworfen werden (müßte), das dabei verwendete Kriterium ist seinerseits zu überprüfen und so weiter ad infinitum. Da es keine objektiven, nachweisbar vollgültigen Kriterien gibt, muß ein solcher Validierungsversuch immer in einen unendlichen Regreß auslaufen" (WETTSCHURECK 1974: 41f.).

In der vorliegenden Untersuchung wurden verschiedene, nicht nur logische, sondern auch empirische Validitätskontrollen vorgenommen:
1. die einerseits Expertengespräche mit Planungsstellen und Interessenverbänden beinhalteten und deren Ergebnisse und Einsichten mit den eigenen Befunden verglichen;
2. die andererseits Unterlagen der amtlichen Statistik oder (zeitlich versetzte) Kunden- und Einzelhändlerbefragungen von dritter Seite berücksichtigten, um hieran die Plausibilität der eigenen Aussagen zu testen.

Wie beim Hypothesentest existiert jedoch keine vollkommene Sicherheit, was die Gültigkeit anbelangt.

	28/8 Rostock	29/8	1/9 Cottbus	2/9	6/9	7/9 Leipzig	8/9	9/9
Gruppe 1	Ost1	CitS2	Co1	CoV2	City	SaaH (P1)	SchF	SchV
Gruppe 2	Ost2	CitS1	Co2	Inn2	Lpz.	SaaVM (P2)	SaaH	SchH
Gruppe 3	Ost3	Cit3	Co3	InnS		SaaH (P3)	SchH	SaaVB
Gruppe 4	OstS1	Cit2	Co4	Inn3		SaaS	SchV	SchF
Gruppe 5	OstS2	Cit1	Inn1	CoV1		SaaVB (P5)	SaaS	SchH
Gruppe 6	OstV1	Port	CoS2	Inn1		SaaN2 (PS)	SaaH	SaaVM
Gruppe 7	Port	Ost1	CoV1	Co1		SaaVM	SaaN1	SaaS
Gruppe 8	OstV2	Ost2	CoV2	CoS1		SaaH	SaaN2	SchS
Gruppe 9	Cit1	Ost3	CoV3	CoS2		SaaN1	SchH	SaaH
Gruppe 10	Cit2	OstS2	CoS1	CoV3		SaaH	SaaH	SaaN2
Gruppe 11	Cit3	OstS1	Inn2	Co2		SaaN2	SaaVM	SaaH
Gruppe 12	CitS1	OstV2	Inn3	Co3		SaaVB	SchS	SaaH
Gruppe 13	CitS2	OstV1	InnS	Co4		SaaN1 (P4)	SaaVB	SaaN1

Ost Ostseepark (3 Befragergruppen, 2 x Verkehrszähler, 2 x Springer)
Port Portcenter (1 x Befrager)
Cit City Rostock (3 x Befrager, 2 x Springer)
Termine Rostock: 28.8.95 von 14.00 bis 18.30 Uhr; 29.8.95 von 9.00 bis 18.30 Uhr

Inn Innenstadt Cottbus (3 Befragergruppen, 1 x Springer
Co Cottbus-Center (4 x Befrager, 3 x Verkehrszähler, 2 x Springer)
Termine Cottbus: 1.9.95 von 9.00 bis 18.30 Uhr; 2.9.95 von 9.00 bis 14.00 Uhr

Sch Sachsenpark (H: Haupteingang; F: Fachmarkt)
Saa Saalepark (H: Haupteingang; N1: Möbel Höffner; N2: Quelle)
VB: Verkehr BP-Tankstelle; VM: Verkehr McDonald
P Paunsdorf
Termine Leipzig: 6.9.95 von 13.00 bis 18.00 Uhr; 8.9.95 von 9.00 bis 18.30 Uhr;
9.9.95 von 9.00 bis 14.00 Uhr
7.9.95: a. 6 Gruppen von 9.00 bis 11.30 Saalepark und 13.00 bis 19.00 Paunsdorf
b. 6 Gruppen von 11.30 bis 20.30 Saalepark
c. Gruppe 4 von 9.00 bis 20.30 Saalepark

S Springer V Verkehr

Springergruppen Rostock

	28.8.95 Ostseepark	City	29.8.95 Ostseepark	City
9.00 - 9.30			Pause	Pause
9.30 - 10.00			OstS1→Ost1	CitS2→Cit3
10.00 - 10.30			OstS2→Ost2 OstS1→OstV1	CitS1→Cit2
10.30 - 11.00			OstS1→Ost3	CitS1→Cit1
11.00 - 11.30			OstS2→OstV2	CitS2→Port
11.30 - 12.00			Pause	Pause
12.00 - 12.30			OstS2→Ost1	CitS1→Cit3
12.30 - 13.00			OstS2→Ost2 OstS1→OstV1	CitS2→Cit2
13.00 - 13.30			OstS1→Ost3	CitS2→Cit1
14.00 - 14.30	Pause	Pause	OstS2→OstV2	CitS1→Port
14.30 - 15.00	OstS1→Ost1	CitS2→Cit2	Pause	CitS2→Cit3
15.00 - 15.30	OstS2→Ost2	CitS1→Cit1	OstS1→Ost1	CitS1→Cit2
15.30 - 16.00	OstS1→Ost3	CitS1→Cit3	OstS2→Ost2 OstS1→OstV1	CitS1→Cit1
16.00 - 16.30	OstS2→OstV1 OstS1→OstV2	CitS2→Port	OstS2→Ost3	CitS2→Port
16.30 - 17.00	Pause	Pause	OstS1→OstV2	Pause
17.00 - 17.30	OstS1→Ost1 OstS2→Ost2	CitS2→Cit2	Pause	CitS1→Cit3
17.30 - 18.00	OstS1→Ost3 OstS2→OstV2	CitS1→Cit1	OstS1→Ost1 OstS2→OstV1	CitS2→Cit2
18.00 - 18.30	OstS2→OstV1	CitS2→Cit3	OstS1→Ost2 OstS2→Ost3	CitS2→Cit1

28.8.1995: Befragungen von 14.00 bis 18.30 Uhr
29.8.1995: Befragungen von 09.00 bis 18.30 Uhr

OstV1: Nähe Aldi
OstV2: Nähe Fachmärkte

Port: Portcenter
Ost1: Nebeneingang 1 (Mediamarkt)
Ost2: Haupteingang (Mitte)
Ost3: Nebeneingang 2 (Postagentur, Verbrauchermarkt)

Cit1: Kröpeliner Str. Nähe Rathaus/Markt
Cit2: Kröpeliner Str. Turm
Cit3: Lange Str. (Straßenbahn)

Springergruppen Cottbus

	1.9.95 C-Center		City	2.9.95 C-Center		City
9.00 - 9.30	Pause		Pause	Pause		Pause
9.30 - 10.00	CoS1→Co1	CoS2→Co2	InnS→Inn1	CoS1→Co1	CoS2→Co2	InnS→Inn2
10.00 - 10.30	CoS1→Co3	CoS2→Co4	InnS→Inn2	CoS1→Co3	CoS2→Co4	InnS→Inn3
10.30 - 11.00	CoS1→CoV1	CoS2→CoV2		CoS1→CoV1	CoS2→CoV2	
11.00 - 11.30	CoS1→CoV3		InnS→Inn3	CoS1→CoV3		InnS→Inn1
11.30 - 12.00	Pause		Pause	Pause		
12.00 - 12.30	CoS1→Co1	CoS2→Co2	InnS→Inn1	CoS1→Co1	CoS2→Co2	InnS→Inn2
12.30 - 13.00	CoS1→Co3	CoS2→Co4	InnS→Inn2	CoS1→Co3	CoS2→Co4	InnS→Inn3
13.00 - 13.30	CoS1→CoV1	CoS2→CoV2		CoS1→CoV1	CoS2→CoV2	
13.30 - 14.00		CoS2→CoV3	InnS→Inn3		CoS2→CoV3	InnS→Inn1
14.00 - 14.30	Pause		Pause			
14.30 - 15.00	CoS1→Co1	CoS2→Co2	InnS→Inn1			
15.00 - 15.30	CoS1→Co3	CoS2→Co4	InnS→Inn2			
15.30 - 16.00	CoS1→CoV1	CoS2→CoV2				
16.00 - 16.30	CoS1→CoV3		InnS→Inn3			
16.30 - 17.00		CoS2→Co1				
17.00 - 17.30	CoS1→Co2	CoS2→Co3	InnS→Inn1			
17.30 - 18.00	CoS1→Co4	CoS2→CoV1	InnS→Inn2			
18.00 - 18.30	CoS1→CoV2	CoS2→CoV3				

Co1 Pro Markt
Co2 Eingang Rückseite
Co3 Haupteingang A
Co4 Haupteingang B

Inn1: Spremberger Str. Turm
Inn2: Spremberger Str. Markt
Inn3: Lausitzer Hof

Springergruppen Leipzig

	7.9.95 Do **Saalep**		8.9.95 Fr **Saalep**	**Sachsp**	9.9.95 Sa **Saalep**	**Sachsp**
9.00 - 9.30	Pause		Pause			
9.30 - 10.00	SaaS→Gr.1		SaaS→Gr.2	SchS→SchF	SaaS→Gr.9	SchS→Gr.2
10.00 - 10.30	SaaS→SaaVM		SaaS→Gr.6	SchS→Gr.3	SaaS→Gr.11	SchS→SchF
10.30 - 11.00	SaaS→Gr.3		14→SaaVM	SchS→Gr.9	SaaS→SaaN2	SchS→Gr.5
11.00 - 11.30	SaaS→SaaVB		SaaS→SaaN1	SchS→SchV	SaaS→SaaN1	SchS→SchV
11.30 - 12.00	Pause		14→SaaVB		14→SaaVB	
12.00 - 12.30	SaaS→SaaVM		SaaS→SaaN2	SchS→SchF	SaaS→Gr.12	SchS→Gr.2
12.30 - 13.00	SaaS→Gr.8		SaaS→Gr.10	SchS→Gr.3	14→SaaVM	SchS→SchF
13.00 - 13.30	SaaS→SaaN1	Paunsdorf	14→SaaVM	SchS→Gr.9	SaaS→Gr.9	SchS→Gr.5
13.30 - 14.00	SaaS→Gr.10	Pause	SaaS→Gr.2	SchS→SchV		SchS→SchV
14.00 - 14.30	SaaS→SaaN2	PS→P4	SaaS→Gr.6			
14.30 - 15.00	14→SaaVB	PS→P5	14→SaaVB	SchS→SchF		
15.00 - 15.30	14→SaaVM	PS→P1	SaaS→SaaN1	SchS→Gr.3		
15.30 - 16.00	SaaS→Gr.8	PS→P2	SaaS→SaaN2	SchS→Gr.9		
16.00 - 16.30	SaaS→SaaN1	PS→P3	SaaS→Gr.10	SchS→SchV		
16.30 - 17.00	SaaS→Gr.10	Pause	14→SaaVM			
17.00 - 17.30	SaaS→SaaN2	PS→P5	SaaS→Gr.2	SchS→SchF		
17.30 - 18.00	14→SaaVB	PS→P4	SaaS→Gr.6	SchS→Gr.3		
18.00 - 18.30	SaaS→Gr.8	PS→P1		SchS→SchV		
18.30 - 19.00	14→SaaVM					
19.00 - 19.30	SaaS→SaaN1					
19.30 - 20.00	SaaS→Gr.10					
20.00 - 20.30	SaaS→SaaN2					

SchF: Sachsenpark Fach-/Baumarkt
SchH: zwei Eingänge Marktkauf

SaaN1: Möbel Höffner
SaaN2: Quelle
SaaH: 3 x Haupteingang
SaaVB: Verkehrszählung BP-Tankstelle
SaaVM: Verkehrszählung McDonald

Paunsdorf
P1 Lifte zum Parkhaus
P2 Nebeneingang McDonald
P3 Haupteingang
P4 Rückeingang Straßenbahn
P5 Nebeneingang New Yorker

Abb. 26: Zeitplan und Rotationsverfahren der Befragergruppen in den untersuchten Einkaufszentren und Innenstädten 1995

10.4 Umfang der Stichproben, Fehler und Genauigkeit

Die Güte der Befragungen unterliegt zwei möglichen Fehlerquellen: a) dem statistisch berechenbaren Zufallsfehler, b) dem systematischen Fehler.

Wie oben bereits beschrieben, wurden die Kunden- und Haushaltsbefragungen als Zufallsauswahl, die Einzelhändleruntersuchung als Gesamterhebung durchgeführt. Unter Voraussetzung einer normierten Normalverteilung wird der Stichprobenumfang folgendermaßen berechnet:

$$n=\frac{t_{\alpha}^{2}p(1-p)}{e^{2}}$$

n: notwendiger Stichprobenumfang
t_{α}: Schwellenwert der normierten Normalverteilung für die Irrtumswahrscheinlichkeit
p: relative Häufigkeit der gesuchten Eigenschaft in der Grundgesamtheit
e: maximaler absoluter Fehler

Die Formel zeigt an, daß "der notwendige Umfang der Stichprobe vom Umfang der Grundgesamtheit unabhängig ist. Die Güte einer Stichprobe wird also nicht von der Relation Stichprobe/Grundgesamtheit, sondern von ihrem absoluten Umfang bestimmt" (BEREKOVEN u.a. 1977: 128). Abhängig ist die Güte jedoch vom vorgegebenen Sicherheits- und Genauigkeitsgrad, die sich gegenseitig bedingen und in der Formel als Sicherheitsgrad t und als auf das Gesamtergebnis bezogener absoluter Stichprobenfehler e erscheinen. Die Verbesserung einer dieser Größen ohne Verschlechterung der anderen ist nur durch Vergrößerung der Stichprobe erreichbar. Wird von einem Schätzwert p ausgegangen, der mit 95%-iger Wahrscheinlichkeit um maximal 5% vom wahren Wert abweicht, ergibt sich eine Stichprobengröße von 384. Formel und Ergebnis gelten für den Fall "mit Zurücklegen". Für den Fall "ohne Zurücklegen" muß die Formel mit einem Korrekturfaktor versehen werden (SCHARNBACHER 1988: 216).

Die absoluten Stichprobenfehler für die Kunden- und Haushaltsbefragungen sind unter Voraussetzung einer Stichprobenzufallsauswahl und Normalverteilung der Grundgesamtheit den Tab. 31 und 33 zu entnehmen. Sie belegen für die Kundenbefragungen, daß die Stichprobengrößen mit wenigen Ausnahmen moderate absolute Stichprobenfehler von 3% bis 5% (bei t=1,96) garantieren können. Ein anderes Bild vermitteln die Haushaltsbefragungen, denen bereits rein rechnerisch Stichprobenfehler von ca. 13% zugrundeliegen. Die entsprechenden Ergebnisse wurden eingedenk der kleinen Stichproben als Plausibilitätskontrolle für Aussagen von Kunden und Einzelhändlern konzipiert.

Zweifellos treten aber insbesondere bei Passanten- und Kundenbefragungen erhebliche ungeplante Ausfallraten auf (Tab. 31 und 33), die die Stichprobe verzerren. Umfragen weisen in der Regel "eine Verzerrung zugunsten der Personen auf, die sich für das Thema der Untersuchung interessieren, die wirtschaftlich besser gestellt sind und die eine umfassendere Schulbildung haben" (GOODE & HATT 1972: 165). Im Falle der eigenen Befragungen in den Einkaufszentren konnte zudem beobachtet werden, daß Bus fahrende Kunden (im Gegensatz zu Autofahrern) immer sehr kurzfristig zum Abfahrt-termin erschienen und vielfach keine Zeit für ein Interview hatten. Aufgrund der geringen Bedeutung von Buseinfahrten, wie sie aus der Verkehrszählung herleitbar war, ist dieser gleichwohl systematische Fehler jedoch von geringerer Bedeutung gewesen.

In allen bekannten Arbeiten der Einzelhandelsgeographie werden die Ausfälle gar nicht quantifiziert oder nur als allgemeines Problem geschildert (HEINEBERG & MAYR 1986: 183; KULKE u.a.1990: 154; HEINRITZ & SITTENAUER 1992: 178; POPIEN 1995: 80). FALK (1975: 156) verweist auf Untersuchungen der empirischen Sozial- und Markt-forschung, die Ausfälle von bis zu 90% ausweisen. FLOCKENHAUS (1974: 220) geht davon aus, daß bei Ausfällen von über 30% "die Berufung auf ein Modell der Stichpro-bentheorie unterbleiben" sollte. So lassen sich "statistische Aussagen über wichtige Trends des räumlich differenzierten Konsumentenverhaltens" (HEINEBERG & DE LANGE 1985: 17) treffen, ohne daß diese im strengen wahrscheinlichkeitstheoretischen Sinn quantifizierbar sind und Vertrauensbereiche ausgewiesen werden können. Sowohl die Organisation der Befragungen als auch die im Vergleich zu anderen Untersuchungen sehr großen Stichproben (vgl. HEINEBERG & MAYR 1995; HEINEBERG & TAPPE 1995; POPIEN 1995) erlauben es jedoch in unserem Fall, von einer hinreichenden statistischen Qualität der Daten zu sprechen.

10.5 Repräsentativität der Stichproben

Die Grundgesamtheit für die Kunden- und Passantenbefragungen in den Einkaufszen-tren und Innenstädten ist unbekannt. Verweise der Einkaufszentren und Herleitungen aus eigenen Verkehrszählungen erlauben nur Schätzungen zur täglichen Kundenzahl und zum Herkunftsbereich, beinhalten jedoch keine Kenntnisse zur demographischen oder sozialen Kundenstruktur, die - als wesentliche Größen für das Einkaufsverhalten - mit den Ergebnissen der Stichprobe verglichen werden könnten. Wie HEINEBERG & DE LANGE (1985: 17) in ihrer Untersuchung zum Einzelhandel in Bremen ausführen, kön-nen die Befragungen auch nicht repräsentativ für eine Stadt oder ihr Umland sein, weil nicht alle Bewohner gleichermaßen Kunden an allen Standorten sind, um sowohl in der Stichprobe auf der grünen Wiese als auch in der Innenstadt Berücksichtigung zu finden. Zweifellos wird deshalb die Bedeutung der Repräsentativität von Plausibilitätsüber-legungen in Form von Expertengesprächen sowie räumlich und zeitlich vergleichenden Befragungen verdrängt.

11. Analyse der empirischen Ergebnisse

Der empirische und hypothesengeleitete (Kap. 5) Befund soll aufzeigen, in welchen Bereichen (Räume, Funktionen, Strukturen) sich die Einkaufzentren auf der grünen Wiese von den Innenstädten unterscheiden oder Ähnlichkeiten aufweisen. Sind hieraus wettbewerbliche Vorteile für die Einzelhändler bzw. ein Versorgungsgewinn für die Nachfragerseite herzuleiten?

11.1 Die tatsächlichen Kunden und Passanten (Kundenbefragungen)

11.1.1 Alter und Geschlecht

Vergleicht man die Alters- und Geschlechtsstruktur der Kunden (befragte Personen und die sie begleitenden Personen) mit Hilfe von "Kundenpyramiden" (Abb. 27 u. 28), ergeben sich für die drei untersuchten Städte folgende Besonderheiten:

a) Der Anteil von Kindern bis zu 15 Jahren ist an allen Standorten sehr niedrig. Kino und Gastronomieeinrichtungen im Saalepark mögen ein Anreiz sein, die Kinder beim Einkauf am Wochenende mitzunehmen. Der zielgerichtete Großeinkauf im Cottbus Center oder Ostseepark, die umgangssprachlich auch nur nach dem dominanten SB-Warenhaus benannt werden ("Kaufland", "Real"), trifft auf keine kinderspezifischen (Freizeit-)Angebote. Ein Spielzeugwarengeschäft ist im Ostseepark 1995 sogar wieder geschlossen worden.

b) Für alle Innenstädte auffällig ist der teilweise doppelt so hohe Anteil 16 bis 25-jähriger - insbesondere weiblicher - Jugendlicher gegenüber den Einkaufszentren. Dabei spielte es keine Rolle, an welchen Wochentagen die Befragung durchgeführt wurde, so in Rostock an einem Montag und Dienstag, in Leipzig von Mittwoch bis Samstag und in Cottbus am Freitag und Samstag. Vielfach handelt es sich hier um Schüler, Studenten und junge Erwerbstätige, die sich in der Innenstadt nicht nur zum Einkaufen, sondern zum "Sehen und Gesehen werden" aufhalten. In der Regel werden andere Aktivitäten mit dem kurzzeitigen Bummeln in der Innenstadt gekoppelt.

c) Im Gegensatz zu den Innenstädten werden die Einkaufszentren von den 36 bis 60-jährigen Kunden dominiert, die hier ihre Großeinkäufe tätigen. Sie sind fast ausnahmslos motorisiert, erwerbstätig, kaufkraftstark und in familiale Strukturen eingebunden. Letzteres spiegelt sich in einer ausgewogenen Geschlechterverteilung innerhalb der Kundenpyramiden wider, weil Familienangehörige vielfach begleitende Personen beim Einkaufen sind.

d) Selbst der Anteil der 61 bis 70-jährigen ist in den Einkaufszentren teilweise noch beträchtlich höher als in den Innenstädten (Ausnahme City Cottbus). Preisgünstige Warenangebote, verbesserte ÖPNV-Anbindung, das Einkaufszentrum als "Freizeitgestaltung" für "junge Alte", aber auch der veränderte und fremdgewordene Branchenmix in den Innenstädten (fehlende Lebensmittelgeschäfte) machen einen "Ausflug" in das Shopping Center attraktiv.

e) Erst die über 70-jährigen und körperlich verstärkt immobilen Personen dominieren wieder deutlich in allen Innenstädten. Sie wohnen in der Regel standortnah und suchen die Geschäfte der Innenstadt traditionell als Nachbarschaftsläden auf. Weil insbesondere Kaufstätten für Waren des täglichen Bedarfs aus den Innenstädten verdrängt wurden bzw. mit Ausnahme weniger westdeutscher Discounter spezialisiert und hochpreisig sind (JÜRGENS 1994b), hat sich die Einkaufssituation gerade für diese Altersgruppe verschlechtert.

f) Im zeitlichen Vergleich zwischen 1993 und 1995 lassen sich für Leipzig folgende Aussagen machen: 1) Alle Altersklassen sind 1993 sehr viel gleichmäßiger vertreten gewesen als 1995. 2) Alte Menschen haben in der Innenstadt von Leipzig gegenüber 1993 relativ an Bedeutung verloren. 3) Der Kinderanteil ist in einigen Altersklassen doppelt so hoch gewesen wie 1995. 4) Die Tendenz weist auf eine zunehmende Polarisierung in der Alters-Geschlechtsdifferenzierung an den untersuchten Standorten hin.

Im nachfolgenden soll getestet werden, inwieweit diese Aussagen wahrscheinlichkeitstheoretisch signifikant sind. Hierzu werden Einkaufszentren und Innenstädte in unterschiedlicher Weise miteinander gruppiert und die Mittelwerte von Variablen innerhalb dieser Gruppen daraufhin untersucht, ob die Differenz der Gruppenmittelwerte zufällig oder signifikant verschieden ist. Mit Hilfe von F-Werten, die einen Quotienten aus der Streuung zwischen den Gruppenmittelwerten und der Streuung innerhalb der Gruppen repräsentieren, wird diese Signifikanz bzw. Irrtumswahrscheinlichkeit zum Ausdruck gebracht, die in der Regel einen Wert von 0.05 bzw. 5% Irrtumswahrscheinlichkeit nicht überschreiten sollte. Ziel ist es festzustellen, ob die verschiedenen Stichproben in den Einkaufszentren und Innenstädten (Tab. 37) letztlich eine gemeinsame Basis besitzen (große Grundgesamtheit) oder sich systematisch unterscheiden. Die Berechnungen erfolgen auf der Grundlage der Testmöglichkeiten, die die Diskriminanzanalyse - insbesondere bei mehr als zwei Gruppen - einräumt (BROSIUS 1989). Hierfür wurde die Software SPSS/PC+ am Geographischen Institut der Universität Kiel verwendet. Grundvoraussetzung für die Anwendung sind metrisch skalierte Merkmale, weil Mittelwerte und Streuungsmaße berechnet werden. BAHRENBERG, GIESE und NIPPER (1992: 339) verweisen jedoch auch auf die Möglichkeit, dichotome Merkmale (Beispiel Geschlecht) "wie metrisch skalierte Variable zu bchandeln bzw. nominal skalierte Merkmale in dichotom kodierte Dummy-Variablen zu überführen".

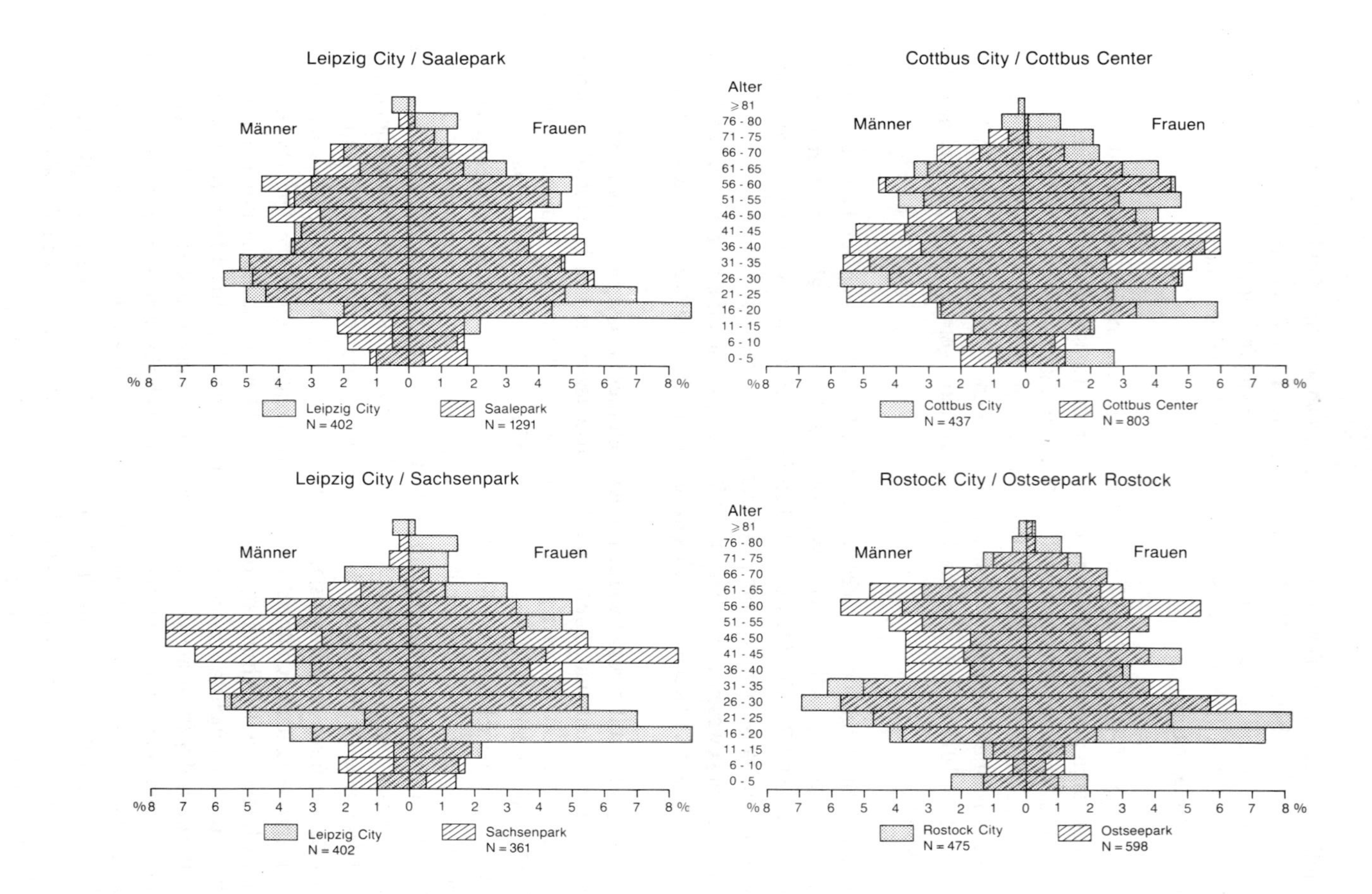

Abb. 27 : Kundenpyramiden von Einkaufszentren und Innenstädten im Vergleich 1995
Quelle: Befragungen Geographisches Institut Universität Kiel 1995

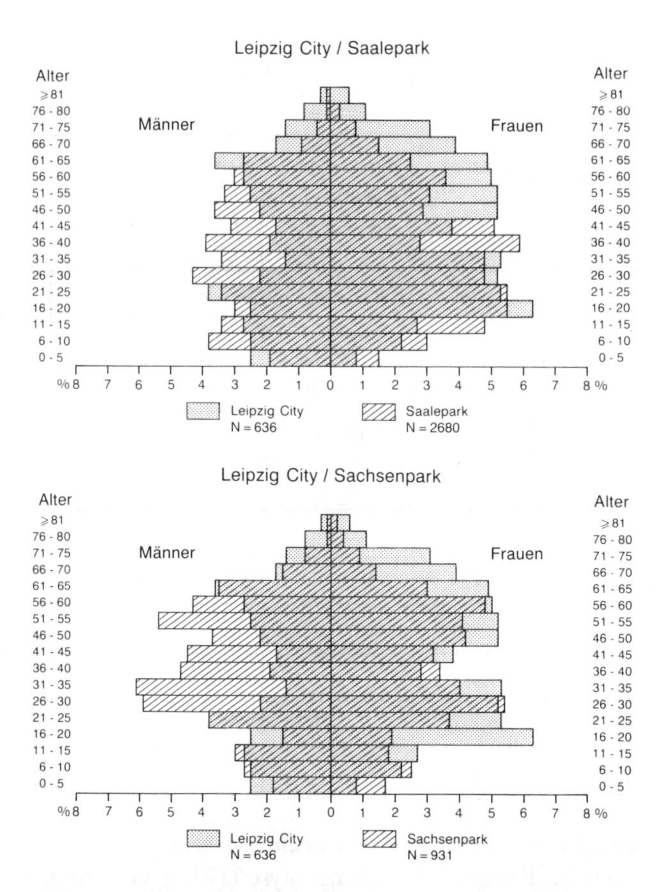

Abb. 28 : Kundenpyramiden von Einkaufszentren und Innenstädten in Leipzig 1993
Quelle: Befragungen Geographisches Institut Universität Kiel 1993 und 1995

In der Tab. 38 werden zunächst alle untersuchten Einkaufszentren auf der grünen Wiese (Gruppe 1) mit allen Innenstädten (Gruppe 2) für verschiedene Altersgruppen und die zugehörige Geschlechtsstruktur verglichen. Um in den jeweiligen Gruppen Stichprobenübergewichte (bedingt durch längere Befragungsdauer) und somit die Dominanz einzelner Zentren in den Mittelwerten auszugleichen, wurden a) die Einkaufszentren, b) die Innenstädte untereinander gewichtet. Die Vorgehensweise hierzu ist folgende: Die gezogenen Stichproben wurden für die Einkaufszentren in Relation gesetzt zum durchschnittlichen täglichen Kundenaufkommen (Angaben nach EHI 1995a bzw. nach eigener Verkehrszählung; im letzteren Fall erfolgte für den Saalepark eine deutliche Korrektur nach unten zu den Eigenangaben des Centermanagements: Anzahl der eingefahrenen PKW/Busse pro Tag wurden gewichtet mit durchschnittlicher Gruppengröße der Besucher, wie sie aus den Befragungen hervorging). Das Paunsdorf Center bekam deshalb einen Gewichtungsfaktor von 3.6, das Cottbus Center von 0.8.

Tab. 37: Kundenaufkommen pro Tag in Einkaufszentren bzw. Kundenfrequenzen in den untersuchten Innenstädten

Untersuchungsgebiet	Sample[1]	durchschnittl. Kundenaufkommen pro Tag	Kundenfrequenz[2]	Gewichtung
Sachsenpark	363	5.000	-	1
Saalepark	1.303	20.000	-	1
Paunsdorf Center	364	20.000	-	3,6
Cottbus Center	821	10.000	-	0,8
Ostseepark	612	10.000	-	1
Innenstadt Leipzig	402	-	1.925	4,2
Innenstadt Cottbus	438	-	461	1
Innenstadt Rostock	489	-	1.112	2,4
Sachsenpark 1993	931	-	-	-
Saalepark 1993	2.680	-	-	-
Innenstadt Leipzig 1993	636	-	-	-

[1] Anzahl der befragten und aller sie begleitenden Personen
Quellen: EHI (1995a); [2]Kemper´s Frequenzanalyse (1995); Verkehrszählung Geographisches Institut der Universität Kiel im Saalepark September 1995

Analog wurde mit den drei Innenstädten verfahren. Zumindest einen Anhaltspunkt unterschiedlicher und zeitlich parallel erhobener Kundenströme vermag hierzu die sog. Kemper´s Frequenzanalyse (1995) anzubieten. An zentralen Stellen (sog. 1a-Lagen) der Innenstadt wird das Kundenaufkommen gezählt. Für Leipzig war es danach 4.2 und in Rostock 2.4mal höher als in Cottbus. Zweifellos wird damit das Kundenaufkommen nur an einem einzigen Standort im Verlauf von einer Stunde zum Ausdruck gebracht. Doch zumindest können gewisse Ungleichheiten aus den Stichproben in der Gruppierung ausgeglichen werden. Als Ergebnis zeigt sich, daß die Einkaufszentren und Innenstädte in verschiedenen Altersgruppen nicht nur graphisch-beschreibend, sondern auch signifikant unterschiedlich sind. Erwartungsgemäß schwächt sich diese Differenz ab, wenn der Gewichtungsfaktor unberücksichtigt bleiben würde. Um diesen Effekt aufzuzeigen, werden in Tab. 38 die gewichteten (und "richtigeren") Ergebnisse den ungewichteten gegenübergestellt. Wo Unterschiede statistisch signifikant sind, sind die entsprechenden Werte fett unterlegt.

Tab. 38: Vergleich von Gruppenmittelwerten einzelner Altersgruppen in Einkaufszentren und Citys sowie Test auf Signifikanz

1a. Einkaufszentren versus Citys 1995							1b. Einkaufszentren versus Citys 1995						
gewichtet							ungewichtet						
Altersgruppe	Alter (metrisch-skaliert)			Geschlecht (nominal-skaliert)			Altersgruppe	Alter (metrisch-skaliert)			Geschlecht (nominal-skaliert)		
	Sign.	F	Anzahl Freiheitsgrade	Sign.	F	Anzahl Freiheitsgrade		Sign.	F	Anzahl Freiheitsgrade	Sign.	F	Anzahl Freiheitsgrade
0-15	.6603	.1933;	df 647	.1821	1.785;	df 647	0-15	.8827	.2180E-01;	df 450	.6410	.2178;	df 450
16-30	**.0000**	**33.19;**	**df 2257**	**.0009**	**11.16;**	**df 2257**	16-30	**.0000**	**16.94;**	**df 1353**	.0749	3.176;	df 1353
31-50	**.0000**	**17.36;**	**df 2512**	.5220	.4102,	df 2512	31-50	**.0059**	**7.605;**	**df 1688**	.5500	.3574;	df 1688
51-70	.8758	.2442E-01;	df 1980	.1462	2.113;	df 1980	51-70	.7116	.1367;	df 1287	.1011	2.692;	df 1287
älter 70	**.0012**	**10.79;**	**df 257**	**.0001**	**16.63;**	**df 257**	älter 70	**.0272**	**4.986;**	**df 138**	**.0139**	**6.204;**	**df 138**
gesamt	**.0002**	**14.17;**	**df 7735**	**.0004**	**12.52;**	**df 7735**	gesamt	.0598	3.544;	df 4982	.0542	3.710;	df 4982
2a. Leipziger Einkaufszentren (gewichtet) versus Leipzig City 1995							2b. (ungewichtet) 1995						
0-15	.1828	1.783;	df 310	.0618	3.515;	df 310	0-15	.2344	1.422;	df 229	.6666	3.397;	df 229
16-30	**.0031**	**8.784;**	**df 864**	.0819	3.033;	df 864	16-30	**.0039**	**8.401;**	**df 633**	.2090	1.581;	df 633
31-50	.0643	3.430;	df 1193	.5647	.3318;	df 1193	31-50	.0787	3.099;	df 871	.5982	.2779;	df 871
51-70	.6366	.2234;	df 888	.4231	.6424;	df 888	51-70	.7757	.8127E-01;	df 620	.1437	2.144;	df 620
älter 70	**.0081**	**7.296;**	**df 100**	**.0057**	**7.972;**	**df 100**	älter 70	**.0051**	**8.516;**	**df 56**	**.0077**	**7.637;**	**df 56**
gesamt	**.0404**	**4.204;**	**df 3376**	.1780	1.816;	df 3376	gesamt	.1256	2.348;	df 2430	.2966	1.596;	df 2430

3. Cottbus (Cottbus Center versus City) 1995					4. Rostock (Ostseepark versus City) 1995				
0-15	.9523	.3592E-02; df 128	.5743	.3172; df 128	0-15	.7735	.8337E-01; df 89	.6247	.2410; df 89
16-30	.2914	1.117; df 301	.0758	3.175; df 301	16-30	**.0036**	**8.557; df 415**	.3015	1.070; df 415
31-50	.8378	.4196E-01; df 452	.9048	.1432E-01; df 452	31-50	.1247	2.368; df 361	.7997	.6449E-01; df 361
51-70	.1878	1.742; df 324	.1472	2.111; df 324	51-70	.5008	.4543; df 339	.6351	.2256; df 339
älter 70	.0942	2.993; df 29	**.0045**	**9.468; df 29**	älter 70	.6464	.2131; df 49	.5346	.3911; df 49
gesamt	.7841	.7510E-01; df 1257	.8434	.3904E-01; df 1257	gesamt	**.0019**	**9.695; df 1291**	.6623	.1909; df 1291
5. Leipziger Einkaufszentren versus Leipzig City 1993					Saalepark 1993 versus Saalepark 1995				
gesamt	**.0000**	**33.79; df 4245**	**.0000**	**23.01; df 4245**	gesamt	**.0000**	**50.53; df 3981**	.7057	.1426; df 3981
Sachsenpark 1993 - Sachsenpark 1995					Leipzig City 1993 versus Leipzig City 1995				
gesamt	.5963	.2807; df 1292	.2168	.6416; df 1292	gesamt	.0504	3.837; df 1036	.0868	(2.938; df 1036

Quelle: Befragungen Geographisches Institut Universität Kiel 1993 und 1995

Differenziert man nach Städten, sind zwischen der Situation in Leipzig und Rostock Ähnlichkeiten zu erkennen. Für Cottbus ergeben sich keine nachweisbaren Unterschiede in der Kundenstruktur. Auffällig für alle Städte (obwohl für Cottbus nicht signifikant) ist die Besonderheit der über 70jährigen und der 16- bis 30jährigen (in den Innenstädten gegenüber den Einkaufszentren). Im Vergleich zu 1993 waren für den Sachsenpark und die Innenstadt keine Veränderungen, für den Saalepark jedoch signifikante Unterschiede in der Altersstruktur seiner Kunden auszumachen. Die befragten Kunden waren 1995 deutlich älter als 1993. Dieser Umstand mag davon abhängig sein, daß zur Befragung 1993 verschiedene Sonderveranstaltungen ("events") im Saalepark stattfanden, die besonders Kinder ansprachen.

Signifikante Unterschiede in den Sexualpoportionen sind für einzelne Altersgruppen - mit Ausnahme der Gruppe der über 70jährigen - an den verschiedenen Standorten nicht nachweisbar. Das Bild ändert sich jedoch, wenn man die Einkaufszentren und Innenstädte als Gruppierungsvariablen erfaßt. Unter Berücksichtigung von Gewichtungsfaktoren wird die Differenz zwischen den Sexualproportionen sogar hochsignifikant. Die prozentuale Aufteilung der befragten bzw. sie begleitenden Kunden und Passanten in "männlich" und "weiblich" führte zu folgendem Bild (Tab. 39):

Tab. 39: Anteile männlicher und weiblicher Besucher in Einkaufszentren und Innenstädten (in %)

	1993			1995		
	m	f	N	m	f	N
Saalepark	44,3	55,7	2.680	47,0	53,0	1.291
Sachsenpark	53,2	46,8	931	54,8	45,2	361
Paunsdorf Center	-	-	-	48,8	51,1	363
Innenstadt Leipzig	36,4	63,6	636	41,8	58,2	402
Cottbus Center	-	-	-	52,3	47,7	803
Cottbus Innenstadt	-	-	-	43,9	56,1	437
Ostseepark	-	-	-	52,0	48,0	598
Rostock Innenstadt	-	-	-	46,0	54,0	475
Portcenter	-	-	-	55,5	44,5	192

Quelle: Befragungen Geographisches Institut Universität Kiel 1993 und 1995

Hieraus ergeben sich für die drei Innenstädte einerseits und für die Shopping Center andererseits deutliche Trends. Dieser wird für die Situation in Leipzig noch durch den Vergleich zwischen 1993 und 1995 bekräftigt: Die Sexualproportionen sind in den Städten merklich unausgeglichener als in den Einkaufszentren. Überall dominieren mehr oder weniger die weiblichen Besucher. In vier von sechs Einkaufszentren kehrt sich diese Ungleichverteilung hingegen zugunsten der männlichen Kunden um. Andere (veröffentlichte) Befragungen sind auf einer so schmalen Erhebungsbasis durchgeführt worden, zudem weisen sie nur die Strukturen der befragten und nicht der sie begleitenden Personen aus, daß die eigenen Ergebnisse hierin keine Bestätigung finden. In einer als Zufallsauswahl charakterisierten Befragung der Handelshochschule Leipzig (1997: 21) wurden 85 Personen in der Innenstadt von Leipzig und 71 Personen im Saalepark, darüber hinaus 71 Personen in einem weiteren hier nicht berücksichtigten Stadtteilzentrum befragt. In diesem Sample waren 59,2% im Saalepark und 51,8% in der Innenstadt weiblich (Handelshochschule Leipzig 1997: Anhang IX). Eine Befragung der Stadt Leipzig zur Verkehrsmittelwahl im Februar 1995 ergab sogar einen Anteil weiblicher Befragter von nur 50,2% (Basis 1.228 Personen in der Innenstadt), wobei es sich jedoch um eine Auswahl "aufs Geratewohl" handelte (Gespräch mit Herrn Burger; Dezernat für Umweltschutz und Ordnung der Stadt Leipzig).

Eine Untersuchung des DHI von "mehr als 1.000 Kunden" im Saalepark im Frühjahr 1993 weist überhaupt keine Sexualproportionen aus (GRONER & ZÖLLER 1993). Auch ein Arbeitspapier von SCHMIDT (1995) auf der Grundlage von 540 Kundenbefragungen im Dezember 1993 und März 1994 vermittelt hierzu keine Informationen. Trotz des großen Interesses, den die ostdeutschen Einkaufszentren zunächst ausgelöst hatten - und hier vor allem der Saalepark - (DEN HARTOG-NIEMANN & BOESLER 1994 mit Befragungen im Saalepark von "ca. 100 Kunden" im Dezember 1993; FREHN 1996 mit seinen Befragungen im Saalepark im Oktober 1995), gibt es nur wenige vergleichende Kundenstrukturdaten. Sowohl für Rostock als auch für Cottbus liegen keine bekannten wissenschaftlich verwertbaren Kundenbefragungen vor (mit Ausnahme der nicht zugänglichen Auftragsbefragungen für die Einkaufszentren selbst). Um dennoch Anhaltspunkte über eine mögliche längerfristige Veränderung der Altersstrukturen zu gewinnen, wurden die Daten verschiedener Befragungen in der Tabelle 40 gegenübergestellt. Eine Vergleichbarkeit ist nicht nur aufgrund unterschiedlicher Stichprobengrößen, sondern insbesondere aufgrund verschiedener Erhebungsmonate (Dezember als Monat der Weihnachtseinkäufe) und - im Falle der Untersuchung der Handelshochschule Leipzig (1997) - unbekannter Erhebungsstandorte nur sehr bedingt vergleichbar.

Tab. 40: Altersstruktur befragter Kunden und Passanten in der Innenstadt von Leipzig und im Saalepark (in %)

a) Saalepark

Altersgruppe	DHI[1] (Frühjahr 1993)		Uni Kiel[2] (Juli 1993)	Uni Kiel[2] (Sept. 1995)	HHL[3] (Dez. 1996)
		Altersgruppe			
- 19	1	(-18)	7,4	4,1	5,6
20-29	-		21,0	20,6	25,4
30-39	58	(18-45)	23,5	23,0	28,2
40-49	-		21,5	20,2	18,3
50-59	33	(46-60)	15,9	17,8	13,7
60+	8	(61+)	10,7	14,3	8,8
N	"mehr als 1.000"		1.138	700	71

b) Innenstadt Leipzig

		Uni Kiel[2] (Juli 1993)	Uni Kiel[2] (Sept. 1995	HHL[3] (Dez. 1996)
- 19		6,1	9,5	4,7
20-29		19,6	24,8	37,7
30-39		14,7	18,7	14,1
40-49		15,9	16,2	15,3
50-59		15,7	16,5	17,6
60+		23,0	14,3	10,6
N		428	315	85

Quellen: [1] GRONER & ZÖLLER (1993); [2] Befragungen Geographisches Institut Universität Kiel 1993 und 1995; [3] Handelshochschule Leipzig (1997)

Zwei gegenläufige Trends können unter Vorbehalt der Datenlage identifiziert werden: a) Mit Ausnahme der widersprechenden Untersuchung von 1996 "veralten" die Kunden im Saalepark. Dem entspricht auch das Ergebnis des Signifikanztests aus Tab. 38, in dem die Altersstrukturen der Kunden des Saaleparks von 1993 und 1995 miteinander verglichen wurden (in diesem Fall Befragte **und** begleitende Personen) und hochsignifikant unterschiedlich ausfielen. b) Die (befragten) Kunden in der Innenstadt von Leipzig sind merklich jünger geworden. Besonders markant ist der Bedeutungsrückgang der über 60jährigen und der hohe und zunehmende Anteil der 20-29jährigen. Doch relativiert sich der Wandel der Altersstruktur in der Innenstadt zwischen 1993 und 1995, wenn man wiederum auch die begleitenden Personen (Familienangehörige und vor allem Kinder; Bekannte und Freunde) in den Signifikanztest einbezieht. Eine Irrtumswahrscheinlichkeit von 5,04% zeigt zwar an, daß es nicht unerhebliche Verschiebungen in den Altersstrukturen gegeben hat. Im strengen Sinne würde man diesen Unterschied jedoch nicht mehr als signifikant bezeichnen, wenn man sich an der stillschweigenden Übereinkunft orientiert, dem Test einen Grenzwert von 5% zugrundezulegen.

11.1.2 Soziale Struktur und Kaufkraft

Um die sozialen Besonderheiten und die unterschiedliche wirtschaftliche Bedeutung der Kunden für den Einzelhandel über ihre potentielle Kaufkraft zu identifizieren, wurden folgende Indikatoren erhoben: Erwerbstätigkeit (dichotome Variable: ja-nein); ausgeübte Tätigkeit (nominal-skaliert); Haushaltsnettoeinkommen (metrisch-klassiert und über die Gewichtung mit Klassenmittelwerten in metrisch-skalierte Daten transformiert); Anzahl Personen, die zum Haushaltsnettoeinkommen beitragen (metrisch-skaliert); Anzahl der Haushaltsmitglieder (metrisch-skaliert). Ob und welche Erwerbstätigkeit vorliegt, wurde nur für die befragten Personen notiert. Alle anderen Werte geben Informationen für den gesamten Haushalt der Probanden. An den verschiedenen Skalierungen orientieren sich die zugrundegelegten Signifikanztests.

Um der These nachzugehen, ob aus der Existenz von Einkaufszentren eine sozial nachteilige Kundensegregation entstanden ist, wurde nach der (momentanen) **Erwerbstätigkeit** gefragt. Tab. 41 vermittelt einen Überblick, ob die befragten Personen zum Zeitpunkt der Untersuchung eine berufliche Tätigkeit ausübten. Im jeweiligen Vergleich der Standorte "Grüne Wiese versus Innenstadt" überwiegen in allen Fällen die Erwerbstätigen in den Einkaufszentren. Signifikanzen von .0024 (F-Wert 9.247; df 1199) im Vergleich der Einkaufszentren und der Innenstadt Leipzig für 1995 und .0000 (F-Wert 43,55; df 2292) für 1993 stützen diese Aussage auch wahrscheinlichkeitstheoretisch. Doch nicht nur der Vergleich zwischen verschiedenen Standorten, sondern auch derselben über die Zeit (1993-1995) belegt, daß sich die Erwerbstätigkeit von Kunden sowohl in den Leipziger Einkaufszentren als auch in der Innenstadt signifikant verändert hat (jeweils .0002 bei F=14,39 bzw. 14.42 und df 2528 bzw. 963). Inwieweit sich Einkaufszentren verschiedener Städte einerseits und Innenstädte andererseits (trotz lokaler bzw. regionaler Besonderheiten) "ähnlicher" sind als Einkaufszentren und Citys derselben Stadt, belegen wiederum gruppierte Signifikanztests (Tab. 42). Zweifellos ergeben sich aber auch lokale Abweichungen, wie die Affinität von Ostseepark und der Innenstadt Rostock ausweisen.

Tab. 41: Erwerbstätigkeit der befragten Personen (in %)

	ja	nein	N
Sachsenpark	86,1	13,9	194
Saalepark	71,7	28,3	696
Paunsdorf Center	68,9	34,1	225
Cottbus Center	72,3	27,7	488
Ostseepark	58,6	41,4	370
City Leipzig	65,9	34,1	311
City Cottbus	58,3	41,7	288
City Rostock	55,9	44,1	322
Portcenter	67,5	32,5	114
Sachsenpark 1993	67,5	32,5	499
Saalepark 1993	67,7	32,3	1.141
City Leipzig 1993	44,8	55,2	429

Quelle: Befragungen Geographisches Institut Universität Kiel 1993 und 1995

Tab. 42: Signifikanzen für gruppierte Variablen zur Erwerbstätigkeit

			Signifikanz	F-Wert	Freiheitsgrade
Sachsenpark	↔	Saalepark	.0000	F=16,95	df 888
Saalepark	↔	Paunsdorf Center	.4205	F=.6496	df 919
Saalepark	↔	Cottbus Center	.8093	F=.5826E-01	df 1.182
Saalepark	↔	Ostseepark	.0000	F=18.94	df 1.064
City Leipzig	↔	City Cottbus	.0559	F=3.67	df 597
City Leipzig	↔	City Rostock	.0098	F=6.71	df 631
City Cottbus	↔	City Rostock	.5453	F=.3662	df 608
City Cottbus	↔	Cottbus Center	.0001	F=16.39	df 774
City Rostock	↔	Ostseepark	.4667	F=.5305	df 690

Quelle: Befragungen Geographisches Institut Universität Kiel 1993 und 1995

Unter den Nicht-Erwerbspersonen dominierten in allen Innenstädten Schüler und Studenten, wie es sich in den Alterspyramiden niederschlägt. Dieser Trend zeichnet sich auch in der Befragung der Handelshochschule (1997) ab, obwohl der Schüler-/Studentenanteil für die Leipziger Innenstadt hier mehr als doppelt so hoch lag (30,6%) wie bei den eigenen Befragungen 1995 (13,8%; 1993: 10,7%). Keine Auffälligkeiten im Sinne einer räumlichen Ausgrenzung ergeben sich für die Rentneranteile in den Shopping Centers und Innenstädten. Tabelle 43 gibt einen Überblick über diese sehr inhomogene Gruppe, die in der politischen Diskussion, ob Versorgungseinrichtungen in ausreichendem und zumutbaren Maß fußläufig erreichbar sind, besondere Beachtung findet. Unterkriterien wie Frührentner oder Vorruhestand wurden - da als offene Frage gestellt - nicht zweifelsfrei von allen Probanden unterschieden. Deshalb erfolgt nur eine Gesamtausweisung als "Rentner".

Tab. 43: "Problemgruppen" in Einkaufszentren und Innenstädten (in % aller Befragten)

	arbeitslos			Rentner (incl. Frührentner bzw. Vorruhestand)			durchschnittl. Alter der Rentner		N (Rentner)	
	1993	1995	1996[1]	1993	1995	1996[1]	1993	1995	1993	1995
Sachsenpark	5,2	2,6	-	18,8	7,2	-	62,6	62,4	93	14
Saalepark	7,0	3,5	4,2	13,8	16,8	14,2	62,2	63,6	157	114
City Leipzig	8,6	1,9	1,2	31,0	14,2	9,3	66,0	66,0	133	43
Paunsdorf Center	-	5,3	-	-	17,8	-	-	66,5	-	40
Cottbus Center	-	4,3	-	-	15,7	-	-	64,2	-	76
City Cottbus	-	6,3	-	-	21,1	-	-	65,9	-	61
Ostseepark	-	7,8	-	-	19,0	-	-	63,6	-	72
Portcenter	-	2,6	-	-	14,0	-	-	67,3	-	16
City Rostock	-	5,6	-	-	17,0	-	-	67,8	-	51

[1] Handelshochschule (1997: Anhang X)
Quelle: Befragungen Geographisches Institut Universität Kiel 1993 und 1995

In den zeitlich vergleichenden Befragungen für Leipzig ist zu erkennen, daß die Bedeutung von Rentnern als Kunden in der Innenstadt merklich zurückgegangen ist, wohingegen die Anteile im Saalepark auf stabilem Niveau verharren. Die Einbrüche beim Sachsenpark ergeben sich nicht zuletzt a) aus der Einstellung eines kostenlosen, da b) (bereits zuvor) unrentabel gewordenen Shuttlebus-Services, der die Kunden über verschiedene Routen in der Stadt aufnahm und in das Einkaufszentrum brachte. Daß es sich bei den Rentnern im Shopping Center um eher mobile Alte handelt, ist aus dem gegenüber allen Innenstädten niedrigeren Durchschnittsalter dieser Personengruppe zu folgern. Die innerstädtische Lage des Portcenters und die Bedeutung des Paunsdorf Centers als Stadtteilzentrum sprechen aufgrund fußläufiger oder ÖPNV-Erreichbarkeit auch als Einkaufszentrum folgerichtig eher die "älteren" Alten an als die Standorte auf der grünen Wiese.

Differenziert man nicht nur nach Alter, sondern auch nach **Haushaltsnettoeinkommen** zwischen Erwerbstätigen und Nicht-Erwerbstätigen, ergeben sich Hinweise einer Reich-Arm-Polarisierung in den Innenstädten, wie sie in den Einkaufszentren nicht in dem Maße existiert. Selbst unter den Nicht-Erwerbstätigen ist noch ein ausgeprägter Gegensatz zwischen "reicheren Armen" in den Einkaufszentren und "ärmeren Armen" in den Innenstädten auf hochsignifikantem Niveau festzustellen (Tab. 44).

Tab. 44: Durchschnittliche Haushaltsnettoeinkommen erwerbstätiger und nicht-erwerbstätiger (befragter) Kunden und Passanten

	nicht-erwerbstätig			erwerbstätig		
	durchschn. Haushaltsnettoeinkommen (in DM)	%-Single-Haushalte	N	durchschn. Haushaltsnettoeinkommen (in DM)	%-Single-Haushalte	N
Sachsenpark	2.190,-	8,0	(N= 25)	3.580,-	7,3	(N=151)
Saalepark	2.111,-	17,8	(N=164)	3.354,-	12,4	(N=410)
Paunsdorf Center	2.107,-	27,3	(N= 56)	3.300,-	12,4	(N=145)
Cottbus Center	2.198,-	10,5	(N=105)	3.167,-	12,0	(N=284)
Ostseepark	2.115,-	11,5	(N=113)	2.980,-	15,1	(N=174)
City Leipzig	1.701,-	48,3	(N= 87)	3.273,-	27,2	(N=186)
City Cottbus	1.893,-	35,9	(N=103)	3.273,-	21.1	(N=153)
City Rostock	1.795,-	35,7	(N=129)	3.087,-	29,7	(N=159)
Portcenter	1.750,-	27,6	(N= 29)	3.138,-	31,5	(N= 56)
Sachsenpark 1993	1.924,-	9,2	(N=142)	3.022,-	9,5	(N=297)
Saalepark 1993	2.039,-	14,3	(N=310)	3.070,-	8,7	(N=679)
City Leipzig 1993	1.615,-	35,0	(N=218)	2.922,-	15,4	(N=169)

Quelle: Befragungen Geographisches Institut Universität Kiel 1993 und 1995

Für den sog. Kruskal-Wallis-Test, einer einfachen Rangvarianzanalyse, werden die ursprünglich in Form von Ranggruppen erfaßten Haushaltsnettoeinkommen als ordinal skalierte Variablen eingelesen, um zu prüfen, ob die durch die Gruppierungsvariable definierten Stichproben aus derselben Grundgesamtheit stammen. Der Wert von Kruskal-Wallis ist annähernd Chiquadrat-verteilt (BROSIUS 1988: 468).

Tab. 45: Kruskal-Wallis-Test auf Signifikanz für Haushaltsnettoeinkommen (bzw. Transferleistungen)

			Signifikanz	χ
Saalepark (n.-e.)	⇔	City Leipzig (n.-e.)	.0004	12.5619
Cottbus Center (n.-e.)	⇔	City Cottbus (n.-e.)	.0071	7.2496
Ostseepark (n.-e.)	⇔	City Rostock (n.-e.)	.0248	5.0371
Saalepark 1993 (n.-e.)	⇔	Saalepark 1995 (n.-e.)	.3523	.8653
Saalepark 1993 (n.-e.)	⇔	City Leipzig 1993 (n.-e.)	.0000	20.6459
Saalepark (e.)	⇔	City Leipzig (e.)	.3757	.7848
Cottbus Center (e.)	⇔	City Cottbus (e.)	.5367	.3817
Ostseepark (e.)	⇔	City Rostock (e.)	.6517	.2037
Saalepark 1993 (e.)	⇔	Saalepark 1995 (e.)	.0018	9.71
Saalepark 1993 (e.)	⇔	City Leipzig 1993 (e.)	.0948	2.7909

(e.) = erwerbstätig; (n.-e.) = nicht-erwerbstätig
Quelle: Befragungen Geographisches Institut Universität Kiel 1993 und 1995

Die Tests belegen auf der einen Seite (Tab. 45), daß unter den Nicht-Erwerbstätigen der Gegensatz von Einkaufszentren und Innenstädten in bezug auf das Haushaltsnettoeinkommen bzw. Transferleistungen hochsignifikant ist. Im Vergleich zwischen 1993 und 1995 hat sich im Saalepark keine wesentliche Veränderung ergeben. Auf der anderen Seite sind die Einkommen von Erwerbstätigen auf der grünen Wiese und in der City statistisch nur in geringem Maße unterschiedlich. Doch liegen sie um 50 bis 70% höher als für Nicht-Erwerbstätige am selben Standort. Im Falle des Saaleparks sind diese "Reichen" noch deutlich reicher geworden. Zweifellos sind die Aussagen daraufhin zu differenzieren, **wieviele Personen zum entsprechenden Haushaltsnettoeinkommen beitragen** bzw. **wieviele Personen im Haushalt wohnen**, um ein Pro-Kopf-verfügbares Einkommen zu errechnen. Damit kann die Diskussion nach der wirtschaftlichen Bedeutung von Kunden für den Einzelhandel über ihre potentielle Kaufkraft abgetrennt werden von der sozialen Frage, wie absolut oder relativ arm Konsumenten an verschiedenen Standorten sind. Bereits der hohe Anteil von Einpersonenhaushalten unter den Kunden in den Innenstädten erklärt, daß sowohl die Anzahl der Personen, die zum Einkommen beiträgt oder im Haushalt wohnt, deutlich niedriger liegt als in den Einkaufszentren (1,6 "breadwinners" bzw. 2,2 bis 2,3 Haushaltsmitglieder unter den Innenstadtkunden gegenüber 1,8 bis 1,9 "breadwinners" bzw. 2,7 bis 2,8 Haushaltsmitgliedern in Einkaufszentren). Rein rechnerisch würde das monatliche Pro-Kopf-(Netto)-Einkommen für die Innenstadt Leipzig gegenüber allen anderen Befragungsstandorten 1995 mit 1257,-DM sogar am allerhöchsten liegen. Gegenüber der Befragung 1993 entspricht das einem Zuwachs von 32,3% (im Vergleich: Sachsenpark +22,3%; Saalepark +12,9%). Doch verbirgt sich dahinter eine starke Käuferpolarisierung, die in Tab. 46 einerseits eine Differenzierung nach Einkommensgruppen, andererseits eine Verrechnung effektiver Kaufkraftanteile (Gewichtung der Klassen mit metrisch-skalierten Größen) für diese Gruppen vornimmt.

Tab. 46: Kundenverteilung a) nach Einkommensklassen in DM bzw. b) Gewichtung zur potentiellen Kaufkraft (in %)

		-1.000	1.001-1.500	1.501-2.000	2.001-2.500	2.501-3.000	3.001-5.000	>5.000
Saalepark 1993	a)	7,7	8,7	14,8	16,2	21,5	24,2	7,0
(N=989)	b)	1,4	4,0	9,4	13,3	21,6	35,2	15,2
Durchschnitt: 2.747,- DM								
Saalepark 1995	a)	6,4	7,4	13,6	12,9	21,7	27,0	11,0
(N=581)	b)	1,1	3,1	8,0	9,7	19,9	36,1	22,1
Durchschnitt: 2.991,- DM								
City Leipzig 1993	a)	16,5	19,4	15,2	13,7	17,1	13,4	4,7
(N=387)	b)	3,8	11,1	12,2	14,1	21,5	24,6	12,8
Durchschnitt: 2.185,- DM								
City Leipzig 1995	a)	17,2	10,2	9,9	10,6	19,0	18,6	14,6
(N=274)	b)	3,1	4,6	6,2	8,6	18,9	26,9	31,7
Durchschnitt: 2.766,- DM								
Cottbus Center	a)	5,9	6,4	15,3	13,0	24,2	27,3	7,9
(N=392)	b)	1,0	2,7	9,2	10,1	23,0	37,6	16,3
Durchschnitt: 2.902,- DM								
Cottbus City	a)	9,7	12,5	11,7	14,4	19,8	23,7	8,2
(N=257)	b)	1,8	5,7	7,5	11,9	20,1	34,9	18,0
Durchschnitt: 2.718,- DM								
Ostseepark	a)	8,3	6,6	19,3	18,3	20,0	21,4	6,2
(N=290)	b)	1,6	3,1	12,8	15,5	20,8	32,3	14,1
Durchschnitt: 2.650,- DM								
Rostock City	a)	17,1	8,9	15,1	11,6	22,6	16,4	8,2
(N=292)	b)	3,4	4,5	10,6	10,5	24,9	26,4	19,8
Durchschnitt: 2.495,- DM								

Quelle: Befragungen Geographisches Institut Universität Kiel 1993 und 1995

In allen Fällen sind die durchschnittlichen Haushaltsnettoeinkommen in den Einkaufszentren höher als in den Innenstädten. Zudem sind die Einkommen insbesondere in den mittleren Klassen auf der grünen Wiese gleichmäßiger verteilt als in den Citys. In den vergleichenden Befragungen 1993 zu 1995 spiegelt sich der allgemeine Trend zu höheren Einkommen in Ostdeutschland wider. Im Saalepark zeigt sich diese Entwicklung im Bedeutungsrückgang der vier unteren Einkommensklassen. Um so auffälliger ist für die Innenstadt Leipzig eine noch leichte Bedeutungszunahme der "ärmsten" Klasse bis 1000,-DM, auf der anderen Seite aber eine prozentuale Verdreifachung des Wertes für die Spitzenverdiener, die damit fast ein Drittel der potentiellen Kaufkraft für die City einbringen. Vergleicht man diese Werte mit Daten, die für die Stadt Leipzig jährlich in Form einer Bürgerbefragung erhoben wurden, ergeben sich bedeutende Auffälligkeiten (Tab. 47):

Tab. 47: Vergleich der Haushaltsnettoeinkommen in der Bürgerbefragung der Stadt Leipzig bzw. im Mikrozensus für Cottbus und den Kundenuntersuchungen in der Innenstadt von Leipzig und Cottbus (Angaben in DM und in %)

	-1.000	1.001-2.000	2.001-3.000	>3.000	
Bürgerbefragung 1995[1]	2	12	25	61	
Bürgerbefragung 1993[1]	5	17	27	51	
Bürgerbefragung 1991[1]	10	36	36	18	
HHL Dez. 1996[2]	30,4	22,8	21,5	25,3	(N= 85)
City Leipzig 1995[3]	17,2	20,1	29,6	33,2	(N=274)
City Leipzig 1993[3]	16,5	34,6	30,8	18,1	(N=387)
Saalepark 1995[3]	6,4	21,0	34,6	38,0	(N=581)
Mikrozensus Cottbus '95[4]	k. A.	51,3		38,5	
Mikrozensus Cottbus '93[4]	k. A.	48,9		38,9	
Cottbus City 1995[4]	9,7	24,2	34,2	31,9	(N=257)

Quelle: [1]HENNIG & ROSKI (1995: 20); [2]Handelshochschule Leipzig (1997); [3]Befragungen Geographisches Institut Universität Kiel 1993 und 1995; [4]Stadt Cottbus (1996a: 67) (unklar bleibt aus der Veröffentlichung, ob die Spalte "ohne Angabe des Einkommens" auf 100% angerechnet wurde oder nicht); Klassenbildungen bei der Bürgerbefragung, beim Mikrozensus bzw. bei der HHL-Untersuchung und für die eigene Kundenbefragung sind nicht vollständig vergleichbar, <1000,-DM bei Bürgerbefragung/Mikrozensus/HHL entspricht ≤1000,-DM in der eigenen Kundenuntersuchung usw;

Die Kunden der Innenstädte sind, was ihre Klassenzugehörigkeit anbelangt, deutlich "ärmer" als die Bürger der Stadt. Die eigenen, zeitlich vergleichenden Befragungen sowie die Untersuchung der Handelshochschule Leipzig (1997: Anhang X) weisen denselben Trend aus, nämlich eine in Kaufkraft ausgedrückte "negative Selektion" zuungunsten der City Leipzig und ihres Einzelhandels. Insbesondere sind es hier die Single-Haushalte, die auch in der eigenen Befragung stark vertreten waren und noch im Mai 1995 zu über 10% (im Mai 1991 noch ca. 40%) ein Haushaltseinkommen von unter 1000,-DM aufwiesen (DRECHSEL 1996: 26). Vergleichbar detaillierte Daten liegen für Cottbus und Rostock nicht vor, doch die Gegenüberstellung des Mikrozensus und der Kundenbefragung erlauben zumindest für Cottbus die Aussage, daß eine Kaufkraftselektion wie in Leipzig nicht existiert.

11.1.3 Verkehrsmittelwahl

Eine wichtige Frage, warum Kunden Einkaufsstandorte aufsuchen, verbindet sich mit dem Problem der Verkehrsmittelwahl (Tab. 48). Von Konsumentenseite sind in dieser Diskussion zwei verschiedene Ebenen zu unterscheiden: a) die individuelle Ebene, die in ihren Entscheidungen auf Nützlichkeit und Bequemlichkeit zielt, b) "Resultate auf der Aggregatebene, die von den Individuen oft weder beabsichtigt wurden, noch vorhergesehen werden konnten" (nach KECSKES & KNÄBLE 1988: 295). So sind es deshalb die verkehrlichen und individuell perzipierten Angebote (Zustand und Umfang von Straßenanbindungen, ruhender Verkehr und Verkehrsgebühren) von Innenstädten und Standorten auf der grünen Wiese, aber auch deren verkehrserzeugende Wirkung (REINHOLD, JAHN & TSCHUDEN 1997), die sie für einen Kundenbesuch unterschiedlich attraktiv machen. Insbesondere die hohen monetären und Umweltkosten für Verkehrsinfrastruktur der Länder und Kommunen haben dazu geführt, daß vergleichsweise viele empirisch erhobene Ergebnisse zur Verkehrsmittelwahl von Konsumenten vorliegen und mit eigenen Daten verglichen werden können.

Tab. 48: Verkehrsmittelwahl der Besucher in Einkaufszentren und in den untersuchten Innenstädten (Angaben in %)

	Saalepark			Sachsenpark			City Leipzig			Paunsdorf-Center	Cottbus		Rostock			
											EKZ	City	Ostseepark		City	
	1993[1]	1993	1995	1993	1994[2]	1995	1992[3]	1993	1995	1995	1995	1995	1995	1996[4]	1992[5]	1995
PKW	93,7	91,6	93,5	89,6	79	98,5	25	21,5	21,3	73,5	94,9	33,9	87,1	88,5	29	31,1
Bus/Bahn	5,6	6,5	4,4	6,4	20	1,0	54	60,7	59,0	20,4	1,2	20,4	7,2	k. A.	44	39,4
Fahrrad	0,3	1,0	1,3	3,6	1	0,5	3	0,9	3,5	3,5	3,3	7,6	2,9	k. A.	3	4,3
zu Fuß	0,4	0,2	0,7	-,-	-	-,-	18	16,9	16,2	1,3	0,4	37,7	1,1	k. A.	23	24,9
andere	-,-	0,6	0,1	0,4	-	-,-	1	-,-	-,-	1,3	0,2	0,3	1,6	k. A.	-	0,3
N	ca. 1.000	1.143	706	499	518	195	k. A.	221	315	226	492	289	373	k. A.	k. A.	325

Quelle: Befragungen Geographisches Institut Universität Kiel 1993 und 1995; [1] Zählung Frühjahr 1993: GRONER & ZÖLLER (1993: 16); [2] Herbst 1994: AUSPURG u.a. (1995: 30); [3] BAG-Untersuchung Kundenverkehr 1992, in: BAG (1993: 50), hier Ausweisung der Kategorie Zweirad; [4] Universität Rostock (1996: 44): Haushaltsbefragung; [5] BAG-Untersuchung Kundenverkehr 1992, in: BAG (1993: 50), hier Ausweisung der Kategorie Zweirad

Folgende Trends zeichnen sich ab:

1) Unter den Kunden, die die randstädtischen Einkaufszentren aufsuchen, dominiert überall die Nutzung des eigenen PKW. Nicht nur nimmt die Anzahl nicht-motorisierter Haushalte ab, sondern es läßt sich auch eine Entwicklung zu mehreren PKW je Haushalt insbesondere im städtischen Umland aufzeigen (Stadt Leipzig 1996a: 3; BREITZMANN & ZUBER-SEIFERT 1996: 37 für den Rostocker Raum). Die Konsumenten profitieren von der Anbindung der Einkaufszentren an Autoschnellstraßen und vom kostenlosen und ebenerdigen Parkplatzangebot. Die monofunktionale Ausrichtung der Shopping Center auf Einkaufs- und Freizeitaktivitäten und ihre isolierte Lage im oder am Rande des Stadtkörpers tragen dazu bei, daß die Parkplatzsuche nicht der Konkurrenz mit Wohn- oder fremder Arbeitsbevölkerung unterliegt, wie es in allen Innenstädten der Fall ist. Der PKW-Kundenanteil beträgt hier nur ein Drittel bis ein Viertel der Situation auf der grünen Wiese. Umfangreiche Baumaßnahmen wie die Einrichtung kostenpflichtiger Tiefgaragen oder Parkhäuser sowie von Verkehrsleitsystemen sollen den Kundenbesuch der Innenstädte verbessern, widersprechen jedoch vielfach den politischen Zielvorgaben "autoarmer" Citys.

2) Obwohl alle Einkaufszentren an den Öffentlichen Personennahverkehr (ÖPNV) angeschlossen sind, ist deren Bedeutung bei der Verkehrsmittelwahl eher gering (vgl. jedoch auch Kap. 10.4 zu dem Problem, Bus fahrende Kunden ähnlich repräsentativ wie Autofahrer anzusprechen). Diese Situation ergibt sich trotz der Tatsache, daß zum Beispiel der Saalepark gleich von mehreren Buslinien aus Leipzig, dem Saalkreis, Merseburg und Halle angefahren wird und teilweise als Umsteigebahnhof fungiert. War jedoch die Verbindung von Leipzig zum Saalepark ursprünglich als Expreßlinie mit nur wenigen Stops angelegt, halten die Busse nunmehr in allen umliegenden Dörfern, was sowohl einer längeren Fahrtstrecke als auch einem größeren Zeitaufwand für die Fahrgäste entspricht. Im Falle des Sachsenparks sind kostenlose Shuttle-Busse in ihrem Betrieb aufgrund mangelnder Nachfrage eingestellt worden. Deshalb bleibt das Ergebnis einer Befragung der Stadt Leipzig von 20% Busfahrern im Herbst 1994 unklar (AUSPURG u.a. 1995: 30). Der Auswahlmodus der Probanden ist nicht beschrieben. Im Falle des Ostseeparks wechselt die Tarifzone nur eine Haltestelle vor dem Shopping Center. Bei Staubildung auf der B 105 sind Wartezeiten im Bus von mehr als einer Stunde für drei Haltestellen (von der städtischen Umsteigestelle bis zum Ostseepark) trotz Preisaufschlags nicht zu vermeiden. Als Fazit läßt sich schließen, daß in allen Fällen die Attraktivität des ÖPNV seit Eröffnung der Zentren deutlich abgenommen hat. Als Sonderfall tritt das Paunsdorf Center auf, das als sog. Stadtteilzentrum eine Straßenbahnanbindung besitzt, weshalb hier viele Kunden mit dem ÖPNV anreisen. Spiegelbildlich zur geringen Bedeutung des PKW gewinnen erst in den Innenstädten Busse und Bahn mit ihren vielfältigen Umsteigemöglichkeiten und ihrer flächigen Erschließung des Stadtgebietes an Gewicht. Zweifellos handelt es sich hier nur um relative Werte, die im Falle von Leipzig auf hohem Niveau verharren. In absoluten

Werten ist die Anzahl der beförderten Personen in Straßenbahnen und Bussen nämlich in Leipzig zwischen 1985 und 1994 um 64,7%, in Rostock um 55% und in Cottbus allein zwischen 1991 und 1995 um 27% zurückgegangen (Stadt Leipzig 1992a: 129 und 1995b: 155; Stadt Rostock 1995: 139; Stadt Cottbus 1994c: 158 und 1996a: 139). Die Anzahl der PKW ist hingegen explodiert. Noch zur DDR-Zeit verdoppelte sich die Motorisierungsziffer für Leipzig (Stadt- und Landkreis) zwischen 1975 und 1988 von 106,7 auf 215,1 PKW auf 1.000 Einwohner und nahm bis 1994 auf 341 zu (Stadt Leipzig 1992b: 164 und Auskünfte des Amts für Verkehrsplanung der Stadt Leipzig (Herr Johne)).

3) Im Vergleich zu den BAG (Bundesarbeitsgemeinschaft der Mittel- und Großbetriebe des Einzelhandels e.V.)-Kundenuntersuchungen, die für den Cityeinkauf bei der Verkehrsmittelwahl ein Monatsmittel von 45,3% PKW-Fahrern, 33,6% Nutzern von Bus und Bahn sowie 16% Besuchern zu Fuß ausweisen (Situation 1992), sind die PKW-Werte für ostdeutsche Innenstädte stark unter-, die ÖPNV-Nutzung überrepräsentiert (BAG 1995a: 70; PANGELS 1997b). Im letzteren Fall spiegelt sich noch die traditionell große Bedeutung von Straßenbahnen für den Kunden- und Arbeiterverkehr zur DDR-Zeit wider. Umgekehrt stellt sich die Situation für die "Grüne Wiese" dar: Nach BAG-Angaben stehen bundesweit "nur" 80% PKW-Nutzer immerhin 14% ÖPNV-Besuchern gegenüber (BAG 1993: 50). In den untersuchten Räumen in Leipzig, Rostock und Cottbus übertreffen die PKW-Anteile diese Zahlen deutlich, der ÖPNV-Verkehr ist ohne Relevanz.

4) Es existiert ein hochsignifikanter Zusammenhang zwischen der Höhe des Haushaltsnettoeinkommens und der Verkehrsmittelwahl (Tab. 49). Geradezu gesetzmäßig nimmt der Gebrauch des PKW für Einkäufe bei steigenden Einkommen zu. Je "ärmer" man hingegen ist, um so eher nutzt man den ÖPNV, oder man geht zu Fuß. Inwieweit hier eine Abhängigkeit zur unterschiedlichen Wohnortsituation besteht, ob also "Ärmere" gegenüber "Reicheren" auch sehr viel näher zur Innenstadt wohnen und somit für die Einkäufe keinen PKW nötig haben, ergibt sich aus Tab. 50.

Tab. 49: Abhängigkeit der Verkehrsmittelwahl vom Haushaltsnettoeinkommen (in %)

Haushaltsnetto-einkommen in DM	PKW		Bus/Bahn		Fahrrad		zu Fuß	
	EKZ	City	EKZ	City	EKZ	City	EKZ	City
-1.000	59,5	17,5	22,7	54,8	11,8	4,2	6,1	23,5
1.001-1.500	75,7	10,4	18,8	54,5	2,5	5,6	2,9	29,5
1.501-2.000	86,7	21,4	10,5	42,1	1,8	3,5	1,0	33,0
2.001-2.500	84,6	27,0	12,4	44,9	2,4	7,6	0,7	20,5
2.501-3.000	88,5	27,5	6,5	46,9	3,0	3,9	2,0	21,6
3.001-5.000	92,5	38,0	4,6	40,9	1,4	3,7	1,5	17,5
>5.000	90,9	35,4	7,5	46,9	1,6	3,1	-,-	14,7

EKZ (N=2.160): Pearson-χ 154,83 (DF 18), Signifikanz .00000 (cells with E.F. < 5: 6 of 28 (=21,4%)) (gewichtete Werte nach Tab. 37)
Citys (N=2.101): Pearson-χ 109,66 (DF 18), Signifikanz .00000 (gewichtete Werte nach Tab. 37)

Quelle: Befragungen Geographisches Institut Universität Kiel 1995

Tab. 50: Herkunft der Kunden mit einem Haushaltsnettoeinkommen von weniger/gleich 2000,-DM (in %) im Raum Leipzig

	Kundenanteil ≤ 2.000,- DM	Kunden aus Leipzig ≤ 2.000,- DM an allen Kunden	Anteil an allen Kunden aus Leipzig	Kunden aus Nachbarschaft ≤ 2.000,- DM an allen Kunden	Anteil an allen Kunden aus Nachbarschaft
Sachsenpark	14,4	8,7	14,0	(PLZ 4448) 2,1	16,7
Saalepark	22,5	3,4	19,8	(PLZ 6254) 2,4	40,5
Leipzig City	32,4	25,4	34,8	-	-
Paunsdorf Center	25,7	19,0	28,7	-	-

Quelle: Befragungen Geographisches Institut Universität Kiel 1995

Man erkennt, daß die "Armut" der innerstädtischen Kunden nicht etwa aus anderen Gebieten in die City hineingetragen wird, sondern die Personen wohnen auch in diesem Bereich. In den Einkaufszentren Saale- und Sachsenpark ist diese Gruppe hingegen aufgrund der für sie teuren und zeitaufwendigen verkehrlichen Erreichbarkeit (ohne PKW) stark unterrepräsentiert. Ähnlich wie in der City von Leipzig profitieren aber auch im nachbarschaftlichen Umfeld des Saaleparks autochthone "arme" Kundengruppen von der Nähe des neuen Einkaufszentrums.

Tab. 51: Verkehrsmittelwahl vom Startpunkt der Besorgung (in %) und durchschnittliche Dauer der Anreise t in Minuten

	von Wohnung					von Arbeit				
	PKW	ÖPNV	zu Fuß	N	t	PKW	ÖPNV	zu Fuß	N	t
Sachsenpark 1995	98,7	0,6	-,-	159	20	96,0	4,0	-,-	25	27
Sachsenpark 1993	88,5	7,4	-,-	407	21	91,2	3,5	-,-	57	22
Saalepark 1995	93,1	4,6	0,9	582	35	95,7	3,3	-,-	92	37
Saalepark 1993	91,5	6,9	0,1	974	38	91,3	4,8	1,0	104	40
City Leipzig 1995	19,3	59,6	19,9	161	25	25,4	56,6	13,1	122	18
City Leipzig 1993	14,8	63,6	19,7	330	23	17,2	60,9	20,3	64	22
Paunsdorf Center	68,1	22,0	2,1	141	26	84,1	15,9	-,-	63	28
Cottbus Center	95,0	0,8	0,5	380	16	94,8	2,6	-,-	77	19
City Cottbus	33,6	17,3	40,7	226	17	35,6	24,4	35,6	45	16
Ostseepark	87,0	6,5	1,2	247	23	89,4	7,6	-,-	66	26
City Rostock	25,5	38,0	33,3	192	26	29,6	43,7	14,1	71	22

Quelle: Befragungen Geographisches Institut Universität Kiel 1993 und 1995

5) Die Verkehrsmittelwahl orientiert sich nicht zuletzt daran, wo der Startpunkt für eine Kundenaktivität liegt. Im vorliegenden Fall wurde unterschieden, ob der Proband von zu Hause, von der Arbeit oder von woanders her seine "Tätigkeit" als Konsument aufnahm. Existieren kurzfristige und kleinräumige Koppelungsmöglichkeiten zwischen Arbeits- und Einkaufswelt, die multi- von monofunktionalen Standorten trennen? In allen untersuchten Fällen dominieren die Besucher, die von zu Hause kommen, doch liegen die entsprechenden Kundenanteile in den Einkaufszentren in Leipzig um bis zu 30% höher als in der City. Umgekehrt ist es bei denjenigen, die vom Arbeitsplatz ("zwischendurch"; zur Mittagspause; nach der Arbeit) aus "starten", um Besorgungen zu erledigen. Für die City von Leipzig liegen die Werte 1995 mit 39,6% dreimal so hoch wie im Saale- und Sachsenpark. Die Einbindung des Paunsdorf Centers in einen Gewerbe- und Bürokomplex mag erklären, daß auch hier immerhin 29,4% der Kunden zum Befragungstag von der Arbeit kamen. Anders stellt sich die Situation in Cottbus dar, wo die Werte für das Einkaufszentrum und die Innenstadt beinahe identisch sind und sich in Rostock nur unwesentlich unterscheiden. Auf die Bedeutung für die Ver-

kehrsmittelwahl und die Dauer der Anreise verweist Tab. 51.

Fußläufige Erreichbarkeit der Einkaufszentren von der Wohnung als auch vom Arbeitsplatz liegt in der Regel nicht vor. Nicht deutlicher ließe sich die nicht-integrierte Lage dieser Zentren aufzeigen, die in der Regel nur per PKW aufgesucht werden (können). Ganz anders stellt sich die Situation in den Innenstädten dar, die die kleinräumige Mischung von Wohnen, Arbeit und Versorgen wiedergibt. Die Dauer der Anfahrtszeiten vermittelt dabei einerseits das Bild der kurzfristigen Erreichbarkeit von Versorgungseinrichtungen, andererseits unterschiedlich große zeitliche Einzugsgebiete von Einzelhandelsagglomerationen, die im städtischen Vergleich zwischen Leipzig, Cottbus und Rostock selbstverständlich auch von der Größe der jeweiligen Siedlungsfläche und der unterschiedlichen verkehrlichen Situation abhängen (Tab. 52).

Tab. 52: Anfahrtszeiten von Kunden in Minuten

	≤5	6-≤10	11-≤15	16-≤30	31-≤45	46-≤90	länger	N
Saalepark	4,7	8,1	10,2	42,3	13,2	18,4	3,3	707
City Leipzig	15,2	23,8	14,0	31,1	5,7	5,7	4,4	315
Cottbus Center	16,7	25,4	16,3	34,3	3,7	1,6	2,0	492
Citty Cottbus	25,6	24,6	14,5	24,9	1,7	2,8	5,9	289
Ostseepark	8,0	19,3	18,5	36,7	6,7	5,9	4,8	373
City Rostock	14,1	21,7	12,5	24,5	8,6	10,4	8,3	327

Quelle: Befragungen Geographisches Institut Universität Kiel 1993 und 1995

11.1.4 Quantifizierung des Verkehrsaufkommens von Einkaufszentren

Das quantitative Ausmaß des Verkehrsaufkommens wurde für vier Einkaufszentren in Form von Kraftfahrzeugzählungen, die in 15-minütigen Intervallen erfolgten, durchgeführt. Damit sollten der Umfang der verkehrlichen Belastung und die Größe des Kundenaufkommens in Tagesganglinien erfaßt und sowohl zeitlich (1993/1995 für Leipzig) als auch mit den Ergebnissen anderer Einkaufszentren verglichen und beurteilt werden (Tab. 53).

Tab. 53: Verkehrsaufkommen in Einkaufszentren auf der grünen Wiese

	Donnerstag 09.00-20.30		Freitag 14.00-18.00		Samstag 09.00-14.00		Montag 09.00-18.00		Dienstag 09.00-18.30
	1993	1995	1993	1995	1993	1995	1993	1995	1995
1) Saalepark									
PKW	12.931	9.015	3.554	3.151	6.792	7.280	7.174	-	-
LKW	552	578	140	147	80	121	484	-	-
Busse	82	79	27	37	33	30	61	-	-
2) Sachsenpark									
PKW	6.701	-	2.677	1.611	3.189	1.965	3.719	-	-
LKW	289	-	58	90	87	102	295	-	-
Busse	100	-	40	34	27	k. A.	82	-	-
3) Cottbus Center									
PKW	-	-	-	2.640	-	3.041	-	-	-
LKW	-	-	-	47	-	58	-	-	-
Busse	-	-	-	1	-	4	-	-	-
4) Ostseepark							14.00 - 18.30		
PKW	-	-	-	-	-	-	-	3.063	5.888
LKW	-	-	-	-	-	-	-	140	253
Busse	-	-	-	-	-	-	-	14	31

Quelle: Verkehrszählungen Geographisches Institut der Universität Kiel 1993 und 1995

Die Anzahl von PKW-Einfahrten macht deutlich, daß die Einkaufszentren aufgrund ihrer Lage, ihrer Größe und Ausstattung eine unterschiedlich große Kundenattraktivität ausstrahlen. Als überregionales, zwischen Leipzig und Halle gelegenes Shopping Center zieht der Saalepark die doppelte bis dreifache PKW-Menge des Cottbus Centers und Ostseeparks an. Die Zahlen relativieren sich jedoch, wenn man ältere Daten für das Ruhrpark-Einkaufszentrum Bochum und für das Rhein-Ruhr-Zentrum Mülheim aus dem Jahre 1983 heranzieht, die ähnlich groß sind bzw. eine vergleichbare Magnetwirkung für ihr Umland haben wie der Saalepark (HEINEBERG & MAYR 1986: 54) (Tab. 54).

Tab. 54: Verkehrszählungen 1983 und 1993 (Anzahl PKW zwischen 9.00 und 18.30 Uhr bzw. 9.00 und 14.00 Uhr)

	Freitag, 10.06.1983 bzw. Freitag, 16.07.1993	Samstag, 11.06.1983 bzw. Samstag 17.07.1993
Ruhrpark Bochum[1] (1983)	10.252	7.943
Rhein-Ruhr-Zentrum Mülheim[1] (1983)	9.170	6.540
Saalepark (1993)	7.991	6.792

Quelle: [1] HEINEBERG & MAYR (1986: 54); Verkehrszählung Geographisches Institut der Universität Kiel 1993

Der Saalepark liegt damit deutlich hinter dem Ruhrpark zurück. Zweifellos trennen die beiden Zählungen zehn Jahre. Doch im Gegensatz zum Wettbewerb der Einkaufszentren untereinander im Ruhrgebiet (wobei die Anzahl potentieller Kunden im näheren Umkreis größer ist), besaß der Saalepark 1993 noch weitestgehend eine Monopolstellung. Die Magnetfunktion des Saaleparks ist deshalb schon von Beginn an weniger groß gewesen, als von der Centerverwaltung und der Presse propagiert.

Zu den PKW kommen noch Lastkraftwagen hinzu, die einerseits zur Versorgung des Centers, andererseits für den Kundenlieferservice zur Verfügung stehen (insbes. Möbelhäuser), sowie Busse, die im Umfeld und auf dem Gelände des Einkaufszentrums Verkehr induzieren. Insbesondere im Vergleich der Leipziger Zählungen 1993 zu 1995 fallen folgende Entwicklungen auf:

1. Durch den Bau der Neuen Messe Leipzig im Nordwesten der Stadt ist der Sachsenpark verkehrlich völlig abgeschnürt worden und hat mehr als ein Drittel seiner PKW-Kunden verloren. 3.189 Einfahrten am Sa 17.7.93 standen nur noch 1.965 am Sa 9.9.95 gegenüber (Abb. 29). Ähnlich deutlich ist die Abnahme an den untersuchten Freitagen. Das Baugeschehen im Umfeld des Centers spiegelt sich auch in der hohen Anzahl von LKW wider, die den Zählpunkt passierten, indem sie auf den Parkplatz des Sachsenparks fuhren und im Umfeld Erdarbeiten durchführten. In der Regel handelte es sich hier also um Laster und nicht um Transportfahrzeuge, die für den Sachsenpark bestimmt waren. Inwieweit es sich bei dem Bedeutungsrückgang des Sachsenparks um eine kurzfristige Zentralitätsschwankung oder um eine langfristige Entwicklung handelt, ist zum jetzigen Zeitpunkt nicht zu klären.

2. Auch der Saalepark hat deutlich an Zuspruch verloren (Abb. 29). Im Vergleich der

langen Donnerstage fuhren 1995 fast 4.000 PKW weniger ein als 1993. Dieser Trend findet seine Bestätigung am Freitag, kehrt sich aber am Samstag um, wo eine leichte Zunahme auf hohem Niveau festzustellen ist. Die Aussage, daß sich das Einkaufen vom langen Donnerstag hin zum Wochenende verschiebt, ist aufgrund von zwei Verkehrszählungen sehr vage. Passantenzählungen in den am stärksten frequentierten (innerstädtischen) Einkaufsstraßen Deutschlands weisen jedoch in dieselbe Richtung, daß der "Einkauf am Ende der Woche wieder beliebter" wird (HDE-Pressedienst des Handels v. 9.7.97: 1). Die verblassende Attraktivität des Saaleparks wird aber auch vom Management selbst bestätigt, das einen Rückgang des Jahresumsatzes von ca. 800 Mio. DM (1992) (EHI 1995a) auf 500 Mio. DM (1995) (Die Welt 17.9.1996) konstatiert.

3. Untersucht man den Tagesgang der eingefahrenen PKW, lassen sich für den Saale- und Sachsenpark im Vergleich untereinander und zwischen 1993 und 1995 markante Regelhaftigkeiten erkennen. So zeichnet sich donnerstags überall der charakteristische "Berg" der Abendkunden ab, der freitags (im Falle des Sachsenparks) eine sehr geringe Rolle spielt und nur im Cottbus Center größeres Gewicht erhält. Samstags fahren die Kunden bereits sehr früh ein. Im Falle des Saaleparks nahmen die Einfahrten nach 9.00 Uhr (1993) wieder kontinuierlich ab. Die Unterschiede zu westdeutschen Erfahrungen können dabei nicht frappierender ausfallen. Ganglinien für den Ruhrpark und das Rhein-Ruhr-Zentrum bei HEINEBERG & MAYR (1986: 55) werden auch freitags noch deutlich von Späteinkäufern (nach 16.00 Uhr) und am Samstag von Besuchern, die erst zwischen 10 und 11.00 Uhr eintreffen, geprägt. Obwohl der Früheinkäufer im Saale- und Sachsenpark an Bedeutung verloren hat, sind die Trends weitestgehend unverändert. Anhand von Vergleichen der Y-Werte wird vor allem der starke Bedeutungsverlust der Kundeneinfahrten in den Sachsenpark dokumentiert (Abb. 30 u.31).

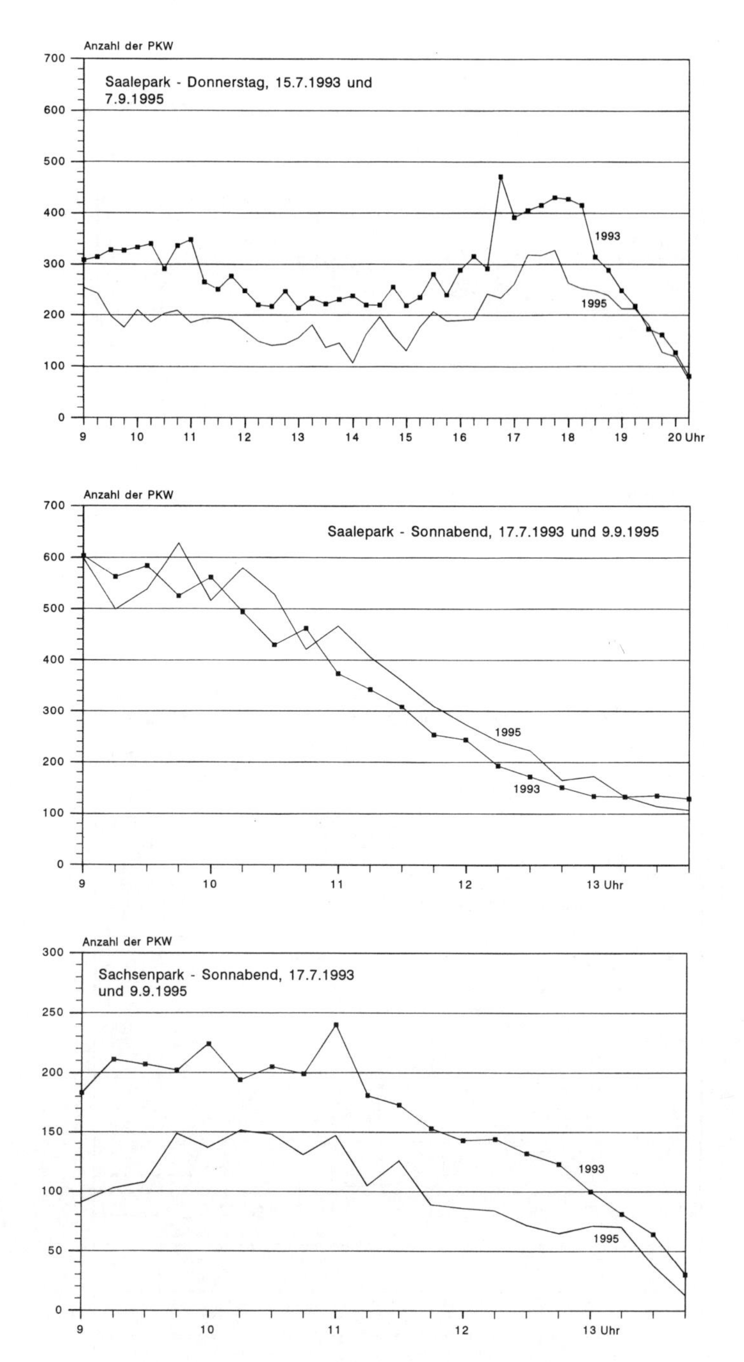

Abb. 29 : Verkehrsaufkommen im Saalepark und Sachsenpark 1993 und 1995
Quelle: Verkehrszählung Geographisches Institut Universität Kiel 1993 und 1995

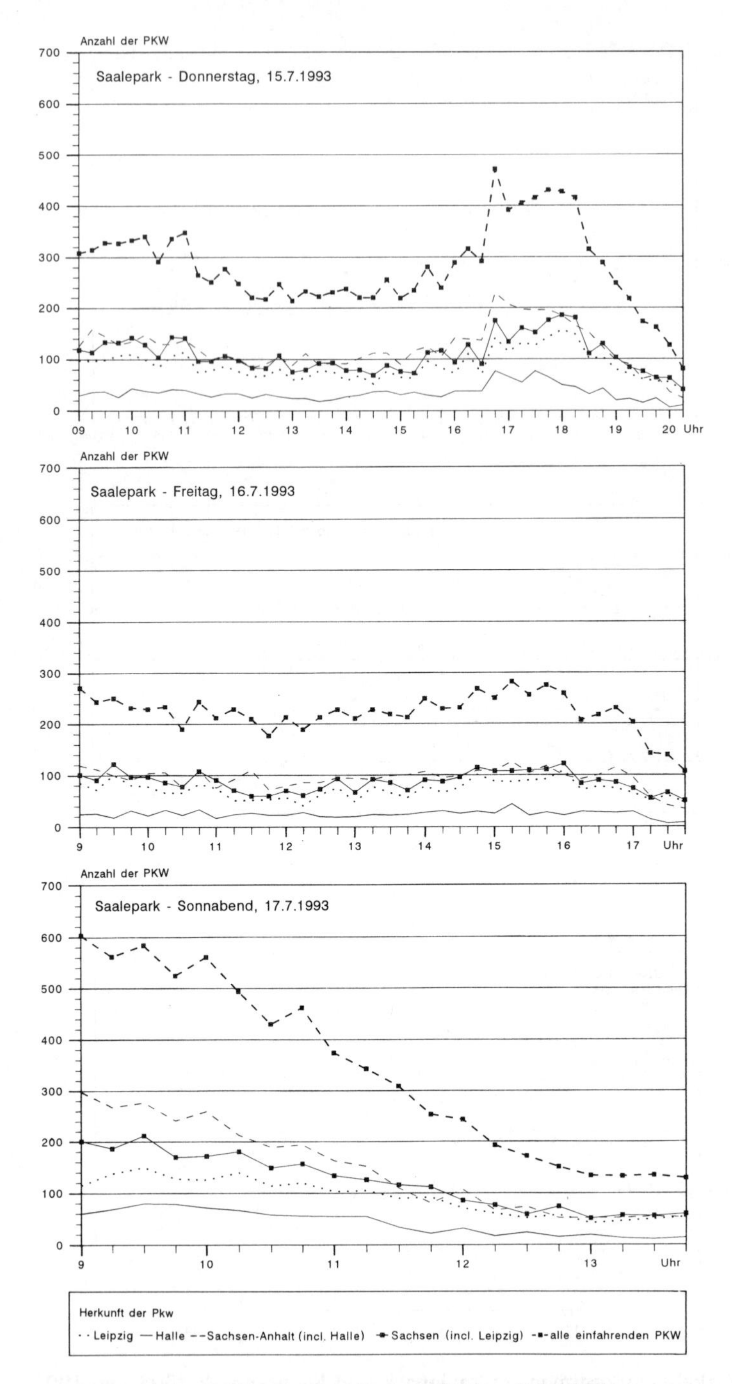

Abb. 30a: Verkehrsganglinien für den Saalepark (Do-Sa) 1993
Quelle: Verkehrszählung Geographisches Institut Universität Kiel 1993

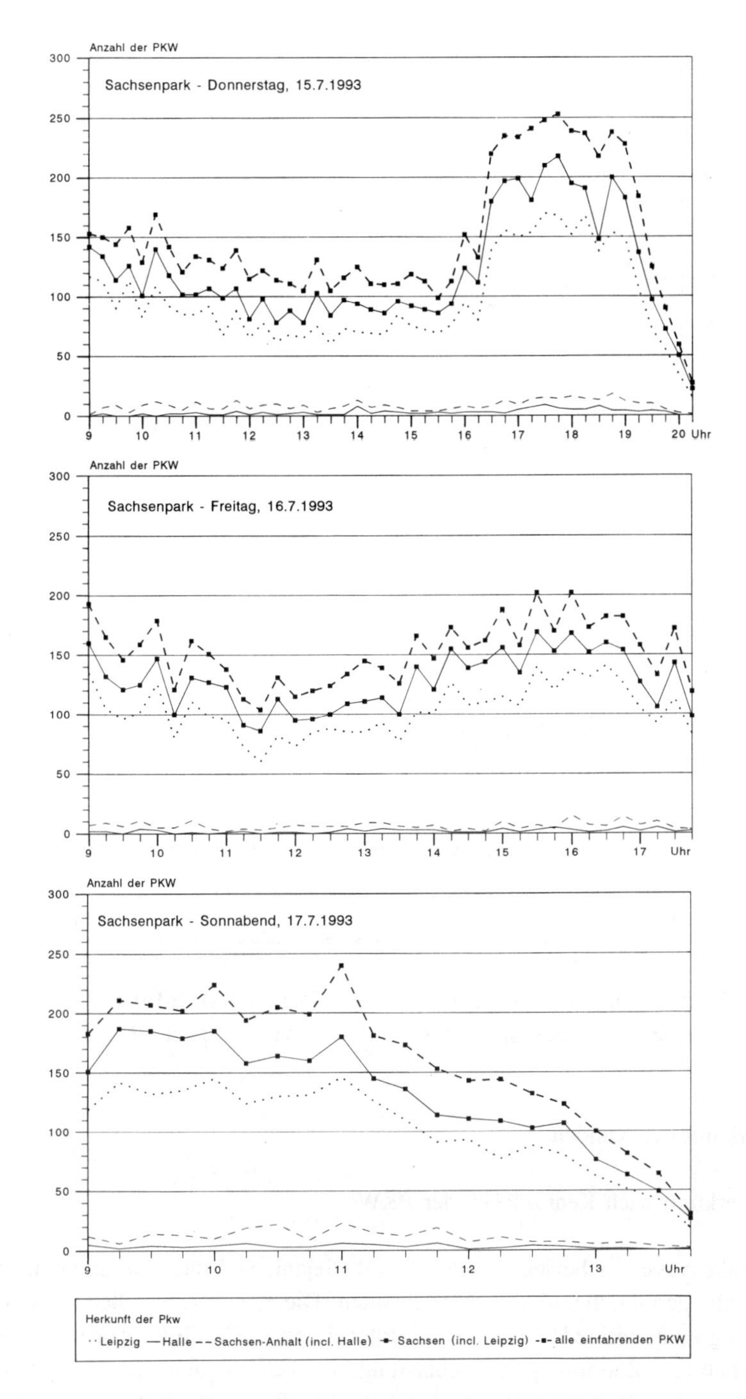

Abb. 30b: Verkehrsganglinien für den Sachsenpark (Do-Sa) 1993
Quelle: Verkehrszählung Geographisches Institut Universität Kiel 1993

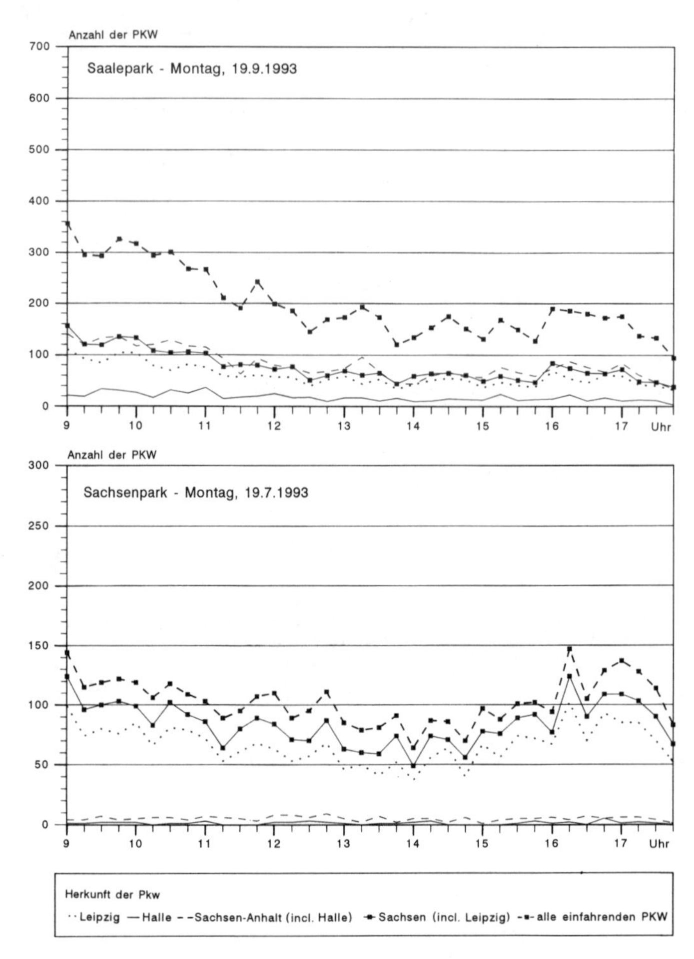

Abb. 30c: Verkehrsganglinien für den Saale- und Sachsenpark (Mo) 1993
Quelle: Verkehrszählung Geographisches Institut Universität Kiel 1993

11.1.5 Herkunft der Kunden

11.1.5.1 Herkunft nach Kennzeichen der PKW

Nachfolgende Aussagen beziehen sich nur auf diejenigen Einkaufszentren, in denen Verkehrszählungen durchgeführt werden konnten. Die Kennzeichen aller einfahrenden Kraftfahrzeuge (unterschieden nach PKW/Motorrädern, LKW, Bussen) wurden hierfür notiert, so daß eine Zuordnung nach Zulassungsbezirken möglich war. Um die Bedeutung einzelner Regionen am motorisierten Besuchsaufkommen zu gewichten, wurden die Kennzeichen mit dem jeweiligen Gesamtbestand an Fahrzeugen, wie sie vom

Kraftfahrt-Bundesamt veröffentlicht werden (Kraftfahrt-Bundesamt 1993, 1995), in Relation gesetzt (zur Vorgehensweise vgl. auch HEINEBERG & MAYR 1986: 54) (Tab. 55).

Ein Vergleich der Werte zwischen verschiedenen Einkaufszentren ist nur teilweise oder gar nicht möglich:

1. Die Ergebnisse für den Saale- und Sachsenpark sind so aufbereitet, daß sie über denselben Zähltag und dieselbe Zähldauer miteinander verglichen werden können. Das trifft gleichermaßen für die Zählung an einem (unterschiedlichen) Samstag im Cottbus Center zu.
2. Die Zählungen im Cottbus Center und im Ostseepark sind nicht jeweils über zwei volle bzw. gleichlange Einkaufstage durchgeführt worden. Entsprechend kann die Spalte "% an zugelassenen PKW" nicht zwischen den Zähltagen verglichen werden.
3. Eine Kreisgebietsreform hat zwischen 1993 und 1995 auch die entsprechenden KFZ-Zulassungsbezirke in teilweise nicht kompatibler Form zu früheren räumlichen Einheiten verändert. Einerseits hat sich die Anzahl von PKW und Motorrädern (pro Raumeinheit) bedeutend erhöht. Andererseits ergibt sich diese Entwicklung aber auch durch größere Raumeinheiten selbst.
4. Bei der Zählung 1993 waren parallel zu den neuen KFZ-Kennzeichen auch noch alte DDR-Plaketten für ehemalige Bezirke der DDR gültig. Von 46.737 gezählten PKW und Motorrädern im Saale- und Sachsenpark waren - incl. ausländischer Fahrzeuge, Bundespost, Bundesbahn und Bundeswehr - 1.244 Kennzeichen nicht zuordenbar. Das entspricht einem Anteil von 2,7%. Unter allen eingefahrenen Fahrzeugen sind diese berücksichtigt.
5. Gewerblich genutzte und gemietete PKW sind vielfach dort gemeldet, wo sich der Stammsitz des Betriebes befindet. Dieses Problem mag ebenso eine gewisse Verzerrung der Ergebnisse hervorrufen wie die Tatsache, daß (vor allem noch im Jahre 1993) viele westdeutsche "Leihbeamte" oder "Leihangestellte" ihren PKW nicht umgemeldet hatten und mit ihrem Heimatkennzeichen fuhren, effektiv jedoch im Leipziger Raum wohnten. Unzweifelhaft haben diese Entwicklungen zur Zählung 1995 an Bedeutung verloren.

Tab. 55: Herkunft der PKW in den untersuchten Einkaufszentren

a) Herkunft der PKW für den Saalepark

Herkunft			% eingefahrener PKW		% an zugelassenen PKW				% eingefahrener PKW		% an zugelassenen PKW	
	Do 15.07.93	Sa 17.07.93	Do 15.07.93	Sa 17.07.93	Do 15.07.93	Sa 17.07.93	Do 07.09.95	Sa 09.09.95	Do 07.09.95	Sa 09.09.95	Do 07.09.95	Sa 09.09.95
	Anzahl						Anzahl					
Leipzig (Stadt- u. Landkreis)	4.060	1.855	31,4	27,3	1,8	0,8	2.774	2.113	30,8	29,0	0,9	0,7
Delitzsch[1]	245	107	1,9	1,6	1,1	0,5	182	143	2,0	2,0	0,4	0,3
Halle	1.601	853	12,4	12,6	1,6	0,8	858	807	9,5	11,1	0,8	0,7
Saalkreis	291	143	2,3	2,1	1,1	0,6	181	111	2,0	1,5	0,6	0,4
Merseburg[2]	1.933	747	14,9	11,0	4,4	1,7	1.109	911	12,3	12,5	1,7	1,4
Sachsen	5.002	2.437	38,7	35,9	0,3	0,1	3.338	2.637	37,0	36,2	0,2	0,1
Sachsen-Anhalt	5.611	2.959	43,4	43,6	0,5	0,3	3.928	3.084	43,6	42,4	0,3	0,2
Gesamt	12.931	6.792					9.015	7.280				

b) Herkunft der PKW für den Sachsenpark

Herkunft			% eingefahrener PKW		% an zugelassenen PKW			% eingefahrener PKW	% an zugelassenen PKW
	Do 15.07.93	Sa 17.07.93	Do 15.07.93	Sa 17.07.93	Do 15.05.93	Sa 17.07.93	Sa 09.09.95	Sa 09.09.95	Sa 09.09.95
	Anzahl						Anzahl		
Leipzig (Stadt- und Landkreis)	4.410	2.042	65,8	64,0	1,9	0,9	1.369	69,7	0,4
Delitzsch[1]	571	225	8,5	7,1	2,7	1,0	261	13,3	0,6
Halle	128	63	1,9	2,0	0,1	0,06	10	0,5	0,009
Saalkreis	30	20	0,4	0,6	0,1	0,08	3	0,2	0,009
Merseburg[2]	31	16	0,5	0,5	0,07	0,04	3	0,2	0,005
Sachsen	5.546	2.588	82,8	81,2	0,3	0,1	1.720	87,5	0,08

Sachsen-Anhalt	397	214	5,9	6,7	0,04	0,02	60	3,1	0,005
Gesamt	6.701	3.189					1.965		

c) Herkunft der PKW für das Cottbus Center

Herkunft		% eingefahrener PKW	% an zugelassenen PKW		% eingefahrener PKW	% an zugelassenen PKW
	Fr 01.09.95 (11-18 Uhr)	Fr 01.09.95	Fr 01.09.95	Sa 02.09.95	Sa 02.09.95	Sa 02.09.95
	Anzahl			Anzahl		
Cottbus	3.087	74,8	5,3	2.269	74,6	3,9
Spree-Neiße-Kreis	424	10,3	0,6	325	10,7	0,4
Brandenburg	3.818	92,5	0,3	2.841	93,4	0,2
Gesamt	4.127			3.041		

d) Herkunft der PKW für den Ostseepark

Herkunft		% eingefahrener PKW	% an zugel. PKW		% eingefahrener PKW	% an zugel. PKW
	Mo 28.08.95 (14-18.30 Uhr)	Mo 18.08.95 (14-18.30 Uhr)	Mo 18.08.95 (14-18.30 Uhr)	Di 29.08.95	Di 29.08.95	Di 29.08.95
	Anzahl			Anzahl		
Rostock	1.873	61,1	1,9	3.396	57,7	3,5
Kreis Bad Doberan	671	21,9	1,5	1.319	22,4	2,9
Mecklenburg-Vorpommern	2.733	89,2	0,3	5.146	87,4	0,6
Gesamt	3.063			5.888		

zu Tab. 55:
a) für Zählung Leipzig

Anzahl zugelassener PKW/Motorräder	1.7.1993	1.7.1995
Leipzig (Stadt und Landkreis)	227.456	304.851
Delitzsch	21.500	47.076
Halle	102.314	112.564
Saalkreis	25.375	31.640
Merseburg	43.480	65.048
Sachsen	1,871.734	2,151.379
Sachsen-Anhalt	1,106.434	1,242.269

[1] 1995 Kreis Delitzsch-Eilenburg
[2] 1995 Kreis Merseburg-Querfurt

b) für Zählung Cottbus: Anzahl zugelassener PKW/Motorräder zum 1.7.1995: Stadt Cottbus: 57.750; Spree-Neiße-Kreis: 74.593; Land Brandenburg: 1,235.294

c) für Zählung Rostock: Anzahl zugelassener PKW/Motorräder zum 1.7.1995: Stadt Rostock: 96.390; Kreis Bad Doberan: 45.405; Mecklenburg-Vorpommern: 813.481

Quelle: Kraftfahrt-Bundesamt (1993, 1995); Verkehrszählungen Geographisches Institut Universität Kiel 1993 und 1995

Folgende Ergebnisse lassen sich aus Tab. 55 erkennen:

1. Das Einzugsgebiet des Saaleparks erstreckt sich zu ca. 80% sowohl nach Sachsen als auch nach Sachsen-Anhalt und läßt deutlich werden, daß immerhin weitere 15-20% aus anderen Bundesländern stammen. Die verschiedenen Zähltage und Jahre vermitteln ein stabiles Bild dieser Kundenaufteilung. Das Gros der Kunden kommt jedoch aus der Stadt und dem Landkreis Leipzig sowie aus dem Landkreis Merseburg, zu dem der Saalepark gehört. Deren Bedeutung wird relativiert, wenn man die eingefahrenen PKW mit den gemeldeten PKW aus diesem Bezirk gewichtet. So kam (theoretisch) fast jeder 23ste PKW aus Merseburg an den Zähltagen 1993 auch in den Saalepark, jedoch nur jedes 55ste mit Leipziger Kennzeichen. Was die wachsende Motorisierung bis 1995 anbelangt, konnte der Saalepark hiervon nicht durch zusätzliche Kunden profitieren. Zumindest die relative Bedeutung des Shopping Centers in seiner Ausstrahlung Richtung Halle **und** Leipzig blieb davon unberührt.

2. Als gänzlich anderer Typ von Einkaufszentrum präsentiert sich der Sachsenpark. Im Gegensatz zur überregionalen Ausstrahlung des Saaleparks kommen die PKW hier nur aus dem regionalen und lokalen Umfeld. Einfahrten aus dem Raum Halle und Merseburg erfolgen in nur sehr kleiner Zahl. Der lokale Bezug ist im Vergleich zu 1995 eher

noch gewachsen.

3. Die Position von Einkaufszentren als PKW-orientierte Nahversorgungsbereiche spiegelt sich auch in den Ergebnissen für das Cottbus Center und den Ostseepark wider. Überwiegend kamen die Kunden aus der Stadt selbst oder aus dem angrenzenden Landkreis. Obwohl in Cottbus nicht über den gesamten Freitag gezählt werden konnte, kam (theoretisch) mehr als jeder 20ste Cottbuser PKW an diesem Tag in das Einkaufzentrum, was den Spitzenwert aller Standorte ausmachte und die hohe Zentralität dieses Centers für die Cottbuser Einkaufswelt zum Ausdruck bringt. Die Anreise aus anderen Bundesländern als aus Brandenburg ist hingegen so gering, daß in den Tagesganglinien die Gesamtkurve und die Kurve für alle PKW aus Brandenburg beinahe identisch verlaufen (Abb. 31b).

11.1.5.2 Herkunft nach Postleitzahlenbereichen

Um eine kleinräumigere Struktur der Kundeneinzugsbereiche als auf Kreisebene zu erhalten und dem Problem eher vager und vieldeutiger Antworten auf den Wohnort infolge von Namensgleichheit oder Unkenntnis der Befrager zu begegnen, wurden die Kunden nach ihrer Wohnpostleitzahl befragt bzw. wo diese nicht vorlag und es möglich war, die entsprechenden Angaben in die zugehörigen Postleitzahlen umcodiert. Zu allgemeine Angaben wie "Leipzig" oder "Halle" fanden in den nachfolgenden Abbildungen keine Berücksichtigung. Weil zum 1.7.1993 ein neues Postleitzahlensystem in Deutschland eingeführt wurde, existierten hiermit auch neue Kartengrundlagen, die eine mikroräumliche Zuordnung von Kundenwohnsitzen ermöglichten. Als Kontrolle oder Ersatz zur Postleitzahl wurden zudem Gemeinde- oder Stadtteilnamen erhoben. Ergebnis ist eine Kartenserie, die die vom Wohnort aus gemessenen Kundeneinzugsbereiche für alle untersuchten Einkaufszentren und Innenstädte darstellt, und zwar einerseits für das jeweilige Umland der Städte, andererseits für die Städte selbst. Grundlage hierfür sind die Karten, die im offiziellen Postleitzahlenbuch der Deutschen Bundespost POSTDIENST (Stand Februar 1993; Deutsche Bundespost 1993) veröffentlicht sind. Später erfolgte Eingemeindungen der Städte sind deshalb in den Stadtkarten unberücksichtigt. Die Kunden dieser Bereiche tauchen dann in den Umlandkarten auf. Personen, die von außerhalb des Kartenausschnittes angereist sind, haben in der Grundgesamtheit der Darstellung Berücksichtigung gefunden.

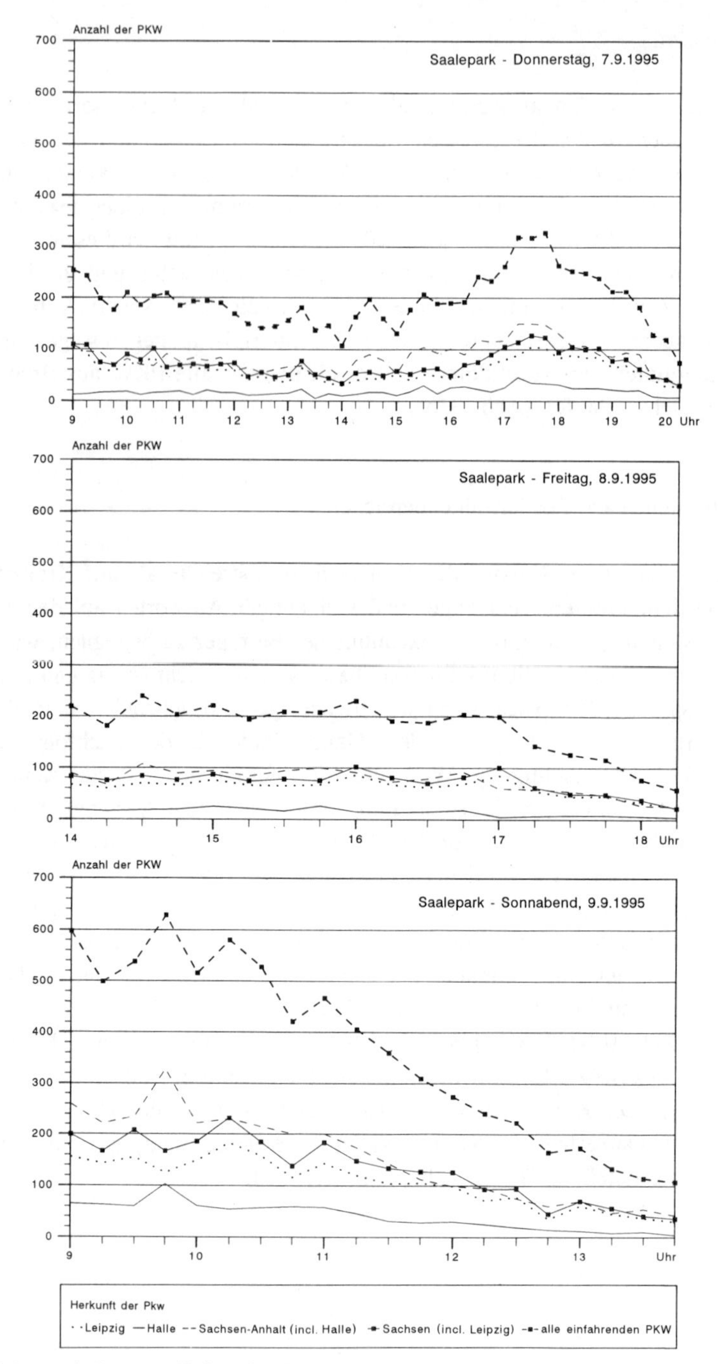

Abb. 30d: Verkehrsganglinien für den Saalepark 1995
Quelle: Verkehrszählung Geographisches Institut Universität Kiel 1995

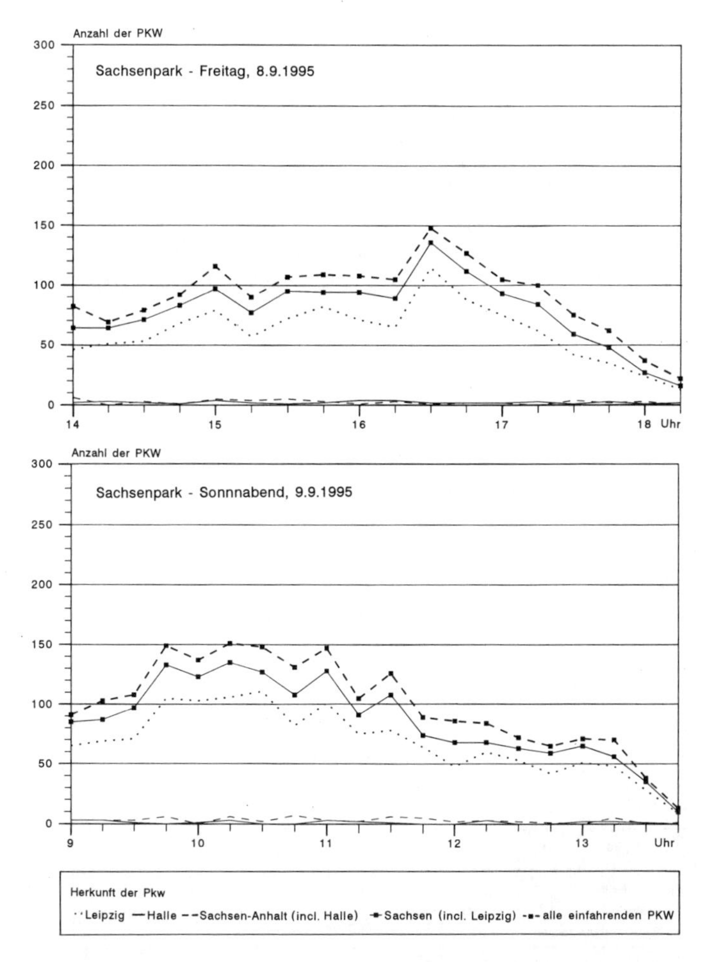

Abb. 30e: Verkehrsganglinien für den Sachsenpark 1995
Quelle: Verkehrszählung Geographisches Institut Universität Kiel 1995

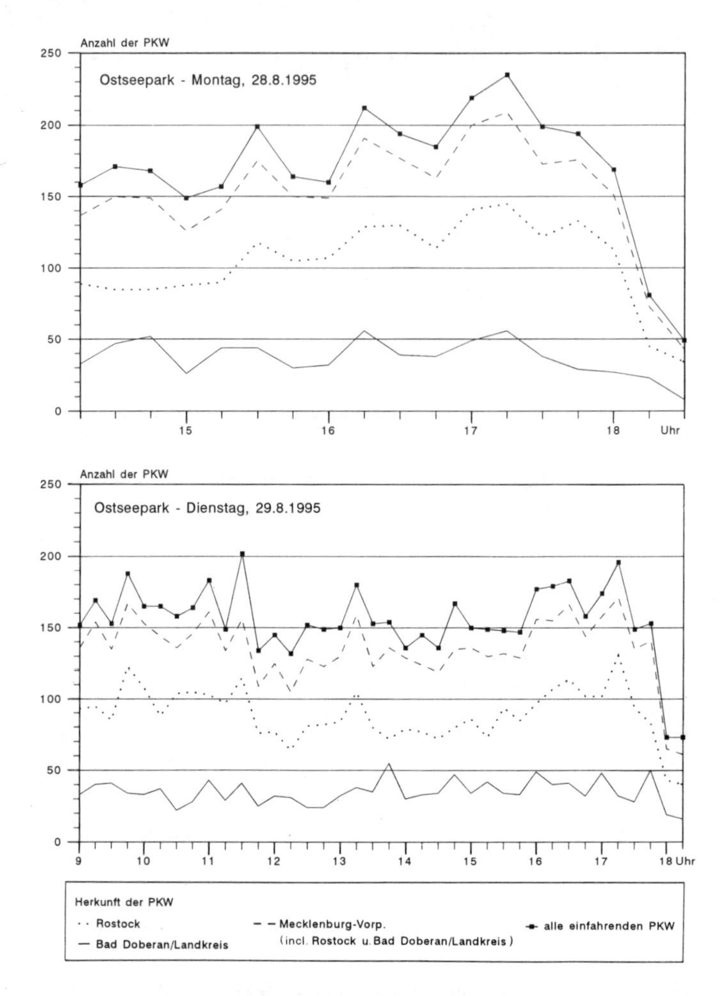

Abb. 31a: Verkehrsganglinien für den Ostseepark 1995
Quelle: Verkehrszählung Geographisches Institut Universität Kiel 1995

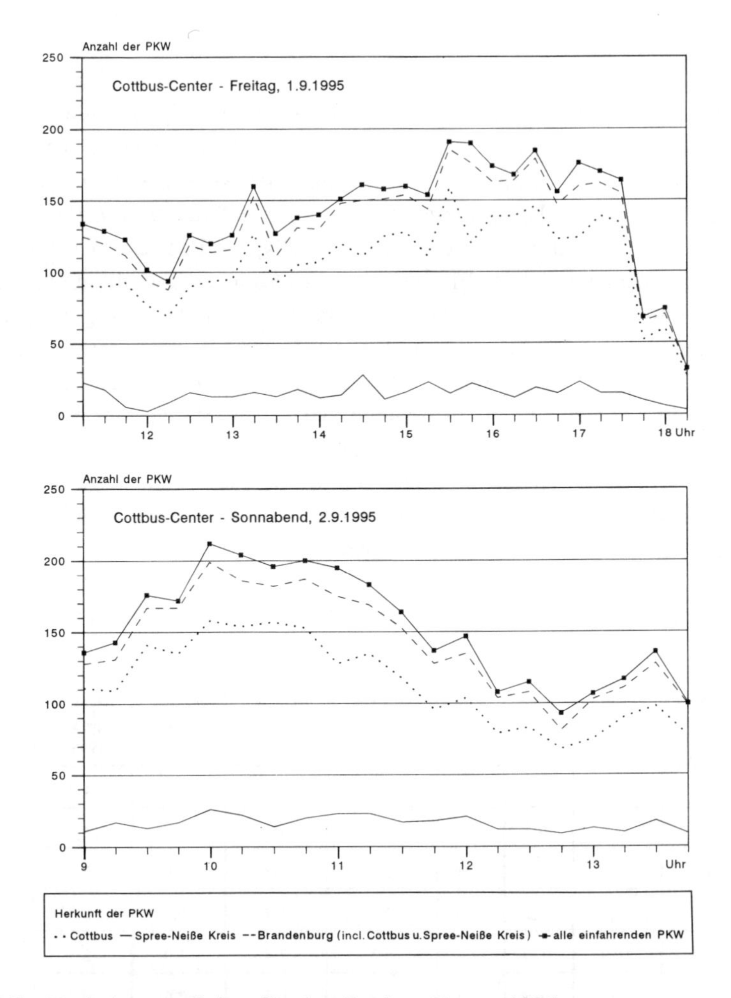

Abb. 31b: Verkehrsganglinien für das Cottbus Center 1995
Quelle: Verkehrszählung Geographisches Institut Universität Kiel 1995

Die Entwicklungen in **Leipzig** zeigen (Abb. 32 u. 33), daß sich die Kundeneinzugsbereiche der untersuchten Einzelhandelsagglomerationen sowohl in ihrer räumlichen Ausdehnung als auch Positionierung deutlich voneinander unterscheiden. Derselbe Trend wiederholt sich im Vergleich von 1995 zu 1993. Die Kunden orientieren sich bevorzugt am Prinzip der Nähe zu den entsprechenden Verkaufseinrichtungen. Strahlt der Saalepark jedoch radial aus, erfassen der Sachsenpark, das Paunsdorf Center und die Innenstadt von Leipzig nur ausgewählte räumliche Sektoren in ihrem näheren Umfeld, die vornehmlich nach Norden und Osten der Stadt reichen und eine geringe eigene Überlappung mit dem Einzugsbereich des Saaleparks aufweisen. Eine räumliche Arbeitsteilung der Einkaufszentren läßt sich aus dem Verhalten der Kunden herleiten.

So nimmt die Bedeutung des Sachsenparks dort ab, wo das Paunsdorf Center den räumlichen Schwerpunkt seines Einzugsbereiches besitzt. Der Saalepark verliert hingegen dort an Gewicht, wo der Sachsenpark seinen im Leipziger Umland größten Kundenzuspruch entfaltet. Unter Berücksichtigung der kleinräumigeren Stadtkarte von Leipzig (Abb. 33a u. 33b) bricht das Einzugsgebiet des Saaleparks relativ abrupt zum östlichen Stadtrand hin ab. Hierbei unterscheidet sich die Situation von 1993 kaum von der im Jahre 1995, obwohl erst zwischenzeitlich (1994) das Paunsdorf Center im Osten von Leipzig eröffnet hatte. Ist das Einzugsgebiet des Saaleparks somit (auf prozentualer und nicht absolut quantitativer Basis) trotz veränderter Konkurrenz gleichgeblieben, sind die entsprechenden Bereiche für die Innenstadt und für den Sachsenpark deutlich geschrumpft. Verliert die Innenstadt insbesondere am östlichen und südlichen Stadtrand, nimmt der Sachsenpark mit Ausnahme in Grünau (Westen der Stadt) und den nächstgelegenen Bezirken zum Einkaufszentrum überall dort an Bedeutung ab, wo sich das Paunsdorf Center im Kundenzuspruch neu etabliert hat. Tabelle 56 relativiert die Anzahl von Kundenwohnungen mit der Bevölkerungsstruktur, um die Gleich- bzw. Ungleichverteilung der Einzugsgebiete zu messen.

Tab. 56: Vergleich der Anzahl von Kundenwohnungen mit den Bevölkerungsanteilen in der Stadt Leipzig (in %)

Gebiet	Bevölk.-anteil 1993	Bevölk.-anteil 1995	City 1993	City 1995	Saalepark 1993	Saalepark 1995	Sachsen-park 1993	Sachsen-park 1995	Paunsdorf Center 1995
1	19,5	18,2	18,5	22,2	1,3	1,5	4,0	4,0	14,1
2	13,5	13,0	9,5	10,7	1,6	1,3	17,4	29,2	3,1
3	4,1	4,2	2,1	2,5	1,0	1,3	4,8	2,6	1,8
4	12,5	12,3	5,3	7,0	2,2	1,7	0,8	2,0	0,8
5	16,6	16,9	10,7	7,6	6,3	7,4	2,0	2,5	3,5
6	2,7	2,9	2,8	0,6	0,9	0,3	0,6	0,0	0,4
7	4,2	4,2	7,4	3,5	0,5	0,4	1,6	1,0	1,3
8	5,2	5,5	4,2	4,2	0,6	0,4	1,0	0,5	3,1
9	2,8	2,8	2,8	1,6	0,3	0,1	1,0	0,0	0,9
10	4,4	4,4	4,2	1,0	0,5	0,0	1,6	0,5	4,4
11	3,7	4,1	1,6	2,5	0,2	0,3	1,4	0,5	17,3
12	5,1	5,1	3,0	5,4	0,2	0,8	4,2	6,2	6,2
13	1,7	2,0	1,4	0,6	0,3	0,1	4,2	2,1	1,8
14	3,9	3,9	3,0	2,5	0,3	0,7	14,3	10,8	4,4

Quelle: Stadt Leipzig (1994a: 209); Stadt Leipzig (1996b: 243); Befragungen Geographisches Institut Universität Kiel 1993 und 1995; Die statistischen Bezirke der Stadt

Leipzig wurden überführt in die Postleitzahlenbereiche, die mit geringen Abweichungen in ihren Grenzverläufen kongruent sind.

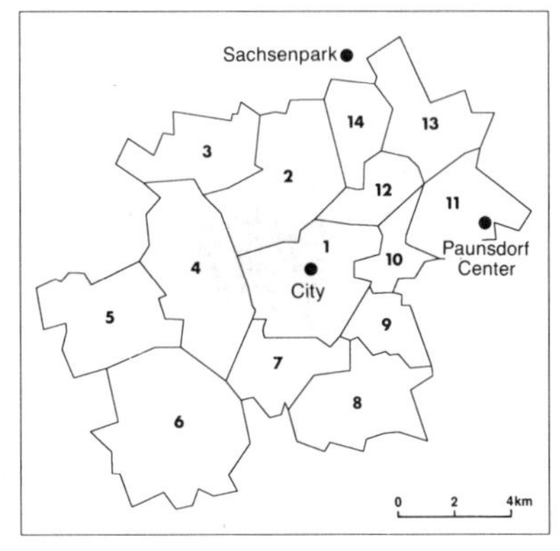

Abb. 34: Stadtkarte Leipzig mit Gebietszuweisung für Tab. 56

Im Gegensatz zu den Einkaufszentren spiegeln die Wohnorte der Kunden in der Innenstadt die Bevölkerungsverteilung relativ gut wider, wobei eine Ausnahme zu konstatieren ist. Der westliche und südwestliche Bereich der Stadt sind deutlich unterrepräsentiert (zur Zuordnung der Gebietszahlen in Tab. 56 siehe Abb. 34). Im Vergleich von 1995 zu 1993 haben sich die Kunden vermehrt oder erstmals (Paunsdorf Center) in die Einkaufszentren orientiert und gehen der Innenstadt als Kunden verloren. Dabei sei natürlich angemerkt, daß die Konsumenten nicht nur in die untersuchten Zentren abgewandert sind, sondern auch in diejenigen, die z. B. der Abb. 5 zu entnehmen sind. An vorderster Stelle seien das Löwencenter in Burghausen im westlichen Umland von Leipzig Richtung Saalepark und das Globus Center Wachau sowie der Pösnapark am südlichen und südöstlichen Stadtrand genannt.

Die Werte für den Sachsenpark und das Paunsdorf Center unterstreichen hingegen die lokale, nachbarschaftliche Bedeutung dieser Zentren, wobei insbesondere der Sachsenpark - auch bedingt durch die räumliche Nähe zum Paunsdorf Center - 1995 noch stärker als 1993 auf nur einen Bezirk fokussiert ist. Der Unterschied des Paunsdorf Centers zum Sachsenpark ergibt sich vor allem aus der großen Anzahl von Kunden, die aus der Innenstadt kommen. Im Zentrengefüge der Stadt hat sich das Paunsdorf Center deshalb binnen kurzer Zeit als wichtigster Gegenspieler zur Innenstadt etabliert. Der Saalepark hat in diesem Wettkampf sowohl 1993 als auch 1995 für die Einkaufsentscheidung der Stadtbewohner eine eher geringe Bedeutung gehabt (Ausnahme Grünau). Die Bedeutung des Umlandes für den Saalepark spiegelt sich auch in Tab. 57 wider.

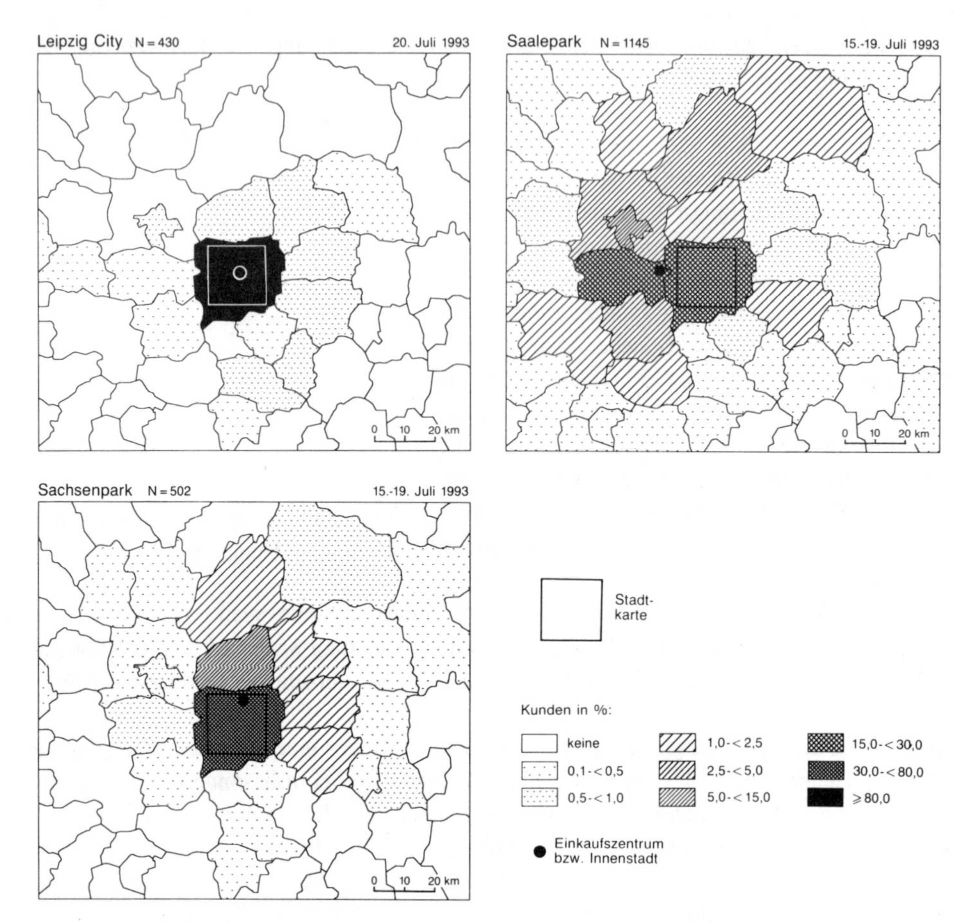

Abb. 32a: Kundeneinzugsgebiete im räumlichen und zeitlichen Vergleich - der Großraum Leipzig 1993 auf der Grundlage von Postleitzahlbereichen
Quelle: Befragungen Geographisches Institut Universität Kiel 1993

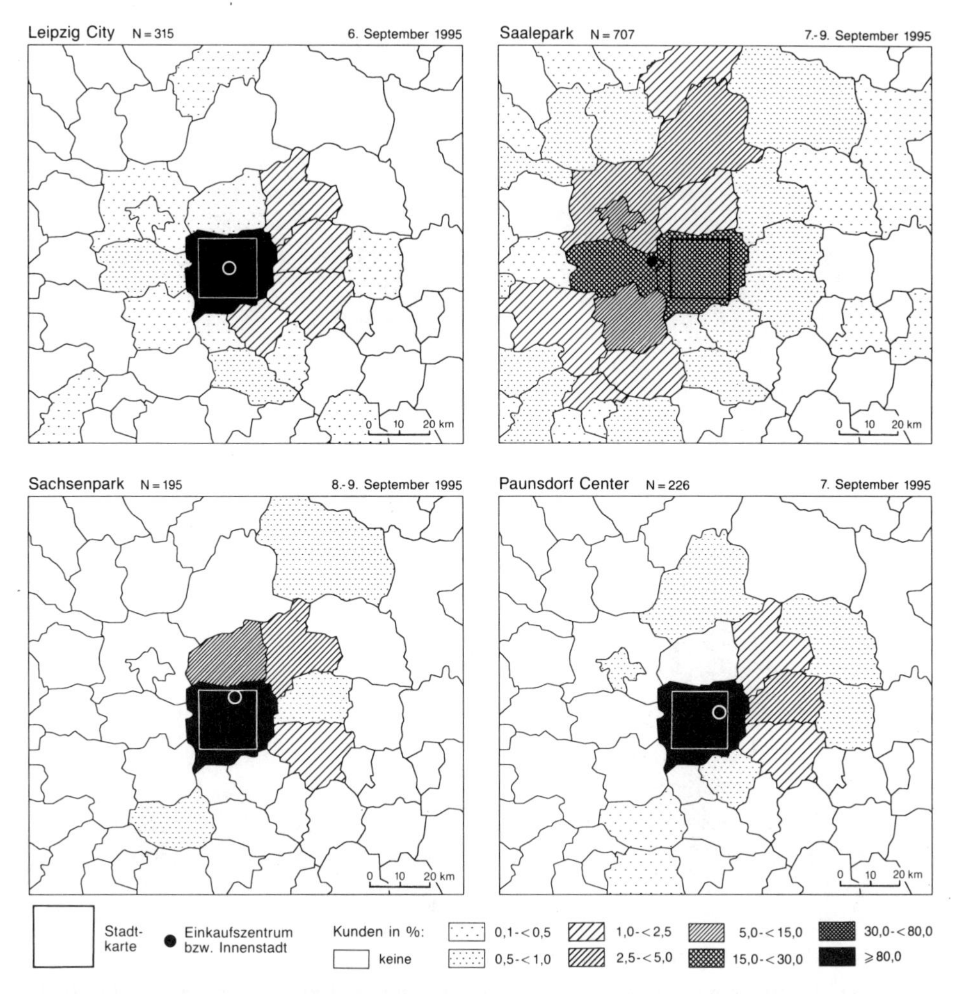

Abb. 32b: Kundeneinzugsgebiete im räumlichen und zeitlichen Vergleich - der Großraum Leipzig 1995 auf der Grundlage von Postleitzahlbereichen
Quelle: Befragungen Geographisches Institut Universität Kiel 1995

Abb. 33a: Kundeneinzugsgebiete im räumlichen und zeitlichen Vergleich - die Stadt Leipzig 1993 auf der Grundlage von Postleitzahlbereichen
Quelle: Befragungen Geographisches Institut Universität Kiel 1993

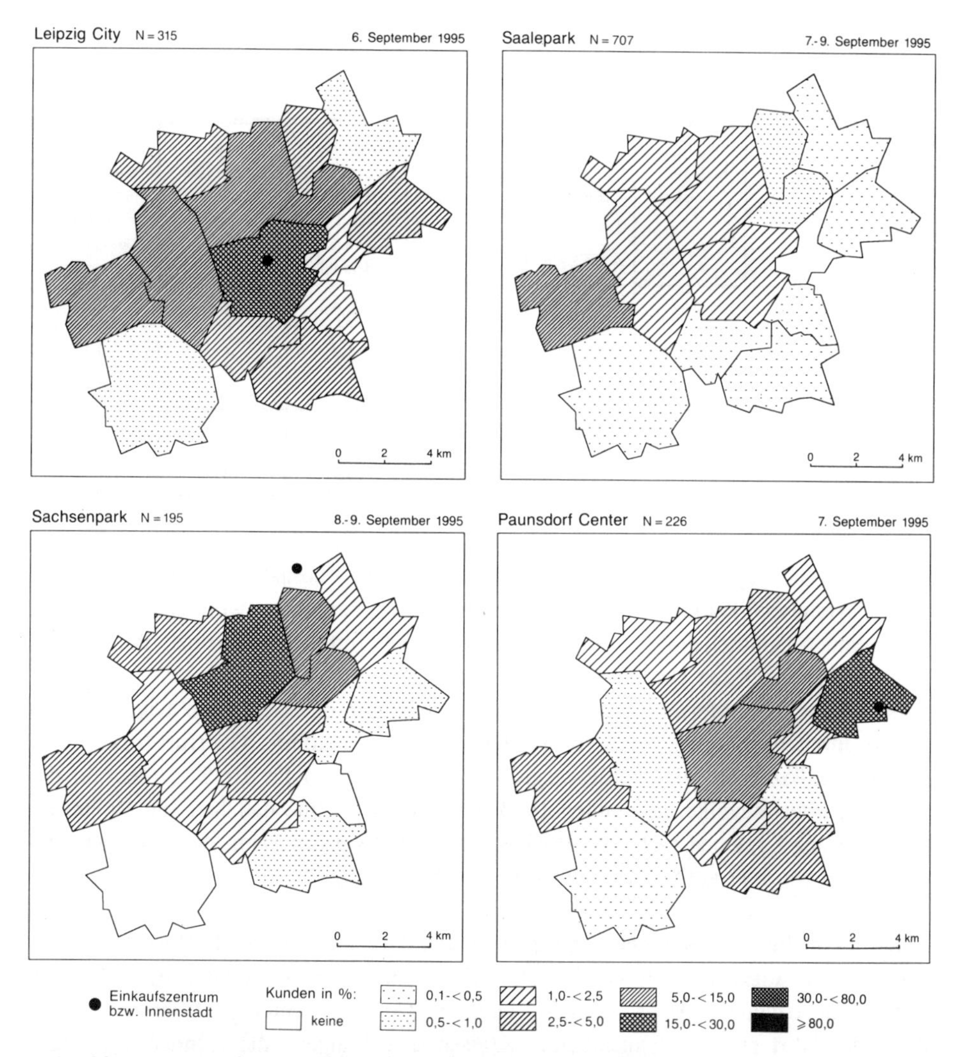

Abb. 33b: Kundeneinzugsgebiete im räumlichen und zeitlichen Vergleich - die Stadt Leipzig 1995 auf der Grundlage von Postleitzahlbereichen
Quelle: Befragungen Geographisches Institut Universität Kiel 1995

Tab. 57: Anteil der (befragten) Kunden an der jeweiligen Wohnbevölkerung bzw. Kundenanteile

Bereich	Bevölkerung 1993[1] (absolut)	Bevölkerung 1996[2] (absolut)	Saaleparkkunden 1993 Anteil an Wohnbev.	Saaleparkkunden 1993 (N=1145) Anteil an Gesamtkundenzahl	Saaleparkkunden 1995 Anteil an Wohnbev.	Saaleparkkunden 1995 (N=707) Anteil an Gesamtkundenzahl
Postleitz. 06254[3]	3.385	4.363	1,3	3,9	1,0	5,9
Saalekreis	63.812	68.803	0,05	3,0	0,02	2,1
Ldkr. Merseburg	112.842	k. A.	0,2	19,3	(0,1)	19,8[4]
Stadt Leipzig	490.851	470.778	0,04	16,3	0,03	17,1
Ldkr. Leipzig	125.111	k. A.	0,09	9,9	(0,06)	11,2[4]

[1] Stand 31.12.1993; [2] Stand 1.1.1996; Quelle: Statistisches Bundesamt (1995, 1997a); (1993: vier Befragungstage; 1995: drei Befragungstage - deshalb können die "Anteile an der Wohnbevölkerung" nicht zwischen den Jahren verglichen werden);
[3] Gemeinden Günthersdorf, Zweimen, Horburg, Kötschlitz, Friedensdorf, Wallendorf, Luppenau im nächsten Umfeld des Saaleparks
[4] 1993 Landkreis Merseburg (einschl. der Werte für die Gemeinde Günthersdorf) wurde durch die Kreisgebietsreform 1994 mit dem Landkreis Querfurt zusammengelegt; Landkreis Leipzig wurde vergrößert: Berechnungen für 1995 wurden auf der Grundlage der Bevölkerungszahlen 1993 durchgeführt, ohne daß hier die Wohnsuburbanisierung zwischen 1993 und 1995 berücksichtigt werden kann, die zu etwas niedrigeren als den hier ausgewiesenen Werten beitragen würde

Auch in **Cottbus** und **Rostock** kennzeichnet sich die Schwäche der Innenstädte gegenüber den Einkaufszentren durch kleinere und konzentriertere Kundeneinzugsgebiete im städtischen Umland. Der Ostseepark und das Cottbus Center profitieren von der Kundeneinfahrt aus den benachbarten Kreisen und "fangen" die Kunden vor einem Besuch in der City an der Stadtgrenze ab (Abb. 35 u. 37). Insbesondere die Tatsache, daß beide Shopping Center ihre Kunden zudem (auf hohem prozentualen Niveau) über das gesamte Stadtgebiet finden können, zeigt, daß die Innenstädte über das Kerngebiet hinaus nirgendwo Konkurrenzvorteile durch Raumnähe ausspielen können (Abb. 36 u. 38). Wie im Falle Leipzig existieren auch in Cottbus und Rostock weitere Einkaufszentren an den Stadträndern, wodurch das Bild der von Shopping Centern ein- bzw. abgeschnürten Innenstadt noch markanter wird. Der Einfluß des Lausitz-Parks (eines nicht untersuchten Einkaufszentrums) am südlichen Stadtrand von Cottbus (zur Lage siehe Abb. 13) ist mittelbar über den Vergleich der Bevölkerung zu Kundenanteilen an den untersuchten Standorten herleitbar (Tab. 58; Gebietszuweisung in Abb. 39):

Tab. 58: Vergleich der Anzahl von Kundenwohnungen mit Bevölkerungsanteilen in der Stadt Cottbus (in %)

Bezirk	Bevölkerung 1995	City 1995	Cottbus Center 1995
0042	17,6	11,1	10,4
0044	19,4	16,3	22,0
0046	16,7	33,2	14,2
0048/0050	41,3	13,8	14,4
0051	0,7	0,3	0,0
0052	0,9	0,0	0,0
0053	0,5	0,7	0,2
0054	0,8	0,3	1,6
0055	2,2	1,7	9,1

Quelle: Die statistischen Bezirke der Stadt Cottbus wurden überführt in die Postleitzahlenbereiche, die mit geringen Ausnahmen in ihren Grenzverläufen kongruent sind: Stadt Cottbus (1996a: 40) (Gebietszuweisung siehe Abb. 39)

Deutlich lassen sich die Standorte beider Einzelhandelsagglomerationen daran identifizieren, wo die Kunden gegenüber der Bevölkerung stark überrepräsentiert sind. Die Einbrüche im bevölkerungsreichsten Gebiet im Süden der Stadt (Gebiet 0048/0050 in Tab. 58) verweisen hingegen auf den (in dieser Untersuchung) "unsichtbaren" Mitkonkurrenten, den Lausitz-Park, der zu einer Zweiteilung des städtischen Kundeneinzugs für die beiden Einkaufszentren in Norden und Süden beiträgt (Auskünfte von M. Achen, der 1995 500 Haushaltsinterviews in der gesamten Stadt hat durchführen lassen, bestätigen diesen Trend).

Ein Grund für die im Falle von Leipzig aufgezeigte Schrumpfung der Einzugsgebiete ergibt sich auch aus der gestiegenen **Wohnsuburbanisierung** am Rande der ostdeutschen Städte. Immer mehr (potentielle) Kunden wohnen im nächsten Umfeld der Einkaufszentren. Die ursprünglich "grüne Wiese" wird mit Wohninfrastruktur ausgefüllt. Die Anreisezeit und der verkehrliche Aufwand nehmen ab, weil das Einkaufszentrum zum "Nachbarschaftsladen" wird. Mehrere Untersuchungen sind dem Ausmaß der Wohnsuburbanisierung nachgegangen, die als eine dritte Welle der suburbanen Entwicklung ostdeutscher Städte erscheint (nach den Einkaufszentren und nach der Aus-

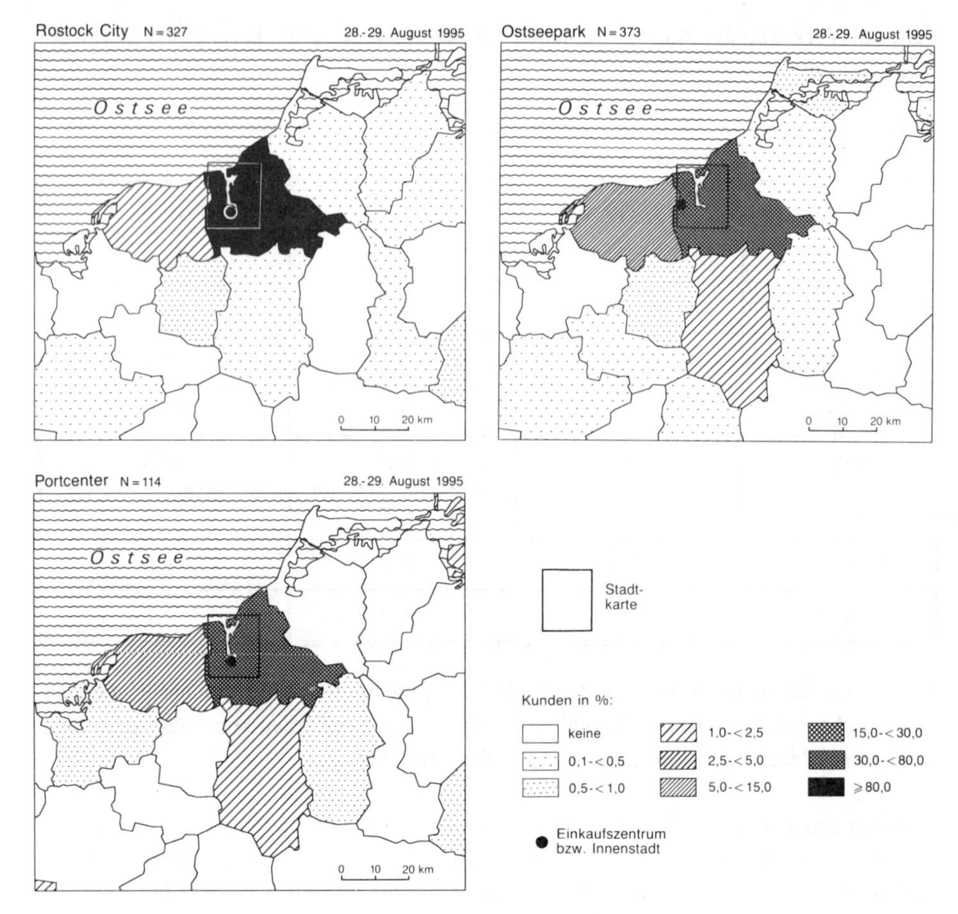

Abb. 35: Kundeneinzugsgebiete im räumlichen und zeitlichen Vergleich - der Großraum Rostock 1995 auf der Grundlage von Postleitzahlbereichen
Quelle: Befragungen Geographisches Institut Universität Kiel 1995

weisung von Gewerbegebieten; RÖHL 1995: 20), und haben nach den Konsequenzen für die Kernstädte gefragt (HERFERT 1996a u. 1996b). Im Falle der Stadt Leipzig verzogen 1991 11,1% in das Leipziger Land, 1994 betrug dieser Anteil 26,9, 1995 32,1% (MARTIN 1996: 19). Die Abwanderung in die alten Bundesländer nahm zugleich von 70 auf 30% ab. Vom Umland her gesehen stammten 1994 somit 55% der Zuwanderer aus der Stadt Leipzig (FRANZ 1995: 9). In einer Presseauswertung der Industrie- und Handelskammer Leipzig wurden alle inserierten Wohnungsbauprojekte mit einer Größe ab circa 10 Wohneinheiten zwischen Oktober 1993 und November 1995 erfaßt. Für die Stadt Leipzig wurden hiernach 11.510 (Eigentums-)Wohnungen und 507 Eigenheime angezeigt, für das Leipziger Umland waren es 13.468 Wohnungen und 1.553 Eigenheime.

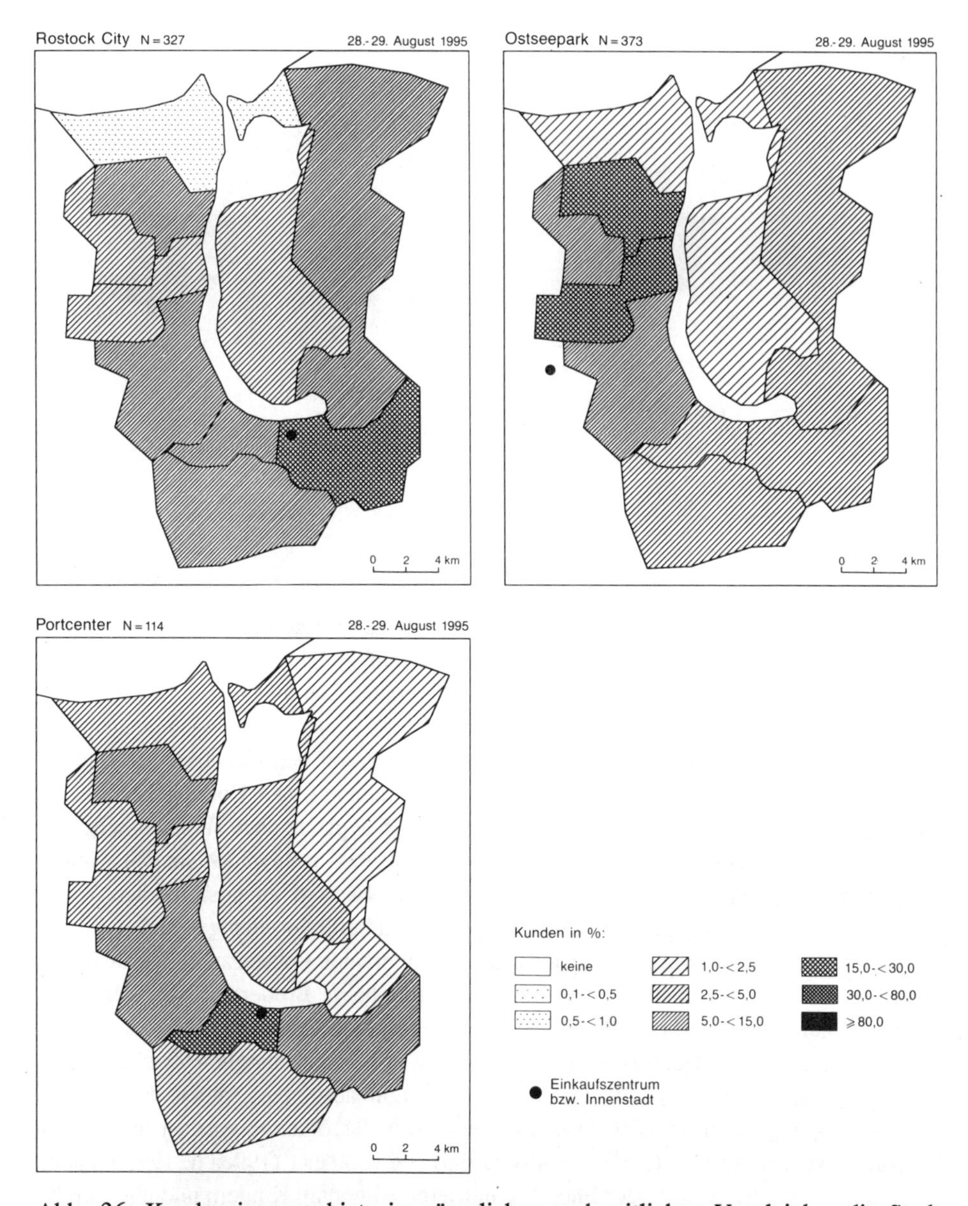

Abb. 36: Kundeneinzugsgebiete im räumlichen und zeitlichen Vergleich - die Stadt Rostock 1995 auf der Grundlage von Postleitzahlbereichen
Quelle: Befragungen Geographisches Institut Universität Kiel 1995

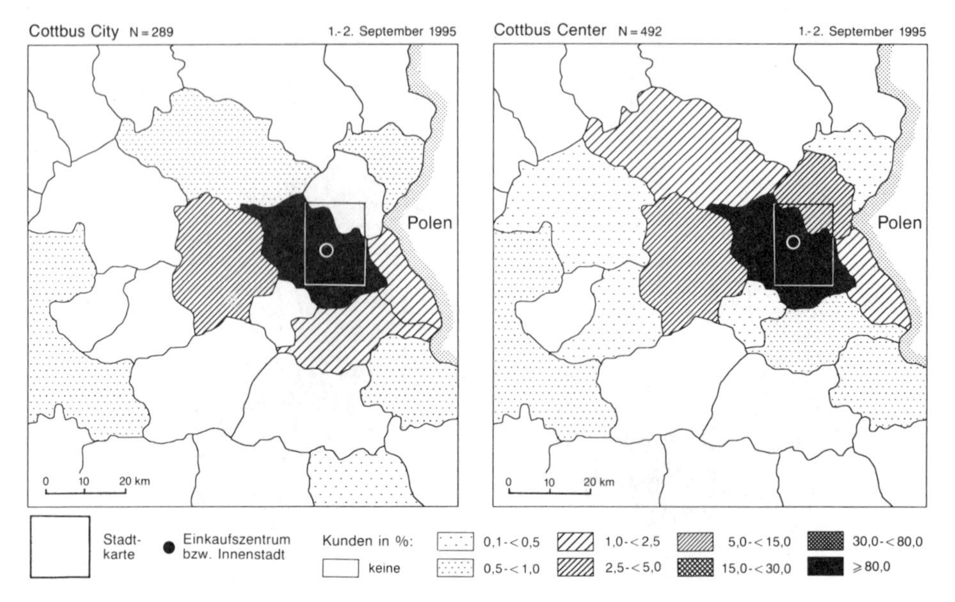

Abb. 37: Kundeneinzugsgebiete im räumlichen und zeitlichen Vergleich - der Großraum Cottbus 1995 auf der Grundlage von Postleitzahlbereichen
Quelle: Befragungen Geographisches Institut Universität Kiel 1995

Für Cottbus entfielen 1995 21,7% aller Fortzüge allein auf den Nachbarkreis (Spree-Neiße) bzw. 10,7% auf nur eine einzige (Groß-)Gemeinde (Stadt Cottbus 1996b). Im Falle von Rostock standen bis zum August 1994 3.045 geplante neue Wohneinheiten in der Stadt 8.635 im Umland gegenüber (OBENAUS & ZUBER-SEIFERT 1996a: 29). Unterlagen beim Regionalen Planungsverband stellen den Bestand an tatsächlichen Wohnungseinheiten den neu geplanten und landesplanerisch befürworteten gegenüber (Stand ca. 1994). Gemeinden wie Lambrechtshagen (Standort des Ostseeparks) würden sich demnach in der Anzahl der Wohneinheiten verdoppeln, Broderstorf am östlichen Stadtrand gar verdreifachen (Regionaler Planungsverband Mittleres Mecklenburg/-Rostock ca. 1994). Obwohl es auch - vor allem ausbildungsbedingte - Zuzüge in die Städte gibt, haben Leipzig, Rostock und Cottbus in absoluten Zahlen deutlich an Bevölkerung abgenommen (Tab. 59). Den selektiven Bevölkerungsverlust aus diesen Fortzügen weisen MARTIN (1995), FRANZ (1995) und HERFERT (1996a u. 1996b) nach, die Singles, junge Ehepaare oder Ehepaare mittleren Alters mit Kindern und überdurchschnittlichem Haushaltsnettoeinkommen als Fortziehende identifizieren, die sich den "Traum vom Eigenheim" bzw. nach der eigenen und neuen Wohnung realisieren. Gründe hierfür sind nicht nur die neuen finanziellen Möglichkeiten nach der Wende, sondern auch der weiterhin schlechte Bauzustand städtischer Wohngebäude.

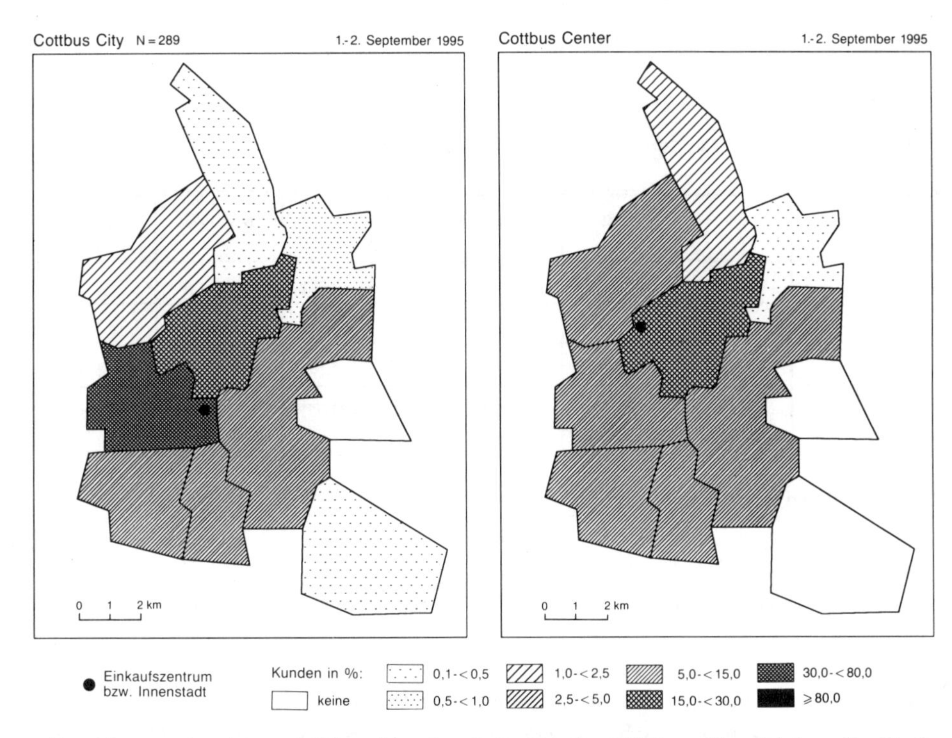

Abb. 38: Kundeneinzugsgebiete im räumlichen und zeitlichen Vergleich - die Stadt Cottbus 1995 auf der Grundlage von Postleitzahlbereichen
Quelle: Befragungen Geographisches Institut Universität Kiel 1995

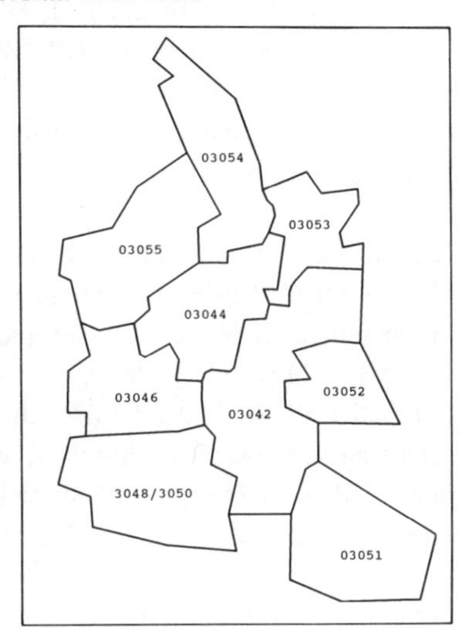

Abb. 39: Stadtkarte Cottbus mit Gebietszuweisung für Tab. 58

Die Gebäude- und Wohungsstättenzählung vom 30.9.1995 weist aus, daß nur 54,1% aller Leipziger Wohnungen mit WC und Bad/Dusche innerhalb der Wohnung sowie mit einer Sammelheizung ausgestattet sind. 43,3% aller Wohnungen wurden immer noch mit Einzel- oder Mehrraumofenheizungen (i.d.R. mit Kohle) beheizt. Überdurchschnittlich große und nunmehr teure Wohnungen im Altbaubestand sowie Leerstände (in Leipzig 13,1% des Bestandes) (DÜTTHORN 1996a: 5f.) durch Entwohnung im Wohnumfeld haben nicht zu einer Attraktivitätssteigerung der Kernstädte geführt. Konsequenz der Fortzüge ist aber auch, daß die entsprechenden Personen in der Regel als innerstädtische Kunden verloren gehen. So nahm der Anteil der Kunden im Sachsenpark aus den randstädtischen Nachbargemeinden (Postleitzahl 04448) von

1993 zu 1995 von 6,8 auf 12,3%, für den Saalepark im Bereich Günthersdorf von 3,9 auf 5,9% zu.

Tab. 59: Wanderungssalden für Leipzig, Cottbus und Rostock

	1991	1992	1993	1994	1995	Bev. 1991	Verlust 1991-95
Cottbus	-2.338	-17	-165	-1.918	-2.041	123.321	5,3 %
Rostock	-2.942	-2.395	-2.821	-3.564	-4.129	244.452	6,5 %
Leipzig	-4.143	-2.751	-2.484	-6.005	-7.167	503.191	4,5 %
Deutschland kreisfreie Städte	+158.028	+208.080	+39.750	-68.032	-43.757	27,129.600	+1,1 %

Quelle: Statistisches Bundesamt (1994-1997)

11.1.6 Gründe und Aufwand für den Kundenbesuch sowie Zufriedenheit

Bereits zu Beginn der 60er Jahre stellten sich Politologen und Soziologen die Frage, wie die Bevölkerung mit der wachsenden Freizeit und steigendem Wohlstand bei abnehmender Anzahl von Arbeitsstunden umgehen würde (WICKERN 1972: 12). Wie müßte insbesondere der Einzelhandel diese neue Zeitressource behandeln, um die hierfür vom Haushalt bereitgestellten Einkommensbeträge nicht nur im Wettbewerb untereinander, sondern auch im Wettbewerb mit einzelhandelsfremden Sektoren für sich zu gewinnen? Bereits 1972 (WICKERN 1972: 12) hieß die Antwort darauf, nicht nur Waren zu verkaufen, sondern "Shopping-Erlebnisse" zu vermitteln. Neben dem versachlichten und durchrationalisierten sowie zeitsparenden "Versorgungskauf" (häufig in Discount-Geschäften) hat sich der sog. Erlebniskauf etabliert, unter dem (vielfach) derselbe Kunde "Einkaufen auch als aktiven und attraktiven Teil seiner Freizeitgestaltung versteht" (Deutsche Bank Research 1995: 21; siehe auch OPASCHOWSKI 1993). Nach Schulze werden Erlebnisse jedoch nicht vom Kunden empfangen, sondern erst durch subjektive Wahrnehmung und Verarbeitung zum Erlebnis "gemacht" (SCHULZE 1995: 44). "For many, shopping has to do with social pleasure" (The Star-Johannesburg 28.1.1997). Umwelt- und Umfeldreize, die von einzelnen Geschäften oder Geschäftsagglomerationen ausgehen, sollen dementsprechend positive Empfindungen bei den Kunden auslösen, so daß sie sich gern in der Innenstadt, in einem Einkaufszentrum oder in einem speziellen Geschäft aufhalten.

Arbeiten wie die von HEINRITZ & POPP (1980) zeigen die Möglichkeit auf, über die Aktionsraumforschung sog. *run-shopping* (Versorgungskauf) von *fun-shopping* (Erlebniskauf) zu unterscheiden. HEINRITZ untersucht das Ausmaß multifinaler Kundenausgänge in Abhängigkeit von der Koppelungseignung des Umfeldes und von der zurückgelegten Distanz der Konsumenten. Zudem stellt sich die Frage, wie unterschiedlich Einzelhandelsstandorte davon profitieren, ob die Kunden von der Arbeit oder von zu Hause zum Einkaufen kommen. HEINRITZ verweist auf spezifische räumliche Restriktionen von Arbeitsplatz- und Freizeitkopplern, die in der Verschiedenartigkeit ihres subjektiven Optimierungsbestrebens begründet sind (HEINRITZ & POPP 1980: 436).

Um (Nicht-)Erlebniseinkauf meßbar zu machen (vgl. auch Frehn 1996), wird gefragt
a) nach den Besuchsmotiven;
b) nach der Aufenthaltsdauer, der Besuchshäufigkeit und dem zeitlichen Aufwand der Anfahrt;
c) nach der Kundenstruktur (allein; Besuch in der Gruppe);
d) nach der (subjektiven) Kundenbeurteilung des Einzelhandelsstandortes anhand ausgewählter Indikatoren;
e) nach der ausgegebenen Summe;
f) nach der Art und Anzahl aufgesuchter Einrichtungen, in denen Geld verausgabt wurde.

Die **Besuchsmotive** in den Einkaufszentren und Innenstädten unterscheiden sich signifikant. Sehr viel eher als in den Citys steht in den Shopping Centern der Einkauf im Vordergrund. Doch differieren auch die Einkaufszentren untereinander (Tab. 60).

Nach Aussagen des Marktleiters verstand sich der Sachsenpark von Beginn an als "brutaler Versorger" (Orginalzitat). Eine ähnliche Einschätzung lag im Cottbus Center vor, der wie der Sachsenpark von einem SB-Warenhaus flächen- und umsatzmäßig dominiert wird. Diese Beurteilung - JONES und SIMMONS (1990) würden beide als "Killer-Mall" definieren - spiegelt sich auch in dem überaus hohen Einkaufsmotiv wider. Kunden fahren nicht in diese Zentren, um sich (nur) umzuschauen, sondern kaufen gezielt ein, um möglicherweise auch noch zu bummeln. Anders stellt sich die Situation im Saalepark und Paunsdorf Center dar, wo der Erlebniseinkäufer (FREHN 1996) größere Bedeutung gewinnt. Die relative Abnahme des Einkaufsmotivs bzw. die höhere Anzahl von Mehrfachantworten, die auf andere Koppelungspotentiale verweisen, zeigen, daß hier Multifinalausgänge im Sinne von HEINRITZ & POPP (1980) vorliegen. In die Kategorie "sonstige" fällt die Nutzung von Dienstleistungen jeglicher Art (Friseurbesuch, Versicherungen, Arztbesuch, Behörden, Kultureinrichtungen), die nicht unter "Einkaufen" subsumiert werden können. Im Vergleich von 1993 zu 1995 ist jedoch der innovative Charakter des Saaleparks, der die Neugierde der Kunden herausfordern könnte, deutlich zurückgegangen. Unter 619 Antworten gaben 88,7% an, bereits vor zwei Jahren Kunde im Saalepark gewesen zu sein. Eine Auffälligkeit ergibt sich zudem im Portcenter, wo sich auf einem Deck Einrichtungen des Versicherungsgewerbes und des Medizinischen Dienstes konzentrieren, die zu einem ungewöhnlich hohen Besuchsanteil zur Kategorie "sonstige" beitragen.

Tab. 60: Warum sind Sie heute in die Innenstadt bzw. in das Einkaufszentrum gekommen? (Mehrfachantwort) (in %)

	Ein-kaufen	sich um-schauen	Kino	arbeite hier	sonst.	Durch-gang	N	% kumuliert
Sachsenpark 1995	94,9	6,2	-,-	2,1	-,-	1,0	195	104,2
Saalepark 1995	84,9	31,0	1,3	4,2	2,7	0,3	707	124,4
Sachsenpark 1993	91,0	19,3	-,-	2,0	3,8	0,2	502	116,3
Saalepark 1993	78,4	44,5	5,1	2,9	5,5	0,5	1.145	136,9
Paunsdorf Center	81,9	25,2	-,-	9,3	2,7	0,9	226	120,0
Cottbus Center	95,1	12,4	-,-	2,0	2,4	0,2	492	112,1
Ostseepark	82,8	28,4	-,-	1,9	5,4	0,5	373	119,0
Portcenter	52,6	29,8	-,-	5,3	30,7	1,8	114	120,2
City Leipzig 1995	47,6	29,8	-,-	26,3	14,6	5,1	315	123,4
City Cottbus	61,2	39,8	-,-	5,9	12,8	5,9	289	125,6
City Rostock	47,4	39,4	-,-	10,7	22,3	5,5	327	125,3

χ nach Pearson auf Unterschied der Antwortmuster in Einkaufszentren 1995 versus Innenstädten 1995: χ = 441,87009 (DF=5); Signifikanz .00000; cells with expected frequencies < 5 (1 of 12 = 8,3%); ungewichtete Werte, weil keine Gewichtungsfaktoren für einen direkten Vergleich zwischen Einkaufszentren und Citys in Kreuztabelle vorliegen

Quelle: Kundenbefragungen Geographisches Institut Universität Kiel 1993 und 1995

Ergeben sich für die Innenstädte auch größere Koppelungsmöglichkeiten zwischen Einkaufen, Arbeiten und sonstigen Angeboten, so schmälern sie damit aber auch die relative Bedeutung von Shopping-Aktivitäten. Die Stadtsoziologen würden die große Spannweite von Antworten (als Resultat einer existenten hohen Koppelungseignung) als Ausdruck von "Urbanität" erkennen, wie sie ein Sachsenpark oder Cottbus Center nicht anbieten können. Doch die effektive Koppelung (gemessen in der Kumulierung prozentualer Antworten) liegt in der City von Leipzig immer noch unterhalb der Werte des Saaleparks, der sich als "City am Stadtrand" profiliert.

Nur in den Einkaufszentren wurde nach der konkreten **Aufenthaltsdauer** gefragt (Tab. 61), weil die Kunden diese - im Gegensatz zur Innenstadt - ohne größeren definitorischen Aufwand als abgeschlossene räumliche Einheit verstehen und eine eigene valide Messung zur Besuchszeit vornehmen können. Die durchschnittliche Dauer spiegelt die unterschiedliche absolute Größe, Koppelungspotentiale und Aufenthaltsqualität der Center wider.

Tab. 61: Durchschnittliche Aufenthaltsdauer von Kunden in den untersuchten Einkaufszentren (in Minuten)

	1993	1995
Sachsenpark	62,7	57,1
Saalepark	139,5	111,6
Paunsdorf Center	-	81,5
Cottbus Center	-	59,0
Ostseepark	-	57,5

Quelle: Kundenbefragungen Geographisches Institut Universität Kiel 1993 und 1995

Tab. 62: Aufenthaltsdauer von Kunden im Saalepark

Minuten	1992[1]	Juli 1993	Dez. 1993[2] + April 1994	Sept. 1995
bis 30	-	13,2	-	18,4
31- 60	bis 60: 5	19,2	bis 60: 9,4	21,9
61-120	10	28,7	15,7	29,8
121-240	länger: 85	27,5	42,9	26,4
länger	-	11,4	32,1	3,5
N	-	1.140	540	695

[1] BAG-Kundenuntersuchung 1992: WERZ (ca. 1993: Abb. 5)
[2] SCHMIDT (1995: Tab. 6)

Quelle: Kundenbefragungen Geographisches Institut Universität Kiel 1993 und 1995

Insbesondere steht der Saalepark im Mittelpunkt des Kundeninteresses, in dem sich die Besucher im Juli 1993 durchschnittlich länger als zwei Stunden aufgehalten haben. Bis 1995 verkürzt sich diese Phase um beinahe eine halbe Stunde. Niedriger liegen die Zeiten für alle anderen Einkaufszentren, die ein eher sachliches und zielgerichtetes Einkaufsvergnügen charakterisieren. Daß zudem die Aufenthaltsdauer unter den (Kurzzeit- und Langzeit-) Kunden deutlich differenziert und erheblichen Schwankungen unterliegt, zeigt Tab. 62 für den Saalepark. So wurde die BAG-Kundenuntersuchung nur wenige Monate nach Eröffnung der Mall durchgeführt, was die überaus hohen Besuchszeiten erklären mag. Die eigenen Befragungen 1993 weichen deutlich von diesen Ergebnissen ab, erscheinen aber konsequent, wenn sie mit der Situation im September 1995 verglichen werden, die den Trend zu kürzeren Besuchszeiten anzeigt. Auch die Werte bei SCHMIDT 1993/1994 (SCHMIDT 1995) widersprechen eher den Kieler Untersuchungen. Möglicherweise können aber die vorweihnachtlichen Einkäufe im Dezember 1993, deren Auswertung mit den Daten vom April 1994 gemeinam erfolgte, die lange Aufenthaltsdauer der Kunden erklären.

Die Validierung der eigenen Befragungen erfolgt durch die Verknüpfung der Aufenthaltszeiten mit der **Besuchshäufigkeit** und der **Anfahrtszeit**. Hypothese ist, daß die Aufenthaltsdauer um so kürzer sein kann, je häufiger und vertrauter man mit der entsprechenden Einrichtung ist. Für die Situation im Saalepark belegen die Abb. 40 und 41 diesen Trend. Es zeigen sich geringe Abweichungen von dieser Regel, weil auch Personen, die im Saalepark arbeiten, (als tatsächliche und potentielle Kunden) in die Ergebnisse eingeflossen sind. So gibt es eine kleine Gruppe von Personen, die somit täglich kommt und sich im Zentrum "lange" aufhält. Geradezu als gesetzmäßig ist auch ein Zusammenhang zwischen Besuchshäufigkeit und Fahrtdauer zu bezeichnen. Je geringer dieser Aufwand ist, um so häufiger finden Besuche statt (Abb. 41). Deshalb kann einerseits eine Kundengruppe als relativ selten auftretende Erlebniskäufer im Sinne FREHNS (1996) identifiziert werden. Andererseits zeigt sich, daß ein Einkaufszentrum im Laufe der Zeit in sein (neues) Wohnumfeld hineinwächst und für die Umgebung zur Nachbarschafts-Mall und zum zentralen Versorgungsort auch für alltägliche Besorgungen wird. Im Gegensatz zur innerstädti-

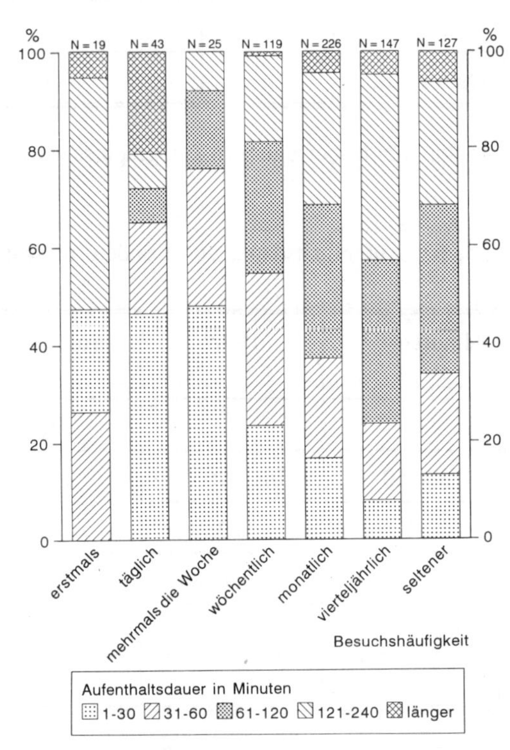

Abb. 40: Zusammenhang zwischen Besuchshäufigkeit und Aufenthaltsdauer der Kunden im Saalepark 1995
Quelle: Befragungen Geographisches Institut Universität Kiel 1995

schen Situation (Abb. 42) mit ihrem hohen Anteil von Wohn- und Arbeitsbevölkerung, die die City in fußläufiger Entfernung erreichen kann, spielen die Mehrfachkäufer pro Woche in den Einkaufszentren dennoch nur eine untergeordnete Rolle (Abb. 42). Im Vergleich zwischen 1993 und 1995 sind diese Anteile im Saale- und Sachsenpark gegenüber gestiegenen Werten in der City zudem rückläufig (Abb. 43). Diese Aussage bezieht sich aber nicht auf die täglichen Einkäufer, deren Bedeutung - wie eingangs erwähnt - (im Saalepark) zugenommen hat.

Kundenstruktur: Als Indiz dafür, inwieweit das Einkaufen als soziale Aktivität aufgenommen wird, wurde untersucht, ob die Kunden allein oder in der Gruppe unterwegs waren bzw. in welchem Abhängigkeitsverhältnis die begleitenden zur befragten Person standen (Tab. 63). Es wird der Frage nachgegangen, ob das Einkaufszentrum oder die Innenstadt ganzen Familienverbänden in Begleitung von Kindern einen Erlebnischarakter vermitteln kann. Die Ergebnisse zeigen, daß die drei Innenstädte unter allen Standorten die höchsten Anteile von Einzelpersonen aufweisen, die ihre Einkäufe vielfach mit anderen Aktivitäten wie Arbeit und Bildung koppeln und in Form von Mittags- und Feierabendbesorgungen organisieren. Im Falle von Leipzig liegen die Werte der Einzelpassanten doppelt so hoch wie für den Saale- und Sachsenpark, in Cottbus um beinahe 12% und in Rostock um ca. 13% höher als in den regionalen Einkaufszentren. Entsprechend unterschiedlich groß sind die angetroffenen Kundengruppen an den verschiedenen Standorten, deren Werte aus Tab. 63 zu entnehmen sind. Auffällig ist, daß der Sachsenpark den gleichen maximalen Wert erreicht wie der Saalepark, obwohl seine Angebots- und Aufenthaltsqualitäten vergleichsweise niedrig ausfallen. Hier ist es nicht der Erlebniskauf, sondern der typische "Mom and Pop"-Kauf, indem hier über-

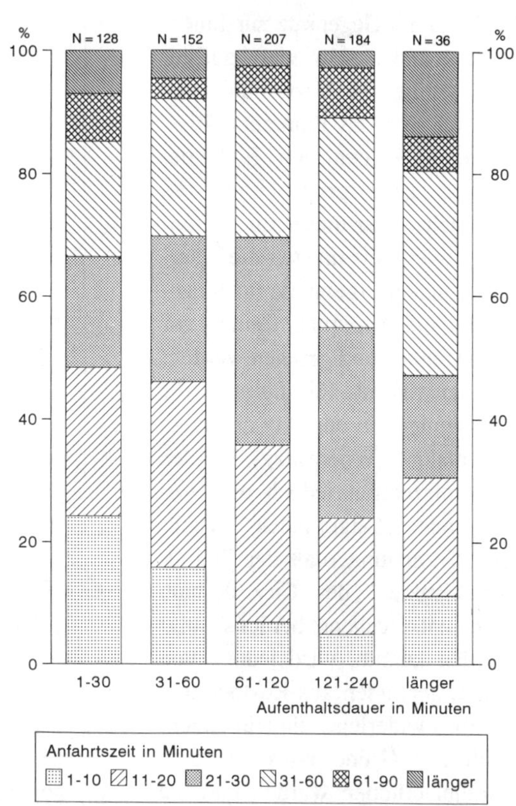

Abb. 41: Zusammenhang zwischen Aufenthaltsdauer und Anfahrtszeit der Kunden im Saalepark 1995

Quelle: Befragungen Geographisches Institut Universität Kiel 1995

wiegend Paare ihre Lebensmittel besorgen. Anders sieht die Situation für den Saalepark aus, wo die Gruppengröße 1993 deutlich höher lag als im Sachsenpark. Bis 1995 ist sie jedoch auf das Niveau des Sachsenparks abgesunken. Der Anteil der bis zu 18-jährigen an den begleitenden (und in der Regel nicht befragten) Personen ist zurückgegangen, der Anteil von Kindern unter sieben Jahren gleich niedrig geblieben, das durchschnittliche Alter der Besucher drastisch gestiegen.

Daß man im Gegensatz zur Innenstadt dennoch sehr viel häufiger mit Familie und Verwandten den Einkauf oder das Bummeln tätigt, unterstreicht den von Einkaufszentren gern propagierten Familiencharakter dieser Einrichtungen. Zweifellos müssen die unterschiedlichen Ergebnisse für Innenstädte und Shopping Center vor dem Hintergrund gesehen werden, daß zumindest für Leipzig die Befragungen in der City an einem "normalen" Wochentag, in den Einkaufszentren jedoch am Wochenende stattgefunden haben. Die Vermutung, daß der "Familiencharakter" der City deshalb nicht entsprechend berücksichtigt werden konnte, wird jedoch von den Ergebnissen aus Rostock und Cottbus widerlegt, die (für Innenstadt und Grüne Wiese) zeitlich parallel erhoben wurden und die Trends aus Leipzig (in abgeschwächter Form) bestätigen.

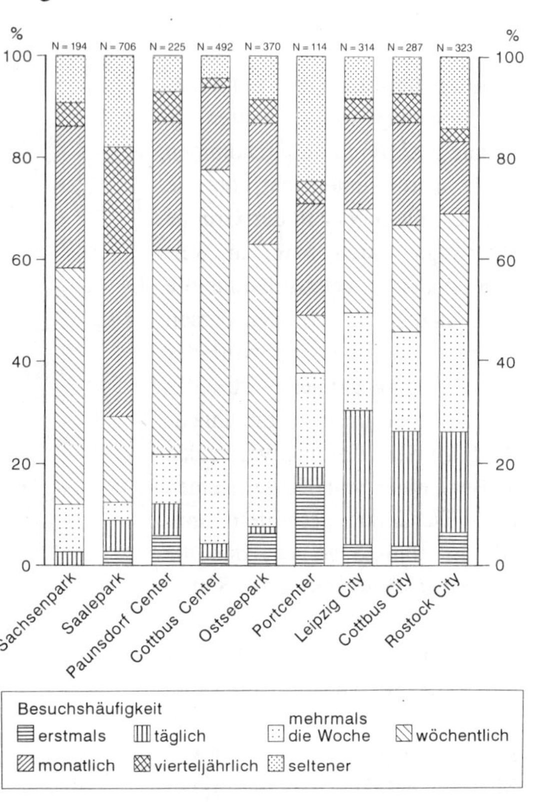

Abb. 42: Besuchshäufigkeit der Kunden in den untersuchten Einkaufszentren und Innenstädten 1995

Quelle: Befragungen Geographisches Institut Universität Kiel 1995

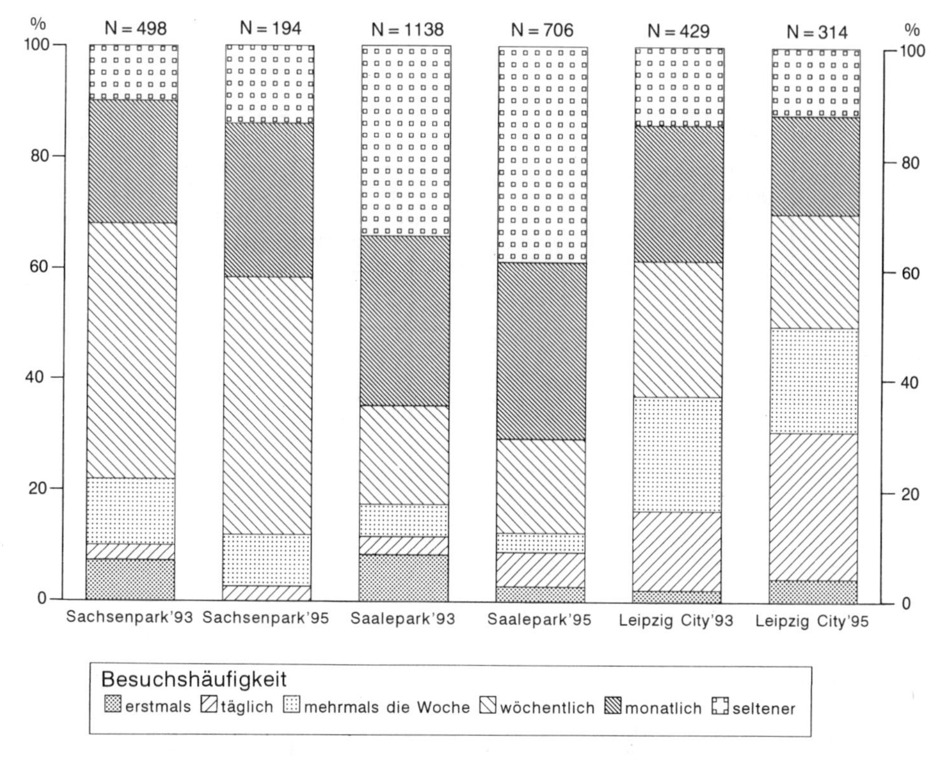

Abb. 43: Vergleich der Besuchshäufigkeit von Kunden im Saalepark, Sachsenpark und in der City von Leipzig 1993 und 1995
Quelle: Befragungen Geographisches Institut Universität Kiel 1993 und 1995

Kundenbeurteilung

Die Beurteilung der Standorte seitens des Kunden erfolgte mit Hilfe von neun sog. *items*. Sie beziehen sich (vgl. hierzu auch FREHN 1996: 320)

a) auf die Qualität und Quantität der wahrgenommenen Angebote in Form von Auswahl, Qualität, Preisen und Beratung;

b) auf die Atmosphäre, die die soziale Vielfalt und das räumliche Ambiente als (nicht-) wohlfühlende Faktoren umfaßt;

c) auf Aktionen bzw. auf spezielle Angebote (Gastronomieangebot; Freizeitangebot), die die Aufenthaltsqualität und -dauer über das eigentliche Einkaufen hinaus verbessern und verlängern können;

d) auf die verkehrliche Erreichbarkeit bzw. Parkplatzangebote, die den Zusammenhang zwischen Anfahrtsweg, Reisezeit, finanziellem Aufwand und Transportvolumen für den Kunden in seiner subjektiven Einschätzung optimieren.

Tab. 63: Größe von Kundengruppen in den untersuchten Einkaufszentren und Innenstädten

	durchschn. Kundengruppe (Anzahl Personen)	Einzelpersonen (in %)	Anteil Kinder an begleitenden Personen (in %)		Familienangehörige unter begleitenden Personen (in %)	durchschn. Alter aller untersuchten Personen[1]
			0-≤6	0-≤18		
Sachsenpark 1995	1,9	36,6	8,4	28,9	91,0	38,8
Sachsenpark 1993	1,9	34,7	10,3	30,0	88,4	38,6
Saalepark 1995	1,9	35,8	8,0	27,0	86,7	38,4
Saalepark 1993	2,4	21,0[2]	8,2	37,7	85,6	34,5
Paunsdorf Center	1,6	50,0	10,9	24,6	87,7	40,7
Cottbus Center	1,7	47,4	10,1	32,2	91,2	38,2
Ostseepark	1,6	48,1	7,0	23,1	78,5	40,9
Portcenter	1,7	49,1	10,9	24,6	49,3	37,3
City Leipzig 1995	1,3	76,2	8,1	37,2	54,7	37,7
City Leipzig 1993	1,5	62,5	13,5	45,9	78,8	40,3
City Cottbus	1,5	56,4	13,6	36,7	83,8	39,5
City Rostock	1,5	62,4	13,4	34,2	61,9	37,2

[1] F=15.01 (Signifikanz .0001 für gruppierte Werte Einkaufszentren (Durchschnitt 39,4 Jahre) versus Innenstädte (Durchschnitt 37,8 Jahre) 1995 unter Berücksichtigung von Gewichtungsfaktoren)

[2] DHI-Untersuchung im Frühjahr 1993: 31% Einzelpersonen (GRONER & ZÖLLER 1993: 16)

Quelle: Kundenbefragungen Geographisches Institut Universität Kiel 1993 und 1995

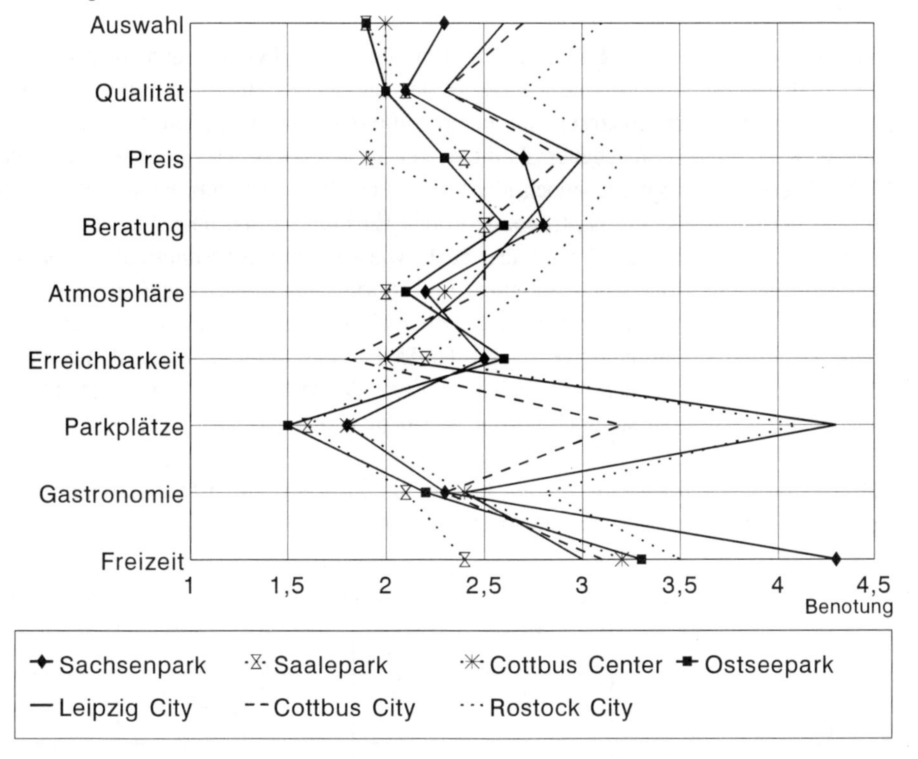

Abb. 44: Beurteilung des jeweils eigenen Standortes durch Kunden nach ausgewählten Kriterien
Quelle: Befragungen Geographisches Institut Universität Kiel 1995

Die Notenskala für die Urteile schwankt zwischen eins und fünf. Bemessen wurde von den Kunden nur der Standort, an dem sie befragt wurden und perönlich gemachte Erfahrungen vorweisen konnten, um das Ausmaß ihrer Zufriedenheit zu testen. Insbesondere im Falle des Saaleparks mit seinem überregionalen Einzug wäre es nicht möglich, sinnvoll vergleichende Bewertungen zu anderen Standorten (City Leipzig) vorzunehmen, weil nur eine vergleichsweise kleine Gruppe Kenntnisse über alle Räume hätte. Entsprechend spiegeln die Werte eher die Erwartungshaltung von Kunden zu "ihrem" Standort wider, als daß sie eine räumlich fixierbare und vergleichende Beurteilung implizieren. Diese einschränkende Aussage ist bei der Interpretation der Ergebnisse aus den nachfolgenden Polaritätsprofilen oder semantischen Differentialen zu berücksichtigen (Abb. 44). Hierbei handelt es sich um ein Meßverfahren der empirischen Sozialforschung, das in seiner reinen Form beschreibend-bewertende Assoziationen vermittelt und der "(vergleichenden) Beurteilung von Begriffen, Vorstellungen, Gegenständen und Personen dient, wie sie von verschiedenen Menschen in ihrer Bedeutung erlebt werden" (Psychologie-Fachgebärdenlexikon online; vgl. auch

BEREKOVEN u.a. 1977: 139ff.).

Abb. 44 belegt, daß die Einkaufszentren in fast allen Punkten günstiger beurteilt werden als die Innenstädte. Die Kunden in den Shopping Centern sind mit Ausnahme der verkehrlichen Erreichbarkeit, die lange Anfahrten und Staugefahren am Stadtrand beinhaltet, durchweg zufriedener als diejenigen in den Citys. Das positive Image des Einkaufszentrums entspricht jedoch nicht immer objektiv nachvollziehbaren Kriterien. So wird beispielsweise die Gastronomie in den Einkaufszentren besser bewertet als in den Städten. "Dieses Beispiel zeigt aber auch, wie stark die Erwartungshaltung bei der Beantwortung eine Rolle spielt. In einem Einkaufszentrum erwartet man offensichtlich nicht mehr als einen Imbiß, in der Stadt jedoch ein breites Angebot" (Lausitzer Rundschau 27.2.1996). Das negative Image der Innenstädte zeigt, daß selbst die eigene Klientel keine überzeugte Kundschaft an diesem Standort ist. Auf die Frage, ob und welche Einkaufszentren sie noch nutzen, ergab sich folgendes Bild (Tab. 64):

Tab. 64: In welchen Einkaufszentren kaufen Sie noch ein? (Mehrfachantworten möglich) (Werte in % bezogen auf die Anzahl der Befragten)

	Saalepark	Sachsenpark	Paunsdorf Center		andere	N-Befragte
Kunden im Saalepark	-,-	3,7	15,6		51,1	707
Sachsenpark	22,6	-,-	41,5		24,1	195
City Leipzig	21,6	7,9	34,0		24,8	315
Paunsdorf Center	19,0	8,4	-,-		23,9	226
	Lausitz Park	Cottbus Center			andere	N-Befragte
Cottbus Center	36,2	-,-			26,4	492
City Cottbus	35,6	40,1			17,6	289
	Ostseepark	Warnowpark	Bentwisch[1]	Portcenter	andere	N-Befragte
Ostseepark	-,-	17,7	13,9	4,3	25,2	373
City Rostock	36,7	6,7	15,0	8,6	15,9	327
Portcenter	33,3	8,8	13,2	-,-	23,7	114

[1] Umlandgemeinde im Osten von Rostock

Quelle: Kundenbefragungen Geographisches Institut Universität Kiel 1993 und 1995

Man erkennt, daß sich ein Großteil der Antworten auf nur wenige Zentren bezieht, die unter den großflächigen Anbietern im Kundenzuspruch besonders herausragen. Im Falle der Innenstadt von Leipzig gaben 62,2% der Befragten an, Einkaufszentren am Stadtrand aufzusuchen. Die meisten Nennungen entfielen hier auf das vergleichsweise innenstadtnah gelegene Paunsdorf Center im Osten von Leipzig, das in konzentrierter Form Kaufmagneten beherbergt und nur ein Jahr nach seiner Eröffnung zur wichtigsten Alternative für die Kunden der Innenstadt geworden ist. Eine vergleichbare Bedeutung entwickelt der Ostseepark in Rostock. Eine Zweiteilung des städtischen Kundenanteils zeichnet sich in Cottbus ab.

Mit Hilfe einer Rangvarianzanalyse in Form des Kruskal-Wallis-Tests für ordinalskalierte Variablen wird getestet, ob die Beurteilungen zufällig oder signifikant unterschiedlich sind (Tab. 65).

Tab. 65: Kruskal-Wallis-Test auf Unterschiedlichkeit unabhängiger Stichproben (Angabe von Irrtumswahrscheinlichkeiten)

	Vergleich Leipzig City 1993-95	Vergleich Leipziger Einkaufszentren 1993-95[1]	Vergleich Cottbus Center und Cottbus City	Vergleich Ostseepark und Rostock City	alle Einkaufszentren versus Citys 1995[1]
Auswahl	.0017	.0000	.0000	.0000	.0000
Qualität	.7762	.0057	.0000	.0000	.0000
Preis	.6566	.6368	.0000	.0000	.0000
Beratung	.0269	.8645	.0050	.0000	.8095
Atmosphäre	.1203	.0779	.0189	.0000	.0000
Erreichbarkeit	.8308	.7207	.0031	.0001	.0001
Parkplätze	.0568	.0003	.0000	.0000	.0000
Gastronomie	.8761	.1399	.1752	.0000	.0000
Freizeit	.1748	.0007	.7311	.0398	.0137

[1] gewichtet

Quelle: Kundenbefragungen Geographisches Institut Universität Kiel 1993 und 1995

Folgende Ergebnisse sind zu erkennen:
1. Im Vergleich zwischen 1993 und 1995 haben sich die Bewertungen für die Leipziger Innenstadt (auf schlechtem Niveau) quasi nicht verändert.

2. Im Vergleich der Leipziger Einkaufszentren (Saale- und Sachsenpark) 1993 zu 1995 zeichnen sich für fünf Kriterien signifikante Unterschiede ab. Die Zufriedenheit der Kunden vor Ort (bei sehr guten Werten 1993) hat abgenommen, das Anspruchsniveau ist gestiegen.

3. Besonders prägnant zeichnet sich die Unterschiedlichkeit der Bewertungen für das Einkaufszentrum und die Innenstadt in Rostock ab.

4. Für alle Standorte gleichermaßen ergibt sich die Schwäche, daß sie kein anerkanntes Freizeit- oder Erlebnis-(Gastronomie-) profil entwickeln konnten. Die (schlechten) Noten lassen nur geringe Unterschiede zwischen Innenstädten und Einkaufszentren erkennen.

11.1.7 Ausgabe- und Einkaufsverhalten

Die Diskussion um den Gegensatz von Innenstädten und Einkaufszentren auf der grünen Wiese hat sich in der Tagespresse in Bildern wie "kannibalisierte Innenstadt" (Der Tagesspiegel 18.8.1996: W 3) auf der einen Seite und "Großstadt am Stadtrand" oder "Instant-City" (Immobilien-Manager 6/1996: 8) auf der anderen Seite niedergeschlagen. Inwieweit die Innenstädte hierdurch wirtschaftliche Nachteile erfahren, wird am Einkaufs- und Ausgabeverhalten der Kunden analysiert.

Methodik
Neben der Frage, in welchen Läden die Probanden Ausgaben getätigt haben und welche Einrichtungen sie noch besuchen wollen, wurde die geschätzte Gesamtausgabensumme erfaßt. Folgende Probleme traten hierbei auf:

1. Die Kunden der Einkaufszentren wurden grundsätzlich beim Verlassen dieser Einrichtung interviewt. Die Ausgabensumme bezieht sich also auf alle Einkäufe, die im Zentrum gemacht wurden. Tatsächlich war aber nicht immer auszuschließen, daß die Kunden oder nur einzelne Mitglieder von Familien ihre Ware in den PKW trugen, um in das Shopping Center zurückzukehren. Zudem existieren weitere Verkaufseinrichtungen (i.d.R. Fachmärkte) im näheren Umfeld dieser Zentren, die organisatorisch zum Shopping Center gehören, durch die Befragungen jedoch nicht abgedeckt werden konnten.

2. Die Kunden in den Citys können faktisch nicht flächendeckend über alle städtischen

Ausgänge erfaßt werden. Das heißt, auch nach der Befragung können noch weitere Ausgaben in der City in nennenswertem Umfang durchgeführt werden, die aufgrund der räumlichen Zersplitterung der Innenstädte nur schwer zu erheben sind.

3. Nicht unterschieden werden konnte zwischen Besuchern, die keine Ausgaben hatten, keine Kenntnis darüber hatten oder die Angabe hierzu verweigerten. Deshalb wird, wenn es um die Angabe von monetären Ausgaben geht, in den nachfolgenden Tabellen nur diejenige Kundengruppe analysiert, die Einkäufe gemacht hat.

4. Auf die Frage, welche Läden aufgesucht wurden (oder sonstige Einrichtungen, in denen Geld verausgabt wurde), konnten in der Regel nur "große" Geschäfte namentlich benannt werden. Andere Läden sind vielfach nur nach Branchen bekannt. Eine kleinräumige Identifizierung von Koppelungsmustern wie bei HEINRITZ & THEISS (1995) war deshalb nicht möglich. Diese erfolgte deshalb nur über die Anzahl aufgesuchter Einrichtungen und nach Branchenzuordnung. Die Beschränkung der Untersuchung von Koppelungsverhalten auf Einrichtungen, in denen Geld ausgegeben wurde, ist insbesondere bei Einkaufszentren sinnvoll, weil "Ausflügler" mit mehrstündiger Aufenthaltsdauer sich nicht weniger als "alles" ansehen. Entsprechend undifferenziert wäre das Bild auch im Vergleich zu anderen Standorten.

Ergebnisse

1. Tab. 66 gibt die Anzahl der Einrichtungen wieder, in denen Kunden im Großraum Leipzig 1993 und 1995 Geld umgesetzt haben.

Tab. 66: Anzahl von Einrichtungen, in denen Geld verausgabt wurde (in %)

Anzahl Läden	Sachsenpark			Saalepark			Saalepark		City Leipzig	
	1993		1995	1993			1995		1993	1995
	Fr/Sa	Fr-Mo	Fr/Sa	Do	Fr/Sa	Do-Mo	Do	Fr/Sa	Di	Mi
0	3,7	3,8	0,5	10,1	9,4	9,8	12,8	5,0	11,4	29,2
1	62,3	62,1	66,7	36,3	36,3	36,7	40,3	40,1	32,5	38,5
2	29,6	27,3	28,7	27,4	27,3	27,0	20,9	29,8	29,4	16,5
3	4,3	6,6	2,6	15,5	15,5	15,8	14,5	17,1	10,3	3,5
4	-,-	0,2	1,0	6,0	7,1	7,1	7,5	5,2	1,6	2,2
5+	-,-	-,-	0,5	4,8	4,4	3,7	4,1	2,7	-,-	-,-
N	324	502	195	336	477	1.145	345	362	430	315

Quelle: Kundenbefragungen Geographisches Institut Universität Kiel 1993 und 1995

Das Einkaufsverhalten in der Innenstadt und in den Einkaufszentren unterscheidet sich deutlich. Im Sachsenpark treten nur wenige Besucher auf, die nichts einkaufen. Die dominante Angebotsbelegung mit Waren des täglichen Bedarfs in Form eines SB-Warenhauses spiegelt sich in der geringen Anzahl der Einrichtungen wider, in denen Besorgungen durchgeführt wurden. Flanieren oder Bummeln scheiden bei dem zielgerichteten Besuch des Sachsenparks aus. Anders stellt sich die Situation für den Saalepark und erst recht für die Innenstadt dar. In beiden Fällen nimmt der Anteil von Nichtkäufern zu und beschreibt - neben der Tatsache, daß Kundenangebote fehlen können oder nicht wahrgenommen werden - das Potential von Nichteinkaufsaktivitäten an verschiedenen Standorten. Wie bereits zu vermuten war, sind die Besucher in den Einkaufszentren auch deshalb überwiegend Kunden, weil Koppelungen mit einkaufsfremden Aktivitäten (Wohnen, Arbeiten, Dienstleistungsgänge) weitestgehend ausscheiden. Der zeitliche und finanzielle Aufwand, diese Center zu erreichen, führt zu mehr Kaufhandlungen als in der Innenstadt. HEINRITZ & THEISS (1995: 317) charakterisieren diese Koppelung als sachlich multifinal (Branchenmix) bei räumlicher Monofinalität des Ausgangs (ein einziger isolierter Standort) gegenüber der sachlichen und räumlichen Multifinalität in der Innenstadt, wo "verschiedene Stationen in kettenartiger Folge" aufgesucht werden.

2. Die unterschiedliche Vielfalt von Einkaufsoptionen an den jeweiligen Standorten, die verschiedenartige Branchen abdecken können, läßt sich aus der nachfolgenden Übersicht ableiten (Tab. 70). Die Werte dokumentieren über das Ausgabenverhalten einerseits die Potentiale für Komparativ- oder Komplementärkoppelungen, andererseits die Dominanz, die einzelne Branchen (bzw. einige wenige Großanbieter) als Kundenmagneten besitzen. Im Vergleich zu 1993 lassen sich für die Leipziger Situation zudem Veränderungen in der Ausgabenstruktur erkennen. Alle Innenstädte zeichnen sich über das Ausgabenverhalten ihrer Kunden durch eine unterstellte urbane Vielfalt aus. Im Gegensatz zu den Einkaufszentren nimmt jedoch die Versorgung an Lebensmitteln keine große Bedeutung ein, im Falle von Leipzig reduziert sich ihr Anteil an Kaufhandlungen von 1993 zu 1995 zudem um fast 9%. Als Verkaufs-"Anker" profilieren sich die Warenhäuser. Aber auch diese verlieren (am Beispiel Leipzig) ca. 8% an den gemessenen Kauftransaktionen, und zwar insbesondere auf Kosten von Modegeschäften (Textilisierung der Innenstädte) und von Besuchen in Gaststätten ("Gastronomiemeilen"; Ausbreitung von Systemgastronomie).

Die anderweitig bereits als "Killer-Mall" beschriebenen Sachsenpark und Cottbus Center zeichnen sich durch eine Ausgabenstruktur aus, die weitestgehend auf ein einziges Geschäft zugeschnitten ist, wobei die SB-Warenhäuser hier vereinfacht dem dominanten (food-/non-food)-Lebensmittelbereich zugeordnet werden, ohne daß die Vielfalt sonstiger Warenangebote und sich einander bedingender Mitnahmeeffekte von Freizeitbedarf oder Mode Berücksichtigung findet. Sehr viel ausgeglichener, "vollständiger", vor allem aber kleinteiliger ist der Branchenmix im Saalepark und Paunsdorf

Center, die damit Ähnlichkeiten zu den Innenstädten aufweisen.

3. Es wurde bereits gezeigt, daß die Einkaufshäufigkeit mit zunehmender Distanz abnimmt (Kap. 11.1.6). Bereits HEINRITZ (1979b) fragt bei seiner Untersuchung von Verbrauchermärkten, ob damit auch die durchschnittlichen Ausgaben steigen, um die "Effizienz des Ausganges" zu erhöhen und die "Distanzbelastung zu kompensieren" (S. 318). Tab. 67 zeigt die Situation in Leipzig für 1995:

Tab. 67: Kundenausgaben in Abhängigkeit von der Besuchshäufigkeit (in DM; Angaben für N in Klammern)

Besuchshäufigkeit	City Leipzig	Saalepark	Sachsenpark
erstmals	59,20 (10)	245,59 (17)	-,-
täglich	47,78 (45)	63,27 (33)	49,75 (4)
mehrmals die Woche	80,73 (41)	145,81 (24)	112,17 (18)
wöchentlich	88,30 (47)	167,84 (108)	121,96 (89)
bis monatlich	89,09 (34)	425,43 (201)	130,02 (54)
bis vierteljährlich	164,00 (9)	345,23 (130)	110,13 (8)
seltener	166,83 (18)	273,13 (112)	94,00 (18)

Quelle: Kundenbefragungen Geographisches Institut Universität Kiel 1993 und 1995

Am Beispiel von Leipzig wird dieser Zusammenhang klar zum Ausdruck gebracht. Mehr oder weniger treppenartig nehmen die Ausgaben mit abnehmender Besuchshäufigkeit zu. Die sehr hohen Durchschnittssummen im Saalepark ergeben sich vor allem aufgrund vereinzelter Großanschaffungen an Möbeln oder Elektrogeräten, so daß die Ausgaben über alle Kunden sehr viel inhomogener verteilt sind als in der Innenstadt oder im Sachsenpark.

4. Eine andere These, daß sich die Ausgaben von Kunden, die von zu Hause oder aber von der Arbeit kommen, unterscheiden, bestätigte sich nicht (Tab. 68).

Tab. 68: Signifikanz auf Unterschiedlichkeit von Gruppenmittelwerten für Kunden von zu Hause und von der Arbeit (Grundlage Wilks´ Lambda und univariate F-Verteilung)

	Ausgaben	Aufenthaltsdauer	Anfahrt	Einkommen
alle Einkaufszentren	.0486	.0000	.0543	.0000
alle Innenstädte	.5738	.0084	.0096	.0000
Saalepark 1995	.3686	.0000	.0054	.0198
City Leipzig	.6823	.1333	.1043	.0003
Cottbus Center	.2367	.0005	.0791	.0133
City Cottbus	.6418	.0247	.6875	.5263

Werte für "alle Einkaufszentren" und "alle Innenstädte" gewichtet
Quelle: Kundenbefragungen Geographisches Institut Universität Kiel 1993 und 1995

Die Irrtumswahrscheinlichkeiten weisen für das Kriterium "Ausgabenhöhe" keine Unterschiede aus. Anders ist die Situation bei der Dauer des Aufenthaltes und der Anfahrt, die signifikant voneinander abweichen. Arbeitsplatzkoppler haben nur ein begrenztes Zeitpotential für Einkäufe zur Verfügung, so daß entsprechende Möglichkeiten eher arbeitsplatznah als -fern angenommen werden. Über ihr Haushaltsnettoeinkommen sind sie zudem mit Kaufkraft ausgestattet, die im Fälle der Innenstädte um durchschnittlich 500,-DM, im Falle der Einkaufszentren um ca. 400,-DM höher liegt als bei denjenigen, die von zu Hause kommen.

Tab. 69: Gewichtung von Ausgaben mit der Besuchshäufigkeit und den Besucheranteilen in der Innenstadt von Leipzig und im Saalepark 1995

Häufigkeitsklasse	Besuche pro Jahr (Tage)	Jahresumsatz City Leipzig	Jahresumsatz Saalepark	in % täglich City Leipzig	in % täglich Saalepark
täglich	250	315.348	96.487	100	100
mehrmals Woche	114	175.781	58.178	56	60
wöchentlich	48	86.463	136.152	27	141
bis monatlich	17	26.959	231.434	9	240
bis vierteljährlich	5	3.116	35.904	1	37
seltener	2	2.769	9.833	1	10

Quelle: Befragungen Geographisches Institut Universität Kiel 1995; zu den Ausgaben siehe Tab. 67; zu den Besuchshäufigkeiten Abb. 42 u. 43; Darstellung in Anlehnung an HEINRITZ (1979b: 319)

Analog zur Vorgehensweise bei HEINRITZ (1979b: 319) werden die Ausgaben mit der Besuchshäufigkeit (in theoretischen Tageseinheiten) und dem Kundenanteil dieser Klasse gewichtet, um einen theoretischen Jahresumsatz für die City von Leipzig bzw. für den Saalepark zu erhalten, um hieran die Bedeutung von Besuchshäufigkeiten für das Ausgaben- bzw. Umsatzgeschehen abzuschätzen (Tab. 69). Die Zahlenkolonnen können nicht miteinander verglichen werden, weil keine absoluten Kundenzahlen vorliegen. Sind es in der Innenstadt jedoch vor allem die häufigen und zahlreichen Kundengänge, die zu den Ausgaben führen, sind es im Saalepark vor allem wöchentliche bis monatliche Großeinkäufe, die das Gros der Kundenausgaben betreffen.

Tab. 70: Einkäufe nach Branchenzuordnung (in %; Mehrfachantworten) (N=Anzahl der gegebenen Antworten)

		1	2	3	4	5	6	7	8	9	10	11	12	13
Sachsenpark 1995	(N= 270)	0,4	2,6	0,4	-,-	6,3	1,1	79,6	-,-	7,4	0,4	1,9	-,-	-,-
Sachsenpark 1993	(N= 476)	-,-	0,2	-,-	3,4	16,4	1,1	75,4	-,-	3,6	-,-	-,-	-,-	-,-
Saalepark 1995	(N=1287)	3,0	2,3	2,6	0,9	5,6	3,5	24,2	6,5	30,9	1,6	6,1	1,6	10,9
Saalepark 1993	(N=1033)	1,2	1,6	2,2	1,0	7,2	1,4	31,6	7,6	31,1	0,7	3,3	1,4	9,2
Paunsdorf Center	(N= 320)	1,6	0,6	1,9	7,8	6,3	7,5	40,6	0,9	15,6	0,6	4,7	0,6	11,3
City Leipzig 1995	(N= 324)	9,6	2,5	3,1	1,2	4,3	8,0	14,5	0,6	17,3	1,2	4,6	6,2	26,9
City Leipzig 1993	(N= 379)	6,1	2,1	2,9	0,3	2,6	3,7	23,7	0,5	12,4	3,4	2,6	4,5	35,1
Cottbus Center	(N= 661)	0,5	1,5	1,5	8,3	1,5	0,8	71,6	0,5	5,4	0,3	5,3	2,9	-,-
City Cottbus	(N= 315)	5,7	2,2	6,7	2,9	5,7	1,9	26,0	1,6	11,7	0,3	5,7	1,3	26,3
Ostseepark	(N= 504)	2,0	1,6	-,-	14,1	3,2	4,2	52,0	2,8	15,3	0,2	4,6	0,2	-,-
Portcenter	(N= 108)	-,-	9,3	2,8	1,9	9,3	13,0	48,1	-,-	9,3	1,9	1,9	2,8	-,-
City Rostock	(N= 350)	8,6	4,9	3,4	1,1	9,4	8,6	21,4	0,6	9,4	1,7	8,9	6,3	15,4

Anmerkungen: 1: Bücher/Schreibwaren; 2: Dienstleistungen; 3: Drogerie/Parfümerie; 4: Elektro-Hifi-Radio-TV; 5: Freizeit/Hobby/Geschenke; 6: Gastronomie/-Imbiß; 7: Lebensmittel; 8: Möbel/Wohndesign; 9: Mode; 10: Optik/Uhren/Schmuck; 11: Schuhe/Lederwaren; 12: Spezielle Einrichtungen (z.B.Apotheke, Verwaltung); 13: Warenhaus; SB-Warenhäuser sind dem Bereich "Lebensmittel" zugeordnet. Wo Mehrfachzuordnungen möglich sind, wird der dominante Charakter dieser Verkaufsform für die Charakterisierung verwendet. 1995 konnten nur vor den Ausgängen des Sachsenparks und nicht vor dem nahen Baumarkt (Kategorie 5) (wie es 1993 noch möglich war) Kunden interviewt werden. Die Ergebnisse addieren sich nicht immer zu 100%, weil "sonstige" nicht ausgewiesen sind.
Quelle: Kundenbefragungen Geographisches Institut Universität Kiel 1993 und 1995

11.2 Die potentiellen Kunden (Haushaltsbefragung)

Zweifellos sind mit der Methode, Kunden nur an den Verkaufsstandorten anzusprechen, keine Informationen über das Einkaufsverhalten derjenigen Personen zu gewinnen, die ihre Besorgungen woanders machen. Diese potentiellen Kunden wurden mit Hilfe von Haushaltsbefragungen angesprochen. Kap. 10.1.2 und 10.4 führen aus, wie die Untersuchungsgebiete ausgewählt wurden und verweisen auch auf die begrenzte Aussagefähigkeit der nachfolgenden Ergebnisse. Doch können diese Daten zumindestens wichtige Trends vermitteln, um die Erkenntnisse aus den Kundenbefragungen zu bestätigen oder zu relativieren.

Hauptziel ist es festzustellen, inwieweit Einzelhandelsagglomerationen (City, Einkaufszentrum, Stadtteilzentrum) lokalörtliche Versorgungszentralität wahrnehmen und sich das Einkaufen aus der Stadt heraus auf die grüne Wiese verlagert hat. Weil Zentralität aber "mehr als nur Einkaufen" ist, wurde auch nach anderen Formen von Besorgungen gefragt (Dienstleistungen, Freizeit), die raumbindend und zur Koppelung mit Einkaufsaktivitäten dienen können. "Funktionieren" Versorgungsbereiche als multifunktionale Standorte? Wo liegen die "Stärken" und "Schwächen" von Innenstädten und Einkaufszentren? Kommt es zu einer räumlichen Segregation von Versorgungsaktivitäten? Anhand einer sog. Fragenbatterie sollten die Haushaltsmitglieder angeben, wo sie einerseits verschiedene (vielfach langfristig periodisch oder episodisch ablaufende) Aktivitäten letztmalig - und somit erinnerlich - durchgeführt haben. Andererseits wurde danach gefragt, wo sie hauptsächlich ihre Lebensmittel als Tages- oder Großeinkäufe besorgen. Dabei war über die Häufigkeit der Besorgungen und die durchschnittliche Ausgabensumme der sog. Großeinkauf zu definieren, um ihn von kleineren alltäglichen Einkäufen zu unterscheiden. Die große Schwankungsbreite gegebener Antworten ergibt sich aus der Tatsache, daß viele Angebotsformen nicht dem Versorgungsprofil aller Haushalte entsprechen bzw. eine Nutzung oder ein Einkauf bereits jahrelang (teilweise noch vor der "Wende") zurückliegen, so daß sie hier unberücksichtigt bleiben.

11.2.1 Bevölkerungsentwicklung

Ehe auf die qualitative Seite der Versorgungsbeziehungen eingegangen wird, sei auf die quantitative Entwicklung potentieller Kundenzahlen in den untersuchten Bereichen verwiesen. Tab. 71 zeigt den deutlichen Bevölkerungsverlust in kleinräumigen innerstädtischen Lagen, die aufgrund natürlichen Bevölkerungsrückgangs, vor allem aber durch Wanderungsverluste infolge von "Entwohnung", umfassender Renovierung, von Gebäudeabriß oder Nutzungswandel zu erklären sind. Lambrechtshagen und Günthersdorf im Umland von Leipzig und Rostock sind hingegen die "Gewinner", die ihre Bevölkerungszahlen dank der neuen Wohnsuburbanisierung seit 1981 verdoppelt bis verdreifacht haben. Haben deshalb die Innenstädte Tausende potentieller Kunden in fußläufiger Entfernung verloren, wachsen (auf noch sehr niedrigem Niveau, das allein im Falle von Günthersdorf bis zum Jahre 2015 auf 3.000 Personen gesteigert werden soll; Gemeinde Günthersdorf 1996: 18) die entsprechenden Umlandbereiche der Einkaufszentren auf der grünen Wiese.

Tab. 71: Bevölkerungsentwicklung in den Befragungs- bzw. benachbarten Gebieten

Untersuchungsgebiet	VZ 1981 (absolut)	1992 (absolut)	1995 (absolut)	1992/95 %	1981/95 %
Leipzig-Innenstadt[1]	36.287	29.366	25.859	-11,9	-28,7
Cottbus-Innenstadt[2]	9.564	7.848	7.017	-10,6	-26,6
Rostock-Innenstadt[3]	k. A.	16.768	14.057	-16,2	k. A.
Günthersdorf[4]	368	497	1.178	+137	+220
Lambrechtshagen[5]	1.024	1.087	2.106	+94	+106
Zuschka[6]	unbebaut	12.965	12.164	-6,2	--

Quellen: Volkszählung der DDR 1981 (nach Materialien kommunaler Verwaltungsstellen bzw. der Statistischen Ämter der Städte Leipzig, Cottbus und Rostock)
[1] Statist. Bezirke 1995: 001,002,020,033,034,035,401-408,411,412
(VZ´81 Statist. Bezirke 112,113,402,409-412,414-418,420-422,424-426,475); die Bezirke sind nur in ihrer Gesamtheit, jedoch nicht einzeln kompatibel; Daten 12/1992 bis 12/1995 zusammengestellt vom Amt für Statistik und Wahlen der Stadt Leipzig (Herr Martin); Daten 1981 (Herr Tobis)
[2] Statist. Bezirke 0011-0019 (ehem. Bezirke 1-9,44-45; Bezirke sind in ihrer Gesamtheit zu 1992/95 nicht vollständig kompatibel); aufbereitete Daten der Stadt Cottbus-Sachgebiet Statistik (Frau Gilis)
[3] Statist. Bezirke 081-085 (Amt für Statistik und Wahlen der Stadt Rostock - Frau Schilling)
[4] Gemeinde Günthersdorf (1996); Auskünfte Herr Kerntke
[5] Archiv der Kreisverwaltung Bad Doberan; Statist. Landesamt M-V: Berichtskz. AI3-j/95, Schwerin (Juli 1996)
[6] Statist. Bezirk 0413; aufbereitete Daten der Stadt Cottbus-Sachgebiet Statistik (Frau Gilis)

Auffällig ist zudem die selektive Bevölkerungsabnahme über die verschiedenen Altersgruppen in den Innenstädten (Tab. 72). Insbesondere in Rostock und Cottbus hat sich der Anteil der über 64-jährigen noch gesteigert. Obwohl die entsprechende relative Zahl für den Bereich Karl-Liebknecht-Straße zurückgegangen ist, kontrastieren die innerstädtischen Gebiete in ihrer Bevölkerungsüberalterung augenfällig mit Neubaugebieten in Neu-Schmellwitz (Zuschka; Plattenbau) und in suburbanen Gürteln. Unter Zugrundelegung bereits vielfach bestätigter Hypothesen, daß sich das Einkaufsverhalten sozial-, alters- und mobilitätsbedingt unterscheidet, müssen sich lokale Einzelhändler in den Citys und Cityrandbereichen tendenziell auf immer weniger und immer ältere Kunden (zumindest) aus dem nachbarschaftlichen Umfeld einrichten, sofern neue Prozesse wie Gentrification diese Entwicklung nicht umkehren. WIEST (1997) verweist unter anderem am Beispiel der Karl-Liebknecht-Straße in Leipzig auf diese Gefahr, daß mit Hilfe umfangreicher Wohnmodernisierung gewachsene Wohnmilieus "wegsaniert" werden könnten. Daß sich hieraus auch Konsequenzen für den Einzelhandel ergeben dürften, der sich zielgruppenorientiert an das veränderte Wohnumfeld anpaßt oder aber verdrängt wird, diskutiert FRANZMANN (1996) am Beispiel der Stadt Köln.

11.2.2 Einkaufsverhalten

Inwieweit das Einkaufs- und sonstige Versorgungsverhalten nachbarschaftlich auf Stadtteilzentren oder Innenstädte ausgerichtet sind oder sich die Versorgungszentralität aufgespalten hat in "Grüne Wiese - Stadt", vermittelt Tab. 73. Zur DDR-Zeit waren in der Regel alle Besorgungen innerhalb der Stadt oder aber interstädtisch (auf der Suche nach Mangelartikeln) zu erledigen. Grüne-Wiese-Standorte existierten nicht. 1990 ist gewissermaßen als Nullpunkt einer neuen Entwicklungsphase zu definieren, von dem aus das Ausmaß dieser "Versorgungsabweichung" von der Stadt zu messen ist.

In allen sechs Fällen, von denen zwei als cityrandstädtisch ohne Funktionen eines Nachbarschaftszentrums, zwei mit Funktionen eines Nachbarschafts- bzw. Stadtteilzentrums (Karl-Liebknecht-Straße, Zuschka) und zwei weitere als Standorte von Einkaufszentren dienen, ist die große Bedeutung des lokalen Geschäftebesatzes für die Wohnbevölkerung herleitbar. Mit zunehmender Ladenvielfalt nimmt die Kundenausrichtung auf diese Angebote deutlich zu. Im Falle von Günthersdorf besitzt die Stadt Leipzig nur noch Wettbewerbsvorteile beim Besuch ganz spezieller zeit- und kostenintensiver (Service-)Einrichtungen wie Restaurants, Banken oder Ärzte. Doch selbst die über das Einkaufen hinausgehende Grundversorgung können die Kunden schon weitestgehend vor Ort in einem Einkaufszentrum decken. Ist das multifunktionale Shopping Center zu einer unterzentralen Einrichtung geworden? In eine ähnliche Richtung weist der Ostseepark, der jedoch keine Bankinstitution (Sept.1996) besitzt und die Kunden zwangsläufig an andere Standorte und damit mögliche Koppelungspotentiale verliert. In den anderen Untersuchungsgebieten fällt auf, daß sich die Kunden weitestgehend auf die Innenstädte konzentrieren, die große und preisgünstige Auswahl an Waren in den Bereichen Lebensmittel, Möbel und Elektroartikel jedoch vornehmlich in Einkaufszentren und Fachmärkten an den Stadträndern suchen. Größere PKW-orientierte Lebensmitteleinkäufe finden beinahe ausschließlich auf der grünen Wiese statt. Selbst ältere Personen im Bereich der Karl-Liebknecht-Straße ließen sich hierzu noch von ihren Kindern mitnehmen. Daß die Koppelungspotentiale im Cottbus Center eher gering sind, wurde bereits an anderer Stelle ausgeführt und spiegelt sich auch im Versorgungsverhalten der potentiellen Kunden wider. Kulturelle Angebote und das Aufsuchen von Dienstleistungen können deshalb nur in der Innenstadt oder im Stadtteilzentrum nachgefragt werden. Vermag Tietz (1989) noch von einer Arbeitsteilung zwischen Stadt und flächenextensiven Warenangeboten auf der grünen Wiese zu sprechen, macht der Saalepark die Städte für seine Nachbarschaftskunden schon jetzt weitestgehend überflüssig.

Tab. 72: Veränderung der Bevölkerung nach Altersgruppen in den untersuchten Gebieten, 1981/1992 (=100) zu 1995

	0 - 14	15 - 65	65+
Innenstadt Rostock (1992/95)	-29,4	-14,6	-4,3
Lambrechtshagen (1981/95)	+50,4	-141,3	+23,3
Zuschka (1993/95)	-9,1	-3,3	+11,6
Innenstadt Cottbus (1993/95)	-14,5	-2,1	-1,2
Innenstadt Leipzig/K.-L.Str. (1981-95)	-43,2	-24,0	-36,2
Günthersdorf (1990/94	+55,9	+163,2	+37,1

Anteile von Altersgruppen an der Gesamtbevölkerung						
	Lambrechtshagen		Zuschka		Günthersdorf[1]	
	1981	1995	1993	1995	1990	1994
0 - 14	24,0	17,6	33,4	31,8	23	24
15 - 64	64,3	75,4	62,3	63,1	56	64
65+	11,7	7,0	4,3	5,1	19	11
	Innenstadt Rostock		Innenstadt Cottbus		K.-L.Str./C. Leipzig	
	1992	1995	1993	1995	1981	1995
0 - 14	19,6	16,5	20,7	18,6	15,9	12,8
15 - 64	67,6	68,9	64,0	65,7	64,5	69,5
65+	12,8	14,6	15,3	15,8	19,6	17,7

Leipzig: 1981 Wohnbevölkerung; 1995 Haupt- und Nebenwohnsitz (aufgrund von Datenschutzbestimmungen konnten 261 Personen nicht zugeordnet werden);
Cottbus: Wohnbevölkerung; Rostock: Bevölkerung mit Hauptwohnsitz
[1] Günthersdorf: Altersklassen 0-20, 21-60, 61+
Quellen: Volkszählung der DDR 1981 (Unterlagen der städtischen Ämter für Statistik und Wahlen); aufbereitete Daten der Ämter in Cottbus, Leipzig und Rostock; Auskünfte der Kreisverwaltung Bad Doberan (für Lambrechtshagen); Gemeinde Günthersdorf (1996)

Ähnlich wie die tatsächlichen Kunden beurteilten auch die potentiellen Besucher "ihr" Einkaufszentrum in der Nähe (mit Ausnahme der Kriterien "verkehrliche Erreichbarkeit" und "Gastronomie/Freizeit") besser als die anderen Probanden "ihre" Innenstädte. Daß gerade der Punkt "verkehrliche Erreichbarkeit" eher schlecht beurteilt wird, mag paradox klingen, ergibt sich aber aus dem Umstand, daß selbst die Bewohner in Sievershagen - und somit vor Ort - ihr Auto noch zu 94% nutzen, um in das Einkaufszentrum zu gelangen. In Günthersdorf sind es immerhin noch 44%, die deshalb Probleme haben, aus ihren Wohngebieten durch die Staus hindurch den Saalepark zu erreichen bzw. nach Hause zurückzukehren. Weniger als 100 Meter Luftlinie vom Saalepark entfernt, hat sich "im Schatten des Riesen" (Mitteldeutsche Zeitung 2.10.1992) als Nachfolger des ehemaligen Konsumladens ein "Tante-Emma-Geschäft" etabliert, das der "riesenhaften Anonymität" und den Verkehrsproblemen des Einkaufszentrums ein Pendant gegenüberstellt. Hier werden Einzelartikel gekauft, und es kann sozial kommuniziert werden. Im Sinne von AGERGARD, OLSEN und ALPASS (1970) füllt dieser Laden als *convenience store* eine ganz spezielle Nische aus: Sicherung dörflicher Kommunikation und Schrumpfung der Warenvielfalt von der totalen Diversifikation eines SB-Warenhauses hin zur altbekannten Konsum-Grundversorgung.

Tab. 73: Standorte für regelmäßige oder letztmalige Einkäufe, Besorgungen und Besuche von Haushalten, August/September 1996 (in %)

1. Großraum Leipzig a) Günthersdorf						b) Karl-Liebknecht-Straße (südlicher Cityrand Leipzig)					
	Leipzig	Halle	Saalepark	woanders	N	City Leipzig	Komplex K.-L.Str.	woanders Leipzig	Saalepark	woanders	N
Mode/Textil/Schuhe	8,2	-,-	71,4	20,4	49	67,4	11,6	2,3	2,3	16,3	43
Elektroartikel	5,6	-,-	52,7	41,7	36	40,6	15,6	3,1	12,5	28,1	32
Möbel	2,6	-,-	47,4	50,0	38	5,6	19,4	13,9	30,6	30,6	36
Kinobesuch	-,-	-,-	88,0	12,0	25	86,7	-,-	6,7	-,-	6,7	15
Restaurant	37,1	-,-	-,-	62,9	35	57,1	28,6	9,5	-,-	4,8	21
Post	6,5	-,-	93,5	-,-	46	4,3	91,3	4,3	-,-	-,-	46
Bank	31,4	2,0	43,1	23,5	51	19,1	74,5	6,4	-,-	-,-	47
Arzt	15,8	2,6	36,8	44,7	38	6,8	68,2	20,5	-,-	4,5	44
Lebensmittel (klein)[1]	2,2	-,-	77,8	20,0	45	9,1	72,7	10,9	1,8	5,5	55
Lebensmittel (groß)[1]	1,8	-,-	59,6	38,6	57	2,0	20,0	32,0	20,0	26,0	50
2. Großraum Rostock a) Sievershagen						b) südlicher Cityrand Rostock					
	Rostock	Ostsee-park		woanders	N	City Rostock	Wohngebiet	woanders Rostock	Ostseepark	woanders	N
Mode/Textil/Schuhe	28,3	39,6		32,1	53	63,5	-,-	5,8	9,6	21,2	52
Elektroartikel	19,1	61,7		19,1	47	26,1	-,-	13,0	34,8	26,1	46
Möbel	16,0	30,0		54,0	50	10,8	-,-	8,1	43,2	37,8	37
Kinobesuch	97,0	-,-		3,0	33	72,2	-,-	27,8	-,-	-,-	36

Restaurant	28,3	2,2		69,5	46	61,5	5,1	23,1	-,-	10,3	39
Post	13,5	82,7		3,8	52	87,2	-,-	12,8	-,-	-,-	47
Bank	86,0	-,-		14,0	50	93,9	-,-	4,1	-,-	2,0	49
Arzt	53,8	-,-		46,1	52	83,0	8,5	4,3	-,-	4,3	47
Lebensmittel(klein)[1]	36,2	61,7		2,1	47	25,5	61,7	8,5	2,1	2,1	47
Lebensmittel (groß)[1]	22,2	74,1		3,7	54	4,1	12,5	31,3	22,9	29,2	48
3. Großraum Cottbus a) Zuschka - Neu-Schmellwitz							westlicher Cityrand				
	City Cottbus	Wohngebiet	woanders Cottbus	Cottbus Center	woanders	N	City Cottbus	woanders Cottbus	Cottbus Center	woanders	N
Mode/Textil/Schuhe	32,6	11,6	11,6	25,6	18,6	43	77,6	-,-	6,1	16,3	49
Elektroartikel	13,2	5,3	10,5	31,6	39,5	38	74,3	5,7	14,3	5,7	35
Möbel	11,6	2,3	4,7	4,7	76,7	43	10,3	20,7	-,-	69,0	29
Kinobesuch	95,0	-,-	-,-	-,-	5,0	20	100,0	-,-	-,-	-,-	23
Restaurant	51,5	21,2	12,1	-,-	15,2	33	79,5	7,7	-,-	12,8	39
Post	4,3	93,5	2,2	-,-	-,-	46	100,0	-,-	-,-	-,-	49
Bank	12,0	84,0	2,0	-,-	2,0	50	93,9	4,1	-,-	2,0	49
Arzt	14,9	63,8	17,0	-,-	4,3	47	91,1	8,9	-,-	-,-	45
Lebensmittel (klein)[1]	2,3	81,8	2,3	6,8	6,8	44	87,2	4,3	6,4	2,1	47
Lebensmittel (groß)[1]	-,-	11,1	16,7	61,1	11,1	54	14,9	12,8	40,4	31,9	47

Quelle: Befragungen JÜRGENS, August/September 1996

[1] regelmäßige Einkäufe (Mehrfachnennungen begrenzt auf zwei)

11.3 Die Einzelhändler

Schafft die Nachfrage ihr eigenes Angebot, oder schafft das Angebot seine Nachfrage? Dieses grundsätzliche Problem der Volkswirtschaft kann aus den hier durchgeführten Interviews nicht geklärt werden. Sicher ist hingegen, daß es einen wechselwirksamen Zusammenhang zwischen Kundenstrukturen und Einzelhandelsformen gibt, wobei letztere als kundenfreundlich oder -abweisend perzipiert werden können. Um wirtschaftlichen Erfolg zu erzielen, (re-)agieren Einzelhändler deshalb als Innovatoren oder "Anpasser" auf Kundenwünsche einerseits, auf wettbewerbliche Aktivitäten weiterer Anbieter andererseits. Externe rechtliche und planerische sowie interne finanzielle, organisatorische und personelle/persönliche Restriktionen bestimmen zudem die Handlungsspielräume des Einzelhändlers und ganzer Agglomerationen von Anbietern.

Unternehmensbefragungen in unterschiedlichen städtischen Lagen sollten Hinweise darüber ergeben,
- wie die eigene wirtschaftliche Situation eingeschätzt wird,
- wie das standörtliche Umfeld beurteilt wird,
- wie sich das Geschäft nach der Wiedervereinigung entwickelt hat,
- ob es Absprachen oder Bestrebungen gibt, geschäftliche Autonomie zugunsten standörtlicher Absprachen mit anderen Händlern "zum Vorteil aller" zu begrenzen.

Die These ist, daß die unter dem gemeinsamen Dach eines Einkaufszentrums organisierten Einzelhändler trotz oder aufgrund ihrer Abtretung geschäftlicher Entscheidungen an ein übergeordnetes professionelles Management erfolgreicher agieren als Einzelhändler in unorganisierten "Streulagen" der Innenstadt oder der Stadtteilzentren. Fünf verschiedene Standortsituationen wurden deshalb identifiziert, die sich räumlich an den Befragungsgebieten von Kunden und Haushalten orientierten, um Zusammenhänge zwischen den Akteursgruppen herstellen zu können. Es handelt sich a) um "unorganisierte" Streulagen der Innenstädte, b) um "unorganisierte" Streulagen von Stadtteilzentren bzw. Nachbarschaftsbereichen, c) um Einkaufszentren in Innenstädten, d) um Einkaufszentren in Stadtteilen, e) um Einkaufszentren auf der grünen Wiese. Dabei ist insbesondere zu fragen, inwieweit sich die Shopping Center der Innenstädte und Stadtteile zum Vorteil oder zum Nachteil der "restlichen" Stadt denjenigen auf der grünen Wiese angleichen. Trotz umfangreicher Einzelhändlerbefragungen sind hieraus jedoch nicht immer sinnvolle quantitative Angaben abzuleiten:

1. Für mikroräumliche Aussagen ist bereits die Grundgesamtheit (unter Abzug der Verweigerer) sehr klein.

2. Interviewteilnehmer haben die Fragen nicht durchgängig beantworten können, sofern die Gesprächspartner nicht die Ladeninhaber waren bzw. aus Gründen des Geschäftsgeheimnisses nicht beantworten wollten. Im Falle bundesweit operierender Filialketten waren selbst die Geschäftsführer nicht über einzelne "Fakten" ihres Ladens informiert

oder hatten keine Kompetenz, darüber Auskunft zu erteilen.

3. Eigene Daten werden deshalb häufiger als auf der Kundenseite mit Informationen der Tagespresse oder sonstigen Sekundärquellen kombiniert, um Entwicklungstrends auf seiten der Anbieterseite zu beleuchten.

11.3.1 Quantitativer Wandel

Mehrfach ist in der Literatur für verschiedene ostdeutsche Städte (letztmalig PÜTZ 1997 für Dresden) der Maßstabssprung im Einzelhandel nach 1989 dokumentiert worden. Tab. 74 faßt die hierzu verfügbaren Daten für Leipzig, Cottbus und Rostock weitestgehend aus Primärquellen zusammen. Weil Verkaufsflächen aber auch planerische und politische Brisanz beinhalten, widersprechen sich vielfach genehmigte und tatsächliche, von Planungsstellen verbreitete und von den Betreibern veröffentlichte Verkaufsflächen im Falle großflächiger Einzelhandelsbetriebe. Die Daten aus Tab. 74 sind deshalb grundsätzlich nur Schätzwerte von Größendimensionen. Doch selbst diese vermitteln das Bild eines zumindest nach Verkaufsfläche und Ladenanzahl dramatisch expandierenden Einzelhandelssektors. Im Stadtgebiet von Leipzig und Cottbus haben sich die Angebote nach fünf Jahren Wiedervereinigung verdreifacht, in Rostock mehr als verdoppelt. Hinter diesen Entwicklungen zurück bleiben hingegen die ostdeutschen Erwerbstätigenzahlen im Einzelhandel, die nach der Privatisierung bzw. Schließung von HO- und Konsumläden 1990 und 1991 und trotz Gründerbooms sogar leicht gesunken sind, ehe sie 1994 im Vergleich zum zweiten Halbjahr 1990 um ca. 10% höher lagen (BAG 1995a: 10).

Tab. 74: Entwicklung der Verkaufsstellennetze im Stadtgebiet von Leipzig, Cottbus und Rostock

a) Leipzig						
	Anzahl Verkaufsstellen		Verkaufsfläche (in qm)		hierunter großflächiger Einzelhandel (in %)	qm VRF pro Verbraucher
	insgesamt	Waren des tägl. Bedarfs	insgesamt	City		
1972[1]	3.383	1.723	156.251	n. v.	-	-
1984[1]	2.296	1.249	154.961	41.411	-	-
1989[13]	2.276	1.236	157.048	n. v.	39,3[2]	0,33
1993[1]	-	-	-	52.000	-	-
1995	3.750	-	445.741	-	53,4	0,95[3]
Juni 1996[4]	-	-	-	ca. 85.000	-	-
2000[4]	-	-	-	120-140.000	-	-
Zielgröße[5]	-	-	598.376	179.513	-	1,2
b) Cottbus						
1990	380	-	49.300	-	-	0,39[6]
1994	1.166	-	147.000	ca. 37.000	-	1.16[7]
1996	-	-	160.000	-	73,1	1,31[8]
c) Rostock						
1988	724	-	64.914	-	-	0,26[9]
1993	-	-	105.000	31.000	-	0,49[10]
1995	-	-	139.000	45.000	61,9[11]	0,62
2000	-	-	240.000	120.000[12]	-	-

[1] JÜRGENS (1994b: 304)

[2] Berechnung aller "großflächigen" Einzelhandelsbetriebe zur DDR-Zeit (Übersicht aller ehem. Kaufhallen im Leipziger Stadtgebiet; Übersicht des Amtes für Wirtschaftsförderung der Stadt Leipzig v. 1.11.1993 (Frau Bauer) sowie McKinsey u.a. (1990) zu allen Waren- und Kaufhäusern sowie Delikat- und Exquisitgeschäften im Stadtgebiet

[3] flächendeckende Kartierung des Einzelhandelsbesatzes (März 1995) durch ABM-Kräfte im Auftrag der Stadt (Stadtplanungsamt - Herr Wölpert)

[4] LAMBERTZ (1996: 40f.)

[5] Regierungspräsidium Leipzig (ca. 1993)

[6] Stadt Cottbus (1994a: 4)

[7] Stadt Cottbus (1994a: 4f.) und FfH (1995: 4): Einkaufszentren an den Stadträndern bleiben unberücksichtigt

[8] IHK Cottbus (1996a); Zahlen berücksichtigen auch den Lausitz Park an der südlichen

Peripherie der Stadt; deshalb ist der Wert von 1994 entweder deutlich zu hoch oder von 1996 zu niedrig, weil der Lausitz Park allein 36.000 qm umfaßt
[9] Polis & Gewos (1991: 33)
[10] Amt für Wirtschaftsförderung der Stadt Rostock (Frau Nasner): Unterlage vom 11.1.1994; Werte ohne Berücksichtigung der Peripheriestandorte; Schweriner Volkszeitung v. 17.2.1994
[11] Regionaler Planungsverband Mittleres Mecklenburg/Rostock (1995): Berücksichtigung fertiggestellter Objekte nach 1990 von über 700 qm Verkaufsfläche (Stand 1.3.1995)
[12] Unterlagen beim Amt für Wirtschaftsförderung der Stadt Rostock v. 17.8.95: Entwicklung des Einzelhandels in der Hansestadt Rostock
[13] BÖHME (ca. 1990)

Die Zunahme der Verkaufsfläche ging nicht einher mit einem vergleichbaren Anstieg der Ladenzahlen. Die durchschnittliche Verkaufsfläche hat sich insbesondere im Lebensmittelbereich bedeutend erhöht. Aufgrund des traditionellen DDR-Unterbesatzes mit Industriewaren ist der *non-food*-Bereich jedoch sehr viel schneller gewachsen als Ladenanzahl und Verkaufsfläche für Waren des täglichen Bedarfs, die deshalb relativ an Bedeutung verloren haben (Tab. 75).

11.3.2 Räumlicher Wandel

Es haben sich nicht nur die Einkaufsmöglichkeiten innerhalb der Städte vergrößert, die sich damit bereits jetzt rein rechnerisch der westdeutschen Situation in bezug auf die "Quadratmeter Verkaufsfläche je Einwohner" angeglichen haben. Als suburbaner Kranz um die Städte entstanden Fachmärkte, SB-Warenhäuser, Verbrauchermärkte und Einkaufszentren, d.h. Agglomerationen groß- und kleinflächiger Einzelhandelsbetriebe, die weitere Versorgungsmöglichkeiten für das städtische Umland und die Städte selbst bereithalten. Ohne daß die in Planung befindlichen Einrichtungen in den nachfolgenden Zahlen berücksichtigt wären, vergrößert sich die Verkaufsfläche im nächsten Einzugsbereich der Städte noch einmal um 50 bis 75%:

a) Umland Cottbus: Gemeinden/Stadt Gallinchen, Groß Gaglow, Kolkwitz und Peitz mit großflächigem Einzelhandel von insges. 60.049 qm (Stand 28.2.1996) (Auskunft des Landesumweltamtes Brandenburg);

b) Umland Rostock: ca. 107.100 qm (Ostseepark Sievershagen; Hanse Center Bentwisch; Globus Roggentin; Komm Neuendorf; nach PROKSCH (1997: 62) und Unterlagen der Stadt Rostock;

c) Umland Leipzig: ca. 169.289 qm im Kreis Leipziger Land (excl. Borna und Kitscher) sowie ca. 125.000 qm Verkaufsfläche im Saalepark; Angaben beziehen sich auf die in Betrieb befindlichen großflächigen Einzelhandelsformen im Februar 1996 nach

IHK Leipzig (1996a).

Tab. 75: Laden- und Verkaufsflächenanteile nach Branchengruppen (in %)

Leipzig	Waren des tägl. Bedarfs[1]		Industriewaren[1]		Kauf-/Warenhäuser[1]	
	1989	1995	1989	1995	1989	1995
Anzahl Läden	53,6	26,7	46,1	72,3	0,3	0,9
Verkaufsfläche	45,3	29,1	38,7	43,4	16,0	27,5
Ø VRF (qm)	61,9	129,2	61,5	71,3	4.143	3.611
Cottbus						
Anzahl Läden	50,1	-	49,6	-	0,3	-
Verkaufsfläche	46,6	31,3	33,5	68,7	19,9	k.A.
Ø VRF (qm)	100,2	-	72,8	-	8.280	-
Rostock[2]						
Anzahl Läden	57,7	-	42,1	-	0,2	-
Verkaufsfläche	52,7	-	37,5	-	9,8	-
Ø VRF (qm)	87,2	-	85,4	-	3.378	-

[1] Einteilung 1989 nach Definition DDR; für 1995 entspricht der Einzelhandel mit Nahrungs- und Genußmitteln (incl. Verbrauchermärkten) den Waren des täglichen Bedarfs (incl. Kaufhallen); 1995 beinhalten Kauf- und Warenhäuser auch die Kategorien Bau- und Heimwerkermarkt, Tapeten- und Baufachmarkt sowie Gartencenter
[2] für Rostock existieren keine neueren Zahlen über das gesamte Stadtgebiet; Zunahme der VRF in der Innenstadt von ca. 18.000 qm (1989) auf ca. 30.750 qm im Februar 1996 (PROKSCH 1997: 71)
Quellen: Zentrales Informations- und Auskunftssystem (ZIAS) des Ministeriums für Handel und Versorgung (Datenauszug des Statistischen Bundesamtes Außenstelle Berlin für Cottbus und Rostock) sowie Stadtarchiv Leipzig ZR 10739 (jeweils Stand 31.12.1989); Kartierung Stadt Leipzig Frühjahr 1995; Stadt Cottbus (1994a)

Der Bedeutungsverlust der ostdeutschen Innenstädte für den Einzelhandel ist nicht nur das Ergebnis suburbaner außerhalb der Stadtgrenzen ablaufender Prozesse, sondern auch der Peripherisierung der Standorte in den Städten selbst. Großflächiger PKW-orientierter Einzelhandel wurde insbesondere in bevölkerungsreichen Wohngebieten als "städtisch integrierte" Versorgungsform planungsrechtlich zugelassen, um die bisherige Unterversorgung von Stadtteilen deutlich zu verbessern. Im Fall Cottbus war es zudem ein "Wettrennen" der Stadt mit dem benachbarten (zwischenzeitlich eingemeindeten) Sielow, um sich mit Hilfe des Cottbus Centers zumindest das "eigene" und planerisch kontrollierbare Einkaufszentrum zu sichern.

Gut nachvollziehbar ist die innerstädtische Peripherisierung am Beispiel von Leipzig (Tab. 76). Die Ergebnisse der staatlichen Handelsnetzberichterstattung von 1989 können hier einer flächendeckend von der Stadt Leipzig im Frühjahr 1995 durchgeführten Kartierung aller Einzelhandelsobjekte (in Verkaufsräumen) gegenübergestellt werden. Die Daten sind nur auf der Stadtbezirksebene von vor 1990 vergleichbar (siehe Abb. 45 u. 46). Sie werden in Relation zur jeweiligen Wohnbevölkerung der Bezirke gesetzt. Demnach hat der Bezirk Mitte, worunter auch die Innenstadt fällt, an Laden- und Flächenanteilen verloren. Gewinner ist insbesondere der Bezirk Nordost, der Standort des als Stadtteilzentrum konzipierten Paunsdorf Centers ist und damit als einziger neben dem Bezirk Mitte seinen Bevölkerungsanteil übertrifft. In absoluten Zahlen hat sich die Verkaufsfläche hier verneunfacht (vgl. auch DREHER 1997: 33f.). Auch im westlichen Teil der Stadt sind die Werte gestiegen, lagen jedoch 1995 - vor Eröffnung des sog. Allee-Centers im Herbst 1996 als Stadtteilzentrum der Plattenbausiedlung Grünau - noch hinter ihren Bevölkerungsanteilen zurück.

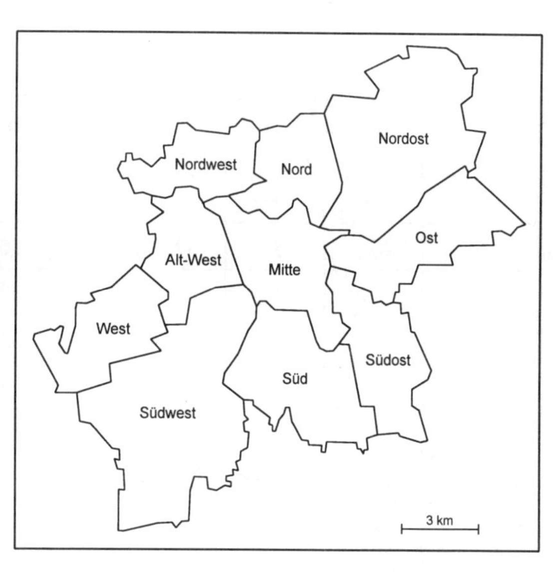

Abb. 45: Stadtbezirke von Leipzig nach 1990
Kartengrundlage: Amt für Statistik und Wahlen der Stadt Leipzig

Abb. 46: Stadtbezirke von Leipzig von vor 1990
Kartengrundlage: Amt für Statistik und Wahlen der Stadt Leipzig (Auskunft Herr Tobis)

Tab. 76: Handelsnetz der Stadt Leipzig 1989 (31.12.) und 1995

Stadtbezirk	Anzahl Läden (%)		Verkaufsfläche in qm (%)		Bevölkerung (%)	
	1989	1995	1989	1995	VZ 1981	1995
Mitte	26,3	18,0	59.392 (38,1)	100.517 (22,6)	12,8	9,9
Nord	9,6	11,9	9.846 (6,3)	37.086 (8,3)	12,9	12,0
Nordost	12,3	17,4	14.578 (9,4)	132.184 (29,7)	17,2	19,9
Süd	15,9	16,2	18.964 (12,2)	43.592 (9,8)	18,3	15,8
Südost	12,2	10,7	11.944 (7,7)	15.299 (3,4)	12,3	10,2
Südwest	12,1	12,1	15.624 (10,0)	36.816 (8,3)	11,8	9,6
West	11,5	13,6	25.370 (16,3)	80.247 (18,0)	14,7	22,7
N	2.126[1]	3.750	155.718[1]	445.741		

[1] Abweichung zur Quelle BÖHME (ca. 1990)
Quellen: Volkszählung 1981 für Stadtgebiet Leipzig (Amt für Statistik und Wahlen der Stadt Leipzig); Handelsnetzberichterstattung 1989; Stadt Leipzig (1996b) mit den Bevölkerungszahlen 1995; Handelsnetzkartierung der Stadt Leipzig (Frühjahr 1995)

11.3.3 Qualitativer Wandel

Nicht nur relativ einfach meßbare Indikatoren wie Ladenanzahl (die in Relation zur Bevölkerungszahl in der DDR größer war als in Westdeutschland), Verkaufsfläche und monopolisierte Betreiberstruktur (v.a. HO, Konsum) wandelten sich, sondern auch qualitative Meßgrößen:

1. Altlast "Outfit": Bereits in Kap. 6.4.2 wurde auf die Altersstruktur der Geschäftsgebäude verwiesen. Im Falle der Konsumeinrichtungen waren zum Beispiel über 70% der Läden landesweit in Gebäuden untergebracht, die vor 1945 errichtet worden waren. Aber auch neuere Einrichtungen waren in der Regel Handelszweckbauten oder "Bauweisen des Wohnungsbaus mit nüchternen Funktionszumessungen für Handelseinrichtungen" (sog. Funktionsunterlagerungen), die der Vielfalt baulicher Gestaltung, "dem Einsatz von Licht und Farbe" und "werbewirksamen Schaufensterlösungen" eher geringe Beachtung schenkten (Einzelhandelsberater 1990: 598). Vielfach war die gesamte Bausubstanz "ablösungsbedürftig" und spiegelte sich nach der Wende in Zwangsschließungen wider, weil die Gebäude akut einsturzgefährdet waren. 5% aller

Läden in Leipzig, 0,3% in Cottbus und 8,6% in Rostock fielen zur letzten DDR-Handelsnetzberichterstattung (31.12.1989) in die schlechteste Zustandskategorie des Bau- und Ausrüstungszustandes der Verkaufsstellen (Stadtarchiv Leipzig ZR 10739 Bd. 4; Statist. Bundesamt Außenstelle Berlin). Für viele alte und neue Mittelständler bedeutete Marktwirtschaft deshalb zunächst, eine umfangreiche Fassadensanierung vorzunehmen und durch die Neuentdeckung von Elementen der Schaufenstergestaltung und anderer werbewirksamer Maßnahmen in sprichwörtlichem Sinne Farbe in den Wettbewerb einzubringen. Westdeutsche Filialisten und (ostdeutsche) Franchisenehmer übertrugen darüber hinaus die bereits aus den alten Bundesländern bekannten *corporate images*, die sowohl Städte als auch Einkaufszentren in ihrem Ladenbesatz regional austauschbar gemacht haben. Sofern die innerstädtischen Gebäude nicht unter Denkmalschutz stehen, haben westdeutsche Kauf- oder Warenhäuser gleich mit Neubauten reagiert (C & A in Cottbus; Kaufhof in Rostock; Peek & Cloppenburg in Leipzig) oder sind wie kleinflächigere Filialisten in Einkaufszentren auf die grüne Wiese ausgewichen.

2. Altlast "Ostprodukte": Abgelöst wurde auch die DDR-Verpackungskultur, was die "Solidität, Einfachheit und Häßlichkeit" ihrer Produkte anbelangte (HANDLOIK 1991:31). Ersetzt wurde sie von einer anfänglichen Euphorie für westdeutsche Markenartikel und deren Vielfalt (tele-prisma 46/1996: 4), die 1991 zu einer Halbierung der Umsatzzahlen im ostdeutschen Großhandel und zu einem Plus von 5,4% im westdeutschen Großhandel gegenüber dem Vorjahr führte (Handelsblatt 5.5.1992). Obwohl sich bereits im Juni 1991 ostdeutsche Kunden im Rahmen einer Befragung des Leipziger Instituts für Marktforschung zu einem "wiedererwachten Ost-Selbstbewußtsein" bekannt haben und "ostdeutsch kaufen wollen", sind die an werbewirksame Vermarktung angepaßten "neuen" ostdeutschen Produkte weitestgehend vom Markt verdrängt worden (Kieler Nachrichten 25.6.1991: Plötzlich liefert der Westen "Schund"; tele-prisma 46/1996; handelsjournal 7/97: 7). Für Ende 1994 wurde zumindest bei ostdeutschen Lebensmitteln in den Neuen Bundesländern schon wieder ein Marktanteil von 50%, in Westdeutschland von nur 2% konstatiert (Kieler Nachrichten 14.1.1995).

3. Altlast "Branchenmix": Die Verschiedenartigkeit des Branchenmixes, d.h. die Gegenüberstellung eines von behördlicher Seite geplanten und eines sich durch wettbewerbliche Prozesse einstellenden kleinräumigen Besatzes, zeigt Tab. 77. Weil die Handelsnetzberichterstattung der DDR nicht für alle Objekte Adressen ausweist und der Auszug des Statistischen Bundesamtes für die Situation in Cottbus und Rostock die Adressen aus Datenschutzgründen nicht beinhaltet, beziehen sich die nachfolgenden Zahlen auf die Einzelhändlerbefragungen im Februar und März 1996 und somit nicht auf den Grundbestand. Die Teilnehmerzahl an den Interviews ist Tab. 35 zu entnehmen:

Tab. 77: Anzahl von Läden und Branchen in den Untersuchungsgebieten

Untersuchungsgebiet	Anzahl Branchen 1996	Anzahl Läden 1996	% Branchen zu Läden	Anzahl Branchen 1989	Anzahl Läden 1989	% Branchen zu Läden
Karl-Liebknecht-Straße	44	91	48,4	36	62[1]	58,1
Cottbus City (incl. Lausitzer Hof)	49	134	36,6	37	69[2]	53,6
Rostock City (incl. innerstädt. EKZ)	46	141	32,6	34	73[3]	46,6

[1] Nutzung 1989 unbekannt oder bis 1996 erfolgter Neubau: 17 Fälle; andere Nutzungen oder leer: 13 Fälle
[2] Nutzung 1989 unbekannt oder bis 1996 erfolgter Neubau: 59 Fälle; andere Nutzungen oder leer: 6 Fälle
[3] Nutzung 1989 unbekannt oder bis 1996 erfolgter Neubau: 54 Fälle; andere Nutzungen oder leer: 14 Fälle

Quelle: Befragungen JÜRGENS und PROKSCH 1996

Obwohl die Anzahl der Läden 1989 und 1996 nicht ohne weiteres miteinander verglichen werden kann, weil die Ladennutzung 1989 für die Befragten in einigen Fällen unbekannt war, ergibt sich insbesondere durch Neubauten, aber auch durch die Umwidmung ursprünglich geschäftsfremder Nutzungen ein deutlicher Zuwachs von Ladengeschäften. Reparaturwerkstätten, Kantinen, Lager- und Verlagsräume, Ausstellungsbereiche, ein Beratungs- und Kulturzentrum und in einem Fall eine Konservenfabrik machten Platz für Verkaufsstellen. Auch die Branchenvielfalt, die so detailliert wie möglich erfaßt wurde, nahm damit gegenüber 1989 beträchtlich zu, verkleinerte dennoch das Verhältnis von Branchen zu Ladenanzahl. Im Gegensatz zum Grundsortimenter der DDR, der an einem Standort im Extremfall auch nur einmal vorhanden war, existieren nunmehr viele Anbieter derselben Branche im Mikroraum. "Warnemünde ertrinkt in einer Bäcker-Laden-Flut - 14 Verkaufsstellen hoffen auf Kunden/Drei Geschäfte würden ausreichen" (Ostsee-Zeitung 14.9.1996). Im Falle der Spremberger Straße, Haupteinkaufsbereich in der Cottbuser Innenstadt, grenzten zeitweise fünf Filial- und mittelständische Schuhläden als Ausdruck eines unbekannten

Wettbewerbsdrucks direkt aneinander. Von Einzelhändlern und Kunden wird die Tatsache mißachtet, daß branchengleiche Läden sehr unterschiedliche Preissektoren und somit auch Kundensegmente abdecken können. Ein ähnliches Problem stellt sich, ob "Lebensmittel in der Innenstadt - ein Wahlkampfthema" (Hallesches Tageblatt 24.11.1993) sind. Zieht sich die Lebensmittelversorgung auf die grüne Wiese zurück? Anhand der Auszählung von Verkaufsstellen, die in der Innenstadt von Leipzig in irgendeiner Form Lebensmittel anbieten, zeigt sich, daß bereits die Anzahl der Läden von 41 (1980), auf 27 (März 1994) und 30 (März 1996) zurückgegangen ist. Unterscheidet man jedoch noch weiter nach hochgradig spezifischen (Teeladen, Weinkontor, Konfisserie, Käseboutique) und teuren Angeboten sowie eher kostengünstigen Grundnahrungsmitteln, existieren weniger als zehn der letzten Kategorie, die unter "Waren des täglichen Bedarfs" einzustufen wären. Wie in Hamburg oder Berlin sprießen in Leipzig "neue Nobelläden um die Wette" (Die Welt 3.7.1996), die nicht nur zu einer für den Beobachter auszählbaren Branchendifferenzierung, sondern auch zu einer Preissegmentierung geführt und die Kunden mehr "zu Kuckern als Käufern" (GRONER & ZÖLLER 1993) gemacht haben.

11.3.4 Personeller Wandel

Die "kleine Privatisierung" von HO-Läden seitens der Treuhandanstalt und der private Gründerboom im Bereich des Einzelhandels, des handwerklich bestimmten Einzelhandels und sog. haushaltsbezogener Dienstleistungen (Reisebüros, Banken, Bräunungsstudios, Spielhallen etc.) (vgl. auch ARING & HEISING 1992: 19) haben auch im personellen Bereich zu einer weitreichenden Differenzierung geführt, was die berufliche Qualifikation und die Motivation der Ladeninhaber anbelangt. Verschiedene Akteure sind zu unterscheiden:

1. westdeutsche Filialisten und Kauf-/Warenhäuser: Einerseits handelt es sich um "Rückkehrer" nach Ostdeutschland nach Flucht und Enteignung zur NS-Zeit und/oder zur DDR-Zeit, die auf alte Stammhäuser und Grundstücke zurückgreifen können; andererseits treten Filialisten erstmalig auf.

2. traditionell Private aus Ostdeutschland: Kurz vor der Wende existierten 14.799 Private (9.388 mit Kommissionsvertrag, 5.411 ohne Vertrag) in der DDR. Allein 1988 wurden nach einem Förderungsbeschluß des DDR-Ministerrates 800 private Verkaufsstellen eröffnet. Sortimentsbedingt, lieferseitig und steuerlich benachteiligt gegenüber staatlichen Verkaufsstellen, versuchten viele, im marktwirtschaftlichen Wettbewerb zu bestehen. Insbesondere das private Lebensmittelhandwerk wie Bäcker und Fleischer mit Marktanteilen von 43 bzw. 28% besaß selbst zur DDR-Zeit kleinräumige Monopole und glaubte, diese in die Marktwirtschaft hinüberzuretten (Der Handel 1990: 22-24).

3. die "Neuen", die aus HO- oder Konsumbetrieben ausgeschieden sind, entweder alte Läden gekauft oder sich anderweitig im Einzelhandel selbständig gemacht haben.

4. westdeutsche Mittelständler mit "der einmaligen Gelegenheit, hier etwas ganz Neues aufzubauen, einen neuen Betrieb und eine eigene Existenz" (SCHWARZKOPF 1991: 16).

5. die neuen Unternehmer, die aus dem Bereich der Produktion, der Fertigungstechnik und der Verwaltung stammen, um mit diesen Kenntnissen über die Materialbeschaffenheit der Ware oder das Rechnungswesen einen Laden zu führen.

6. die Quereinsteiger, die gänzlich branchenfremd im Einzelhandel aktiv werden und private Neigungen und Hobbys verwirklichen wollen. Unter 244 befragten Inhabern an allen Standorten, müssen 56 als "Quereinsteiger" interpretiert werden, wenn man die ursprüngliche Ausbildung der Tätigkeit im Einzelhandel gegenüberstellt (z.B. Lehrerin - Geschenkeladen; Soldat - Computerladen; Kindergärtnerin - Konditorei) (vgl. auch ZAROF 1995: 70).

Zudem haben sich über diese Gruppen hinweg einzelne Mittelständler Einkaufsgenossenschaften angeschlossen oder treten als Franchiser und somit für die Öffentlichkeit nicht unbedingt als "ostdeutsche" Händler erkennbar auf.

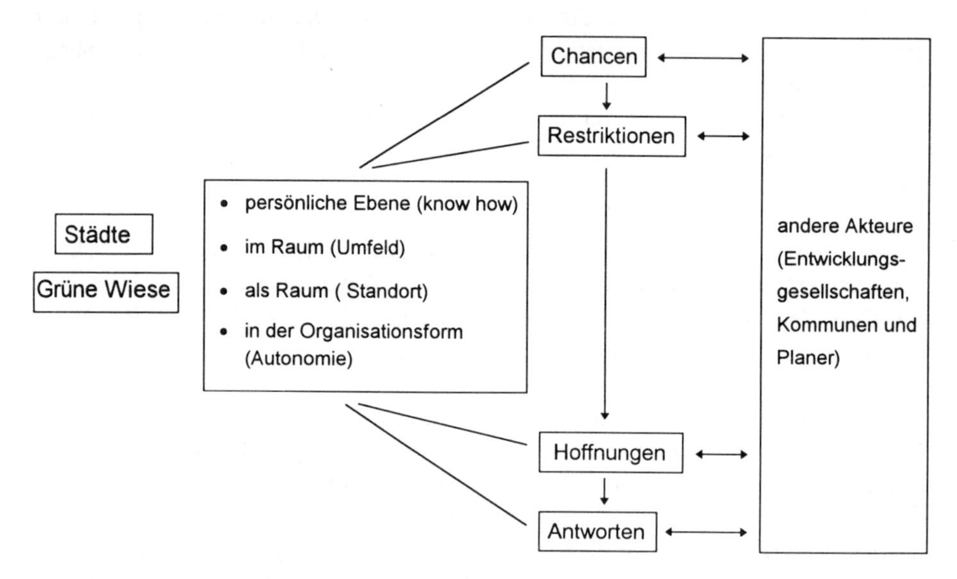

Abb. 47: Kriterien zur Untersuchung des Einzelhandels und seiner Abhängigkeit von externen Faktoren in der Stadt und auf der grünen Wiese
Quelle: eigener Entwurf

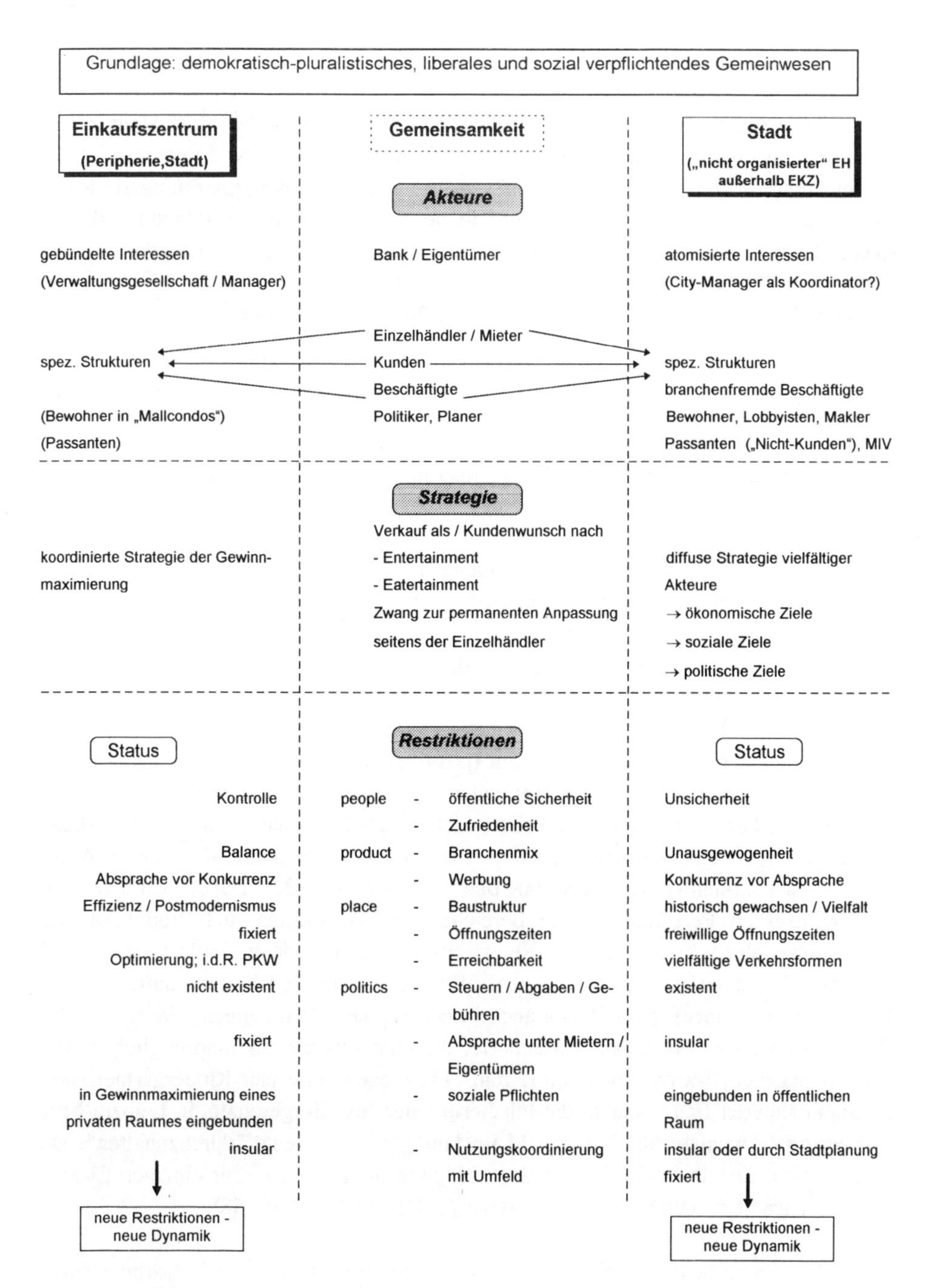

Abb. 48: Vergleich des Einzelhandels im Einkaufszentrum und in der Stadt nach Akteuren, Strategien und Restriktionen
Quelle: eigener Entwurf

11.3.5 Kleinräumige Strukturen und Einschätzungen

Abb. 47 u. 48 erfassen das Wirkungsgefüge, dem der Einzelhandel in der Stadt und im Einkaufszentrum unterliegt. Differenziert nach Akteursvielfalt (wie autonom ist der Einzelhändler in seinen Entscheidungen?), nach Verkaufs- und Vermarktungsstrategien sowie nach Restriktionen für den geschäftlichen Erfolg werden im folgenden Kapitel sowohl Gemeinsamkeiten als auch Unterschiede zwischen den Standorttypen zu analysieren sein. Dabei wird weitestgehend versucht, das Aktionsmuster der Einzelhändler von anderen Akteuren zu isolieren, ehe deren Position dargestellt wird.

11.3.5.1 Chancen

Die Chancen auf wirtschaftlichen Erfolg im Einzelhandel lassen sich folgendermaßen strukturieren:

a) Unabhängig vom persönlichen Ausbildungshintergrund ist es für viele sog. Mittelständler "eine Gelegenheit, zum ersten Mal mein eigener Herr zu sein" (BRODER & VAN DER MEULEN 1991: 21). Nach dem Zusammenbruch der Planwirtschaft war Platz für private Initiativen geschaffen worden, die man als räumliche, zeitliche oder Branchennische realisieren wollte.

b) Der Einzelhandel war jedoch nicht nur (positive) Gelegenheit, sondern auch (negativ besetzte) Flucht aus der um sich greifenden Arbeitslosigkeit und sozialen Not. "Der Weg aus der Not führt nicht vom Tellerwäscher zum Millionär, sondern vom Akademiker zum Würstchenverkäufer ... Aber unglücklich ist sie nicht, sie hat eine Arbeit und ein Auskommen" (BRODER & VAN DER MEULEN 1991: 22). Der Abbau des DDR-Überbesatzes an Personal in allen Bereichen der Verwaltung und Produktion, die Schließung vieler Einrichtungen aus Rentabilitätsgründen sowie die Entlassung politisch belasteter Personen vor allem aus dem öffentlichen Dienst (Wissenschaft, Schulen, Kindergärten, Armee) spiegelt sich auch in den eigenen Befragungen wider. Von 454 Personen über alle Einzelhandelsstandorte, die eine Angabe zur ursprünglichen Ausbildung machten, waren acht Lehrer, fünf "Pädagogen" und vier Kindergärtnerinnen. In einem anderen Fall versucht die Inhaberin eines Juweliergeschäfts in Leipzig-Mitte (Jahresumsatz weniger als 50.000 DM im Jahr!), bis zur Rente "durchzuhalten". Die Tätigkeit im Einzelhandel wird zur Beschäftigungstherapie bzw. zur einzigen Chance, "dem Sozialamt zu entkommen" (ROSHANI & SCHNIBBEN 1996: 58).

c) Die berufliche Selbständigkeit und Selbstbestimmtheit werden über staatliche finanzielle Hilfen wie Kreditgewährungen, steuerliche Vergünstigungen oder Befreiungen (wie z.B. von der Gewerbekapitalsteuer) unterstützt (vgl. auch ACHEN & ZARTH 1994: 323).

d) Sowohl die Bedürfnisse und die finanziellen Spielräume der Kunden als auch die Lieferbedingungen für die Einzelhändler von seiten des Großhandels haben sich nach 1990 dermaßen verändert bzw. sind größer geworden, daß die Geschäfte mit hochgradig spezialisierten Angeboten auf diese Nachfrage reagieren wollen.

e) Im Falle der (westdeutschen) Filialisten ist es die Chance gewesen, den Markt kurzfristig, massiv und strategisch zu durchdringen und sich gegenüber Konkurrenten regionale Monopole zu sichern (BIENERT 1991).

f) In der sog. Sonderabsetzung für Abnutzung (Sonder-AfA) wird Bauherren und Käufern ostdeutscher Immobilien ein Steuersparmodell eröffnet. 50% der Bau- bzw. Erwerbskosten konnten bis Ende 1996 vom zu versteuernden Einkommen sofort abgezogen werden (JENSEN 1996, S. 159).

11.3.5.2 Restriktionen - Sieger und Verlierer in der standörtlichen Attraktivität

Den Chancen stehen Restriktionen gegenüber, die auf unterschiedlichen Ebenen realisiert werden und den wirtschaftlichen Erfolg in Frage stellen. Einerseits handelt es sich um selbstverursachte Probleme, die in der subjektiven Natur des Unternehmers bzw. in objektiv meßbaren und individualisierbaren Tatbeständen begründet sind. Andererseits sind es fremdbestimmte Schwierigkeiten, die der Einzelhändler im räumlichen Umfeld seines Ladens erfährt und nicht kontrollieren kann oder auch durch sein eigenes in Wechselwirkung zum Umfeld stehendes Verhalten unbewußt provoziert.

a) Die individuelle Ebene
SPANNAGEL (1995: 206) erkennt noch Mitte der 90er Jahre "erhebliche Defizite im marktwirtschaftlichen Denken und Handeln sowohl bei den Unternehmern als auch bei ihren Mitarbeitern". Unternehmen (zitiert nach FAZ 7.2.1997: 17) leiden vielfach an einer "DDR-Mentalität", wonach Ostdeutsche auf den Orientierungsverlust "mit einem trotzigen Rückfall in alte Verhaltenstraditionen" reagieren, "Improvisationsvermögen und ´Chaos-Kompetenz‘ (jedoch) nicht mehr produktiv" wirken (FAZ 7.2.1997: 17). Zur DDR-Zeit war "die Ware unsere Macht ... Mit Ostmark war´s nicht getan, was zählte war die Sympathie (für den Kunden) oder ein gleichwertiges Objekt als Gegenangebot" (ROSHANI & SCHNIBBEN 1996: 67). An der Tatsache, den Kunden nunmehr umwerben zu müssen und nicht mehr in ein festgefügtes Handelsnetz mit gesichertem Einkommen eingebunden (SPANNAGEL 1995: 206) und mit kleinräumiger Monopolfunktion ausgestattet zu sein, scheitern viele Einzelhändler. Kenntnisse in den Bereichen Marketing, Steuer- und Arbeitsrecht sowie Controlling sind vielfach rudimentär. "Viele Ostunternehmer lassen sich durch gute Umsätze blenden. Sie expandieren, ohne darüber nachzudenken, daß sie die Kredite einmal zurückzahlen müssen" (Die Zeit 5.3.1993: 29) und daß Mietzahlungen, Zinsen und kommunale Abgaben schneller an-

wachsen können als die Einnahmeseite. Zudem wird versucht, das "neue" Bewußtsein als "Westimitator" (ROSHANI & SCHNIBBEN 1996: 82), der die Marktwirtschaft versteht, und das "alte" Bewußtsein, das sich an der vermeintlichen "sozialen Wärme" der DDR orientiert (FAZ 23.12.1989), unbeschadet miteinander zu verbinden.

b) Die baulich-strukturelle Ebene

Den individuellen subjektiven Problemen werden Aussagen gegenübergestellt, die die Einzelhändler als räumliche Standortgemeinschaft erfassen, um auf dieser aggregierten Ebene die Innenstädte von Einkaufszentren und Stadtteilzentren zu unterscheiden. Die Frage hierbei ist, wie sich die Einzelhandelsagglomerationen dem Kunden als gesamtheitlicher Markt präsentieren und welche Möglichkeiten sie hierzu haben.

Die **Stadt als Raum** zeichnet sich durch eine gegenüber Einkaufszentren kleinteilige (Eigentums-)Parzellenstruktur aus, die einer zeitlich und inhaltlich abgestimmten Bebauung oder Modernisierung von Gebäuden und Infrastruktur eher hinderlich ist (vgl. RIEDEL 1994). Ausnahmen ergeben sich bei der sozialistischen Quaderarchitektur, die innerstädtisch auch über Parzellengrenzen hinweg realisiert wurde. In allen Fällen bremsen jedoch Denkmalschutzauflagen und Rückübertragungsansprüche auf Immobilien die Umsetzung von Investitionsmaßnahmen, sofern nicht Investitionsvorrangbescheide das Restitutionsbegehren umgehen können (Leipziger Volkszeitung 28.10.1994: "Investoren hatten in Leipzig schon 1000mal Vorfahrt"; DIESER 1996: 134f.) oder aber manipulierte Grundbücher jegliche Lösung blockieren (TATZKOW & HENICKE 1992). Allein für die Stadt Halle waren 1994 ca. 3.000, d. h. jedes achte Haus, und in Leipzig ca. 12.000 Baudenkmale in der Denkmalliste aufgeführt (Bauen für Halle 3-1994, S. 6; Bauen für Leipzig 10/11-1994, S. 4).

In der Regel sind die Betreiber sowie die Inhaber und Immobilieneigentümer nicht identisch. In der Rostocker Innenstadt (N=132) waren es gerade 20% (N=85) der Befragten, in Cottbus 8,2% (N=97) und in Leipzig sogar nur 2,2% (N=45), die Ladenbesitzer und zugleich Eigentümer des Gebäudes sind. Im Februar und März 1996 waren in Cottbus die Eigentumsverhältnisse in sechs, in Leipzig in fünf Fällen und in Rostock in einem Fall (unter den jeweils Befragten) weiterhin ungeklärt. Im Bereich der Karl-Liebknecht-Straße am südlichen Cityrand von Leipzig betrug diese Quote sogar 15% oder in absoluten Zahlen 14 Interviewte, die weiterhin auf eine Eigentumslösung (möglicherweise nicht in streng juristischem Sinne, sondern aus Sicht der Gewerbetreibenden) warteten. Allein das "Amt zur Regelung offener Vermögensfragen" in Leipzig hatte bis Ende 1996 43.500 Ansprüche auf enteignete Grundstücke, aber auch auf bewegliches Vermögen wie Konten, Kunst, Schmuck und Hausrat zu bearbeiten, von denen ca. 29.000 abgeschlossen werden konnten. Als Sonderfall für Leipzig, weil dort räumlich besonders konzentriert, liegen zudem Ansprüche auf früheres jüdisches Vermögen vor, das vor dem Zweiten Weltkrieg enteignet worden war oder durch Flucht verloren ging. Von 6.200 Anträgen entfielen hier 4.545 auf die

Rückgabe von Grundstücken (Leipziger Volkszeitung 30.12.1996: 13). Kleinräumige Angaben für die Situation entlang einzelner Straßenzüge oder in Stadtteilen werden von den Ämtern nicht herausgegeben. Eine Auszählung bei der Rostocker Sanierungsgesellschaft (im Februar 1996) konnte zumindest für die Kröpeliner Straße, der Hauptgeschäftszone in der Rostocker City, den Zustand für März 1994 rekonstruieren, wonach noch 47 ungeklärte Eigentumsansprüche bezogen auf ca. 104 Grundstücke vorlagen. Neben der zeitlichen Verzögerung und dem hohen bürokratischen Aufwand für Investoren ergeben sich darüber hinaus unwägbare finanzielle Belastungen, wenn man auf historischem Baugrund Gruben ausheben läßt. Nach dem sächsischen Denkmalschutzgesetz von März 1993 gilt das Verursacherprinzip: "Wer ... archäologisch bedeutende Schichten angreift, muß die Wissenschaftler bezahlen" (SCHÜTT 1994). Für den Immobilien-Magnaten Schneider betrug allein diese Summe in Leipzig 1,5 Mio. DM (SCHÜTT 1994).

Aufgrund dieser finanziellen Belastungen sind (Groß-)Investitionen in Form eines vollständigen Abrisses und Wiederaufbaus oder in Form aufwendiger Restaurationsmaßnahmen als Entkernung der Gebäude raumzeitlich unkoordiniert und in der Regel von westdeutschen Investorengruppen in Angriff genommen worden. Prestigeobjekte in sog. 1a-Lagen des Einzelhandels in den Innenstädten von Leipzig, Cottbus und Rostock kontrastieren dabei bis heute mit "toten Augen" verklebter Schaufenster und geschlossener Läden entlang der DDR-Stadtteilmagistralen sowie selbst in Hauptgeschäftszonen (LVZ 30.5.1995: 13), wo Mehrfachansprüche auf Grundstücke eine Restitution besonders lange hinauszögern. Parallel zum "Wiederaufbau" der Innenstädte verfallen andere "einstige Flaniermeilen" (Leipziger Volkszeitung 30.8.1996: 13) im wohnräumlichen Umfeld potentieller Kunden, weil sie an Attraktion verloren haben ("Betriebe in der Umgebung gingen pleite - Kundschaft fehlt - Jetzt ziehen auch die Geschäfte weg" LVZ 30.8.1996: 13). Bauboom auf der einen Seite und baulicher Verfall auf der anderen Seite zeigen aber kurzfristig dieselbe Konsequenz, nämlich daß Einzelhändler in einem für sie als störend empfundenen geschäftlichen Umfeld keinen wirtschaftlichen Erfolg haben. Hohe Ladenmieten können nicht durch die örtliche Kaufkraft gedeckt werden (Leipziger Volkszeitung 18./19.9.1993: IX). Seit Anfang 1990 entwickelte sich sprunghaft ein Immobilienmarkt aus, der aufgrund des Mangels an kurzfristig verwertbaren Ladenflächen einen Mietpreisboom erzeugte (Tab. 78). "Horrende Mietsteigerungen ruinieren viele kleine Läden" (Die Zeit 17.4.1992: 31) und "Die Mietkosten werden manchen Händler strangulieren" (Einzelhandelsberater 1991) verweisen bereits früh auf dieses Problem, das zu einer Verdrängung "alteingessener" Geschäfte (Leipziger Volkszeitung 1.2.1994: 12) zugunsten von westdeutschen Filialketten und haushaltsbezogenen Dienstleistungen ("Tertiärisierung") geführt hat (Die Zeit 17.4.1992: 31).

Tab. 78: Ladenmieten Netto-kalt, DM je qm Verkaufsfläche monatlich (Läden zu ebener Erde) im Geschäftskern

	1991		1992		1993		1994		1996[1]
	(a)	(b)	(a)	(b)	(a)	(b)	(a)	(b)	(a)
Rostock	75	35	80	40	120	78	120	65	110
Cottbus	-	-	-	-	-	-	-	-	110
Leipzig	80	50	140	100	190	100	170	105	137
Bremen	280	80	300	90	280	80	250	80	k.A.
Hannover	300	100	300	100	300	100	300	100	290

(a) 1a-Lage klein bis ca. 60 qm; (b) 1b-Lage bis ca. 60 qm
Quelle: RDM-Immobilienpreisspiegel (Erhebungszeitraum 1.Quartal) 1991-1994
[1] Norddeutsche Neueste Nachrichten 19.9.1996

Im Vergleich der Städte untereinander zeigt sich, daß sich die Mieten binnen kurzer Zeit verdoppelt hatten, um bis 1996 langsam wieder zu fallen. Obwohl Leipzig damit eine der teuersten Städte in Ostdeutschland ist, liegen die Mieten weiterhin deutlich unter dem Niveau bevölkerungsmäßig vergleichbar großer Städte in Westdeutschland. Weil sich die Kaufkraft im Osten immer noch unter dem West-Durchschnitt befindet (Leipzig 87,4 Indexpunkte) (LVZ 28.2.1997: 1), viele Quartiersläden unter der sog. Entwohnung leiden und - wie im Bereich der Karl-Liebknecht-Straße - innerstädtische Fabriken und Verwaltungsstellen verlagert bzw. stillgelegt worden sind, profitieren auch die Läden in den Stadtteilzentren nicht davon, daß die Mieten vom Zentrum der Stadt zur Peripherie tendenziell sinken. Andere Nutzungen, die eine räumliche Vergesellschaftung mit dem Einzelhandel suchen, sind gleichermaßen diesem negativen Trend unterworfen. "Caféhäuser werden aus der Innenstadt verdrängt" (LVZ 17.5.1993), "City-Kino steht vor dem Aus" (LVZ 1.7.1997). Von Ende 1989 bis Anfang 1995 ging die Anzahl der Gaststätten im Ringbereich Leipzig von 72 auf 52 zurück, stieg jedoch bis Anfang 1996 wieder auf ca. 62, unter denen sich vor allem Fast-Food- und andere Systemgastronomien befinden, die die "alteingesessenen" Betriebe auch hier aus der Stadt herausdrängen oder zum Schließen zwingen (LVZ 17.5.1993; IHK Leipzig 1996b)

Die **Stadt im Raum** wird insbesondere als verkehrliches Problem wahrgenommen. Obwohl in der Regel sehr gut an den ÖPNV angeschlossen, verursachen enge Straßenführungen, das Fehlen von Umgehungsstraßen und Baumaßnahmen lange Wartezeiten im Stau (AUGSBURG & WEIS 1995). Einzelne Händler sind durch Straßenbaustellen sogar weitestgehend abgeschnürt vom Kundenstrom. Umsatzeinbrüche von 30 bis 70% sind die Folge (Leipziger Volkszeitung 14.11.1995). Flächen für den ruhenden Verkehr sind zumeist gebührenpflichtig und werden trotz ausreichender Menge von der Kundschaft und den Einzelhändlern nicht akzeptiert. Neubauten und Erweiterungsmaßnahmen von Geschäften müssen durch eine sog. Ablöse für gewerbliche Stellplätze (i.d.R. ein PKW-Stellplatz pro 30 bis 40 qm Ladenfläche) abgegolten werden. So betrug diese Summe Anfang 1996 für die Innenstadt von Rostock 7.000,-DM (KULLING 1996: 13), für die City von Leipzig zwischen 10.000 und 30.000,-DM (Leipziger Volkszeitung 8.3.1995: "Stellplatz-Ablöse: Bündnisgrüne lösen Streit im Rathaus aus"). Die Satzung für Leipzig schreibt vor, daß im Stadtzentrum nur höchstens 20% der nach Sächsischer Bauordnung ermittelten PKW-Stellplätze eingerichtet werden dürfen, wobei aber 100% der Ablösegebühr fällig wird (LVZ 20.8.1993: 9). Aus Sicht der Einzelhändler ergibt sich hieraus eine große Diskrepanz zwischen Eigenleistung und kommunalen Zugeständnissen.

Im Vergleich zeichnen sich die **Einkaufszentren als Raum** auf der grünen Wiese durch flächenextensive Bauweise aufgrund niedriger Bodenpreise aus. Ästhetische Bauelemente fanden bisher keine Berücksichtigung. Ein ökonomischer Quaderstil konkurriert hier nicht mit denkmalpflegerischen und musealen Überlegungen der Innenstädte. Ehemalige LPG-Anteile der Gemeinden an Grund und Boden wurden zu Billigstpreisen aufgekauft. Restitutionsansprüche auf Grundstücke von sog. Alteigentümern, die aus der Zeit vor der Wiedervereinigung oder vor Gründung der DDR resultieren könnten, liegen in der Regel nicht vor. Probleme des Denkmalschutzes treten nicht auf, weil die Grundstücke ursprünglich unbebaut gewesen sind. Gesprächspartner der Bauherren sind die Vertreter kleiner Kommunen, die die Projektierung von Einkaufszentren unkritisch unterstützen und mit den privaten Bauträgern "growth coalitions" bilden (SCHNEIDER & UNGER 1996: 5). Beispiele finden sich überall in den Neuen Bundesländern. Einige sind näher dokumentiert wie das 950-Einwohner umfassende Waltersdorf am südlichen Stadtrand von Berlin, das als Standort eines Einkaufszentrums mit 3,5 Mio. Mark Gewerbesteuer pro Jahr zu einer der reichsten Gemeinden von Brandenburg geworden ist (MENGER 1996: 9). Auch die Standortgemeinden Günthersdorf (Saalepark) und Sievershagen (als Standort des Ostseeparks und Ortsteil der Gemeinde Lambrechtshagen) haben sich zu regional bedeutsamen Arbeitszentren entwickelt. Die Anzahl der Arbeitsplätze schwankt je nach Quellenlage für den Ostseepark zwischen 500 und 1.000, für den Saalepark liegt sie nach Angaben des Einkaufszentrums bei 3.500 Personen (BAGINSKI 1994; SCHMIDT 1995). Grundsteuer- und Gewerbesteuereinnahmen kommen dem Ort und dem Landkreis zugute. In Günthersdorf rechnete die Verwaltung mit jährlich etwa 700.000 DM Steuereinnahmen, die aus dem Einkaufszentrum resultieren, was im Vergleich zu den Zahlen für Waltersdorf um ein Vielfaches niedriger liegt, als es wohl tatsächlich der Fall ist (Mitteldeutsche Zeitung 11.12.1991). Vielfältige infrastrukturelle Verbesserungen wie neue Gas-, Wasser- und Telefonanschlüsse, neue Straßen und Sporteinrichtungen, die von den

Investoren finanziert wurden, haben die Lebensqualität in den Gemeinden erheblich verbessert (POHLE 1991; SCHARIOTT 1992). Im Gefolge der Suburbanisierung des Einzelhandels erfolgte eine Suburbanisierung der Bevölkerung. Die neuen Dorfbereiche sind bereits größer als die alten Dorfkerne (Abb. 21). Im August 1996 standen in Günthersdorf 179 "alten" 336 neue Wohneinheiten, in Sievershagen 187 "alte" 335 neuen gegenüber. Günthersdorf will bis zum Jahre 2015 auf 3.000 Einwohner anwachsen und wird in Größe und Ausstattung "zu einem kleinen Städtchen" werden (SCHARIOTT 1992). Auch Nachbargemeinden versuchen von dieser Entwicklung zu profitieren wie zum Beispiel das direkt zum Saalepark benachbarte Kötschlitz. Auf dessen Gemarkung liegt ein skandinavisches Einrichtungshaus, das direkt an den Saalepark angrenzt.

Die Stellung der **Einkaufszentren im Raum** auf der grünen Wiese zeichnet sich durch verkehrszentrale Lagen an Autobahnen oder Ausfallstraßen aus, um den Besuch motorisierter Kunden zu fördern. Hierfür werden kostenfreie Parkplätze in großer Anzahl bereitgestellt. Im Falle des Ostseeparks ergeben sich 2.025, beim Saalepark 6.000 Parkplätze. Die Investitionskosten für einen Parkplatz betragen am Beispiel der Peripherie Neubrandenburgs zwischen 2.000 und 4.000,-DM, "während ein innerstädtischer Einzelhandelsunternehmer dafür, daß er keinen Parkplatz baut, DM 17.500,-- zahlen soll" (GRÜTER 1995: 11). Im Gegensatz zu den Innenstädten können Investoren auf der grünen Wiese ihr Parkplatzkontingent zu 100% ausschöpfen (GEBAUER 1995: 92).

c) Die organisatorische Ebene

Nicht nur monetäre oder baulich-strukturelle Fakten begrenzen den wirtschaftlichen Erfolg im Einzelhandel, sondern auch Verhaltensweisen, die individuell, jedoch nicht isoliert ablaufen. Sie sind interdependent eingebunden in die Verhaltensweisen anderer Individuen, mit denen (teilweise unbewußt) ein gemeinsames Aktionsmuster besteht. Von einem Individuum ist es deshalb weder beabsichtigt, noch von ihm vorhersehbar, welche Konsequenzen seine Entscheidungen auf der Aggregatebene haben können. Insbesondere im Vergleich zu den Managementtechniken eines Einkaufszentrums wird diskutiert, auf welchen Feldern Einzelhändler, in denen sie autonom entscheiden, zu fehlender Homogenität des Erscheinungsbildes ihrer Einzelhandelsagglomeration beitragen.

Ladenöffnungszeiten
Im März 1995 wurden in den Innenstädten von Leipzig, Cottbus und Rostock sowie im Stadtteilzentrum Karl-Liebknecht-Straße und Zuschka für alle Einrichtungen des Einzelhandels und der Dienstleistungen die Öffnungszeiten erfaßt (Tab. 79).

Tab. 79: Ladenöffnungszeiten in den untersuchten Städten, Februar/März 1995 bzw. für den Saalepark, August 1996 (Anzahl der Einrichtungen in %)

	City Leipzig	K.-L. Str.	City Cottbus	Zuschka (Cottbus)	City Rostock	Saale-park
Geschäftsbeginn Mo-Fr						
08.00 Uhr	4,8	14,4	12,5	15,8	9,2	2,6
09.00 Uhr	48,1	52,2	55,2	55,3	71,8	17,9
10.00 Uhr	27,7	16,1	12,5	21,1	4,6	66,7[1]
Geschäftsschluß Mo-Fr (außer Do)						
18.00 Uhr	50,6	83,9	58,9	84,2	73,3	5,1
18.30 Uhr	45,9	5,0	37,9	2,6	22,9	82,1
Geschäftsschluß Do						
18.00 Uhr	19,9	72,8	28,9	68,4	35,9	2,6
18.30 Uhr	5,2	6,1	10,3	-,-	2,3	7,7
19.00 Uhr	20,8	5,6	7,2	13,2	17,6	-,-
20.00 Uhr	13,0	3,3	33,0	-,-	33,6	2,6
20.30 Uhr	33,3	0,6	11,3	2,6	7,6	74,4
Samstags geschlossen	3,9	38,3	2,0	2,6	0,8	2,6
Mittagsschließungen	4,3	21,1	2,3	5,1	2,3	2,6
N	231	180	22	39	131	39

[1] 9.30 Uhr

Unberücksichtigt blieben der ambulante Handel, Banken und gastronomische Einrichtungen, sofern sie vom Einzelhandel zu trennen waren (z.B. "Kneipe" gegenüber "Heißer Theke" beim Schlachter).

Quelle: Erhebung JÜRGENS 1995, 1996

Die große Vielfalt an Ladenöffnungs- und Schließzeiten innerhalb der Vorgaben des deutschen Ladenschlußgesetzes führt zur Enttäuschung bei Kunden, die einen Laden vergeblich aufsuchen. Zusammenhängende Einkäufe in mehreren Geschäften werden erschwert. Aufgrund fehlender Mitarbeiter sind es insbesondere mittelständische Einzelhändler, die mittags kurzzeitig schließen oder - aus Resignation vor den Einkaufszentren auf der grünen Wiese - samstags gar nicht mehr öffnen. Dieser Aspekt fällt vor allem im Bereich der Karl-Liebknecht-Straße auf, wo die Läden ganzer Straßenabschnitte samstags geschlossen haben. Wie aus Gesprächen zu entnehmen war, werden selbst die angeschlagenen Öffnungszeiten nicht immer eingehalten, so daß bei schlechtem Wetter oder wenig Kundschaft auch schon mal früher geschlossen wird. Trotz eines neuen Ladenschlußgesetzes, das seit dem 1.11.1996 verlängerte Öffnungszeiten zuläßt, ist es bei dem "Durcheinander der Öffnungszeiten" geblieben. "Türen öffnen sich immer öfter erst 10 Uhr - Auch abends unterschiedlicher Geschäftsschluß" (LVZ 14.3.1997: 15). Die "Tendenz zu differenzierten Öffnungszeiten wird immer stärker" (Die Welt 21.3.1997). Aufgrund fehlender Kunden werden längere Öffnungszeiten bereits wieder zurückgenommen. In einer Umfrage des HDE im Februar 1997 (N=2.500) gaben immerhin nur 37% der Einzelhandelsunternehmen in Stadtteilen an, die neuen Öffnungszeiten beibehalten zu wollen, in Citys von Städten mit über 500.000 Einwohnern waren es 42%, in Einkaufszentren auf der grünen Wiese hingegen 69% (HDE online 1997a). Die Absprache der Einzelhändler zu den Öffnungszeiten nimmt dabei mit zunehmender Größe der Städte ab (55% bei Städten mit über 500.000 Einwohnern). Doch gibt ihnen der Erfolg recht, weil die Kundenakzeptanz zu den verlängerten Zeiten hier immerhin noch sehr viel besser ist als in kleineren Städten.

Vergleicht man die kartierten Öffnungszeiten mit denen im Saalepark (Stand August 1996), ist auch das Bild im Einkaufszentrum weniger homogen, als man hätte erwarten können. Die Mietverträge schreiben den Gewerbetreibenden nur Kernöffnungszeiten vor, an die sie sich zu halten haben, die ihnen aber auch eine gewisse Flexibilität einräumt, früher zu schließen oder länger offenzuhalten. Dennoch erkennt man eine große Kompaktheit der angebotenen Öffnungszeiten, die mit wenigen Ausnahmen die Vorgaben des Ladenschlußgesetzes zum Abend hin ausnutzen. Das betraf insbesondere den sog. Dienstleistungsabend oder "langen Donnerstag" vor seiner Abschaffung zum 1.11.1996. Entgegen den Erfahrungen in den Städten ordnen sich auch haushaltsbezogene Dienstleistungen wie Bank und Post den vorgeschriebenen Öffnungszeiten eines Einkaufszentrums unter. So hat die Bankfiliale im Saalepark auch am Samstag geöffnet (vgl. auch FAZ 14.5.1997: Citibank: Erstmals Filiale am Samstag geöffnet). Im Paunsdorf Center beteiligte sich die Post am Dienstleistungsabend.

Branchenmix

Im Vergleich zum Einkaufszentrum liegen die Stärken der Innenstadt und des Stadtteilzentrums in der absoluten und relativen Vielzahl an Spezialgeschäften (Tab. 80). Zumindest physiognomisch gleicht sich die City jedoch aufgrund hoher Filialisierung und Textilisierung den Einkaufszentren zunehmend an. Nur noch geringe Bedeutung haben Lebensmittelläden in der Innenstadt, deren Anzahl im Vergleich zu 1980 um ca. 30% zurückgegangen ist. Größeres Gewicht besitzen sie nur noch im Stadtteilzentrum, obwohl auch hier ein Rückgang um ca. 35% vorliegt (JÜRGENS 1994b). Angebotsbreite und -tiefe finden ihre Begrenzung in der Kleinflächigkeit der Läden. Die Qualität der angebotenen Waren schwankt zwischen hoher Exklusivität und "Schnäppchenmärkten", die billige Massenware verkaufen und das Verkaufsimage des gesamten Standortes "Innenstadt" schädigen können. Eine bewußte Steuerung des Branchenmixes existiert nicht, so daß z. B. in der Cottbuser Innenstadt bis zu fünf Schuhläden verschiedener Filialen direkt aufeinander folgen.

Tab. 80: Branchenmix in Leipzig, März 1995 (Anzahl der Einrichtungen in %)

	Karl-Liebknecht-Str.	City	Saalepark-EKZ
Waren des tägl. Bedarfs (WtB)	25,4	9,6	15,4
Textil/Schuhe	14,1	33,3	38,5
Optiker/Juwelier	7,3	9,6	7,7
Apotheke/Drogerie	6,2	4,8	7,7
andere Spezialgeschäfte im non-food-Bereich	33,9	35,1	17,3
Dienstleistungen	13,0	7,5	13,5
N	177	228	52
durchschnittl. genutzte Fläche in qm	47[1]	207[2]	1.692[3]

Unberücksichtigt blieben der ambulante Handel, Banken und gastronomische Einrichtungen
Quelle: Erhebungen JÜRGENS 1995
[1] Rat des Stadtbezirks ... 1975
[2] MÜLLER & FREUDE 1995 nach Müller-Consult 1994
[3] Angaben des Saalepark-EKZ 1991

Die Vermietungspraxis der Einkaufszentren zielt von Anfang an auf einen sich optimal und gegenseitig ergänzenden Branchenbesatz, der verschiedene Inhalte verfolgen kann:

1. Das Cottbus Center repräsentiert den günstigen Einkauf. Ein SB-Warenhaus und Fachdiscounter dominieren das Angebot. Ein eher teurer Schuhladen "paßte" nach Aussagen des Centermanagers nicht in dieses Konzept und wurde aus dem Center verdrängt.

2. Das Portcenter versucht mit seinem Totalumbau im Jahre 1998 ein exklusives Ambiente und entsprechende Angebote unter einem Dach zu konzentrieren. Discounting schließt sich hierbei aus.

3. Als Stadtteilzentren geplante Einkaufzentren wie das Allee-Center in Grünau (Leipzig) versuchen, nicht nur bekannte Filialisten, sondern "alteingesessene" Geschäfte als Mieter zu gewinnen, um den Bewohnern lokale Kompetenz zu vermitteln.

4. Einkaufszentren wie der Saalepark und das Paunsdorf Center wollen sowohl vom qualitativen als auch preislichen Angebot so "komplett" wie möglich sein. Discounter und teurere Fachgeschäfte existieren hier nebeneinander, was auch die Ansprüche des modernen Hybridkunden widerspiegelt. Zumindest in absoluten Werten ist der Innenstadt aber eine Branchenvielfalt zu bescheinigen, die das Einkaufszentrum mit seinen eher großflächigen Angeboten bisher nicht erreichen kann.

Abstimmungsmaßnahmen zur Steigerung der Attraktivität des Standortes

In seiner Untersuchung von Einzelhändlern in Rostock fragte PROKSCH (1997: 126) nach Maßnahmen, die vom Handel erbracht werden könnten, um eine Attraktivitätssteigerung des Standortes Innenstadt vorzunehmen. Abb. 49 zeigt, daß 81% der Befragten (N=69) die Vereinheitlichung der Ladenöffnungszeiten als vordringliche Maßnahme erachteten, ohne - wie Tab. 79 beweist - zu einer tatsächlichen Übereinkunft zu kommen. Wo insbesondere ein eigener finanzieller Einsatz nötig wäre, um Abstimmungsmaßnahmen vorzunehmen, nimmt das (ad-hoc geäußerte) Interesse bereits rapide ab. Auch die hiesige Werbegemeinschaft, die eine Koordinierung von Einzelhandelsinteressen vornehmen soll, zeichnet sich durch eine geringe Beteiligung und hohe Mitgliederfluktuation aus. Anfang 1996 waren

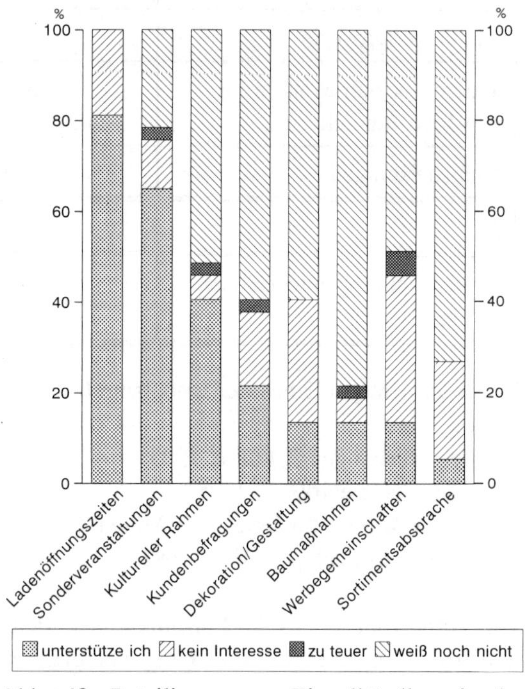

Abb. 49: Beteiligung von Einzelhändlern in der Innenstadt von Rostock an Maßnahmen zur Steigerung der Attraktivität des Standortes, 1996
Quelle: PROKSCH (1997: 126)

ca. 35 Mitglieder in dieser Gemeinschaft zusammengeschlossen. Ganz entscheidende Probleme sind Eifersüchteleien auf persönlicher Ebene zwischen kleinen und großen Läden sowie Einbetriebsunternehmen und Filialen, wobei letzteren mit ihren Möglichkeiten standörtlicher Mischkalkulation unterstellt wird, die Arbeit von Werbegemeinschaften zu ihren Gunsten zu hintertreiben. Weil sich die Waren- und Kaufhäuser selbst in den Mittelpunkt der Werbung von Citygemeinschaften stellen, fühlen sich kleinere Betriebe als "geduldete Satelliten" im Umfeld der großflächigen Anbieter. Absprachen mit Anbietern aus derselben Branche schließen sich im Wettbewerbsverständnis einzelner Gewerbetreibender völlig aus. Jegliche Koordination erfolgt auf freiwilliger Basis und ist aufgrund kurzfristiger geschäftlicher Umstellungen widerrufbar. Die eigenen Befragungen zeigen deshalb deutlich, daß es insbesondere subjektive, teilweise irrationale Gründe sind, die eine Koordinierung geschäftlicher Umfelder behindern. Ähnliche Ergebnisse liegen bereits vom ZAROF (1995) für den Bereich der Karl-Liebknecht-Straße vor, wo soziologisch begleitete "Stammtischrunden" Einzelhändler darüber aufklären sollten, ähnliche Probleme gemeinsam zu lösen. Nach Beendigung des öffentlich geförderten Projektes zerfielen die Stammtischrunden auf der Stelle. Im März 1996 erinnerte sich noch ein einziger Befragter hieran.

d) Perzeption der Standorte aus Sicht des Einzelhandels

Analog zu der sehr positiven Kundenperzeption von Einkaufszentren (vgl. auch HDE online 1997b: 5) und ihrer eher negativen Beurteilung von Innenstädten reagieren die befragten Einzelhändler. Anhand von zehn Kategorien läßt sich erkennen (Abb. 50; zur Vorgehensweise siehe Kap. 11.1.6), daß die Gewerbetreibenden in Einkaufszentren auf der grünen Wiese ihr Umfeld sehr viel zufriedener sehen als diejenigen in den Citys. Typische Stärken und Schwächen beider Standorttypen zeichnen sich ab. Im verkehrlichen Bereich (insbesondere beim ruhenden Verkehr) werden die Innenstädte durchweg schlechter beurteilt. Die Emotionalität dieses Kriteriums spiegelt sich in besonders guten oder schlechten Noten wider. Selbst wo mögliche Stärken der Innenstädte wie im Bereich der Gastronomie und in der Gestaltung bzw. Atmosphäre des Zentrums existieren, werden die Einkaufszentren besser oder nur unwesentlich schlechter bewertet. Auch die öffentliche Sicherheit wird in den Einkaufszentren günstiger wahrgenommen als in den Citys. Dieser Punkt soll näher thematisiert werden.

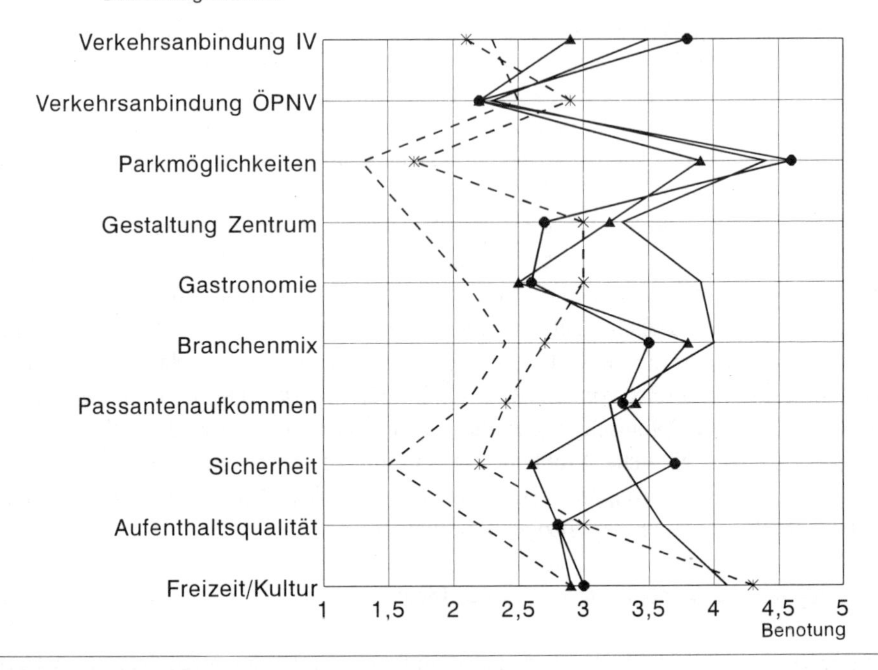

Abb. 50: Beurteilung des jeweils eigenen Standortes durch Einzelhändler nach ausgewählten Kriterien
Quelle: Befragungen JÜRGENS 1996 und PROKSCH 1996 (PROKSCH 1997) für Rostock

Als eine Facette gesellschaftlicher Transformation ist sowohl die meßbare Kriminalität als auch das objektiv nicht-meßbare Gefühl von Unsicherheit und Ungewißheit in den Neuen Bundesländern seit 1990 deutlich gewachsen. Der Verlust von sozialer Kontrolle und Anweisung durch den Staat sowie wirtschaftliche Armut mögen Gründe hierfür sein. Die Statistiken des Bundeskriminalamtes und der Landeskriminalämter weisen zweifellos einen rapiden Anstieg von Eigentumsdelikten aus, die eine Perzeption der Unsicherheit im öffentlichen Raum begründet haben. Davon betroffen sieht sich insbesondere der Einzelhandel, der Anfang der 90er Jahre finanzielle Einbußen durch illegale Straßenverkäufer hinnehmen mußte und in Leipzig und Rostock bis heute unter dem Image leidet, Hochburg des Autodiebstahls in Deutschland zu sein. In einer Umfrage der IHK Leipzig im September 1995 (IHK Leipzig 1995b) beurteilten 42,9% der Einzelhändler (N=105) die öffentliche Sicherheit in der Innenstadt, d.h. Schutz vor Taschen- und Ladendiebstählen sowie PKW-Aufbrüchen, als "schlecht". 50% hatten bereits selbst unter Einbrüchen und Vandalismus zu leiden und 48,5% unter PKW-Aufbrüchen. 68,5% der Einzelhändler haben den Eindruck, daß Kunden aus Angst vor Kriminalität die Innenstadt zu bestimmten Zeiten, insbesondere abends, meiden.

Ähnliche Einschätzungen liegen in Rostock vor. Im Mai 1995 führte die Rostocker Ostsee-Zeitung eine über zwei Wochen laufende Leseraktion zum Thema "Wie sicher ist Rostock" durch (PROKSCH 1997: 116). Um die Straßenkriminalität in Rostock einzudämmen, wurde 1993 eine "Sonderkommission Straße" eingerichtet, im Oktober 1995 eine "Einsatzgruppe Innenstadt" in Leipzig.

Die Kriminalität erfaßt demnach zwei unterschiedliche und sich doch gegenseitig bedingende Aspekte: a) die Sicherheit des Kunden und dessen Wunsch, einen Standort aufzusuchen, b) die physische und materielle Sicherheit des Einzelhändlers vor Gesetzesbrechern. Der Zusammenhang beider Punkte ist eher ein asymmetrischer: Weil die Kunden weniger ein materiell begründetes Interesse an der Sicherheit des Einzelhändlers haben, ist es umgekehrt existentiell für den Gewerbetreibenden, sich für die Sicherheit seiner Kunden einzusetzen. Neben belastenden Faktoren wie Verkehrspolitik, Parkplatzprobleme, Ablösegebühren, Mieten oder Denkmalschutzauflagen gewinnt die "Sicherheit in den Innenstädten" für Standortüberlegungen und Entscheidungen des Einzelhandels nach Aussagen des HDE zunehmend an Bedeutung (MAIER 1996: 3). Auch unter diesem Aspekt präsentiert sich das privat organisierte Einkaufszentrum als Antithese der weitestgehend öffentlichen Räume der Innenstadt, indem es mit Hilfe seiner Hausordnung und von Sicherheitsdiensten Kriminalprävention durch Präsenz und Platzverweis verfolgt. Gesellschaftliche Randgruppen sind deshalb in den Einkaufszentren von Leipzig, Cottbus und Rostock nicht anzutreffen, ungeplante und spontane Aktionen wie z. B. Kundenbefragungen - sofern nicht vom Centermanagement genehmigt - verboten. Kriminalität in den Einkaufszentren ist in der öffentlichen Meinung weitestgehend unbekannt, sofern nicht gewisse Besonderheiten diese Tatbestände aufdecken. Illegale Autorennen auf den Großparkplätzen der Einkaufszentren (LVZ 11.9.1996: 17 und 18.9.1996: 17), eine kurzzeitig zu beobachtende Prostituiertenszene für LKW-Fahrer auf dem Parkplatz des Saaleparks (SIEMER 1996: 26) und epidemischer Ladendiebstahl im Warnowpark in Rostock (PROKSCH 1997: 116) sind für die Kunden dennoch weitestgehend unsichtbar und berühren sie nicht persönlich, so daß ihr Sicherheitsempfinden im Vergleich zu den Innenstädten ungestörter ist.

11.4 Antworten: "Aufholen" der Städte - Angleichung an die Peripherie?

Organisatorische Seite

In Anknüpfung an das zentrale Management in Einkaufszentren, das alle Mieter zu koordinierten Verhaltensweisen verpflichten kann (z. B. fixierte Öffnungszeiten oder Kernöffnungszeiten, Teilnahme an Sonderveranstaltungen, Schaufenstergestaltung), sind ähnliche Organisationsformen für die Innenstädte entstanden. Doch ist die Anzahl der Akteure im öffentlichen gegenüber dem privatrechtlichen Raum der Einkaufszentren sehr viel größer, was eine Interessenabstimmung und -unterordnung nicht einfacher macht. Zu berücksichtigen sind u. a. die Bedürfnisse der Wohnbevölkerung, der

Einzelhändler und der städtischen Planung. "Händlerstammtische", Werbegemeinschaften und ein sog. City-Management repräsentieren dabei unterschiedlich ausgereifte Stadien, was die Umsetzung von Koordination und die Einschränkung autonomer Handlungsweisen betrifft. Soll der "Stammtisch" die Einzelhändler zunächst dafür sensibilisieren, daß der individuelle geschäftliche Erfolg vom Erfolg des nachbarschaftlichen Umfeldes abhängt, sind Werbegemeinschaften bereits einen Schritt weiter. Organisiert als Verein und unter Zahlung von Mitgliedsbeiträgen, werden gemeinsame und kleinräumig wirksame Aktionen der Einzelhändler durchgeführt. Eine neue Aufspaltung gemeinsamer Bestrebungen ergibt sich aber dadurch, daß sich Straßen oder innerstädtische Passagen und Galerien zu jeweils eigenen Interessengemeinschaften zusammenschließen, die untereinander wiederum zu keinen Absprachen bereit sind (LVZ 9./10.8.1997 zur Gefahr einer neuen Werbegemeinschaft im Leipziger Hauptbahnhof).

Erst das sog. City-Marketing vernetzt auf der höchsten Koordinationsebene die partikularen Interessen (wenn möglich) aller Innenstadtakteure, um den wirtschaftlichen Erfolg und das Image der City zu maximieren. Man verabschiedet sich "von der Vorstellung des starken Staates als exklusivem Entscheidungszentrum der Gesellschaft" (WACHS 1996: 24), indem private und öffentliche Entscheidungsträger miteinander kommunizieren und im Sinne einer "konsensorientierten Stadtentwicklung" (MENSING 1995: 39) gemeinsam planen.

Baulich-strukturelle Seite

Die Nachahmung der Erfolgsprinzipien peripherer Einkaufszentren hat sich auch auf die bauliche Ausgestaltung der Innenstädte und Stadtteilzentren ausgewirkt, z. B.

- in Form innerstädtischer Galerien und Passagen (hierunter auch Bahnhöfe), die privater Kontrolle unterliegen. Mit Hilfe des Hausrechtes (und privater Sicherheitsdienste) kann auf Kriminalität, Verunreinigungen und unerwünschte Kunden schneller reagiert werden als im "öffentlichen Raum".

- in Form einer zentralen Videoüberwachung der Straßen und mobiler Polizeistationen (in Leipzig), die die Sicherheit der Kunden erhöhen sollen,

- durch Überdachung öffentlicher Fußgängerzonen, um das Einkaufen vor Witterungseinflüssen unabhängiger zu machen, oder durch Abschließung von Passagen mit Hilfe von Flügeltoren und Verglasung (wie z.B. bei den Planungen zur Mädlerpassage in Leipzig).

- Parkleitsysteme, der Ausbau der Fahrradwegenetze und ÖPNV-Fahrkarten zu Sonderkonditionen sollen die Anfahrt des Kunden in die Stadt verbessern.

Inhaltlich-funktionale Seite

Innerhalb der Passagen und Galerien entwickeln sich inselartig Branchenmischungen, die in ihrer Gesamtheit - ähnlich wie die Warenhäuser - als Einkaufsmagneten und imageprägende Einrichtungen für die Stadt wirken können. Die von kommunaler Seite und von Einzelhändlern finanzierten Service-Dienstleistungen und Sonderaktionen orientieren sich hierbei an Vorgaben, die aus Einkaufszentren und Vergnügungsparks bekannt sind. Sie wollen den Belangen verschiedener Altersgruppen und Familienstrukturen unter ihren Kunden durch finanzielle Anreize, durch Mobilitätshilfen und Informationen entgegenkommen, um die Aufenthaltsqualität, die Besuchsdauer und -häufigkeit zu verbessern bzw. zu verlängern. Beispiele hierzu sind:

Kinderladen/Kinderhort und Baby-Wickelräume
Kinderwagen-Verleih
Rollstuhl-Verleih
Schließfächer bzw. Gepäck-Aufbewahrungsstelle
Behinderten-Parkplätze
Senioren-Einkaufstage
Einkaufsführer/-broschüren der Werbegemeinschaften
Events

Fehlschläge und weitere Konsequenzen

Folgende Fehlschläge stehen den bisherigen Erfolgen gegenüber:

- Innerstädtische Einkaufszentren haben die Filialisierung und Textilisierung noch gefördert, weil vielfach nur Filialbetriebe die hohen Mieten bezahlen können (vgl. Tab. 81). Hohe Mieten verursachen in den neuen Passagen und Galerien Geschäftsleerstände, die zugleich das Image der umliegenden City beschädigen. Das zeigt das Beispiel des Lausitzer Hofes in der Cottbuser City, wo negative Ausstrahlungen auf den gesamten Einzelhandel der Stadt seitens des Brandenburger Einzelhandelsverbandes befürchtet werden (Immobilien Zeitung 7.9.1995). Im Februar 1996 standen 13 von 44 Ladeneinheiten leer. Weil sich in diesen Zentren - außer hochpreisigen Spezialgeschäften - kaum noch größere Lebensmittelanbieter befinden bzw. neu eröffnen (z. B. unter 30 Läden kein Lebensmittelanbieter im innerstädtischen Charlottencenter von Halle/Saale: Hallesches Tageblatt 24.10.1995), muß der (günstige) Kauf von Waren des täglichen Bedarfs fast ausschließlich am Stadtrand erfolgen.

Tab. 81: Mietpreise (in DM) in den Citys und innerstädtischen Einkaufszentren von Cottbus und Rostock (netto-kalt pro qm, monatlich) (in %)

	City Cottbus	Lausitzer Hof (EKZ) (Cottbus)	City Rostock	Rostocker Hof Hopfenmarkt (EKZ)
bis 20	22,2	-,-	7,0	-,-
21 bis 30	35,2	-,-	7,0	6,7
31 bis 50	27,8	37,5	30,2	20,0
51 bis 100	14,8	62,5	53,5	46,7
101 bis 150	-,-	-,-	-,-	26,7
151+	-,-	-,-	2,3	-,-
N	54	8	43	15

Quelle: Befragungen JÜRGENS und PROKSCH 1996

- Die Kundschaft durchläuft zum Nachteil der anderen Einzelhändler zielstrebig die Innenstadt, um in die Passage oder Galerie zu gelangen. Im Gegensatz zu geplanten Einkaufszentren, wo die Kaufmagneten in der Regel an den entgegengesetzten Enden des Centers angeordnet sind, um damit einen positiven Kundenstrom auch für die anderen Mieter zu induzieren, treten solche Überlegungen in den Innenstädten aus pragmatischen Gründen (Immobilienfrage) in den Hintergrund. Im Falle von Rostock ist die Innenstadt in ihrem Kundenstrom weitestgehend "zerrissen" worden, weil sich die Besucher insbesondere auf das Einkaufsdreieck Kaufhof - C & A - Rostocker Hof konzentrieren (Abb. 12). Mit der Einrichtung des Wochenmarktes am östlichen Ende der Kröpeliner Straße soll aber ein neuer Kundenmagnet geschaffen werden.

- Werbegemeinschaften werden von den größten Geschäften der Stadt dominiert und für eigene Zwecke instrumentalisiert, so daß es in allen drei untersuchten Städten bereits zu Austritten kleinerer Einzelhändler gekommen ist.

- Viele Einzelhändler sehen sich als "Einzelkämpfer", andere sind gegen Absprachen mit Vertretern aus der eigenen Branche, so daß eine Vernetzung von Interessen nicht zustande kommt (ZAROF 1995).

- In allen Koordinationsüberlegungen sind die Eigentümer von Immobilien bisher unberücksichtigt geblieben. Durch ihre Vermietungspraxis steuern diese jedoch entscheidend den Branchenmix und die Multifunktionalität.

- Serviceleistungen werden von den Kunden nur dann akzeptiert, wenn sie kostenlos sind. Bereits einige Wochen nach Öffnung des City-Kinderladens in Leipzig stand diese Einrichtung wieder vor der Schließung.

Die weitere Dynamik der peripheren Einkaufszentren

Die Einkaufszentren haben nicht ohne Gegenwehr auf den Aufholprozeß der Innenstädte reagiert und versuchen, ihre Marktstellung zu verteidigen. Sie wollen die wettbewerblichen Nachteile der Innenstädte festschreiben und sich von der Konkurrenz anderer Center abheben (Abb. 51):

a) durch Expansion nach außen (räumliche Ausdehnung), sofern sie nicht auf Planungsbeschränkungen stoßen.

b) durch Expansion nach innen, d. h. die Schaffung kleinerer Ladengeschäfte, um das Warenangebot noch weiter zu diversifizieren. Auf einer planungsrechtlich häufig nicht mehr erweiterbaren Geschäftsfläche werden Läden aufgeteilt und die Anzahl differenzierter Verkaufsstellen vergrößert. Die Kastenbauarchitektur von Einkaufszentren erleichtert die flexible Veränderung von Trennwänden. Der Branchenmix ist relativ unkompliziert vermehrbar.

c) durch Erhöhung der bereits bestehenden Multifunktionalität und Zentralität von Einkaufszentren auf Kosten umliegender Wohnbereiche. Als Beispiel steht die Eröffnung einer Poststelle im Paunsdorf Center. Zeitgleich wurden die entsprechenden Einrichtungen in der Nachbargemeinde Engelsdorf und im Wohngebiet Neu-Paunsdorf geschlossen (LVZ 30.11.1995: 15; LVZ-Muldentalausgabe 2.12.1995: "Die Engelsdorfer Postfiliale wird dichtgemacht"). Neben der Integration von Dienstleistern (Banken, Postämtern und Ärztehäusern) entstehen vielfältige Freizeiteinrichtungen (z. B. Bäder, Großkinos, Diskotheken, Bowling- oder Go-Kart-Bahnen, Kleinkunstbühnen), um auch Jugendliche stärker als bisher in die Center zu ziehen bzw. die Verweilzeit der bisherigen Kunden zu erhöhen. Sie befreien das Einkaufszentrum vom Image einer "Killer-Mall" oder eines großen SB-Warenhauses. Der Charakter eines "wirklichen" Unterzentrums, wie es von der Planung hätte verhindert werden sollen, wird immer deutlicher. Mit steigenden Kaufansprüchen und wachsenden Realeinkommen (Leipziger Volkszeitung 23.5.1996: "Einkommen um ein Viertel gestiegen" zwischen 1991 und 1995) versuchen Einkaufscenter auch hochpreisige Angebotssegmente zu besetzen, um sich sowohl gegenüber der Innenstadt als auch Mitwettbewerbern auf der grünen Wiese zu profilieren. Am anderen Ende der Preisskala ist der Trend unverkennbar, Billigdiscounter zu integrieren. In Westdeutschland sind "Aldi und der Verbrauchermarkt, Aldi und das SB-Warenhaus eine schon geläufige Konstellation" (Rundschau für den Lebensmittelhandel 7/1993: 30). 1996 wurden Aldi-

Märkte im Sachsenpark und Paunsdorf Center eröffnet.

d) durch Aneignung von Funktionen als (semi-)öffentlicher Markt- und Ausstellungsplatz, auf dem kulturelle Veranstaltungen, Kunstmatinées und interkulturelle Begegnungen abgehalten werden (Paunsdorf Center) und Einkaufszentren Leihgaben von Museen präsentieren (z.B. im Warnowpark). Im Falle der Aktion "Treffpunkt Schweiz" in der Stadt Leipzig wurden nicht nur Veranstaltungen in der Innenstadt, sondern auch im Paunsdorf Center durchgeführt. Nach Einschätzung des Center-Managers "wurde die Einbindung des Paunsdorf Centers in die Stadt eindeutig demonstriert" (P.C. Journal 3.9.1996: 2).

e) durch die Selbstdarstellung des Shopping Centers als "integraler Bestandteil" der Stadt. So erscheint das sog. Centerjournal als feste Beilage der lokalen Tageszeitung (P.C. Journal v. 3.7.1996: 2).

e) durch die Möglichkeiten der Einkaufszentren, sich kurzfristig an Modetrends anzupassen (z. B. Cyber-Café) und weiterhin eine Vorreiterrolle für die Entwicklung der Innenstadt zu spielen.

Abb. 51 thematisiert das Ziel der Einkaufszentren, sich von der Gleichförmigkeit untereinander abzuheben und sowohl im äußeren Erscheinungsbild als auch in der internen Angebotsstrukur differenzierter zu erscheinen. Dabei hat in den letzten Jahren die regionale Komponente in der Vermarktung von Shopping Centern an Gewicht gewonnen. Ostdeutsche Produktmessen und Centermanager, deren Lebensläufe in der Tagespresse so plaziert werden, daß sie als ostdeutsche "frontmen" erkannt werden, die ihre Kunden "verstehen" und "nicht über den Tisch ziehen", sind zwei Indikatoren, die diese Regionalisierungsstrategie der Shopping Center verdeutlichen.

Umsatz

Der Wettbewerb der Einkaufszentren auf der grünen Wiese untereinander und mit den Städten um Kundenanteile muß sich in geschäftlichem Erfolg niederschlagen. Hinweise zum Umsatzgeschehen als ein gängiger Indikator, um wirtschaftlichen Erfolg im Einzelhandel zu messen, liegen für die untersuchten Einkaufszentren nur rudimentär in Form von Pressemitteilungen vor. Für den Saalepark wird ein Rückgang des Jahresumsatzes von ca. 800 Mio. DM (1992) (EHI 1995a) auf 500 Mio. DM (1995) (Die Welt 17.9.1996) konstatiert. Die Schrumpfung seines Kundeneinzugsgebietes aufgrund

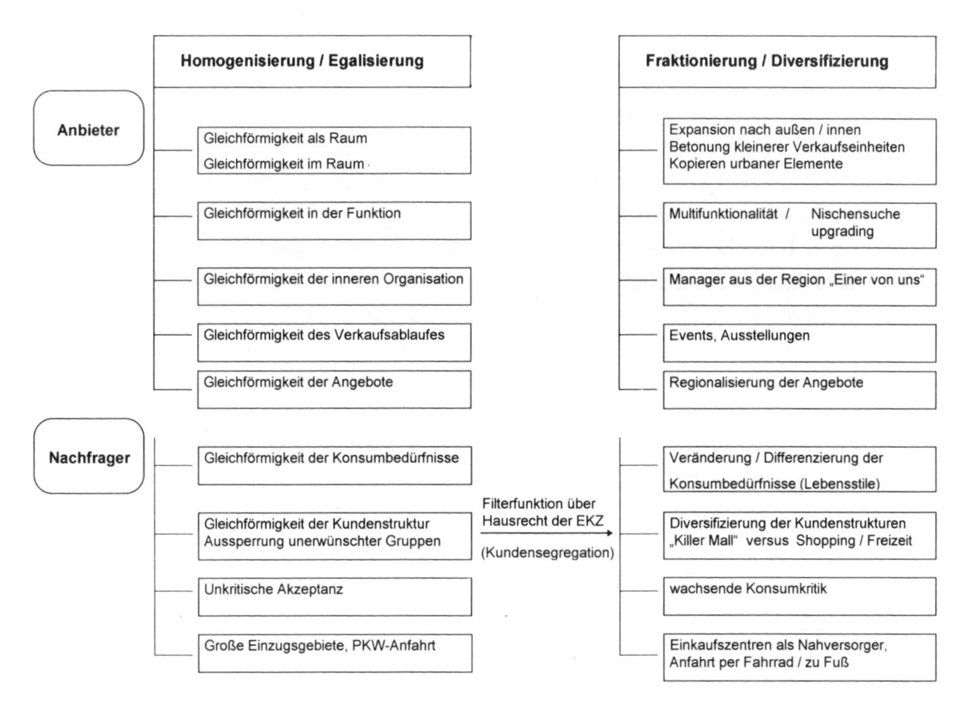

Abb. 51: Homogenisierung und Fraktionierung der Entwicklung von Einkaufszentren (in Ostdeutschland)
Quelle: eigener Entwurf

neuer Einkaufsalternativen wurde im Vergleich der Kundenbefragungen 1993 zu 1995 deutlich. Im Gegensatz zu den Umsatzschätzungen für den Sachsenpark (250 Mio. DM für 1992), das Cottbus Center (150 Mio. DM 1993) oder das Portcenter (250 Mio. DM 1992) (EHI 1993 u. 1995a) bleibt der Saalepark trotz seines Bedeutungsverlustes Umsatzmagnet in Ostdeutschland. Die Umsatzerträge pro Flächeneinheit liegen jedoch deutlich unter der westdeutschen Situation. So konnte das CentrO Oberhausen im ersten Jahr seines Bestehens auf 70.000 qm Verkaufsfläche (und somit kleiner als der Saalepark) 840 Mio. DM umsetzen (SCHUMACHER 1997: 84).

Relativiert man die Ergebnisse mit den Umsatzzahlen (von 1992) aus der letzten Handels- und Gaststättenzählung von 1993, zeigt sich das Ausmaß der im Nullsummenspiel um Kaufkraftanteile verlierenden Städte. Die Umsatzzahlen des Saaleparks für 1993 betrugen in etwa 32% des Gesamtumsatzes (Einzelhandel ohne Handel mit KFZ und Tankstellen), der in der Stadt Leipzig erzielt wurde (Stadt Leipzig 1996b: 136). Das Cottbus Center allein erwirtschaftete ca. 19% aller Einzelhandelsumsätze in der Stadt Cottbus (Land Brandenburg 1995: 71). Ähnlich hoch waren die Anteile des Portcenters mit 18,4% (1992) am Einzelhandelsumsatz der Stadt Rostock (Statistisches Landesamt Mecklenburg-Vorpommern 1995).

Zumindest am letzten Beispiel kann der kontinuierliche Bedeutungsverlust seit 1992 dokumentiert werden. Ein SB-Warenhaus im Portcenter verlor zwischen 1992 und 1994 ca. 23% Umsatzanteile an neu eröffnete Fachmarktzentren und Discounter. In einem internen Papier wird festgestellt, daß das Einzugsgebiet noch weiter deutlich schrumpfen wird und sich der Markt "zunehmend auf eine Nahversorgerfunktion beschränken" muß. Der Kernbereich dieses verkleinerten Einzugsgebietes unterliegt zudem einer rückläufigen Bevölkerungsentwicklung. Kleinere Einzugsbereiche, in denen eine abnehmende Anzahl potentieller Kunden wohnt, führten im Falle des SB-Warenhauses, das in ein neues Einkaufszentrum auf die grüne Wiese verlagert wurde, zur Verkaufsflächenreduktion und zu dessen Ablösung zugunsten eines Verbrauchermarktes. Der durchschnittliche monatliche Umsatz von 2,86 Mio. DM für das gesamte Objekt 1994 würde nach einer möglichen Drittelung der Verkaufsfläche auf bis zu 1,2 Mio. DM zurückgehen (Grundstücksgesellschaft Schneevoigt KG 1995). Doch auch diese Umsatzchance würde nur zu 75% auf Eigenattraktivität beruhen, zu weiteren 25% aber vom "kundenträchtigen Branchen-Mix" innerhalb des Portcenters abhängen.

11.5 Die Lobbyisten

KOWINSKI (1985: 152) charakterisiert die Veränderung der Innenstädte als "malling of the CBD itself", die nur eine Imitierung von Erfolgskonzepten der grünen Wiese ist. Vor allem BRUNE (1996) rezipiert diese Entwicklung eher kritiklos als "Beitrag zur Wiederbelebung der Innenstädte". Im folgenden Kapitel wird deshalb diskutiert, wie dieser Wandel außerhalb von Verwaltung und außerhalb des Marktgeschehens beurteilt wird. Im Gegensatz zu bisher vorliegenden Arbeiten über die Dynamik im Einzelhandel (und verwandter Bereiche des Dienstleistungsgewerbes), die nur drei Akteursgruppen (Kunden, Anbieter, Verwaltung/Planer) identifizieren, existieren noch andere Interessen, die hier zusammenfassend als Lobbyisten bezeichnet werden, Partikularansichten vortragen und sich in planerischen Abwägungsprozessen als "Träger öffentlicher Belange" einbringen.

VON ALEMANN (1996: 4) gibt einen Überblick über das Wesen dieses sog. Dritten Sektors, der zwischen Staat und Markt angesiedelt ist, "in dem es weder in erster Linie um Gewinn und Konkurrenz noch um hoheitliche Verwaltung geht". Neben den Kirchen und Kammern zählt VON ALEMANN Initiativgruppen, Interessenverbände, Vereine und Vereinigungen (hierunter auch Parteien) auf, die dem Dritten Sektor zugeordnet werden können. Als gesellschaftlicher Akteur außerhalb von Staat und Marktkräften sei zudem auf die Bedeutung der lokalen Presse als Stimme partikularer Interessen verwiesen. In seiner Typologie der Interessengruppen unterscheidet VON ALEMANN (1987: 71) zwischen organisierten Interessen

a) in der Wirtschaft und Arbeitswelt,
b) im gesellschaftspolitischen Bereich,
c) im Bereich Religion, Kultur und Wissenschaft,
d) im Bereich Freizeit und Erholung,
e) im sozialen Bereich.

Die bisher vorgetragenen Positionen zum Thema Einzelhandel sind vielfach ambivalent und auf lokale und zeitliche Besonderheiten zugeschnitten. In der Regel werden keine Grundsatzaussagen zum Gegensatz Innenstadt-Grüne Wiese getroffen. Als sog. Träger öffentlicher Belange haben sie jedoch die Möglichkeit (sofern sie von der Verwaltung berücksichtigt werden), auf Planungen im öffentlichen Raum Einfluß zu nehmen oder auf bestehende Mißstände über die Presse zu verweisen.

Lobbys in Wirtschaft und Arbeitswelt: Sowohl die lokalen (zur DDR-Zeit weitestgehend funktionslos gewordenen) Industrie- und Handelskammern, die Einzelhandelsverbände und Werbegemeinschaften der Einzelhändler in den Innenstädten und Stadtteilen als auch die national agierenden Vereinigungen wie HDE und BAG treten in der Regel als vehemente Gegner oder als "Mahner" der Entwicklung von Einkaufszentren auf der grünen Wiese auf. Pressemitteilungen und verschiedene öffentliche und wissenschaftliche Veranstaltungen haben diesen Problemkreis in den letzten Jahren thematisiert. Von der IHK Cottbus wurde ein Einzelhandelsatlas erarbeitet, der nicht nur den großflächigen Einzelhandel an der Peripherie, sondern auch innerhalb der Stadt inventarisiert und diesen somit als Problem für mittelständische Entwicklungen erkennt. Daß dieser Konsens jedoch zerbricht, wenn benachbarte Industrie- und Handelskammern (ähnlich wie Städte und Gemeinden) als Konkurrenten um Großinvestoren und Arbeitsplätze auftreten, zeigt der Streit zwischen der IHK Leipzig und der IHK Halle-Dessau um den Bau und die danach erfolgte Vergrößerung des Saaleparks. Die IHK Leipzig lehnte die Entwicklung ab, die IHK Halle-Dessau als zuständige Kammer für den Saalepark begrüßte sie, um damit dem Bau eines Möbelmarktes auf der anderen Seite der Landesgrenze zuvorzukommen.

Auch im Falle von Werbegemeinschaften, wo eine sehr enge Verzahnung von Markt- und Lobbyinteressen vorliegt, existieren Konkurrenzsituationen in inhaltlicher, räumlicher und perönlicher Hinsicht. Folgende Werbegemeinschaften existieren in den Innenstädten von Cottbus, Rostock und Leipzig

a) Cottbus: City-Werbegemeinschaft
Werbegemeinschaft Quartier am Schloßkirchplatz
Werbegemeinschaft Lausitzer Hof

b) Rostock: City-Werbegemeinschaft
Werbegemeinschaft Rostocker Hof
Werbegemeinschaft Hopfenmarkt
City-Kreis Rostock

c) Leipzig: City-Werbegemeinschaft
Werbegemeinschaft Hauptbahnhof
Werbegemeinschaft Specks Hof
Werbegemeinschaft Mädlerpassage
Verein der Gastronomen "Drallewatsch"
Verein der Händler im Nikolaiviertel

Die Werbegemeinschaften verstehen sich als Sprachrohr gegenüber der Verwaltung, den Verkehrsbetrieben und der Polizei, um für sie positive Veränderungen im öffentlichen Raum zu beschleunigen. Weil sich viele lokale Forderungen nach besserer Straßenbeleuchtung, nach neuen oder verschobenen Haltestellen im ÖPNV und nach einer Satelliten-Polizeistation nicht immer ergänzen, schwächen sich die Werbegemeinschaften gegenseitig. Eine Absprache zwischen diesen Organisationen ist nicht die Regel. So verfolgt der auf Initiative der IHK zustandegekommene City-Kreis Rostock mit seinen neun Gründungsmitgliedern eine weitestgehend ähnliche Zielsetzung wie die ältere City-Werbegemeinschaft, die Anfang 1996 30 bis 35 Mitglieder umfaßte. Andere Gewerbetreibende sind zudem oft "Trittbrettfahrer", die keine Mitgliedsbeiträge entrichten und sich nur sporadisch an gemeinsamen Aktionen beteiligen oder von den Vorgaben ihrer Konzernleitungen abhängig sind. In kleineren Städten "kämpft jedes Geschäft für sich alleine" (zur Situation in Parchim; Schweriner Volkszeitung online 2.8.1997; "Schlecht für die Parchimer City: Gewerbeverein löst sich zum Ende des Jahres auf", in: Schweriner Volkszeitung online 15.10.1997). Analog zu den Einzelhändlern finden sich Gastwirte in Gastronomenrunden zusammen, die die "Anballung" vieler unterschiedlicher gastronomischer Einrichtungen "für eine gezielte Weiterentwicklung dieser Straßen und Plätze nutzen wollen, um diese Verbundlösungen als touristisches Produkt" zu vermarkten (LVZ 17.4.1996). Die Privatinitiative von fünf Gaststätten im Bereich der Karl-Liebknecht-Straße zielt darauf, hier eine "Kulturmeile" zu beleben und mit Hilfe von Straßenfesten und regelmäßigen Veranstaltungen auf Aktivitäten in der südlichen Vorstadt zu verweisen (LVZ 7./8.9.1996: 18).

Lobbys im gesellschaftspolitischen Bereich: Andere Lobbys sind gegründet worden, um gegen den Identitätsverlust der Stadt, deren Interessen "verwestlicht" worden sind, anzukämpfen. "Wir leben in einer dynamischen Stadt. Deren Interessen werden vielfach aber von Hamburgern, Bayern, Hessen oder Rheinländern gestaltet" (LVZ 21.3.1996: 16). Ein Beispiel ist der Verein "Wir für Leipzig", der die lokale Verbundenheit von Akteuren, von Zielsetzungen zur Belebung der Innenstadt und ihrer effektiven Umsetzung propagieren will. Bereits 1991 entstand die Initiative "Pro

Leipzig", die sich 1993 zu einem Verein konstituierte. Dieser dokumentiert die Geschichte und Gegenwart Leipziger Stadtteile und fordert einen "behutsamen" planerischen und architektonischen Umgang mit vorhandener Bausubstanz und Grundrißstrukturen. Ziel ist es, Leipziger Bautraditionen zu bewahren. Auch hier wird bemängelt, daß "Investoren und Architekten meist nicht aus dieser Stadt kommen" und von der Stadtverwaltung zu wenig Hinweise auf solche Traditionen erhalten. Im Mittelpunkt der Kritik steht neben funktionaler Bauweise oder postmoderner Architektur (runde Glastürme als "Keksrollen des Aufschwungs"; LVZ 2./3.3.1996: 17) eine konzeptionslose Stadtgestaltung, die sich in einer Reizüberflutung durch zu viele Schilder oder in einer uneinheitlichen Beleuchtung der Innenstadt äußert. "Die Investitionskraft muß auf das Bauen innerhalb der Stadt gelenkt werden" (LVZ 2./3.3.1996: 17). Finanzielle Anreize der Stadt sollen verhindern, daß aktuelle Großprojekte nicht nur Konsumeinrichtungen sind, sondern daß auch "Platz für Kultur und Kommunikation" geschaffen wird (LVZ 2./3.3.1996: 17). Mit Hilfe der Erhaltungs- und Gestaltungssatzung für das Stadtzentrum, die Ende 1991 beschlossen wurde, "wolle niemand Leipzig in die Zeit des Mittelalters versetzen" (LVZ 17.1.1994: 11), jedoch die Innenstadt als bauliches Gesamtensemble und als Stück "Leipziger Identität" bewahren. Architektur und deren Ästhetik sollen historisch gewachsene und erhaltenswerte Urbanität funktional, aber auch materiell widerspiegeln, worin uneinholbare Vorteile zu "Instant-Citys" auf der grünen Wiese liegen. Eine ähnliche Zielsetzung verfolgte eine Bürgerinitiative zum Erhalt der historischen Hauptbahnhofshalle, die den Bau oberirdischer Parkdecks im Hauptbahnhof verhindern wollte (LVZ 16.8.1996: 11).

Im Gegensatz zu diesen eher ideellen Vereinigungen versucht der "Ökolöwe - Umweltbund Leipzig e.V.", seine Konzepte aus dem Bereich des Umweltschutzes im mikroräumlichen Interesse des lokalen Umfeldes (Einzelhändler, Bewohner) zu realisieren. In zweierlei Hinsicht hat sich diese Organisation öffentlich hervorgetan: erstens durch einen Entwurf zur verkehrlichen Neuordnung der Karl-Liebknecht-Straße, zweitens durch die erstmalige Organisierung von Bürgerprotest gegen den Bau eines Supermarktes in ihrem Wohngebiet. Anfang 1996 wurde das Umgestaltungskonzept für die Karl-Liebknecht-Straße vorgelegt und im Rahmen einer Bürgerversammlung diskutiert. Das Konzept sah eine separate Parkspur vor und damit eine Reduzierung der vierspurigen Straße auf zwei Bahnen, einen Radweg und vermehrte Querungsmöglichkeiten für Passanten im Interesse der Händler, Anwohner und Kunden. Die Bewirtschaftung von Parkplätzen während der Geschäftszeit sollte Dauerparkern vorbeugen, und durch die Unterbindung des Gehwegparkens sollte Raum für flanierende Fußgänger, Geschäftsauslagen und Freisitze zurückgewonnen werden (Ökolöwe 1996). Bis August 1997 gab es keinerlei Lösung dieser Probleme. Im Gegenteil: Die Leipziger CDU und FDP (letztere mit ihrer Aktion "Von Politessen verfolgt" aus dem Jahre 1996) haben genau entgegengesetzte Vorschläge vorgelegt, "auf breiten Fußwegen neue Parkplätze für Autos zu schaffen". "Jede Überlegung, es dem steuerzahlenden Auto- und Motorradfahrer leichter zu machen, unterstützen wir" (LVZ 10.7.1997: 13).

"Knöllchen ärgern Händler in der Liebknechtstraße" (LVZ 12.8.1997: 14). "Da fahren viele lieber gleich auf die grüne Wiese, da gibt es keine Parkprobleme" (Aussage des CDU-Fraktionsgeschäftsführers; LVZ 10.7.1997: 13). Ergebnis ist ein sich gegenseitig blockierender Meinungsbildungsprozeß, der nur langwierige Lösungen vor Ort zuläßt. Ähnlich wie die Ökolöwen fordern auch die Leipziger Greenpeace-Gruppe oder der ADFC (Allgemeiner Deutscher Fahrrad-Club) einen "stadt- und umweltfreundlichen" Verkehr, der den "Raum für bummeln, verweilen, miteinander reden oder spielen" vergrößert oder insbesondere von Lärmbelastungen, wie sie von der "Forschungs- und Planungsgruppe Stadt und Verkehr Berlin" an 419 Straßenabschnitten in Leipzig gemessen wurde, entlastet (LVZ 15./16.10.1994: 15).

Im Herbst 1993 war der Ökolöwe bereits als Organisator einer Unterschriftenaktion gegen den Bau eines Supermarktes aufgetreten. In diesem Fallbeispiel wird das Problem deutlich, die Betroffenen eines geplanten Geschäftsbaus in die Entscheidungsprozesse und Überlegungen von Stadtverwaltung und Investoren ernsthaft einzubinden. Nach öffentlicher Auslegung der Pläne gingen nur neun Einsprüche ein. Zwei Wochen vor der Abstimmung im Stadtparlament über die Pläne der Investoren konnten 700 Unterschriften gegen das 4.000-qm-Projekt gesammelt werden, das Geschäfte, Supermärkte, Gaststätten, Post und Bank umfassen sollte. Obwohl sich die Stadtverwaltung sicher ist, daß "die Mehrzahl der Schönefelder (im Nordosten von Leipzig) für den Neubau ist", sagen viele Anwohner "All das gibt´s irgendwo in erreichbarer Nähe - uns ist die Ruhe hier wichtiger" (LVZ 2.12.1993: 18). Zweifellos kannten sich die Bewohner nicht in den bürokratischen Spielregeln einer Bürgerbeteiligung aus, und keiner brachte ihnen diese Regeln näher. Als Fazit äußerte sich ein Vertreter der Ökolöwen: "Es reicht eben nicht aus, wenn die Verwaltung solche Pläne in der vierten Etage des Rathauses auslegt. Die Bevölkerung nimmt das gar nicht wahr. Wir verlangen, daß die Stadtplaner rausgehen mit solchen Sachen und den Leuten die Projekte vor Ort detailliert vorstellen" (LVZ 2.12.1993: 18). Trotzdem wurde der Supermarkt verwirklicht. Im Februar 1996 wurde es als Nebenzentrum Marchlewski-/Löbauer Straße in Leipzig-Schönefeld von der IHK Leipzig mit insgesamt 5.100 qm Verkaufsfläche ausgewiesen (IHK Leipzig 1996a: 2).

andere Lobbys

Vor allem sind es die lokalen Zeitungen, die Einzelpersonen und nichtorganisierten Bürgern über Leserbriefe die Möglichkeit zu öffentlichen Stellungnahmen einräumen. Die Leipziger Volkszeitung hat darüber hinaus bereits mehrmals zu Foren eingeladen, auf denen Händler, Gastronomen und Politiker mit Bürgern über den Wandel im Handel diskutierten (LVZ 13.9.1995: 20). "Für vitale Citys ist öffentlicher Druck auf Politiker nötig", wie der Leiter der Deutschen Sektion von "urbanicom", einer internationalen Vereinigung von Stadtplanern, Architekten, Kaufleuten und Verwaltungsangestellten, äußert (LVZ 11.5.1995: 15). Derselbe Druck sozial engagierter (AG "Leben mit Obdachlosen") und kirchlicher Einrichtungen hat beispielsweise in Berlin dazu geführt, die sog. Verbringungspraxis, d.h. die Vertreibung gesellschaftlich auffälliger Gruppen aus der Innenstadt, zu verbieten, wie sie von Händlern hingegen unterstützt wird (LVZ 19./20.7.1997: J 2).

Die unterschiedliche Provenienz der Lobbys charakterisiert die pluralistische Stadt, die somit Meinungsvielfalt gewährleistet, aber auch zu einer Paralyse anstehender Entscheidungen führen kann.

11.6 Planer, Gebietskörperschaften und Investoren

11.6.1 Intrastädtisches Zentrengefüge

Analog zu den Landesentwicklungsprogrammen, die ein überregionales Zentrengefüge definieren, existieren für alle Städte sog. Stadtteilzentrenkonzepte, die lokalen Standorten im intraurbanen Raum zentrale Bedeutung zuweisen. Deren Verteilung orientiert sich an bereits zur DDR-Zeit vorhandenen Geschäftsbereichen und Wohngebieten, die - nach westdeutschen Maßstäben (Quadratmeter Verkaufsfläche pro 1.000 Einwohner) - unterausgestattet waren und im Sinne einer sozialverträglichen und wohnraumnahen Grundversorgung ausgebaut werden sollten. Bereits an anderer Stelle wurde beschrieben, daß die Ausgangssituation von wenigen Kaufhallen und ansonsten kleinflächig geschnittenen Ladenflächen in Altbauten und als Funktionsunterlagerungen in Plattenbauten geprägt war, worin in der Regel westdeutsche Handelsinvestoren ihre Verkaufsinteressen nicht verwirklichen wollten. Das Ergebnis desolater Bausubstanz, unkritischer Vertrautheit ostdeutscher Kunden mit Einkaufszentren (auf der grünen Wiese; siehe auch HDE-Chefsache 7, 1997: 5: "EKZ beliebt im Osten - Innenstadt im Westen") und leerer kommunaler Kassen hat Planungskonzepte "in einem Guß" gefördert. Weitestgehend alle randstädtischen Stadtteilzentren in Leipzig, Cottbus und Rostock werden heute von Malls oder Passagen geprägt, die auf ursprünglich kommunalem Grund und Boden liegen. Architektonische (Nicht-)Ästhetik, Mieterbelegung, multifunktionaler Anspruch und das Tempo der Fertigstellung ähneln dabei den Zentren auf der grünen Wiese. Beispiele sind das Allee-Center in Leipzig-Grünau, der Warnowpark in Rostock-Lütten Klein. Auch für die Neubausiedlung Neu-Schmellwitz (Zuschka) in Cottbus ist ein entsprechendes Zentrum geplant, obwohl das von der Stadt Cottbus selbst genehmigte Cottbus Center diese Funktion bereits ausfüllt. Im Stadtteilzentrenkonzept bleibt es gleichwohl unberücksichtigt (Stadt Cottbus 1996c).

Finanzielle, bauliche und soziale Verantwortungen werden von der Kommune an den Großinvestor abgetreten, der sie wiederum in seine Renditeüberlegungen einzubinden versucht. Im Sinne der Städte sind diese Zentren "erwünscht", beschneiden jedoch ähnlich wie die grüne Wiese das Einzugsgebiet der Innenstädte. Unzureichende Kontrollen der Bauordnungsämter, ob das ursprünglich genehmigte Verhältnis zwischen Einkaufs-

und Lagerflächen auch eingehalten wird, kommen hinzu, so daß die Einkaufszentren oft größer sind als erlaubt und damit noch zusätzliche Kaufkraft aus anderen Gebieten abgesaugt wird. Eine Überprüfung im Auftrag der IHK Leipzig deckte einen entsprechenden Skandal um das Paunsdorf Center auf, das ca. 10.000 qm Verkaufsfläche zu groß war. In einem Kompromiß zwischen Stadt, IHK und Betreiber sollten davon bis 1997 4.000 qm sog. innenstadtrelevanter Verkaufsfläche in Dienstleistungen und Büros umgewidmet werden, was die Komplettierung des Branchenmixes eher noch beschleunigt hat (LVZ 17.8.1995: 15). Damit wurde von Verwaltungsseite weniger ein "neues" Problem erkannt, als ein Präzedenzfall für Investoren gesetzt, "daß auch im Osten Recht und Gesetz zu gelten haben" (BAG Handelsmagazin 3/95: 60). Größer als ursprünglich vom Regierungspräsidium genehmigt, waren zuvor bereits die SB-Märkte im Löwencenter (westlich Leipzig) und im Globus Wachau (südlich Leipzig), ein Möbelmarkt in Burghausen (westlich Leipzig) sowie der Saale- und Sachsenpark. Auf die "growth coalitions" zwischen Investoren und kleinen Gemeinden ist bereits verwiesen worden, so daß beide gleichermaßen von der Raumplanung zu kontrollieren sind (LVZ 9.9.1993: 15).

Wo als Shopping Center geplante Stadtteilzentren hingegen mit typisch (inner-)städtischen Problemen wie Eigentumszersplitterung an Grund und Boden und sozialer Ablehnung dieses Projektes durch das Wohn- und Gewerbeumfeld konfrontiert sind, wird die Planung um Jahre verzögert bzw. scheitert letztendlich. Im Falle des Zentrums am Connewitzer Kreuz (am südlichen Abschluß der Karl-Liebknecht-Straße in Leipzig) wurde das Vorhaben 1992 vom Stadtparlament beschlossen und sollte ursprünglich bis Ende 1994, dann bis Ende 1996 fertiggestellt werden. Verhandlungen der Entwicklungsgesellschaft mit 22 Grundstückseigentümern haben eine Realisierung so lange hinausgezögert, daß unter Berücksichtigung der zwischenzeitlich erfolgten Expansion auf der grünen Wiese das Projekt im Juli 1997 gestoppt wurde (LVZ 2.9.1994: 15; LVZ 22.7.1997: 9).

11.6.2 Die City als Stadtkrone: nachfrageorientierte Stadtentwicklung und ihre Grenzen

Besonderes öffentliches und auch politisches Interesse seitens des Bundesbau- und -wirtschaftsministeriums (LVZ 1.11.1996: 1) haben aber weniger die Stadtteilzentren als die Innenstädte als überregionaler Anziehungspunkt erfahren. Deren Rekonstruktion ist, obwohl die Geschichte von "großen Persönlichkeiten" obsolet geworden ist, vielfach von einzelnen Personen und Visionen geprägt, die insbesondere auf Investorenseite zu finden sind. Einige Beispiele sollen diesen Gedanken verdeutlichen:

1. Mindestens 20 Immobilien und etwa 40 einzelne Grundstücke gehörten bis zu seinem Bankrott allein dem Bauunternehmer Jürgen Schneider in Leipzig (LVZ 5.5.1994: 20). Drei Jahre nach dem wirtschaftlichen Zusammenbruch seiner Unternehmungen werden

seine umfangreichen Restaurierungskonzepte, die in Absprache mit Denkmalschutzbehörden erfolgten, anerkannt. Der "Totalverlust" einzelner Gebäude wie Barthels Hof aus dem Jahre 1523, einer der wenigen alten Handelshöfe, die im Krieg nicht zerstört worden sind, und der zur DDR-Zeit lange leerstand, konnte damit verhindert werden (Die Welt 18.6.1997: "Für Leipzig kam Schneider wie gerufen"; LVZ 1.7.1997: 11).

2. Die parallel zur Mädler-Passage verlaufende Königshaus-Passage ist Ende 1996 durch Restitutionsbescheid an die ursprünglich jüdischen Eigentümer zurückgegeben worden und liegt durch den Aufkauf von Immobilienanteilen in Händen einer einzelnen Person. Der neue Eigentümer will die Passage schrittweise sanieren und das Angebot der Läden so steuern, "daß es der Normalbürger bezahlen kann" (LVZ 26.5.1997: 11).

3. Im Januar 1997 präsentierte der Münchner Unternehmer Rübesam das Konzept eines Hochhausviertels für Plagwitz, Leipzig, um aus der beengten Innenstadt auszubrechen und eine neue City mit prägender Skyline zu errichten. Die Grundlage hierfür sind mehr als 15 Hektar Fläche, die der Unternehmer hierfür zusammenkauft hat.

4. Ein Freundeskreis von sieben Investoren aus Hamburg und Umgebung hat in der Innenstadt von Rostock elf aneinandergrenzende Grundstücke gekauft. Einige hiervon betroffene Gebäude sollen renoviert, andere "behutsam ersetzt werden" (Norddeutsche Neueste Nachrichten online 2.8.1997).

Auch in den Beispielen, wo nationale und internationale Investorengruppen und Immobilienfonds in Leipzig, Rostock und Cottbus bauen, sind es in der Regel Objekte, die auf Baublockebene realisiert werden, so z.B. die Burgplatz-Passagen in der Innenstadt von Leipzig, das passagenähnliche Quartier am Schloßkirchplatz in Cottbus und das innerstädtische Einkaufszentrum "Rostocker Hof" in Rostock. Immer handelt es sich um eine Baulückenschließung und Arrondierung der Innenstädte, die von den städtischen Verwaltungen teilweise durch die Gewährung von Investitionsvorrang beschleunigt werden (LVZ 15.1.1997: 17). Im Falle der Burgplatz-Passagen stellt die Universität Leipzig ein Grundstück über einen Erbbaupachtvertrag zur Verfügung und wird selbst in dem Neubaukomplex Hörsäle beziehen. Im Lausitzer Hof, einem Einkaufszentrum am Cityrand von Cottbus, ist das Rathaus als einer der Hauptmieter untergebracht. Durch Public-Private-Partnership mischen sich hier wirtschaftliche mit öffentlichen Interessen. Die Realisierung großer Finanz- und Baukonzepte ähnelt den Vorgaben auf der grünen Wiese. Zunächst als Insellösung geplant, sollen diese Objekte einen Entwicklungsschub für das innerstädtische Umfeld auslösen. Ist das Einkaufszentrum auf der grünen Wiese noch "Ersatz für fehlende City" (PITTROFF 1996), soll es als "Renaissance der Einkaufspassagen und Messepaläste" die City wieder attraktiv machen (LAMBERTZ 1996). In die gleiche Richtung weist die Neugestaltung von Bahnhöfen zu Einkaufs- und Erlebniszentren, wie es momentan in Leipzig geschieht und wo der Bahnhof etwa 30.000 qm Verkaufsfläche in ca. 100 Läden aufnimmt.

VIEHÖVER (1997) identifiziert diese Strategie als die des "Zurückschlagens" der City gegenüber der grünen Wiese.

Mahnende Stimmen weisen aber auch darauf hin, daß die Attraktivität der City oder des Bahnhofs nicht von der Anzahl ihrer Läden abhängt (LVZ 30.4.1996: 15). Aufgrund der umfassenden Kritik des City-Einzelhandels aus der in seiner Sicht verzerrten Wettbewerbssituation gegenüber der grünen Wiese antwortete der Oberbürgermeister der Stadt Leipzig mit der Einsetzung einer "Projektgruppe Innenstadt" zum 22.3.1995. Als verwaltungsinterne Organisation, in die u.a. das Kultur-, Ordnungs- und Marktamt eingebunden waren, sollten im Kontakt und im Meinungsaustausch mit externen Akteuren ad-hoc-Maßnahmen zur "Verbesserung" der Innenstadt durchgeführt werden. Ziel war es,

- das Bewußtsein für die Besonderheit und die Nöte der Leipziger Innenstadt zu wecken,
- Projekte zu wagen, "deren erstmalige Erprobung für Einzelinitiativen oder Einzelunternehmen ein zu großes organisatorisches und/oder ökonomisches Risiko dargestellt hätten"
- einen "konstruktiven Dialog zwischen Stadtverwaltung, Politik, Händlern, Gastronomen, Immobilienwirtschaft und anderen Akteuren der Innenstadt" zu eröffnen (Stadt Leipzig 1995c; Stadt Leipzig 1996c: 7; Gespräch mit P. Mildenberger - Stadt Leipzig).

Zwanzig Projekte wurden näher konkretisiert, die sich vor allem auf die Aspekte a) "öffentliche Sicherheit", b) "Erreichbarkeit" und c) "Aufenthaltsqualität" bezogen. Als konkrete Ergebnisse waren u.a. zu verzeichnen:
a) die Errichtung einer Satelliten-Polizeistation im Stadtzentrum und ein Pilotprojekt zur "Videoüberwachung von besonderen Schwerpunkten",
b) der Bau provisorischer Parkpaletten vor der Fertigstellung von Tiefgaragen und die Einrichtung eines Park-and-Ride-Systems,
c) die Eröffnung eines City-Kinderladens, einer Skater-Anlage, Open-Air-Veranstaltungen und die Senkung von Sondernutzungsgebühren für neue Freisitze und Straßencafés.

Die Umsetzung war aber auch mit schwerwiegender Kritik verbunden:

zu a) Datenschutzrechtliche Gründe werden gegenüber der Videoüberwachung vorgebracht (Die Welt online 9.8.1997). Bedenken räumt die Polizei mit der Äußerung "Sollten die Leipziger die Videokameras nicht als Schutz betrachten, sondern sich überwacht fühlen, brechen wir die Aktion sofort ab" selbst ein (LVZ 16.4.1996: 15).

zu b) Die Akzeptanz der provisorischen Parkpaletten ist sehr gering gewesen.

zu c) Nur einen Monat nach Eröffnung des City-Kinderladens "bleiben die Erzieherinnen oft allein", weil die Einrichtung für viele Kunden unbekannt ist und zudem unklar ist, welche Altersgruppe mit dieser Einrichtung angesprochen wird (LVZ 7.5.1996: 14). Open-Air-Veranstaltungen verursachen so viel Lärm, daß die Anwohner (ca. 2.000 Bewohner im Ringbereich Leipzig) öffentlich protestieren (LVZ 13.8.1996: 13). Das betrifft auch die Skater-Anlage, die im Oktober 1996 eröffnet wurde und nach Beschwerden von Anwohnern wieder abgebaut werden soll (LVZ 1.7.1997: 11).

Zum 30.6.1996 wurde die "Projektgruppe Innenstadt" aufgelöst und sollte nunmehr privatwirtschaftlich in Händen der City-Werbegemeinschaft mit Unterstützung der Stadtverwaltung fortgeführt werden. Dennoch verblieb mit dem sog. Sonderstab Nachfrageorientierte Stadtentwicklung (gegr. Februar 1996) ein Instrument in Händen der Stadt, das als "Ideenwerkstatt" weiterhin neue Projekte finden, bewerten und umsetzen sollte (Stadt Leipzig 1996d). Der stark personenbezogene Erfolg dieser Einrichtung zeigte sich daran, daß nach Ausscheiden des Stabsleiters die Arbeitsgruppe aufgelöst wurde (LVZ 30.10.1996: 17).

Auch in Cottbus wurde im September 1996 in Zusammenarbeit der Stadt und der Kammern ein "1.Workshop zur Innenstadt-Belebung" abgehalten, auf dem 16 Ideen für eine attraktivere Innenstadt erfaßt wurden. Insbesondere fällt die Idee auf, die Stadt zu einer potemkinschen Einrichtung umzugestalten: Leer stehende Ladenflächen sollen in Gesprächen mit den Eigentümern verringert werden, indem Schaufenster dekoriert und "in Zusammenarbeit mit Werbeprofis als Ausstellungs- oder Werbefläche genutzt werden" (Lausitzer Rundschau 9.9.1996: "16 Hausaufgaben für eine attraktivere City").

11.6.3 Interstädtisches Zentrengefüge - der Wettbewerb um Freizeiteinrichtungen

Alle ostdeutschen Länder besitzen seit Anfang der 90er Jahre analog zu ihren westdeutschen Nachbarn Erlasse und Richtlinien, die großflächige Einzelhandelseinrichtungen in der Landesplanung, der Bauleitplanung und den Baugenehmigungsverfahren durch inhaltliche Definitionen zur Großräumigkeit und räumliche Definitionen zur Zentralität rechtlich steuern sollen (BAG 1995b). Auf städtischer Ebene sollen Einzelhandelsstrukturen in ihrer Verteilung auf Innenstädte, Stadtteile und Peripherie "ausgewogen" entwickelt und "konzeptionell" mit Hilfe von Einzelhandelsgutachten reguliert werden. Letztere sind durch Mittel der Städtebauförderung finanziell förderbar (Ministerium für Bau, Landesentwicklung und Umwelt des Landes Mecklenburg-Vorpommern 1995b: 99). Vielfältige Instrumentarien und Empfehlungen zur "Vitalisierung der Innenstädte", die aus bestehenden rechtlichen Grundlagen abgeleitet werden, stehen zudem als "Leitfäden" und "Arbeitshilfen" in kompendienartiger Form den verschiedensten Akteuren im Bereich der Planung zur Verfügung (Ministerium für Bau, Landesentwicklung und Umwelt des Landes Mecklenburg-Vorpommern 1995a und 1996; DSSW ca. 1996).

Dennoch kann der "Teufelskreis" von Einzelhandel und Innenstädten (MENSING & VON ROHR 1996: 2) in nächster Zeit nicht aufgebrochen werden. In ihrer nachholenden Reaktion auf die Vitalisierung der Städte haben es die Einkaufszentren auf der grünen Wiese verstanden, sich weitere zum Einzelhandel ergänzende Funktionen in zeitlichem Vorsprung planungsrechtlich zu sichern. Folgende Gründe lassen sich hierfür nennen:

a) (fehlgeschlagene) **Konsenssuche**: Eine interkommunale oder im Falle des Saaleparks länderübergreifende Abstimmung (zwischen Sachsen und Sachsen-Anhalt) scheitert weiterhin an der Aussicht am kurzfristigen lokalen Gewinn. Im Falle der Erweiterung des Saaleparks um ein IKEA-Kaufhaus in den Jahren 1993/94 beschrieb das Hallesche Tageblatt (5.11.1993: 4) die Situation folgendermaßen: "Auf Leipziger Seite ist man verärgert, daß der Nachbar bereits bei der ersten Feuerprobe bilateraler Beziehungen (über die Planung neuer Handels- und Gewerbeansiedlungen im ´grenznahen Raum‘ künftig nur noch in gemeinsamen Arbeitsgruppen zu entscheiden) wegen 400 Arbeitsplätzen alle guten Vorsätze zur Seite schiebt. Das hallesche Regierungspräsidium geht davon aus, daß ´es den Leipzigern doch nur darum geht, das Projekt auf sächsisches Territorium zu ziehen‘". Dennoch existieren mit dem Staatsvertrag zwischen Sachsen und Sachsen-Anhalt sowie mit der Gründung eines "Regionalforums Halle-Leipzig" konzeptionelle Möglichkeiten, über Ländergrenzen hinweg zu planerischen Abstimmungen zu gelangen (LVZ 23./24.11.1996: 5).

b) **Gebotsumgehung**: Als eine Parallele zur Genehmigung des Sachsenparks vor der deutschen Wiedervereinigung, um hiermit das bundesdeutsche Planungsrecht zunächst zu umgehen, hat es der Centerinhaber kurz vor der Eingemeindung der Flächen nach Leipzig zum 1.7.1997 verstanden, ein Kino-Großprojekt beim Landratsamt genehmigen zu lassen. Damit konnte er in diesem Fall die städtische Zuständigkeit für die Erteilung der Baugenehmigung umgehen, die im Interesse innerstädtischer Kinoprojekte abgelehnt worden wären. Zusammen mit einer Bowling-Anlage und einer Großraumdiscothek etabliert sich der Sachsenpark nicht nur als Einkaufszentrum, sondern auch als Freizeitkomplex, um sich hiermit ein neues Image und einen überregionalen Besucherzustrom zu sichern. Der ursprüngliche Streit zwischen Umlandgemeinden, Städten und Regierungspräsidien verlagert sich von Verkaufsflächen auf Freizeiteinrichtungen (LVZ 6.12.1996: 13; LVZ 23.6.1997: 11), die sinngemäß von OPASCHOWSKI (1994) und SCHULZE (1995) als natürliche Satelliten attraktiver Einzelhandelsagglomerationen in ihrer Analyse der Erlebnisgesellschaft identifiziert wurden. Als Parallele zum "Tante-Emma-Sterben" konzentrieren sich auch die Freizeitangebote auf immer weniger Standorte (LVZ 1.7.1997: 13; "City-Kino" und "Camera Eutritzsch" stehen vor dem Aus").

c) **Konflikt**: Die Standortvorteile für das Einkaufszentrum auf der grünen Wiese gelten auch für das Kino, die Discothek und das Spaßbad. "Cottbus und die halbe Welt pilgerten zum Multiplex" in den Lausitz Park, Groß Gaglow, am Stadtrand von Cottbus (Lausitzer Rundschau online 30.6.1997). Zuvor hatte die Stadt Anstrengungen unternommen, mit einer Normenkontrollklage vor dem Oberverwaltungsgericht gegen die Baugenehmigungen der Gemeinde Groß Gaglow und gegen den Spree-Neiße-Kreis vorzugehen. Standpunkt war, daß ein Großkino "im Oberzentrum entstehen" müsse (Lausitzer Rundschau 18./19.5.1996: "Streit um Großkino spitzt sich weiter zu").

d) **Konfliktlösung durch Inkorporation**: Insbesondere im Falle von Leipzig, aber auch von Cottbus sehen die Städte die Möglichkeit, über die Eingemeindung ihrer Umlandgemeinden Zugriff auf randstädtische Entwicklungen zu bekommen und eine weitere räumliche und funktionale Expansion dieser Einrichtungen zu blockieren.

12. Angleichung von grüner Wiese und City?

Der anhand empirischen Datenmaterials diskutierte **Ist-Zustand zu Beginn der 90er Jahre** hat ergeben, daß die ostdeutschen Städte in jeglicher Hinsicht gegenüber den Einkaufszentren auf der grünen Wiese ins Hintertreffen geraten sind. Bis 1989 waren die innerstädtischen Hauptgeschäftsstraßen weitestgehend monopolartige Anbieter "besonderer" Versorgungsfunktionen. Ihre nicht durch marktwirtschaftlichen Wettbewerb herausgeforderte Position machte die Umstellung - insbesondere für viele mittelständische und einheimische Einzelhändler - um so einschneidender, als sie sich sowohl an neue preisaggressive Betriebstypen als auch an neue Standorttypen in ihrem eigenen Marktverhalten anpassen mußten. Baulich-strukturell und funktional war die Entwicklung der Stadt jahrzehntelang "eingefroren" gewesen und wurde nunmehr kurzfristig und in einer unbekannten quantitativen Dimension mit Veränderungen wie dem Bau von Fachmärkten, SB-Warenhäusern und Einkaufszentren konfrontiert, die sich vornehmlich am Stadtrand durchsetzten. Die Aufspaltung der Versorgungszentralität auf die Innenstädte, Stadtteile und Peripherie ist dabei ein typisches und planerisch weithin akzeptiertes Kennzeichen der "kapitalistischen Stadt" geworden.

Die sog. Revitalisierung einer ursprünglich nicht erstrebenswerten und nicht konservierbaren Ausgangssituation ostdeutscher Innenstädte zielt darauf, zumindest Teile ihrer angestammten Zentralität im interkommunalen Wettbewerb zu bewahren bzw. zurückzugewinnen. Die überragende Position der City zur DDR-Zeit ist nicht mehr wiederzubeleben. Verschiedene Vorschläge einer positiven Diskriminierung der Städte gegenüber der Peripherie mögen sich an diesen alten Vorstellungen einer "belebten" Innenstadt orientieren. Diesem **Soll-Zustand** (wie könnte die Innenstadt sein?) werden im nachfolgenden die Konsequenzen gegenübergestellt, die sich aus der Angleichung der City an die ausschließlich wirtschaftlichen Erfolgskriterien der Peripherie ergeben **(jetziger Ist-Zustand)**.

12.1 Instrumente der Abgrenzung und der Angleichung

In zweierlei Hinsicht versucht "die" Stadt als sozialer Organismus vielfältiger und widerstreitender Akteure zu einer Weiterentwicklung ihrer räumlichen Strukturen zu gelangen (nach RAITH 1990: 55):

Stadt als Entwicklungskonzept

a) "Zuerst ist die Stadt": Ziel ist es, alles Neue "respektvoll in das Vorhandene" zu integrieren. In neue Räumlichkeiten und Bauten zieht der Handel "in bewährter Art" ein.

b) "Zuerst ist das Marketingkonzept": Städte und Kommunen treten als "Unternehmer" auf und werben vor dem Hintergrund leerer Haushaltskassen und sinkender Steuereinnahmen sowohl um neue Betriebs- und Unternehmensansiedlungen als auch um ihre Altklientel. Zum "Kundenstamm" gehört insbesondere der Einzelhandel, der "besondere Aufmerksamkeit und Pflege" verdient (BRUNKEN & SCHOLL ca. 1996: 1). Die visuell passende städtebaulich architektonische Gestaltung und Überlegungen zum sog. Branchenmix werden für die Innenstadt in ihrer Gesamtheit immer bedeutsamer (vgl. RAITH 1990: 55).

Entwicklungsmechanismen

Abgrenzung von Zentrum und Peripherie? Die Umsetzung der ersten Entwicklungsvariante zielt darauf, die zentrifugalen Tendenzen, die sich aus Leitbildern nach einer "aufgelockerten" und "autogerechten" Stadt ergaben, zu bremsen. Durch Funktionsmischung und bauliche Verdichtung soll diese Entwicklung in eine zentripetale verwandelt werden, um eine weitere räumliche Ausdehnung und funktionalen Bedeutungszuwachs der Peripherie zugunsten von Citys und Stadtteilen zu verhindern. GURATZSCH (1997) charakterisiert diese "neue" Stadt, die sich durch Fluchtlinien, Straßenräume und Plätze, grüne Innenhöfe, quartierverträgliches Gewerbe und Funktionsunterlagerungen von Wohngebäuden mit Läden in den Sockelgeschossen auszeichnet, als "das vertraute Bild der gründerzeitlichen Stadt". Die Straße soll damit wieder "erlebbar" und das Wohnen in der Stadt gegenüber dem Fortzug in das Umland attraktiv gemacht werden. Dieses "neu-alte" Leitbild der Stadt (GURATZSCH 1997) verfolgt eine "neomittelalterliche Stadtideologie" (TOURAINE 1996: 70), die den suburbanen Gürtel in der heutigen Ausprägung sowie transnationale und internationale Austauschprozesse der Stadt in einer global agierenden Gesellschaft ignoriert. Traditionelle Urbanisten stellen dem "nur-funktionierenden" Lebensgefühl der Peripherie "subkulturelle Netze sozialer Vertrautheit" am Ort oder im Quartier gegenüber, die - wenn möglich - fußläufig erreichbar bleiben, räumlich verwurzelt und mit symbolischen (Heimat-)Bezeichnungen belegt sind und als Ganzes das "Zentrum" definieren (STEINER 1993: 87). Räumliche Entmischung, die abgedichtete Milieus schafft, harmonisch und friedlich, aber unfruchtbar für gesellschaftliche Entwicklungen ist, soll von (funktionaler und sozialer) "Durchmischung der Städte" abgelöst werden, um in Form von *Möglichkeiten*, Neugierde, Erfahrungsaustausch und "toleranter Differenz" (BANIK-SCHWEITZER & KOHOUTEK 1996: 1) das Zentrum wieder für alle Menschen attraktiv zu machen (REISCH

1988: 26ff.). Dazu gehört beispielsweise auch, einen "bestimmten Grad an Armut" in der Gesellschaft in Form von Bettlern im öffentlichen Raum "zu ertragen" (Die Zeit 1.11.1996: 21).

Für dezentrale Geschäfte und Lokale sehen BANIK-SCHWEITZER & KOHOUTEK (1996: 3) nur dann einen wirtschaftlichen Erfolg, wenn sich diese in ihrer Angebotsspezialisierung und über Schaufenster, Aktionen und Programme untereinander "verketten" oder "vernetzen", um damit spezielle Szenen, Milieus, soziale Gruppen anzusprechen. Orte sozialer Vertrautheit liegen ihrer Meinung nach nicht mehr nur im nachbarschaftlichen Umfeld, sondern streuen über die gesamte Stadt. Diese gliedert sich neben sozialräumlichen Aspekten deshalb auch in "libidinösen Transversalen" (BANIK-SCHWEITZER & KOHOUTEK 1996: 3). Letztere charakterisieren für eine bestimmte Klientel, d.h. Menschen, die sich voneinander in ihrer Lebensweise und in ihrem Lebensstil angezogen fühlen, ihr räumlich disperses Versorgungsnetz an Geschäften und Lokalen. Damit bilden sich Teil-Öffentlichkeiten heraus, die in ihrer räumlichen Mischung die Vielfalt und den Kerngedanken des "Urbanen" widerspiegeln. Die Stadt und hierin die Integration ihrer Versorgungsfunktion bietet die "Chance", "Urbanität als universalistische Kultur und Lebensweise" in einem historischen und somit langwierigen Prozeß entstehen zu lassen, ist aber als ideologische Vorstellung nicht im eigentlichen Sinne durch Mechanismen planbar (HÄUßERMANN 1994: 79f.).

Angleichung von Zentrum und Peripherie? Die Umsetzung der zweiten Entwicklungsvariante ist deshalb viel effektiver, weil sie kurzfristig und punktuell erfolgen kann

a) durch den Ruf nach **positiver Diskriminierung** der Stadt gegenüber der grünen Wiese. Die Ministerin für Bau, Landesentwicklung und Umwelt des Landes Mecklenburg-Vorpommern fordert einen "Nachteilsausgleich" zugunsten der Innenstädte. Steuerliche Sonderabschreibungen sollen ausschließlich für Investitionen in den Citys gewährt werden. Im Rahmen einer städtischen Ablösesatzung soll zudem ein innerstädtischer Bereich ausgegrenzt werden, in dem je Vorhaben vier Stellplätze bei der Ermittlung sog. Stellplatzablösesummen außer Betracht bleiben (BAG Handelsmagazin 1/1997: 60). Eine andere Form der Förderung ergibt sich aus der zehnprozentigen Investitionszulage des Bundes für Ausrüstungsinvestitionen, die seit 1995 kleinen und mittleren Handelsbetrieben in den Neuen Bundesländrn zusteht und bis zum Jahre 2001 verlängert worden ist (handelsjournal 7/1997: 64).

Die Novellierung der Bau- und Planungsgesetze muß darüber hinaus einer "Regionalisierung der Raumordnung" Vorschub leisten. Das heißt, ohne in die Planungshoheit der Gemeinden einzugreifen, müssen sich "kommunale Entwicklungen stets an regionalen Zielsetzungen orientieren". Hierdurch soll verhindert werden, daß die Revitalisierungsbemühungen von Städten durch Großprojekte benachbarter Kleingemeinden konterkariert werden (HAJNY 1995: 866). Auch eine Benachteiligung der "Grünen Wiese" bei der Ladenschlußflexibilität, um in Form einer "Insel-Lösung" den Innenstädten Vorteile zu verschaffen, war kurzzeitig im Gespräch, aus rechtlichen Gründen jedoch auch gleichermaßen umstritten (REXRODT 1995: 5).

b) durch **self-reliance oder Selbstheilungskräfte**.
In Anlehnung an das Center-Management von Einkaufszentren hat sich seit den 80er Jahren das Konzept des sog. City-Marketing in Europa ausgebreitet. Weil die Kommune gegenüber der Gesellschaft aber auch zu nicht-profitorientierten Leistungen verpflichtet ist, kann diese Form von Marketing nicht nur ein wirtschaftliches ("the pure orientation on the objective of economic development"), sondern muß auch ein soziales Interesse verfolgen ("to support different aspects of social welfare") (City hierarchies and citymarketing ca. 1995: 2). Ziel dieses holistischen Ansatzes ist es, alle vor Ort agierenden Akteursgruppen nicht anweisend, sondern durch Kommunikation in ein gemeinsames und koordiniertes Konzept einzubinden, um an einem bestimmten über Leitbilder definierten Image der City gemeinsam zu arbeiten (vgl. FUßHÖLLER u.a. 1995). Analog zum Corporate Design eines Einkaufszentrums soll ein Produkt "City" realisiert werden, das in seinen Angeboten "ausgewogen" (Mix) ist, dem Nutzer "attraktive Anreize" für einen Aufenthalt vermittelt, Waren und Dienstleistungen in effizienter Weise "verfügbar" hält und dem Kunden mit seinem Besuch das Gefühl vermittelt, nur hier die entsprechenden Vorteile wahrnehmen zu können (City hierarchies and citymarketing o.J.: 3). Worauf BRUNKEN & SCHOLL (ca. 1996) bereits verweisen, ist der Terminus "Kunde" im Rahmen des Citymarketing aber weiter zu fassen als nur der des Konsumenten von Gütern. Gemeint sind vielmehr alle Nutzer ("users") der Innenstadt, deren Lebendigkeit und Attraktivität durch eine räumliche Verschränkung der verschiedensten Lebensfunktionen gewährleistet werden soll, wodurch wiederum eine positive Rückkoppelung auf das Einzelhandelsgeschehen erwartet wird. Unter den Zielfeldern der Stadt, wie sie z.B. von TIETZ (1991: 32) definiert werden, existiert deshalb der Bereich Versorgung nur als ein Zielfeld neben Wohnen, Arbeit, Verkehr, Bildung und Kultur sowie Erholung und Kommunikation. Diese Vielfalt an Zielen und dahinter stehenden Nutzergruppen unterstreicht einmal mehr das Problem, Prioritäten zu setzen und Akteure zu koordinieren.

organisatorisch: Ein sog. City-Manager soll diese gruppenübergreifende Abstimmung zwischen Verwaltung, Einzelhandel, Verbänden und Immobilieneigentümern gewährleisten. Weil in Anlehnung an den sog. Center-Manager eines Einkaufszentrums geschaffen, charakterisiert WAGNER (1995: 16) die Schwächen des City-Managers (Tab. 82):

Tab. 82: Vergleich Center- und City-Manager

Center-Manager	City-Manager
- Macht durch Mietverträge	- Einflußmöglichkeiten durch Kompetenz und Überzeugung
- vertritt isoliert den eigenen Standort	- muß Interessen der Gesamtstadt berücksichtigen
- kann kurzfristig Veränderungen durchsetzen	- kann nur langfristig Veränderungen durchsetzen
- denkt und handelt einzelhandelsorientiert	- alle relevanten Bereiche (Wirtschaft, Politik, Soziales u.a.) zu berücksichtigen
- bestimmt weitgehend die Struktur	- gewachsene Strukturen
- vertritt die Interessen einer Immobilie	- große Zahl von Immobilienbesitzern/-eigentümern mit zum Teil verschiedenartigen Interessen

Quelle: WAGNER (1995: 16)

morphologisch: Auch in baulich-architektonischer Hinsicht ist es zur Angleichung von Innenstädten und Einkaufszentren gekommen. Das geschieht einerseits durch die Übernahme baulicher Elemente, wie sie aus Einkaufszentren bekannt sind (Überdachung von Straßen; Schaffung durchgrünter semiöffentlicher Räume; zentrale Lichthöfe; Kunstlichtdecken mit Tageslichteffekt; vgl. auch FALK 1993: 22), andererseits durch die Nachahmung von großflächigem Handel auf der grünen Wiese durch analoge Bauensembles wie Passagen, Galerien und City-Centern. Die Hamburger ECE Projektmanagement GmbH ist auf den Bau stadtteilbezogener Einkaufszentren spezialisiert und argumentiert, "moderne Marktplätze" dort zu schaffen, "wo die Menschen wohnen", um somit einen "Beitrag gegen die Verödung der Kommunen" zu leisten (Die Welt 8.6.1995 online). Diese ganzheitliche Lösung hat als Stadtteilzentrum in allen Plattenbausiedlungen Ostdeutschlands Einzug gefunden, um "bunte Tupfer im Grau des Ostens" (Mannheimer Morgen 3.9.1992: 43) zu schaffen. Im Falle der Innenstadt von Leipzig existierten mit einem Netz von Passagen bereits an Einkaufszentren anknüpfende Elemente. Seit Mitte der 90er Jahre breiten sich jedoch in allen ostdeutschen Städten innerstädtische Einkaufszentren aus, um mit Hilfe von Großinvestoren nicht mehr nur zeitaufwendig und isoliert Einzelgebäude instand zu setzen, sondern - wo von der Eigentumssituation her möglich - auf Baublockebene polyfunktional wirkende Besuchermagneten zu errichten. Ziel dieser Strategie ist es, den Einzelhandel "zurück ins Zentrum" (SEITZ 1995: 24) zu holen, wobei das Einkaufszentrum als Magnet, jedoch nicht als Monolith wie auf der grünen Wiese, wirken soll, um wirtschaftliche *spill-over*-Effekte für das Ladenumfeld außerhalb des Shopping Centers zu bewirken (vgl. ZORN 1995: 44). Vielfach entstehen diese Gebäude auf Freiflächen, die nach dem Krieg unbebaut geblieben sind (Magdeburg, Leipzig, Rostock), in Jena wurde ein nicht mehr genutztes Industriegrundstück in ein Dienstleistungszentrum umgewandelt (MEYER & PÜTZ 1997: 497). SCHLAUTMANN (1997: 8) charakterisiert diese Entwicklung als "Gegenoffensive" der Innenstädte gegenüber der Grünen Wiese. Dank planerischer und finanzieller Unterstützung der Stadtverwaltung und/oder anderer öffentlicher Einrichtungen wie Universitäten und Landesbehörden (im Falle der Goethe Galerie in Jena, des Paunsdorf Centers und der in Planung befindlichen Burgplatzpassagen in Leipzig) wurden bisher 32 City-Einkaufscenter in ostdeutschen Städten (incl. Ost-Berlin) gebaut, 49 andere sind geplant (SCHLAUTMANN 1997: 14; nach Angabe ostdeutscher Einzelhandelsverbände; Stand Sommer 1997). Ziel ist es, den zunehmenden Kundenschwund, wie er in Form sog. Besucherfrequenzanalysen erfaßt wird, umzukehren. Zählungen von Blumenauer Research z. B. in der City von Magdeburg erfaßten an einem Samstag im Juni 1995 zwischen 12 und 13 Uhr 10.760, 1996 4.331 und 1997 nur noch 2.194 Passanten (Blumenauer Research 1997). In den Einkaufszentren am Stadtrand lagen die Vergleichszahlen für 1997 doppelt so hoch. Einen ähnlich deutlichen Besucherrückgang konstatieren MEYER & PÜTZ (1997: 497) in ihren Besucherzahlen für die Innenstadt von Jena zwischen 1991 und 1994.

Dem Konzept innerstädtischer Einkaufszentren paßt sich auch die Umgestaltung von Bahnhöfen als Shopping-Zone an, deren erstmalige Verwirklichung in Leipzig erfolgt. Durch die funktionale und gestalterische Aufwertung der Bahnhöfe und ihrer Vorplätze soll dem "Schmuddelimage" dieser Einrichtungen entgegengewirkt werden. Ziel ist es, neben der Stärkung der Verkehrsknotenfunktion den Bahnhöfen eine bisher unbekannte versorgungszentrale Bedeutung als "Eingangstor zur Stadt" zu verleihen (SCHNEIDER u.a. 1997: 30). Damit soll sowohl das äußere Stadtbild attraktiver gestaltet, als auch die Wirtschaftskraft der Stadt als Ganzes vergrößert werden, weil der Bahnhof mit seinen neuen Verkaufs- und Freizeiteinrichtungen analog zu den anderen Passagen und City-Centern als Besuchermagnet auf das städtische Umfeld abstrahlen soll. Daß man sich hieran an bisherigen Erfahrungen von City-Centern orientiert, was die Vermietungspraxis, den Branchenmix und die interne Organisationsstruktur der Mieter anbelangt, ergibt sich aus der Tatsache, daß die Leipziger Bahnhofspläne wiederum von der Hamburger ECE Projektmanagement GmbH (in Zusammenarbeit mit der Bundesbahn) entwickelt worden sind. Circa 100 Läden und Dienstleister entstehen direkt am Cityring und sprechen sowohl die Kunden zu Fuß oder per ÖPNV als auch die PKW-Kunden (durch Bereitstellung von Parkpaletten) an. Die Bahn AG verpachtet ihre Flächen für 70 Jahre an einen geschlossenen Immobilienfonds, der als Eigentümer auftritt, und verzichtet auf ihr Hausrecht. "Modenschauen, Ausstellungen und Konzerte sollen die ´innerstädtische Erlebniswelt in historischem Ambiente‘ (Eigenwerbung des neuen Zentrums) ergänzen" (SCHOLZ 1996: 30). Ähnlich wie auf der "grünen Wiese" wird damit versucht, eine Clusterung unterschiedlichster Lebensfunktionen der Bereiche Verkehr, Arbeit, Versorgung, Freizeit und "Bildung" auf engstem Raum vorzunehmen.

12.2 Konsequenzen der Angleichung

12.2.1 Städtebauliche Konsequenzen

Bereits KOWINSKI (1985: 60, 71) hat für die US-amerikanische Situation das typische Einkaufszentrum in seiner baulichen Struktur als "enclosed - protected - controlled" charakterisiert, das in seiner räumlichen Lage für den Besucher "convenient" ist und in seiner architektonischen Ausgestaltung "visual experiences" vermittelt. Eine ganz ähnliche Strategie verfolgen die Zentren-Designer in Deutschland. Im Falle des Leipziger Hauptbahnhofes wiederersteht das zu seiner Eröffnung als bedeutendstes Verkehrsbauwerk Europas gefeierte Gebäude durch umfangreiche Restaurierungsarbeiten, um das alte Ambiente in Form von Jugendstil-Glasdächern, bronzierten Decken und geschnitzten Eichengeländern und Wandverkleidungen für den wirtschaftlichen Erfolg der umliegenden Geschäfte und Restaurants zu nutzen (Die Welt 28.8.1997 online: "Die alte Pracht kehrt zurück"). Gläserne Kuppelbögen für optimales Tageslicht und ein "angenehmes Raumklima", Wasserflächen in der Mitte zentraler Hallen, um Grünpflanzen ein entsprechendes Feuchtklima zu verschaffen, sowie Baumaterialien wie Stahl, Chrom und Glas sind andere Varianten, "urbanes Leben unter Kuppeln" herzustellen (FALK 1993: 22, 24). Entsprechende Erfahrungen, die bereits seit den 70er Jahren in Westdeutschland existieren, werden damit in der Regel von denselben Projektierern nach Ostdeutschland transferiert. Die Eigenwerbung für die "Sachsen-Allee" in Chemnitz definiert das Einkaufszentrum selbst als "zukünftige City in der City" (Der Handel 4/1997: 74). "Bahnhöfe sollen der City Konkurrenz machen" (Kieler Nachrichten 4.2.1997), ergänzen somit weniger die bestehende City, als daß sie von ihrer Größe her eine Neben-City darstellen. Im Falle von Leipzig fragt die LVZ deshalb (4.2.1997: 11), ob "viele Käufer nur noch den Hauptbahnhof ansteuern. Denn der Branchenmix dort ist so breit angelegt, daß praktisch kaum noch Wünsche offen bleiben". Die Verkaufsfläche der Innenstadt vergrößert sich damit sprunghaft um ca. 30%.

In ihrem "Hang zur Blockbildung" (SCHLAUTMANN 1997: 12) spiegeln diese Zentren das wider, was KOWINSKI (1985: 60) als "enclosed" beschrieben hat. Die Selbstdarstellung durch Werbung über Schaufenster ist in der Regel nach innen zu einer Mall oder einem Hof gekehrt, um positive *linkages* für die Mieter untereinander zu erzeugen. Die Warenwelt bleibt dem Besucher außerhalb des Zentrums vollständig verschlossen. Sein cityähnlicher durch räumliche Dichte und Vielfalt bestimmter Charakter öffnet sich erst, wenn man in das Einkaufszentrum eintritt. Eine "sinnvolle Verbindung des Centers mit der Außenwelt", der Rest-City, existiert vielfach nicht (SCHLAUTMANN 1997: 12). Das liegt teilweise auch an der DDR-Monumentalbauweise, breite Aufmarschstraßen entwickelt zu haben, die heute als City-Schneisen einer kleinräumigen Vernetzung von Versorgungsstrukturen entgegenstehen. Im optimalen Fall können unterirdische Wegesysteme wie in Singapur oder Toronto (HAHN 1997: 525) zu einer entsprechenden Verbindung von Einrichtungen führen, so daß man sich nicht nur in *einem* Zentrum, sondern in einem System von Einkaufszentren bewegt, das punkt-axiale Versorgungscluster bzw. Versorgungstunnel umfaßt. In ostdeutschen Städten wie in Jena, Cottbus und Magdeburg haben innerstädtische Einkaufszentren jedoch zu einer baulichen Aufsplitterung der City in verschiedene Insellagen beigetragen, die die Frage aufwerfen, wer von dieser Revitalisierungsvariante innerhalb der Stadt profitiert.

12.2.2 Wirtschaftliche Konsequenzen

Ausgangssituation: In der kurzen Zeit zwischen der Wiedervereinigung und der Handels- und Gaststättenzählung vom April 1993 als erste systematische Vollerhebung des Handels in West- und Ostdeutschland ist das Unternehmensdefizit in den Neuen Bundesländen gegenüber dem Westen bereits weitestgehend ausgeglichen worden. Versorgt in Ostdeutschland ein Handelsunternehmen 242 Einwohner, sind es im Westen 201 Personen. Hinsichtlich der Handelsfläche je Kopf weist das Bundeswirtschaftsministerium für 1995 im Osten einen Wert von 0,8 und im Westen von 1,1 Quadratmetern aus. Doch wird der Durchschnittswert von 0,8 in einzelnen Regionen wie in Leipzig und Cottbus deutlich übertroffen und übersteigt bereits die aus Westdeutschland bekannten Werte. Nicht vergleichbar sind immer noch der Durchschnittsumsatz je Betrieb (800.000,-DM gegenüber 1,9 Mio. DM im Westen) und die durchschnittliche Umsatzproduktivität je Mitarbeiter, die 1993 um ca. 20% niedriger lag als im Westen (DÖPNER 1996: 36f.). Zumindest zahlenmäßig entspricht das dem Kaufkraftrückstand der Neuen Bundesländer auch noch im Jahre 1997. Unter dieser Situation gelitten, haben analog zu den Erfahrungen aus Westdeutschland die "Tante-Emma"-Läden, die von 1991 bis 1996 von 9.920 auf 4.630 zurückgegangen sind (HDE online 12.12.1996). Lebensmittelgeschäfte unter 400 qm nahmen zwischen 1992 und 1997 von 18.163 auf 10.205 Geschäfte ab. Gewinner waren die Lebensmitteldiscounter, die sich in ihrer Anzahl im selben Zeitraum mehr als vervierfacht haben (HDE-Pressedienst des Handels online v. 24.7.1997: 4). Resultat dieser Entwicklung ist, daß die ostdeutsche Einzelhandelsstruktur immer stärker von westdeutschen Betrieben dominiert wird, die als großflächige und/oder preisaggressive Filialisten in allen Einkaufszentren und sog. 1a-Lagen der Innenstädte zu finden sind (Tab. 83).

Tab. 83: Marktstruktur im Einzelhandel Ost- und Westdeutschlands nach Branchen und Sitz der Unternehmen 1993

	Anteile am Gesamtumsatz (in %)	
	NBL	ABL
Lebensmitteleinzelhandel	41,2	26,5
Unternehmen mit Sitz in den NBL	14,7	-,-
Filialbetriebe westdeutscher Unternehmen	26,5	k.A.
Facheinzelhandel	33,8	50,9
Unternehmen mit Sitz in den NBL	25,8	-,-
Filialbetriebe westdeutscher Unternehmen	8,0	k.A.
übriger Einzelhandel (incl. Kauf- und Warenhäuser)	25,0	22,6
Unternehmen mit Sitz in den NBL	13,6	-,-
Filialbetriebe westdeutscher Unternehmen	11,4	k.A.

Quelle: Lebensmittelzeitung (1995: 108)

Konsequenz innerstädtischer Einkaufszentren: Der bereits große Flächenbesatz im Einzelhandel wird deshalb aus planerischen Erwägungen, ein intraurbanes Zentralitätsgefüge nachholend zu entwickeln, durch innerstädtische Einkaufszentren noch dramatisch vergrößert. Der Mieterbesatz fördert zudem die Textilisierung und weitere Filialisierung der Innenstädte, wie im Rostocker Hof in Rostock und im Hauptbahnhof von Leipzig nachweisbar ist, weil vielfach nur Filialisten die hohen Mieten bezahlen können. Im Falle des Rostocker Hofes läßt sich auch zeigen, daß Mieter Ladengeschäfte in der "eigentlichen" Stadt aufgeben, um im Einkaufszentrum ihr Geschäft zu eröffnen. Neubesatz auf der einen Seite führt zu neuen Leerständen in umliegenden Fußgängerzonen, die ihre Besuchermagneten an die Malls und Passagen verlieren, wodurch der Kontrast zwischen der "interessanten Atmosphäre" des Shopping Centers (PETERSEN 1995: 45) und der Innenstadt dem Kunden noch deutlicher wird. Aussagen von Einzelhändlern im Umfeld des Rostocker Hofes ergaben, daß die Kunden seit Eröffnung des Centers zielgerichteter an ihren Läden vorbeilaufen. SCHLAUTMANN (1997: 14) beschreibt die Situation für die Stadt Dessau, deren Rathaus-Center weitestgehend isoliert vom räumlichen Umfeld agiert. Die Kundenabstimmung erfolgt hier per Fahrstuhl - "Der nämlich befördert die Center-Kunden von der Tiefgarage in die Shopping-Ebenen - und zurück zum Auto" (SCHLAUTMANN 1997: 14), ohne daß man die "eigentliche" City begehen müßte. Weniger negativ fällt das Ergebnis bei MEYER & PÜTZ (1997: 497) aus, die mit der Eröffnung der Goethe Galerie in der City von Jena eine beträchtliche Erweiterung des Einzugsbereiches des Stadtzentrums konstatieren, wodurch Kaufkraft von der Peripherie in die Innenstadt umgelenkt wird. Den inselartigen Charakter dieser Einrichtung bestätigen sie jedoch dadurch, daß andere Teile der Innenstadt seitdem unter Umsatzeinbußen zu leiden haben. Passanten- und Kundenströme haben sich neu ausgerichtet, die zwischen dem Einkaufszentrum und der ursprünglichen City keine umsatzrelevanten Koppelungspotentiale erkennen lassen.

Insbesondere die hohe Attraktivität von Einkaufszentren auf der grünen Wiese in Ostdeutschland (HDE News online 18.6.1997 nach Angaben einer Kundenstudie der ´TextilWirtschaft', 1997) führt zu der berechtigten Annahme, daß sich auch die innerstädtischen Shopping Center mit ähnlichen Branchenkonzepten und gleicher Mieterbelegung im Verdrängungswettbewerb gegenüber der Rest-City durchsetzen werden, ohne daß es zwischen beiden zu positiven *linkages* kommt. Die Tatsache, daß die Einkaufspassagen mit Hilfe des Baus von Parkhäusern den PKW-Einkauf ermöglichen (SCHUMACHER 1996: 81), fördert preisgünstige Großeinkäufe vor allem an Lebensmitteln in der Innenstadt, womit einerseits im Nullsummenspiel um Kaufkraftanteile die grüne Wiese an Bedeutung verlieren, andererseits die ausgedünnte Nachbarschaftsversorgung an Lebensmittelgeschäften in der Innenstadt verbessert wird. Aufgrund des Baus innerstädtischer Einkaufszentren kommt es zu einer kleinräumigen Polarisierung zwischen "attraktiven" und "nicht-attraktiven" Einkaufslagen in der City, wie sie zuvor nicht bestanden hat. Der Anpassungsdruck des Cityhandels auf die Alternative "Einkaufszentrum" nimmt zu.

12.2.3 Soziale Konsequenzen

Mit der Entwicklung von Einkaufszentren, die privatwirtschaftlich betrieben werden und in der Regel dem Hausrecht unterliegen, hat die Diskussion um die Eigenart und den besonderen Wert des hierzu im Kontrast stehenden "öffentlichen Raumes" zugenommen. Es stellt sich die Frage, wie beide Raumtypen von Besuchern perzipiert werden und welche rechtlichen Mittel den "Betreibern" dieser Räume zur Verfügung stehen, diese Perzeption aufrechtzuerhalten oder ihr zu begegnen.

LOUKAITOU-SIDERIS (1993: 140, zitiert nach Rapoport 1977) definiert "public open space as providing freedom to enter and move through lack of restriction and obstruction - whether physical or through rules of ´ownership' or ´occupancy', not being too determined, being responsive and not overdesigned, and allowing people to act freely in it". MITCHELL (1996: 127) stellt dabei klar, daß diese Definition nur eine normative Vorgabe ist, weil es tatsächlich noch nie öffentliche Räume gegeben hat, "where *all* may freely gather, free from exclusionary violence". Tatsächlich wird die

Perzeption der öffentlichen Räume vor allem von "urban pathology" - insbesondere in US-amerikanischen Städten - geprägt (LOUKAITOU-SIDERIS (1993: 141). Im Gegensatz zum "öffentlichen Raum", der in seiner Funktionsweise das Produkt "of social negotiation and contest" "well beyond the control of any individual or social formation" ist und somit nicht abwägbare Unsicherheiten bereithält, "most of us carry in our heads a dream of a safe, protective, private space from which we can move out into a more public realm at times and under conditions of our own choosing" (MITCHELL 1996: 131). In dieses Bild gehören landläufig weder soziale Randgruppen noch Betteln oder Graffiti, die in Einkaufszentren durch Hausrecht und private Sicherheitsdienste ausgeblendet werden können. Unterstützt wird dieser Abgrenzungseffekt a) durch die räumliche Lage "weit draußen", b) durch bauliche Barrieren in Form "nach außen" abschließbarer Einkaufszentren, die soziale "Hemmschwellen" für unerwünschte Besuchergruppen errichten (Leserbrief in der LVZ 25.6.1997: 16 zur Abschließung der Mädlerpassage in der Innenstadt von Leipzig). Entsprechend organisiert werden kann die soziale Ökologie der Besucherströme, die, wie die Ergebnisse der eigenen Kundenbefragungen gezeigt haben, eine Arm-Reich-Kundensegregation beinhaltet.

Grüne Wiese-Standorte separieren bereits im Vorfeld ihre Kunden, weil der Aufwand eines Besuches vergleichsweise groß ist, wohingegen innerstädtische Passagen noch in mikroräumlicher Lage mit Problemen der "Sozialstation Innenstadt" (Die Zeit 1.11.1996: 21) konfrontiert sind und deshalb eher mit Hilfe baulicher Elemente reagieren, die für unterschiedliche soziale Gruppen einerseits anziehend, andererseits abweisend wirken sollen. Die Sicherheit bzw. das Sicherheitsgefühl der Besucher wird vor allem durch formelle Kontrolle in Form von Wach- und Sicherheitsdiensten oder durch technische Überwachung gewährleistet. "Zugänglichkeit, Beleuchtung, Belichtung, Orientierung und Übersichtlichkeit" des Raumes sind so geplant, daß hierin auch die persönliche (Eigen-) Kontrolle (d.h. die positive Wahrnehmung des Umfeldes) und die informelle Kontrolle (d.h. die regulierende Anwesenheit anderer Menschen) optimiert sind (KOSE & LICKA 1994: 16). Im Falle von Einkaufszentrenentwicklungen in Bahnhöfen (wie in Leipzig) konstatiert KREISSL (1997), daß "wer hier mietet, nicht (mehr) mit der Klientel von Suppenküchen oder Secondhandshops rechnet".

Die Antworten der Innenstädte zielen auch in diesem Fall darauf, die "Erfolgsrezepte" von Einkaufszentren nachzuahmen durch:

- Erwerb von Hausrechten mittels Pacht öffentlicher Fußgängerzonen, Einkaufsstraßen und Plätze
- Bildung von Schutzgemeinschaften
- Einstellung von Sicherheitspersonal
- Videoüberwachung öffentlicher Plätze mit Hilfe der Polizei
- Bürgerpatenschaften für Hauswände usw. gegen Graffiti-Schmierereien
- kommunale Verordnungen, die einer Hausordnung der Einkaufszentren entsprechen

und die "Unwirtlichkeit" der Städte bekämpfen sollen (Die Zeit 1.11.1996: 21)

Insbesondere in westdeutschen Städten wie in Frankfurt/Main mit ihrer Sondernutzungsverordnung gegen Bettler und Obdachlose (Welt am Sonntag 22.9.1996), im Hamburg mit dem sog. Bettlerpapier über "Maßnahmen zur Verbesserung der Lebensqualität und Attraktivität in der Stadt" sowie in Berlin mit der ursprünglich praktizierten Verbringungspraxis, d.h. der Vertreibung auffälliger Personen, ist die formalisierte Verdrängung von Randgruppen aus der Innenstadt weit vorangekommen. In ostdeutschen Städten ist dieses Problem eher noch unbekannt (LVZ 19./20.7.1997: Journal 2). Doch die Zunahme der Kriminalität nach der Wiedervereinigung und die Entstehung bisher unbekannter Deliktformen hat die Perzeption der Unsicherheit zu einem wichtigen Standortfaktor in Ostdeutschland aus Sicht der innerstädtischen Einzelhändler werden lassen (IHK Leipzig 1995b). Die Polizei in Leipzig reagierte mit einem bundesdeutschen Pilotprojekt, in Anlehnung an englische Erfahrungen öffentliche Räume per Videokameras zu überwachen. Das "Modell New York" und Aktionspläne zur "sauberen Stadt" (in Berlin; Die Zeit 1.11.1996: 21), die Kriminalitätsbekämpfung durch Prävention anstelle von Reaktion favorisieren, werden vor allem von Vertretern des Einzelhandels vorgetragen, die sich von einer sozial unvorteilhaften Selektion innerstädtischer Besucher betroffen sehen (Die Welt online 23.7.1997: "Das Modell New York taugt auch für Deutschland"). BANIK-SCHWEITZER und KOHOUTEK (1996: 1) erscheint deshalb die Diskussion um den "öffentlichen Raum" wie eine "konservative Utopie", die die "tolerante Differenz, d.h. das Nebeneinander von Lebensstilen, Individualitäten, Hautfarben, Altersgruppen, ja ganzer Sub-Populationen" beinhaltet.

12.2.4 Rechtliche Konsequenzen

Auf der einen Seite sollen Änderungen des Baugesetzbuches dazu beitragen, den Bau eines Einkaufszentrums im Außenbereich zu erschweren. In Zukunft können die Bundesländer bestimmen, daß für den Bau die Vorlage eines Bebauungsplanes Voraussetzung ist. Bislang wurden Einkaufszentren im Außenbereich der Städte nach §34, Absatz 1, Satz 1 des Baugesetzbuches errichtet. Ihre Ansiedlung war möglich, "sobald sie sich in die nähere örtliche Umgebung einfügten" (HDE-Pressedienst des Handels online Nr. 28 v. 16.7.1997: 4). Noch weitergehende Forderungen der Bundesländer, ein gesetzliches Verbot neuer Einkaufszentren im Baugesetzbuch zu verankern, realisierten sich nicht. Bereits präventiv vor Ausbreitung eines neuen Typs von Einkaufszentren, den sog. Factory Outlet Centern, hat die Ministerkonferenz für Raumordnung bestimmt, daß entsprechende Einrichtungen außerhalb von Großstädten und Oberzentren nicht zulässig sein sollen (HDE News online 18.6.1997: 1).

Auf der anderen Seite fehlen weiterhin die rechtlichen Möglichkeiten, die Kooperationen des mittelständischen Einzelhandels deutlich zu erweitern. Dem entgegen stehen bisher kartellrechtliche Auflagen, die Leistungsabsprachen verbieten oder für jede einzelne Vereinbarung und jeden Beschluß künftiger und bestehender Kooperationen mittelständischer Unternehmen ein Anmeldeverfahren vorsehen (Pressemitteilung HDE online Nr. 20 v. 2.9.1997). Eine rechtlich fixierte Absprache ist deshalb von entscheidender Bedeutung, weil bisherige Vereinbarungen im Rahmen von City-Werbegemeinschaften ausschließlich auf freiwilliger Basis erfolgen und somit rechtlich nicht bindend sind. Sofern sich das Mietergefüge wandelt, verändert sich auch wieder die Ausgangssituation einer funktionierenden Abstimmung benachbarter Einzelhändler. Es existieren somit gleich mehrere Probleme:

a) Erfolgt die Absprache nur auf Mieterbasis, oder können und müssen auch Eigentümer von Immobilien in die Verantwortung der Stadtentwicklung einbezogen werden?
b) Was passiert, wenn sich die Eigentümer- oder Mietersitution ändert? Wie können auch die neuen Betreiber den zuvor ausgehandelten Vereinbarungen unterworfen werden?

ZORN (1995: 43) verweist auf das Problem der Vermietungspolitik von Hauseigentümern, die ihren individuellen an der Rentabilität und dem Verkaufswert ihrer Immobilie orientierten Branchenbesatz dem erwünschten Branchenmix eines Citymanagers entziehen. Hierdurch haben sich beispielsweise in Leipzig Probleme ergeben, daß finanzkräftige Banken mit ihren Filialen Geschäfte in den Fußgängerzonen abgelöst und zu innerstädtischer "Verödung" beigetragen haben (HERMANNS 1995: 39). Wie dieses Problem gelöst werden kann, zeigt das Konzept des Centralized Retail Management (CRM) aus den USA (STOKVIS 1987; CLOAR 1990, S. 14f. am Beispiel von Oak Park, Ill.), in denen sich (nicht alle) Mieter und Eigentümer gemeinsam in einem Verband organisiert haben. Die bedeutsamsten Konsequenzen sind: Eigentümer haben diesem Verband sechs Monate im voraus mitzuteilen, wann ein Leerstand auftritt. Der Verband kann einen neuen Mieter ablehnen, sofern sich dieser nicht in den gewünschten Branchenmix einbinden läßt ("circumstances have yet to test the organizations´s willingness to impose such restrictions"; CLOAR 1990: 14). Mögliche Mietausfälle hieraus werden dem Eigentümer sechs Monate erstattet. Danach entfallen die restriktiven Bestimmungen. Um das Ausscheiden erwünschter Läden aus dem Branchenmix aufgrund wirtschaftlicher Schwierigkeiten von Mietern oder Eigentümern zu verhindern, kann der Verband zudem finanzielle Subventionen vergeben. Die Finanzmittel fließen insbesondere aus regional verfügbaren Steuermitteln, aber auch aus Mitgliedsbeiträgen zu. Stimmen der Mitglieder sind nach Größe der Einzelhandelsfläche gewichtet.

Entscheidend ist, ob individuelle Akteure bereit sind, die Autonomie über die eigene geschäftliche Zukunft an eine übergeordnete Organisation abzutreten. BREUCH (1996) macht dies deutlich, wenn er die eher kurzfristige Maximierung von Mieterträgen in der Innenstadt, die zu einem atomisierten Branchenbesatz führt, der Strategie "langfristiger Werthaltigkeit und damit dauerhafter Verzinsung" von Investitionen auf der grünen Wiese gegenüberstellt, die einen durchkalkulierten Branchenmix schafft.

12.2.5 Angleichung von Zentrum und Peripherie

Trotz der Versuche, die Stadt wieder "urbaner" zu machen und sich somit von den Kunststädten an der Peripherie abzuheben, weisen die beschriebenen Prozesse darauf hin, daß sich Zentrum und Peripherie weitestgehend angleichen. Abb. 52 gibt einen Überblick, worin sich die Grüne Wiese, die City außerhalb der Einkaufszentren und die Shopping Center in den Innenstädten und Stadtteilen ähneln oder (noch?) unterscheiden.

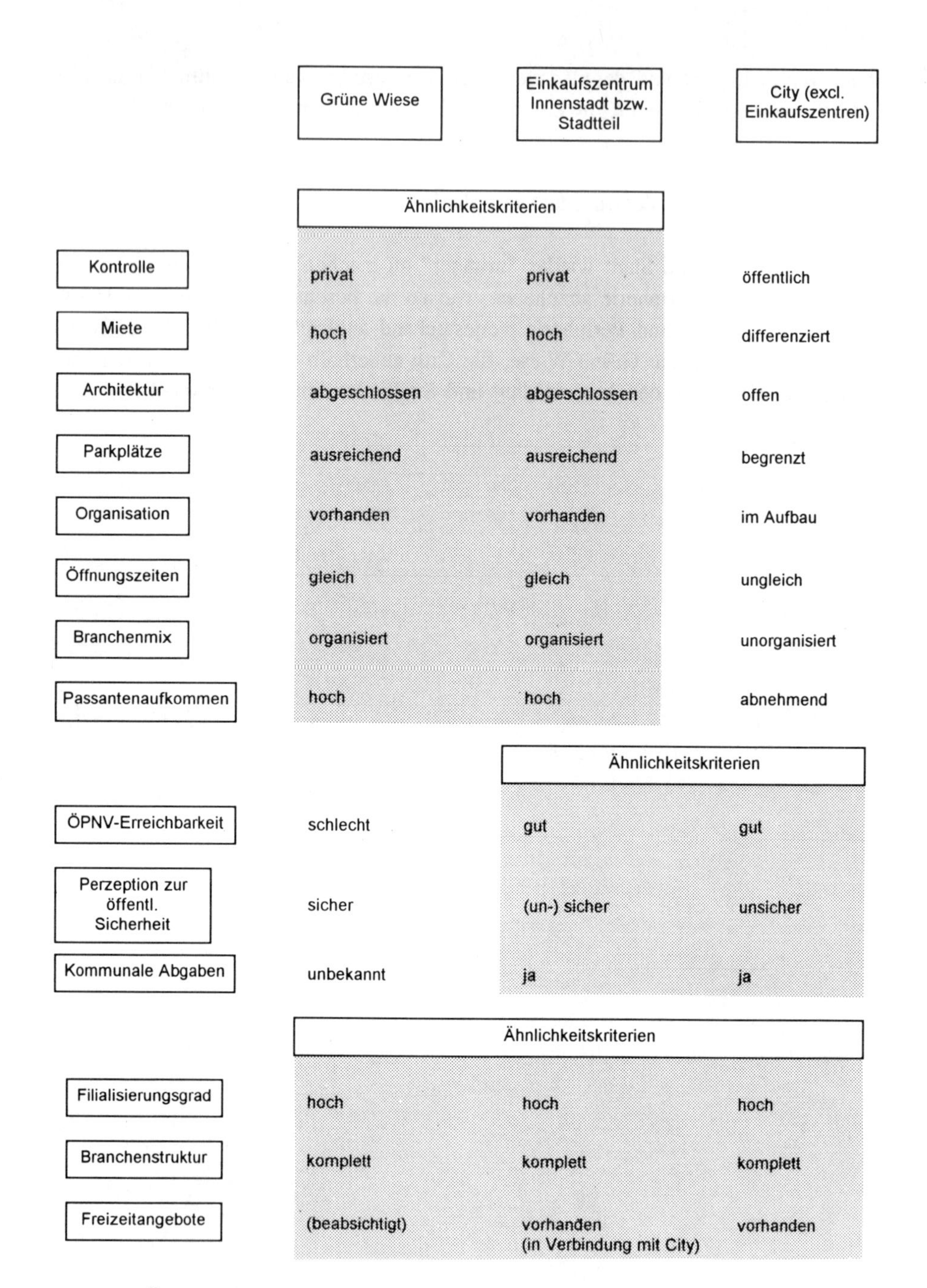

Abb. 52: Ähnlichkeitsprofil zwischen Grüner Wiese, innerstädtischem Einkaufszentrum und Innenstadt
Quelle: eigener Entwurf

Neben dem Trend zur Internationalisierung des Einzelhandels, zum sog. Nicht-Laden-Handel (*electronic shopping*) und zur Branchenvermischung (Post, Banken und Bahnhöfe mit Versorgungscharakter) entwickelt auch der großflächige Einzelhandel als Gegenspieler zur Innenstadt weiterhin innovative Verkaufskonzepte (BBE Data Kompakt Nr. 118 v. 3.7.1997: 5).

Im Mittelpunkt stehen seit neuestem sog. **Factory Outlet Center**, die Ende der 70er Jahre in den USA entstanden und Ende der 80er Jahre erstmals in Europa, in Frankreich und Großbritannien, verwirklicht worden sind. Dabei handelt es sich nicht um sog. Fabrikläden, d.h. "der Verkauf von selbsterstellter Ware an Endverbraucher - meist auf dem Fabrikgelände", für die allein der Einkaufsführer "Fabrikverkauf in Deutschland" des Zeppelin-Verlags eine noch gar nicht vollständige Liste von 1.250 Adressen bereithält (HDE online zum Stichwort "Factory outlet center" v. 21.5.1997: 1). Vielmehr sind "FOCs" als Spezial-Einkaufszentren zu definieren, die eine Agglomeration von Herstellerfachgeschäften und (in den USA) von Ausverkaufsgeschäften der Handelsunternehmen sind, die zumindestens in der Theorie "Artikel zweiter Wahl und unmodern Gewordenes zu Preisen anbieten, die bis zu 50% unter dem Ladenpreis liegen" (Süddeutsche Zeitung online v. 19.6.1997: "Handelskrieg" um ein Einkaufszentrum neuer Art: 1), was "praktisch einem permanenten Sonderverkauf mit Rabatten, der dem normalen Einzelhandel verwehrt wird", gleichkommt (Süddeutsche Zeitung online v. 19.6.1997: 3). In der Regel handelt es sich um den Verkauf sog. innenstadtrelevanter Ware wie Textilien, Bekleidung, Schuhe, Sportartikel, Hausrat, Porzellan, Glasware und Unterhaltungselektronik (HDE online zum Stichwort "Factory outlet center" v. 21.5.1997: 1).

Seit Ende 1994 sind neun Outlet Center in Deutschland mit insgesamt 7.500 qm Verkaufsfläche entstanden. Allein das in Zweibrücken geplante Designer Outlet Center im Grenzgebiet zu Frankreich und Luxemburg soll 50.000 qm Verkaufsfläche und 160 Geschäfte umfassen und, wie die Entwicklung anderer Shopping Center-Typen zeigt, die Verbindung mit einem Multimedia-Zentrum und einem Erlebnispark eingehen (HDE online zum Stichwort "Factory outlet center" v. 21.5.1997: 1; Süddeutsche Zeitung online v. 19.6.1997: 2). Auch hier steht nicht nur der sachliche und preisgünstige Einkauf zur Wahl, sondern "Rast-und Ruheplätze, die die Besucher zum Verweilen einladen" (GERLING 1994: 50 am Beispiel US-amerikanischer Erfahrungen). In den USA ist es 1985 erstmals zu einer Vermischung von Factory Outlet und Off-price Mall in Kombination mit Food Courts und Vergnügungseinrichtungen gekommen (WALZEL 1994: 53). Ähnlich wie in traditionellen Shopping Centern wird längerfristig eine stadtähnliche Bauweise und Angebotsvielfalt erstrebt, um Anfahrtszeiten des Kunden von bis zu 120 Autominuten zu rechtfertigen (Süddeutsche Zeitung online v. 19.6.1997: 2). Vier mögliche strategische Standorte lassen sich unterscheiden (Immobilien Zeitung v. 4.9.1997: 1f.):

a) *middle-of-nowhere*-Lage, die gemäß der GfK Nürnberg ein geringes Konfliktpotential zwischen Hersteller und Handel im Nahbereich erzeugt und eher Angebote ergänzt, als daß es den bestehenden Einzelhandel einem ruinösen Wettbewerb aussetzt. Ein Nahpotential an Kunden existiert aber in nur geringem Maße.

b) das Mittelzentrum im Verdichtungsraum, wodurch umsatzumlenkende Effekte aus benachbarten Oberzentren erzeugt werden können. Die mittelzentrale Versorgungsfunktion des Standortes selbst ist jedoch durch die vielseitige und großflächige Angebotsstruktur im FOC gefährdet.

c) *beggar-my-neighbourhood*-Lage, die der typischen Stadtrandsituation traditioneller Einkaufszentren entspricht und Kaufkraft aus zentralen Orten an die Peripherie absaugt.

d) klassische Citylage, die sich weitestgehend ausschließt, weil der Hersteller mit seinem Hauptabnehmer, dem Einzelhändler, in denselben kleinräumigen Wettbewerb eintreten würde.

Obwohl sich das Hauptaugenmerk dieser neuen Entwicklung zunächst auf Westdeutschland richtet, die sich in Zweibrücken als Chance des Landes Rheinland-Pfalz darstellt, die Kosten der Konversion eines ehemals militärisch genutzten Gebietes zu externalisieren, liegen bereits entsprechende Planungen für Leipzig, Ludwigsfelde und im Kreis Oberhavel vor (Immobilien Zeitung v. 18.9.1997; 18). Im sog. Elster-Park von Plagwitz zwischen der Innenstadt von Leipzig und der Plattenbausiedlung Grünau entsteht auf dem Gelände eines ehemaligen Industriekomplexes ein multifunktionales Stadtteilzentrum, das auf rund 2.500 qm ein Factory Outlet Center aufnehmen soll. Im Gegensatz zur Definition des HDE beschreibt die Projektmanagerin das Konzept im Elster-Park folgendermaßen: "Im Unterschied zum herkömmlichen Fabrikverkauf, bei dem oftmals Saisonware oder Produkte minderer Qualität angeboten werden, geht es beim Factory Outlet auch um hochwertige Erzeugnisse bzw. Markenware. Das sei eine wichtige Voraussetzung für ein Funktionieren des Konzeptes" (Leipziger Wirtschaft 7-8/1997: 21). Günstige Ladenmieten, Warenverkauf ohne aufwendige Ladeneinrichtung und Synergieeffekte zwischen Anbietern unterschiedlichster Produkte sollen das FOC zum Erfolg verhelfen. Analog zu den Insellösungen eines "ausgewogenen" Branchenmixes in anderen Einkaufszentren muß das FOC "die Offerten des klassischen Einzelhandels" (aber nur im Elster-Park selbst) ergänzen und "darf nicht in Konkurrenz zu diesen treten" (Leipziger Wirtschaft 7-8/1997: 21). Der Einzelhandelsverband Sachsen lehnt die Entwicklung ab, weil auch diese "wieder zu Lasten der Einkaufsstraßen gehen" würde (LVZ 26./27.7.1997: 15). Die große Nähe zur Innenstadt ist auch deshalb ungewöhnlich, weil diese Standortlage der aggressivsten Wettbewerbsform von Einzelhändlern und Herstellern entspricht ("klassische Citylage" nach Immobilien Zeitung v. 4.9.1997: 2). Es läßt sich feststellen, daß die Entwicklung von Betriebsformen in Ostdeutschland nicht mehr nur nachholend, sondern nach sieben Jahren Wiedervereinigung zeitlich parallel zur westdeutschen abläuft. Der Konkurrenzdruck auf die Innenstädte und den mittelständischen Einzelhandel findet damit von seiten neuer großflächiger Anbieter keine Entspannung.

HAHN (1997) thematisiert für die Situation in Kanada die **Agglomeration sog. category killers**. Es handelt sich hierbei um großflächige Fachmarktdiscounter im non-food-Bereich, denen die Mieten in Einkaufszentren zu hoch sind oder die an Standorten, wo Einzelhandel mit ähnlichem Sortiment vertreten ist, als Mieter abgelehnt werden. Deshalb errichten sie in Eigenregie isoliert stehende kastenartige *big boxes*, die sowohl in ihrer äußeren als auch in ihrer inneren Ausstattung sehr einfach und direkt vom Parkplatz aus zu erreichen sind. In ihrer räumlichen Konzentration, die keine einheitliche Planung und kein gemeinsames Management nötig haben, werden sie in Nordamerika als **power centres** bezeichnet. Auch dieses Konzept breitet sich in Deutschland aus, um damit die sog. 700 qm-Regel der BauNVO und raumordnerische Einflußnahme zu umgehen und mit Hilfe einer ungeplanten sukzessiv fortschreitenden Agglomeration von 699 qm-Fachmärkten und Discountern letztlich einen ähnlichen Branchenmix wie in einem Einkaufszentrum zu erzeugen. In der Regel sind die einzelnen Fachmärkte nicht fußläufig zu erreichen. PKW-Fahr- und Suchverkehr werden zwischen den einzelnen Parkplätzen eines jeden einzelnen Fachmarktes induziert. Beispiele snd Raisdorf bei Kiel und Burghausen zwischen Leipzig und Saalepark. HAHN (1997: 526) geht sogar so weit zu behaupten, daß *big boxes* und *power centres*, die durch *down-grading* auch in geschlossenen Einkaufszentren entstehen können, "die traditionellen Einkaufszentren" (in Kanada) ablösen. Das würde zumindest der momentanen Diskussion um den sog. Hybridkäufer, der sowohl preisbewußt als auch luxuriös und verschwenderisch einkäuft bzw. unterhalten werden will, widersprechen.

Entgegen dieser auf Preisbewußtsein und auf fundamentales Einkaufen zielenden Entwicklung der *big boxes* expandiert die Freizeitindustrie, die in Einkaufszentren selbst räumlich integriert wird oder aber baulich, ausstattungsmäßig und organisatorisch Mallelemente variiert. JANSEN-VERBEKE (1996) unterscheidet unter den sog. **leisure shopping centers**, die weniger das *run shopping* als das *fun shopping* zum Mittelpunkt haben, sechs verschiedene Typen. Themenbezogen sind sie nostalgisch/historisierend, betonen Naturelemente oder Ökotrends, stehen für Exklusivität und Luxus, unterliegen einem exotischen/kulturellen Thema, verfolgen futuristische Konzepte oder aber spezielle Interessenbereiche (wie Energie oder Verkehr). Planungen wie der Ocean Park und Space Park in Bremen, das Alpin Center Ruhr südlich von Bottrop, wo Skifahrer in einer überdachten Halle auf künstlichem Schnee eine ehemalige Abraumhalde herunterfahren, Musicaltheater und Großkinos repräsentieren hingegen **urban entertainment centers**, die "Erlebnisintensität" und "Erlebnisverdichtung" anbieten wollen und mit "passenden" themenbezogenen Einzelhandelsangeboten begleiten (Der

Spiegel v. 15.9.1997: 130ff.).

Im Bereich des kleinflächigen, fußläufig erreichbaren sog. *convenience shopping* nimmt die Bedeutung von Tankstellen als Drugstore, Service-Center, Supermarkt und Imbißbude noch deutlich zu (Die Welt online v. 4.4.1997: "Tankstellen entwickeln sich zum Supermarkt"). Bereits jetzt macht das sog. Nebengeschäft bis zu 40% des Einkommens einer Tankstelle aus. Die Ausdehnung der Post in das Handelsgeschäft, Pläne von Banken zur Integration von Läden, die Konzentration von Reinigung, Friseur, Reisebüro und Finanzdiensten in Kommunikationscentern und von Bäckern, Fleischern, Obst-/Gemüsehändlern und Käsetheken in sog. Frischecentern zeigen an, daß der traditionelle mittelständische Einzelhändler nicht mehr allein in isolierter Streulage und ohne geschäftlichen Autonomieverlust überlebensfähig ist.

Als eine noch nicht absehbare geschäftliche Herausforderung für den "verorteten" Einzelhandel entwickelt sich das sog. *electronic shopping*. Der erste Teleshopping oder Direct Response TV-Kanal ging in Deutschland erstmals im Oktober 1995 auf Sendung. 1996 lag der Umsatz bei ca. 60 Mio. DM. Der amerikanische Teleshopping-Anbieter QVC machte allein in den USA 1996 einen Umsatz von ca. 1,8 Mrd. US-Dollar (HDE online - Stichwort Teleshopping v. 27.12.1996). Die Potentiale für Teleshopping in Deutschland werden von den Betreibern jedoch bis zur Jahrtausendwende zwischen einer und fünf Milliarden Mark eingeschätzt. Im Internet stehen zudem virtuelle Kaufhäuser und Malls zur Verfügung, die den Zwischenhandel und den stationären Handel gefährden. Anfang 1997 verfügten 2,3 Mio. Deutsche über einen Internet-Anschluß (Die Welt online v. 31.7.1997: Rüttgers will Wildwuchs im Internet bändigen) und über einen potentiellen Zugang zu diesen Angeboten. Trotz der unstrukturierten Darbietung im Internet, so daß man Warenangebote eher zufällig findet, trotz Überlastung des Netzes, langsamer Übertragungszeiten und Angst der Kunden vor Unsicherheit im Zahlungsverkehr (Süddeutsche Zeitung online v. 23.9.1997: Virtuelle Einkaufswelt), gehen optimistische Prognosen davon aus, einen 15- bis 20%igen Marktanteil am gesamten Handelsgeschehen bis zum Jahre 2000 zu erzielen. Die BBE-Unternehmensberatung erwartet einen realistischeren Marktanteil von 8% bis zum Jahre 2010 (BBE Data Kompakt Nr. 80 v. 10.10.1996: 5). Der Umsatz von Internet-Aktivitäten ist zur Zeit noch minimal. In einer globalen Umfrage unter 1.100 im Internet aktiven Unternehmen des Finanzmagazins "La Vie Française" ergab sich für 1996 ein Umsatz mit elektronischem Handel von einer Mrd. US-Dollar. Gegenüber 1995 bedeutete das in etwa eine Verdreifachung (BBE Data Kompakt Nr. 112 v. 22.5.1997: 1). Allein die 28.500 Kioske und Trinkhallen in Deutschland erreichten 1996 im Vergleich einen Umsatz von 11,3 Mrd. DM und damit etwa 1,6% des gesamten Einzelhandelsumsatzes im engeren Sinne (in Deutschland) (BBE Data Kompakt Nr. 108 v. 24.4.1997: 1). Weil trotz demographischer Alterung die Mentalität der Deutschen insgesamt jünger wird (BBE Data Kompakt Nr. 119 v. 10.7.1997: 4), ist dennoch damit zu rechnen, daß sich der Ausstattungsgrad der Haushalte für elektronische

Angebote verbessert (ISDN-Anschluß, Computer, Internetanschluß, Kabelanschluß) und diese auch nachgefragt werden.

14. Fazit

Die Standort-Polarisierung zwischen Innenstadt und Grüner Wiese zeichnet sich in Ostdeutschland (bezogen auf Einkaufszentren über 10.000 qm Mietfläche) durch ein Verhältnis der Verkaufsflächen von 70 zu 30, in Westdeutschland von 30 zu 70% aus (GEBAUER 1995: 86; LVZ 6./7.9.1997: 5). Zumindest im internationalen Vergleich wird die Bedeutung von Shopping Centern am Kaufgeschehen relativiert, indem die deutschen Center lediglich einen Anteil von 15% am Einzelhandelsumsatz haben, wohingegen in den USA der Wert bereits bei 58% liegt (German Council Report 5 (1), 1997: 8). Zweifellos sind aber die Relationen der Verkaufsflächenverteilung in Ostdeutschland für eine "starke" Innenstadt im innerdeutschen Vergleich so ungünstig, daß sie bereits an "Amerikanisierungstendenzen" erinnern und *egde-city*-Strukturen entstehen lassen. Insbesondere im Umland von Leipzig haben sich "neue Agglomerationen mit autarker Versorgungsstruktur, Bürokomplexen, Hotels, Banken, Einkaufsmärkten, ´Gewerbeparks', weiträumig durchflochten mit üppig durchgrünten Neubausiedlungen" (GURATZSCH 1997: 1) gebildet, die dem *urban sprawl* der amerikanischen Stadt nahekommen und vollständig von der PKW-Mobilität ihrer Bewohner abhängig sind. "Reibungslose und zeitsparende Einkaufsbummel" (LVZ 6./7.9.1997: 5) auf der grünen Wiese verweisen darauf, daß Kunden die Peripherie immer häufiger der in ihrer Attraktivität durch Kriminalität, Arbeitslosigkeit und Armut beschädigten Innenstadt vorziehen. Zudem hat sich der Einzelhandel in der Innenstadt mit vielfältigen bürokratischen und finanziellen Hemmnissen auseinanderzusetzen, die im Einkaufszentrum auf der grünen Wiese nicht existieren oder vom sog. Centermanager geregelt werden. Um die organisatorischen Vorteile eines Einkaufszentrums auszugleichen, will der "lokale Staat", d. h. städtische Verwaltungen, Kommunalpolitiker, Kammern, Verbände und Parteien, selbst als Manager seiner Stadt auftreten und die City "vermarkten" (DANGSCHAT 1995: 53). "Local growth coalitions" entstehen zwischen Großprojektoren, Verwaltung und Lobbyisten, die für die Städte - und dabei nicht weniger wie in den kleinen Umlandgemeinden - ein "wertfreies Wirtschaftswachstum" (KLETZANDER 1995: 124) hoher Renditen, hoher Umsatzzahlen und -steuern sowie von mehr Arbeitsplätzen erzielen wollen. Die Städte sehen sich als "Bühne" (Top Magazin Leipzig 5 (1), 1995: 34), als eine Kombination von "Einkauf, Essen und Exponaten" (PETERSEN 1995b: 34). Soziale Verantwortung, wie sie schon von den Einkaufszentren externalisiert worden ist, verliert auch im Konzept des "Unternehmens Stadt" an Bedeutung. Letzteres soll "harmonisch und friedlich", d.h. gewinnbringend für die Anbieterseite und erlebnismaximierend für die Nachfragerseite ablaufen, ist damit jedoch "unfruchtbar für gesellschaftliche (Weiter-)Entwicklung und Streitkultur" (zitiert nach REISCH 1988: 26) und verhindert urbane Lebendigkeit. Die Friedrichstadtpassagen in (Ost-)Berlin beispielsweise beschreibt WIEKING (1997: 10) als "schön und tot". Obwohl sich Händler und Vermieter zufrieden geben, ist die Friedrichstraße immer noch "unbelebt", weil sie als Großprojekt nicht revitalisierend, sondern in ihrer "städtebaulichen Rekonstruktion vom Reißbrett" steril wirkt. Dieses Problem ergibt sich in vielen ostdeutschen Städten, weil die ursprünglich vorhandene Bausubstanz in der Regel nicht geeignet war, modernen großflächigen Einzelhandel aufzunehmen. Museale Restaurierung konkurriert mit postmoderner Verkaufsarchitektur innerstädtischer Einkaufszentren, die in beiden Fällen mittelständische (einheimische) Einzelhändler aus der Innenstadt durch exorbitante Mieten eher verdrängen und in ihrer Angebotsstruktur und baulichen Ausstattung auf die Kunden sozial selektiv wirken.

Faßt man die Ergebnisse auf der Grundlage des empirisch gewonnenen Datenmaterials und der formulierten Arbeitshypothesen zusammen, zeichnen sich folgende Entwicklungen für die Städte und den Einzelhandel in den Neuen Bundesländern ab:

Hypothese 1: Die Kundenseite: Verlierer des Umstrukturierungsprozesses im Handelsbereich sind einkommensschwache und räumlich immobile Bevölkerungsgruppen, die sich in den innerstädtischen Bereichen konzentrieren und sich nicht am Suburbanisierungstrend der ostdeutschen Städte beteiligen. Diesen Kunden stehen immer weniger und von der Warenqualität und -quantität immer schlechtere Läden in ihrem nachbarschaftlichen Umfeld zu oftmals ungünstigen Öffnungszeiten zur Verfügung. Die Einzelhandelsangebote passen sich einer veränderten Sozialökologie in den ostdeutschen Innenstädten an. Diese Entwicklung ist gekennzeichnet von wachsender sozialer Segregation der Bevölkerung.

Befund: Aus den Kundenbefragungen ergibt sich eine deutliche Trennung zwischen Innenstadt und grüner Wiese nach Einkommen, Mobilität und Altersgruppen. Die Kunden in den Einkaufszentren haben eine durchschnittlich höhere Kaufkraft als in den Citys. Darüber hinaus ist die Kaufkraft über alle Kunden gleichmäßiger verteilt als in den Innenstädten, die sich durch eine hohe Polarität zwischen "Reichen" und "Armen" auszeichnen. Dieser Gegensatz spiegelt sich auch im Angebotsbesatz wider, der zwischen teuren Boutiquen und Juweliergeschäften auf der einen Seite und Fast-Food-Ketten und "Schnäppchenmärkten" auf der anderen Seite schwankt. Insbesondere die Versorgung mit Lebensmitteln hat in den Citys an Gewicht verloren. Entweder sind die Angebote in WtB-Läden speziell und teuer geworden, oder die Erreichbarkeit und Öffnungszeiten sind ungünstig, weshalb Kunden an die Peripherie fahren. Nicht bestätigen läßt sich die Annahme, daß die Warenversorgung der Innenstädte in ihrer Gesamtheit abgenommen, d.h. verschlechtert hat. Tatsächlich ist die Anzahl der Geschäfte seit Anfang der 90er Jahre rapide gestiegen, von denen insbesondere die sog. Industriewaren (non food) und personenbezogene Dienstleistungsangebote profitiert haben.

Unabhängig davon hat sich das Ausmaß der Unzufriedenheit der Kunden mit den Innenstädten entwickelt, die in nur einem von neun Punkten attraktiver eingeschätzt wurden als die untersuchten Einkaufszentren. Vielfach bieten die Innenstädte in Anzahl und Qualität von Einrichtungen (Gastronomie, Kultur) sogar objektiv bessere Möglichkeiten, ohne daß sich dies in einer positiven Bewertung ausdrücken würde. Doch müssen die Kunden in der Innenstadt beobachten, daß sich bauliche Veränderungen und Angebotszuwächse im Gegensatz zur Peripherie langsamer abzeichnen. Ungeduld und Ansprüche sind deshalb hoch. Im Gegensatz zu den Einkaufszentren sind die Innenstädte räumlich wenig kompakt, Wettereinflüssen ausgesetzt (kein Mallcharakter), und sie bieten keine vergleichbare Warenvielfalt auf engstem Raum. 67% der von zu Hause kommenden Innenstadtkunden in Leipzig gaben an, nicht etwa aus Überzeugung in der City zu kaufen, sondern zumindest ein weiteres Einkaufszentrum ihrer Umgebung regelmäßig aufzusuchen. Befragt nach Verbesserungswünschen, verwiesen die meisten Kunden auf Probleme im Branchenmix sowie den Wunsch nach einer größeren Vielfalt der Freizeit- und Gastronomieeinrichtungen. Ob sich die Angebotsstruktur damit einem veränderten Wohnumfeld bzw. einer neuen Sozialökologie anpaßt, konnte nur auf der Grundlage persönlicher Gespräche mit Einzelhändlern und Haushalten diskutiert werden. Einzelne Gewerbetreibende vermitteln die Absicht, ihre Läden aufgrund fehlender (fortgezogener) Kundschaft oder hoher Mieten zu schließen. Haushalte vermissen andererseits traditionelle noch aus der DDR-Zeit bekannte Läden. Kein einziger Gewerbetreibender gab an, daß er seinen Laden für eine vermutete neue Wohnbevölkerung in den (cityrandstädtischen) Untersuchungsgebieten eröffnet hätte.

Hypothese 2: Die Anbieterseite: Im Gegensatz zur Nachbarschaftsversorgung in Stadtteilen und entlang von Magistralen hat der Citykern in der Auseinandersetzung mit den Einkaufszentren an der Peripherie die geringsten Probleme, eine eigene unverwechselbare Ausstrahlung zu finden und von Maßnahmen des Citymarketing zu profitieren. Vielfältige Erfahrungen aus Westeuropa belegen den Trend, daß nur Pole (City - Shopping Center) vergleichbarer Größe, Ausstrahlung, Bekanntheit und Warenvielfalt miteinander um kaufkraftstarke Kundensegmente konkurrieren können. Aufgrund der hohen Filialisierung der Innenstädte ist auch die Finanzkraft des City-Einzelhandels (im Gegensatz zum eher mittelständischen Einzelhandel in den Stadtteilen) groß genug, erfolgreiches Citymarketing betreiben zu können.

Befund: Um die atomisierten Interessen insbesondere der Einzelhändler zusammenzufassen, gibt es organisatorische Konzepte, die Innenstadt oder das Stadtteilzentrum als Ganzes zu "vermarkten". Die bisherigen Erfahrungen zeigen aber, daß mangelnde individuelle Einsicht und Mentalitätsprobleme die entscheidenden Hemmnisse für den Vernetzungsgedanken sind. Dieser ist nicht wie in der "Zwangsvernetzung" innerhalb der Einkaufszentren ohne weiteres planbar, wenn hiermit ein geschäftlicher Autonomieverlust für den Gewerbetreibenden verbunden ist. Vor allem in den Innenstädten treten gar konkurrierende Werbegemeinschaften auf, die die City in unterschiedlich gut "funktionierende" Inseln zergliedern. Im Falle innerstädtischer Einkaufszentren orientieren sich die Werbegemeinschaften erst am internen, dann am externen Erfolg der Rest-City. Noch sehr viel schwieriger gestaltet sich der Vernetzungsgedanke in Stadtteilzentren, wo neben der fehlenden räumlichen Kompaktheit der Angebote (und der Einsicht auf Abstimmungsgebote unter den Gewerbetreibenden) auch das Interesse von Kommunen und Verbänden im Vergleich zu ihrem Einsatz für die City eher gering ausfällt, die Attraktivität dieser Standorte zu verbessern.

Hypothese 3: Ähnlich wie sich die unterschiedlichen Einzelhandelsbetriebstypen sehr schnell ausgebreitet haben, durchlaufen auch die Shopping Center Ostdeutschlands kurzfristig verschiedene Generationen, um in Form von *trading up* und einer immer breiteren Palette von Multifunktionalität den aufholenden Innenstädten (Assimilationsthese) als Einkaufs- oder Flanierzone weiterhin voraus zu sein. Weil die Grundbedürfnisse in der ostdeutschen Einzelhandelslandschaft abgedeckt sind, konzentrieren sich (i. d. R.) westdeutsche Einkaufszentrenplaner nunmehr auf die Konzipierung von "Erlebniswelten".

Befund: Die Aufholstrategie der Städte begegnen die Einkaufszentren auf der grünen Wiese damit, in ihrem Angebotsbesatz immer kompakter und vollständiger zu werden, sofern sie sich flächenmäßig nicht vergrößern können. Läden werden aufgeteilt und die Anzahl von Verkaufsstellen vergrößert. Die Kastenbauarchitektur von Einkaufszentren erleichtert die flexible Veränderung von Trennwänden. Der Branchenmix ist relativ unkompliziert vermehrbar. Bedeutender noch als die Einbindung neuer Ladengeschäfte ist die Ansiedlung von Dienstleistern wie Apotheken, Arztpraxen, Versicherungseinrichtungen, Postagenturen bzw. Postämter sowie Bankfilialen. Sie befreien das Einkaufszentrum vom Image einer "Killer-Mall" oder eines großen SB-Warenhauses. Der Charakter eines "wirklichen" Unterzentrums, wie es von der Planung hätte verhindert werden sollen, wird immer deutlicher. Um auch Jugendliche stärker in die Einkaufszentren zu ziehen bzw. die Verweilzeit der bisherigen Kunden zu erhöhen, versuchen alle untersuchten Shopping Center, ihr Freizeitangebot auszubauen. In einer neuen Runde der Peripherisierung von Großeinrichtungen zielen alle großen Einkaufszentren darauf, Kinos, Play-Center und Spaßbäder anzusiedeln, bevor langwierige Absprachen der Investoren mit städtischen Verwaltungen und Grundeigentümern Erfolg haben. Mit steigenden Kaufansprüchen und wachsenden Realeinkommen versuchen Einkaufscenter, auch hochpreisige Angebotssegmente zu besetzen, um sich sowohl gegenüber der Innenstadt als auch Mitwettbewerbern auf der grünen Wiese zu profilieren.

Hypothese 4: Weil viele ostdeutsche Städte in den letzten Jahren ringartig von großflächigen Einzelhandelsbetrieben umgeben worden sind, dezimieren die "Großen" im

Nullsummenspiel um Kaufkraftanteile nicht nur den Mittelstand, sondern nehmen sich auch immer stärker die Kunden gegenseitig fort.

Befund: Hinweise zum Umsatzgeschehen liegen für die untersuchten Einkaufszentren nur rudimentär in Form von Pressemitteilungen vor. Für den Saalepark wird ein Rückgang des Jahresumsatzes von ca. 800 Mio. DM (1992) (EHI 1995a) auf 500 Mio. DM (1995) (Die Welt 17.9.1996) konstatiert. Die Schrumpfung seines Kundeneinzugsgebietes aufgrund neuer Einkaufsalternativen wird im Vergleich der Befragungsergebnisse 1993 zu 1995 deutlich. Im Durchschnitt nahm auch die Aufenthaltsdauer der Kunden im Saalepark um eine halbe Stunde auf 110 Minuten ab. Dennoch ist diese Zeit immer noch doppelt so lang wie beispielsweise im Ostseepark und bescheinigt dem Saalepark weiterhin spezielle über das pure Einkaufen hinausgehende Aufenthaltsqualitäten. Ein SB-Warenhaus im Portcenter, Rostock verlor zwischen 1992 und 1994 ca. 23% Umsatzanteile an neu eröffnete Fachmarktzentren und Discounter. In einem internen Papier wird festgestellt, daß das Einzugsgebiet deutlich schrumpfen wird und sich der Markt "zunehmend auf eine Nahversorgerfunktion beschränken" muß. Der Kernbereich dieses geschrumpften Einzugsgebietes unterliegt zudem einer rückläufigen Bevölkerungsentwicklung. Kleinere Einzugsbereiche, in denen eine abnehmende Anzahl potentieller Kunden wohnt, führten im Falle des SB-Warenhauses zur Verkaufsflächenreduktion zugunsten eines Verbrauchermarktes. Der durchschnittliche monatliche Umsatz von 2,86 Mio. DM für das gesamte Objekt 1994 würde nach einer möglichen Drittelung der Verkaufsfläche auf bis zu 1,2 Mio. DM zurückgehen (Grundstücksgesellschaft Schneevoigt KG 1995).

Hypothese 5: Die nachteilige Ausdünnung der Nachbarschaftsversorgung betrifft insbesondere den Lebensmitteleinzelhandel. In der Versorgung mit Waren des täglichen Bedarfs (WtB) verliert der Faktor *accessibility* (räumliche Nähe; zentrale Lage) gegenüber *travel costs* für die Kunden relativ an Bedeutung. Masseneinkäufe, Billigpreisangebote und Parkplatzflächen ziehen die Konsumenten fort in Richtung dezentral gelegener Verbrauchermärkte und Einkaufszentren. Weil die Umsatzzahlen hoch sein müssen und die Gewinnmarge im Lebensmitteleinzelhandel gering ist, fungieren die Geschäftsmieten als Selektionsmechanismus unter den Anbietern für gewinnträchtigere Nutzungen im Einzelhandel oder sonstige Dienstleistungen.

Befund: Die Erreichbarkeit per PKW steht in der Beurteilung der einzelnen Standorte sowohl von der Kunden- als auch von der Anbieterseite an vorderster Stelle. Der Aspekt der räumlichen Nähe des Nachbarschaftsladens wird ersetzt von der Nähe zum Nachbarschaftszentrum, wie vor allem die vergleichenden Kundeneinzugsbereiche (für den Sachsenpark und das Paunsdorf Center) im Großraum Leipzig zeigen. Die räumliche Entfernung ist für die Wahl der Einkaufsstätte weiterhin von entscheidender Bedeutung. Aufgrund fehlender (preisgünstiger) Alternativen in der Nachbarschaft oder in der Innenstadt und aufgrund einer neu erworbenen PKW-Mobilität ist der Faktor Nähe jedoch nicht mehr vergleichbar mit den zur DDR-Zeit in fußläufiger Entfernung gemachten Einkaufserfahrungen. Trotz permanenter Staugefahren und aufwendiger Anfahrtszeiten werden Lebensmitteleinkäufe nunmehr bevorzugt in nächstgelegenen ("convenient") Einkaufszentren durchgeführt. Wo andere Motive als "Nur-Einkaufen" Grund für den Besuch sind, kann die Anfahrtszeit bis zu zwei bis drei Stunden betragen, um einen langen Aufenthalt zu "rechtfertigen".

Hypothese 6: Die Planer und Entwickler: Die Kommunen zielen in Zusammenarbeit mit Entwicklungsgesellschaften und Einzelhändlern darauf, die Erfolgsrezepte von Einkaufszentren auf der grünen Wiese baulich und organisatorisch in den Städten nachzuahmen. In Anlehnung an KOWINSKI (1985) zeichnet sich der unaufhaltsame Trend des "Malling" ab, d.h. der Ausbreitung nicht nur rand-, sondern auch innerstädtischer Einkaufszentren. Resultat dieses interurban durchgeführten Wettbewerbs ist die wachsende physiognomische Austauschbarkeit nicht nur der ostdeutschen Städte untereinander, sondern auch die Angleichung an ihre westdeutschen Vorbilder. Diesem Trend zur Homogenisierung der Verkaufskultur (Assimilierungs- oder Homogenisierungsthese) stehen teilweise nur noch im infinitesimal kleinen Bereich wirkende Bestrebungen gegenüber, einmalige und unverwechselbare Kundenattraktivität zu erzeugen (Fraktionierungs- oder Dissimilierungsthese).

Befund: Das baulich-organisatorische Konzept des Einkaufszentrums auf der grünen Wiese wird von der Stadtplanung präferiert, um die Innenstadt oder das Stadtteilzentrum zu revitalisieren. SCHLAUTMANN (1997) spricht vom "Center-Taumel" in den ostdeutschen Städten, weil alle die ganz ähnliche Strategie verfolgen, mit Hilfe eines "big push" private Großinvestitionen zu realisieren, die *spill-over*-Effekte für das städtische Umfeld erzeugen sollen. Bisherige Erfahrungen zeigen jedoch, daß die Kombination "City-Einkaufszentrum - umliegende Stadt" keine organische Verbindung eingeht, sondern sich das Einkaufszentrum in der Innenstadt ähnlich wie dasjenige auf der grünen Wiese auf Kosten der Rest-Stadt profiliert. Hohe Gewerbemieten fördern die Filialisierung und die Verdrängung des ostdeutschen Mittelstandes aus den Citys. Zeitgleich ist es den kommunalen Planern nicht gelungen, in überregionaler Absprache neuerliche Veränderungen und Vergrößerungen in den Einkaufszentren auf der grünen Wiese zu verhindern, die damit auf das "Nachholen" der Innenstädte reagieren, um ihren bisherigen Attraktivitätsvorsprung unter den Kunden zu verteidigen.

KOWINSKI (1985: 342) faßt das Problem der Organisationsform "Einkaufszentrum" für die gesellschaftliche Weiterentwicklung folgendermaßen zusammen: "They (the customers) are in a sense prisoners of the mall, if only because the mall´s predominance has destroyed the alternatives they miss, even the imagening ones."

Anhang: A) Fragebogen für Kundeninterviews

Geographisches Institut Universität Kiel, Prof. Dr. J. Bähr & Dr. U. Jürgens, Olshausenstr.40, 24118 Kiel, Fax: 0431-880-4658

Standort Datum
Befrager Uhrzeit

Antworten "weiß nicht": 0 keine Angabe: 9

1. Warum sind Sie heute hierhergekommen? (Mehrfachantwort möglich)

Einkaufen (1) sich umschauen (2) Kino (3)
arbeite hier (4) Durchgang (Aktivität außerhalb EKZ/City) (5) sonstiges (6)

2. In welchen Läden haben Sie etwas gekauft, bzw. welche Dienstleistungen (z. B. (Arzt, Kino, Restaurant) haben Sie aufgesucht?

- In welche Einrichtungen wollen Sie noch?

nur EKZ
3. Wie lange haben Sie sich heute im EKZ aufgehalten?

4. In welchen Zeitabständen kommen Sie?
erstmals (1) täglich (2) mehrmals die Woche (3) wöchentlich (4)
monatlich (5) vierteljährlich (6) seltener (7)

Sind Sie vor zwei Jahren schon Kunde hier gewesen? ja (1) nein (2) weiß nicht (3)

5. Haben Sie für Ihren heutigen Besuch im EKZ/City Werbeinformationen genutzt?
Nein (1)

Wenn ja (Mehrfachantwort möglich!)
aus Tageszeitung (2) Centerzeitung (3) Radio (4) von Freunden/Bekannten (5)

6. Wie sind Sie heute hierhergekommen?
PKW (1) Bus/Bahn (2) Mofa/Moped (3) Fahrrad (4) zu Fuß (5) andere (6)

Kommen Sie jetzt von der Wohnung (1), von der Arbeit (2), von woanders (3) her?

Wie lange haben Sie heute dazu gebraucht (einfacher Weg!)? (in Minuten)

7. Alter Geschlecht (der interviewten Person)

Sind Sie allein hier? ja (1) nein (2)

Familie (1)

Alter Geschl. Freund 2) sonst (3)

Wenn nein,
mit wieviel Personen?
a)
b)
c)
----
d)

8. Wo wohnen Sie? (Gemeinde, Stadtteil) Postleitzahl

Sind Sie erwerbstätig? ja (1) nein (angeben)______________

Welche Tätigkeit üben Sie momentan aus?________________________

Wo arbeiten Sie? (Gemeinde/Stadtteil) Postleitzahl

9a. Wo kaufen Sie **hauptsächlich** Lebensmittel ein? (max. zwei Antworten)

hier im EKZ (1)	andere EKZ (2)	City Leipzig (3)	City Halle (4)
City Rostock/Cottbus (5)	Katalog (6)	wohnungsnah (7)	woanders (8)

9b. Wo kaufen Sie **hauptsächlich** Drogerieartikel ein? (max. zwei Antworten)

hier im EKZ (1)	andere EKZ (2)	City Leipzig (3)	City Halle (4)
City Rostock/Cottbus (5)	Katalog (6)	wohnungsnah (7)	woanders (8)

9c. Wo haben Sie **das letzte Mal** folgendes eingekauft?

a) Bekleidung b) Schuhe c) TV/Video/Radio
d) Uhren/Schmuck e) Möbel

---

10. In welchen EKZ kaufen Sie (noch) ein? (bitte angeben)

---

11. Wie beurteilen Sie den Einkaufsstandort auf einer Skala von 1 bis 5?

1=sehr gut; 2=gut; 3=befriedigend; 4=ausreichend; 5=mangelhaft

Auswahl	Qualität	Preise
Beratung	Atmosphäre	Erreichbarkeit
Parkplätze	Gastronomieangebot	Freizeitangebot

---

12. Haben Sie spontan Verbesserungsvorschläge? (bitte angeben)

---

13. Wieviel haben Sie heute ungefähr ausgegeben (sofern Einkauf beendet)?
(Summe angeben)

---

14. Wie hoch ist Ihr Haushaltsnettoeinkommen?

-1000DM -1500DM -2000DM -2500DM -3000DM -5000DM mehr

Wieviel Personen tragen in Ihrem Haushalt dazu bei?

Wieviel Personen wohnen in Ihrem Haushalt?

Vielen Dank für Ihre Auskünfte

B) Fragebogen für Haushaltsinterviews

Geographisches Institut Universität Kiel, Dr. U. Jürgens, Olshausenstr.40,
24118 Kiel, Fax: 0431-880-4658

Standort Datum Bautypus
Befrager Uhrzeit

Antworten "weiß nicht": 0 keine Angabe: 9

1. Wenn Sie täglich oder mehrmals die Woche Lebensmittel besorgen, wo kaufen Sie dann hauptsächlich ein?

   a) Name des Wohngebietes oder des EKZ ______________________

   b) Name des Ladens/der wichtigsten Läden______________________

   Wenn Sie Ihre Wochenendeinkäufe oder Großeinkäufe an Lebensmitteln machen, wo kaufen Sie dann hauptsächlich ein?

   a) Name des Wohngebietes oder des EKZ______________________

   b) Name des Ladens/der wichtigsten Läden______________________

   Wer kauft bei Ihnen hauptsächlich Lebensmittel ein?

2. Wie oft machen Sie Großeinkäufe?

   täglich mehrmals die Woche wöchentlich mehrmals im Monat

   monatlich seltener niemals

   Wieviel Geld geben Sie dann durchschnittlich für Lebensmittel aus?

3. Wo haben Sie folgende Dinge beim letzten Mal eingekauft bzw. Einrichtungen aufgesucht?

	Innenst.	Stadtteil	EKZ-Stadtrand	anderswo(angeben)
a) Mode/Textil/Schuhe				
b) Elektroartikel				
c) Möbel				
d) Kino				
e) Restaurant				
f) Post				
g) Bank				
h) Arzt				

4a. Welches Verkehrsmittel nutzen Sie i. d. R., um in die Geschäfte der Innenstadt zu kommen?
PKW (1) Bus/Bahn (2) Mofa/Moped (3) Fahrrad (4) zu Fuß (5) andere (6)

Wie lange brauchen Sie i. d. R. hierfür? (in Minuten einfache Strecke)

4b. Welches Verkehrsmittel nutzen Sie i. d. R., um in die Geschäfte Ihres Stadtteiles zu kommen?
PKW (1) Bus/Bahn (2) Mofa/Moped (3) Fahrrad (4) zu Fuß (5) andere (6)

Wie lange brauchen Sie i. d. R. hierfür? (in Minuten einfache Strecke)

4c. Welches Verkehrsmittel nutzen Sie i. d. R., um in die Geschäfte Ihres EKZ zu kommen?
PKW (1) Bus/Bahn (2) Mofa/Moped (3) Fahrrad (4) zu Fuß (5) andere (6)

Wie lange brauchen Sie i. d. R. hierfür? (in Minuten einfache Strecke)

PKW (1) Bus/Bahn (2) Mofa/Moped (3) Fahrrad (4) zu Fuß (5) andere (6)

Besitzt Ihr Haushalt einen PKW? ja nein

5. Kommen Sie immer von zu Hause, wenn Sie einkaufen gehen?

ja meistens selten niemals

wenn meistens, selten oder niemals: von wo kommen Sie dann?

6. Wie lange wohnen Sie in diesem Wohngebiet?

7. Welche EKZ haben Sie in Ihrer Region schon genutzt? (welche hierunter binnen des letzten Monats?)

Ostseepark Warnowpark (Groß Klein) Portcenter Hansecenter (Bentwisch)

Rostocker Hof (City) Doberaner Hof (City) Andere:__________

Wie oft besuchen Sie ein Einkaufszentrum?

täglich mehrmals die Woche wöchentlich mehrmals im Monat

monatlich seltener

wenn gar nicht, warum nicht?

Bewerten Sie die Innenstadt, Ihr Stadtteilzentrum und das EKZ, das Sie am häufigsten besuchen mit Noten 1 (sehr gut) - 5 (mangelhaft)

	City	Stadtteil	EKZ
Verkehrsanbindung			
Parkmöglichkeiten			
Atmosphäre/Gestaltung			
Gastronomie/Freizeit			
öffentl. Sicherheit (Kriminalität)			
Auswahl des Angebotes			
Preise			

8. Wenn Sie die Einkaufsmöglichkeiten mit der Zeit vor der Wende vergleichen:

was ist besser geworden? ______________________________

was ist schlechter geworden? ______________________________

9. Wie alt sind Sie? Geschlecht der befragten Person

Wieviel Personen wohnen in Ihrem Haushalt?

Anzahl Erwachsene (18 und älter) Kinder (12-18) Kinder (unter 12)

10. Welchen Erwerb üben Sie momentan aus?

11. Wie hoch ist Ihr Haushaltsnettoeinkommen?

-1000DM -1500DM -2000DM -2500DM -3000DM -5000DM mehr

C) Fragebogen für Einzelhändlerinterviews

Befragung von Einzelhandelsbetrieben in der Rostocker Innenstadt

1. Funktion des / der Befragten			
Inhaber(in)	☐ = 1	Geschäftsführer(in)	☐ = 2
Geschäftsstellenleiter(in)	☐ = 3	sonstige(r) Angestellte(r)	☐ = 4

1. **Vom Befrager auszufüllen** Betriebsform / Standortmerkmal (EKZ, Warenhaus, Fußgängerzone, Galerie / Passage) Baulicher Zustand: (1) Neubau / totalsaniert ☐ (2) teilsaniert ☐ (3) nicht saniert, gut ☐ (4) sanierungsbed. ☐ (5) in Arbeit ☐	1. Warenhaus / Kaufhaus 2. Fachmarkt 3. Supermarkt 4. SB-Laden 5. Fachgeschäft 6. Gemischtwarenladen 7. Katalogshop 8. Kiosk 9. Sonstiges	Bitte zutreffende Nummer / Kennbuchstaben eintragen: Reg.-Nummer laut Kartierung:
2. Um welche Art von Betrieb handelt es sich ? 0. keine Angabe	1. Einbetriebsunternehmen (EBU) 2. EBU angegliedert an freiwillige Kette / Einkaufsgenossenschaft 3. Filiale 4. Franchise-Unternehmen 5. Zweigbetrieb 6. Hauptbetrieb 7. Sonstige	Bitte zutreffende Nummer eintragen:

3. Betreibt dieses Unternehmen noch weitere Filialen, Marktstände oder ambulante Verkaufsflächen? (keine Angabe / weiß nicht = 0)	1. Ja , und zwar: ☐ 2. nein

	Warengruppe	%	
4. Bitte nennen Sie für die Branchenzuordnung die 3 wichtigsten Warengruppen Ihres Sortiments und deren % - Anteile am Einzelhandelsumsatz	1 __________ 2 __________ 3	_____ _____	**Qualität**

5. Bitte nennen Sie das Datum der Eröffnung des Betriebes in der bestehenden Form a) Wurde dieser Betrieb von einem früheren anderen Standort hierher verlagert ? b) Wo befand sich dieser Betrieb vorher ? c) Gründe für die Umsiedlung ?	Eröffnungsdatum zu a) 1= ja 2=nein 0=keine Angabe ☐ zu b) vorheriger Standort: zu c) Grund:
6. Wieviele Mitarbeiter hat Ihr Geschäft zur Zeit ? (bei Platzmangel Eintrag hinter den Kästchen) **Qualität** ☐	1. Vollzeit ☐ 2. Teilzeit ☐ 3. Aushilfen (bedarfsorientiert) ☐ 4. Azubis ☐ 5. falls bekannt: Ganztagseinheiten ☐ 6. davon mithelfende Familienangehörige ☐ 7. keine Angabe ☐
7. Wie hat sich die Beschäftigtenzahl dieses Betriebes bisher entwickelt (Anzahl jeweils am Anfang des Jahres) (0 = nicht bekannt / keine Angabe) **Qualität** ☐	1990 ____ Beschäftigte 1991 ____ Beschäftigte 1992 ____ Beschäftigte 1993 ____ Beschäftigte 1994 Beschäftigte 1995 Beschäftigte

Sämtliche Angaben werden streng vertraulich behandelt !

8. Welche vorhergehenden Nutzungen (seit der „Wende") oder Veränderungen dieses Geschäftsraumes sind Ihnen bekannt ? Qualität ☐	Zeitraum	Art der Nutzung / Veränderung
9. Wissen Sie, welche Nutzung zuletzt zu DDR-Zeiten in diesem Geschäft war ?		
10. Werden für diesen Betrieb Fördermittel in Anspruch genommen ? Wenn ja, welche ? (Liste)	Kennziffern aus Liste: keine Angabe / nicht bekannt = 0 keine =99	
11. Wie groß ist die Nutzfläche Ihres Betriebes ? (zur Zeit) keine Angabe / nicht bekannt = 0	Gesamtnutzfläche (m^2)	Vkfl. (m^2) — Qualität
12. Wie beurteilen Sie die gegenwärtige wirtschaftliche Situation Ihres Betriebes ?	Schulnoten 1-6 (0 = keine Angabe) ☐	
13. Wie beurteilen Sie die zukünftige wirtschaftliche Situation Ihres Betriebs ?	1. eher besser als zur Zeit ☐ 2. eher schlechter als zur Zeit ☐ 3. gleichbleibend ☐ 4. keine Vorstellung / Angabe ☐	

14.		vollzogen	geplant	nicht zutreffend
Welche Maßnahmen zur Steigerung der Konkurrenzfähigkeit Ihres Betriebes haben Sie in der Vergangenheit durchgeführt, bzw. planen Sie ?	1. Angebotsverbreiterung	☐	☐	☐
	2. Angebotsvertiefung	☐	☐	☐
	3. Preisgünstigeres Angebot	☐	☐	☐
	4. Vergrößerung des Betriebs	☐	☐	☐
	5. Umbau / Gestaltung	☐	☐	☐
9. Sonstige bitte hier benennen:	6. Werbung (Anzeigen / Postwurfsendungen)	☐	☐	☐
	7. Rationalisierung	☐	☐	☐
	8. Anschluß an eine Einkaufs- / Werbegemeinschaft	☐	☐	☐

15.		niedriger weniger	gleich	höher mehr
Wie wird sich Ihr Betrieb voraussichtlich in den nächsten 5 Jahren entwickeln ?	1. Verkaufsfläche	☐	☐	☐
	2. Beschäftigtenzahl	☐	☐	☐
Ist ein Standortwechsel des Betriebs geplant ?	3. Angebotsbreite	☐	☐	☐
1. ja ☐ 2.nein ☐	4. Angebotstiefe	☐	☐	☐
Wenn ja, wohin ?	5. Angebotsqualität	☐	☐	☐
	6. Preisniveau	☐	☐	☐
Ist die Schließung des Betriebes geplant ?	7. Modernisierung der Einrichtung	ja	☐	
1. ja ☐ 2.nein ☐		nein	☐	

16. Wer ist derzeitiger Eigentümer des Gebäudes ? Wert hier eintragen ☐ 0 = keine Angabe	1. Stadt Rostock / WIRO 2. Alteigentümer 3. neuer Investor , und zwar aus (Bundesland): 4. sonstiger Besitzer 5. Eigentumsverhältnisse ungeklärt 6. eigenes Objekt

17.	Angaben in DM	bitte ankreuzen
Falls Mietobjekt: Welcher Miethöhenkategorie würden Sie Ihren Betrieb zuordnen ?	1. bis 20	☐
(netto-kalt, je m^2 Ladenfläche monatlich)	2. - 30	☐
a) Welche Kategorie sehen Sie als Obergrenze? ☐	3. - 50	☐
b) zusätzlich umsatzabhängige Miete	4. -100	☐
☐ja ☐nein	5. -150	☐
	6. über 150	☐

Sämtliche Angaben werden streng vertraulich behandelt !

18. Falls Mietobjekt: Wann wurde der Mietvertrag abgeschlossen ? (0= keine Angaben) a) Wann endet der Vertrag / Laufzeit b) Wird eine Verlängerung / Optionsausübung angestrebt?	Datum Abschluß Mietvertrag: Ende bzw. Dauer Laufzeit: zu b) 1= ja 2= nein ☐
19. Bitte bewerten Sie die Rostocker Innenstadt als Einzelhandelsstandort (Vergeben Sie bitte Zensuren von 1 bis 6 0 = keine Angabe)	1. Verkehrsanbindung (IV) ☐ 2. Verkehrsanbindung (ÖV) ☐ 3. Parkmöglichkeiten ☐ 4. Gestaltung des Zentrums ☐ 5. Gastronomieangebot ☐ 6. Wettbewerb durch Stadtteilzentren ☐ 7. Wettbewerb durch Anbieter an der Peripherie ☐ 8. Branchenmix in der Innenstadt ☐ 9. Passantenaufkommen ☐ 10. Sicherheit ☐ 11. Aufenthaltsqualität ☐ 12. Freizeit- und Kulturangebot ☐
20. Welche Erwartungen haben Sie hinsichtlich der neuen und geplanten „Magnetbetriebe" (Rostocker Hof, Hopfenmarkt, C&A, P&C) ? 1 = trifft zu 2 = trifft nicht zu 0 = keine Angabe	1. steigern die Attraktivität der Innenstadt ☐ 2. steigern die Passantenfrequenz an meinem Standort ☐ 3. wirken sich positiv auf diesen Betrieb aus ☐ 4. wirken sich negativ auf diesen Betrieb aus ☐
21. Verfügt Ihr Betrieb über eigene Kundenparkplätze?	Anzahl: 0=keine ☐
22. Wo sollten von seiten der Stadt / öffentlichen Hand Maßnahmen zu Verbesserung der Attraktivität der Innenstadt als EH-Standort getroffen werden. Bewertung: 1 = sehr wichtig 2 = wichtig 3 = weniger wichtig 4 = unwichtig 0 = keine Meinung / egal Für eigene Vorschläge und Anmerkungen gern auch die Rückseite verwenden.	Bitte Bewertung in das Kästchen eintragen 1. Ausbau der Innenstadt als Wohnstandort ☐ 2. Ausbau des ÖPNV ☐ 3. Erreichbarkeit der Innenstadt mit dem Auto ☐ 4. Parkplatzangebot / Parkraumbewirtschaftung ☐ 5. Einsatz eines City-Managers ☐ 6. Ausweitung des kulturellen / Freizeitangebots ☐ 7. Einflußnahme auf das Mietpreisgefüge ☐ 8. Gestaltung / Aufenthaltsqualität ☐ 9. öffentliche Sicherheit (Polizeipräsenz) ☐ 10. Verkehrsberuhigung (z.B. Lange Straße) ☐ 11. Sauberkeit / Straßenreinigung ☐ 12. Einzelhandelskonzept als Orientierungsrahmen ☐ Sonstiges (eigene Vorschläge und Anmerkungen)

Sämtliche Angaben werden streng vertraulich behandelt !

23. Mit welchen Maßnahmen kann Ihrer Meinung nach der Handel zur Verbesserung der Situation beitragen? 1 = würde ich durch Eigenengagement unterstützen 2 =unterstütze ich nicht, weil kein Interesse / irrrelevant 3= kann mir Unterstützung nicht leisten 0 = egal / keine Angabe	1. Schaffung von Werbegemeinschaften ☐ 2. Kundenbefragungen zur „Stimmungsanalyse" ☐ 3. Sonderveranstaltungen ☐ 4. Sortimentsabsprachen / -ergänzungen ☐ 5. Koordination von Dekoration / Gestaltung ☐ 6. Förderung kultureller Rahmenprogramme ☐ 7. Koordination der Ladenöffnungszeiten ☐ 8. eigeninitiierte bauliche / gestalterische Maßnahmen (z.B. Überdachungen, Begrünung, Möblierung) ☐ 9. eigene Vorschläge ____________________
24. Bis wann ist Ihr Geschäft am „langen Donnerstag" geöffnet?	Uhrzeit: 0= Keine Angabe
25. Welche Aussage trifft hinsichtlich der diskutierten Freigabe der Ladenöffnungszeiten zu ? Noten eintragen von bis 1 = trifft zu 2 = trifft nicht zu 0 = keine Angabe	wirkt sich auf diesen Betrieb negativ aus ☐ wirkt sich auf diesen Betrieb positiv aus ☐ steigert die Umsätze ☐ steigert den Gewinn ☐ steigert die Attraktivität der Innenstadt ☐ dieser Betrieb wird davon Gebrauch machen ☐
26. Wie beurteilen Sie die derzeitige Zusammenarbeit der städtischen Verwaltung mit dem Einzelhandel bei Vorhaben und Planungen der Stadt, die den Handel direkt oder indirekt betreffen ? (Benotung wie Schulzensuren, von 1 - 6; 0= keine Angabe)	frühzeitige Bekanntgabe von Vorhaben ☐ Einbeziehung des Einzelhandels in die Entscheidungsfindung ☐ Sachkompetenz / Verläßlichkeit der Ansprechpartner ☐
27. Welcher Umsatzgrößenklasse würden Sie Ihren Betrieb zuordnen 0=keine Angabe ☐	Angaben in Tausend DM / Jahr 1. bis 50 ☐ 2. 51 100 ☐ 3. 101 - 250 ☐ 4. 251 - 500 ☐ 5. 501 - 1 Mio. ☐ 6. 1.001 - 2 Mio. ☐ 7. 2.000 - 5 Mio. ☐ 8. über 5 Mio. ☐
28. Worin sehen Sie die Hauptprobleme für die Geschäftsentwicklung Ihres Unternehmens ?	____________________ ____________________ ____________________ ____________________
29. Was haben Sie vorher (vor der Tätigkeit im EH) gemacht (persönlicher Ausbildungshintergrund)?	
30. Persönliche Angaben des Befragten	Alter: Geschlecht: männl. ☐ weibl. ☐

Sämtliche Angaben werden streng vertraulich behandelt !

Bücher, Artikel aus Zeitschriften und mit Autorennamen gezeichnete Zeitungsartikel

ACHEN, M. & M. ZARTH (1994): Existenzgründungen im ostdeutschen Einzelhandel. In: Raumforschung und Raumordnung 52 (4/5), S. 322-330.

ACOL Gesellschaft für Arbeitsförderung (Hrsg.) (ca. 1995): Die Textilbranche in Cottbus gestern und heute. Cottbus.

ADRIAN, H. (1994): Die Städte müssen sich wehren. In: BAG Handelsmagazin (9), S. 22-24.

Aengevelt-Research (1994): City Report Region Leipzig-Halle Nr. 3. Düsseldorf.

AGERGARD, E., P. A. OLSEN & J. ALLPASS (1985): Die Beziehungen zwischen Einzelhandel und städtischer Zentrenstruktur: die Theorie der Spiralbewegung. In: HEINRITZ, G. (Hrsg.): Standorte und Einzugsbereiche tertiärer Einrichtungen. Darmstadt, S. 55-85. (urspr. The interaction between retailing and the urban centre structure: a theory of spiral movement. In: Environment and Planning 2 (1), S. 55-71).

AHRENS, S. (1996): Schwerin - Strukturen und Probleme des Einzelhandels einer Großstadt in den neuen Ländern. In: Europa Regional 4 (4), S. 32-44.

ALBECK, H. (1987): Der Sozialstaat. (=Informationen zur Politischen Bildung 215). Bonn.

ALBESHAUSEN, S. (1994): Stadtmarketing - ein neues Instrument der Stadtentwicklung für die Universitäts- und Grenzstadt Frankfurt (Oder). In: Deutsches Seminar für Städtebau und Wirtschaft (DSSW) (Hrsg.): Revitalisierung der brandenburgischen Städte. Bonn, S. 40-44.

ALBRECHT, W. & E. WEBER (1991): Zur Entwicklung von Funktion, Struktur und Bevölkerung der Städte Rostock, Schwerin und Neubrandenburg. In: Zeitschrift für Wirtschaftsgeographie 35 (2), S. 106-122.

ALONSO, W. (1964): Location and land use: toward a general theory of land rent. Cambridge, Mass.

AMIN, A. (Hrsg.) (1995): Post-fordism: a reader. Oxford & Cambridge, Mass.

APPEL, D. (1972): The supermarket: early development of an institutional innovation. In: Journal of Retailing 48 (1), S. 39-53.

ARING, J. & P. HEISING (1992): Modernisierungsrestriktionen in den Neuen Ländern. In: Standort 16 (4), S. 15-21.

ARING, J. (1996): Stadt-Umland-Entwicklungen als interessengeleiteter Prozeß. In: Informationen zur Raumentwicklung (4/5), S. 209-219.

AUER, J. (1997): Quo vadis Einzelhandel? Deutsche Bank Research 43. Frankfurt/ Main.

AUGSBURG, J. & M. WEIS (1995): Stadt im Stau. In: Kreuzer (4), S. 13-14.

AUSPURG, D. u.a. (1995): Ausgewählte Ergebnisse der Verkehrsentwicklung 1994 in Leipzig. Leipzig (unveröff. Manuskript)

Autorenkollektiv (1972): Die Umgestaltung des Verkaufsstellennetzes und das Beispiel der Stadt Bergen (Rügen). (Ost-) Berlin.

Autorenkollektiv (1990): DDR - ökonomische und soziale Geographie. Gotha.

BAADER, D. (1991): Die Konsumgüterbranche in den fünf neuen Bundesländern. In: Thexis 8 (3), S. 17-23.

BÄHR, J., C. JENTSCH & W. KULS (1992): Bevölkerungsgeographie. Berlin & New York.

BAG (Bundesarbeitsgemeinschaft der Mittel- und Großbetriebe des Einzelhandels e.V.) (Hrsg.) (1993): Vademecum des Einzelhandels 1993. Köln.

BAG (Bundesarbeitsgemeinschaft der Mittel- und Großbetriebe des Einzelhandels e.V.) (Hrsg.) (1995a): Vademecum des Einzelhandels 1995. Köln.

BAG (Bundesarbeitsgemeinschaft der Mittel- und Großbetriebe des Einzelhandels e.V.) (Hrsg.) (1995b): Standortfragen des Handels. Köln, 5.Aufl.

BAG (Bundesarbeitsgemeinschaft der Mittel- und Großbetriebe des Einzelhandels e.V.) (Hrsg.) (1996): Vademecum des Einzelhandels 1996. Köln.

BAGINSKI, D. (1994): Der Ostseepark wird angenommen. In: Rostock live 4 (7), S. 4-6.

BAHRENBERG, G., E. GIESE & J. NIPPER (1992): Statistische Methoden in der Geographie Bd. 2. Stuttgart.

BAHRDT, H. P. (1989): Die Stadtstraße als Kommunikationsfeld. In: Die alte Stadt 16 (2/3), S. 196-207.

BAIN, N. (1994): Village shops - suitable case for treatment? In: Local Council Review 45 (1), S. 16.

BANDELIN, J. u.a. (1994): Beschäftigung in Landwirtschaft und Tourismus in der Umlandregion Rostock beim Übergang zu marktwirtschaftlichen Strukturen. In: NICKEL, H.M. u.a. (Hrsg.): Erwerbsarbeit und Beschäftigung im Umbruch. Berlin.

BANIK-SCHWEITZER, R. & R. KOHOUTEK (1996): "Öffentlicher Raum" in den Städten. In: Newsletter 7 der Urbanen Initiativen - Stadtverein Wien (Internet) (10 Seiten).

BATTIS, U., M. KRAUTZBERGER & R.P. LÖHR (1991): Baugesetzbuch 3.Aufl. München, S. 1669-1689.

BATZER, E. u.a. (1991): Der Handel in der Bundesrepublik Deutschland. ifo-Studien zu Handels- und Dienstleistungsfragen 40. München.

BAYERL, G. (1995): Cottbus und die Niederlausitz - Das technisch-historische Erbe einer gewerbsfleißigen Region. In: BAYERL, G. (Hrsg.): Technisch-historische Spaziergänge in Cottbus und dem Land zwischen Elster, Spree und Neiße. Cottbus, S. 10-19.

BBE-Unternehmensberatung (1994): BBE Handels- und Dienstleistungsatlas neue Bundesländer (für Cottbus und Rostock). Köln.

BEAUREGARD, R. (1995): Edge cities: peripheralizing the center. In: Urban Geography 16 (8), S. 708-721.

BEHRENS, K. C. (1965): Der Standort der Handelsbetriebe. Köln & Opladen.

BEREKOVEN, L., W. ECKERT & P. ELLENRIEDER (1977): Marktforschung. Wiesbaden.

BEREKOVEN, L. (1986): Geschichte des deutschen Einzelhandels. Frankfurt/Main.

BERGER, H. & A. SCHULTZ (1996): Die soziale Lage der Haushalte in Ostdeutschland. In: ZAPF, W. & R. HABICH (Hrsg.): Wohlfahrtsentwicklung im vereinten Deutschland. Berlin, S. 225-252.

BERTRAM, H. (Hrsg.) (1996): Regionen im Vergleich - Gesellschaftlicher Wandel in Ostdeutschland am Beispiel ausgewählter Regionen. Schriftenreihe der KSPW Bd. 22. Opladen.

BERTRAM, H. u.a. (Hrsg.) (1996): Städte und Regionen - Räumliche Folgen des Transformationsprozesses. Berichte der KSPW Nr. 5. Opladen.

BEUYS, B. (1980): Familienleben in Deutschland. Hamburg.

BEYME, K. von (1996): Der kurze Sonderweg Ostdeutschlands zur Vermeidung eines erneuten Sonderweges: Die Transformation Ostdeutschlands im Vergleich der postkommunistischen Systeme. In: Berliner Journal für Soziologie (3), S. 305-316.

BIEDENKOPF, K. (1994): Die neuen Bundesländer: Eigner Weg statt "Aufholjagd". In: DETTLING, W. (Hrsg.): Perspektiven für Deutschland. München, S. 62-78.

BIENERT, M. (1991): Neue Monopole in den neuen Bundesländern. In: Der Handel (9-10), S. 52-54.

BLOTEVOGEL, H.H. (1996): Auf dem Wege zu einer 'Theorie der Regionalität': Die Region als Forschungsobjekt der Geographie. In: G. BRUNN (Hrsg.): Region und Regionsbildung in Europa. Konzeptionen der Forschung und empirische Befunde. Baden-Baden, S. 44-68.

Blumenauer Research (1997): Frequenzbericht deutscher Großstädte mit zusätzlichen Angaben über Kaufkraft und Wirtschaftsstruktur. Frankfurt/Main.

BOBEK, H. (1966): Aspekte der zentralörtlichen Gliederung Österreichs. In: Berichte zur Raumforschung und Raumplanung 10, S. 114-129.

BOBEK, H. (1972): Die Theorie der zentralen Orte im Industriezeitalter. In: SCHÖLLER, P. (Hrsg.): Zentralitätsforschung (Wege der Forschung Bd. 301). Darmstadt, S. 453-461. (urspr. Deutscher Geographentag Bad Godesberg 1967, Verhandlungen des Deutschen Geographentags Bd. 36. Wiesbaden 1969, S. 199-207).

BOCHMANN, A. u.a. (1995): The city of Chemnitz in Saxony (Germany) building its new economic profile. In: GeoJournal 37 (4), S. 539-547.

BÖCKER, F. & M. BRINK (1987): Images von Präferenzen für Einkaufszentren und einzelne Einzelhandelsgeschäfte im Wechselspiel. In: TROMMSDORFF, V. (Hrsg.): Handelsforschung 1987. Heidelberg, S. 161-179.

BÖHM, H. (1983): Rechtsordnungen und Bodenpreise als Faktoren städtischer Entwicklung im Deutschen Reich zwischen 1870 und 1937. In: TEUTEBERG, H.J. (Hrsg.): Urbanisierung im 19. und 20.Jahrhundert: historische und geographische Aspekte. Köln & Wien, S. 214-240.

BÖHME, G. (ca. 1990): Statistiken zum Einzelhandel der Stadt Leipzig. Leipzig (unveröffentlicht).

BÖHMER, R. & A. WENDT (1993): Geteiltes Deutschland. In: Wirtschaftswoche 47 (22), S. 72-76.

BOHNER, T. (ca.1958): Der offene Laden - Aus der Chronik des Einzelhandels. Frankfurt/Main.

BORCHERDT, C. (1970): Zentrale Orte und zentralörtliche Bereiche. In: Geographische Rundschau 22, S. 473-483.

BORSDORF, A. (1997): Der Einzelhandel in Tirol: räumliche Entwicklung und Raumordnung. In: Die Erde 128 (2), S. 131-148.

BRAMEIER, U. (1994): Bevölkerungsentwicklung in Deutschland. In: Praxis Geographie 24 (6), S. 40-43.

BREITZMANN, H. & F. ZUBER-SEIFERT (1996): Zum Verkehrsverhalten der Bewohner neuer Wohnsiedlungen im Rostocker Raum. In: BREITZMANN, H. (Hrsg.): Suburbanisierung und Verkehr. Rostock, S. 35-45.

BRETZ, M. & F. NIEMEYER (1992): Private Haushalte gestern und heute. In: Wirtschaft und Statistik (2), S. 73-81.

BREUCH, M. (1996): Wir müssen den alten Marktplatz neu erfinden. In: Welt am Sonntag v. 25.2.1996, S. IM14.

BREUSTE, J. (1994): Ökologische Aspekte der Stadtentwicklung Leipzigs. In: Geographische Rundschau 46 (9), S. 508-514.

BRODER, H. & F. VAN DER MEULEN (1991): Wagnis Wurst. In: Zeit-Magazin v. 11.1.1991, S. 18-24.

BROMLEY, R. & C. THOMAS (1989): The impact of shop type and spatial structure on shopping linkages in retail parks. In: Town Planning Review 60 (1), S. 45-70.

BROMLEY R. & C. THOMAS (eds.) (1993): Retail change. London.

BROOK, D. & M. COLLINS (1990): Underground space and planning. In: The Planner 23, S. 8-12.

BROSIUS, G. (1988): SPSS/PC+ Basics und Graphics. Hamburg & New York.

BROSIUS, G. (1989): SPSS/PC+ Advanced Statistics und Tables. Hamburg & New York.

BROSZ, A. (1989): Entwicklungstendenzen der Sortiments- und Leistungsprofilierung im Einzelhandel der BRD - Bedingungen und Konsequenzen für die langfristige Gestaltung des Einzelhandelsnetzes in der DDR. Dipl.-Arbeit Handelshochschule Leipzig (unveröff.).

BROWN, S. (1987a): Institutional change in retailing: a review and synthesis. In: European Journal of Marketing 21 (6), S. 5-36.

BROWN, S. (1987b): Institutional change in retailing: a geographical interpretation. In: Progress in Human Geography 11 (2), S. 181-206.

BROWN, S. (1992): Retail location: a micro-scale perspective. Aldershot u.a.

BRUNE, W. (1996): Die Stadtgalerie - Ein Beitrag zur Wiederbelebung der Innenstädte. Frankfurt & New York.

BRUNKEN, A. & H.H. SCHOLL (ca. 1996): Der Kunde Einzelhandel und das Unternehmen Stadt (Bremer Institut für Angewandte Handelsforschung). Bremen.

BUCHHOFER, E. (1993): Aktuelle Probleme des Einzelhandels in ostdeutschen Kleinstädten: Beispiel Ilmenau/Thüringen. In: Jenaer Geographische Schriften (1), S. 149-156.

BUCHHOFER, E. & J. LEYKAUF (1993): Einzelhandel im thüringischen Mittelzentrum Ilmenau - Bestand und Perspektiven. Marburg/Lahn.

BÜHLER, T. (1990): City-Center: Erfolgsfaktoren innerstädtischer Einkaufszentren. Wiesbaden.

Bundesanstalt für Landeskunde und Raumordnung (Hrsg.) (1995): Großflächige Einzelhandelseinrichtungen in den neuen Ländern. Bonn.

Bundesministerium für innerdeutsche Beziehungen (Hrsg.) (1978): Zahlenspiegel Bundesrepublik Deutschland/Deutsche Demokratische Republik - Ein Vergleich. Bonn.

Bundesregierung (der Bundesrepublik Deutschland) (1996): Umweltgerechte und zukunftsorientierte Stadtentwicklung - Habitat II und die Konsequenzen. In: http://www.bundesregierung.de/inland/bpa/themen/th96101101.html (11 Seiten)

BURKART, G. (1992): Auf dem Weg zur vollmobilen Single-Gesellschaft? In: Zeitschrift für Bevölkerungswissenschaft 18 (3), S. 355-360.

BUSACKER, A. (1995): Sonderproblem: Agglomeration von nicht großflächigen Einzelhandelsbetrieben. In: BAG (Bundesarbeitsgemeinschaft der Mittel- und Großbetriebe des Einzelhandels e.V.) (Hrsg.): Standortfragen des Handels. Köln, 5.Aufl., S. 71-72.

CAMERER, L. u.a. (Hrsg.) (1992): Braunschweiger Stadtlexikon. Braunschweig.

CHRISTALLER, W. (1933): Die zentralen Orte in Süddeutschland. Jena.

CHRISTOPHERSON, S. (1995): The fortress city: privatized spaces, consumer citizenship. In: AMIN, A. (Hrsg.): Post-fordism: a reader. Oxford & Cambridge, S. 409-427.

City hierarchies and citymarketing (ca. 1995). In: http://iir-hp.wu-wien.ac.at/seminar/gruppe1a.html (11 Seiten).

CLAAßEN, K. (1996): "Tante Esso" und "Onkel Kiosk" - Nischen des Einzelhandels nach Ladenschluß. In: Praxis Geographie 26 (5), S. 34-40.

CLOAR, J. A. (1990): Centralized retail management - new strategies for downtown. Washington, D.C.

COHEN, S. & G. LEWIS (1967): Form and function in the geography of retailing. In: Economic Geography 43 (1), S. 1-42.

CRAWFORD, M. (1992): The world in a shopping mall. In: SORKIN, M. (Hrsg.): Variations on a theme park. New York, S. 3-30.

CRAWFORD, M. (1995): Die Welt der Malls. In: Werk, Bauen + Wohnen (4), S. 40-48.

DANGSCHAT, J. (1995): "Stadt" als Ort und als Ursache von Armut und sozialer Ausgrenzung. In: Aus Politik und Zeitgeschichte B31-32/95, S. 50-62.

DANGSCHAT, J. (1996): Lokale Probleme globaler Herausforderungen in deutschen Städten. In: SCHÄFERS, B. & G. WEWER (Hrsg.): Die Stadt in Deutschland. Opladen, S. 31-60.

DANNHAEUSER, N. (1996): Two towns in Germany - commerce and the urban transformation. Westport & London.

DAWSON, J.A. (1979): The marketing environment. London.

DAWSON, J.A. (ed.) (1980): Retail geography. London.

DAWSON, J.A. (1981): Shopping centres in France. In: Geography 66 (2), S. 143-146.

DAWSON, J.A. (1983): Shopping centre development. New York.

DEAR, M.J. (1986): Postmodernism and planning. In: Environment and Planning D: Society and Space 4, S. 367-384.

Demokratische Gemeinde (Hrsg.) (1995): 777 Jahre Hansestadt Rostock. Sonderdruck aus Demokratische Gemeinde (10), S. 37-52.

DEN HARTOG-NIEMANN, E. & K.-A. BÖSLER (1994): Einzelhandelsstandorte des Verdichtungsraumes Leipzig im Spannungsfeld zwischen kommunaler Entwicklung und räumlicher Ordnung. In: Erdkunde 48 (4), S. 291-301.

Der Handel (Hrsg.) (1990): Der private Einzelhandel vor schwierigem Aufstieg. In: Der Handel (4), S. 22-24.

DESMET-CARLIER, R. (1996): Belgien: Gesetz sichert Handlungsfunktionen der Innenstädte. In: DSSW (Hrsg.): Wirtschaftsstandort Innenstadt und ´Grüne Wiese‘ - deutsche und europäische Erfahrungen. Bonn, S. 81-85.

Deutsche Bank Research (1995): Einzelhandel in Deutschland. Frankfurt.

Deutsche Bundespost (Hrsg.) (1993): Das Postleitzahlenbuch. Bonn.

DHI (Deutsches Handelsinstitut) (Hrsg.) (1990): Report Handel DDR 1990. Köln.

DHI (Deutsches Handelsinstitut) (Hrsg.) (1991): Shopping-Center-Report. Köln.

DICKEN, P. & P.E. LLOYD (1984): Die moderne westliche Gesellschaft. New York.

Die Notlage des Detailgeschäfts und der staatliche Schutz des Mittelstandes (1904). Bericht des Sekretärs an die Gewerbekommission. O.O.

DIESER, H. (1996): Restitution: Wie funktioniert sie und was bewirkt sie? In: HÄUßERMANN, H. & R. NEEF (Hrsg.). Stadtentwicklung in Ostdeutschland. Opladen, S. 129-138.

DIETRICHS, B. (1966): Die Theorie der zentralen Orte. In: Raumforschung und Raumordnung 24 (6), S. 259-267.

DÖPNER, F. (1996): "Der Markt ist ausgereizt." In: Der Handel (1-2), S. 36-37.

DÖRGE, F.-W. (1977): Wirtschaft 1 - Verbraucher und Markt. (=Informationen zur Politischen Bildung 173). Bonn.

DORNER, A. (1991): Zur Entwicklung des privaten Sektors im Einzelhandel der DDR - ein notwendiger Nachtrag. In: Wiss. Ztschr. der Handelshochschule Leipzig 18 (1), S. 43-48.

DORNER, A. (1994): The private retail sector in the GDR - an advantage for the present? In: The system of centrally planned economies in Central-Eastern and South-Eastern Europe after World War II and the causes of its decay. Eleventh International Economic History Congress - International Pre-Congress Conference. University of Economics, Prague, S. 230-245.

DORNER, A. & P. HELDT (1979): Grundzüge der Geschichte des Handels. In: Wissenschaftliche Zeitschrift der Handelshochschule Leipzig (2), S. 30-41 und (3), S. 53-63.

DRECHSEL, D. (1996): Tendenzen der Einkommensentwicklung in Leipzig seit 1991. In: Statistischer Bericht 1.Quartal - Stadt Leipzig, S. 23-27.

DREHER, A. M. (1997): Leipzig - "Kein Sachse drin". In: Handelsjournal (7), S. 32-34.

DRESCHER, B. (1995): Im Zentrum die Neue Mitte. In: BAG Handelsmagazin (4), S. 46-48.

DSSW (Deutsches Seminar für Städtebau und Wirtschaft) (Hrsg.) (1994): Erfahrungen aus vier Modellprojekten zum Stadtmarketing in Städten von Sachsen-Anhalt. Bonn.

DSSW (Deutsches Seminar für Städtebau und Wirtschaft) (Hrsg.) (1996): Wirtschaftsstandort Innenstadt und 'Grüne Wiese' - deutsche und europäische Erfahrungen. DSSW-Schriften 16. Bonn.

DSSW (Deutsches Seminar für Städtebau und Wirtschaft) (Hrsg.) (ca. 1996): Förderfibel für den Innenstadthandel. DSSW-Schriften 22. Bonn.

DÜTTHORN, P. (1996): Gebäude- und Wohnungszählung 1995 - Ergebnisüberblick. In: Statistischer Bericht 3.Quartal - Stadt Leipzig, S. 5-6.

DÜTTHORN, P. (1996): Leipziger Wohnungsbestand im Vergleich. In: Statistischer Bericht 3.Quartal - Stadt Leipzig, S. 10-11.

DUNFORD, M. (1990): Theories of regulation. In: Environment and Planning D: Society and Space 8 (3), S. 297-321.

EHI (EuroHandelsinstitut) (Hrsg.) (1993): Shopping-Center-Report (Ergänzungsband). Köln.

EHI (EuroHandelsinstitut) (Hrsg.) (1994): Trendsetter USA. Köln.

EHI (EuroHandelsinstitut) (Hrsg.) (1995a): Shopping-Center-Report. Köln.

EHI (EuroHandelsinstitut) (Hrsg.) (1995b): Handel aktuell '95. Köln.

EHI (EuroHandelsinstitut) (Hrsg.) (1996a): EHI Shopping Center -Planungsunterlagen (Stand Juli 1996). Köln.

EHI (EuroHandelsinstitut) (Hrsg.) (1996b): Handel aktuell '96. Köln.

EHI (EuroHandelsinstitut) (Hrsg.) (1997a): SB-Warenhaus-Report 1997. Köln.

EHI (EuroHandelsinstitut) (Hrsg.) (1997b): EHI Shopping Center -Planungsunterlagen (Stand Juli 1997). Köln.

Einzelhandelsberater (Hrsg.) (1990): Zu kleine und zu verschlissene Läden. In: Einzelhandelsberater 33 (8), S. 596-598.

Einzelhandelsberater (Hrsg.) (1991): "Die Mietkosten werden manchen Händler strangulieren". In: Einzelhandelsberater 34 (4), S. 286-287.

ELI, Max (1996): Lage und Perspektiven des Einzelhandels der Stadt Radebeul.

München.

ELLINGHAUS, D. & J. STEINBRECHER (1995): Chaos und urbanes Leben. Hannover & Köln.

ENGELS, S. (1994): Online-Unternehmer, In: Focus (33) v. 15.8.1994, S. 98-100.

ENYEDI, G. (1995): The transition of post-socialist cities. In: European Review 3 (2), S. 171-182

EPPLE, G. & U. HATZFELD (1988): Großflächiger Einzelhandel und Baunutzungsverordnung. In: RaumPlanung 42, S. 186-190.

EPPLI, M.J. & J.D. BENJAMIN (1994): The evolution of shopping center research: a review and analysis. In: The Journal of Real Estate Research 9 (1), S. 5-32.

ETRO-Verlag (Hrsg.) (ca. 1995): Cottbus und Umgebung. Bad Soden-Salmünster.

FABIUNKE, H. (1973): Aufgaben und Methoden zur Erfassung von Käuferwünschen im Einzelhandel. In: Der Handel (2/3), S. 56-60.

FALK, B. R. (1975): Methodische Ansätze und empirische Ergebnisse der Kundenforschung in Einkaufszentren (shopping-center) unter besonderer Berücksichtigung der Beobachtungsmethode. Berlin.

FALK, B. R. (1993): Urbanes Leben unter Kuppeln. In: Dynamik im Handel (6), S. 22-24.

FELLNER, A. (1993): Hansestadt Rostock - Perspektiven der Stadtentwicklung im Bereich der Binnenwarnow. Oldenburg.

FfH (Forschungsstelle für den Handel Berlin) (1992): Die Standortstruktur des Einzelhandels in Berlin. Berlin.

FfH (Forschungsstelle für den Handel Berlin) (1995): Zur Einzelhandelsentwicklung in der Stadt Cottbus. Berlin (Gutachten im Auftrag der IHK Cottbus).

FISCHER, K. (1988): Von Zentralen Orten und Achsen zum Netzwerkprinzip. In: Der Landkreis 58 (4), S. 166-169.

FLIERL, B. (1991): Stadtgestaltung in der ehemaligen DDR als Staatspolitik. In: MARCUSE, P. & F. STAUFENBIEL (Hrsg.): Wohnen und Stadtpolitik im Umbruch:

Perspektiven der Stadterneuerung nach 40 Jahren DDR. Berlin, S. 49-65.

FLOCKENHAUS, K.-F. (1974): Ausgewählte Probleme der Stichprobenbildung in der demoskopischen Marktforschung. In: Handbuch der Marktforschung. Hrsg. K. Chr. BEHRENS. Wiesbaden, S.207-224.

FRANK, V. u.a. (1990): "In Connewitz, da hat´s geblitzt" - Vom Peterssteinweg zum Torhaus Dölitz. In: HEISE, U. & N. LIPPOLD (Hrsg.): Leipzig zu Fuß. Leipzig, S. 221-227.

FRANZ, P. (1995): Tendenzen der Abwanderung ins Umland ostdeutscher Großstädte: die Beispiele Halle und Leipzig. In: Wirtschaft im Wandel (Inst. für Wirtschaftsforschung Halle) 11, S. 7-11.

FRANZ, P. u.a. (1996): Suburbanisierung von Handel und Dienstleistungen - Ostdeutsche Innenstädte zwischen erfolgreicher Revitalisierung und drohendem Verfall. Berlin.

FRANZMANN, G. (1996): Gentrification und Einzelhandel. Gibt es die "neuen" Geschäfte? In: FRIEDRICHS, J. & R. KECSKES (Hrsg.): Gentrification - Theorie und Forschungsergebnisse. Opladen, S. 229-258.

FREHN, M. (1996): Erlebniseinkauf in Kunstwelten und inszenierten Realkulissen. In: Informationen zur Raumentwicklung (6), S. 317-330.

FRETER, H., D. BARZEN & P. WAHLE (1989): Beschaffungs- und Kooperationspolitik als Erfolgsdeterminante. In: TROMMSDORFF, V. (Hrsg.): Handelsforschung 1989. Wiesbaden, S. 189-207.

FREYBERG, A. (1941): Die Reichsmessestadt Leipzig. In: Deutschland - Zeitschrift für Industrie, Handel und Schiffahrt 9 (2), S. 2-9.

FRIEDRICHS, J. (1993): Vom Süd-Nord-Gefälle zum West-Ost-Gefälle? In: Diskurs (1), S. 8-14.

FRIEDRICHS, J. (1994): Revitalisierung von Städten in altindustrialisierten Gebieten: ein Modell und Folgerungen. In: Geographische Zeitschrift 82 (3), S. 133-153.

FUßHÖLLER, M. u.a. (1995): Stadtmarketing - Ein Leitfaden für die Praxis. DSSW-Schriften 14. Bonn.

GANS, P. & T. OTT (1996): Die lokale Dimension der Raumstruktur und ihre Dynamik

- Das Beispiel Erfurt. In: KSPW (Hrsg.): Städte und Regionen - Räumliche Folgen des Transformationsprozesses. (=Berichte der Kommission für die Erforschung des sozialen und politischen Wandels in den neuen Bundesländern e.V. Bericht 5). Opladen, S. 409-446.

GARREAU, J. (1992): Edge city - life on the new frontier. New York.

GARTMAYR, E. (1964): Nicht für den Gewinn allein. Frankfurt/Main.

GEBAUER, E. (1995): Bilanz City/Grüne Wiese. In: BAG (Bundesarbeitsgemeinschaft der Mittel- und Großbetriebe des Einzelhandels e.V.) (Hrsg.): Standortfragen des Handels. Köln, 5.Aufl., S. 86-100.

GEBAUER, E. (1996): Rückkehr in die City. In: Dynamik im Handel (8), S. 16-21.

GEBHARDT, H. (1996): Zentralitätsforschung - ein "alter Hut" für die Regionalforschung und Raumordnung heute? In: Erdkunde 50 (1), S. 1-8.

GEIßLER, R. (1991): Transformationsprozesse in der Sozialstruktur der neuen Bundesländer. In: Berliner Journal für Soziologie 1 (2), S. 177-194.

Gemeinde Günthersdorf (1996): Vorläufiger Flächennutzungsplan der Gemeinde Günthersdorf. O.O. Stand Febr. 1996 (unveröff. Manuskript)

GERLING, M. (1994): Factory outlets - vom Fabrikladen zum Herstellerfachgeschäft. In: EHI (Hrsg.): Trendsetter USA: neue Marketingkonzepte - neue Betriebstypen. Köln, S. 50-51.

GEßNER, H.-J. (1988): Einzelhandel und Stadtentwicklung - Zur Funktionalität regionaler Handelsstrukturen. In: TROMMSDORFF, V. (Hrsg.): Handelsforschung 1988. Heidelberg, S. 3-19.

GEYER, G. (1982): Entwicklung und Struktur der Bezirksstadt Cottbus. In: Geographische Berichte 27 (1), S. 1-17.

GILLETTE, H. (1985): The evolution of the planned shopping center in suburb and city. Journal of the Association of American Planners 51 (4), S. 449-460.

GIST, R.R. (1968): Retailing: concepts and decisions. New York.

Glaswelt (o.V.) (1985): Eine kleine Stadt in der Stadt. In: Glaswelt 38 (2), S. 112-113.

GOEBEL, M. (1994): Vom Warenverteiler zum Entertainer. In: BAG Handelsmagazin (12), S. 22-27.

GOLDMAN, A. (1975-76): Stages in the development of the supermarket. In: Journal of Retailing 51 (4), S. 49-64.

GOODE, W.J. & P.K. HATT (1972): Die schriftliche Befragung. In: KÖNIG, R. (Hrsg.): Das Interview: Formen - Technik - Auswertung. Bad Honnef 7. Aufl., S. 161-177.

GOODMAN, A. (1996): Retailing war buffets Spain - family-run shops do battle with megastores. In: International Herald Tribune v. 9.1.1996, S. 2.

GORMSEN, N. (1994): Planungsziele der Stadt Leipzig. In: PETERS, P.(Hrsg.): Leipzig: Zwischen Planung und Investoren. Köln, S. 6-13.

GOSS, J. (1993): The "magic of the mall": an analysis of form, function, and meaning in the contemporary retail built environment. Annals of the Association of American Geographers 83 (1), 18-47.

GRÄF, P. (1995): Telekommunikation - Dienstleistung ohne Zeit und Raum? In: Praxis Geographie 25 (12), S. 14-17.

GRANSCHE, E. & F. ROTHENBACHER (1988): Wohnbedingungen in der zweiten Hälfte des 19. Jahrhunderts 1861-1910. In: Geschichte und Gesellschaft 14, S. 64-95.

GREBE, H.-W. (1963): Caracas - Der "Helicoide": Einkaufszentrum für Autofahrer in Venezuelas Hauptstadt. In: Neue Heimat 5, S. 28-36.

GREIPL, E. (1972): Einkaufszentren - Form der Standortkooperation mit zunehmender Bedeutung. In: ifo schnelldienst 25 (33/34), S. 21-26.

GRIMM, F.-D. (1995): Return to normal - Leipzig in search of its future position in Central Europe. In: GeoJournal 36 (4), S. 319-335.

GRONER, B. & C. ZÖLLER (1993): Mehr Kucker als Käufer - Kundenverhalten im Shopping-Center Saale-Park. In: Dynamik im Handel (5), S. 14-18.

GROS, D. & A. STEINHERR (1995): German unification: an extreme example of a big bang reform. In: Gros, D. & A. Steinherr: Winds of change - Economic transition in Central and Eastern Europe. London & New York, S. 235-276.

GRÜNING, U. (1996): Alltag in der DDR. In: Die politische Meinung 41 (März), S. 63-71.

GRÜTER, H. (1995): Einzelhandel in der Innenstadt in Konkurrenz mit den Ansiedlungen an der Peripherie. Referat auf der Fachtagung "Investitionen in unseren Innenstädten: Hemmnisse und Möglichkeiten" am 28. September 1995 in Rostock. Schwerin (Manuskript).

Grundstücksgesellschaft Schneevoigt KG (1995): Rostock-Portcenter - Umsatzschätzung für einen SKY-Verbrauchermarkt. Kiel (unveröff. Manuskript).

GURATZSCH, D. (1997): Der Scherbenhaufen der Planungstheorie. In: Die Welt online v. 26.5.1997 (2 Seiten).

GUY, C. (1994): Whatever happened to regional shopping centres? In: Geography 79 (4), S. 293-312.

HÄCKEL, C. (1992): Die Entwicklung des mittelständischen Einzelhandels im Spannungsfeld des Wettbewerbs mit den großen Handelsunternehmen, untersucht an der Region Gera. Dipl. Arbeit Handelshochschule Leipzig (unveröff.).

HÄUßERMANN, H. & W. SIEBEL (1992): Urbanität als Lebensweise. In: Informationen zur Raumentwicklung (1), S. 29-35.

HÄUßERMANN, H. & W. SIEBEL (Hrsg.) (1993): Festivalisierung der Stadtpolitik - Stadtentwicklung durch große Projekte. Leviathan Sonderheft 13.

HÄUßERMANN, H. (1988): Stadt und Lebensstil. In: HAUFF, V. (Hrsg.): Stadt und Lebensstil: Thema Stadtkultur. Weinheim & Basel, S. 75-89.

HÄUßERMANN, H. (1994): Urbanität. In: BRANDNER, B. u.a. (Hrsg.): Kulturerlebnis Stadt. Wien, S. 67-80.

HÄUßERMANN, H. (1995): Von der "sozialistischen" zur "kapitalistischen" Stadt. In: Aus Politik und Zeitgeschichte B12, S. 3-15.

HÄUßERMANN, H. (1996): Von der Stadt im Sozialismus zur Stadt im Kapitalismus. In: HÄUßERMANN, H. & R. NEEF (Hrsg.): Stadtentwicklung in Ostdeutschland. Opladen, S. 5-47.

HAHN, B. (1992): Winterstädte. Planung für den Winter in kanadischen Großstädten. Bochum.

HAHN, B. (1997): Einkaufszentren in Kanada. In: Geographische Rundschau 49 (9), S. 523-528.

HAIKAL, M. (1996): Zu den Wandlungen dreier Dörfer an der Mühlpleisse. In: Pro Leipzig (Hrsg.): Im Leipziger Pleisseland - Connewitz, Lößnig, Dölitz. Leipzig.

HAJDU, J. G. (1988): Pedestrian malls in West Germany. In: Journal of the American Planning Association 54 (3), S. 325-335.

HAJNY, P. (1995): Notwendigkeit der Bevorzugung der Innenstadtentwicklung aus landesplanerischer Sicht. In: Deutsches Architektenblatt (Ausgabe Ost) 27 (12), S. 861-866.

HALL, P. (1990): Gibt es sie noch - die Stadt? In: SCHABERT, T. (Hrsg.): Die Welt der Stadt. München/Zürich, S. 17-41.

Handelshochschule Leipzig (HHL) (Hrsg.) (1997): Einkaufsstättenwahl: Grüne Wiese vs. Innenstadt. Leipzig.

HANDLOIK, V. (1991): Verpackungskultur in der DDR. In: Leo 2 (Juni), S. 30-35.

HANSEL, F,-C. (1993): Die Transformation der ostdeutschen Wirtschaft durch die Treuhandanstalt. In: GLÄßNER, G.-J. (Hrsg.): Der lange Weg zur Einheit. Berlin, S. 67-106.

Harenberg (1991): Aktuell ´92 - Das Lexikon der Gegenwart. Dortmund.

Harenberg (1992): Aktuell ´93 - Das Lexikon der Gegenwart. Dortmund.

Harenberg (1996): Aktuell ´97 - Das Lexikon der Gegenwart. Dortmund.

HARVEY, D. (1973): Social justice and the city. London.

HARVEY, D. (1987): Flexible accumulation through urbanization: reflections on ´post-modernism' in the American city. In: Antipode 19 (3), S. 260-286.

HARVEY, D. (1992): Social justice, postmodernism and the city. In: International Journal of Urban and Regional Research 16 (4), S. 588-601.

HATZFELD, U. (1988): Einzelhandel in Nordrhein-Westfalen. ILS-Schriften 26. Dortmund.

HATZFELD, U. (1991): Einzelhandels-Rahmenkonzepte für ostdeutsche Städte. In: Der Handel (8), S. 9-10.

HATZFELD, U. (1994): Innenstadt - Handel - Verkehr. In: Informationen zur Raumentwicklung (3), S. 181-196.

HATZFELD, U. (1995): City und "Grüne Wiese". In: BAG (Bundesarbeitsgemeinschaft der Mittel- und Großbetriebe des Einzelhandels e.V.) (Hrsg.): Standortfragen des Handels. Köln, 5.Aufl., S. 62-79.

HATZFELD, U. (1996): Räumliche Steuerung der Einzelhandelsentwicklung zwischen Dürfen, Wollen und Können. In: ExWost-Informationen zum Forschungsfeld "Zentren" 20.2, S. 19-23.

HAUSRUCKINGER, G. & F. WUNDERLICH (1997): Der Handel wird zum Moderator der Produktion. In: BAG Handelsmagazin (3), S. 34-40.

HDE (Hauptverband des Deutschen Einzelhandels) (1995): Der Einzelhandel - Schaufenster der Stadt. Köln

HDE online (1997a): Ladenschluß-Umfrage - Erste Auswirkungen der geänderten Ladenöffnungszeiten. In: info dienste (April), 11 S.

HDE online (1997b): Kundenorientierung City/EKZ. In: info dienste (Juli), S. 5.

HEINEBERG, H. (1977): Zentren in West- und Ost-Berlin. Untersuchungen zum Problem der Erfassung und Bewertung großstädtischer funktionaler Zentrenausstattungen in beiden Wirtschafts- und Gesellschaftssystemen Deutschlands. Bochumer Geographische Arbeiten 9. Paderborn.

HEINEBERG, H. (Hrsg.) (1980): Einkaufszentren in Deutschland. Paderborn.

HEINEBERG, H. & N. DE LANGE (1985): Gefährdung des Oberzentrums Bremen durch Umlandzentren? Eine sozialgeographische Untersuchung des Konsumentenverhaltens im Jahre 1981. In: MAYR, A. u.a. (Hrsg.): Kundenverhalten im System konkurrierender Zentren. Westfälische Geographische Studien 41. Münster, S. 1-75.

HEINEBERG, H. & A. MAYR (1986): Neue Einkaufszentren im Ruhrgebiet. Münstersche Geographische Arbeiten 24. Paderborn.

HEINEBERG, H. & A. MAYR (1988): Neue Standortgemeinschaften des großflächigen Einzelhandels im polyzentrisch strukturierten Ruhrgebiet. In: Geographische Rundschau 40 (7/8), S. 28-38.

HEINEBERG, H. & A. MAYR (1995): Großflächiger Einzelhandel im Ruhrgebiet. Berichte des Arbeitsgebietes "Stadt- und Regionalentwicklung" 6. Münster.

HEINEBERG, H. & H.-U. TAPPE (Hrsg.) (1995): Entwicklungstendenzen und Akzeptanz von Geschäftszentren in Berlin nach der Wiedervereinigung. Münster.

HEINRITZ, G. (1979a): Zentralität und zentrale Orte. Stuttgart.

HEINRITZ, G. (1979b): Die aktionsräumliche Relevanz der Verhaltensdimension "Besuchsfrequenz". In: Geographische Zeitschrift 67 (4), S. 314-323.

HEINRITZ, G. & H. POPP (1980): Aktionsräumliche Aspekte des Kundenverhaltens in Verbrauchermärkten. In: SANDNER, G. & H. NUHN (Hrsg.): 42. Deutscher Geographentag Göttingen - Verhandlungen des Deutschen Geographentages Bd. 42. Wiesbaden, S. 434-438.

HEINRITZ, G. & R. SITTENAUER (1992): Kopplungsverhalten und Branchenmix im Shopping-Center. In: TROMMSDORFF, V. (Hrsg.): Handelsforschung 1991. Wiesbaden, S. 169-190.

HEINRITZ, G. & C. THEISS (1995): Die Relevanz des Kopplungspotentials für den Einzelhandel. In: TROMMSDORFF, V. (Hrsg.): Handelsforschung 1995/96. Wiesbaden, S. 313-332.

HEINZ, W. & C. SCHOLZ (1996): Entwicklungsplanung in ostdeutschen Städten - Suche nach eigenen Wegen. Berlin.

HELBRECHT, I. & J. POHL (1995): Pluralisierung der Lebensstile: neue Herausforderungen für die sozialgeographische Stadtforschung. In: Geographische Zeitschrift 83 (3/4), S. 222-237.

HELLER, C, (1993): "Was müssen die sich auch so ein dickes Auto kaufen". In: Kreuzer (Aug.), S. 12-13.

HENCKEL, D. u.a. (1993): Entwicklungschancen deutscher Städte - die Folgen der Vereinigung. Stuttgart, Berlin & Köln.

HENKSMEIER, K. (1988): 50 Jahre Selbstbedienung - ein Rückblick. In: Dynamik im Handel, Sonderausgabe Oktober, S. 10-39.

HENNIG, W. & G. ROSKI (1995): Entwicklung der Lebenssituation im Urteil der Leipziger Bürger. In: Statistischer Bericht 2.Quartal - Stadt Leipzig, S. 19-27.

HENZE, A. (1994): Marktforschung. Stuttgart.

HERFERT, G. (1996): Wohnsuburbanisierung im Verdichtungsraum Leipzig. In: Statistischer Bericht 1.Quartal - Stadt Leipzig, S. 12-16.

HERFERT, G. (1996b): Wohnsuburbanisierung in Verdichtungsräumen der neuen Bundesländer. In: Europa Regional 4 (1), S. 32-46.

HERGERT, B. (1991): Untersuchungen zur Sortimentspolitik im Einzelhandel beim Übergang zur Marktwirtschaft am Beispiel einer zum SPAR-Markt umgestalteten Kaufhalle der Stadt Dresden. Dipl. Arbeit Handelshochschule Leipzig (unveröff.).

HERMANNS, H. (1995): Das Einmalige und Unverwechselbare unterstützen. In: BAG Handelsmagazin (10), S. 38-40.

HIEBER, J. (1989): Gesucht: der neue Verbraucher. In: EuroMagazin 21 (10), S. 7-16.

HIRSCH, J. (1926): Deutsche und amerikanische Wirtschaftsmethoden im Einzelhandel. In: EFFER, F. (Hrsg.): Der deutsche Einzelhandel in Staat und Wirtschaft. Düsseldorf, S. 74-90.

HOCQUÉL, W. (1990a): Die Leipziger Messehäuser. Der Einfluß der Mustermesse auf die bauliche Entwicklung der Stadt. In: HOCQUÉL, W. (Hrsg.): Leipzig. Leipzig, S. 147-168.

HOCQUÉL, W. (1990b): Leipzig - Baumeister und Bauten. Leipzig.

HOFFMANN, W. (1995): Wenn Weimar teure Veilchen züchtet. In: Zeit-Punkte (5), S. 84-85.

HOFFMANN, W.G. & J.H. MÜLLER (1959): Das deutsche Volkseinkommen 1851-1957. Tübingen.

HOHN, U. & A. HOHN (1993): Großsiedlungen in Ostdeutschland. In: Geographische Rundschau 45 (3), S. 146-152.

HOMANN, F. (1991): Treuhandanstalt: Zwischenbilanz, Perspektiven. In: Deutschland-Archiv 24 (12), S. 1277-1287.

HOPKINS, J. (1994): Toronto´s underground city: excavating the terms of access. In: Abh. Anthropogeographie Inst. f. Geograph. Wissensch. FU Berlin Bd. 52. Berlin, S. 609-619.

HRADIL, S. (1996a): Die Transformation der Transformationsforschung. In: Berliner Journal für Soziologie 6 (3), S. 299-303.

HRADIL, S. (1996b): Überholen ohne Einzuholen? Chancen subjektiver Modernisierung in Ostdeutschland. In: KOLLMORGEN, R. u.a. (Hrsg.): Sozialer Wandel und Akteure in Ostdeutschland. Opladen, S. 55-79.

HUBAL, B. (1993): Geschäftszentren im Umbruch - Strukturwandel in der Erfurter Innenstadt unter veränderten Rahmenbedingungen. In: Erfurter Geographische Studien (1), S. 95-113.

HUPPERT, E. (1996): Warenhäuser im Lebenszyklus der Betriebsformen. In: Dynamik im Handel (11), S. 16-20.

IfH (Institut für Handelsforschung an der Universität Köln) (1995): Katalog E - Begriffsdefinitionen aus der Handels- und Absatzwirtschaft. Köln, 4.Aufl.

ifo Institut & FfH Berlin (Hrsg.) (1993): Entwicklung des Handels in den neuen Bundesländern 5. Zwischenbericht. München & Berlin.

ifo Institut & FfH Berlin (Hrsg.) (1994): Entwicklung des Handels in den neuen Bundesländern 7. Zwischenbericht. München & Berlin.

ifo Institut & FfH Berlin (Hrsg.) (1995): Entwicklung des Handels in den neuen Bundesländern. München.

ifo Institut & FfH Berlin (Hrsg.) (1996): Entwicklung des Handels in den neuen Bundesländern 10. Zwischenbericht. München & Berlin.

IHK Cottbus (Hrsg.) (1996a): Einzelhandels-Atlas. Cottbus.

IHK Cottbus (Hrsg.) (1996b): Cottbus - Wirtschaftsregion im Wandel. Cottbus.

IHK Leipzig (1994): Leipzig - Jahresbericht 93/94. Leipzig.

IHK Leipzig (1995a): Wohnungsbauprojekte in der Region Leipzig (Angebote aus aktuellen Zeitungsveröffentlichungen). Stand November 1995. Leipzig (unveröffentlicht)

IHK Leipzig (1995b): Auswertung der Befragung zum Thema "Sicherheit in der Leipziger Innenstadt". Leipzig (unveröff. Manuskript).

IHK Leipzig (1996a): Übersicht über die im Kammerbezirk Leipzig raumordnerisch genehmigten Sondergebiete bzw. großflächigen Einzelhandelsstandorte (Stand Februar 1996). Leipzig.

IHK Leipzig (1996b): Statistische Angaben zur Entwicklung des Gastgewerbes. Stand Februar 1996. Leipzig (unveröff.).

ILLGEN, K. (1990): Der Einzelhandel und seine räumliche Ordnung in der Deutschen Demokratischen Republik. In: Berichte zur Deutschen Landeskunde 64 (1), S. 25-47.

ILLIES, P. (1994): City in der Diskussion: Von der Passage zur Shopping Mall. In: Das Bauzentrum 42 (3), S. 18-21.

INGLEHART, R. (1989): Kultureller Umbruch: Wertewandel in der westlichen Welt. Frankfurt/Main & New York.

Initiativgruppe 1. Leipziger Volksbaukonferenz (Hrsg.) (1990): Tagungsergebnisse der 1.Volksbaukonferenz Leipzig 1990. Leipzig.

Institut für Denkmalpflege (Hrsg.) (1990): Die Bau- und Kunstdenkmale in der DDR - Mecklenburgische Küstenregion. (Ost-)Berlin.

Institut für Kommunikationsgeschichte und angewandte Kulturwissenschaften der Freien Universität Berlin (Hrsg.) (1995): Berlin wirbt! Berlin.

Institut für Selbstbedienung (Hrsg.) (1975): SB in Zahlen - Ausgabe 1973/74. Köln.

IRMEN, E. & A. BLACH (1994): Räumlicher Strukturwandel - Konzentration, Dekonzentration und Dispersion. In: Informationen zur Raumentwicklung (7/8), S. 445-464.

JACOBI, C. (1994): Woran es im Osten hapert - Sechs Hindernisse bei der Modernisierung der neuen Länder. In: Die Welt v. 21.10.1994.

JACOBS, J. (1963): The death and life of great American cities. New York (urspr. 1961).

JAECK, H.-J. (1979): Das Shopping Center (Zweiter Band). Berlin.

JAECK, H.-J. (1982): Zur Geschichte des Shopping-Center. In: FALK, B. (Hrsg.):

Einkaufszentren: Planung, Entwicklung, Realisierung und Management. Landsberg/-Lech, S. 29-36.

JAHNKE, B. (1991): Prostitution in Leipzig. In: Leo (April), S. 26-31.

JANSEN-VERBEKE, M. (1996): Leisure shopping centers. Vortrag vor dem European und Canadian Institute of Retailing and Services Science (EIRASS/CIRASS) in Telfs/Buchen Juli 1996.

JENSEN, S. (1996): In Grund und Boden. In: Manager-Magazin (5), S. 154-171.

JESSEN, J. (1996): Der Weg zur Stadt der kurzen Wege - versperrt oder nur lang? In: Archiv für Kommunalwissenschaften 35 (1), S. 1-19.

JEZIERSKI, L. (1991): The politics of space. In: Socialist Review 21 (2), S. 177-184.

JOHNE, G., W. SICKERT & J. SCHÖNHARTING (1994): Gesamtverkehrskonzept Leipzig. In: PETERS, P. (Hrsg.): Leipzig. Zwischen Planung und Investoren. Köln, S. 75-78.

JONASSEN, C.T. (1953): Downtown versus suburban shopping. Columbus, Ohio.

JONES, P. (1995): Factory-outlet shopping developments. In: Geography 80 (3), S. 277-280.

JONES, K. & J. SIMMONS (1990): Location, location, location. Toronto.

JÜRGENS, U. (1993): Räumliches Umfeld und Aktionsraum alter Menschen in Alten- und Pflegeheimen am Beispiel der Stadt Kiel. In: BÄHR, J. (Hrsg.): Untersuchungen zum räumlichen Verhalten alter Menschen. Kieler Arbeitspapiere zur Landeskunde und Raumordnung 28, S. 27-59.

JÜRGENS, U. (1994a): Saalepark und Sachsenpark. In: Geographische Rundschau 46 (9), S. 516-523.

JÜRGENS, U. (1994b): Post-sozialistische Transformation der Einzelhandelsstrukturen in Leipzig. In: Erdkunde 48 (4), S. 302-314.

JÜRGENS, U. (1996): City Profile Leipzig. In: Cities 13 (1), S. 37-43.

KALUZA, J. u. a. (1994): Der Transformationsprozeß im Einzelhandel der neuen Bundesländer. In: NICKEL, H. M. u. a. (Hrsg.): Erwerbsarbeit und Beschäftigung im Umbruch. Berlin, S. 185-206.

KAMP, K. (1990): Große Lücken im Handelsnetz - Handel in der Sowjetunion auf dem Weg zur sozialen Marktwirtschaft. In: Dynamik im Handel (10), S. 9-14.

KARSTEN, H. & D. JANKE (1974): Das Verkaufsstellennetz. (Ost-) Berlin.

KARSTEN, H. & H. PETERS (1973): Die Kaufhalle - Entwicklung, Leitung, Organisation, Technologie. (Ost-)Berlin 2.Aufl.

KATHER, O. (1990): Kaufkraftzuwachs für ehemals grenznahe Standorte. In: BAG-Nachrichten (10), S. 7.

KAUFFMAN, L., B. ROBINSON & M. ROSENTHAL (1991): Post-fordism: flexible politics in the age of just-in-time production. In: Socialist Review 21 (1), S. 53-56.

KAUFFMANN, H. (1986): Kundenmagnete in Geschäftsstraßen. In: Der Handel (2), S. 14-15.

KAUFMAN, L. (1995): That´s entertainment - Shopping malls are borrowing ideas from theme parks to survive. In: Newsweek v. 25.9.1995, S. 47.

KECSKES, R. & S. KNÄBLE (1988): Der Bevölkerungsaustausch in ethnisch gemischten Wohngebieten - Ein Test der Tipping-Theorie von Schelling. In: Kölner Zeitschrift für Soziologie und Sozialpsychologie Sonderheft 29, S. 293-309.

KEHRER, G. (1996): Hundert Jahre Standortphänomen Kraftfahrzeug: Kraftfahrzeugproduktion und Motorisierung als Faktoren der wirtschaftsräumlichen Entwicklung. Gotha.

KELSCH, U. (1990): Verbrauchermärkte in den neuen Bundesländern. Der Handel, (9): 23.

Kemper´s Frequenzanalyse (1993). Kemper´s Frequenzanalyse 92. Hrsg. Kemper´s Verlag & Agentur GmbH. Düsseldorf.

Kemper´s Frequenzanalyse (1995). Kemper´s Frequenzanalyse 95/96. Hrsg. Kemper´s Verlag & Agentur GmbH. Düsseldorf.

Kemper´s Frequenzanalyse (1996). Kemper´s Frequenzanalyse 96/97 - Mittel- und Kleinstädte. Hrsg. Kemper´s Verlag & Agentur GmbH. Düsseldorf.

KIERAN, S. & J. TIMBERLAKE (1992): Die neue amerikanische Landschaft. In: Arch+ 112, S. 28-39.

KISTLER, H. (1984): Die Bundesrepublik Deutschland 1974-1983. (=Informationen zur Politischen Bildung 202). Bonn.

KLÄSENER, R. (1990): City-Umbau - Chancen zur Revitalisierung der Kernstädte? In: Tertiärisierung und Stadtstruktur. Hrsg. Institut für Landes- und Stadtentwicklungsforschung des Landes NRW (ILS-Schriften 44). Duisburg, S. 43-52.

KLÄSENER, R. (1990): Innenstadt oder Grüne Wiese? Erfahrungen und Empfehlungen. In: BAG-Nachrichten 30 (10), S. 5-6.

KLEER, J. (1994): Theory of coercion: the cornerstone of socialist economies´ analysis. In: The system of centrally planned economies in Central-Eastern and South-Eastern Europe after World War II and the causes of its decay. Eleventh International Economic History Congress - International Pre-Congress Conference. University of Economics, Prague, S. 38-54.

KLEIN, D. (1994): Eine mehrdimensionale, kritische Deutung der ostdeutschen Transformation. In: Biss public 13 (4), S. 33-44.

KLEIN, D. (1995): Wechselwirkungen - Östliche Transformation und westliche Suche nach postfordistischen Optionen. In: Leviathan-Sonderheft 15, S. 54-76.

KLEIN, D. (1996): Zwischen ostdeutschen Umbrüchen und westdeutschem Wandlungsdruck. In: KOLLMORGEN, R. u.a. (Hrsg.): Sozialer Wandel und Akteure in Ostdeutschland. Opladen, S. 17-39.

KLEINSCHMIDT, W. (1996): Cottbus - Mut wurde belohnt. In: Der Städtetag 49 (2), S. 79-80.

KLETZANDER, A. (1995): Public-Private Partnership als Gefahr für lokale Demokratie und Verteilungsgerechtigkeit? In: Archiv für Kommunalwissenschaften 34 (1), S. 119-135.

KLINGBEIL, D. (1978): Aktionsräume im Verdichtungsraum. Münchener Geographische Hefte Nr. 41. Kallmünz/Regensburg.

KLOTEN, N. (1991): Die Transformation von Wirtschaftsordnungen. Tübingen.

KLOTH, H. & M. ROGOZINSKI (1974): Möglichkeiten der Bedarfsermittlung mit Hilfe von Konsumentenbefragungen. In: Der Handel (6), S. 238-242.

KNAPP, W. (1995): "Global - Lokal" - Zur Diskussion postfordistischer Urbanisierungsprozesse. In: Raumforschung und Raumordnung (4), S. 294-304.

KNEIST, S. (1996): Die Kannibalisierung der City. In: Der Tagesspiegel v. 18.8.1996, S. W3.

KOCH, T. u.a. (1993): Akteurgenese und Handlungslogiken - das Beispiel der "neuen Selbständigen" in Ostdeutschland. In: Berliner Journal für Soziologie 3 (3), S. 275-291.

KÖNAU, S. (1992): Saalepark-Sog reißt Städte in den Strudel. In: Mitteldeutsche Zeitung v. 27.6.1992.

KÖNIG, K. (1995): Transformation als Staatsveranstaltung in Deutschland. In: Leviathan-Sonderheft 15, S. 609-631.

KOLBERG, B. (1995): Zahl der Großflächen wächst weiter. In: Dynamik im Handel (3), S. 4-9.

KOLBERG, B. (1997): Mehr SB-Märkte mit größeren Verkaufsflächen. In: Dynamik im Handel (4), S. 60-62.

KOLLMORGEN, R. (1994): Auf der Suche nach Theorien der Transformation. Überlegungen zu Begriff und Theoretisierung der postsozialistischen Transformationen. In: Berliner Journal für Soziologie 4 (3), S. 381-399.

KOOLHAAS, R. (1996): Die Stadt ohne Eigenschaften. In: Arch+ 132, S. 18-27.

KOPP, H. (1994): Rostock - Ein kleines Wunder vollbringen. In: BAG Handelsmagazin (10), S. 44-46.

KORFF, R. (1991): Die Weltstadt zwischen globaler Gesellschaft und Lokalitäten. In: Zeitschrift für Soziologie 20 (5), S. 357-368.

KOSE, U. & L. LICKA (1994): Sicherheit und Stadtplanung. In: Perspektiven - Magazin für Stadtgestaltung und Lebensqualität (3), S. 14-17.

KOWINSKI, W.S. (1985): The malling of America. New York.

KRABBE, W.R. (1983): Die Entfaltung der kommunalen Leistungsverwaltung in deutschen Städten des späten 19.Jahrhunderts. In: TEUTEBERG, H.J. (Hrsg.): Urbanisierung im 19. und 20.Jahrhundert: historische und geographische Aspekte. Köln & Wien, S. 373-391.

KRÄTKE, S. (1990): Städte im Umbruch. In: BORST, R. u.a. (Hrsg.): Das neue Gesicht der Städte. Basel, Boston & Berlin, S. 7-38.

KRÄTKE, S. (1991): Strukturwandel der Städte. Frankfurt/Main & New York.

Kraftfahrt-Bundesamt (Hrsg.) (1993): Bestand an Kraftfahrzeugen und Kraftfahrzeuganhängern am 1.Juli 1993 nach Zulassungsbezirken in Deutschland. Statistische Mitteilungen Reihe 2: Kraftfahrzeuge Sonderheft 2. Kusterdingen.

Kraftfahrt-Bundesamt (Hrsg.) (1995): Bestand an Kraftfahrzeugen und Kraftfahrzeuganhängern am 1.Juli 1995 nach Zulassungsbezirken in Deutschland. Statistische Mitteilungen Reihe 2: Kraftfahrzeuge Sonderheft 2. Kusterdingen.

KRAMER, C. & A. MISCHAU (1994a): Sicherheitsempfinden und Angst-Räume von Frauen. In: Standort 18 (2), S. 17-25.

KRAMER, C. & A. MISCHAU (1994b): Tat-Orte und Angst-Räume. In: Raumforschung und Raumordnung (4/5), S. 331-338.

KRAUT, N. (1996): Einzelhandel als Einflußgröße für die Stadtentwicklung dargestellt am Beispiel von Wismar. Dipl. Arbeit Universität Kiel (unveröffentlicht).

KREISSL, R. (1997): Wem gehört die Stadt - Der öffentliche Raum wird privatisiert. In: Süddeutsche Zeitung v. 8.7.1997.

KROČ, S. (1985): Die Entwicklung des Einzelhandelsnetzes der ČSSR. In: Der Handel (1), S. 23f.

KRONER, G. (1972): Die zentralen Orte als Elemente der Raumordnungspolitik. In: SCHÖLLER, P. (Hrsg.): Zentralitätsforschung (Wege der Forschung Bd. 301). Darmstadt, S. 453-461. (urspr. Deutscher Geographentag Bochum 1965, Verhandlungen des Deutschen Geographentags Bd. 35. Wiesbaden 1966, S. 437-442).

KRÜGER, J. (1994): Standort Innenstadt: "In keiner heilen Welt". In: BAG Handelsmagazin (2), S. 26, 28.

KÜCHNER, H. (1995): Cottbus - Metropole der Niederlausitz. Cottbus.

KULKE, E. (1992a): Veränderungen in der Standortstruktur des Einzelhandels. Münster/Hamburg.

KULKE, E. (1992b): Structural change and spatial response in the retail sector in

Germany. In: Urban Studies 29 (6), S. 965-977.

KULKE, E. (1993a): Handel. In: Atlas zur Wirtschaftsgeographie von Niedersachsen. Hrsg. Niedersächsische Landeszentrale für politische Bildung. Hannover, S. 160-173.

KULKE, E. (1993b): Agglomerationen großflächiger Einzelhandelsbetriebe. Das Beispiel Hannover - Altwarmbüchen. In: Geographie und Schule 86, S. 18-26.

KULKE, E. (Hrsg.) (1995): Neue Einzelhandelsstandorte im Umland Berlin. Arbeitsberichte des Geographischen Instituts der Humboldt-Universität zu Berlin 8. Berlin.

KULKE, E. (1996): Räumliche Strukturen und Entwicklungen im deutschen Einzelhandel. In: Praxis Geographie 26 (5), S. 4-11.

KULKE, E. (1997): Effects of the economic transformation process on the structure and locations of retailing in East Germany. In: Journal of Consumer and Retailing Services 4 (1), S. 49-55.

KULKE, E., BAUMGART, S. & P. BUSSE (1990): Analyse der Entwicklungen im Einzelhandel - insbesondere neuer großbetrieblicher Einzelhandelsformen in Hannover. Hannover.

KULLING, L. (1996): Stellplatzablöse - Freiraum zum Abkassieren? In: Handelsjournal (3), S. 8-13.

KULS, W. (1980): Bevölkerungsgeographie. Stuttgart.

KULS, W. (1993): Bevölkerungsgeographie 2.Aufl. Stuttgart.

KUNISCH, H., H. MADRY & E. ELGER (1966): Kaufhallen im Rationalisierungsprozeß. In: Der Handel (2), S. 57-61.

LAGOPOULOS, A.P. (1993): Postmodernism, geography, and the social semiotics of space. In: Environment and Planning D: Society and Space 11 (3), S. 255-278.

LAMBERTZ, W. (1996): Renaissance der Einkaufspassagen und Messepaläste. In: Dynamik im Handel (6), S. 40-41.

LAMPERT, K.H. (1956): Strukturwandlungen des deutschen Einzelhandels. Diss. Erlangen.

Land Brandenburg - Landesamt für Datenverarbeitung und Statistik (Hrsg.) (1995): Arbeitsstätten im Handel und Gastgewerbe Land Brandenburg - Ergebnisse der Handels- und Gaststättenzählung 1993.

Lebensmittelzeitung (1995): Muster auch für Westdeutschland - Forschungsinstitute analysieren die Anpassungsfortschritte des ostdeutschen Handels. In: Lebensmittelzeitung v. 17.11.1995, S. 108-109.

Leipziger Messeamt (Hrsg.) (1958): Vom Jahrmarkt zur Weltmesse. Leipzig/Jena.

LEITSCHUH-FECHT, H. (1995): Aus dem Tritt gekommen. In: Die Zeit v. 17.11.1995, S. 28.

LENSSEN, U. (1996): Wieder die gleichen Fehler? Verkehrssituation und -planung in ostdeutschen Städten. In: HÄUßERMANN, H. & R. NEEF (Hrsg.): Stadtentwicklung in Ostdeutschland. Opladen, S. 189-204.

LESTHAEGHE, R. (1992): Der zweite demographische Übergang in den westlichen Ländern: eine Deutung. In: Zeitschrift für Bevölkerungswissenschaft 18 (3), S. 313-354.

Linie 11 Werbe- & Promotion-Service Schkeuditz (Hrsg.) (1991): Der Gigant vor den Toren unserer Stadt. Linie 11 (Okt.), S. 1-2.

LISTEWNIK, P. & R. SPARSCHUH (1992): Messe, Mode, Metropole. In: BAG Handelsmagazin (10), S. 40.

LÖSCH, A. (1940): Die räumliche Ordnung der Wirtschaft. Jena.

LORCH, B.J. & M.J. SMITH (1993): Pedestrian movement and the downtown enclosed shopping center. In: Journal of the Association of American Planners 59 (1), S. 75-86.

LOUKAITOU-SIDERIS, A. (1993): Privatisation of the public open space - the Los Angeles experience. In: Town Planning Review 64 (2), S. 139-167.

LÜHRS, G. (1991): "Mehr ist uns nicht eingefallen!" In: Praxis Geographie 21 (4), S. 16-22.

MAIER, E.O. (1996): Standortfaktor Sicherheit. In: Handelsjournal (12), S. 3.

MANN, R. (1991): Zur Theorie der Systemtransformation. In: IGW-Report über Wissenschaft und Technologie 5 (2), S. 65-75.

MARETZKE, S. (1995): Regionen im Wandel - Das Muster regionaler Disparitäten ändert sich in Deutschland. In: Berichte zur deutschen Landeskunde 69 (1), S. 33-56.

MARKOWSKI, A. (1991): Zur Entwicklung des Einzelhandels beim Übergang zur Marktwirtschaft am Beispiel der Stadt Bautzen. Dipl. Arbeit Handelshochschule Leipzig (unveröff.).

MARSCHALCK, P. (1984): Bevölkerungsgeschichte Deutschlands im 19. und 20.Jahrhundert. Frankfurt/Main.

Marshall Cavendish International Ltd. (1984): Wie geht das - Technik und Erfindungen von A bis Z. Hamburg.

MARTIN, A. (1995): Wanderungen zwischen der Stadt Leipzig und dem Umland. In: Statistischer Bericht 1.Quartal - Stadt Leipzig, S. 11-12.

MARTIN, A. (1996): Die Wanderungsbilanz der Stadt Leipzig 1995. In: Statistischer Bericht 2.Quartal - Stadt Leipzig, S. 18-20.

MAY, J. (1996): Großbritannien: Revitalisierung der Innenstädte nur durch Zusammenarbeit aller Interessenten. In: DSSW (Hrsg.): Wirtschaftsstandort Innenstadt und 'Grüne Wiese' - deutsche und europäische Erfahrungen. Bonn, S. 65-69.

MAYER, M. (1996): Postfordistische Stadtpolitik. Zeitschrift für Wirtschaftsgeographie 40 (1/2), S. 20-27.

MAYR, A. (1980): Entwicklung, Struktur und planungsrechtliche Problematik von Shopping-Centern in der Bundesrepublik Deutschland. In: HEINEBERG, H. (Hrsg.): Einkaufszentren in Deutschland. Paderborn, S. 9-46.

MAYR, A. (1997): Shopping-Center als Zentrale Orte? Vortrag auf der Tagung des Arbeitskreises "Zentralität" bei der Deutschen Akademie für Landeskunde e.V. am 24./25.1.1997 in Blaubeuren.

McKinsey & Company, Inc., Handelshochschule Leipzig & Lebensmittel-Zeitung (1990): Handel DDR. O.O.

MCNAIR, M. P. (1958): Significant trends and developments in the post war period. In: SMITH, A. B. (Hrsg.): Competitive distribution in a free high level economy and its implications for the university. Pittsburgh, S. 1-25.

MENGER, K. (1996): Hirn, Herz und Schnauze. In: Skyline (VII), S. 9.

MENSING, K. & G. VON ROHR (1996): Revitalisierung der Innenstädte durch interkommunale Kooperation. DSSW-Schriften 13. Bonn.

MENSING, M. (1995): "Lübeck blüht auf". In: BAG Handelsmagazin (3), S. 38-40.

MENZEL, U. (1996): Strukturwandel der Industriegesellschaft und Entstofflichung der Ökonomie. In: Zeitschrift zur politischen Bildung - Eichholz Brief 33 (1), S. 102-109.

MEYER, G. (1992): Strukturwandel im Einzelhandel der neuen Bundesländer. In: Geographische Rundschau 44 (4), S. 246-252.

MEYER, G. (1995): Marktwirtschaftliche Entwicklungsprozesse im Stadtzentrum: Das Beispiel Jena. In: BARSCH, D. & H. KARRASCH (Hrsg.): 49. Deutscher Geographentag Bochum - Tagungsbericht und wissenschaftliche Abhandlungen Bd.1. Stuttgart, S. 146-153.

MEYER, G. (1997): Vom sozialistischen Stadtzentrum zur marktwirtschaftlichen City: Nutzungswandel der Innenstadt von Jena. In: MEYER, G. (Hrsg.): Von der Plan- zur Marktwirtschaft. Wirtschafts- und sozialgeographische Entwicklungen in den neuen Bundesländern. Mainz (Mainzer Kontaktstudium Geographie Bd. 3), S. 25-36.

MEYER, G. & R. PÜTZ (1997): Transformation der Einzelhandelsstandorte in ostdeutschen Großstädten. In: Geographische Rundschau 49 (9), S. 492-498.

MEYER, T. (1993): Der Monopolverlust der Familie. In: Kölner Zeitschrift für Soziologie und Sozialpsychologie 45 (1), S. 23-40.

MEYN, H. (1985): Massenmedien. (=Informationen zur Politischen Bildung 208). Bonn.

Ministerium für Bau, Landesentwicklung und Umwelt Mecklenburg-Vorpommern (Hrsg.) (1995a): Einzelhandel ist mehr als Einkaufen. Schwerin.

Ministerium für Bau, Landesentwicklung und Umwelt des Landes Mecklenburg-Vorpommern (Hrsg.) (1995b): Raumordnungsbericht Mecklenburg-Vorpommern 1995. Schwerin.

Ministerium für Bau, Landesentwicklung und Umwelt des Landes Mecklenburg-Vorpommern & Industrie- und Handelskammern des Landes Mecklenburg-Vorpommern (Hrsg.) (1996): Vitalisierung der Innenstädte. Schwerin.

MITCHELL, D. (1995): The end of public space? People's Park, definitions of the public, and democracy. In: Annals of the Association of American Geographers 85 (1), S. 108-133.

MITCHELL, D. (1996): Introduction: Public space and the city. In: Urban Geography 17 (2), S. 127-131.

MITTERAUER, M. (1971): Das Problem der zentralen Orte als sozial- und wirtschaftshistorische Forschungsaufgabe 58, S. 433-467.

MONHEIM, R. (1980): Fußgängerbereiche und Fußgängerverkehr in Stadtzentren in der Bundesrepublik Deutschland. Bonner Geographische Abhandlungen 64. Bonn.

MÜLLER, B. (1994): Ausländer in Rostock, zwei Jahre nach den Krawallen in Lichtenhagen. In: Zeitschrift für Ausländerrecht und Ausländerpolitik 14 (4), S. 172-177.

MÜLLER, G. (1961): Supermarkt - tödlicher Fortschritt? In: Der Handel (1), S. 19-20 u. 29-31.

MÜLLER, H.-P. (1994): Lebensstile. In: NOLLER, P., W. PRIGGE & K. RONNEBERGER (Hrsg.): Stadt-Welt - Über die Globalisierung städtischer Milieus. Frankfurt/Main & New York, S. 32-39.

MÜLLER, K. (1995): Vom Postkommunismus zur Postmodernität? In: Kölner Zeitschrift für Soziologie und Sozialpsychologie 47 (1), S. 37-64.

MÜLLER, M. (1991): Bedenkliche Anwendung des § 246a Baugesetzbuch. In: BAG-Nachrichten (11), S. 14-15.

MÜLLER, M. (1995): Rechtliche Voraussetzungen für die Ansiedlung großflächiger Handelsbetriebe. In: BAG (Bundesarbeitsgemeinschaft der Mittel- und Großbetriebe des Einzelhandels e.V.) (Hrsg.): Standortfragen des Handels. Köln, 5.Aufl., S. 133-166.

MÜLLER, T. (1986): Die räumliche Verteilung der Einzelhandelsinfrastruktur - Bedingung und Gegenstand sozialistischer Intensivierung, dargestellt am Beispiel der Stadt Leipzig. Dipl. Arbeit Handelshochschule Leipzig (unveröff.).

MÜLLER-HAGEDORN, L. (1984): Die Erklärung von Käuferverhalten mit Hilfe des Lebenszykluskonzeptes. In: WiSt 13 (11), S. 561-569.

MÜLLER, K. & A. FREUDE (1995): Die Entwicklung des Einzelhandels in der Leipziger City. Leipzig (unveröff. Dipl. Arbeit).

NEEF, E. (1972): Das Problem der Zentralen Orte. In: SCHÖLLER, P. (Hrsg.): Zentralitätsforschung (Wege der Forschung Bd. 301). Darmstadt, S. 193-230. (urspr. in Petermanns Geographische Mitteilungen 94, 1950, S. 6-17).

NEIBERGER, C. (1993): Großflächige Betriebsformen im Transformationsprozeß des Einzelhandels in Ostdeutschland. Wirtschaftsgeographische Werkstattberichte (3), Universität Frankfurt/Main. Frankfurt/Main.

NIESCHLAG, R. (1954): Die Dynamik der Betriebsformen im Handel. Essen.

NIESCHLAG, R. (1962): Strukturwandlungen im Handel. In: KÖNIG, H. (Hrsg.): Wandlungen der Wirtschaftsstruktur in der Bundesrepublik Deutschland. Berlin, S. 493-524.

NOLLER, P., W. PRIGGE & K. RONNEBERGER (Hrsg.) (1994): Stadt-Welt - Über die Globalisierung städtischer Milieus. Frankfurt/Main & New York.

NOLLER, P., W. PRIGGE & K. RONNEBERGER (1994): Zur Theorie der Globalisierung. In: NOLLER, P., W. PRIGGE & K. RONNEBERGER (Hrsg.): Stadt-Welt - Über die Globalisierung städtischer Milieus. Frankfurt/Main & New York, S. 13-21.

NOLLER, P. (1994): Stadtlandschaften. In: NOLLER, P., W. PRIGGE & K. RONNE BERGER (Hrsg.): Stadt-Welt - Über die Globalisierung städtischer Milieus. Frankfurt/-Main & New York, S. 198-211.

OBENAUS, H. & F. ZUBER-SEIFERT (1996a): Suburbanisierung - Tendenzen der Stadt-Umlandentwicklung und das Beispiel Rostock. In: BREITZMANN, H. (Hrsg.): Suburbanisierung und Verkehr. Rostock, S. 11-33.

OBENAUS, H. & F. ZUBER-SEIFERT (1996b): Rostock - Wandel einer Stadtregion seit 1990. In: Geographische Rundschau 48 (9), S. 501-508.

Ökolöwe (Umweltbund Leipzig e.V. (1996): Entwurf zur Umgestaltung der Karl-Liebknecht-Straße. Leipzig (Faltblatt).

OFFE, C. (1994): Das Ende am Tunnel des Lichts - Erkundungen der politischen Transformation im Neuen Osten. Frankfurt/Main & New York.

OPASCHOWSKI, H.W. (1993): Freizeitökonomie: Marketing von Erlebniswelten. Opladen.

OPASCHOWSKI, H.W. (1994): Schöne, neue Freizeitwelt? Hamburg.

OTT, T.(1997): Flächennutzungswandel im Transformationsprozeß von der "sozialistischen" zur "kapitalistischen" Stadt am Beispiel Erfurts. Diss. Mannheim.

PAEPER, H. (1962): Falsche Tendenzen in der Handelsnetzplanung. In: Der Handel (1), S. 35-38.

PANGELS, R. (1997a): Von der "Unwirtlichkeit" der Städte. In: BAG Handelsmagazin (4), S. 25-27.

PANGELS, R. (1997b): Quo vadis Innenstadt? BAG-Untersuchung Kundenverkehr 1996. In: BAG Handelsmagazin (6), S. 20-22.

PARKER, A.J. (1990/91): Retail environments: into the 1990s. In: Irish Marketing Review 5 (2), S. 61-72.

PARKER, H.R. (1968): The changing role of department stores. In: Town Planning Review 38, S. 55-64.

PETERSEN, O. (1993): Schampus & Pizza. In: BAG Handelsmagazin (9), S. 12-13.

PETERSEN, O. (1995): Kommunikation, urbane Freizeit und Einkaufsfreude. In: BAG Handelsmagazin (12), S. 40-45.

PETERSEN, O. (1995b): Einkauf, Essen und Exponate. In: BAG Handelsmagazin (3), S. 34-35.

PITTROFF, R. (1996): Ersatz für fehlende City. In: Dynamik im Handel (11), S. 22-27.

PITTROFF, R. (1997): Brandenburg und Sachsen-Anhalt führen. In: Dynamik im Handel (5), S. 68-71.

PKV-Institut (1993): Geplante Großbetriebe im Handel 1993-1997. München.

POHLE, H. (1991): Saalepark bringt "Goldregen" für Aue-Dörfer. In: Mitteldeutsche Zeitung v. 31.12.1991.

Polis & Gewos (1991): Leitlinien für die Stadtentwicklung der Hansestadt Rostock. Gutachten im Auftrag des Senats der Hansestadt Rostock. Bremen & Hamburg.

POPIEN, R. (1995): Ortszentrenplanung in Münchens Suburbia. Münchener Geographische Hefte 73. Passau.

POPP, H. (1984): Das Problem der Bestimmung der Einzugsbereiche von Verbrauchermärkten als Grundlage ihrer raumplanerischen Beurteilung. Arbeitsmaterialien zur Raumordnung und Raumplanung Heft 28, S. 16-30.

PRIEBS, A. (1996): Städtenetze als raumordnungspolitischer Handlungsansatz - Gefährdung oder Stütze des Zentrale-Orte-Systems? In: Erdkunde 50 (1), S. 35-45.

PRIGGE, W. (1994): Urbi et Orbi - Zur Epistemologie des Städtischen. In: NOLLER, P., W. PRIGGE & K. RONNEBERGER (Hrsg.): Stadt-Welt - Über die Globalisierung städtischer Milieus. Frankfurt/Main & New York, S. 63-71.

PROKSCH, W. (1997): Einzelhandel in den Neuen Bundesländern - Chancen und Hemmnisse für die Entwicklung der Rostocker Innenstadt. Dipl.Arbeit Universität Kiel (unveröffentlicht).

Psychologie-Fachgebärdenlexikon (siehe Kap. Internet-Adressen)

PÜTZ, R. (1993): Die City von Dresden vor und nach der Wende 1989 - Eine geographische Untersuchung zum Strukturwandel des Dresdener Einzelhandels. Dipl. Arbeit Universität Köln (unveröff.)

PÜTZ, R. (1994): Die City von Dresden im Transformationsprozeß. In: Berichte zur deutschen Landeskunde 68 (2), S. 325-357.

PÜTZ, R. (1997): Der Wandel der Standortstruktur im Einzelhandel der neuen Bundesländer: Das Beispiel Dresden. In: MEYER, G. (Hrsg.): Von der Plan- zur Marktwirtschaft. Wirtschafts- und sozialgeographische Entwicklungsprozesse in den neuen Bundesländern. Mainz, S. 37-65.

RAITH, E. (1990): Die Städte und der Austausch. In: UM BAU 13, S. 39-58.

Rat des Bezirkes Rostock (1982): Die neuen Wohngebiete im Raum Rostock-Lütten Klein. Reihe Bauen im Ostseebezirk Bd. 7. Rostock.

Rat der Stadt Leipzig (1992): Umweltbericht der Stadt Leipzig 1991. Leipzig.

Rat des Stadtbezirks Süd der Stadt Leipzig (1975): Entwicklung und Gestaltung des Einzelhandelsnetzes der Stadtbezirksmagistrale Karl-Liebknecht-Str./Peterssteinweg. Leipzig.

RAUEN, K. (1996): Bausteine für eine nachhaltige Entwicklung von Stadtregionen. In: Städtegipfel Habitat II - Deutschland und die globale Herausforderung. In: Konrad-Adenauer-Stiftung (Hrsg.): Aktuelle Fragen der Politik Heft 40. Sankt Augustin, S. 15-31.

RDM (Ring Deutscher Makler) (1990-1994): RDM-Immobilienpreisspiegel für Gewerbeimmobilien. Hamburg.

Regierungspräsidium Leipzig (ca. 1993): Innenstadt Leipzig Ist (Bestand) und mögliche Entwicklungen in qm (Stand 30.9.1993). Leipzig (unveröff. Manuskript).

Regionaler Planungsverband Mittleres Mecklenburg/Rostock (ca. 1994): Übersicht zum Bestand alter, zur Befürwortung und Genehmigung neuer Wohneinheiten im Ordnungsraum Rostock. O.O. (unveröffentlicht).

Regionaler Planungsverband Mittleres Mecklenburg/Rostock (1995): Berücksichtigung fertiggestellter Objekte nach 1990 von über 700 qm Verkaufsfläche (Stand 1.3.1995). O.O. (unveröffentlicht).

REINHOLD, T., H. JAHN & C. TSCHUDEN (1997): Die verkehrserzeugende Wirkung von Einkaufszentren auf der grünen Wiese. In: Raumforschung und Raumordnung 55 (2), S. 106-114.

REISCH, L. (1988): Stadt und Öffentlichkeit. In: HAUFF, V. (Hrsg.): Stadt und Lebensstil: Thema Stadtkultur. Weinheim & Basel, S. 23-40.

REIßIG, R. (1993): Ostdeutscher Transformations- und deutscher Integrationsprozeß - neue Probleme und Erklärungsversuche. In: BISS public 3 (12), S. 5-31.

REIßIG, R. (1994): Transformation - Theoretisch-konzeptionelle Ansätze, Erklärungen und Interpretationen. In: BISS public 4 (15), S. 5-43.

REXRODT, G. (1995): Wirtschaftsstandort Innenstadt und "Grüne Wiese". Rede des Bundeswirtschaftsministers am 5.10.1995 in Berlin. BMWI-Pressemitteilung. Berlin.

RICHARDS, G. (1997): Product focus: center imaging takes root in landscaping. In: Shopping Center World 26 (4), 6 S. (online).

RICHTER, M. (1991): 1971-1989: Die Ära Honecker. In: Informationen zur Politischen Bildung (Themenheft Geschichte der DDR) Heft 231, S. 21-23.

RICHTER, K. (1996): Privatisierung kommunaler Aufgaben und Leistungen - ein systematischer Überblick. In: WALCHA, H. & K. HERMANNS (Hrsg.): Partnerschaftliche Stadtentwicklung: Privatisierung kommunaler Aufgaben und Leistungen. Köln, S. 1-39.

RIEDEL, J. (1995): Ländlicher Raum besonders betroffen. In: Handelsblatt v. 4.10.1995.

RIEDEL, S. (1994): Mammutbau und Parzellentod. In: Leipziger Blätter (24), S. 38-40.

RILEY, R. (1997): Retail change in post-communist Poland. In: Geography 82 (1), S. 27-37.

RINK, D. & R. GRAHL (1993): Die Entwicklung der Stadtregion Leipzig zwischen 1945 und 1992. Leipzig.

RITTER, I. (1990): Kaufverhalten nach der Währungsunion. In: Der Handel (8), S. 10-12.

RITZER, G. (1995): Die McDonaldisierung der Gesellschaft. Frankfurt/Main.

RÖCK, S. (1996): Die Stadt als Erlebniswelt. In: Informationen zur Raumentwicklung (6), S. I-III.

RÖHL, D. (1995): Baugebietsentwicklung im Regierungsbezirk Leipzig. In: Argos 3 (2), S. 18-20.

RÖNNEBECK, G. (1994): Die Konsumgenossenschaften der ehemaligen DDR. Berlin.

ROSENKRANZ, C. (1991): Großflächige Handelseinrichtungen pro und contra. In: Architektur (2), S. 34-35.

ROSHANI, A. & C. SCHNIBBEN (1996): Des Kanzlers kleine Helden. In: Der Spiegel v. 11.11.1996, S. 58-84 (Seitenzählung nicht fortlaufend).

ROẞ, R. (1991): Kleine Gemeinde plant ihre Entwicklung. In: Der Handel (9-10), S. 10-11.

Rostocker Gesellschaft für Stadterneuerung und Stadtentwicklung (Hrsg.) (1993): Ideenwettbewerb Rostock Innenstadt - City-Entwicklungsbereich Karlstraße. Rostock.

ROTHHAAR, P. (1974): Einkaufszentren. In: TIETZ, B. (Hrsg.): Handwörterbuch der Absatzwirtschaft. Stuttgart, Sp. 519-526.

RUBENS, W. (1929): Der Kampf des Spezialgeschäfts gegen das Warenhaus. Diss. Köln.

SACK, M. (1990): Stadt als "Intérieur"? In: Werk, Bauen + Wohnen 44 (6), S. 46-53.

SCHABERT, T. (Hrsg.) (1990): Die Welt der Stadt. München/Zürich.

SCHÄFERS, B. & G. WEWER (Hrsg.) (1996): Die Stadt in Deutschland. Opladen.

SCHALLER, U. (1993): City-Management, City-Marketing, Stadtmarketing, Allheilmittel für die Innenstadtentwicklung? - erläutert an ausgewählten empirischen Beispielen unter besonderer Berücksichtigung der Stadt Coburg. Bayreuth (Arbeitsmaterialien zur Raumordnung und Raumplanung Heft 129).

SCHARIOTT, D. (1992): Hier der Boom und dort der Kollaps? In: Mitteldeutsche Zeitung v. 10.6.1992.

SCHARNBACHER, K. (1988): Statistik im Betrieb. Wiesbaden.

SCHENKE, W.-R. (1988): Rechtliche Probleme der Ansiedlung von großflächigen Betrieben des Einzelhandels. In: DICHTL, E. & W.-R. SCHENKE (Hrsg.): Einzelhandel und Baunutzungsverordnung. Heidelberg, S. 13-64.

SCHEYBANI, A. (1996): Handwerk und Kleinhandel in der Bundesrepublik Deutschland. München.

SCHLAUTMANN, C. (1997): Center-Taumel. In: Handelsjournal (8), S. 8-14.

SCHMIDT, H. (1981): Entwicklung und Struktur der Bezirksstadt Leipzig. In: Geographische Berichte 26 (1), S. 1-17.

SCHMIDT, H. (1994): Leipzig zwischen Tradition und Neuorientierung. In: Geographische Rundschau 46 (9), S. 500-507.

SCHMIDT, H. (1995): Der Saalepark - Günthersdorf ein Mega-Projekt des Dienstleistungssektors im suburbanen Raum Leipzig-Halle: Wirkungen und Probleme. (unveröff. Manuskript)

SCHMITZ, C.A. & B. KÖLZER (1996): Einkaufsverhalten im Handel. München.

SCHMITZ, C. (1994): Die 13 Schlüsseltrends im Konsumentenverhalten - Auswirkungen auf Umsatz und Ertrag des Handels. Köln.

SCHNEIDER, J. u.a. (1997): Bahnhofsprogramm Brandenburg und Leitfaden zur "Entwicklung von Bahnhofsumfeldern: Investieren in die Zu(g)kunft". In: DSSW (Hrsg.): Bahnhöfe - Eintrittstor zur Stadt. DSSW-Schriften 23. Bonn, S. 15-32.

SCHNEIDER, U. & E. UNGER (1996): Die Dynamik der stadtregionalen Peripherie - Wohnungsbau im Leipziger Umland. In: IÖR-Info (4), S. 5.

SCHÖFFEL, C. (1992): Baumärkte tragen zum Aufbau bei. In: Dynamik im Handel (11), S. 62-65.

SCHÖFFEL, C. (1994): Ungebremster Baumarkt DIY. In: Dynamik im Handel (4), S. 18-20.

SCHÖLLER, P. (1987): Stadtumbau und Stadterhaltung in der DDR. In: HEINEBERG, H. (Hrsg.): Innerstädtische Differenzierung und Prozesse im 19. und 20. Jahrhundert: geographische und historische Aspekte. Köln & Wien, S. 439-467.

SCHOLZ, D. (1986): The development of the GDR big cities and the relationships between the central city and suburbia. In: Erdkundliches Wissen 76, S. 277-281.

SCHOLZ, C. (1993): Stadtentwicklung im Umbruch. Materialien des Dt. Inst. für Urbanistik 5. Berlin.

SCHOLZ, C, (1996): Shoppingmall mit Gleisanschluß. In: Der Handel (7), S. 28-30.

SCHREIBER, M. (1990): Die Stadt als Medium. In: SCHABERT, T. (Hrsg.): Die Welt der Stadt. München/Zürich, S. 145-165.

SCHRÖDER, G. E. (1995): Die Hansestadt zwischen zwei Weltkriegen. In: Rostock live 6 (12), S. 6-7.

SCHRÖDER, K. (1997): Wärme im Handumdrehen - Die DDR als Klassengesellschaft (Buchbesprechung). In: Frankfurter Allgemeine Zeitung v. 6.3.1997.

SCHUBERT, U. (1989): Die schleichende Aufweichung der Zentrenhierarchie. In: BAG-Nachrichten (9), S. 15-17.

SCHÜLLER, A. (1992): Ansätze einer Theorie der Transformation. In: Ordo 43, S. 35-63.

SCHÜTT, J. (1994): Für Archäologen ist Leipzig Deutschlands Nummer 1. In: hallo! Leipzig v. 5.3.1994, S.1 u. 3.

SCHULZE, G. (1995): Die Erlebnisgesellschaft. Frankfurt/Main & New York, 5.Aufl.

SCHULZE BUSCHOFF, K. (1996): Haushalts- und Erwerbskonstellationen in der Bundesrepublik - Pluralisierung in West und Ost? In: ZAPF, W. & R. HABICH (Hrsg.): Wohlfahrtsentwicklung im vereinten Deutschland. Berlin, S. 189-204.

SCHUMACHER, H. (1996): Zurück in die City. In: Wirtschaftswoche v. 28.11.1996, S. 80-81.

SCHUMACHER, H. (1997): Extrem kalter Winter (Ein Jahr CentrO Oberhausen). In: Wirtschaftswoche v. 18.9.1997, S. 84-85.

SCHWANNEKE, H. (1970): Zur Behörde mit der Einkaufstasche. In: Rationeller Handel (4), S. 18-21.

SCHWARZKOPF, O. (1991): Invasion vom anderen Stern - Wessis in Leipzig. In: Leo (Mai), S. 14-19.

SCHWEDE, D. (1994): Einkaufsspaß unter Glas. In: Geographie Heute 15 (120), S. 34-37.

SEDLACEK, P. (1991): Analyse des Einzelhandels und des Einkaufsverhaltens, Empfehlungen zur Einzelhandelspolitik sowie zur städtebaulichen und stadtstrukturellen Rahmenpolitik für den Einzelhandel in der Stadt Roßlau (Sachsen-Anhalt). Münster.

SEGER, M. und D. WASTL-WALTER (1991): Die sozialistische Stadt in Mitteleuropa. In: Geographische Rundschau 43 (10), S. 570-579.

SEITZ, G. (1995): Zurück ins Zentrum. In: Immobilien-Manager (1/2), S. 24.

SHAFER, J. (1927/28): The Ford stores - a new departure in retailing. In: Harvard Business Review 6, S. 313-321.

Shopping Center - die Marktplätze von morgen? (1973). In: Rationeller Handel (Nov.), S. 8-12.

Shopping Center zieht es in die City (1974). In: Rationeller Handel (Dez.), S. 10-17.

Shopping Centers in Moskau (1961). In: Der Handel (1), S. 21ff.

SHORTER, E. (1989): Einige demographische Auswirkungen des postmodernen Familienlebens. In: Zeitschrift für Bevölkerungswissenschaft 15 (3), S. 221-233.

SIEMER, M. (1996): Sicherheit in Einkaufszentren - In Deutschland kein Thema? In: Mitteilungsblatt des German Council of Shopping Centers e.V. 4 (2), S. 25-29.

SOHL, K. (Hrsg.) (1990): Neues Leipzigisches Geschicht-Buch. Leipzig.

SOMBART, W. (1903): Die deutsche Volkswirtschaft im neunzehnten Jahrhundert. Berlin.

SOROS, G. (1997): Die kapitalistische Bedrohung. In: Die Zeit vom 17.1.1997, S. 25-27.

SPANGENBERGER, V. (1996): Städtenetze - der neue interkommunale und raumordnerische Ansatz. In: Raumforschung und Raumordnung 54 (5), S. 313-320.

SPANNAGEL, R. (1993a): Die Entwicklung des Einzelhandels in den neuen Bundesländern. In: TROMMSDORFF, V. (Hrsg.): Handelsforschung 1992/93. Wiesbaden, S. 3-15.

SPANNAGEL, R. (1993b): Die Entwicklung des Handels in den neuen Bundesländern. In: Mitteilungen aus der FfH Berlin 8 (3), S. 1-7.

SPANNAGEL, R. (1994a): Die Zukunft des Tante-Emma-Ladens. In: Mitteilungen aus der FfH Berlin 9 (2), S. 1-4.

SPANNAGEL, R. (1994b): Standorte im Wettbewerb - Revitalisierung oder Auszehrung der Innenstädte. In: Mitteilungen aus der FfH Berlin 9 (4), S. 1-10.

SPANNAGEL, R. (1995): Entwicklung der kleinen und mittleren Unternehmen im Einzelhandel. In: LACHNER, J. u.a. (Hrsg.): Entwicklung des Handels in den neuen Bundesländern. Berlin & München, S. 199-220.

SPANNAGEL, R. (1996): Zur Situation kleiner Einzelhandelsunternehmen in den neuen Bundesländern - Ergebnisse einer Unternehmensbefragung. In: Mitteilungen aus der FfH Berlin 11 (3), S. 1-7.

SPARSCHUH, R. (1995): "Das hartnäckige Ringen um innerstädtische Handelsstandorte trägt langsam Früchte". Referat auf der Studientagung der Dt. Sektion Urbanicom in Leipzig vom 10.-12.5.1995. Köln (Manuskriptsammlung).

SPD-NRW (1996): Stadterneuerung - Allgemeine Grundsätze. In: http://www2.nrwspd.de/koalition/stadterneu (3 Seiten)

SPECHT, D. (1988): Industrialisierung. In: Informationen zur Politischen Bildung (Themenheft Neue Technologien) Heft 218, S. 3-5.

SPELLERBERG, A. (1996): Lebensstile, soziale Lage und Wohlbefinden. In: ZAPF, W. & R. HABICH (Hrsg.): Wohlfahrtsentwicklung im vereinten Deutschland. Berlin, S. 205-221.

SPRÖSSEL, K,-D. (1996): Verödung der Innenstädte - Einzelhandel, quo vadis? In: Utopie Kreativ (64), S. 62-70.

Stadt Cottbus (Auftraggeber) (1993): Sozialstudie Cottbus-Innenstadt: Sozialplanerische Untersuchung für die Stadterneuerung im förmlich festgelegten Sanierungsgebiet. Berlin.

Stadt Cottbus (1994a): Konzeption zur Entwicklung der Einzelhandelsverkaufsraumflächen der Stadt Cottbus bis 2010. Cottbus.

Stadt Cottbus (Auftraggeber) (1994b): Rahmenplanung Cottbus-Schmellwitz. Berlin.

Stadt Cottbus (Hrsg.) (1994c): Statistisches Jahrbuch Cottbus 1993. Cottbus.

Stadt Cottbus (Hrsg.) (1995): Modellstadt Cottbus-Innenstadt Heft 1. Cottbus.

Stadt Cottbus (Hrsg.) (1996a): Statistisches Jahrbuch Cottbus 1995. Cottbus.

Stadt Cottbus (Hrsg.) (1996b): Abwanderungen 1995 ins Cottbuser Umland - Stadtflucht!? Kommunalstatistische Hefte 36. Cottbus.

Stadt Cottbus (Hrsg.) (1996c): Stadtentwicklungskonzept Cottbus 2010. Cottbus.

Stadt Leipzig (Hrsg.) (1991): Statistisches Jahrbuch der Stadt Leipzig 1991. Leipzig.

Stadt Leipzig (Hrsg.) (1992a): Statistisches Jahrbuch der Stadt Leipzig 1992. Leipzig.

Stadt Leipzig (Hrsg.) (1992b): Umweltbericht der Stadt Leipzig 1991. Leipzig.

Stadt Leipzig (Hrsg.) (1994a): Statistisches Jahrbuch der Stadt Leipzig 1994. Leipzig.

Stadt Leipzig (Auftraggeber) (1994b); Leipzig - Innerer Süden: Bericht vorbereitende Untersuchungen. Leipzig (unveröff. Manuskript).

Stadt Leipzig (Dezernat für Umweltschutz und Ordnung) (Hrsg.) (1995a): Befragungen zur Verkehrsmittelwahl in der Innenstadt von Leipzig. (unveröff. Manuskript)

Stadt Leipzig (Hrsg.) (1995b): Statistisches Jahrbuch der Stadt Leipzig 1995. Leipzig.

Stadt Leipzig (Hrsg.) (1995c): "Projekt Innenstadt - Halbzeitbilanz: Der Stand der Arbeiten Herbst/Winter ´95. Leipzig (Manuskript).

Stadt Leipzig (Amt für Verkehrsplanung) (Hrsg.) (1996a): Ausgewählte Ergebnisse der Verkehrsentwicklung 1995 in der Stadt Leipzig. Leipzig (unveröff. Manuskript)

Stadt Leipzig (Hrsg.) (1996b): Statistisches Jahrbuch der Stadt Leipzig 1996. Leipzig.

Stadt Leipzig (Hrsg.) (1996c): Abschlußbericht der "Projektgruppe Innenstadt". Leipzig (Manuskript).

Stadt Leipzig (Hrsg.) (1996d): Nachfrageorientierte Stadtentwicklung. Leipzig (Manuskript).

Stadt Leipzig (Hrsg.) (1997): Statistischer Quartalsbericht 1/1997. Leipzig.

Stadt Rostock (Hrsg.) (1995): Statistisches Jahrbuch 1995 der Hansestadt Rostock. Rostock.

Statistisches Amt der DDR (Hrsg.) (1990): Statistisches Jahrbuch der Deutschen Demokratischen Republik 35.Jg. (Ost-)Berlin.

Statistisches Bundesamt (Hrsg.) (1992): Datenreport 1992. Bonn.

Statistisches Bundesamt (Hrsg.) (1995): Amtliche Schlüsselnummern und Bevölkerungsdaten der Gemeinden und Verwaltungsbezirke in der Bundesrepublik Deutschland Ausgabe 1994. Kusterdingen.

Statistisches Bundesamt (Hrsg.) (1996): Lange Reihen zur Wirtschaftsentwicklung 1996. Kusterdingen.

Statistisches Bundesamt (Hrsg.) (1994-1997): Bevölkerung und Erwerbstätigkeit Fachserie 1; Reihe 1: Gebiet und Bevölkerung (Ausgaben 1991 bis 1995). Kusterdingen.

Statistisches Bundesamt (Hrsg.) (1997a): Amtliche Schlüsselnummern und Bevölkerungsdaten der Gemeinden und Verwaltungsbezirke in der Bundesrepublik Deutschland Ausgabe 1996. Kusterdingen.

Statistisches Bundesamt (Hrsg.) (1997b): Datenreport 1997. Bonn.

Statistisches Landesamt Mecklenburg-Vorpommern (1995): Ergebnisse der Handels- und Gaststättenzählung 1993 in der Hansestadt Rostock. Schwerin.

STEINER, D. (1993): Vielleicht eine Biographie der Peripherie. In: Daidalos 50, S. 82-87.

STEINMANN, O. E. (1996): Österreich: Ausgewogene Wege im Interesse der Konsumenten finden. In: DSSW (Hrsg.): Wirtschaftsstandort Innenstadt und ´Grüne Wiese‘ - deutsche und europäische Erfahrungen. Bonn, S. 71-79.

STOKVIS, J.R. (1987): Making downtown competitive again: the promise of centralized retail management. In: Urban Land (April), S. 7-11.

Strukturwandel und Entwicklungstendenzen im Einzelhandel (1988): Regionalplanertagung vom 4. bis 6. Mai 1988 in Überlingen. Hrsg. Akademie für Raumforschung und Landesplanung Hannover. Reihe ARL-Arbeitsmaterial. Hannover.

SUNDHAUSSEN, H. (1995): Die "Transformation" Osteuropas in historischer Perspektive oder: Wie groß ist der Handlungsspielraum einer Gesellschaft? In: Leviathan-Sonderheft 15, S. 77-92.

TATZKOW, M. & H. HENICKE (1992): "So wurden Grundbücher manipuliert" - Zur Grundbuch- und Liegenschaftsdokumentation in der DDR. In: Zeitschrift für offene Vermögensfragen 2 (6), S. 342-346.

SZALLIES, R. (1990): Zwischen Luxus und kalkulierter Bescheidenheit - Der Abschied von Otto Normalverbraucher. In: SZALLIES, R. & G. WISWEDE (Hrsg.): Wertewandel und Konsum. Landsberg/Lech, S. 41-58.

The Economist (1966): Shopping the American way. The Economist v. 2.4.1966, S. 34.

THIEL, A. (1994): Der Einzelhandel in Mainz und Erfurt. Erfurter Geographische Studien (2). Erfurt.

THIES, G. (1992): Einzelhandelsgroßbetriebe im Städtebaurecht. München.

THOMAS, E. u.a. (1964): Einzelhandel im Städtebau: Shopping Centers in den USA - Europäische Konsequenzen. Frankfurt/Main.

TICKELL, A. & J.A. PICK (1992): Accumulation, regulation and the geographies of post-Fordism: missing links in regulationist research. In: Progress in Human Geography 16 (2), S. 190-218.

TIETZ, B. (1989): Warum die City und die grüne Wiese nicht ohneeinander existieren können. In: Marketing - Zeitschrift für Forschung und Praxis 11 (2), S. 77-85.

TIETZ, B. (1991): City-Studie: Marktbearbeitung und Management für die Stadt. Landsberg/Lech.

TOURAINE, A. (1996): Die Stadt - ein überholter Entwurf? In: Arch+ 132, S. 68-70.

TROMMSDORFF, V. (1986): Wertewandel und Wandel im Handel. In: TROMMSDORFF, V. (Hrsg.): Handelsforschung 1986. Heidelberg, S. 3-16.

UHEREK, E.W. (1962): Wandlungen in der Standortstruktur des Einzelhandels. In: BEHRENS, K.C. (Hrsg.): Wandel im Handel. Wiesbaden, S. 107-122.

ULRICH, K.-H. & D. SCHILLING (1978): Zu den Einkaufsgewohnheiten in Neubaugebieten. In: Der Handel (6), S. 13-15.

Universität Rostock (Institut für Marketing und Innovationsmanagement) (Hrsg.) (1996): Einkaufsstätten in und um Rostock. Rostock.

Urbanicom (1993): Dezentralisierung der Zentralität - Handel außerhalb der Stadt? Studientagung der Dt. Sektion in Potsdam vom 23.-25.6.93. Köln (Manuskriptsammlung).

Urbanicom (1995): Innenstadt trotz Grüner Wiese? Chancen des Handels an städtebaulich integrierten Standorten. Studientagung der Dt. Sektion in Leipzig vom 10.-12.5.95. Köln (Manuskriptsammlung).

VAN DER VELDE, M. & E. VAN DE WIEL (1996): Eerste 'leisure shopping mall' op het continent. In: Geografie 5 (6), S. 13-15.

VELTE, P.J. (1993): Grundzüge der Steuergeschichte. In: Informationen zur politischen Bildung (Themenheft Steuern und Finanzen) Heft 241, S. 5-8.

VIEHÖVER, U. (1997): Die City schlägt zurück. In: Focus (26), S. 184-190.

VON ALEMANN, U. (1987): Organisierte Interessen in der Bundesrepublik. Opladen.

VON ALEMANN, U. (1996): Was sind Verbände? In: Informationen zur politischen Bildung (Themenheft Interessenverbände) Heft 253, S. 3-9.

VOß, R. (1994): Großflächiger Einzelhandel und die Einhaltung des Zentrensystems. In: Zeitschrift für deutsches und internationales Baurecht 3 (Mai), S. 111-113.

WACHS, F. (1996): Standortmarketing - Leipzig braucht ein klares Konzept. In: Top Magazin Leipzig 6 (2), S. 24 und 26.

WACKERNAGEL, P. (1991): Verkaufsstellennetzplanung in der ehemaligen DDR. In: Deutsches Handelsinstitut Köln e.V. (Hrsg.): Standortpolitik des Einzelhandels. Köln, S. 60-67.

WAGNER, D. (1995): City-Management in Theorie und Praxis. In: Das Rathaus 48 (1), S. 14-19.

WAGNER, H.-G. (1981): Wirtschaftsgeographie. Braunschweig.

WAHL, R. (1989): Möglichkeiten und Grenzen der Steuerung aus verfassungs- und planungsrechtlicher Sicht. In: Strukturwandel und Entwicklungstendenzen im Einzelhandel. ARL-Arbeitsmaterial. Hannover, S. 41-59.

WALMSLEY, D.J. & G.J. LEWIS (1985): Human geography - behavioural approaches. London & New York.

WALZEL, B. (1994): Shopping Center - größere Attraktivität durch neue Typen. In: EHI (Hrsg.): Trendsetter USA: neue Marketingkonzepte - neue Betriebstypen. Köln, S. 52-55.

WARNES, A.M. & P.W. DANIELS (1979): Spatial aspects of an intrametropolitan central place hierarchy. In: Progress in Human Geography 3 (3), S. 384-406.

WARREN, S. (1996): Popular cultural practices in the "postmodern city". In: Urban Geography 17 (6), S. 545-567.

WECK, S. (1996): Neue Kooperationsformen in Stadtregionen. In: Raumforschung und Raumordnung 54 (4), S. 248-256.

WEHLING, H.-G. (1994): Kommunalpolitik in Geschichte und Gegenwart. In: Informationen zur politischen Bildung (Themenheft Kommunalpolitik) Heft 242, S. 4-14.

WEILER, K.-H. (1991): Die Rechtslage bei der Ansiedlung von großflächigen Einzelhandelsbetrieben an peripheren Standorten. In: Deutsches Handelsinstitut Köln (Hrsg.): Standortpolitik des Einzelhandels. Köln, S. 16-21.

WEISKE, C. & U. HOFFMANN (1996): Die Erlebniswelt als Stadt. In: Informationen zur Raumentwicklung (6), S. 365-375.

WERNICKE, J. (1897): Kleinhandel, Konsumvereine und Warenhäuser. In: Jahrbuch für Nationalökonomie und Statistik 14, S. 712-744 und 855-896.

WERZ, T. (ca. 1993): Verkehrsinduzierende Wirkung unterschiedlicher Einzelhandelsstandorte, dargestellt an Beispielen in den neuen Ländern. Köln (Manuskript).

WETTSCHURECK, G. (1974a): Grundlagen der Stichprobenbildung in der demoskopischen Marktforschung. In: BEHRENS, K. Chr. (Hrsg.): Handbuch der Marktforschung. Wiesbaden, S. 173-205.

WETTSCHURECK, G. (1974b): Methodologische Aspekte der demoskopischen Marktforschung. In: BEHRENS, K. Chr. (Hrsg.): Handbuch der Marktforschung. Wiesbaden, S. 29-48.

WEYMANN, A. & R. SACKMANN (1996): Technikgenerationen - Die Potentiale abseits der Freaks. In: Absatzwirtschaft (11), S. 50-55.

WICKERN, J. (1972): Einkaufen ein Freizeiterlebnis. In: Selbstbedienung und Supermarkt (3), S. 8 u. 12.

WIEKING, K. (1997): "Einkauf ohne Trubel: "Schön und tot". In: Der Tagesspiegel v. 18.8.1997: 10.

WIESENTHAL, H. (1995): Die Transformation Ostdeutschlands: Ein (nicht ausschließlich) privilegierter Sonderfall der Bewältigung von Transformationsproblemen. In: Leviathan-Sonderheft 15, S. 134-159.

WIESENTHAL, H. (1996): Globalisierung. In: Berliner Debatte INITIAL (5), S. 37-53.

WIEST, K. (1997): Die Neubewertung Leipziger Altbauquartiere und Veränderungen des Wohnmilieus. Leipzig.

WILL, T. (1992): Periphere Paradiese. In: Arch+ 114/115, S. 27-29.

WINKLER, H. (1993): Handelsorganisation (HO) - Der große Coup der Großen. In: Die Wirtschaft (Hrsg.): Kombinate - Was aus ihnen geworden ist. Berlin & München, S. 355-364.

WISWEDE, G. (1990): Der "neue Konsument" im Lichte des Wertewandels. In: SZALLIES, R. & G. WISWEDE (Hrsg.): Wertewandel und Konsum. Landsberg/Lech, S. 11-40.

WITTIG, S. (1990): DDR - Aus erster Hand. In: Handels-Rundschau (20), S. 4.

WOLLMANN, H., H. WIESENTHAL & F. BÖNKER (Hrsg.) (1995): Transformation sozialistischer Gesellschaften: Am Ende des Anfangs. Leviathan-Sonderheft 15. Bielefeld.

ZAPF, W. (1992): Die Transformation in der ehemaligen DDR und die soziologische Theorie der Modernisierung. AG Sozialberichterstattung Wissenschaftszentrum Berlin für Sozialforschung P92-104. Berlin.

ZAPF, W. (1996): Die Modernisierungstheorie und unterschiedliche Pfade der gesellschaftlichen Entwicklung. In: Leviathan 24 (1), S. 63-77.

ZAPF, W. & R. HABICH (1995): Die sich stabilisierende Transformation - ein deutscher Sonderweg? In: RUDOLPH, H. (Hrsg.): Geplanter Wandel , ungeplante Wirkungen. Berlin, S. 137-159.

ZAPF, W. & R. HABICH (Hrsg.) (1996): Wohlfahrtsentwicklung im vereinten Deutschland. Berlin.

ZAPPE, H. (1973): Veränderungen im Einkaufsverhalten bei Lebensmitteln. In: Der Handel (11), S. 475-478.

ZAROF (Zentrum für Arbeits- und Organisationsforschung e.V.) (Hrsg.) (1995): Projektbericht Kommunales Netzwerk Einzelhandel für den Zeitraum vom 1.4.1994 bis 31.12.1994. Leipzig (unveröffentlicht).

ZIMMERMANN, J. (1990): Wohnungsmarkt und Städtebau in der DDR: Ausgangslage - Probleme - Konzepte. In: ifo-schnelldienst 43 (15), S. 9-21.

ZIMMERMANN, M. (1990): Plötzlich gibt es bunte und einladende Geschäfte um den Alexanderplatz. In: Frankfurter Allgemeine Zeitung v. 2.7.1990, S. 3.

ZORN, K. (1995): Neues Leben unterm Dach. In: Immobilien Manager (9), S. 42-44.

Archivmaterial

A) Staatsarchiv Leipzig

Gewerbekammer Leipzig 2516: Bekämpfung der Warenhäuser und sonstigen dem mittelständischen Einzelhandel nachteiligen Betriebsformen - Vorschläge der sächsischen Gewerbekammern vom 19.3.1933

BT/RdB 34798: SED-Bezirksleitung Leipzig: Information über die Stimmung der Bevölkerung zur Versorgungslage v. 19.10.1984, 6 S.

BT/RdB 38293: Information über den Rundgang des Mitglieds des Politbüros und Sekretärs des ZK der SED, Genossen Dr. Werner Jarowinsky am 5.9.1987 im Zentrum der Stadt Leipzig, 8 S.

B) Stadtarchiv Leipzig

ZR 6349 Bd. 2: Versorgungsinformation des Rates des Stadtbezirks Südost der Stadt Leipzig, Abt. Handel und Versorgung Oktober 9.10.-14.10.1989

ZR 6349 Bd. 2: Versorgungsinformation des Rates des Stadtbezirks Südost der Stadt Leipzig, Abt. Handel und Versorgung Oktober 18.9.-21.9.1989

ZR 6349 Bd. 5 Blatt 5: Versorgungsbericht vom 20.2.1990

ZR 10739 Bd. 4: Verkaufsstellennetz Leipzig 1989

C) Bundesarchiv Außenstelle Hoppegarten

DL-26289: Information zur Sicherung der Versorgungsaufgaben für die Bevölkerung, Aussteller und Gäste während der Leipziger Herbstmesse 1989, 5 S. (nicht paginiert)

DL1-26291 A.2: Brief des Stellvertreters des Ministers für Handel und Versorgung M. Merkel v. 12.10.1989

DL1-26291 A.6: Minister Handel und Versorgung - Analyse und Maßnahmen des Handels zum Abkauf von Waren durch ausländische Touristen

DL1-26291 A.6: Beschluß des Ministerrates der DDR vom 19.2.1990 "Grundsätze zum Verkauf von Waren und Dienstleistungen in der DDR gegen Mark der DDR und D-Mark von Firmen der BRD, Berlin-West und anderen Ländern"

DL1-26299 A.1: Brief des stellvertretenden Ministers für Handel und Versorgung an den Minister für Handel und Versorgung v. 12.10.1989 zum "Angebot des Intershophandels"

DL1-26336: Antwortschreiben Dr. Puschendorf, Ministerium für Handel und Versorgung v. 21.12.1989 auf eine private Eingabe

DL1-26336: Brief an den Minister für Handel und Versorgung v. 29.10.1989

DL1-26570 Bd.36: Statistiken zu PKW-Bestellungen pro Typ und Bezirk per 31.12.1984.

DL1-26595 A.2 (Notizen zur 1.Demographischen Konferenz der DDR vom 28.11. bis 1.12.1989 in Berlin)

D) Statistisches Bundesamt Außenstelle Berlin

Auszug aus dem Zentralen Informations- und Auskunftssystem des Ministeriums für Handel und Versorgung (ZIAS) für das Verkaufsstellennetz der Städte Cottbus und Rostock (Stand 31.12.1989)

E) Archiv der Kreisverwaltung Bad Doberan

Aktenz. 1/6174, 1/6176

Internet-Adressen

http://www.bag.de (Bundesarbeitsgemeinschaft der Mittel- und Großbetriebe des Einzelhandels BAG)
http://www.einzelhandel.de (Hauptverband des Deutschen Einzelhandels HDE)
http://www.lr-online.de (Lausitzer Rundschau)
http://www.nnn.de/index.html (Norddeutsche Neueste Nachrichten)
http://www.sign-lang.uni-hamburg.de/Projekte/PLEX/Start.htm (Fachgebärdenlexikon Psychologie des Zentrums für Deutsche Gebärdensprache und Kommunikation Gehörloser Universität Hamburg)
http://www.sueddeutsche.de (Süddeutsche Zeitung)
http://www.svz.de (Schweriner Volkszeitung)
http://www.welt.de (Die Welt)

Tages-/Wochenzeitungen, Monatsmagazine, Informationsdienste

BAG Handelsmagazin, Köln
BBE Data Kompakt, Köln
DM, Düsseldorf
Frankfurter Allgemeine Zeitung (FAZ), Frankfurt
German Council Report, Informationsdienst des German Council of Shopping Centers e. V., Düsseldorf
Handelsblatt, Düsseldorf
handelsjournal, Düsseldorf
Immobilien-Manager, Köln
Immobilien Zeitung, Wiesbaden
International Herald Tribune, Paris
Kieler Nachrichten, Kiel
Lauenburgische Landeszeitung, Lauenburg
Lausitzer Rundschau, Cottbus
Leipziger Volkszeitung (LVZ), Leipzig
Leipziger Wirtschaft, Hannover
Mannheimer Morgen, Mannheim
Mitteldeutsche Zeitung, Halle/Saale
Norddeutsche Neueste Nachrichten, Rostock
Ostsee-Zeitung, Rostock
P. C. Journal, Leipzig
Rundschau für den Lebensmittelhandel, Gräfelfing
Schweriner Volkszeitung (SVZ), Schwerin
Der Spiegel, Hamburg
The Star, Johannesburg

Süddeutsche Zeitung (SZ), München
Der Tagesspiegel, Berlin
tele-prisma, (Beilage zur LVZ)
Top Magazin, Leipzig
Warnow-Kurier, Rostock
Die Welt, Hamburg
Welt am Sonntag, Hamburg
Wilhelmshavener Zeitung, Wilhelmshaven
Die Zeit, Hamburg

13. Gesprächspartner

A) Leipzig

BEZ, D., Sachgebietsleiter Stadtplanungsamt Leipzig
BAUER, [Frau] Sachbearbeiterin Bereich Wirtschaftsförderung Stadt Leipzig
BÖHME, G., Referentin Bereich Raumordnung Regierungspräsidium Leipzig
BURGER, L., Persönlicher Referent des Beigeordneten für Umwelt, Ordnung, Wohnen der Stadt Leipzig
ENGELMANN-MERKEL, A., Geschäftsführer Handelsverband Sachsen - Bezirk Westsachsen
ERSELIUS, L., Geschäftsinhaber in der Leipziger Innenstadt und Vorstandsmitglied der City-Werbegemeinschaft Leipzig
GEIßLER, H.-J., Centermanager Saalepark bzw. Paunsdorf Center
HADER, K. H., Geschäftsleiter Marktkauf Sachsenpark
JÄGER, B., Centermanager Saalepark
JOHNE, G., Abteilungsleiter Verkehrsentwicklungsplanung Stadt Leipzig
KAUSCH, R., Referent für Dienstleistungen und Tourismus Industrie- und Handelskammer Leipzig
KERNTKE, G., Ortschronist Gemeinde Günthersdorf
MILDENBERGER, P., Referentin Projektgruppe Innenstadt Stadt Leipzig
Ökolöwe - Umweltbund Leipzig e.V.
RÖHL, D., Referatsleiter Raumordnung Regierungspräsidium Leipzig
SCHENKE, B., Pressesprecherin Polizeidirektion Leipzig
SCHINDLER, U., Geschäftsführer ICM Düsseldorf (Verwaltung für Saalepark und Paunsdorf Center)
SPARSCHUH, R., Geschäftsführerin Bereich Handel Industrie- und Handelskammer Leipzig

STEINERT, H., Pressesprecher Polizeidirektion Leipzig
TOBIS, M., Sachbearbeiter Amt für Statistik und Wahlen der Stadt Leipzig
WÖLPERT, R., Referatsleiter im Stadtplanungsamt Stadt Leipzig

B) Cottbus

BRÜCKMANN, J., Referent Bereich Handel, Dienstleistungen, Fremdenverkehr Industrie- und Handelskammer Cottbus
GILIS, H., Sachgebietsleiterin Amt für Statistik und Wahlen Stadt Cottbus
GÜNTHER, K., Sachbearbeiterin Stadtplanungsamt Cottbus (Sanierung Innenstadt)
MÜLLER, K.-H., Sachbearbeiter Stadtplanungsamt Cottbus (Konzeption Cottbus 2010)
OTTER, G., Sachbearbeiterin Stadt Cottbus (Wirtschaftsförderung)
REINKE, J., Geschäftsinhaber und Vorstand der City-Werbegemeinschaft Cottbus
WALTER, [Herr], Centermanager Cottbus Center
WOLF, [Frau], Landratsamt Spree-Neiße, Cottbus

C) Rostock

BACHMANN, M., Centermanagerin Rostocker Hof
BOS, W., Centermanager Ostseepark
BRÄUER, M., Architekt und Stadtplaner
BROOM, K., Sachbearbeiterin Regionaler Planungsverband Mittleres Mecklenburg/ Rostock
GROß, R., Mitarbeiter Portcenter
HEYDEN, J.-P., Geschäftsinhaber und Vorstand der City-Interessengemeinschaft
HOLZKÄMPER, [Herr], Geschäftsführer von Kaufhof Rostock
NASNER, R.-M., Sachbearbeiterin Stadt Rostock (Wirtschaftsförderung)
REISERER, S., Mitarbeiter im Center-Management Portcenter

Band IX

*Heft 1 Scofield, Edna: Landschaften am Kurischen Haff. 1938.

*Heft 2 Fromme, Karl: Die nordgermanische Kolonisation im atlantisch-polaren Raum. Studien zur Frage der nördlichen Siedlungsgrenze in Norwegen und Island. 1938.

*Heft 3 Schilling, Elisabeth: Die schwimmenden Gärten von Xochimilco. Ein einzigartiges Beispiel altindianischer Landgewinnung in Mexiko. 1939.

*Heft 4 Wenzel, Hermann: Landschaftsentwicklung im Spiegel der Flurnamen. Arbeitsergebnisse aus der mittelschleswiger Geest. 1939.

*Heft 5 Rieger, Georg: Auswirkungen der Gründerzeit im Landschaftsbild der norderdithmarscher Geest. 1939.

Band X

*Heft 1 Wolf, Albert: Kolonisation der Finnen an der Nordgrenze ihres Lebensraumes. 1939.

*Heft 2 Gooß, Irmgard: Die Moorkolonien im Eidergebiet. Kulturelle Angleichung eines Ödlandes an die umgebende Geest. 1940.

*Heft 3 Mau, Lotte: Stockholm. Planung und Gestaltung der schwedischen Hauptstadt. 1940.

*Heft 4 Riese, Gertrud: Märkte und Stadtentwicklung am nordfriesischen Geestrand. 1940.

Band XI

*Heft 1 Wilhelmy, Herbert: Die deutschen Siedlungen in Mittelparaguay. 1941.

*Heft 2 Koeppen, Dorothea: Der Agro Pontino-Romano. Eine moderne Kulturlandschaft. 1941.

*Heft 3 Prügel, Heinrich: Die Sturmflutschäden an der schleswig-holsteinischen Westküste in ihrer meteorologischen und morphologischen Abhängigkeit. 1942.

*Heft 4 Isernhagen, Catharina: Totternhoe. Das Flurbild eines angelsächsischen Dorfes in der Grafschaft Bedfordshire in Mittelengland. 1942.

*Heft 5 Buse, Karla: Stadt und Gemarkung Debrezin. Siedlungsraum von Bürgern, Bauern und Hirten im ungarischen Tiefland. 1942.

Band XII

*Bartz, Fritz: Fischgründe und Fischereiwirtschaft an der Westküste Nordamerikas. Werdegang, Lebens- und Siedlungsformen eines jungen Wirtschaftsraumes. 1942.

Band XIII

*Heft 1 Toaspern, Paul Adolf: Die Einwirkungen des Nord-Ostsee-Kanals auf die Siedlungen und Gemarkungen seines Zerschneidungsbereiches. 1950.

*Heft 2 Voigt, Hans: Die Veränderung der Großstadt Kiel durch den Luftkrieg. Eine siedlungs- und wirtschaftsgeographische Untersuchung. 1950. (Gleichzeitig erschienen in der Schriftenreihe der Stadt Kiel, herausgegeben von der Stadtverwaltung).

*Heft 3 Marquardt, Günther: Die Schleswig-Holsteinische Knicklandschaft. 1950.

*Heft 4 Schott, Carl: Die Westküste Schleswig-Holsteins. Probleme der Küstensenkung. 1950.

Band XIV

*Heft 1 Kannenberg, Ernst-Günter: Die Steilufer der Schleswig-Holsteinischen Ostseeküste. Probleme der marinen und klimatischen Abtragung. 1951.

*Heft 2 Leister, Ingeborg: Rittersitz und adliges Gut in Holstein und Schleswig. 1952. (Gleichzeitig erschienen als Band 64 der Forschungen zur deutschen Landeskunde).

Heft 3 Rehders, Lenchen: Probsteierhagen, Fiefbergen und Gut Salzau: 1945 - 1950. Wandlungen dreier ländlicher Siedlungen in Schleswig-Holstein durch den Flüchtlingszustrom. 1953. X, 96 S., 29 Fig. im Text, 4 Abb. 5,—DM

*Heft 4 Brüggemann, Günther: Die holsteinische Baumschulenlandschaft. 1953.

Sonderband

*S c h o t t, Carl (Hrsg.): Beiträge zur Landeskunde von Schleswig-Holstein. Oskar Schmieder zum 60. Geburtstag. 1953. (Erschienen im Verlag Ferdinand Hirt, Kiel).

Band XV

*Heft 1 L a u e r, Wilhelm: Formen des Feldbaus im semiariden Spanien. Dargestellt am Beispiel der Mancha. 1954.

*Heft 2 S c h o t t, Carl: Die kanadischen Marschen. 1955.

*Heft 3 J o h a n n e s, Egon: Entwicklung, Funktionswandel und Bedeutung städtischer Kleingärten. Dargestellt am Beispiel der Städte Kiel, Hamburg und Bremen. 1955.

*Heft 4 R u s t, Gerhard: Die Teichwirtschaft Schleswig-Holsteins. 1956.

Band XVI

*Heft 1 L a u e r, Wilhelm: Vegetation, Landnutzung und Agrarpotential in El Salvador (Zentralamerika). 1956.

*Heft 2 S i d d i q i, Mohamed Ismail: The Fishermen's Settlements of the Coast of West Pakistan. 1956.

*Heft 3 B l u m e, Helmut: Die Entwicklung der Kulturlandschaft des Mississippideltas in kolonialer Zeit. 1956.

Band XVII

*Heft 1 W i n t e r b e r g, Arnold: Das Bourtanger Moor. Die Entwicklung des gegenwärtigen Landschaftsbildes und die Ursachen seiner Verschiedenheit beiderseits der deutsch-holländischen Grenze. 1957.

*Heft 2 N e r n h e i m, Klaus: Der Eckernförder Wirtschaftsraum. Wirtschaftsgeographische Strukturwandlungen einer Kleinstadt und ihres Umlandes unter besonderer Berücksichtigung der Gegenwart. 1958.

*Heft 3 H a n n e s e n, Hans: Die Agrarlandschaft der schleswig-holsteinischen Geest und ihre neuzeitliche Entwicklung. 1959.

Band XVIII

Heft 1 H i l b i g, Günter: Die Entwicklung der Wirtschafts- und Sozialstruktur der Insel Oléron und ihr Einfluß auf das Landschaftsbild. 1959. 178 S., 32 Fig. im Text und 15 S. Bildanhang. 9,20 DM

Heft 2 S t e w i g, Reinhard: Dublin. Funktionen und Entwicklung. 1959. 254 S. und 40 Abb. 10,50 DM

Heft 3 D w a r s, Friedrich W.: Beiträge zur Glazial- und Postglazialgeschichte Südostrügens. 1960. 106 S., 12 Fig. im Text und 6 S. Bildanhang. 4,80 DM

Band XIX

Heft 1 H a n e f e l d, Horst: Die glaziale Umgestaltung der Schichtstufenlandschaft am Nordstrand der Alleghenies. 1960. 183 S., 31 Abb. und 6 Tab. 8,30 DM

*Heft 2 A l a l u f, David: Problemas de la propiedad agricola en Chile. 1961.

*Heft 3 S a n d n e r, Gerhard: Agrarkolonisation in Costa Rica. Siedlung, Wirtschaft und Sozialgefüge an der Pioniergrenze. 1961. (Erschienen bei Schmidt & Klaunig, Kiel, Buchdruckerei und Verlag).

Band XX

*L a u e r, Wilhelm (Hrsg.): Beiträge zur Geographie der Neuen Welt. Oskar Schmieder zum 70. Geburtstag. 1961.

Band XXI

*Heft 1 S t e i n i g e r, Alfred: Die Stadt Rendsburg und ihr Einzugbereich. 1962.

Heft 2 B r i l l, Dieter: Baton Rouge, La. Aufstieg, Funktionen und Gestalt einer jungen Großstadt des neuen Industriegebiets am unteren Mississippi. 1963. 288 S., 39 Karten, 40 Abb. im Anhang. 12.00 DM

*Heft 3 D i e k m a n n, Sibylle: Die Ferienhaussiedlungen Schleswig-Holsteins. Eine siedlungs- und sozialgeographische Studie. 1964.

Band XXII

*Heft 1 E r i k s e n, Wolfgang: Beiträge zum Stadtklima von Kiel. Witterungsklimatische Untersuchungen im Raum Kiel und Hinweise auf eine mögliche Anwendung in der Stadtplanung. 1964.

*Heft 2 S t e w i g, Reinhard: Byzanz - Konstantinopel - Istanbul. Ein Beitrag zum Weltstadtproblem. 1964.

*Heft 3 B o n s e n, Uwe: Die Entwicklung des Siedlungsbildes und der Agrarstruktur der Landschaft Schwansen vom Mittelalter bis zur Gegenwart. 1966.

Band XXIII

*S a n d n e r, Gerhard (Hrsg.): Kulturraumprobleme aus Ostmitteleuropa und Asien. Herbert Schlenger zum 60. Geburtstag. 1964.

Band XXIII

Heft 1 W e n k, Hans-Günther: Die Geschichte der Geographischen Landesforschung an der Universität Kiel von 1665 bis 1879. 1966. 252 S., mit 7 ganzstg. Abb. 14,00 DM

Heft 2 B r o n g e r, Arnt: Lösse, ihre Verbraunungszonen und fossilen Böden, ein Beitrag zur Stratigraphie des oberen Pleistozäns in Südbaden. 1966. 98 S., 4 Abb. und 37 Tab. im Text, 8 S. Bildanhang und 3 Faltkarten. 9,00 DM

*Heft 3 K l u g, Heinz: Morphologische Studien auf den Kanarischen Inseln. Beiträge zur Küstenentwicklung und Talbildung auf einem vulkanischen Archipel. 1968. (Erschienen bei Schmidt & Klaunig, Kiel, Buchdruckerei und Verlag).

Band XXV

*W e i g a n d, Karl: I. Stadt-Umlandverflechtungen und Einzugbereiche der Grenzstadt Flensburg und anderer zentraler Orte im nördlichen Landesteil Schleswig. II. Flensburg als zentraler Ort im grenzüberschreitenden Reiseverkehr. 1966.

Band XXVI

*Heft 1 B e s c h, Hans-Werner: Geographische Aspekte bei der Einführung von Dörfergemeinschaftsschulen in Schleswig-Holstein. 1966.

*Heft 2 K a u f m a n n, Gerhard: Probleme des Strukturwandels in ländlichen Siedlungen Schleswig-Holsteins, dargestellt an ausgewählten Beispielen aus Ostholstein und dem Programm-Nord-Gebiet. 1967.

Heft 3 O l b r ü c k, Günter: Untersuchung der Schauertätigkeit im Raume Schleswig-Holstein in Abhängigkeit von der Orographie mit Hilfe des Radargeräts. 1967. 172 S., 5 Aufn., 65 Karten, 18 Fig. und 10 Tab. im Text, 10 Tab. im Anhang. 12,00 DM

Band XXVII

Heft 1 B u c h h o f e r, Ekkehard: Die Bevölkerungsentwicklung in den polnisch verwalteten deutschen Ostgebieten von 1956-1965. 1967. 282 S., 22 Abb., 63 Tab. im Text, 3 Tab., 12 Karten und 1 Klappkarte im Anhang. 16.00 DM

Heft 2 R e t z l a f f, Christine: Kulturgeographische Wandlungen in der Maremma. Unter besonderer Berücksichtigung der italienischen Bodenreform nach dem Zweiten Weltkrieg. 1967. 204 S., 35 Fig. und 25 Tab. 15.00 DM

Heft 3 B a c h m a n n, Henning: Der Fährverkehr in Nordeuropa - eine verkehrsgeographische Untersuchung. 1968. 276 S., 129 Abb. im Text, 67 Abb. im Anhang. 25.00 DM

Band XXVIII

*Heft 1 W o l c k e, Irmtraud-Dietlinde: Die Entwicklung der Bochumer Innenstadt. 1968.

*Heft 2 W e n k, Ursula: Die zentralen Orte an der Westküste Schleswig-Holsteins unter besonderer Berücksichtigung der zentralen Orte niederen Grades. Neues Material über ein wichtiges Teilgebiet des Programm Nord. 1968.

*Heft 3 W i e b e, Dietrich: Industrieansiedlungen in ländlichen Gebieten, dargestellt am Beispiel der Gemeinden Wahlstedt und Trappenkamp im Kreis Segeberg. 1968.

Band XXIX

Heft 1 V o r n d r a n, Gerhard: Untersuchungen zur Aktivität der Gletscher, dargestellt an Beispielen aus der Silvrettagruppe. 1968. 134 S., 29 Abb. im Text, 16 Tab. und 4 Bilder im Anhang. 12.00 DM

Heft 2 H o r m a n n, Klaus: Rechenprogramme zur morphometrischen Kartenauswertung. 1968. 154 S., 11 Fig. im Text und 22 Tab. im Anhang. 12.00 DM

Heft 3 V o r n d r a n, Edda: Untersuchungen über Schuttentstehung und Ablagerungsformen in der Hochregion der Silvretta (Ostalpen). 1969. 137 S., 15 Abb. und 32 Tab. im Text, 3 Tab. und 3 Klappkarten im Anhang. 12.00 DM

Band 30

*S c h l e n g e r, Herbert, Karlheinz P f a f f e n, Reinhard S t e w ig (Hrsg.): Schleswig-Holstein, ein geographisch-landeskundlicher Exkursionsführer. 1969. Festschrift zum 33. Deutschen Geographentag Kiel 1969. (Erschienen im Verlag Ferdinand Hirt, Kiel; 2. Auflage, Kiel 1970).

Band 31

M o m s e n, Ingwer Ernst: Die Bevölkerung der Stadt Husum von 1769 bis 1860. Versuch einer historischen Sozialgeographie. 1969. 420 S., 33 Abb. und 78 Tab. im Text, 15 Tab. im Anhang 24,00 DM

Band 32

S t e w i g, Reinhard: Bursa, Nordwestanatolien. Strukturwandel einer orientalischen Stadt unter dem Einfluß der Industrialisierung. 1970. 177 S., 3 Tab., 39 Karten, 23 Diagramme und 30 Bilder im Anhang. 18.00 DM

Band 33

T r e t e r, Uwe: Untersuchungen zum Jahresgang der Bodenfeuchte in Abhängigkeit von Niederschlägen, topographischer Situation und Bodenbedeckung an ausgewählten Punkten in den Hüttener Bergen/Schleswig-Holstein. 1970. 144 S., 22 Abb., 3 Karten und 26 Tab. 15.00 DM

Band 34

*K i l l i s c h, Winfried F.: Die oldenburgisch-ostfriesischen Geestrandstädte. Entwicklung, Struktur, zentralörtliche Bereichsgliederung und innere Differenzierung. 1970.

Band 35

R i e d e l, Uwe: Der Fremdenverkehr auf den Kanarischen Inseln. Eine geographische Untersuchung. 1971. 314 S., 64 Tab., 58 Abb. im Text und 8 Bilder im Anhang. 24,00 DM

Band 36

H o r m a n n, Klaus: Morphometrie der Erdoberfläche. 1971. 189 S., 42 Fig., 14 Tab. im Text. 20,00 DM

Band 37

S t e w i g, Reinhard (Hrsg.): Beiträge zur geographischen Landeskunde und Regionalforschung in Schleswig-Holstein. 1971. Oskar Schmieder zum 80. Geburtstag. 338 S., 64 Abb., 48 Tab. und Tafeln. 28,00 DM

Band 38

S t e w i g, Reinhard und Horst-Günter W a g n e r (Hrsg.): Kulturgeographische Untersuchungen im islamischen Orient. 1973. 240 S., 45 Abb., 21 Tab. und 33 Photos. 29,50 DM

Band 39

K l u g, Heinz (Hrsg.): Beiträge zur Geographie der mittelatlantischen Inseln. 1973. 208 S., 26 Abb., 27 Tab. und 11 Karten. 32,00 DM

Band 40

S c h m i e d e r, Oskar: Lebenserinnerungen und Tagebuchblätter eines Geographen. 1972. 181 S., 24 Bilder, 3 Faksimiles und 3 Karten. 42,00 DM

Band 41

K i l l i s c h, Winfried F. und Harald T h o m s: Zum Gegenstand einer interdisziplinären Sozialraumbeziehungsforschung. 1973. 56 S., 1 Abb. 7,50 DM

Band 42

N e w i g, Jürgen: Die Entwicklung von Fremdenverkehr und Freizeitwohnwesen in ihren Auswirkungen auf Bad und Stadt Westerland auf Sylt. 1974. 222 S., 30 Tab., 14 Diagramme, 20 kartographische Darstellungen und 13 Photos. 31.00 DM

Band 43

*K i l l i s c h, Winfried F.: Stadtsanierung Kiel-Gaarden. Vorbereitende Untersuchung zur Durchführung von Erneuerungsmaßnahmen. 1975.

Kieler Geographische Schriften

Band 44, 1976 ff.

Band 44

K o r t u m, Gerhard: Die Marvdasht-Ebene in Fars. Grundlagen und Entwicklung einer alten iranischen Bewässerungslandschaft. 1976. XI, 297 S., 33 Tab., 20 Abb. 38,50 DM

Band 45

B r o n g e r, Arnt: Zur quartären Klima- und Landschaftsentwicklung des Karpatenbeckens auf (paläo-) pedologischer und bodengeographischer Grundlage. 1976. XIV, 268 S., 10 Tab., 13 Abb. und 24 Bilder. 45.00 DM

Band 46

B u c h h o f e r, Ekkehard: Strukturwandel des Oberschlesischen Industriereviers unter den Bedingungen einer sozialistischen Wirtschaftsordnung. 1976. X, 236 S., 21 Tab. und 6 Abb., 4 Tab. und 2 Karten im Anhang. 32,50 DM

Band 47

W e i g a n d, Karl: Chicano-Wanderarbeiter in Südtexas. Die gegenwärtige Situation der Spanisch sprechenden Bevölkerung dieses Raumes. 1977. IX, 100 S., 24 Tab. und 9 Abb., 4 Abb. im Anhang. 15.70 DM

Band 48

W i e b e, Dietrich: Stadtstruktur und kulturgeographischer Wandel in Kandahar und Südafghanistan. 1978. XIV, 326 S., 33 Tab., 25 Abb. und 16 Photos im Anhang. 36.50 DM

Band 49

K i l l i s c h, Winfried F.: Räumliche Mobilität - Grundlegung einer allgemeinen Theorie der räumlichen Mobilität und Analyse des Mobilitätsverhaltens der Bevölkerung in den Kieler Sanierungsgebieten. 1979. XII, 208 S., 30 Tab. und 39 Abb., 30 Tab. im Anhang. 24,60 DM

Band 50

P a f f e n, Karlheinz und Reinhard S t e w i g (Hrsg.): Die Geographie an der Christian-Albrechts-Universität 1879-1979. Festschrift aus Anlaß der Einrichtung des ersten Lehrstuhles für Geographie am 12. Juli 1879 an der Universität Kiel. 1979. VI, 510 S., 19 Tab. und 58 Abb. 38.00 DM

Band 51

S t e w i g, Reinhard, Erol T ü m e r t e k i n, Bedriye T o l u n, Ruhi T u r f a n, Dietrich W i e b e und Mitarbeiter: Bursa, Nordwestanatolien. Auswirkungen der Industrialisierung auf die Bevölkerungs- und Sozialstruktur einer Industriegroßstadt im Orient. Teil 1. 1980. XXVI, 335 S., 253 Tab. und 19 Abb. 32,00 DM

Band 52

B ä h r, Jürgen und Reinhard S t e w i g (Hrsg.): Beiträge zur Theorie und Methode der Länderkunde. Oskar Schmieder (27. Januar 1891 - 12. Februar 1980) zum Gedenken. 1981. VIII, 64 S., 4 Tab.und 3 Abb. 11,00 DM

Band 53

M ü l l e r, Heidulf E.: Vergleichende Untersuchungen zur hydrochemischen Dynamik von Seen im Schleswig-Holsteinischen Jungmoränengebiet. 1981. XI, 208 S., 16 Tab., 61 Abb. und 14 Karten im Anhang. 25,00 DM

Band 54

A c h e n b a c h, Hermann: Nationale und regionale Entwicklungsmerkmale des Bevölkerungsprozesses in Italien. 1981. IX, 114 S., 36 Fig. 16,00 DM

Band 55

D e g e, Eckart: Entwicklungsdisparitäten der Agrarregionen Südkoreas. 1982. XXVII, 332 S., 50 Tab., 44 Abb. und 8 Photos im Textband sowie 19 Kartenbeilagen in separater Mappe. 49.00 DM

Band 56

B o b r o w s k i, Ulrike: Pflanzengeographische Untersuchungen der Vegetation des Bornhöveder Seengebiets auf quantitativ-soziologischer Basis. 1982. XIV, 175 S., 65 Tab. und 19 Abb. 23,00 DM

Band 57

S t e w i g, Reinhard (Hrsg.): Untersuchungen über die Großstadt in Schleswig-Holstein. 1983. X, 194 S., 46 Tab., 38 Diagr. und 10 Abb. 24,00 DM

Band 58

B ä h r, Jürgen (Hrsg.): Kiel 1879 - 1979. Entwicklung von Stadt und Umland im Bild der Topographischen Karte. 1:25 000. Zum 32. Deutschen Kartographentag vom 11. - 14. Mai 1983. III, 192 S., 21 Tab., 38 Abb. mit 2 Kartenblättern in der Anlage. ISBN 3-923887-00-0 28.00 DM

Band 59

G a n s, Paul: Raumzeitliche Eigenschaften und Verflechtungen innerstädtischer Wanderungen in Ludwigshafen/Rhein zwischen 1971 und 1978. Eine empirische Analyse mit Hilfe des Entropiekonzeptes und der Informationsstatistik. 1983. XII, 226 S., 45 Tab., 41 Abb. ISBN 3-923887-01-9. 30,00 DM

Band 60

P a f f e n †, Karlheinz und K o r t u m, Gerhard: Die Geographie des Meeres. Disziplingeschichtliche Entwicklung seit 1650 und heutiger methodischer Stand. 1984. XIV, 293 S., 25 Abb. ISBN 3-923887-02-7. 36.00 DM

Band 61

*B a r t e l s †, Dietrich u. a.: Lebensraum Norddeutschland. 1984. IX, 139 S., 23 Tabellen und 21 Karten. ISBN 3-923887-03-5. 22.00 DM

Band 62

K l u g, Heinz (Hrsg.): Küste und Meeresboden. Neue Ergebnisse geomorphologischer Feldforschungen. 1985. V, 214 S., 66 Abb., 45 Fotos, 10 Tabellen. ISBN 3-923887-04-3 39.00 DM

Band 63

K o r t u m, Gerhard: Zückerrübenanbau und Entwicklung ländlicher Wirtschaftsräume in der Türkei. Ausbreitung und Auswirkung einer Industriepflanze unter besonderer Berücksichtigung des Bezirks Beypazari (Provinz Ankara). 1986. XVI, 392 S., 36 Tab., 47 Abb. und 8 Fotos im Anhang. ISBN 3-923887-05-1. 45.00 DM

Band 64

F r ä n z l e, Otto (Hrsg.): Geoökologische Umweltbewertung. Wissenschaftstheoretische und methodische Beiträge zur Analyse und Planung. 1986. VI, 130 S., 26 Tab., 30 Abb. ISBN 3-923887-06-X. 24,00 DM

Band 65

S t e w i g, Reinhard: Bursa, Nordwestanatolien. Auswirkungen der Industrialisierung auf die Bevölkerungs- und Sozialstruktur einer Industriegroßstadt im Orient. Teil 2. 1986. XVI, 222 S., 71 Tab., 7 Abb. und 20 Fotos. ISBN 3-923887-07-8. 37,00 DM

Band 66

S t e w i g, Reinhard (Hrsg.): Untersuchungen über die Kleinstadt in Schleswig-Holstein. 1987. VI, 370 S., 38 Tab., 11 Diagr. und 84 Karten. ISBN 3-923887-08-6. 48,00 DM

Band 67

A c h e n b a c h, Hermann: Historische Wirtschaftskarte des östlichen Schleswig-Holstein um 1850. 1988. XII, 277 S., 38 Tab., 34 Abb., Textband und Kartenmappe. ISBN 3-923887-09-4. 67,00 DM

Band 68

B ä h r, Jürgen (Hrsg.): Wohnen in lateinamerikanischen Städten - Housing in Latin American cities. 1988, IX, 299 S., 64 Tab., 71 Abb. und 21 Fotos. ISBN 3-923887-10-8. 44,00 DM

Band 69

B a u d i s s i n - Z i n z e n d o r f, Ute Gräfin von: Freizeitverkehr an der Lübecker Bucht. Eine gruppen- und regionsspezifische Analyse der Nachfrageseite. 1988. XII, 350 S., 50 Tab., 40 Abb. und 4 Abb. im Anhang. ISBN 3-923887-11-6. 32,00 DM

Band 70

H ä r t l i n g, Andrea: Regionalpolitische Maßnahmen in Schweden. Analyse und Bewertung ihrer Auswirkungen auf die strukturschwachen peripheren Landesteile. 1988. IV, 341 S., 50 Tab., 8 Abb. und 16 Karten. ISBN 3-923887-12-4. 30,60 DM

Band 71

P e z, Peter: Sonderkulturen im Umland von Hamburg. Eine standortanalytische Untersuchung. 1989. XII, 190 S., 27 Tab. und 35 Abb. ISBN 3-923887-13-2. 22,20 DM

Band 72

K r u s e, Elfriede: Die Holzveredelungsindustrie in Finnland. Struktur- und Standortmerkmale von 1850 bis zur Gegenwart. 1989. X, 123 S., 30 Tab., 26 Abb. und 9 Karten. ISBN 3-923887-14-0. 24,60 DM

Band 73

B ä h r, Jürgen, Christoph C o r v e s & Wolfram N o o d t (Hrsg.): Die Bedrohung tropischer Wälder: Ursachen, Auswirkungen, Schutzkonzepte. 1989. IV, 149 S., 9 Tab., 27 Abb. ISBN 3-923887-15-9. 25.90 DM

Band 74

B r u h n, Norbert: Substratgenese - Rumpfflächendynamik. Bodenbildung und Tiefenverwitterung in saprolitisch zersetzten granitischen Gneisen aus Südindien. 1990. IV, 191 S., 35 Tab., 31 Abb. und 28 Fotos. ISBN 3-923887-16-7. 22.70 DM

Band 75

P r i e b s, Axel: Dorfbezogene Politik und Planung in Dänemark unter sich wandelnden gesellschaftlichen Rahmenbedingungen. 1990. IX, 239 S., 5 Tab., 28 Abb. ISBN 3-923887-17-5. 33.90 DM

Band 76

S t e w i g, Reinhard: Über das Verhältnis der Geographie zur Wirklichkeit und zu den Nachbarwissenschaften. Eine Einführung. 1990. IX, 131 S., 15 Abb. ISBN 3-923887-18-3. 25.00 DM

Band 77

G a n s, Paul: Die Innenstädte von Buenos Aires und Montevideo. Dynamik der Nutzungsstruktur, Wohnbedingungen und informeller Sektor. 1990. XVIII, 252 S., 64 Tab., 36 Abb. und 30 Karten in separatem Kartenband. ISBN 3-923887-19-1. 88,00 DM

Band 78

B ä h r, Jürgen & Paul G a n s (eds): The Geographical Approach to Fertility. 1991. XII, 452 S., 84 Tab. und 167 Fig. ISBN 3-923887-20-5. 43,80 DM

Band 79

R e i c h e, Ernst-Walter: Entwicklung, Validierung und Anwendung eines Modellsystems zur Beschreibung und flächenhaften Bilanzierung der Wasser- und Stickstoffdynamik in Böden. 1991. XIII, 150 S., 27 Tab. und 57 Abb. ISBN 3-923887-21-3. 19,00 DM

Band 80

A c h e n b a c h, Hermann (Hrsg.): Beiträge zur regionalen Geographie von Schleswig-Holstein. Festschrift Reinhard Stewig. 1991. X, 386 S., 54 Tab. und 73 Abb. ISBN 3-923887-22-1. 37,40 DM

Band 81

S t e w i g, Reinhard (Hrsg.): Endogener Tourismus. 1991. V, 193 S., 53 Tab. und 44 Abb. ISBN 3-923887-23-X. 32,80 DM

Band 82

J ü r g e n s, Ulrich: Gemischtrassige Wohngebiete in südafrikanischen Städten. 1991. XVII, 299 S., 58 Tab. und 28 Abb. ISBN 3-923887-24-8. 27,00 DM

Band 83

E c k e r t, Markus: Industrialisierung und Entindustrialisierung in Schleswig-Holstein. 1992. XVII, 350 S., 31 Tab. und 42 Abb. ISBN 3-923887-25-6. 24,90 DM

Band 84

N e u m e y e r, Michael: Heimat. Zu Geschichte und Begriff eines Phänomens. 1992. V, 150 S. ISBN 3-923887-26-4. 17,60 DM

Band 85

K u h n t, Gerald und Z ö l i t z - M ö l l e r, Reinhard (Hrsg.): Beiträge zur Geoökologie aus Forschung, Praxis und Lehre. Otto Fränzle zum 60. Geburtstag. 1992. VIII, 376 S., 34 Tab. und 88 Abb. ISBN 3-923887-27-2. 37,20 DM

Band 86

R e i m e r s, Thomas: Bewirtschaftungsintensität und Extensivierung in der Landwirtschaft. Eine Untersuchung zum raum-, agrar- und betriebsstrukturellen Umfeld am Beispiel Schleswig-Holsteins. 1993. XII, 232 S., 44 Tab., 46 Abb. und 12 Klappkarten im Anhang. ISBN 3-923887-28-0. 23,80 DM

Band 87

S t e w i g, Reinhard (Hrsg.): Stadtteiluntersuchungen in Kiel. Baugeschichte, Sozialstruktur, Lebensqualität, Heimatgefühl. 1993. VIII, 337 S., 159 Tab., 10 Abb., 33 Karten und 77 Graphiken. ISBN 3-923887-29-9. 24,00 DM

Band 88

W i c h m a n n, Peter: Jungquartäre randtropische Verwitterung. Ein bodengeographischer Beitrag zur Landschaftsentwicklung von Südwest-Nepal. 1993. X, 125 S., 18 Tab. und 17 Abb. ISBN 3-923887-30-2. 19,70 DM

Band 89

W e h r h a h n, Rainer: Konflikte zwischen Naturschutz und Entwicklung im Bereich des Atlantischen Regenwaldes im Bundesstaat São Paulo, Brasilien. Untersuchungen zur Wahrnehmung von Umweltproblemen und zur Umsetzung von Schutzkonzepten. 1994. XIV, 293 S., 72 Tab., 41 Abb. und 20 Fotos. ISBN 3-923887-31-0. 34,20 DM

Band 90

S t e w i g, Reinhard: Entstehung und Entwicklung der Industriegesellschaft auf den Britischen Inseln. 1995. XII, 367 S., 20 Tab., 54 Abb. und 5 Graphiken. ISBN 3-923887-32-2. 32,50 DM

Band 91

B o c k, Steffen: Ein Ansatz zur polygonbasierten Klassifikation von Luft- und Satellitenbildern mittels künstlicher neuronaler Netze. 1995. XI, 152 S., 4 Tab. und 48 Abb. ISBN 3-923887-33-7 16,80 DM

Band 92

M a t u s c h e w s k i, Anke: Stadtentwicklung durch Public-Private-Partnership in Schweden. Kooperationsansätze der achtziger und neunziger Jahre im Vergleich. 1996. XI, 246 S., 34 Abb., 16 Tab. und 20 Fotos. ISBN 3-923887-34-5. 23,90 DM

Band 93

Ulrich, Johannes und Kortum, Gerhard: Otto Krümmel (1854 - 1912). Geograph und Wegbereiter der modernen Ozeanographie. 1997. VIII, 310 S., 84 Abb. und 8 Karten.
ISBN 3-923887-35-3. 46,90 DM

Band 94

Schenck, Freya S.: Strukturveränderungen spanisch-amerikanischer Mittelstädte untersucht am Beispiel der Stadt Cuenca, Ecuador. 1997. XVIII, 259 S., 58 Tab. und 55 Abb.
ISBN 3-923887-36-1. 25,90 DM

Band 95

Pez, Peter: Verkehrsmittelwahl im Stadtbereich und ihre Beeinflußbarkeit. Eine verkehrsgeographische Analyse am Beispiel von Kiel und Lüneburg. 1998. XVIII, 396 S., 52 Tab. und 86 Abb. ISBN 3-923887-37-X. 33,90 DM

Band 96

Stewig, Reinhard: Entstehung der Industriegesellschaft in der Türkei. Teil 1: Entwicklung bis 1950. 1998. XV, 349 S., 35 Abb., 4 Graph., 5 Tab. und 4 Listen.
ISBN 3-923887-38-8. 30,10 DM

Band 97

Higelke, Bodo (Hrsg.): Beiträge zur Küsten - und Meeresgeographie. Heinz Klug zum 65. Geburtstag gewidmet von Schülern, Freunden und Kollegen. 1998. XXII, 338 S., 29 Tab., 3 Fotos und 3 Klappkarten. ISBN 3-923887-39-6. 35,90 DM

Band 98

Jürgens, Ulrich: Einzelhandel in den Neuen Bundesländern - die Konkurrenzsituation zwischen Innenstadt und "Grüner Wiese", dargestellt anhand der Entwicklungen in Leipzig, Rostock und Cottbus. 1998. XVI, 395 S., 83 Tab. und 52 Abb.
ISBN 3-923887-40-X. 31,80 DM